가가와 도요히코 연구

A Study on Toyohiko Kagawa

by

Nam Sik Kim

Bethany Book House
Seoul, Korea
2023

惠江文集·72

일본 사회복음운동의 아버지

가가와 도요히코 연구
賀川豊彦 研究

김남식 지음

도서
출판 베다니

머리말

소년시절의 나에게 가가와 도요히코는 꿈이었고 전설이었다. 그가 쓴 「나는 왜 크리스챤이 되었는가?」라는 문고판 소책자를 외우다시피 읽어 그 책이 허물릴 정도였다. 그의 삶과 헌신을 부러워하였고, 병든 몸으로 이웃을 사랑한 그 사역을 흠모하였다.

나 역시 어린 시절부터 병약한 몸이었다. '부잣집 막내아들' 이라는 라벨을 달았으나 늘 외로움 속에 사는 소년이었다. 행동보다 머릿속의 꿈으로 나를 그려가는 환상속의 존재였다. 그래서 꿈도 자주 변하였다. 어릴 때는 목사가 되고 싶었다. 좀 더 자라서는 학자가 되고 싶었고, 그 후에는 시인이 되고 싶었다.

세월이 지나고 보니 이 세 가지 꿈이 모두 이루어졌으나 무언가 제대로 된 것이 없는 미완성의 존재임을 고백할 수밖에 없다. 나이가 들어 지난날을 성찰하면서 어릴적 가슴에 품었던 가가와 도요히코를 다시금 생각하게 되었다.

1996년부터 일본 고베신학교 초빙교수로서 일 년에 몇 차례씩 고베에 가서 강의할 때마다 학교 1층에 있는 서점에 매일 들려 가가와 도요히코에 관한 자료들을 찾고 모으기 시작하였다. 또 도서관의 자료와 신가와(新川)에 있는 「가가와 도요히코 기념관」의 여러 자료를 구할 수 있었다.

그래서 가가와에 대한 종합적 연구를 하였고, 그 결실로 본서를 선 보이게 되었다. 본서는 모두 3부로 되어 있다.

제1부는 '그의 삶'을 다루었는데 주를 달지 않고 생애사를 썼고 제2부는 '그의 사역'과 제3부는 '그의 사상'은 논문체로 서술하였다. 가가와 도요히코 연구의 종합적 결산으로 방대한 양의 저서가 되었다.

이 책에 있는 글들 중에는 「신학지남」을 비롯한 전문적 학술지에 게재된 것도 있고, 저자가 새롭게 발표하는 것도 있다. 독자의 양해를 구하는 것은 생애, 사역, 사상으로 나누다 보니 일부 중복되는 내용도 있으나 한 사람을 여러 관점에서 조명하고 분석하는 과정에서 생긴 결과로 이해해 주시기 바란다.

본서가 나오는데 여러 고마운 손길들의 도움에 감사를 드린다. 특히 일본의 많은 '가가와 도요히코 연구가'들의 선행연구를 활용할 수 있는 기회를 얻게 된 것이 감사하다. 특히 한국에서는 몇 안 되는 가가와 도요히코 연구가들이 모여 「한국 가가와 도요히코 학회」 조직이 논의되었으나 이 일을 주도하는 젊은 목사가 갑자기 소천하여 더 추진되지 못한 것이 아쉽다. 그러나 이 분야 연구의 기초를 닦는다는 점에서 본서를 간행하는 것이다. 또 방대한 양의 원고를 타이핑한 사랑하는 손길에도 감사드린다.

본서를 통해 하나님 홀로 영광받으시고, 이 땅에도 가가와 도요히코 같은 헌신자들이 나오기를 고대한다.

2023년 가을을 기다리며
혜강 **김남식**

제2부

그의 사역

제3부　　　　　　　　　　　　　　　　　　　　　　　　425

그의 사상

제1부

그의 생애

生涯

제1장 —————————— 고향 그리고
어린 시절

고향이란 그리움의 장소이다. 떠나 있으나 항상 가슴 속에
살아있고, 혼자 있으나 함께 있는 환상의 마을이다. 가가와 도요히코(賀川豊
彦)에게도 이것은 예외가 아니었다.

I. 그의 부모

가가와 도요히코의 고향 도쿠시마현 이타노군 호리에무라 히가시 우마츠
메(德島縣 板野郡 堀江村 東馬詰)는 아산산맥의 남쪽에 펼쳐진 요시노강의
충적평야 한 가운데 있다. 오늘날은 오오아시쵸 히가시 우마츠메라고 불리
는 지역이다. 시고쿠의 사부로 요시노강은 도쿠시마 평야를 가로지르는 큰
하천인데, 예로부터 범람이 되풀이되는 곳이다. 중류와 하류에는 비옥한 농
토가 있는 길이가 약 25km인 하천이다.

도요히코가 살았던 곳은 요시노강 지류의 북쪽이었다. 히가시 우마츠메
일대는 요시노강 하구와 가까운 곳으로 낮은 습지가 많아서 수리 시설에 유
리하고, 기후도 온화하여 옛날부터 농업이 발달하였다. 메이지 중엽까지는

쌀과 보리, 염색업도 번성하여 에도시대부터 부유한 농가가 많았다. 특히 히가시 우마츠메에는 마미야(間宮), 반도우(板東), 가가와(賀川)의 세 가문이 이 지방의 부자였는데, 마미야는 돈 부자, 반도우는 땅 부자, 가가와는 딸부자로 알려졌다.

1. 아버지 가가와 준이치(賀川純一)와 이소베(磯部) 가문

도요히코의 아버지 준이치(賀川純一)는 1849년 3월 17일 히타노군(板野郡) 다이코우무라(大幸村)에서 출생하였다. 이 지방에서 대대로 술장사를 하는 이소베 가문의 당주인 유우 고로우(柳五郎)의 3남이었다. 고로우에게는 7남 1녀가 있었는데 가업은 장남이 이어가고 동생들은 각각 다른 가정에 양자가 되거나 출가하였다. 3남인 준이치도 15세 때 가가와 가문의 데릴사위가 되었다.

이소베 가문은 그 지방의 명망가였다. 가업을 이어 받은 장남 타메기치(爲吉)는 호탕하며 남의 일을 잘 돌보아 주는 성격으로 1873년 미요시군(三好郡) 야마시로타니(山城谷)에서 징병령에 반대하는 소동을 진압시켜 세상에 이름이 알려졌다. 그리고 도쿠시마현이 고치현에 합병되었던 1879년에 고치현 의회 의원으로 당선되었고, 의장이 사퇴한 후 부의장에서 의장에 취임하였다. 그는 고치현에서 도쿠시마현을 분리시키는 운동을 전개하고 이를 성사시켜 도쿠시마현 의회 의장으로 활약하였다. 아우인 준이치도 형 못지 않은 열혈한으로서 가가와 집안의 데릴사위가 된 후 가업은 돌보지 않고 공부나 정치 운동에 열중하였다.

준이치는 자유민권운동이 성행할 당시 정치 결사인 지죠사(自助社) 유력한 멤버로 활약하다가 뜻을 품고 아내 미쩨를 데리고 상경하였다. 그는 뛰어난 재능을 인정받아 원로원 곤쇼(權少) 서기관이라는 중앙의 관리로 임명되었다.

그러나 1875년 지죠사가 발행한 추유쇼(通諭書)라는 국회 개설을 약속하는 조칙의 주석서 내용이 문제가 되어 담당자로서 책임지고 사퇴하여 도쿠시마로 돌아갔다. 귀향 후에도 능력이 인정되어 도쿠시마현이 확정되기 전의 묘우도우현(名東縣) 다카마츠 지청장과 고치현 도쿠시마 지청장 등의 요직을 거쳤다. 이는 현재의 시장이나 지사에 해당하는 요직이었다.

얼마 후 정계에서 은퇴하여 요꼬하마에서 이식(利殖—일종의 금융업) 사업에 종사하였으나 고베에 생활의 터전을 정하고 운송업인 가가와 회조점(해운업자와 하송인 사이에 화물 운송에 관한 일을 하는 가게)을 경영하였는데 당시 튀르키에(터키)의 목조순양함 엘도구를호의 유품 인양에 주력하여 튀르키에(터키) 제국에서 훈장을 받았다고 전해지고 있다. 그러나 준이치는 사업이 궤도에 오르게 된 1892년 44세의 젊은 나이에 병사하였다. 그 때 도요히코의 나이는 4세였다.

2. 가가와 도요히코의 친어머니 가메

준이치가 데릴사위가 된 가가와 집안도 대지주였다. 양부 모리혜에의 아버지인 가가와 소자에몬은 히타노군 내의 쇼우야(莊屋)에 20년 이상 근무하여 19개 마을 소우야의 우두머리가 되었다. 또 나가하라우라(長原浦)의 측량이나 한도가와(板東川)의 치수 등에도 큰 업적을 남겼다. 소자에몬의 뒤를 이은 모리혜에는 2명의 딸이 있었다.

동생 히사는 근처의 마미야 집안에 출가하여 1남 4녀를 두었고, 언니 미찌는 데릴사위로 들인 준이치와 결혼하여 1남 1녀를 두었는데 모두 생후 1년 안에 병사하였다. 도요히코와 그의 형제자매는 모두 미찌가 낳은 자식이 아니었다.

가가와 도요히코의 생모는 가메라는 여성이었다. 가메에 대해서는 자세히 알려져 있지 않으나 마스에라는 이름으로 연회석상에 나온 그녀를 준이치가 사랑하여 함께 동거하게 되었다. 가메는 아름다운 여성이었다고 하며 남겨진 편지들을 보면 상냥한 성품과 높은 지성미를 갖추었다고 한다. 메이지 유신의 격동 중에 몰락한 어느 사족의 딸이라는 설도 있다.

"나는 친어머니에 대해서는 아무것도 알지 못한다."고 가가와 도요히코가 후일에 한탄할 정도로 그녀에 대한 기록을 찾아볼 수가 없었다. 당시 가가와 회조점과 거래한 도쿠시마 사람들의 이야기를 모아 보면 다음과 같다.

"가메 여사는 어린 것을 업고 상냥하게 손님을 접대하며 피로한 그들을 위로하였다. 저녁이 되면 부뚜막에서 불을 피워 저녁 식사 준비를 위해서 분주하게 일하였다. 틈틈이 가게에서 일하는 어린이의 글씨 공부를 지도하였다. 이 모습에 감동한 주민들이 마을의 자랑으로 삼았다" (요코야마 하루이치(橫山春一)「가가와 도요히코 연구자료」).

이 이야기에서 가게 일이나 가족을 위해 노력을 아끼지 않은 그의 어머니 모습이 돋보인다. A. C. 쿠누텐의 박사 논문인 "해방의 예언자―일본 사회사에서 본 가가와 도요히코 연구"에 의하면 가메에 대한 다음과 같은 기록이 있다.

"가가와 도요히코 집안은 명문가였으나 그의 생모는 그런 계급 출신이 아니었다. 그녀는 가난한 가정에서 태어났으나 흐트러짐이 없고 재능 있는 여자였다고 한다. 그녀는 가족의 생계를 위해서 기생이 되었다. 어머니의 예술적 재능과 학대받고 괴롭힘을 당해서 육체가 건강하지 못한 점이 자식에게 전해졌다고 짐작할 수 있다. 그러나 도요히코의 어머니가 그에게 준 것은 예술적 재능과 육체의 허약함뿐만 아니라 어려움에 견딜 수 있는 용기도 있었음을 잊어서는 안 된다. 도요히코의 파란만장한 72년의 생애를 보면 탁월한 두뇌와 행동력을 함께 지닌 아버지의 피와 병약한 몸을 극복하며 평생 타인을 위해 봉사한 상냥한 어머니 피의 소산이라고 생각된다."

II. 고독한 어린 시절

누구에게나 어린 시절은 수채화 같은 추억의 시기이다. 가가와 도요히코는 슬픈 출생의 자취를 안고 있다. 그의 어린 시절은 그의 70평생의 모체가 되었으니 이것을 조명해 보는 것은 매우 귀한 의미를 가지고 있다.

1. 고베에서의 유년 시절

가가와 도요히코는 1888년 7월 10일 고베에서 준이치와 가메의 차남으로 태어났다. 도요히코라는 이름은 아버지 고향에 있는 오오아사히고 신사(大麻古神社)의 제신(祭神)이었던 도요우케 히메노미고토(豊受姬尊)와 사루타히코노미고토(猿田彦尊)에서 한 자 씩 따서 지은 것이다.

가가와 회조점은 글공부를 좋아한 준이치가 젊은 시절 공부한 한코우 쵸우쿄우칸(潘校長久館)의 친구 곤도 렌페이(近藤平廉)의 후원 아래 비교적 번창하였다. 곤도는 실업계에서 활약하였는데 후일 일본 우편선 사장이 된 실력가였다.

도요히코는 4세까지 고베에서 자랐는데 그 시기에 대한 자료는 없다. 그 자신이 "나는 어머니에 대해 알지 못한다."라고 한 것도 당연한 것 같다. 후일 그는 도쿠시마 시절 형 탄이치(端一)가 경영하는 고베의 가가와 회조점에 다녀온 인상을 다음과 같이 회상하고 있다.

> "여름 방학이 되면 형은 나를 고베까지 데리고 갔다. 그 곳은 시골과는 전혀 다른 곳이어서 깜짝 놀랄 뿐 아니라 큰 기선도 보았다. 서양인 선장도 보았고 기차도 처음 타 보았다. 환등기라는 것을 처음 보았으나 가장 즐거웠던 것은 와다미사키(和田岬)에 있는 박물관이나 수족관에 가는 것이었다. 일본 우편선의 큰 배에 짐을 실을 때 문지기를 도와서 하물 수량이 틀리지 않도록 헤아려 주기도 했다. 당시 고베에는 전기

시설이 없었고 석유등의 호야 청소도 하였는데 석유등도 신기하였다. 아와(阿波)의 농촌에서는 유채씨 기름으로 불을 밝히고 있었다."

그의 출세작이 된 『사선을 넘어서』의 도입부에 있는 고베에 대한 묘사는 사물에 대한 그의 강렬한 인상에 기초한 것이라 짐작된다. 추측이지만 유년기를 보낸 고베의 정경을 상상케 하는 것으로 아마미야 에이이치(兩宮榮一)는 「히가시 고마가타교회 월보」 제56호에 다음과 같이 설명하고 있다.

"선착장에 가면 야마모토 히무로(山本永室)라고 쓴 창고가 있다. 그 동쪽이 나의 집, 그 곳에서 서쪽으로 가면 규모는 작으나 유명한 치쿠지마데라(築島寺)가 있고 동쪽으로는 상업은행이 있다. 집들은 낡고 더럽다. 땅은 회색을 띄고 어쩐지 무섭다. 나의 집 처마에는 전등이 있어서 정면에 있는 니이미(新見)이라는 흐릿한 글자도 읽을 수 있었다. 격자 달린 집 입구에는 일본 우편선 하객 취급소라는 간판이 걸려 있다. 동쪽에는 약방, 그 옆에는 이발소, 그 사이에는 돌부처가 모셔져 있다. 이발소 맞은 편은 철물점인데 그 집 딸은 돌아가신 누님의 친구였으며, 그 뒤로 차고가 있고 앞에 샘이 있었다. 생각하기도 싫은, 어느 가을 저녁에 하세가와(長谷川)의 아들과 싸운 일이 있었다. 상대가 점포의 빗장을 들고 왔으므로 나도 빗장을 들고 서로 치려고 하는데, 문지기인 구마기치(能吉)가 속히 오라고 불러서 분을 억누르며 집으로 가니 병중에 계시던 어머니가 사망한 뒤였다."

이런 내용은 메이지학원의 친구 니이미 에이이치(新見榮一)가 시나가와에서 고베로 가는 차 중에서의 이야기를 적은 것인데 고베역에 내려 시마가미에 가보니 마을 모습은 완전히 변하였고 아는 사람도 없었다고 적혀 있었다.

그러나 도요히코가 부모의 총애를 짧은 기간이나마 받았고 주변 사람들의 사랑도 받은 유년기는 행복하였다고 짐작된다. 그런데 아버지가 뜻하지 않게 감기가 원인이 되어 사망하고 어머니도 출산 후 지병이 악화되어 병사하였다.

2. 양어머니와 할머니

양친이 사망한 후, 가가와 회조점은 20세인 장남 탄이치(端一)가 맡게 되었고 어린 동생들은 뿔뿔이 흩어질 수밖에 없었다. 도요히코는 "나에게는 두 살 아래인 동생 요시노리(喜敬)와 네 살 아래인 마스요시(益慶)가 있었다. 요시노리(喜敬)는 형과 오랫동안 같이 지낸 어느 부인 밑에서 자라게 되었으므로 나와는 떨어지게 되었다. 막내 마스요시(益慶)는 태어난 지 얼마 되지 않아 어느 노동자에게 맡겨졌으나 6세 되던 해부터 나와 함께 지내게 되었다."고 기록했다(『나의 마을을 가다』).

도요히코는 누나와 함께 도쿠시마의 가가와 집안에 맡겨졌다. 아마미야 에이이치(兩宮榮一)의 조사에 의하면 본 부인인 미찌와의 사이에 자식이 없어서 준이치는 생전에 차남인 도요히코가 가가와 집안을 이어가도록 호적을 정리하여 놓았다. 즉 도요히코는 미찌의 아들로 되어 있었다. 미찌는 도쿠시마에 있으면서 호적은 고베로 옮겨서 표면상으로 준이치와 동거하는 형식을 취하고, 도요히코를 가가와 집안의 후계자로 약속한 것이다. 후일 그는 "여성 찬미와 모성 숭배"라는 글에서 "이 글을 쓰는 나는 부친이 호적을 위조하지 않았다면 사생아가 될 운명이었을 것이다. 호적상으로는 본 부인의 자식이나 실은 첩의 자식이었다."라고 말하였다.

부모와 이웃의 사랑으로 부족함이 없는 유아기를 보낸 그에게 양친의 사망과 그에 따른 여러 가지 변화에 따른 불안과 두려움은 너무나 컸을 것이다. 누나와 함께 아무 것도 모르는 곳에서 혈연도 없는 어머니와 할머니의 양육을 받게 되었다.

> "어머니 사망 후 고베에서 아와로 운송점 직원을 따라 왔을 때 양어머니는 나를 매우 싫어하셨다. 그러나 할머니는 나를 잘 보살펴 주셨다. 할머니는 내가 소학교 3학년이 될 때까지 매일 밤 나를 안고 주무셨다. 고베에서 나를 데리고 온 구마기치는 1주일 후에 되돌아갔다. 나

에게는 나쁜 버릇이 있었는데 밤마다 잠자리에 오줌을 쌌다. 화장실이
긴 복도를 따라 먼 곳에 있었으므로 무서워서 밤에는 화장실을 가지
않고 잠자리에 들었기 때문이다. 그 때마다 호된 꾸지람을 들었다. 양
어머니는 표정이 잘 나타나지 않는 분이셨고 나와 이야기하는 일이 거
의 없었다."

양어머니 미찌의 입장에서 보면 도요히코의 친어머니 가메는 남편을 빼앗
아 간 여자였고, 가가와 집안의 장래를 생각하여 도요히코를 후계자로 하는
데 동의를 하기는 했지만 가메의 자식에 대해 좋은 감정은 없었을 것이다. 미
찌의 냉정한 태도와는 달리 할머니 세이는 그를 가문의 후계자로 키우려고
엄하면서도 사랑으로 보살펴 주었다.

할머니는 당시 69세로 할아버지는 2년 전에 사망하였는데 활달한 성격의
그녀는 혼자 힘으로 집안을 잘 이끌어 갔다. 대지주였던 가가와 집안에서는
소금이나 설탕의 제조, 소작인들에게 받는 소작료, 부업으로는 베짜기 등 많
은 일이 있었다. 미찌는 병약하여 일을 잘 못했기 때문에 할머니는 많은 종업
원을 지도하며 바쁜 시간을 보냈다.

하루 속히 훌륭한 후계자가 되기를 바라는 할머니는 5세 때부터 그에게
말 사육, 수차 사용법, 모내기, 보리갈이, 짚신 만들기, 감자와 무말랭이 만
들기 등을 가르쳤다. 양자였던 준이치가 농사에 익숙하지 않고 집안일도 게
을리 한 탓이라고 짐작되지만 도요히코에게는 어릴 때부터 착실하게 가업을
알 수 있게 하려고 하였을 것이다.

도요히코는 4세까지 젖을 먹을 정도로 몸이 허약하여 낫이나 호미는 무거
워 잘 다루지 못했지만 말은 잘 다루어 할머니에게 칭찬을 받기도 하였다. 할
머니의 칭찬을 받기 위해 무거운 도구를 들고 매일 아침 풀을 베어왔는데 이
슬을 듬뿍 머금은 풀을 뿌리까지 들고 올 때는 말할 수 없이 즐거웠다고 한다
(『나의 소년시대』). 이렇게 그는 흙과 친하며 자연을 사랑하는 소년으로 자
랐다.

도쿠가와 막부의 분세이(文政: 1818-1830) 시대 전후에 19개 마을의 우두머리 역할을 맡을 정도였으며, 가가와 집안에는 큰 창고 2개, 헛간 3개가 있었고, 가을이 되면 소작료를 바치는 농민들이 뜰에 쌀가마니를 쌓아 놓고 갔는데 이것을 도요히코는 이상하게 생각했다. "내가 일본농민조합을 만든 것은 어린 시절 마음속에서 이루어진 것이다."라고 그는 나중에 술회했다.

3. 요시노강 유역

가가와 집안은 요시노강 북쪽 기슭에 있었다. 가가와 도요히코는 고독하였으나 요시노강 유역에서 성장하였음을 감사하게 생각했다. 그는 강을 매우 좋아하였고 감수성이 강한 소년 시절을 그 곳에서 보냈다.

집 남쪽에 있는 제방에서 겨울에는 붕어와 메기, 여름에는 숭어나 바다에서 올라오는 돔 낚시를 하러 친구 아버지를 따라 다녔다. 학교에서 돌아오면 옷을 갈아입고, 쳐 놓았던 그물을 끌어올리며 그물에 걸린 잡어들을 보는 것이 즐거움이었다. 붕어 낚시는 서툴렀지만 새우 잡이는 잘하였다고 한다. 여름에는 비교적 재미있는 일들이 많았다.

나비나 잠자리 잡기 등 뛰어 다니고 강에서 헤엄치며 강 건너의 손님을 태워주는 작은 배 위에서 물에 뛰어내리는 것도 배웠다. 종달새 새끼 5마리를 키웠고 멧새나 여치를 새장에 넣어 키우기도 했다. 새를 키우지 않은 때가 7년 중 한 번도 없었다고 한다. 닭을 키우는 것도 그의 일 중의 하나였다. 계란은 모두 상인에게 넘겨주어 집안 식구들은 거의 먹지 않았으며 계란 판 돈은 모두 그에게 주어 11세에 저축한 돈이 5전이나 되었다고 한다. 뒤뜰에 있는 큰 나무에 밧줄을 걸어놓고 그네를 타며 놀기도 하였다. 외로운 소년의 마음을 달래준 것은 화창한 날씨에 아름다운 요시노강 기슭의 자연과 거기에 서식하는 생물들과 어울리는 것이었다고 후일 그는 말하였다.

"나는 고베에서 출생했으나 대자연 속에서 성장한 것은 요시노강 유역이었다. 여기는 일본에서도 드물게 아름다운 하천이며 서양에서도 그만한 하천은 찾기 어려울 것이다. 그래서 나는 도쿄나 오사카의 어린이들을 대자연으로 돌려보내는 운동을 끊임없이 하였다."

시집 『은색의 진흙탕』에 있는 '아와아이의 나라' 라는 제목의 시에서 그는 요시노강에 대한 애정을 다음과 같이 노래하였다.

"이 산에 이 하천 유역에 행복 있으라
아와아이의 나라 남색으로 물든다.
푸른 산의 물방울이 모여
아와의 요시노는 하늘 빛 같이 맑다."

4. 호리에심상(堀江帝常)소학교

도요히코의 자서전에 의하면 6세 때 할머니가 호리에심상소학교에 입학시켰다. 그의 입학 시기에 대해서는 가가와 연구자 중에서도 1년이 빠른 것이 아닌가 생각하는 사람들도 있다. 이 책에서는 도요히코 자신이 말한 것을 따르기로 한다.

고베에서 옮겨올 때가 만 4세 6개월이었는데 3개월 후인 1893년 만 4세 9개월에 소학교에 입학 한 것이다. 이에 대해 그는 "할머니는 나를 집에 두는 것보다 학교에 보내는 것이 좋겠다고 생각하여 보낸 것 같다. 학교에서는 내가 제일 작았다. 아마 우리 집이 마을에서 가장 부자였으므로 교장은 나를 입학시킨 것 같다."라고 『나의 소년시대』에 기록하고 있다.

그 당시 할머니 세이는 그가 학교에서 돌아오면 근처의 절에 4서 5경을 배우러 보냈다. 할머니 자신도 옷 속에 나무판으로 된 대학이나 중용을 가지고 다니면서 그를 가르칠 정도로 애쓰신 것 같다. 사서는 유교의 경전이 된 대학, 중용, 논어, 맹자를 말하고, 오경은 주역, 시경, 서경, 춘추, 예기를 말하는데 모두 공자의 가르침을 설명한 유학의 근본이 되는 책이었다. 일본에서도 에도시대에는 글공부라 하면 4서 5경이 중심이었다.

절의 스님은 겨우 7세 밖에 되지 않은 도요히코 한 사람을 상대로 열심히 가르쳤다. 그러나 그는 대학의 의미나 조금 알 정도였고 중용이나 맹자는 전혀 이해 못하고 한자만 겨우 읽을 뿐이었다고 했다. 메이지 초엽 호리에 지역에는 십 여 곳의 사찰에서 글쓰기, 읽기, 산술 등을 가르쳤으나 소학교가 설립된 후에는 모두 문을 닫았다. 스님이 유학을 지도한 것은 도요히코 한 사람 외에는 없었다고 한다.

"너의 부친은 현(縣)의 지사도 하였으니 너도 열심히 공부하여 훌륭한 사람이 되어야 한다."고 말하던 할머니는 가가와 집안의 장래를 도요히코에게 기대하고 있었다. 그러나 놀기를 좋아하는 어린이에게는 친구도 별로 없고 마음껏 뛰어 놀지도 못해서 쓸쓸했을 것이다.

도쿠가와 시대부터 이어 오던 가가와 집안의 창고에는 옛날 물건들이 많았다. 낡은 갑옷 수 십 벌에 아름다운 칼들도 있었다. 칼을 한 자루씩 칼집에서 빼어보며 창고의 신기한 것들을 보는 것도 즐거웠다. 할머니는 놀러 온 친구들이 절대로 창고에 들어가지 못하게 했다. 그 곳에 있는 것들이 외부에 알려지면 도난의 위험이 있기 때문이었다.

책장에는 4서 5경 등 어려운 한문 서적도 많이 있었다. 또 백 여년 전의 매실 장아찌도 있었다. 호기심이 강한 그는 창고 안에서 반나절을 보내도 지루한 줄 몰랐다고 한다.

할머니의 예절 교육은 엄하였다. 양어머니 미찌는 그가 10세가 될 때까지 대화를 거의 하지 않았고 생모인 가메 욕을 하면서 냉담하게 대하였다. 미찌는 외출도 거의 안하고 잠만 자는 사람이었다. 그녀가 친어머니를 헐뜯을 때마다 도요히코는 방구석에서 혼자 울었다. 마을 사람들이 첩의 자식이라고 험담하는 것도 자주 들었다. 육신의 사랑을 받은 것은 짧은 기간이어서 그는 가정의 따뜻함을 잘 알지 못하는 외로운 소년이었다. 그의 친한 친구는 집 서쪽 언덕 위에 사는 소작인의 아들 이치하시 하츠탄로우(市橋初太郎)라는 소년이었다. 그의 아버지는 호탕한 사람으로 자기 아들과 도요히코에게 짚신 만드는 법, 낚시, 수영 등 여러 가지를 친절히 가르쳐 주었다.

　도요히코가 어렸을 때 가장 힘들었던 일은 8세 되던 해부터 가가와 집안의 대표로서 마을 집회에 참석하는 것이었다. 마을 축제나 장례식에 가면 상석(上席)에 앉는 일이 자주 있어서 밖에서 친구들과 놀 수도 없었고, 몇 시간씩 똑 바로 앉아 있어야 하는 것은 매우 고통스러운 일이었다. 이런 일들을 겪으면서 자연스럽게 조숙한 어른다운 면모를 갖추게 되었을 것이다.

　도쿠시마는 예술적으로 번창한 지방이므로 모일 때마다 인형 죠우로리(淨琉璃) 흉내나 아와 춤으로 시작하였다. 그도 할머니의 분부에 따라 죠우로리 이야기에 대해 배웠다고 한다. 할머니는 그를 집안의 후계자로 키우고 싶어서 마을 모임에 참석시켜 이웃과 친숙하게 하고 싶었을 것이다.

　도요히코의 장남인 가가와 스미모토는 "아버지는 무언가 즐거운 일이 있으면 곧잘 혼자서 죠우로리를 읊었다. 때로는 아와의 춤을 추는 일도 있었다. 술도 담배도 하지 않는 성실한 아버지의 모습을 보며 어린 마음에 역시 아버지는 아와의 사람이라고 생각하였다"고 회고하였다. 8세에 진죠우 과정을 마친 후 고등과에 진학하였다. 이 때 처음으로 4세 아래인 동생 마스요시(益慶)를 봤다고 하는데 마스요시(益慶)는 당시의 상황을 다음과 같이 회상했다.

　　"내가 여섯 살 때 큰 형 탄이치(端一)를 따라 고베에서 아와의 본가에 갔었는데 그 곳에는 누나와 도요히코 형이 있었다. 엄격한 가정이어서 어린 나에게는 괴로운 일이 많았으나 형은 언제나 나를 잘 돌보아 주었다. 형은 나와 함께 있을 때가 제일 즐겁다고 하면서 집안일을 돌보고 틈나는 대로 나를 데리고 근처 냇가에 새우 낚시를 하러 갔다. 이것은 이 지방 특유의 것으로 하천의 제방에서 우렁이를 끈에 묶어 드리우면 새우가 모여드는데 이 때 끌어올리면 새우가 따라 올라온다. 때로는 너무 많이 잡혀서 처치 곤란할 때도 있었다. 당시의 추억 중에서 가장 즐거웠던 것은 형이 오래되어 시어버린 무우 장아찌를 먹기 싫어하여 식사 때마다 구석으로 가면 나도 형을 따라 가서 주변 상황을 보고 서랍에서 설탕을 함께 훔쳐 먹었던 일인데 나는 그것을 잊을 수가 없다. 꾸중에 대한 두려움보다 설탕을 먹는 즐거움이 더 컸다"(다나까 요시사부로 편 『하나님은 나의 목자—가가와 도요히코의 생애와 그의 사업』).

그 무렵 탄이치(端一)는 효고의 점포에서 1년에 한두 번 고향 집으로 왔다. 그리고 매월 이와야 사자미나가 편집한 『소년세계』를 도요히코에게 보내 주었다. 잡지에 실린 역사와 지리가 좋았고, 공상의 세계에서 지내던 그는 『소년세계』의 여러 가지 재미있는 이야기에 열중하였다. 평생 200여 권의 책을 출판한 도요히코가 처음 이야기를 쓴 것도 그 당시였다. 이것은 이 지방에 옛날부터 전해온 민화를 근거로 '겐구로 너구리(原九郎狸)'와 '오오아사야마(大麻山)의 원숭이'라는 두 가지 이야기였다. 유감스럽게도 그 당시에 쓴 것들은 현재 남아 있지 않다.

기타시마무라와 오오아사야마는 도요히코의 마을에서 가까운 곳에 있으며 너구리나 원숭이에 대한 전설이 많이 있었다. 이웃에게서 들은 이야기에 흥미를 느꼈을 것이다. 그가 거주한 히가시 우마츠메 근처는 일찍부터 개화되어 신사, 불각 등이 많아 주민들의 신앙심이 두터운 풍토였으므로 할머니도 신앙심이 깊었을 것이라 짐작된다.

도요히코는 매달 2전의 용돈을 받았는데 근처에 있는 동림원에서 매달 21일에 개최하는 엔니치(綠日:신불(神佛)과 이 세상과의 인연이 강하다고 하는 날. 약사여래는 8일, 관세음보살은 18일 등으로 정해져 있으며, 이 날에 참배하면 영험이 크다고 함)가 되면 친구들과 만화경이나 인형 등 1전 정도 하는 장난감을 사는 것이 즐거움이었다. 또 7Km 정도의 거리에 있는 오오아사히고 신사에는 축제나 구정 때 갔는데 길에 늘어선 가로수와 길 양쪽에 즐비한 노점을 보며 즐기는 등 신기한 것에 흥미가 많았다.

여름방학 때 고베에서 얻어 온 환등기도 농촌에서는 신기한 것으로 토요일과 일요일에 이 집 저 집 다니며 비춰 보았다. 『소년세계』와 환등기 등은 아련한 도시의 향기와 넓은 세계를 그에게 보여 주는 것이었다.

도요히코가 11살이었던 소학교 고등과 3학년 때 한 가지 속상한 일이 생겼다. 여름 방학의 어느 날, 몇 명의 친구와 함께 근처의 학교 운동장에서 놀고 있는데 어떤 소녀가 그들에게 험담을 하는 것이 너무 고약하여 들고 있던 우산으로 가볍게 찔렀더니 그 애는 울며 집으로 가버렸다. 그로부터 2주 후 그 애의 어머니가 찾아와 "이 댁의 도령이 우리 애를 쳐 죽일 정도로 행패를 부려서 경찰에 고발하겠다."고 하였고 마을 이장도 같은 말을 하였다. 때마침 학질에 걸려 있던 그는 크게 놀랐다. 그 여자 애는 이전에 논밭의 용수로에 떨어져서 고막을 다쳐 오랫동안 고생하고 있는 것을 알고 있었고, 그렇게 심하게 찌른 것도 아니었기 때문이었다.

> "나는 10세 전후부터 또래 아이들보다는 한두 살 위의 아이들과 어울렸으나 난폭한 일이나 싸움질은 하지 않았다. 나는 내가 하지도 않은 일을 하였다는데 대해서 분개하여 3일간 계속 울었고 단식까지 하였다. 사실이 아님에 분개하고 슬펐으나 할머니가 시키는 대로 그 동안 모아 둔 5전을 가지고 가서 사죄하였다. 아름다운 요시노강 유역에서 자연을 벗 삼아 슬픔과 고독을 달래며 지내오던 내가 마을에서 따돌림을 당한다고 생각하니 소외감을 지울 수 없었다. 내가 하지 않은 것을 한 것처럼 말한 것이 너무 슬퍼서 3일간 계속해서 울었다. 하루 종일 먹지 않은 날도 있었다"(『나의 소년 시대』).

이 사건에 대한 그의 소년 시대의 회상기인 『나의 소년 시대』와 『나의 마을을 떠나다』에서는 다소 차이가 있지만 그가 마을을 떠나려고 결심한 계기가 된 슬픈 일이 되었다.

III. 도쿠시마중학교

   당시의 학제는 소학교는 8년제로서 초등과 4년은 의무제이고, 그 위에 고등과 4년이 있었다. 연령은 12세 이상이고 고등과 2년 과정을 수료하면 중학교 입학 자격이 된다. 도요히코는 고등과 3년을 마친 11세에 중학교 입학시험에 응시하였다. 앞에 말한 소녀와의 사건으로 마을을 떠나려는 그를 주변 사람들이 메이지 21년 7월생을 2월생으로 고쳐서 도쿠시마중학교에 지원서를 제출하게 했다.

   이 학교는 1878년(메이지 11년)에 설립된 명문학교로서 도요히코가 입학할 당시에는 도미다로우(현재 도쿠시마 현청 부근)에 있었다. 그러므로 이 학교에는 현의 각지에서 수재들이 모였다. 따라서 농촌 출신이고 나이도 한 살 어린 도요히코는 합격하리라고 생각하지 않았다. 실제로 그 해 지원자도 300명 이상으로 2:1의 경쟁률이었다. 합격자 발표일에 합격자 명단을 살펴보았으나 찾을 수 없어서 울며 교문을 나서는데 형의 점포에서 일하는 지배인으로부터

   "도요히코 축하해"라는 소리를 들었다.

   "불합격이에요. 이름이 없어서 돌아가는 중입니다."

   지배인은 눈이 빨개진 도요히코에게 방긋이 웃으며 말했다.

   "무슨 소리야? 네 이름이 물받이 아래에 있는데…."라고 했다. 그래서 다시 가서 찾아보니 물받이에 가려서 잘 보이지 않았는데 앞에서 다섯 번째에 도요히코의 이름이 있었다.

   그는 1900년 4월에 자연적인 풍경인 호리에무라(堀江村) 히가시 우마츠메(東馬詰)에서 도쿠시마로 옮겨 중학교 기숙사에서 새로운 생활을 시작하게 되었다. 당시 도쿠시마시는 상당히 번창했다. 1889년 시 제도가 시행될 때 인구는 61,080명으로 전국 10위의 도시였다. 그의 중학교 재학 시절에도 전성기는 계속되어 신마치가와(新町川) 기슭에는 흰 벽의 창고가 즐비하였고, 옥을 싣고 다니는 배와 비료를 운반하는 배, 청어를 운반하는 배들로 활기가 넘쳤다.

1. 기숙사에서 하숙으로

도쿠시마 중학교는 1학년에서 5학년까지 전교생이 550명이었다. 한 살 일찍 입학한 도요히코는 전교에서 가장 작은 학생이었다. 연령 문제로 나중에 교장실에 불려갔다.

"고베 시청에서 너의 연령이 1년 틀렸다고 정정해 왔다. 그러나 이미 중학교에 입학하였기 때문에 정식으로 입학을 허가한다."라는 교장의 부드러운 말을 듣고 도요히코는 가슴을 쓸어내렸다.

기숙사에 들어간 그가 놀란 것은 상급생들의 거친 행동이었다. 기숙사에는 100명 정도 있었는데, 거의 모두가 거칠어 항상 공기는 험악했다. 그 중에는 밤만 되면 기숙사 담을 넘어 환락가로 가는 학생들도 있어서 공부하는데 어려움이 많았다. 1901년 도요히코보다 1년 늦게 기숙사에 온 아모우 에이지(天羽英二)는 다음과 같이 회상기를 남겼다.

> "학교 앞에는 하천이 흐르고, 옆에는 넓은 운동장이 있어서 보트를 타거나 수영하기에 좋았다. 시골 출신 학생들은 학교생활을 대단히 좋아하였고, 기숙사는 사범학교와 겸용이었는데 사범학교가 분리되어 중학교가 독점하였다. 건물은 넓고 기숙생이 적어서 오히려 적적한 감이 있었다. 기숙사가 학교 가까이에 있어서 운동하기에는 편리했으나 정신적 수양의 장소로는 별로 좋지 않았다"(『도쿠시마중학교, 성남고등학교 백년사』).

도요히코는 1년간 기숙사에 있었다. 2학년 때 동맹휴학이 있었는데 학교에 가지 말자고 상급생들이 위협하였다. 왜 동맹휴학을 하는지 이유도 모른채 상급생들에게 구타당할 것이 싫어서 매일 집에서 빈둥거렸다.

학부형 모임과 교장의 설득으로 동맹휴학은 끝났으나 기숙사 생활이 싫어서 형에게 부탁하여 영어 교사였던 가타야마 쇼기치의 집에서 하숙하게 되었다. 그 집은 가타야마숙(片山塾) 또는 동성학원이라 하였는데 여러 명의 중학생이 하숙하고 있었다. 이곳에서 한 살 아래인 사촌과 수개월간 함께 지냈다. 그는 혼자 있는 것에 익숙하여 기숙사에서도 고독을 즐겼는데 이곳에서 처음으로 편안한 분위기를 느낄 수 있었다고 한다.

선생님은 기독교인이고 가족 모두 밝았으며 학교 기숙사처럼 문란한 분위기는 없었다. 그는 선생님과 산책하는 것이 좋았고 여러 면에서 선생님이 참 좋았다고 하였다. 학교에서 돌아오면 선생님은 그에게 영어 개인지도를 해주셨는데 선생님에 대한 기억이 깊이 남아 있었다. 도요히코는 한번은 가타야마 선생님을 따라 근처 토오리마치(通町)의 교회에도 갔는데 당시에는 교회에 대해 아무런 관심이 없었다고 한다.

어쨌든 1, 2학년 당시 그는 천진난만한 소년이었다고 한다. 당시의 그에 대해서 동급생이었던 나가이 카즈오(永井一夫)는 "도요히코는 창백한 얼굴에 작은 몸집의 귀여운 소년이었다. 부유한 가정에서 태어나 같은 교복이라도 깨끗하고 세련되었다. 5학년인 상급생들이 틈틈이 그를 데리고 다닐 정도로 인기가 있었던 것으로 기억된다."라고 말할 정도로 꽤 인기가 있었던 것으로 생각된다. 또 나가이 가즈오는 이러한 에피소드를 소개하고 있다.

"도요히코가 2학년 때 우리 중학교 학생 전원이 선생님 인솔 하에 사범학교 운동회에 견학 간 일이 있었다. 그 때 사범학교 측에서 참관 중인 중학생끼리 달리기 시합을 하라고 초대했다. 5학년 형들 중에 달리기에 자신이 있는 사람들이 뛰어나가자, 4학년, 3학년, 2학년에서도 몇 명씩 뛰어 나갔다. 경주는 운동회를 위해서 만들어진 약 300m 쯤 되는 트랙을 세 바퀴 도는 시합이었다. 출발 신호가 울리자 5학년 형들이 다른 사람들을 제치고 달렸기 때문에 순식간에 하급생들은 뒤에 처졌다. 그런데 1등에서 3등까지 5학년들이 테이프를 끊어서 끝났는데도 키 작은 학생이 혼자 경쟁 상대도 없이 트랙을 달리고 있었다. 도요히코였다. 하급생들은 모두 가가와 녀석이 바보같은 행동을 하고 있다고 조롱했지만, 가가와는 경주 규정의 전 코스를 혼자서 끝까지 달려서 골인을 하였다. 사범학교 교장이 가가와를 불러서 소년이 들고 다니기 어려울 정도의 흰 중국제 가방을 상품으로 주었다"(『도쿠시마중학교, 성남고등학교 백년사』).

그가 다닌 도쿠시마중학교에는 특별한 명물 교사들이 있었다. 타케다우시타로우(式田丑太郎) 선생은 국보적 존재라고 학생들이 추앙하던 수학 교사였는데, 제자 중에서 하야시 츠로이치(林鶴一)라는 수학자도 나왔다. 오까모토 유키사부로우(岡本由喜三郎) 선생은 얼굴이 수려하고 낭랑한 목소리로 한시를 낭송하여 학생들을 황홀하게 만들었다. 그 외에도 몇 명의 특출난 선생들이 있었다.

동급생 중에도 인재가 많았다. 앞에서 말한 나가이 가즈오를 시작으로 가고시마현 지사가 된 야마구치, 벤시 도우잔(別子銅山)의 완성자라고 불리는 야베 츄우지(矢部忠治) 등 나중에 여러 분야에서 활약한 수재들을 배출했다. 이런 분위기 속에서 3학년에 진급한 그는 공부와 운동에 열중하였다. 운동은 모든 분야에서 우수하였는데 특히 수영을 잘해서 4학년 때는 수영 교사의 조수가 될 정도였다. 테니스, 야구, 유도 등은 장비를 구입할 돈이 없어서 하지 않았고, 장비를 빌릴 수 있는 검도를 연습하였지만, 몸집이 작고 체력이 약하여 한 번도 우승한 일은 없었다. 생물학을 좋아한 도요히코는 생물 선생과 함께 산에 등산을 한 일도 있었다.

학비는 고베에 있는 형이 보내주겠다고 약속을 했었다. 그런데 형은 방탕하고 놀기를 좋아하여 학비를 안 보내는 일이 많아서, 형이 귀향했을 때 형이 머물고 있는 여관으로 직접 찾아가 학비를 받아 온 적도 여러 번이었다. 결국 하숙비를 내지 못하여 밀리게 되자 사카다 토요키치(坂田曹吉)라는 먼 친척집으로 하숙집을 옮겼는데 그 곳에서도 하숙비를 제대로 지불하지 못했다. 그러다 드디어 사업에 실패한 가가와 회조점은 1903년 파산하였다. 형의 빚 때문에 토지와 집을 처분했고 양어머니와 할머니도 큰 저택에서 쫓겨나 작은 집으로 이사하고 말았다. 도요히코도 숙부 집에서 가정교사 겸 청소부를 하게 되었다.

숙부는 모리가(森家)에 양자로 가서 그 가문의 7대 당주가 되었다. 그는 도쿠시마에서 손꼽히는 재벌이었는데, 시를 좋아하여 자비로 시집을 출판하여 친지들에게 나누어주기도 하고, 차 대접을 하는 등 분주한 생활을 즐겼다. 도요히코가 문학을 이해한 것은 숙부 덕이라고 한다.

의지하던 형을 잃고 가문을 위해 아무 도움도 주지 못하는 것을 비관하던 그는 심기일전(心機一轉)하여 열심히 공부하기로 마음먹고 새벽 4시에 일어나 집 안팎 청소를 마치고 몇 시간씩 공부한 후에 학교에 갔다.

2. 로간과 마야스 선교사

당시 도쿠시마에 있는 일본기독교회에서는 미국 남장로교 선교회 소속 선교사 찰스 알렉산더 로간이 매주 한 번 성경을 영어로 지도하고 있었다. 처음에는 영어 공부를 목적으로 친구들과 함께 강의를 들으러 갔다. 그 중 학생이 14-15명 정도였는데 로간이 친절하게 성경을 가르쳤다.

영어는 소학교 선생에게서 독본을 배웠고, 키타야마숙(片山塾)에서도 배웠으므로 그가 잘 하는 과목 중의 하나였다. 영어를 더 배우고 싶다고 생각하였으나 기독교에는 별로 관심이 없었다. 그러나 강의를 들으면서 로간의 자상한 성품에 끌렸다. 그래서 로간의 처남 마야스가 강의하는 영문 성경 클래스에도 참석하였다.

인간의 일생은 어떤 만남에 의해 운명이 크게 변할 수도 있다. 가가와 도요히코는 로간와 마야스라는 두 선교사에 의해 매우 큰 영향을 받았고, 평생 변하지 않는 두 사람의 사랑에 의지하게 되었다. 로간와 마야스는 미국 남부 출신이며 마야스의 여동생은 로간의 아내가 되었다. 두 사람은 미국 남장로교회에서 일본에 선교사로 파송되었다. 로간은 켄터키주 루이빌 출신으로 켄터키대학, 루이빌신학대학, 프린스턴신학교 출신으로 부친은 미주리주의 판사였다. 마야스는 폴란드계 미국인으로 버지나아주 렉싱턴 출신이었다.

그의 가문에서 초대 뉴욕시장이 나왔다고 알려져 있다. 신실한 장로교 신도인 양친 밑에서 자라나 루이빌신학대학을 졸업했다. 일본에는 로간보다 먼저 왔지만, 도쿠시마에서 양 가족이 같이 산적도 있었다. 두 사람은 처남 남매간 사이였고 기독교 선교의 동지로서 깊은 인연을 맺은 쾌활하고 유머 있는 따뜻한 성품의 소유자였다.

> "하나님의 사람을 만난 사람은 행복한 사람이다. 나는 로간 선생님을 매우 아름답고 조용한 하나님의 사자라고 생각하였다. 나에게 '어떤 생활이 행복하냐?' 라고 묻는다면 '로간 선생님과 같은 생활을 하는 것이다' 라고 대답할 것이다. 로간 선생님은 온 몸과 생명을 일본을 위해 바친 사람이었다."

성인이 되고나서 "나는 로간 선생님과 같이 되고 싶다" 라고 도요히코는 말했다. 로간은 일본에 있었던 39년 중 35년간을 도쿠시마에서 선교하며 그곳 사람들과 사귀며 친하게 보냈다. 그가 살던 거리는 '로간 거리' 라고 불리었다.

로간 이상으로 도요히코와 접촉한 마야스는 보다 깊이 도요히코와 사귀면서 격려하고 의지할 수 있도록 그를 도운 최대의 은사이자 후견인이었다. 얼마 안 있어 로간의 창세기에 대한 강의와 마야스가 권하는 성경 암기 등으로 그는 점점 기독교에 관심을 갖게 되었다. 도요히코는 로간과 마야스에게서 사랑의 존엄성도 알게 되었고, 두 사람 안에서 하나님의 모습을 본 것 같다. 이런 말이 전해지고 있다.

> "마야스의 부인이 미국으로 돌아간 후 로간의 부인이 가사를 돌보았다. 당시 도쿠시마에서 로간과 마야스 두 가정은 함께 공동생활을 하였다. 자주 이 가정에 드나들었던 도요히코가 어느 날 갑자기 채식주의를 주장하였는데 그 날 식탁에는 닭고기 튀긴 것이 있었다. 도요히코가 닭고기를 안 먹으니까 계란 후라이를 주었다. 로간이 '계란은 닭

에서 나왔고 곧 닭이 될 것이니 동물에 속하는데, 닭고기는 안 먹고 계
란만 먹는 것은 이상하다'고 하였다. 이에 대해 도요히코는 '아니에
요, 닭은 곡물과 풀을 먹으니 계란은 식물 왕국에 속합니다.' 라고 대
답하였다. 두 사람의 재미있는 토론이 계속되던 중에 마야스는 조용히
자리에 앉아서 '채식주의이면 그가 먹고 싶은 것을 먹게 해요' 라고 로
간에게 충고를 했다'(『가가와 도요히코 연구』 제6호, 후까타 미키오
(深田未來生), "복음의 씨를 뿌린 사람 찰스 알렉산더 로간").

마야스는 외롭게 지내고 있는 도요히코를 극진히 사랑하여, 그의 풍부한
가능성을 신장시키기 위해 마치 자신의 자식과 같이 인내를 가지고 언제나
신뢰했다. 가정 파산으로 의지할 곳 없는 도요히코가 절망을 견딜 수 없어서
마야스를 자주 찾았던 때도 있었다고 한다. "자, 울지 말고 나를 쳐다봐. 우
는 눈에는 태양도 우는 것처럼 비치고 웃는 눈에는 태양도 웃는 것처럼 비치
는 거야' 라며 위로하였는데 이 말을 평생 잊지 않았다고 한다. 무한히 뻗어
나갈 수 있는 가능성을 지닌 그는 우울한 나날을 보냈다.

마야스는 도요히코가 언제든지 자기 집에 오도록 타일렀고 수저와 침구까
지 마련해 놓고 부인인 구레스와 함께 항상 웃으며 맞이했다. 그는 마야스의
집에서 진정한 가정의 따스함을 알았다고 해도 좋을 것이다.

"왜 남인 나에게 이처럼 따뜻하게 사랑을 베풀어 주는 것인가? 왜 이렇게
먼 일본의 지방도시에서 문화도 다른 곳에서, 이렇게까지 기독교의 포교에
열을 올리는 것일까? 고국에 가면 아무 불편 없이 쾌적한 생활을 할 수 있을
텐데, 어떻게 해서 이러한 사명감을 가지고 있는 것일까?" 10대의 사춘기 소
년인 도요히코에게는 이상하게 생각되었음이 틀림없다.

당시 그는 "아버지는 외도하여 나를 낳았고, 형은 방탕하여 집안이 망하
였다. 이러한 분위기에서 어디론가 도망가고 싶다. 이런 더러운 길을 다시는
걷고 싶지 않다" 라고 생각하면서 고민하고 있던 중이었다.

결국 끝까지 마야스의 성경연구 강의에 참석한 것은 그와 동급생인 모리

도쿠타오루(森德太郎)뿐이었지만 도요히코의 마음은 서서히 그리스도의 사
랑으로 기우러지기 시작했다. 특히 마야스의 권유로 암기한 "들의 백합화가
어떻게 자라는가 생각하여 보라. 수고도 아니 하고 길쌈도 아니 하느니라.
그러나 내가 너희에게 말하노니 솔로몬의 모든 영광으로도 입은 것이 이 꽃
하나만 같지 못하였느니라."라는 성경 구절이 그의 마음을 강하게 흔들었다.

솔로몬과 백합화의 성구(聖句)에 깊이 끌렸던 도요히코는 "나는 네 살부
터 들에서 자라났으니 들에 핀 꽃들과 친해져 이 구절에 감명을 받았다. 성경
에서 하나님의 소리가 여러 가지로 들리며 하나님이 친히 나에게 속삭이는
것 같았다. 나는 심신을 새롭게 가다듬었다."라고 그가 쓴 『하나님과 속죄의
사랑에의 감격』이라는 글에서 당시의 상황을 기록하였다.

숙부의 집에서 일찍 일어나 기독교인인 러시아의 문호 톨스토이나 당시의
기독교 사상가이자 평론가인 츠나시마 료센의 책을 탐독한 것도 이 무렵이
었다. 그리고 중학교 4학년 때부터 혼자 기도하는 것을 깨우쳐 남이 보지 않
게 이불을 뒤집어쓰고 하나님께 기도하였다. 그렇게 기도하면 대단히 기쁘
고, 자기를 향상시키려는 마음이 용솟음쳐서, 살아 있는 것이 기적 같이 생
각된 적도 있었다. 그렇게 하면 외로운 것도 고통스러운 것도 사라져버렸다.

그러나 기독교를 믿을 결심은 좀처럼 하지 않았다. 세속적인 여러 욕구와
입신출세하여 윤택한 생활을 하고 싶다는 등의 욕망이 조금은 있었으나 무
엇보다도 도움을 받고 있는 숙부가 기독교를 몹시 싫어했기 때문이기도 하
였다. 당시 지방 도시에는 기독교인이 극히 소수였다. 도쿠가와 막부의 기독
교 금지 정책으로 이단시하는 풍조가 남아 있었다. 실업가이며 지방의 명사
인 숙부는 집안에 기독교인이 있다는 것을 체면상 바라지 않았을 것이며 확
실히 반대하여, 몹시 화를 낼 것이라고 생각했던 것이다.

3. 병고와 입교(入敎)

당시 도요히코에게는 또 하나의 커다란 고민이 있었다. 평생 그를 괴롭혀

온 병마(病魔)가 드디어 여러 가지 합병증으로 발전되었다. 가가와는 엄한 할머니와 냉담한 양어머니 밑에서 유년기를 보낸 탓으로 음지에서 자란 식물처럼 창백하고 나약하였다. 7세 때 도쿠시마에 유행했던 이질에 걸렸고 그 후에도 자주 이질에 걸렸었다. 특히 12세 때는 생사의 갈림길에 이를 정도로 심하였었다.

그로부터 2년 후인 14세 때에 신경쇠약에 걸렸었는데 이는 가정 파산 직전이었으므로 심적 고통이 원인이었을 것이다. 영양실조로 원기가 없고, 쉽게 피로를 느꼈다. 거기에다가 기침까지 겹쳐 고생하였다. 의사에게 진단을 받으러 갔더니 폐렴이라 하였다. "학교를 잠시 쉬고, 농촌에 가서 요양을 하시오. 그렇게 하지 않으면 더 악화 됩니다."라고 의사가 충고하였지만 도요히코는 아무 말도 하지 않았다. 병세가 악화된다고 하더라도 히가시 우마츠메에는 돌아가고 싶지 않다고 고집스럽게 생각했던 것이다.

당시는 아직 BCG와 같은 예방 접종도 없고, 세간에 결핵에 대한 지식도 없어서 적절한 대책이 없었다. 병든 몸을 맡길 따뜻한 가정도 없었다. 단지 마야스의 집을 방문하는 것이 유일한 도피처였다.

언젠가 마야스에게 신학에 관한 책을 영어로 배우던 중 갑자기 도요히코가 눈물을 흘린 일이 있었다. 마야스 부인은 염려가 되어서 도요히코를 바라보았다. 마야스는 "이리로 와요"라고 말하며 그를 밖으로 데리고 나갔다. 해질 무렵에 저녁 노을이 서쪽 하늘을 붉게 물들이고 있었다. 마야스는 아무 말도 하지 않고, 단지 부드럽게 그의 어깨에 손을 올려놓았다.

"도요히코 씨, 당신의 눈물을 저녁 해로 증발시킵시다. 눈물이 완전히 마르면 또 영어 공부를 계속합시다."

도요히코는 인자한 아버지 같은 마야스의 사랑을 더욱 몸으로 느끼며 한층 더 뜨거운 눈물을 흘렸다. 숙부 집에서도 특별히 영양이나 휴양을 취하지는 못했다. 도쿠시마의 소문난 자산가이지만 오히려 식사는 검소했다. 그는 남다른 공부벌레로 새벽부터 독서에 열중하였다.

16세 되던 해 봄에 결국 소량의 각혈과 40도 가까운 고열에 시달렸다. 그

때도 의사는 "잠시 휴학하고 농촌에 가서 편안하게 요양을 하십시오. 그것이 장래를 위한 것입니다."라고 열심히 권유했으나 도요히코는 그 권유를 따르지 않았다.

> "어릴 적 아와의 농촌에서 학질과 이질로 해마다 고통을 당한 나는 12세 때 중학교 교의(校醫)가 폐렴이고 늑막이 좋지 않으니 휴학하라고 권하였으나 듣지 않고 졸업 때까지 억지로 다녔다"(무라시마 요리유키(村島歸之)『가가와 도요히코 투병사』).

그리스도의 사랑을 믿고, 그 가르침에 몸을 맡기는 것 외에는 비참한 경우나 병고를 피하는 방법이 없다고 느끼고 있으면서도, 단지 주저하고 있던 도요히코에게 어느 날 마야스가 말했다.

"왜 당신은 크리스천이 되지 않습니까? 무엇을 두려워하고 있는 겁니까?"

대답이 궁해 있던 그를 마야스는 몇 번이나 큰 소리로 꾸짖었다.

"당신은 겁쟁이야!"

이 한 마디가 갈피를 잡지 못하고 방황하던 그에게 결정적인 계기가 되어서 얼마 후 마야스에게 세례를 받게 되었다. 그날이 1904년 2월 21일이었다.

이보다 10일 전, 도쿠시마중학교에서 토론회가 있었는데 3개의 주제 중에 "학생이 기독교를 믿어야 하나?"라는 것이 있었다. 기독교는 일본의 문화풍토로는 받아들이기 어렵다고 주장한 학생 다음에 도요히코가 등단했다. 그는 "어느 시대에도 종교는 필요하다"라고 전제하고, 불교나 회교를 논한 후 기독교의 뛰어난 점을 역설하려고 했는데, 시간제한 때문에 충분히 주장하지 못하였다. 토론 강평 때 "기독교를 믿어야 한다는 논리는 들을 만한 것이었고 깊이 있는 이론을 전개하지 못하고 벨이 울려서 주장을 듣지 못한 것이 유감이다"라고 평하였다. 또 "말하는 너의 말솜씨와 태도는 매우 지성적이다"라고 하였다. 후일 일본 국내 뿐 아니라 세계 각지에서 멋진 제스추어와 박력 있는 말솜씨로 청중을 매료시킨 그의 모습을 연상시키는 것이었다.

기독교인이 된 도요히코는 곧 주일학교 교사가 되어 많은 어린이들을 가르치게 되었다. 최초의 설교는 가나의 혼인잔치에 대한 것이었다. 종교 활동이 활발해짐에 따라 학교 공부를 점차로 소홀히 하게 되었다. 특히 수학은 3학년 때까지 잘 했었는데, 대수 성적이 확 내려갔다. 수학 중에서는 삼각법을 가장 좋아하여서 영문으로 된 삼각법 책을 구해서 열심히 공부를 했지만 대수 숙제를 하는 시간은 적었다.

　한편, 교인이 된 이후부터 점점 더 독서욕이 높아져서, 도쿄박물관에서 출판한 백과전서를 손에 닿는 대로 차례대로 탐독하고, 와세다대학 강의록을 공부하며, 하르트만의 종교철학 책을 정독하였다. 철학을 좋아하는 도요히코에게 마야스는 주 2회 프린스턴대학 팻튼 교수의 『그리스도교 개론』을 가르쳤는데 이것은 그의 영어 실력을 키우는데 크게 도움을 주었다.

　중학 시절 그가 심취한 것은 영국의 사상가인 존 러스킨과 러시아의 작가 톨스토이였다. 특히 "도덕적이고 건강한 사회가 고귀한 예술과 건축의 기초가 된다."라는 러스킨의 사고방식은 나중에 그의 '인간 건축' 이라는 사상으로 받아들이게 되었다. 러스킨에 공감한 도요히코는 그의 『참깨와 백합』을 번역한 "러스킨의 여성 교육관"을 1906년 8월에서 9월까지 「도쿠시마 마이니찌신문」에 17회에 걸쳐 연재하였다.

　톨스토이는 메이지시대 일본에서는 『전쟁과 평화』, 『부활』, 『안나 까레리나』 등의 작가로서만 아니라 사상가, 종교가로서 크게 취급되었다. 그의 인간으로서의 진지한 삶이 많은 사람의 주목을 받았다. 『나의 참회』 등 인간이 어떻게 살 것인가와 같은, 젊은 시절 고뇌하는 이들이 누구나 직면하고 있는 근원적인 문제를 정면으로 취급한 작가였다. 도요히코는 그가 또 비전(非戰), 반전(反戰)의 입장을 가진 것에도 크게 감명을 받았다. 1904년 12월 9일 재기하기 위해 조선에 건너갔던 형 탄이치(端一)가 인천의 일본인 구락부에서 병사했다는 슬픈 소식이 전해졌다.

　1905년 그는 도쿠시마중학교 동창회에서 발행하는 『소용돌이의 소리』 9호와 10호에 "무장하는 게"라는 논문을 발표하였다. 게의 생태를 해부학적으로 연구하여 그 진화를 고찰한 것이었다. 그 내용은 서론, 게의 명칭, 게에 대한 전래 미신, 게의 무장, 게의 종류, 게의 눈, 게의 집게 발, 게의 등껍질, 게의 알, 게의 집, 게의 걸음걸이, 결론 순으로 되어 있었다. 연구 논문으로서의 체계도 잘 정돈되어 있었다. 어린 시절을 요시노강 유역에서 보냈으므로 자연이나 생물에 강한 관심과 애착을 품은 그다운 연구라 할 것이다. 추쿠다 치츠오(佃實夫)의 소설 『붉은 십자가』에는 그가 거처하고 있던 모리 씨의 부엌에서 게를 해부했는데, 악취 때문에 하녀들이 많이 괴로워했다고 적혀 있다. 그 무렵의 동급생인 나가이 가즈오의 증언이 있다.

> "도쿠시마중학교 시절의 가가와 도요히코는 학과 성적이 뛰어나지는 않았다. 그러나 비교적 일찍 세례를 받고 교회에 다니면서 미국 목사들과 사귀었기 때문에 영어는 아주 잘 하였다. 요즘은 사이언스 등과 같은 단어를 고교생은 알고 있으나 우리의 중학교 시절에는 아무도 몰랐다. 가가와 도요히코가 변론부원의 연설을 평하면서 '사이언스가 없어서 내용적으로 애매하다'고 하여서 무슨 말인지 모른 적이 있었다. 가가와는 그런 의미에서 조숙한 셈이었다"(『도쿠시마중학교, 성남고등학교백년사』).

1904년 2월 5일, 일본은 러시아와 단교를 하고 10일에는 선전 포고를 하였다. 나라 전체가 러일전쟁에 돌입하여, 청년들에게 하사관 후보생 지원을 장려한다든지, 지원병 모집을 하였다. 여러 가지 강연과 출판물을 통해 국민들을 전쟁에 몰아넣고 있을 당시에 도요히코는 한 가지 사건을 일으켰다.

1905년 3월, 졸업을 앞두고 실시한 야외군사교련 시간에 "훈련을 가는 것은 싫다"고 하면서 총을 운동장에 던져버리고 낮잠을 자고 있었다. 육군 대위인 체육 교관은 그를 거꾸로 매달고 때려서 코피가 운동장을 적셨다.

당시의 교과목 중에는 '군대식 체조'라는 과목이 있어서 점수도 주었다. 교과의 실습에는 중대교련, 야외훈련 등이 있었고 상급 학년이 되면 마치 군

대처럼 적의 정찰, 보초, 야영훈련 등도 하였다. 도요히코는 하급생 시절에는 얌전히 훈련도 받고 그 교과의 성적도 좋았다는 상급생인 마츠카 쇼우이치(松家昇一)의 증언이 남아 있다. 그런데 기독교 세례를 받은 4학년 전후부터 평화주의자인 로간과 마야스의 영향과 톨스토이의 반전론에 심취하면서 전쟁에 대해 의문을 품게 되었다. 뿐만 아니라 사촌형에게 빌려 읽은 「평민신문」과 기독교 사회주의자의 반전사상에서도 영향을 받은 것 같다.

그의 자서전 『나의 마을을 떠나다』를 보면 "마야스에게 개인 지도를 받는 대신 주일학교, 토요학교의 봉사를 부탁받아서 토요일과 일요일은 대부분 그 일을 하였다. 당시에 조숙한 나는 아베 이소오의 저서나 기노시타 나오베의 저서와 같은 기독교 사회주의에 공감했었다. 따라서 러일전쟁이 시작되었지만, 나는 톨스토이의 반전론을 믿고 일본의 승리에는 관심이나 흥분을 느끼지 못했다"라고 하였다. 이것은 전쟁 기분에 도취된 당시의 중학생 가운데서는 이례적인 것이었다.

그러나 중학교 4, 5학년 시절, 도요히코의 독서가 종교철학이나 사회주의 서적으로 기울어진 것만은 아니었다. 괴테의 『파우스트』나 바이런의 시집 등도 애독하여 이성이나 연애도 동경한 다감한 청년이었다.

1905년 3월에 도요히코는 도쿠시마중학교를 졸업하였다. 1905년 3월28일자 「도쿠시마 마이니찌신문」에는 도쿠시마중학교 졸업식 기사와 함께 61명의 졸업생 명단이 성적순으로 게재되었는데, 거기에 따르면 도요히코는 13등이었다.

그가 신세를 지고 있던 숙부 모리 로쿠베에(森六兵)에게 기독교 계통 학교 진학을 원한다고 밝히자 숙부는 격노했다. 숙부로서는 재능이 있는 그가 엘리트 코스를 밟아서 제국대학을 나와 아버지인 준이치 못지않은 훌륭한 관리가 되기를 바라는 기대가 있었던 것이다. 그것이 또한 몰락한 가가와 가문을 부흥시키는 길이라고 생각하였다.

도요히코가 메이지학원에 진학하겠다는 의사를 굽히지 않는다는 것을 알고서 실업계 한 길만 걸어 온 숙부는 배신 당한 기분이었을 것이다. 미션 스쿨에 진학하여 장차 기독교 전도사가 되고 싶다는 도요히코의 희망을 친척들은 가가와 가문을 계승할 생각이 없는 것으로 간주했을 것이다. "네가 하고 싶은 대로 하여라. 더 이상 너를 보살피지는 않겠다. 나와는 이제 인연을 끊는다."라며 학비 지원도 거절하였다. 도쿄에 있던 나가이 숙부에게도 원조를 거절당한 그는 마야스에게 어려움을 호소하였다. 도요히코가 부탁할 사람은 마야스 밖에 없었다. 그러자 마야스는 매달 11원의 학비를 보내주기로 했다. 그러나 그것으로는 부족하여 중간에서부터 장학생이 되어 매달 10원을 받았다. 그 당시 학생들은 매달 20원에서 30원 정도면 생활할 수 있었다. 당시의 사정을 아우 마스요시(益慶)는 다음과 같이 기록하였다.

> "즐거웠던 소년 시절도 형이 도쿠시마중학교 졸업 무렵부터 집에 오지 않게 되고, 나도 백부의 도움으로 일터에 가게 되어 형과의 즐거웠던 생활도 5년으로 끝나 버렸다. 형은 도쿠시마중학교에서 메이지학원으로 진학하였는데 상경하기 전 고베에 있는 나를 만나러 와주었다. '삼촌이 기독교에는 돈을 줄 수 없다고 하셨지만 100원을 주셨다' 고 좋아하며 말하였다. 11세였던 나도 저축하였던 5원 모두를 형에게 전별금으로 주었다. 형은 내 얼굴을 바라보며 눈물을 지었다. 이것이 비운의 형제 상봉이며 또 이별이었다. 그때 형이 입고 있던 빨간 장교용 망토가 인상적이었으며 지금도 뇌리에 남아 있다."

가가와 도요히코에게 도쿠시마중학교 시절은 그의 사상과 삶의 방법의 기초가 형성된 시기였다. 평화주의자, 기독교 전도자, 사회개량가, 박물학자, 문필가 등 여러 측면이 이때에 이미 싹트고 있었다. 그리고 현(縣)의 명문교에서 공부한 도쿠시마 생활 중, 그는 생애에 걸친 좋은 이해자로서 자기를 보살펴준 스승과 벗을 만날 수 있었다. 도요히코가 크리스천으로서 경건한 인생길을 걷도록 이끌어준 로간과 마야스와의 관계는 헬렌 켈러와 설리반 선생의 사제애와 비슷하다.

또 많은 친구의 혜택도 받았다. 동급생인 나가이 가즈오, 1년 후배로서 같은 나루토시 출신인 아모우 에이지(天羽英二), 니이 이타루(新居格), 도리카히 이사부로(鳥養利三郎:후에 교토대학 총장이 됨), 후배로서 그의 사업에 협력한 의사인 마시마 유타카, 오사카 출신이지만 도쿠시마중학교를 졸업한 평론가인 오오야 소우이치(大宅壯一) 등 다수가 있다. 특히 사촌인 니이 이타루(新居格)는 도쿄대学을 졸업한 후에 기자와 평론가로 활약하며 평생 그의 좋은 이해자, 협력자로 헌신하였다. 전쟁 후에 그를 '신생 일본의 지휘자'라고 평가하고, 그의 일을 '영혼의 외교'라고 칭찬하며 세상에 소개하였다.

제2장 ──────── 신학의 꿈을 안고

       가가와 도요히코는 새로운 세계를 향해 첫발을 디딘다. 이 것은 그의 평생을 드리는 헌신의 길이요, 꿈의 서계였다.

I. 메이지학원 시절

    가가와 도요히코는 1905년 4월에 메이지학원(明治學院) 고등학부 신학예 과에 입학하였다. 메이지학원은 1886년 도쿄 일치신학교(一致神學校), 도쿄 일치영화학교(英和學校)와 그 예비교가 합병되어 1887년 9월에 개교한 학 교였다. 학교는 시바시로카네다이의 옛날 미타우라(三田浦)의 시모야시키 아토(下屋敷跡)에 있었으며, 보통학부 제1회 졸업생에는 저명한 문인 시마 자키 하루키(島崎春樹), 도가와 아카조우(戶天明三), 바바 가즈야(馬場勝彌) 등도 있었다.

    메이지학원이라는 명칭은 설립자의 한 사람인 우에무라 마사히사(植村正 久)의 제안에 의한 것으로서, 메이지 문화 속에서 빛나는 학문의 전당이라는 의미가 들어 있다고 말해지고 있다. 본래 이 학교는 '헤이븐식 로마자'로 알려진 J. C. 헤이븐 박사의 헤이븐 숙(塾)과 성경의 일본어 번역에 헌신한 R. 브라운 박사의 브라운 숙(塾)을 근원으로 미국 북장로교회가 설립한 학교로써 성경 중심의 교육을 하였으며 기독교 전도자 육성을 목적으로 하였다.

> "천국은 마치 사람이 자기 밭에 갖다 심은 겨자씨 한 알 같으니 이는 모든 씨보다 작은 것이로되 자란 후에는 풀보다 커서 나무가 되매 공중의 새들이 와서 그 가지에 깃들이느니라" (마태복음 6: 31-32).

이 성구와 같이 메이지 학원은 기독교 교육을 통해서 선교의 씨를 뿌리는 인재를 양성하는 학교였다.

1. 기이한 행동을 많이 하는 독서가

도요히코의 이름을 널리 알린 대표작으로 베스트셀러가 된 『사선을 넘어서』는 시로카네다이(메이지학원의 교지) 주변 묘사부터 시작된다.

> "도쿄의 시바시로카네 근처에는 계곡 세 개가 합쳐진 곳이 있다. 그곳은 녹색으로 장식되어 있는데 지난 해 볏짚으로 덮여 있는 논바닥만 녹색이 없다. 오오자키의 계곡 안쪽에는 큰 구름까지 올라갈 듯한 삼목이 10여 그루 있었는데, 그곳에 이케다 후작의 저택이 있다. 시로카네의 언덕 위에는 사찰이 한 두 채 있는데, 언덕 안쪽에는 주택은 없고, 밤나무, 참나무 도토리나무 등이 30 그루, 60 그루가 있다."

이런 정도로 조용하고 한가로운 전원의 나무 아래에서 뒹굴면서 책을 보는 청년과 그를 찾아온 친구와의 대화가 그 뒤를 잇는다. 어쩌면 그의 학교생활이 투영된 부분과 다르지 않을 것이다.

입학한 그는 4층 건물의 크나큰 헤이븐관에서 기숙사 생활을 시작하였다.

메이지학원에서의 생활에 대해서는 『메이지학원 50년사』에 수록된 도요히코 자신의 회고록 「기어 다니며 본 신기루」에 자세히 적혀 있다.

거기에는 "시로카네다이에서의 첫 해는 나에게는 쓸쓸한 1년이었다."고 기록되어 있는데 학교나 기숙사 생활에 잘 적응하지 못한 것 같다. 영어도 꽤 잘하고, 매우 조숙하여 학교 수업에 만족하지 못하고, 매일 철학책 등을 읽었기 때문에 상당히 건방지게 보여 다른 학생들에게 폭행당한 일도 있었다고 한다.

메이지학원을 천국 다음으로 성스러운 곳이라 생각했던 그에게 불량 청년도 있고 날치기를 하는 녀석도 있는 기숙사 분위기가 도쿠시마중학교의 기숙사에서 느꼈던 것과 비슷한 위화감을 느끼게 했다. 기독교인으로서의 자각도 겸손함도 느낄 수 없는 급우들에게 그는 사정없이 구박을 당하였다. "나는 작은 마르틴 루터를 본받아서 온갖 장소에서 그러한 사람들을 나무랐다. 나는 구타를 당했고 울었다"고 기록하고 있다.

마야스의 개인 레슨을 1년 이상 받았으므로 영어에는 자신이 있는 그에게 수업은 너무 단조로워 매력이 없었다. 수업 중에서 흥미있는 것은 존 바라 선생의 '천문학', 마구네야 선생의 '경제학', 라이샤워 선생의 '서양사' 정도였다. 모두 영어 수업이었지만 그는 이해를 잘하고 시험 답안도 모두 영어로 썼다.

한편, 메이지 학원에는 훌륭한 도서관이 있었다. 그 도서관은 라틴어 문법서에서 산스크리트 서적에 이르기까지 만 여권의 양서를 갖춘 당시 일본 굴지의 도서관이었다. 고마웠던 것은 도서관 사서(司書)가 그에게 호의를 베풀어서 자유롭게 서고(書庫)에 출입하며 필요한 서적을 대여해 준 일이다. 신학은 물론 사회과학, 인문과학, 자연과학에 대한 국내외 서적이 정비되어 있었고, 유난히 양서(洋書)가 많은 도서관은 그에게 있어서 마치 보물창고와 같이 생각되었다. 바운 박사의 『형이상학원리』, 『순수철학원리』 등에 특히 감화되어 메모하며 공부하였다고 한다. 특히 바운 박사의 인격주의 종교철학에 커다란 영향을 받아 후일에 "바운을 읽었기 때문에 그 후에 나는 사상적으로 별로 동요하지 않고 인격주의의 종교철학에 의거하여 나아갈 수 있었다"고 진술할 정도였다.

그의 독서 방법은 당시 그의 일기 『모순론』을 보면 알 수 있듯이 단순히 통독하는 것이 아니라 중요한 부분을 정성들여 적어서 보관하기도 하고, 자기의 생각을 적어 넣기도 하였다.

그 해 여름 방학에 도쿠시마에 돌아간 도요히코는 마야스를 따라 마야스 부인의 자전거를 타고 요시노강 상류까지 전도여행을 떠났다. 그 당시 그는 "서양 사람이 이처럼 열심히 일본인을 구원하려고 하는데, 나도 더 열심히 하지 않으면 안 되겠다."고 전도에의 의지를 강하게 가졌다.

2. 좋은 친구와의 만남

"2년째부터는 매우 유쾌하였다"고 「기어다니며 본 신기루」에 기록되어 있다. 우선 기숙사를 헤이븐관에서 하리스관으로 옮겨 좋은 친구들과 만난 것이 좋았던 것 같다. 같은 방에 있던 다까타 긴죠우(高田銀逵: 후에 다카마츠교회 목사)는 그보다 나이가 많았고, 사회 물정도 잘 아는 상냥한 청년이었다. 무엇보다도 도요히코를 친동생같이 잘 보살펴 주었다. 옆방에는 소설 『무명』을 발표하고 폭넓은 평론 활동을 한 가토우 카즈오(加藤一夫)가 있었다. 당시 가토우는 하오리를 입고 오카와표의 교회에 열심히 다니며 방안에서도 손뼉을 치며 찬송가를 부르는 부지런한 학생이었다. 한 층 아래에는 나중에 메이지학원 학장으로 활약한 무라다 시로가 있었다. 그는 대식(大食)클럽의 회장도 겸한 활달한 성격의 소유자였다. 무라다는 도요히코의 인상을 다음과 같이 기록하고 있다.

"학생으로서 가가와는 몸이 날씬하고 창백한 얼굴의 청년이었지만 몇
번을 보아도 예민한 날카로움을 지니고 있었다. 하지만 그를 아니꼽게
본 사람이 없는 것은 아니다. 그의 말투가 때로는 타인을 공격하는 듯

한 느낌으로 들릴 때가 적지 않았기 때문인 것 같다"(메이지학원대학
기독교학생회 편『가가와ー20세기의 개척자』중에서 "메이지학원 시
절의 가가와 도요히코" 편).

건너방에는 후에 게이오대학 교수가 된 작가 사사키 호우(左左木邦)가 있
었다. 그 방에서는 밤에 도요히코를 비롯하여 몇몇 학생들이 간담회를 열기
도 했다. 뒷방에는 단테와 칼빈을 번역한 나카야마 마사키(中山昌樹)가 있었
다. 그는 대단한 공부벌레로서 도요히코와 의기투합해서 진지한 토론을 주
고받으며 장난을 치다가 2층에서 함께 떨어진 적도 있었다. "만약에 하리스
관 근처에 키 작은 나무가 없었다면, 나나 나카야마 둘 중에 하나는 지금은
이 세상 사람이 아니었을 것이다"라고 도요히코가 술회한 적이 있다. 두 사
람은 평생 친교를 나눈 친구 사이였다.
또 별과의 상급생으로는 후일 도요히코의 협조자가 된 오키노 이와사부로
(작가, 평론가), 도미타 미추루(프린스턴 졸업 후 목사가 됨)가 있었다. 특히
오키노는 도요히코의 고베에서의 활동을 잡지『웅변(雄弁)』에 소개하였고
『사선을 넘어서』를 발표할 계기를 만들어준 은인이었다.
이렇게 하리스관에서의 생활은 충실하였다. 그 자신도 "나의 반평생 중에
메이지학원의 후반 1년처럼 열심히 공부한 적이 없었다. 프린스턴에서 2년 간
공부한 것을 빼고. 더 젊었기 때문에 프린스턴에서 읽은 것보다 머리에 더 잘
들어 왔다."고 말할 정도로 평생을 지배할 지적(知的) 만족감을 준 시기였다.
라츠도, 히딩크, 게야도 등의 종교철학, 플라톤과 헤겔의 역사철학에 빠
진 것도 이 시기였다. 매일 새벽 4시에 일어나 아침 식사도 하지 않고 11시까
지 독서하는 것이 보통이었다. 무라다 시로는 "가가와는 아침 일찍 일어나
소리 내어 독서하는 습관이 있었다. 그렇게 열심히 공부만 하는 것이 대단하
다고 생각하지 않을 수 없었다."고 회상할 정도였다. 무라다 시로는 이렇게
썼다.

"메이지학원은 아름다운 교회와 푸른 잔디, 나무들, 학생 숙소, 외국인 교수 주택 등 마치 외국에 온 느낌을 준다. 고등부의 숙소와 하리스관 내부의 다다미와 방 칸막이 문종이에 여기저기에 쓴 낙서, 자유로운 공기, 청결하고 기독교인다운 경건함, 학문에 대한 동경이 가득 차 있는 장소였다.

이른바 출세욕이나 성공욕 등은 속물들이 구하는 것으로 돌리고, 가슴을 펴고 진리탐구만을 염원하는 청년들의 교제는 즐겁고 바람직한 것이었다. 학우들끼리 어울려 오오자기, 고탄다 주변의 숲과 초원 깊은 곳에서 기도와 토론을 하고, 때로는 아자부(麻布)에서 노방전도를 하였던, 정말로 아련한 추억이 남아 있는 곳이다. 학생 시절의 교우 관계는 일생을 거쳐 따뜻한 우정의 원천이 되었다" (무라다 시로 『회고 50년』).

당시의 시로카네는 봄이면 교문 옆에 벚꽃이 만발하고 하리스관의 2층부터 근처의 넓은 뜰은 마치 집의 뜰과 같았다. 교정에서 석기시대의 토기가 나와서 비가 온 뒤에는 토기를 찾아 다녔다. 기도회가 개최되는 헤이븐관 5층에서는 시나가와만이 한 눈에 들어 왔다. 무엇으로도 표현할 수 없는 아름다운 석양을 즐길 수 있었다. 때로는 교정에 신기루가 일어나서 드러누워 거꾸로 신기루를 본 적도 있다고 도요히코는 쓰고 있다.

또 도쿠토미 로카의 『자연과 인생』에 묘사되어 있는 잡목림의 아름다움에 매혹되어, 그는 매일 나카야마와 함께 메구로 방향으로 산책을 가면서 이케노가미(池上)에 있는 혼몬지(本門寺)라는 절 주변까지 걸어가기도 하였다.

학급은 6-7명씩으로 된 작은 규모이지만 2학년이 된 도요히코는 차츰 주위에 동화되어 학원에 대해 만족하며 즐겁게 지냈다. 급우들로부터는 '초자연주의자(超自然主義者)', '책벌레' 등의 별명으로 불릴 정도로 독서에 열중하였지만 여전히 수업에는 힘을 쏟지 않았다.

예를 들어, 한문 선생이 맹자를 강의하고 있었는데 중학교 진학 전에 맹자 강독을 마쳤기 때문에 강의에 참석하지 않았다. 결석한 학생은 1시간당 3점씩 감점 당했기 때문에 학년말 점수가 마이너스 9점이 되어 한문은 낙제를 해버렸다. 다행히 평균점수가 좋았기 때문에 제일 꼴찌로 진급하게 되었다.

또 영문학사 수업 중에 교실에서 쫓겨난 일도 있었다. 그날 아침밥을 거르고 새벽 4시부터 라츠도의 종교철학을 탐독하고 있었는데 자주 수업에 들어가지 않으면 담당 교수에게 미안하니 얼굴을 보이기 위해서 교실에 들어갔었다. 그러나 교재인 스윈턴의 『영문학사』를 지참하지 않고 라츠도의 『종교철학』을 계속해서 읽고 있었다. "가가와 군, 지금 무슨 책을 읽고 있나?" 하고 질문을 받자 그는 "라츠도의 철학을 읽고 있었습니다."라고 대답하였다. 그러자 "영문학사를 읽지 않으려면 교실에서 나가주게"라는 꾸지람을 들었다. 그래서 그는 조용히 교정으로 나와서 라츠도의 종교철학 책을 계속해서 읽었다.

중학교 시절에 눈뜨기 시작한 사회 문제에 대한 관심도 여전히 강했다. 그 무렵 기독교 사회주의자들이 간다의 기독교회관을 빌려 매주 일요일 오후 2시부터 강연회를 개최했는데, 그는 시바시로카네에서 간다까지 강연회에 참석하기 위해 걸어갔다. 와타라세가와(渡瀬川)의 사건이 일어난 무렵에 다나카 쇼죠의 연설을 여러 차례 들으러 갔다든지, 애독하는 책인 키노시타 나오에와 도쿠토미 로카의 강연에도 귀를 기울였다.

당시 온 나라가 러일전쟁의 승리로 전승 분위기에 도취되어 있었는데, 톨스토이와 기독교 사회주의에 심취에 있던 그는 메이지학원의 토론회에 나가서 반전론을 연설까지 하였다. 반전론자는 교내에서도 소수였기 때문에 그의 연설은 많은 학생들로부터 강한 반발을 샀다. 그로 인해 도서관 뒤뜰에 끌려가 밤 9시경에 많은 학생들에게 폭행을 당하였다. 그러나 도요히코와 오키노 이와사부로 등 일부 학생들은 소신을 굽히지 않았다. 시나가와역을 통과하는 그 시대의 영웅, '군신(軍神)' 도고헤이하치로(東鄕平八鄕)를 환영하러 가는 것을 보이코트 한 것도 그 한 예이다.

『메이지학원 50년사』를 보면 메이지 30년대 이후 메이지학원 학생들의 특징의 하나는 그들의 관심이 여러 형태로 사회적인 것으로 향하였다는 점이다. 메이지 20년대의 학생들은 학원 생활에서 자신들이 얻은 것을 토대로 독립하여 스스로 사회에 대해 자기 나름의 세계를 구축해야 했다. 시마자키 도손이 그 전형으로 여겨지는 바, 정신적으로도 자아의 각성이나 해방 등이 당면 문제였다.

이에 반하여 메이지 30년 이후에는 자본주의 발전과 그에 수반하여 발생하는 사회적 모순도 있어서 인격적 주체로서 자기를 어떻게 주변 사회 문제와 대결하여 살아가야 하는가가 절실한 과제였다. 가가와 도요히코가 바로 그 전형적인 인물이었다.

메이지학원 시절의 도요히코는 마르크스주의에 많은 관심이 있었으나 특히 리차드 T. 이리의 저작은 신앙을 버리지 않고 사회주의 입장을 뚫고 나간 그의 생활 방식에 많은 영향을 주었다. 공부를 좋아하고 맹렬한 독서가인 도요히코였지만 생활의 중심은 신앙에 두었다. 메이지학원 교가 '인생의 젊은 새벽'은 시마자키 도손이 작사했는데, 그 가사가 학생들에게 배포되었을 때 그는 "이 교가에는 하나님에 대한 찬양은 하나도 없다. 학원의 교가로서는 나는 불만이다"라고 말했다고 한다.

도요히코는 기이한 행동을 많이 하였다. 화려한 옷을 입고 다카나와교회에 온 신자들을 위선자라고 규탄하기도 했는데, 무엇인가에 이끌린 두드러진 존재였던 것 같다. 걸으면서 책을 읽고, 식당이나 욕실에도 책을 들고 다녔다. 독서에 열중해서 지나가다가 된장국을 뒤집어 놓은 적도 있었다. 처음 1년은 이런 행동 때문에 주위 사람들의 반발도 많았던 것 같다. 2년째가 되어서는 이해하는 사람들도 점점 많아졌고, 면학에 집중하여 젊은이의 낭만을 구가할 수 있었다.

이러한 무리한 생활은 점차 그의 몸을 좀먹기 시작했다. 이미 중학생 시절에 두 번 각혈한 바 있는 그의 건강상태는 상경 후에도 악화되어 갔으나 충분한 휴식을 취할 수 도 없었다. 또 고학생의 신분으로 영양 공급이나 약을 먹는 것도 여의치 않아, 그저 하나님께 기도하는 길 밖에 없었다.

게다가 톨스토이의 채식주의에 공감하여 그것을 실천하고 있었다. 식당에서 주는 음식 중에 육류는 일체 입에 대지 않았다. 그래서 다른 기숙사생들은 육류와 채소를 그와 교환하려고 다투어 그의 옆자리에 앉았다고 한다. 그는 옆에 앉은 친구의 그릇에서 채소를 받고 대신에 자기의 그릇에 있는 고기를 건네주었다. 『도요히코 투병사』의 저자인 무라시마 요리유키는 다음과 같이 기록하고 있다.

> "그러나 도요히코의 채식주의 실천은 톨스토이주의에서 온 것만은 아니었다. 그는 17세 때에, 야마자키 세사야가 미국의 물 치료법 권위자 게룩크 박사가 쓴 『조식론』(粗食論)을 번역한 것을 읽고, 미식(美食)의 유해함을 배우고, 특히 육식의 유해함을 배우고 채식주의자가 된 것이다. 조식론은 고기에는 독이 있어 유해하고, 육식을 하는 자는 채식을 하는 자에 비해 단명한다는 것과 상처를 입으면 화농하기 쉽고, 미식보다도 조식이 영양이 풍부하다는 것들이 기록되어 있어서 도요히코는 그것에 공감했다."

그는 중학교 시절부터 채식주의자가 되었지만 그 실천은 메이지학원 입학 후의 일이었다. 그러나 젊은 청년이 육류를 피하고 채식만 하는 것이 영양 공급에 충분했을까? 검소한 기숙사의 식사에서 가끔 나오는 육류를 다른 사람에게 준다는 것은 공부에 지친 그의 몸에는 결코 바람직하지 못했다. 건강상태는 점점 악화되어, 열이 나고 피가 섞인 가래가 나오게 되었다. 각혈하는 환자에게는 비타민C의 공급이 중요한데 신선한 채소와 과일이 부족한 실정이었다. 결국 기침이 심해지고 가래도 끊이지 않는 어려운 상황에 이르렀다.

3. 지방신문에서의 평화 논쟁

예과 2학년 여름방학 때 그는 오랜만에 도쿠시마에 돌아왔다. 그 때 「도쿠시마 신문」의 전신(前身)인 「도쿠시마 마이니찌신문」에 연재된 시즈끼 긴타로의 "제국주의에 대하여"를 보았다.

　스즈끼 긴타로는 모교 도쿠시마중학교의 교장이었다. 도요히코가 졸업할 때 야베 젠조우(矢部善藏) 교장의 후임으로 취임한 사람이었다. 이 스즈끼 교장이 아사오에군(麻植郡) 교육회 총회에서 "제국주의에 대하여"라는 제목으로 3시간에 걸친 강연을 한 것은 1906년 7월 22일이었다. 그 내용이 7월 25일부터 13회에 걸쳐 연재 형식으로 「도쿠시마 마이니찌신문」에 게재되었다.

　이것을 읽고 도요히코가 마이니찌신문에 "스즈끼 긴타로 선생에게 묻는다"라는 반론을 투고하였는데, 신문사에서는 "세계평화론－제국주의는 역사의 한 단계"라는 제목으로 연재하였다. 18세의 청년이 현(縣)의 명문교 교장에게 공적인 장에서 도전한다는 것은 당시로서는 이례적이었다.

　스즈끼 교장은 "제국주의라는 것은 자기나라의 영토나 세력 범위를 확장하여 국익을 증대시키는 것이었다. 그렇기 때문에 우리나라는 제국주의가 발달한 영국, 프랑스, 독일에서 배움과 동시에 이들 나라를 경계할 필요가 있다"고 주장하였다. 즉 제국주의적 팽창을 긍정하고 찬미하는 한편, 구미열강의 진출에 경종을 울리는 일본주의(日本主義)이기도 하였다. 이 같은 사고로 그는 강연회에 모인 교직원에게 연설하였다.

> "원컨대 교육자가 제자를 지도 계몽하는 방침은 시대에 뒤떨어진 소극적 소선(小善)주의의 장려에 매달리지 말고, 크게 국민적 자각심을 일깨워 국가적 대의를 인식시켜야 한다. 제국주의는 부질없는 공명심에 가득찬 정치가의 입술에만 있는 것이 아니라, 실로 민족의 팽창, 대제국 건설, 정의, 문화, 평화의 사명을 하늘을 대신하여 도를 행하는 위대한 윤리현상이라는 것을 확인하고, 나아가 세계정책의 거시적 구상에 대응하고 국가경제의 대의에 따르는 국민적 양성임을 알아야 한다"(「도쿠시마 마이니찌신문」 1906년 8월 9일자).

　요컨대 무력을 배경으로 자기 나라의 영토를 넓히고 발전 도상의 나라를 식민지화하여 경제적으로 지배하는 구미 열강과 한패가 되어 가려면 일본도 대제국을 건설하지 않으면 안 된다. 이러한 국책에 따라 청소년을 육성해야 할 중요성을 호소한 것이다. 이와 같은 사상은 19세기 말부터 20세기 초 구미 열강에 널리 침투되어 있다가 러일전쟁 전후의 일본에도 퍼지게 된 사고 방식이었다. 이에 반대하여 반전론이나 비전론(非戰論)을 제창한 사람은 극히 적었던 시대였다. 그러한 와중에서 도요히코가 감히 붓을 든 것이다.

> "귀성 중이라서 아무 참고서도 없이 단지 마음에 떠오르는 것을 붓에 맡기니 논리에 맞지 않더라도 독자들의 관용만 믿고 의견을 기술하니 용서하시라"(「도쿠시마 마이니찌신문」 1906년 8월 16일자).

이와 같이 양해를 구한 다음 서론, 인도(人道)의 기초, 인도(人道)의 교육, 제국주의보다 사회주의, 세계평화 순으로 대강 다음과 같이 지론을 펼쳤다.

먼저 비록 "매국노, 비국민이라는 소리를 들어도 진리는 진리다"라는 칸트의 세계평화론을 높이 평가하였다. 그리고 제국주의라는 것은 어디까지나 약육강식의 권력주의라고 주장하였다. 그에 대하여 토지 국유화, 보통선거, 재산의 평등 사용 등의 사회주의 실현이야말로 세계평화를 가져오고, 이런 이상적 사회가 되어야 하나님의 나라가 실현된다고 주장하였다.

이와 같은 생각은 그가 도쿠시마 중학 시절부터 깊이 마음에 새기게 된 기노시타 노오베, 아베 이소오 등의 기독교 사회주의 입장에 선 것이라고 말할 수 있다. 따라서 평화의 실현도 평화적인 수단에 따르지 않으면 안 된다고 하였다.

도요히코의 "세계 평화론"의 요지는 이상과 같은 것인데, 18세 젊은이로서의 기백과 난해함은 있으나 예리한 선견지명과 평화사상의 전개에는 크게 주목할 점이 있다. 이같은 사고방식이 생애에 걸친 평화운동의 원점이 되었다는 점에도 주목할 필요가 있다. 이 논쟁이 당시 어느 정도의 반응을 불러일으켰는가는 정확히 알 수 없지만 대단히 용기 있는 소신의 표명이었다고 할 수 있다.

9월이 되어 도요히코는 다시 도쿄로 돌아왔다. 그 때부터 그는 자신의 몸과 주위의 상황에 별로 관심을 가지지 않게 되었다. 누더기 같은 옷을 입고 교회를 출입하는 그를 본 어느 부인이 그에게 새 옷을 주었는데, 그는 그것을 학교의 동쪽 계곡에 사는 거지 어린이에게 주었다.

> "기독교에 장래를 맡긴 당시의 나는 먼저 사람을 구하는 것이 하나님과 이어지는 길이라고 생각하고 학업 중에 틈틈이 혼쇼와 후까가와의 빈민촌, 마귀굴 등에 다니며 허약한 사람들에게 먹을 것을 주고, 때로는 집이 없는 룸펜을 데리고 와서 기숙사의 나의 방에 머물게 하기도 했다. 그들이 고맙다는 인사를 남겨두고 간 것은 이였다. 이것이 번식하여 소동이 벌어지기도 하였다. 나도 괴로웠으나 원인 제공자로서 할 말이 없어 사람들 앞에서는 태연한 척 했더니 '가가와 놈은 신경도 없어' 라고 조롱하였다. 젊었을 때의 그리운 추억이다" (『사선을 넘은 전도』).

어려운 사람을 보면 참지 못하고 행동에 옮기는 그의 실천력은 그 당시부터 두드러졌다. 도요히코의 일생에 걸친 사회운동의 기본 이념이 된 것은 그리스도에게 배운 '속죄의 사랑의 실천'이라고 하는데 속죄의 사랑이란 "이웃을 네 몸처럼 사랑하는 것"으로 도움이 필요한 사람에게 모든 것을 바치는 것이라고 그는 생각했다.

이런 생활을 하는 동안 겨울이 되자 몸 상태가 점점 악화되어 갔다. 미열이 계속되고 나른함과 피로감에 시달리게 되었다. 각혈도 또 시작되었다. 바로 그 시기에 메이지학원에서 분리되어 고베에도 신학교가 생겼다. 그 곳은 마야스와 로간이 소속된 미국 남장로교회가 설립한 학교로서 마야스도 그곳의 교수로 부임하게 되었다. 도요히코의 병세를 걱정하던 마야스는 도요히코에게 고베로 전학하도록 권유하였다.

1907년 3월 메이지학원 고등부 신학 예과를 졸업한 도요히코는 친구 도미타 미츠루(富田滿)와 함께 고베로 옮길 결심을 하였다. 그가 추억이 많은 메이지학원에서 보낸 2년이었다. 예과만 수료하였음에도 불구하고, 메이지학원에서 가장 대표적인 졸업생으로서 지금도 기억되고 있다.

『메이지학원 100년사』에도 그의 대표작 『사선을 넘어서』는 재학 중에 쓰기 시작한 것으로 알려져 있다. 이 책에서 인용한 그의 일기 『모순록』의 1907년 11월 7일 경에 " '재생' 이라는 소설에 손을 댄 것이 벌써 1개월이 지났다. 그 동안에 고민과 고바야시의 병고 때문에 많은 시간을 허비하여, 쓴 것이 겨우 300페이지에도 미치지 못한다."고 쓰여 있다. 그가 하리스관에서 쓰기 시작한 소설 '재생' 이 『사선을 넘어서』의 최초의 제목이었음을 알 수 있다.

이렇게 메이지학원 시절은 중학교 공부의 연장선상에 있었다고 짐작되며, 고민 많은 청춘 속에서 이 후의 자신의 생활방식을 결정지은 사상을 형성해 갔다. 그는 "내가 제일 좋아한 학교는 메이지학원이다"라고 후배들에게 말하였다고 한다.

실제로 그 후의 메이지학원과의 관련도 깊어, 메이지대학 생활협동조합 창설에 진력하였으며, 1949년에 메이지학원 대학이 발족했을 때 협동조합론 담당 전임교수가 되었다. 또 1952년부터는 경제심리학 강좌도 개설되었는데 집중 강의에는 수강 희망자가 3,400명이나 되었다. 강사 사례비는 받지 않고 모두 학생들의 장학금으로 기부하였다.

이러한 일로 인해 메이지학원 대학에는 현재에도 사회학부가 '가가와 도요히코 연구' 라는 2학점 단위의 강좌를 개설해서 그에 대한 강의를 하고 있다. 즉 가가와 도요히코에 관한 수업이 실시되고 있는 것이다.

그의 사망 후, 방대한 양의 장서는 "가가와는 모교 메이지학원 도서관 신세를 가장 많이 졌기 때문에 메이지학원에서 간수하는 것이 가장 적당할 것 같다"라는 도요히코 부인 하루와 장남 스미모토(純基)의 의사에 따라 장서 전부와 귀중한 원고가 '가가와 도요히코 문고' 로 메이지학원 대학의 도서관에 소장되었다.

II. 고베신학교 시절

도요히코에게 새로운 무대가 등장한다. 그가 태어난 곳인 고베가 새 무대이다. 도요히코는 은사를 따라 고베에 새 둥지를 튼다.

1. 비참한 투병 생활

1907년 3월 도요히코는 친한 친구들과 많은 추억이 있는 메이지학원을 이별하고 고베신학교에 입학하였다. 고베신학교는 로간과 마야스가 속해 있던 미국 남장로교회가 북장로교회의 양해 하에 독립하여 고베에 새로 설립한 학교였다. 메이지학원에서 옮겨온 사람들은 풀톤 박사와 친구 도미타 미츠루(富田滿)였다.

그런데 신학교의 개교가 9월로 되어 있기 때문에 그때까지 도요히코는 남장로교단이 선교에 힘쓰고 있는 아이치현의 교회를 도우러 가게 되었다. 처음에는 오카자키시의 교회에 갔었는데 곧 도요바시의 교회로 지원을 갔다. 여기에서 나가오 마키라는 목사를 만나 귀한 체험을 하게 되었다.

도요히코는 처음에 교회 근처에서 하숙을 했지만 곧 목사관의 방 하나를 얻어서 옮겨갔다. 목사관이라 해도 초라한 건물로 1층은 예배실, 2층은 목사 가족이 거처하는 사택이었다.

도요히코는 매일 밤 후다기라는 번화가에서 열심히 노방전도를 했는데 그렇게 하던 중 과로로 쓰러졌다. 열이 나고 가래에 피가 섞여 나왔다. 의사는 폐괴저라고 진단하였다. 폐괴저는 흉통, 호흡곤란, 각혈, 전신에 발진 등을 수반하는 무서운 병이었다. 당시 목사관의 방 한 칸에서 40도 전후의 고열에 시달리며 생사의 기로에 헤매는 도요히코를 전염의 위험에도 불구하고 열심히 간호해준 사람은 나가오 목사와 그 가족이었다. 특히 목사의 딸인 기노에는 밤을 세워가며 옆에서 간호하였다. 후에 『사선을 넘어서』의 한 모델이 되기도 했는데 그가 은근히 사모하던 여성이었다. 도요히코는 당시를 다음과 같이 회상하였다.

"도요바시 교회 2층에서 폐괴저라는 진단을 받고, 의사가 친척들에게 전보로 알리라고 하는 것을 알았을 때, 내가 의사의 말대로 살 수 없다고 생각했다면 나는 죽었을 것이다. 내가 살아 난 비결은 이렇다. 의사가 단념하고 또 자신도 병세가 위중하다고 느껴도 살아갈 힘이 있다고 믿고 살아서 해야 할 사명이 있다고 확고하게 믿고 있다면 그렇게 쉽게 죽지 않는다. 의사가 병을 고친다든지, 약의 힘으로 병세를 약하게 한다든지 하는 것은 병의 치료에서 단지 보조역할을 하는 것이고 사람의 신체 자체가 몸을 낫게 하는 것이다"(무라시마 요리유키『가가와 도요히코 투병사』).

당시의 위독한 상태는 나가오 목사 가족의 헌신적인 간호와 그 자신 재생력을 믿고, 모든 것을 절대자의 손에 맡기며 병을 겁내지 않는 믿음으로써 회복되었다. 토요바시에 머물던 중 가가와는 나가오 마키 목사의 인품에 크게 감화를 받아 그 후 자기의 생활 방식에 하나하나 적용하였다. 나가오 마키 목사는 덕스러운 사람으로서 청빈한 삶을 살았다. 그는 나가오 목사의 인격을 다음과 같이 칭송하였다.

"나가오 목사는 이 세상에서 지위는 없었다. 목사는 모두 가난하지만 그처럼 가난한 목사를 본 적이 없었다. 그가 가난하면서도 즐겁게 사는 것에 탄복했다. 나는 그에게서 평범한 생명 예술을 보았다.
일본에 있는 목사 중 내가 가장 탄복하고 감화를 받은 이는 나가오 마키 목사이다. 보살핌을 받는 것과 가르침을 받는 것은 다르다. 보살핌을 받는 것은 서양 선교사이지만, 가르침을 받은 것은 나가오 마키 목사이다. 일본에 그와 같은 사람이 있다는 것을 하나님께 감사한다.
'숨겨진 성자', 이것이 나가오 마키 목사에게 가장 적합한 칭호일 것이다. 늘 걸인들을 재워주고 그들에게서 잡은 벼룩이나 이를 병에 넣어 가보(家寶)라고 하면서 맏아들(丁郎)에게 넘겨주었다구로다"(시로『인간 가가와 도요히코』).

도요히코가 고베에서 빈민촌에 들어가 빈민 구제와 전도에 뜻을 가지게 된 것은 나가오 목사의 철저한 청빈 생활과 이웃을 사랑하는 인간애에 영향을 받은 것이 컸다고 생각된다. 자신도 나가오 목사처럼 이웃을 위해 살아가는 길이 반드시 있을 것이라고 큰 시사를 받았던 것이다.

폐에서의 출혈은 멈추지 않았으나 도요히코는 병이 나가오 목사 가족에게 전염될 것이 걱정되어 개교할 무렵 고베로 돌아왔다. 목숨은 건졌으나 건강 상태는 여전히 호전되지 않아 옮겨온 4일만에 다시 각혈을 하고 38도를 넘는 고열이 계속되었다. 마야스는 도요바시에서의 일도 있어서 크게 걱정을 하고, 고베위생병원에 입원시켰다. 이 병원은 물치료 요법이라는 일종의 온습포 찜질요법으로 쇠약한 몸의 백혈구를 증가시키는 물리 요법을 하고 있었다.

담요를 목과 가슴 등 온몸에 감아 땀을 내게 하고 이마에는 얼음주머니를 놓았다. 그리고 온수와 냉수를 번갈아 1분 정도씩 뿌려 주었다. 늑막염에 걸렸던 그는 쉽게 감기에 걸렸는데, 감기에 걸리면 각혈이 더 심해졌다. 그는 4일만에 병원을 나와서 기숙사로 돌아갔다.

계속해서 하카시에 있는 병원에 입원하였다. 그 때도 입원비가 부족하여 학교 친구들이 고서(古書) 등을 처분해서 도와주었다. 이 병원에서는 주액(湊液)이라는 약을 매일 주사하면서 안정을 취하게 하는 방식을 사용하였다. 병실에서 보이는 아카시 해협과 아와지시마의 경관, 그리고 끊임없이 들려오는 파도소리는 고독감을 부채질하였다. 다소 기분이 좋아지면 책을 읽는 것이 유일한 위안이었다. 이 병원에는 9월 하순부터 1월 하순까지 4개월 간 입원 하였는데 몸 상태도 호전되고 입원비도 감당하기 어려워 통원 치료를 받기로 하였다.

그 무렵 마야스가 도요바시에 있었기 때문에 거기서 가깝고 공기가 좋은 아이치현 가마가오리에서 요양하기로 하였다. 물론 학교는 휴학을 하였다. 도요히코는 가마가오리역의 남동쪽에 있는 후소우라는 어촌에 머물게 되었다. 인적이 뜸한 바다 전망이 좋은 곳이었다. 처음에는 한 달에 5원의 집세를 내고 새 집에 있었으나, 근처에 한 달에 1원하는 낡은 빈집으로 옮겨 가마니를 깔고 그 위에 돗자리를 놓고 9개월을 보냈다.

구니카타 돗포와 다야마 기타이와 같은 작가들이 닛코의 절에서 1개월에 6엔으로 생활을 했다는 것을 배워서, 가장 저렴하고 간편한 생활을 해야겠다고 생각했다. 물론 자취 생활을 하였는데 가까이에는 가족도 친구도 없어서 모든 것을 자신의 손으로 하지 않으면 안 되었다.

어촌에 와서도 채식주의는 계속되어 야채와 두부를 많이 먹었다. 당시 두부 한 모는 1전 5리였는데 먼 곳에 있는 두부 가게에서 사와서 된장국이나 간장에 넣어 먹었다. 계란으로 동물성 단백질을 보충하고 육류와 간식은 하지 않았다. 생활에 대해서 골똘히 생각해보고 필요한 것은 손닿는 곳에 놓았다. 책상이 없어서 석유 상자를 대신 사용했으며, 상자 앞에 앉아서 독서를 한다든지 밥을 한다든지 하였다. 상자 안에는 화로, 냄비, 그릇 등을 원형으로 배열하였다. 이런 검소한 생활에도 월 15원은 필요했다. 가마가오리에서의 생활을 도와준 것은 역시 스승인 마야스였다. 마야스는 가마가오리로 그를 찾아가 2일간 침식을 함께 하기도 하였다.

가마가오리에서 생활하는 동안 점차 기력을 회복하고, 혈담도 사라지고 오후의 발열도 적어졌다. 그래서 '한가한 가마가오리', '파도소리'라고 이름 붙인 잡문 노트에 생활상과 여러 생각을 기록하였다. 그리고 「비둘기의 흉내」라는 자서전 형태의 소설을 쓰기 시작했다. 이것은 메이지학원 시절에 쓴 '재생'의 마무리와 같은 의미도 있었다. 자기발전을 향한 의자가 강하고 마야스로부터 종종 '유명하신 분(famous 씨)'이라고 불리운 그는 고민에 빠진 자신의 청춘을 소설 형태의 글로써 세상에 호소하고 싶었을지 모르겠다. 원고지가 없어서 『성공』이라는 큰 낡은 잡지에 붓으로 기록하였다. '비둘기의 흉내'라는 제목은 성경의 "뱀처럼 지혜롭고 비둘기처럼 온순하라."는 말에서 따온 것이었다. 후일 발표한 『사선을 넘어서』의 전반부에 해당한다.

4월, 도요바시에서 받은 징병검사에서 병(丙)종을 받아 병역은 면제되었다. 그 때부터 '비둘기의 흉내'라는 원고를 정서하기 시작하여 원고가 완성됨을 기회로 상경하였다. 메이지학원 선배로서 이미 문단에 나간 작가 시마자키 후지무라를 만나기 위해서였다. 도요히코의 후지무라 방문기에 의하면, "5월 22일은 일요일이었다. 소설 '비둘기의 흉내'가 57매로 정서가 완결된 오후 1시 조금 지나 급히 집을 떠나 오후 3시 39분 열차를 타고 도요바시를 떠났다. 원고지와 킷트의 진화론, 수건, 치약, 셔츠 한 장이 들어있는 색바랜 보따리를 손에 들고 떠났다"(『미친 한 주간』).

도쿄에서는 우선 모교에 가서 친구들을 만났다. 나까야마 마사키, 다카다 긴죠, 무라다 시로 등과 같은 친구들이 모여 와서 조촐한 환영회를 열어 주었다. 다음날 비가 오는 중에 아마쿠사 신가타마치에 살고 있는 시마자키 후지무라의 집에 찾아갔다. 그러나 학교 선배이고 아사히신문에 '봄(春)'을 연재하고 있던 유명 작가인 후지무라는 원고를 보기만 하고 작품에 대해 아무런 평도 하지 않았다. 아직 20세의 도요히코는 병중에서 유서 쓰듯이 쓴 작품이 냉대를 받아 실망하였다. 그래서 일기 속에 후지무라에 대한 분노를 기록하였다.

그래도 모처럼의 상경은 후지무라와의 만남을 제외하면 장마철에 맑은 하늘을 본 듯한 즐거운 추억이었으며 "8월을 들여 도쿄에 간 것은 결코 무의미하지는 않았다"고 기록하였다. 후지무라에게 두고 온 '비둘기의 흉내'의 원고는 얼마 안 되어 반송되었다. 거기에는 "이것은 당신이 출세할 때까지 장롱 밑바닥에 보관하시오"라는 편지가 동봉되어 있었다. 이것에 대해 『평전 도요히코』의 저자인 무토 도미오는 다음과 같이 언급하였다.

"'비둘기의 흉내'에 대한 후지무라의 평가는 잘못된 것은 아니다. 『사선을 넘어서』의 전반부는 그것만으로는 문학적 가치도 상품성도 없으나 후반부의 빈민촌의 생활과 합쳐져서 하나가 되었을 때 비로소 가치가 있는 것이다. 『사선을 넘어서』의 전반부에 대한 묘사 즉 메이지학원 시절, 도쿠시마 시절, 고베의 니이미카이소우텐(新見回漕店) 시절 등의 묘사와 서술에는 치졸한 부분이 있다"(『가가와 도요히코 전집』 14권 해설).

실제로 이 소설이 출판되어 반향을 불러일으킨 것은 그로부터 십여 년이
지난 1920년 그가 사회운동가로서 이름이 알려진 때였다.

다시 아이치현 가마가오리로 돌아온 도요히코는 고독하고 쓸쓸한 생활을
하였다. 거미를 키우기도 하고 들개나 들고양이를 돌보며 독서를 하는 것이
일과였다. 가마가오리의 생활을 나타내는 시와 글을 소개한다.

박 명 (薄命)

꿈도 이어지지 않고 열도 식지 않는다.
그저 생각한다….
나의 생명이 꿈으로 떠오르면
일어서서 붓을 얻어 쓴다.
네 몸의 박명, 신은 나에게 무엇을 원하는가
붓은 달리나 생각은 헝클어져
눈물을 보여주듯 석양의 쓴 웃음
다섯 살 가을에 부모와 헤어지고
열여섯 살에 형을 잃은 고독
몸은 예수와 살려고 하여도
가난한 자는 천국이 멀기만 하고
육(肉)은 아~아 망하지 않는구나
다른 영혼을 받을 그릇도 없고
눈을 바로 뜨고 자멸의 최후를 웃으며 기다린다.

절 멸 (絶滅)

맑은 날 다시 오는 벗이 없는 쓸쓸한
피도 마르고 살도 말라 구원할 수 없이 망한
어머니여 '생명'을 '죽음'에서 낳으셨나요

사랑은 윤회요 십자가는 구원이다.
절멸(絶滅) 그 곳에 생명이 빛난다.

젊은 날을 외로이 해변에서 쓸쓸히 보낸 심경이 이 시에 그려져 있다. 한 편으로는 재기하기 위한 몸부림 같기도 하다.

"젊어서 폐를 상한 철학자 소로우는 미국의 메사추세츠 콩코드 마을에서 조금 떨어진 산림에 들어가서 산에 사는 사슴과 토끼 등을 벗 삼고 유명한 산림 생활을 했다. 자연요법과 정신요법이 하나가 된 경우, 자연은 나의 영혼을 위해 새로운 옷이 되어, 신의 저택의 창살과도 같이 온다. 자연요법을 하면서, 자연의 신비에 생각이 미치지 않고, 문명으로부터 버려진 기분이 드는 사람은 불행하다"(무라시마 요리유키 『가가와 도요히코 투병사』).

이러한 정신적인 갈등을 반복하면서 1908년 봄부터 점차 건강이 좋아져서 어부들과 같이 밤새워 고기를 잡아도 별다른 피로를 느끼지 못하였다. 여름에는 해변의 산책을 즐긴다든지, 가까운 마을에 연극을 구경하러 갈 정도가 되었다. 7월 8일에는 친구 도미타 미츠루와 나가오 코우의 결혼식에 참석하여 두 사람을 축복하기도 하였다. 9개월간의 가마가오리의 생활을 접고 새 학기가 시작되자 고베신학교로 복학하였다.

1908년 9월, 도요히코는 고베로 돌아갔다. 메이지학원에서 온 친구들은 모두 2학년에 진급해 있었다. 기숙사에 들어간 그는 독방을 배정받았고, 마야스도 교수로 부임하였다. 그도 의욕적으로 공부에 힘쓰고자 마음먹었다.

폐가 조금 좋아졌다고 생각했는데, 이번에는 코가 좋지 않아 효고현 현립 병원에서 진찰을 받으니 결핵성 축농증이라고 하였다. 10월에 입원하여 수술을 받기로 하였다. 윗턱의 살을 깎고 뼈에 구멍을 내어 고름을 제거하는 수술이었는데, 수술 후 출혈이 심하여 한 때 위독한 상태가 되었다. 마야스와 친구들이 철야하며 간병하였다. 병세가 절망적이라고 생각한 친구들은 장례 준비까지 하였다. 그러나 위독 상태에서 벗어난 도요히코는 한 달 정도 후에 퇴원하였다.

축농증에 이어서, 이번에는 치질 수술을 할 필요가 생겼다. 이것도 결핵성이었는데, 17세부터 그 징후가 있었다. 교토 5조에 있는 일본기독교회의 목사관 2층에 머물면서 교토대학 대학병원의 히노코(猪子) 박사에게 통원 치료를 받았다. 직장(直腸) 속에 약 3m 정도의 가제를 삽입하였다고 하니 큰 고통으로 불편한 나날이었을 것이다. 괄약근을 일부 절단하였기 때문에 평생 장액이 흘러내려서 늘 괴로워하였다고 나중에 말하였다.

이 시기에 침상에서 읽은 것이 웨슬리의 전기였다. 요한 웨슬리는 산업혁명 후 영국 사회의 정신적 황폐함을 개탄하여, 이를 바로잡으려고 감리교 운동을 일으킨 사람이다. 우선 교회 내의 신앙을 바르게 하기 위해 일으킨 운동이었는데, 그들의 성경연구나 신앙생활 방법이 바르고 청렴하였으므로 메소디스트(감리교)라 불리었다. 도요히코는 웨슬리의 생활 방식에 매우 감명을 받았다.

병세가 호전되자 그는 굶주린 듯이 독서에 몰두하였다. 요코야마 하루이치(橫山春一)의 『가가와 도요히코 전기』에 따르면, 이 당시 읽은 책은 롯체의 형이상학, 프루타크 영웅전, 후쿠다 도쿠조의 일본 경제사론, 텐의 영국 문학사, 랑케의 교회사, 마르크스의 자본론, 논어, 선학법어(禪學法語) 등 폭 넓은 것이었다. 읽을 책이 없으면 아오키 교수의 서재나 간사이 학원의 도서관에서 빌려왔다고 한다. 또 다른 학생의 새로운 책을 빌려 밤을 새워 읽기도 하였다.

한편, 학교 강의에서 가장 흥미를 끈 것은 마야스 교수의 헬라어와 교회사 그리고 그리스도전이었다. 아오키 교수의 시편 강의에도 매료되었다. 히브리어에 정통했던 교수의 수업은 맑고 아름다워서 학생들에게 매우 인기가 있었다.

그런데 아오키 교수가 갑자기 학교를 그만두지 않으면 안 되는 일이 생겼다. 아오키 교수의 학설이 정통 기독교 입장에서 보면 이단이라는 것이었다.

도요히코를 필두로 5명의 학생이 선두에 서서 학교 당국에 항의하고, 수업 거부도 생각하면서 학교 측의 반성을 촉구하였다.

얼마 후 뷰케넌 교장 대리가 5명을 불러서 퇴학을 명하였다. 학교 규율을 문란케 하였다는 것이 그 이유였다. 뷰케넌은 짧게 기도하고 5명의 학생에게 악수를 청하였다. 도요히코 차례가 되었을 때 그는 뷰케넌의 손을 뿌리치고 "나는 마음에도 없는 악수는 싫습니다. 그리스도교는 사랑의 종교입니다. 신학교는 사랑의 학교입니다. 사랑의 학교라면 과오를 범한 학생을 바르게 인도하는 것이 정도입니다. 하나님은 어떤 사람도 버리지 않으시니, 어떤 학생에게도 퇴학 같은 극단적인 조치를 취하면 안 된다고 생각합니다. 부디 나 외에 4명의 학생은 용서해주기를 바랍니다."라고 울면서 호소하였다. 결국 이 사건은 마야스의 중재에 의해 5명의 퇴학 처분이 취소되었다.

2. 절망에서 희망으로

도요히코의 몸 상태는 여전히 좋지 않아서 공부나 전도에 지장을 줄 정도로 쉽게 피곤해졌다. 그는 열심히 공부하는 한편, 회의에 빠져 절망감을 '무(無)의 철학'이라는 노트에 기록하였다.

> 1909년 1월 20일: 폐병환자 배척 운동이 일어나다. 집을 찾을 수밖에 없다는 통보를 받았다.
> 1월 22일: 독일어를 공부하고 와서 『플루타크 영웅전』을 읽었다. 재미있다. 자살하는 꿈을 꾸었다.
> 1월 23일: 서양 의사 데니스콤은 아직 완쾌되지 않았다는 나를 믿지 않는 것 같다. 자살하고 싶다. 자살!
> 1월 24일: 자살과 인내가 교차하는 하루
> 1월 30일: 창작의 어려움을 외치라. 17장까지 읽고 나의 소설에 스스로가 싫증을 느끼다. 재미라고는 조금도 없다. 이이지마(飯島) 군이 칭찬하는 이유를 알 수 없다.

3월 8일: 아침부터 낮까지 아무 일도 하지 않고 낮잠만 잤다. 일요일에 과로하였다. 밤에 또 독일어를 공부하러 갔다. 빨리 독일어로 철학서적을 읽고 싶다. 정말로 내 몸이 싫어졌다. 기도하는 것 외에는 아무것도 없다.

4월 11일: 슬프다. 슬프다. 광기인가, 자살할까? 그리스도교 등을 전하는 것은 모두 거짓이다. 경제 외는 아무 권위도 없다. 끝까지 압박 당하는 이 몸, 울다. 울다. 모두 허약한 몸을 지녔기 때문에.

4월 13일: 한 달 정도 잘 잤다. 병 때문에 한 달 동안 경제 문제로 괴로 웠다. 오늘도 울었고, 하루 종일 잤다. 병원에도 가지 않고.

4월 14일: 수학 공부를 하고 싶다. 오늘도 울었다. 이이지마 군이 2원을 빌려 주었다. 신의 섭리다. 사랑이다. 욥의 인내, 역경의 은총.

5월 30일: 나는 완전히 절망이다. 절망이다. 인생의 가치를 완전히 상실 하였다. 밤새 울었다.

5월 31일: 절망, 절망, 절망, 자살! 인간은 모두 거짓말쟁이다.

이 일기에서 보듯이 흉부 질환 때문에 끊임없는 불안과 공포, 병고와 빈곤에 허덕이던 그의 모습을 짐작할 수 있다. 철학적이고 종교적인 사색으로 가득 찬 그는 산다는 것에 대한 가치와 의미에 대해 고민하며 허무와 절망의 소용돌이에 휘말려 자살이라는 충동에 빠지기도 하였다.

그저 울며 하나님께 기도할 수밖에 없었고 "왜 예수(신)는 자살하지 않았을까?"라고 생각하였다. 그래서 얻은 결론은 "하나님도 고민하고 계신다. 그리고 분투하고 계신다. 나도 분투하지 않으면 안 된다. 이 병약한 몸으로 하나님께 봉사하고 어려운 사람들에게 나 자신을 바치자"라는 것이었다. 토요바시의 나가오 목사와 폐병의 몸으로 런던의 슬럼가에서 전도하여 대사업을 이룬 요한 웨슬리의 생활태도가 그의 마음에 광명을 주었다.

복학 후 1년간, 고베의 슬럼가에서 노방전도를 시작하였다. 매일 밤 십자가를 그린 초롱을 들고 슬럼의 거리에 서서 찬송가를 부르고 성경을 알기 쉽게 행인들에게 이야기해 주었다. 창백한 그를 보고 신기한 듯 발걸음을 멈추는 사람 중에는 초롱을 부수기도 하고 돌을 던지기도 하며 놀리고 조롱하는 사람도 있었다. 그는 기죽지 않고 매일 밤 전도를 계속하였다.

당시의 심경은 그의 자전 소설 『사선을 넘어서』를 읽어보면 알 수 있다. 앞으로 2-3년 밖에 살 수 없다고 자각하였을 때, "한 가지 길이 남아 있었다. 그것은 죽음이다. 차갑고 조용한 죽음이다. 죽을까? 죽지 말까? 아무 생각 없이 돌진하고 싶다고 생각하였다. 마라톤처럼 달리고 달려서 심장이 파열되어 죽어버리는 것보다 더 좋은 일은 없다고 생각했다"고 하고 있다.

한때 "사회란 무엇이냐? 국가란 무엇인가? 문명이란 무엇인가? 아버지란 무엇인가? 연인이란 무엇인가? 하나님이란 무엇인가? 아름다움이란 무엇인가? 그것은 모두 허무한 것이 아닐까! 요컨대 인생은 이런 허무한 곳에서 피어난 꽃을 가지고 장난하는 것이다"라고 모든 것을 부정하던 그였지만, 자살하는 용기를 가지고 살아가자고 마음을 바꾸었다.

"모든 것에의 긍정. 그렇다! 생명과 시간 흐름의 모든 표현을 긍정하기로 하였다. 그는 절망의 늪에서 놀라운 세계로 소생하였다. 현실세계에서 죽을 힘을 가지고 강하게 살아가려고 각오하였다. 모든 것을 긍정하기로 하였다. 살기로 굳게 결심하였다"라고 『사선을 넘어서』에서 말하고 있다.

그가 말하는 당시의 '자포자기 전도'란 자포자기라기보다 '필사적'이라는 의미였다. 어차피 폐병으로 죽을 거라면 죽을 때까지만이라도 전력을 기울여 하나님과 사람에게 봉사하고 하나님이 부르실 때 가겠다는 마음이었음이 틀림없다.

3. 가난한 자들 속에서

1909년 12월 24일 크리스마스 전날의 일이다. 찬바람이 세차게 부는 오후 도요히코는 허름한 옷차림으로 고베신학교 기숙사에서 나왔다.

학우인 이토우 테히지(伊藤悌二)가 밀어주는 수레에는 고리짝이 세 개 실려 있었다. 각각의 고리짝에는 이불, 옷, 서적 등이 아무렇게나 담겨 있었다. 수레는 한 시간 정도 걸려 고베시 기타혼마치 6쵸매 221번지에, 통칭 신가와의 5채의 다세대 주택 중에서 동쪽에서 2번째 주택에 있는 셋집에 도착하였다. 앞방은 다다미 3장, 뒷방은 다다미 2장 정도의 넓이인데, 다다미는 없고 나무 마루바닥이었다. 창문, 부엌, 화장실도 없는 집, 지저분한 마루바닥과 벽에는 지난 해 살인 사건 때 튀어나온 핏자국이 여기 저기 남아 있었다. 무서운 기분이 들어서 아무도 찾지 않던 다세대 주택에 있는 방 한 칸을 월 2원의 집세로 빌린 것이다. 그 주변 약 27,000평 정도 되는 곳은 밑바닥 생활을 하는 약 8,000명의 사람들이 사는 일본 최대의 빈민가였다. 신가와는 그가 노방전도 하던 친숙한 지역이었다.

"따라서 이 지역에는 빈곤, 병자, 비참함만이 아니라 범죄가 꿈틀거렸고, 인간의 죄악들이 허영 위에서 감추어지지도 않았으며, 빈곤한 까닭에 오히려 숨겨지지 않는 형태로, 무서운 세력을 휘두르고 있었다"라고 도요히코의 제자이며 협력자였던 타케우치 마사루(竹內勝)는 『가가와 도요히코와 그의 자원 봉사자』에 기록하였다.

신가와에 옮겨간 3일 후인 12월 27일, 부근 공터를 이용하여 크리스마스 파티를 개최하였다. 낮에 모여든 약 300명의 어린이들에게 마야스 교수가 보내준 장난감을 나눠주었고, 밤에는 백여 명의 어른들에게 과자와 수건 1장씩 나눠주었다.

그는 3평의 방에서 일어나 30분 걸리는 고베신학교를 걸어 다녔다. 학교에서 돌아오면 밤에는 노방전도와 주변 사람들을 돌보아 주었고, 좁은 방에서 독서와 집필로 촌음을 아끼며 노력하였다. 갈아입을 옷이 없었기 때문에 세탁할 일도 없었다. 신발은 한 켤레 10전 하는 제일 값싼 것이 다였고, 식사는 보통 보리밥에 된장국이었으며, 고기와 생선은 먹지 않고 채식만 하였다. 매일 5시에 일어나 독서를 했는데 하루에 책 한 권 읽는 것을 목표로 하였다.

그러나 주야를 막론하고 실업자나 병자가 끊이지 않아 쉴 수 없는 날이 계속되었다. 불량배나 병자들을 집에 머무르게 하였기 때문에, 눈병이나 피부병에 전염되기도 하였다. 심신을 혹사하는 도요히코를 보고 마야스가 가끔 집에 데리고 가서 휴양과 영양 보충을 시켰을 정도였다.

크리스마스 후, 일주일 동안 만난 사람이 6명 있었다. 이 사람들은 신가와에서의 12년 생활 중에 만난 여러 종류의 사람들을 대표하는 것 같았다. 류마티스 관절염으로 거동이 불편하던 사람으로 안수 기도로 걷게 되어 감사하다고 최초의 제자가 된 데쿠치(出口), 도요히코에게 착실한 심복인 체 하다가 갑자기 변하여 행패를 부린 이상 성격의 우에키(植木), 노름꾼으로서 일은 하지 않는 무례한 하야시(林), 난봉꾼으로서 도요히코에게 공갈 협박하며 금품을 요구한 소노타(園田), 그의 집에 이유없이 뛰어들어 잠을 잤던 피부병 환자 마루야마, 류머티즘이 심한 노숙자인 이즈(伊豆).

도요히코는 폭력이나 흉기 등으로 협박하여도 겁내지 않았다. 오히려 "이런 일이 없다면 빈민촌에 찾아온 보람이 없다"라고 하였다.

(1) 『눈물의 이등분』과 이웃사랑

해가 바뀐 정월 초, 그를 놀라게 한 것은 '양자 살인'이라는 비참한 현실이었다. 빈민촌 주민 중에 생후 얼마 되지 않은 유아를 5원을 받고 차례로 돌아가면서 돌보아 주던 중 영양실조로 죽게 한 자가 있었다. 당시는 정상적인 관계가 아닌 상태에서 임신했을 때 낙태시키면 엄하게 처벌했으므로 갓난아기를 비밀리에 처리하는 방법으로 또는 생활고로 키우기 어려울 때 살인죄나 유아 유기죄에 해당하지 않는 양자 죽이기가 남몰래 이루어지고 있었다. 그가 31세에 출판한 시집 『눈물의 이등분』에 있는 권두시는 이와 같은 양자 죽이기에 관련된 고뇌를 읊은 작품으로 알려지고 있다.

요코야마 하루이치(橫山春一)의 『가가와 도요히코 전』에 "양자 살인의 한 노파가 검거되었다고 해서 급히 경찰서로 뛰어 갔다. 노파는 죽어가는 아기를 안고 있었다. 노파에 의해 죽어가는 아기를 차마 볼 수 없어서 빼앗았다. 가가와는 아직 신학교 학생이며 게다가 시험 중이었다"고 적혀 있었다. 이 영아가 오이시였다.

눈물의 이등분

오이시가 울어서 잠에서 깼다.
기저귀를 갈아주고, 우유를 주고
의자에 기대어 눈물지었다.
남자에 지치고, 여자가 되어
오이시를 만난 지 오늘밤으로 세 번째 밤,
밤낮 없이 일하고 잠깐 잠들면 오이시가 깨워준다.
양자 죽이기를 말릴 때 빠뜨린 이 매실
장염으로 45도의 열,
여름밤은 짧고 세상은 고요하다.
근처의 시계가 한 시를 알린다.
점점 벽이 식어 온다.
아, 어떻게 해서 이처럼
세상은 몰인정할까!
나야, 오이시로부터 보면 지구는 마치
빙옥같은 물건이다.
오이시도 불쌍하지만
나도 불쌍하지
힘은 없으나 어린 것은
도와주지 않으면 안 된다고 배웠다.
아… 나도 나도 불쌍하지
오이시를 안고 입 맞추어
얼굴과 얼굴을 마주치는 나의 눈에 눈물이 고여
오이시의 눈에 바르고…
어! 오이시도 울고 있네.
하나님, 오이시도 울고 있어요!

어린 생명이 태어나도 키울 수 없는 사정이 있으면 이들을 맡아 키울 시설이 있어야 한다. 그것이 없다. 양자는 계속 생겨나고, 가진 돈은 없고, 유아는 굶어 죽어 간다. 어쩌면 이처럼 싸늘하고 몰인정한 세상일까? 그는 사회의 모순에 분함을 누르지 못하였다.

오이시는 그가 돌보아 준 양자의 한 사람이었다. 그의 노력으로 후일 부모의 손으로 돌아갔는데 효고현의 미카게무라(御影村) 근처에서 어른으로 성장했다고 한다. 그는 소학생이 된 오이시의 뒷모습을 몇 차례인가 숨어서 보았다고 한다.

도요히코는 불행한 어린이들에게 깊은 애정을 기울였다. 어린이들도 그의 집으로 찾아와 줄넘기, 술래잡기 등을 하며 같이 놀았다. 일요일이면 많은 어린이들이 찾아왔다. '아-멘, 소-멘' 하며 놀리는 아이들도 있었다. 기도하고 있는데 창문 안으로 돌을 던진다든지, 개를 끌고와서 시끄럽게 짖어대며 장난하는 아이도 있었다. 그러나 그는 그런 아이들을 아주 좋아했다. 걸식을 하는 아이들을 품어주면 울먹이는 입술로 '턴탱님(선생님)'이라고 불렀다. 그는 어린이들을 위해 다다미 17장을 깔 수 있는 놀이방도 만들어 주었다.

나의 제자들(빈민촌에서)

나의 제자는 세 사람, 네 사람,
코흘리개 개구쟁이
몽구리에 먹보는 나의 둘도 없는 제자
화장실 입구까지 따라와
내가 나오기를 기다리고 있다.
팔려가는 것이 서러워
뒤뜰에서 반나절 울었다.
올해 열두 살의 치요 양은 나의 귀여운 여 제자!

그는 가난으로 슬픈 운명을 겪는 어린이들 때문에 가슴아파하며 자신의 무력함을 한탄하였다. 도요히코는 섬세하고 상냥한 시인의 자질을 갖추고 있었다. 뛰어난 인생 시인이었고, 이 세상의 희노애락에 쉽게 감동하는 여린 성격이었다. 철학적인 사색과 과감한 행동력 이면에는 신성한 아름다움을 추구하는 동정심이 숨어있는 청년이었다. '눈물의 이등분' 이란 자기 눈물의 반을 오이시의 눈에 발라주었음을 의미하지만, 그의 빈민촌에서의 생활은 문자 그대로 눈물의 이등분이었다고 할 수 있다. 이 시집은 그가 사회운동에서 제법 이름이 알려진 1919년 11월에 출판되었다. 그 서문에는 요사노 아끼꼬가 보내준 장문의 서신이 있다. 그 일부를 인용해 보자.

"가가와 도요히코 씨가 시집 원고를 나에게 보내며 서문에 소감을 써 주기 원했다. 이 영광스러운 역할을 내가 사양하지 않은 것은 지금 일본 사회에서 개조가 필요하다고 생각되는 가장 중요한 것들에 대해 가가와 도요히코 씨가 말하고 있는 것을 보고서 기뻤기 때문이다.
솔직히 말해 최근 사회문제를 대하는 지도자들의 태도에 예술적 교양이 부족한 것 같다. 인류에 대한 사랑은 적고 언동이 거칠고 야성적이어서 예술 사상에서 스며 나오는 맛과 섬세함이 결여된 것 같다.
나는 일면 과격하고 돌격성이 강한 가가와 도요히코 씨가 다른 면으로는 봄날과 같은 온화한 감성이 풍부하다는 점을 기쁘게 생각한다. 이 점이 자연에 대해서도 잘 나타나 있다.
나는 이 시집을 받아보고 가가와 도요히코 씨를 한층 존경하고 신뢰하게 되었다. 가가와 씨의 강직한 성격은 이 시집에 잘 나타나 있다. 만약 우리나라에 인도주의 시가 있다면 나는 서슴지 않고 이 『눈물의 이등분』이라고 생각한다."

실제로 빈민촌에서의 생활은 감상에 젖을 여유를 주지 못할 정도로 가혹하였다. 굶주림과 병고로 신음하며 의지할 곳 없는 상황에서 어른, 어린이 할 것 없이 함께 지냈다. 부부 싸움을 중재하거나, 폭력에 견디기 어려워 기도를 하거나, 얼마 없는 의류나 돈을 아낌없이 나눠주기도 하였다.

그가 빈민촌에 들어갔을 때는 겹옷 3벌, 무명 이불, 하오리 1벌, 목욕용 옷 2벌, 누더기 바지, 양복 한 벌 이것이 전부였다. 이중 일부를 전당포에 맡기고 6원 30전을 받았는데, 1월 2일 마루이 가족의 양자 장례비용으로 5원을 주었고, 이시노 가족에게 양자의 장례비용으로 겹옷 2벌을 맡기고 5원을 마련하여 도와주는 바람에, 한겨울에 필요한 의복까지 없는 상태였다. 이것은 가난한 사람을 위하여 한 벌뿐인 옷도 벗어 주라는 산상수훈의 가르침의 실천이었을 것이다.

언제나 허름한 옷을 입고 다니는 그가 머리만은 깨끗이 하고 있으므로 제자인 타케우치 마사루(竹內勝)가 그 이유를 물으니 "머리를 깨끗이 하듯이 마음도 깨끗이 하면 좋겠지. 나는 그런 마음으로 언제나 아름답게 하는 거야"라고 대답하였다고 한다.

동시에 노방전도도 계속하고 구령단(救靈團)을 조직한다든지, 주일학교를 열어 사람들의 마음의 구원을 선포하고, 영혼의 정화를 호소하였다. 이러한 그의 활동에 공감하여 자원봉사를 하는 사람들이 조금씩 나타나기 시작하였다. 1911년 4월 도요히코는 전도사가 되었고 6월에는 고베신학교를 졸업하였다.

도요히코가 빈민촌에 들어간 21세부터 미국으로 유학 간 26세까지 수년간은 '좋은 이웃 운동'의 실천이었다고 해도 좋을 것이다. 이는 인격의 융화에 의해 혼자라도 수많은 가난한 사람을 위하여 함께 즐겁게 위로하며 살려는 운동이었다.

고베신학교를 졸업한 도요히코는 전도사 사례비나 강사료도 증액하지 않고 가난한 사람의 구제활동에 더 힘을 기울였다. 천국옥(天國屋)이라는 식당 개업도 그 중 하나였다. 빈민촌 사람들에게 값싸고 영양 많은 식사를 제공하고 싶다고 생각하여, 주거지 근처의 넓은 길에 점포를 얻어, 마야스가 150원을 출자해서 식당 경영을 시작하였다. 이익을 도외시한 이 구상은 크게 호평을 받아서, 새벽 3시부터 이용객의 행렬이 이루어질 정도로 번창하였다. 원래 도요히코에게는 아버지 준이치의 피를 이어 받은 기업가로서의 뛰어난 재능이 있었다고 말할 수 있다. 그러나 손님 중에는 돈 없이 먹으러 오는 사람이 많아서 유지하기가 어려웠다. 빈민 봉사가 목적인지라 공짜로 먹는 양만큼 가격을 올릴 수도 없었고, 손님 중에는 술에 취해서 난동을 부리는 자도 있어서 3개월 정도 지나 천국옥은 문을 닫고 말았다. 도요히코에게 있어서 인생 경험의 미숙함과 구빈 활동의 어려움을 통감하게 하는 일이었다.

(2) 결혼과 양어머니 봉양

도요히코는 일생에 걸쳐서 좋은 반려자이며, 최대의 협력자가 될 시바 하루와 만나게 된다. 하루는 군항 도시인 요꼬스카시에서 이즈야라는 잡화점을 경영하고 있던 시비 후사요시와 무라 부부의 장녀로서, 도요히코와 같은 나이였다.

16세 때 가게 문을 닫은 뒤 아버지가 근무한 복음인쇄합자회사의 전근 명령에 따라 고베시 시모야마테(神戶市 下山手)로 온 가족이 이사했다. 어려운 집안 살림을 돕기 위해서 아버지가 근무하는 공장의 제본 여공으로 일하게 되었다. 하루의 직장에서는 크리스천인 무라오까 사장의 방침에 따라 사원 교육으로 매주 월요일 아침 목사를 초청하여 예배를 드렸다.

1911년 여름, 시모야마테 교회의 다께우찌 목사가 도요히코를 데리고 예배에 참석하였다. "나는 신가와에 사는 거지의 친구입니다." 그는 100명 정도의 공원들 앞에서 자기 소개를 하였다고 한다. 허름한 옷을 걸치고, 나약한 몸이지만 힘 있게 우렁찬 목소리로 말을 하고 찬송가를 크게 불렀다. 하루의 첫인상은 "처음에는 호감이 가는 인물은 아니었다고 말할 수 있지만 악인 같지는 않고 무언가 큰 야심이라도 있는 것은 아닐까"(가가와 하루, 『女中奉公と女工生活』)라고 말했다.

1912년 여름, 휴가를 떠난 목사를 대신해서 도요히코가 설교를 한 적이 있었다. 목사가 다시 돌아와 도요히코의 설교를 들을 수 없게 된 뒤로부터 2개월 정도 지나 하루는 노방전도를 하고 있는 그의 모습을 발견하고 무심코 멈춰 서서 그의 설교를 들었다.

　"'이제부터 교회에서 하나님에 대한 이야기를 하겠으니 듣고 싶은 사람은 따라오시오.' 그의 말에 따라 무심코 그의 뒤를 따라 갔다. 큰 길을 왼쪽으로 돌아가니 찌그러진 집들이 나란히 있었다. 집 한 채가 3평 정도로 다닥다닥 붙어 있었다. 공동변소도 있었다. 어둡고 좁은 길은 걷기에 위험했다. 두 번 세 번 돌아서 가가와 도요히코의 집 겸 전도소에 도착했다."(『女中奉公と女工生活』)라고 하루는 그 날의 일을 기록하였다. 거기에는 10여 명의 사람들이 북적대고 있었고, 어두컴컴한 가운데 도요히코가 "십자가 위의 예수"라는 제목으로 이야기를 시작하였다. 하루는 밖에 서서 열심히 귀를 기울였다.

　그 후 그녀는 급속히 기독교에 눈을 떠 갔다. 공장 안에서 일요학교를 열어서 동료들과 함께 도요히코를 초빙하여 설교를 듣기도 하고, 그와 함께 숲을 거닐며 화초나 우주에 관한 것을 배우기도 하였다.

　도요히코를 만난 지 일 년 반 후인 1912년 12월 21일, 하루는 다른 11명과 함께 마야스에게 세례를 받았다. 그로부터 4일 후인 크리스마스에 털실로 된 내의를 도요히코에게 선물하였다. 그때 그는 "나는 추위에 견딜 물건을 살 수 없는 것은 아니지만 이웃 사람들을 보니 나만 포식하고 따뜻한 옷을 입을 수는 없습니다. 절대로 그런 걱정은 하지 말아 주십시오."(『女中奉公と女工生活』)하며 타일렀다고 한다.

　다음날 그는 답례로 훌륭한 액자를 보내 주었는데, 그 뒷면에는 "나를 따르려는 자는 자기를 버리고 자기 십자가를 지고 따르라"라는 성경구절을 적어 놓았다. 원래 도요히코는 목숨이 얼마 남지 않은 병약한 몸과 빈민촌에서의 사명감 때문에 여성에 대한 동경심이 없지는 않았으나, 결혼에 대해서는 비관적이었다.

나를 사랑하지 말라!

아무도 나를 사랑하지 말라, 아무도

나는 하나님의 아들, 자유의 아들
사랑의 쇠사슬에 묶지 말고
나를 사랑하지 말라 소녀들아
자유 없는 사랑을 무엇하려고
슬픈 연애를 무엇하려고
나에게는 정한 맹세가 있다.
자유의 날이 올 때까지
사랑의 쇠사슬에 묶이지 않으리

빈민촌 생활을 하는 중에 그는 병으로 넘어지기는커녕 오히려 건강이 회복되었다. 신가와에 들어간 지 4년 후인 1913년 봄에는 결혼을 생각할 정도로 건강해졌다. 그의 뜻을 잘 이해하고, 한결 같이 도와주는 하루를 이상적인 상대라고 생각하였다. 하루는 도요히코의 주일학교 일이나 급한 저술활동을 도와주었고, 노방전도로 피곤하여 깊이 잠드는 때가 많은 도요히코의 간병을 위해 헌신적인 도움을 주었다.

어느 날 하루는 결심하고 도요히코에게 "비서 대신으로라도 함께 있고 싶다"고 하였다. 그러자 그는 "신가와에 와서 일하고 싶은 결심이 변하지 않는다면 나와 결혼할 작정으로 와 주세요"라고 대답하였다는 말이 있다.

그러나 이것은 다른 자료에도 있는데, 하루의 회사 동료는 청혼은 도요히코가 했다고 한다. 어쨌든 1913년 4월 30일, 두 사람은 약혼을 하였다. 다음의 시는 도요히코가 하루에게 바친 것이다.

영혼과 영혼 – 아내에게

영혼과 영혼이 봄날 아침에 맺어졌다.
거친 나무 가지를 깎는 작은 집 그늘에
영혼과 영혼이 땅에서 솟아난 보리 싹과 같이

아침 햇살에 허리를 펴고 언제까지나 서로를 의지한다.

바닷가에서 푸른 하늘을 쳐다보며

영혼과 영혼이 서로 껴안고 하늘로 날아간다.

육신을 생각하지 않는다는 약속으로

영혼과 영혼이 서로 껴안으며

가난한 벗들 사이에서도 떨어지지 않으리

1개월 후인 5월 27일, 두 사람은 고베의 일본기독교회에서 결혼식을 올렸다. 마야스가 사회를 보고 아오키 목사가 주례를 맡았다. 도요히코는 구세군에서 보내온 신발과 하오리를 입었다. 하루는 신부 옷에 당시 유행한 트레머리를 하였다. 두 사람 모두 25세였다.

결혼식을 마친 후, 두 사람은 바로 그 모습 그대로 신가와의 빈민촌으로 직행했다. 하루가 찢어진 돗자리에 올라가려고 하자, 늘 누워만 있는 동거인 오미츠가 오마루(변기)! 오마루! 하며 졸라대었다. 오미츠는 전신불수의 정신지체장애인이었다. 하루는 결혼식에 입었던 옷을 입은 채로 나무 밑에 있던 오마루를 가지고 왔다. 이것이 새 색시 하루의 첫 일이었다. 며칠 후 이웃 주민들을 초청하여 피로연을 열었다. 평소 유부국수 이상의 것을 먹지 않던 그가 산노미야(三宮)에 있는 요정에서 스시 도시락을 주문해서 모두에게 나누어 주었다.

이렇게 시작한 두 사람의 신혼생활은 하루의 예상을 초월한 혹독한 것이었다. 도요히코의 교회를 겸한 집에는 인생 상담, 공갈 협박을 하는 무뢰한들이 쉴 새 없이 출입하였고, 주위는 밤늦게까지 괴성과 싸움이 끊이지 않았다. 찾아온 병자의 심부름도 하루의 일이었다.

결혼 전부터 도요히코는 도쿠시마에서 혼자 살고 있던 양어머니 미찌를 모셔와서 돌보고 있었다. 할머니 세이가 사망한 후에 의지할 곳 없는 양어머니가 편지로 함께 지내고 싶다고 전해 왔기 때문이었다. 그는 양어머니를 위해서 방 하나를 마련하고, 마음 편하게 지내게 하려고 모셔 왔다. 빈민촌의 환경에서 볼 때 무리는 있었으나 60세 가까운 노령의 어머니를 저버릴 수 없었다. 일찍이 어렸을 때 첩의 자식이라고 도요히코를 냉대했던 병약하고 신경질적인 어머니에게 도요히코는 효도를 다 하였다.

하루도 미찌를 친어머니 이상으로 세심히 돌보았다. 미찌도 더러운 연립주택의 생활이지만 만족하고 교회 예배에도 출석하였다. "하루와 같이 언제까지나 이렇게 있고 싶다"고 자주 말하였다고 한다.

이런 생활을 하는 동안, 하루가 여공 시절부터 꾸준히 모아 두었던 돈도 바닥이 나 버렸다. 그러나 그녀는 소리를 높이는 일 없이 사랑하고 존경하는 남편 도요히코와 어디까지나 함께 가겠다고 결심하였다. 도요히코도 그녀가 훌륭한 여성으로 성장할 수 있도록 온갖 힘을 기울였다.

도요히코는 하루와 애제자인 다까우찌에게 중학교 정도의 과정을 가르쳤다. 아침 5시부터는 대수와 기하학을, 저녁 6시부터 8시까지는 동물학, 생리학, 외국 지리, 교회사 등을 가르쳤다. 하루의 여동생 야혜도 이 수업에 참가했다. 야혜는 성적이 우수하였고, 도요히코의 후원으로 의대에 진학하여 의사가 되었다. 평생 독신으로 지내면서 어려운 사람을 도우며 지냈다(카토 시게루(加藤重)『우리 부부연정』).

전도와 강의, 빈민구제 활동, 원고 집필 등 바쁜 생활을 하면서도, 도요히코는 하루에게 공부의 중요성과 즐거움을 공유할 수 있도록 해주기를 원하였다. 평생 동안 도요히코와 하루는 신뢰와 애정으로 강하게 연결되어 아름다운 부부사랑을 끝까지 나누었다. 같은 뜻을 지닌 동지로서 서로를 의지하며 많은 시련과 고난에 부딪치며 나아갔다. 하루의 내조(內助)의 공이 없었다면 가가와 도요히코가 이 후에 전개한 초인적인 활동은 아마도 불가능했을 것이다. 그런 의미에서 이상적인 부부상이라고 할 수 있을 것이다.

이것은 도요히코의 사후에 발견된 책 한 권의 뒷면에 기록된 '처연가'란 시에서도 알 수 있다.

처연가(妻戀歌)

나의 아내 사랑하고 사랑한다.
39년의 진탕 길을 함께 걸어온 아내 사랑한다.
공장의 뒷길에서 빈민촌의 거리에서
함께 기도하던 아내 사랑한다.
헌병대의 뒷문에서
미결수 감방 창구에서
울지 않으며 서성거리던
나의 아내 사랑하고 사랑한다.
천만 금을 손에 쥐어주어도
속옷의 소매를 기워 남에게 베풀던 아내 사랑한다.
지갑 속을 털고 서적을 팔러가도
말없이 강한 아내 사랑한다.
싸라기 눈 서리 뇌성에 우산도 없이 뛰어가는
강한 나의 아내 사랑한다.
검정머리는 희어지고 살결에는 주름이 생겨도
젊음을 잃지 않으려던
신령한 나의 아내 한 없이 사랑한다.
장님 같은 남편의 손을 잡고
하나님의 은총을 가르치던 아내 사랑한다.

1950. 12. 6.
주님과 함께 하는 하루에게
이것만이 내가 당신에게 주는 크리스마스 선물입니다.

하루는 남편과 함께 모든 일을 하였고 도요히코의 사후에도 사업을 계승하였다. 뿐만 아니라 『빈민촌 이야기』, 『女中奉公と女工生活』등 자신의 체험을 담은 서적의 출판과 일하는 여성의 각성과 단결을 호소하는 각성(覺醒)

부인협회장으로서도 정력적인 활동을 하였다. 1981년 10월, 도쿄에서 '명예시민' 칭호를 받았고 1982년 5월 5일 94세로 일생을 마쳤다. 가가와 도요히코의 생애를 말할 때 누구보다도 마음에 새겨야 할 여성이었다.

1914년 그들 부부에게 크나 큰 전기가 찾아왔다. 그해 3월에 지금까지 도요히코의 활동에 공감하여 지원하던 마야스가 소개한 미국인 독지가로부터 오던 월 50달러의 송금이 갑자기 중단되었다. 이것은 그의 활동비의 70%에 해당하였다.

도요히코가 '구령단'을 '예수단'으로 이름을 바꾸고 야학교, 재봉학교의 신설, 직업소개소 개설 등의 사업 활동을 넓히려고 하기 바로 직전이었다. 두 사람은 타케우치 쇼우(武內勝) 등의 협력자와 상담한 결과, 좀 더 지식이나 경험을 얻기 위해 유학의 길을 택하기로 하였다. 그는 이전부터 그리던 미국 유학을 결심하고 그 동안 부인 하루는 요꼬하마의 공립여자신학교에 입학하기로 하였다.

당시 메이지학원과 같은 신학교에는 미국 유학 가는 사람이 많았다. 친구인 도미타 미츠루도 프린스턴에 유학했던 사람이었다. 도요히코는 은사인 로간이 다닌 프린스턴신학교와 대학으로 유학할 것을 결정하고 기간은 3년으로 예정하였다.

꼬리를 물고 빈민촌으로 유입되는 빈민들의 구빈활동에도 점차 한계를 느끼기 시작한 그는 구빈(救貧)보다는 빈곤을 사회에서 추방하는 방빈(防貧)이 더 중요하다고 생각하게 되었다. 선진국인 미국에서 배우는 것이 좋지 않을까 생각하였다. 그러나 유학에 필요한 비용을 마련하는 것이 큰 일이었고, 신가와의 사업 정리도 생각하지 않으면 안 되었다.

배 삯으로 3등실의 여비 100엔, 그 외에 체재비, 수업료 등을 더하면 유학에는 최소한 400엔이 필요하였다. 뿐만 아니라 부인 하루의 신학교 학비, 예수단에 남겨야 할 자금을 합하면 약 700엔 전도가 필요하였다. 그는 마야스와 로간에게서 각각 200엔, 양어머니와 동생 마스요시(益慶)에게서 각각 100엔을 지원 받고, 나머지는 번역료로 마련하였다.

빈민촌에서 동거하는 10명에 대해서는 여기저기 양육원 등에 맡기고, 양어머니는 올 때까지 도쿠시마의 친척집에 머물게 하였다. 신가와의 사업은 유학 중에 그 규모를 축소하여, 다케우치 쇼우를 책임자로 하고, 10여명 청년들이 자금을 마련하여 예수단 사업을 계속하기로 하였다. 예배와 전도는 그대로 하되, 각종 구제 사업은 도요히코가 귀국할 때까지 중단하기로 하였다.

도요히코에게 심취하여, 평생 최대의 협력자가 된 다케우치 쇼우는 1892년에 와카야마현에서 출생했다. 도요히코와 만날 당시에는 신가와에서 9명의 청년들과 같이 조개껍질로 단추를 만드는 공장을 경영하고 있었다. 그 공장에 도요히코가 찾아가 그리스도에 대해 이야기를 한 것이 계기가 되어 도요히코를 스승처럼 모시고 교회에 다니게 되었다. 도요히코도 순진하고 책임감이 강한 다케우치 쇼우에게 특별히 깊은 신뢰와 기대를 하였다.

1914년 8월 2일, 도요히코는 요꼬하마에서 코레아호에 승선하여 미국으로 떠난다. "훌륭한 여성으로서 지성을 닦았으면 좋겠소"라는 부탁을 도요히코로부터 받은 하루도 9월 5일 고베를 떠나 요코하마의 공립여자신학교를 향하여 떠난다. 3년간의 국내 유학이었다.

III. 프린스턴 유학시절

요꼬하마를 출발한 도요히코는 태평양을 건너 15일 후인 8월 17일 샌프란시스코에 도착했다. 상륙할 때 이민국에서 눈병 때문에 의심을 받아 일본으로 송환될 뻔 하였지만 간신히 통과되어 대륙 횡단열차를 타게 되었다.

처음 찾아 간 곳은 조지아주 애틀란트 교외의 아덴스라는 작은 마을이었다. 매달 50불씩 2년간 송금해 주었던 벽돌회사의 중역 지브리가 이곳에 살고 있었다. 그는 빈민촌에서의 사업을 보고하고 정중히 고마움을 표시하였다. 그리고 목적지인 프린스턴으로 갔다. 그 곳은 워싱턴 D.C.와 필라델피아의 중간에 있는 인구 약 13,000명 정도인 아름다운 학원 도시로서, 장로교신학교와 프린스턴대학이 있는 곳으로 널리 알려져 있었다. 특히 프린스턴대학은 하버드, 컬럼비아, 예일 등과 나란히 견줄 수 있는 미국 유수의 명문교로서, 당시 대통령으로서 국제연맹의 제창자인 윌슨도 이 대학 총장으로 재직한 바 있었다.

1. 열심히 공부한 2년

도요히코가 정식으로 입학한 것은 프린스턴신학교였으나 그는 대학에서의 청강도 희망하고 있었다. 신학교 기숙사에도 들어가고 매월 25달러의 장학금을 받기로 해서 차분히 공부에 전념할 수 있는 몸이 되었다. "불량배의 협박도 없고, 전염병의 걱정도 없이 유명한 대학에서 조용히 공부할 수 있어서 매우 감사하다"고 그는 『태양을 쏜 남자』에서 기록하고 있다. 넓은 캠퍼스에 아름다운 건물들이 숲 속에 있고, 도시 전체가 나무로 둘러싸여 있는 아름다운 경관에 그는 지금까지 맛보지 못한 평안함을 느꼈다.

　　여명 – 프린스턴에서

　　꿈 저 편의 새벽은
　　희기도 흰 하늘에
　　금빛 감돌아 하늘 저 편이 밝아온다.
　　나무 떨어지는 가을 아침
　　가지 끝에 빛이 찾아와
　　동쪽 하늘의 새벽은
　　나무 가지 끝에서부터 밝아온다.

신학 공부는 이미 마친 것이 많았기 때문에 대학의 청강 자격시험을 치고 생물학을 배우고 싶다고 생각했다. 당시 에피소드는 무토우 토미오(武藤富

男)의 『평전 가가와 도요히코』에 소개되어 있다.

시험 당일에 함께 시험 칠 사람이 없어서 그는 혼자 교실에 들어갔다. 감독 교수가 문제지를 건네주었다. 거기에는 "진화론에 대한 문헌을 쓰고 그 개요를 써라"고 되어 있었다. 감독 교수는 그가 어떤 사람인지 모르고 "다윈과 라마르크의 진화론 정도면 낙제다"라고 말하고는 교실을 나가버렸다. 문제지를 받자 그는 누에가 실을 토하듯이 42권의 저자명과 개요를 썼다. 1시간 반 후에 답안을 제출했다. 교수는 답안지를 넘기면서 잠시 읽다가, 답안을 한 손에 든 채로 찬찬히 바라보면서 오른 손으로 악수를 청하였다. 진화론은 도요히코의 가장 자신 있는 분야였다. 메이지학원 시절 책벌레라는 별명이 붙을 정도로 도서관에서 독서에 열중할 때에도 진화론에 관한 서적은 거의 다 독파하였었다.

대학에서 청강을 허가받은 그는 첫 해에는 실험심리학과 수학 공부에 몰두하였다. 프린스턴대학교에는 세계 각국에서 온 유학생이 많아서 우수한 인재들과 사귈 수 있었다. 칼빈 클럽이라는 전통 있는 단체의 회원으로도 추천을 받았다.

1년이 지나 가지고 온 돈이 거의 떨어진 그는 여름방학 때 아르바이트를 찾았다. 뉴욕의 교외에 있는 한 부호 집에서 월 25달러를 받고 40일간 급사로 일을 하였다.

9월부터 새 학년이 시작되어, 대학에 실험심리학 논문을 제출하여 문학석사학위(Master of Art)를 받았다. 2년째부터는 생물학을 전공하게 되었다. 생물의 세계는 요시노강의 주변에서 자란 그에게 가장 흥미 있는 영역이었다.

1916년 그는 신학교 전 과정을 마치고 신학사(Bachelor of Divinity·오늘의 Master of Divinity) 학위를 받았다. 보통 학생이라면 4년이 소요되는 과정을 2년에 마친 것이었다. 그의 부지런한 공부와 뛰어난 영어 실력이 도움이 되었다.

2. 약자를 위하여

생물학 연구를 계속하기 위해서 대학에 남고 싶었지만, 신학교 졸업과 동시에 장학금을 받을 수가 없었다. 그래서 뉴욕으로 떠나 직업을 구해 학자금을 만들어 시카고대학에서 철학박사 학위를 받으려고 생각하였다. 그러나 1차세계대전 중의 미국은 불황이 심하여, 일본인인 그가 일자리를 얻는 것은 쉽지 않았다.

> "값 싼 숙소에 머물며 뉴욕의 빈민가를 걸어 다니던 중, 유대인 마을에서 시위 중인 노동자를 만났다. 양복재봉직공조합에 속한 6만 여명의 대규모 시위행진이었다. 당시의 일본에서는 도저히 생각할 수 없는일이었다. 그것은 장엄하다고 할까! 비참하다고 할까! 마치 도살장에끌려가는 양의 무리와 같이 외롭고 쓸쓸한 눈을 하고 걸어가고 있었다. 맨하탄 3번가와 23번가의 모서리에 서서 행렬이 지날 때까지 바라보았는데, 길 위에 눈물이 떨어진 줄도 몰랐다"(『태양을 쏜 사람』).

그는 눈이 씻기는 것 같은 충격을 받았다. 빈민 구제에 한계를 느꼈던 그는 큰 감명을 받았다. 가난한 사람이 없는 사회를 만들지 않으면 안 된다. 그러기 위해서는 일하는 사람들이 단결하여 조합을 결성해서 자신들의 요구를 실현시키지 않으면 안 된다. "일본에 돌아가면 노동조합부터 시작하자"라고굳게 마음먹었다.

그 후 나이아가라 근처에서 40일 정도 아르바이트로 일하였는데 선배 일본인들에게 조롱당하며 노예 같은 생활을 하였다. 할 수 없이 시카고로 돌아왔지만, 공기가 나쁜 공업도시였기 때문에 기침과 폐결핵이 재발할 우려가있었다. 일본으로 귀국하려고 결심을 했지만 여비가 부족하였다. 그 무렵 시카고 거주 일본인으로부터 유타주 오그텐의 일본인회에서 서기 한 사람을모집한다는 말을 듣고, 록키산맥 허리의 사막 한가운데 있는 작은 마을을 찾아갔다. 그 곳에는 일본인과 백인(몰몬교도) 소작인 150여 명이 일하고 있었지만, 지주는 일본인과 백인이 친하지 않은 것을 이용해서 저임금으로 노동자들을 혹사시키고 있었다. 일본인회에 고용된 그는 유창한 영어를 구사하여 백인과의 단결을 도모하였고, 소작인조합을 결성하여 임금 인상을 성공시켰다. 일본인만으로도 연간 수입 5만 달러가 증가하였다. 그 사례로 100달러를 받아서 그것을 여비로 하여 1917년 4월 귀국길에 올랐다. 뉴욕 맨하탄에서 만난 6만 명의 시위행진과 오그텐의 소작인조합의 결성과 임금 인상 교섭의 성공은 그 후 그의 활동에 큰 영향을 미쳤다.

5월 4일, 그는 요코하마 항으로 귀국하였다. 2년 9개월 만의 귀국이었다. 공립여자신학교에서 1개월 후에 졸업할 하루가 항구에 마중 나왔다. 도쿄에 숙소를 정하고, 하루로부터 자기가 없는 사이에 있었던 여러 사정 이야기를 들었다. 양어머니 미찌가 위독하다는 말을 듣고 도쿠시마로 달려간 하루에게 그간 고마웠다는 인사말을 남기고 사망하였다는 것과 하루의 여동생 후미가 다케우치 쇼우와 약혼하였으나 과로로 급사하였다는 사연을 듣고 도요히코는 가슴 아팠다. 후미는 그의 소설 『한알의 밀알』에 여주인공으로 나오는 순진한 여성이었다.

요코야마 하루이치(橫山春一)의 『가가와 도요히코 평전』에는 도요히코가 후에 미국에서 유명해졌을 때 그가 공부하던 교실에는 '가가와 도요히코 교실', 그가 머물렀던 기숙가 방에는 '가가와 도요히코의 방'이라는 이름이 붙어 있었다고 하지만 지금은 철거되었다. 그 대신 최근 도서관 로비에 나가오 목사의 아들 나가오 미(長尾己) 화백이 그린 대형 초상화가 걸려 있다고 한다. '예수의 친구회'와 혼쇼의 가가와 도요히코 기념관에서 기증한 것이다.

"가가와 도요히코(1888-1960)는 일본의 그리스도교회의 복음 전도자, 저술가, 사회운동가이다. 가가와는 16세에 세례 받을 때 "하나님, 저를 그리스도처럼 되게 해 주십시오"라고 기도하였다. 그는 이 기도를 충실히 지켜 평생 가난한 사람들의 벗이 되었다."라는 국제기독교대학 후루미 야스오(古屋安雄) 교수의 영문으로 된 비문이 붙어 있다.

제3장 ——————— # 가난한 자의
벗이 되어

가가와 도요히코는 사역의 영역을 넓혀 나간다. 그 중심에
는 그리스도의 복음이 있고, 가난한 자를 돌보려는 열정이 있었다. 가가와의
사역은 여러 영역에서 이루어졌다. 그의 열정은 그의 삶을 새롭게 하며, 한
알의 밀알로 죽어가는 역사를 이루었다(그의 사역에 대해서는 본서 제2부에
서 세밀하게 분석한다).

I. 노동운동

미국에서의 수학(修學)과 체험으로 한층 더 성장한 도요히코는 신가와로
돌아왔다. 그를 다시 맞이한 빈민촌은 그 전과 조금도 변하지 않았다. 시궁
창, 오수, 악취, 문 없는 화장실, 헐어버린 바람벽 등등. 주민들은 그를 따뜻
하게 맞아주었지만 3년도 지나지 않았는데 그들의 얼굴 표정이 다소 변한 것
이 마음에 걸렸다. 특히 낯익은 어린이들이 없어진 것이었다.

"무라시마 형! 나는 2년 9개월 간 내가 없는 중에 유곽과 음식점 등에

납치당하여 사라진 3명의 나의 다정한 딸들과 감옥에 간 30명의 소매치기 부하들 때문에 슬프기 그지없습니다. 나의 기도는 그 33명이 모두 다시 한 번 내 품으로 다시 돌아오는 것입니다. 아! 누가 그 어린 비둘기 33마리를 내 품에서 빼앗아갔습니까. 나의 품에 돌려주시오, 그 33명의 혼을 다시 한 번 나의 품으로 돌려주십시오. 지금은 악한 세상입니다. 내가 가장 사랑하는 33명의 영혼들을 죽이고 있는 것입니다" ('무리시마에게 보낸 편지에서').

지금 자기 눈앞에 서성거리며 생활고에 허덕이는 사람들과 희망이 없어 보이는 어린이들을 어찌하면 좋을까? 그는 빈민촌에서의 구제 사업이나 전도가 과연 무슨 의미가 있을까?라는 문제를 다시 생각해 보았다. 가난을 없애는 운동을 일으키는 수밖에 없었다. 미국에서의 다짐을 재확인하지 않을 수 없었다. 그렇다 해도 지금 가난에 허덕이는 사람들을 저버릴 수는 없었다.

1. 빈민촌에서의 구빈 활동

도요히코는 곧 행동을 시작하였다. 그의 도미 중 다케우치 쇼우와 동지들이 2층 건물을 사들여 회당 겸 강당을 만들었다. 그는 2층 일부를 개조해 예수단의 무료진료소로 개관했다. 공사는 신가와에 살고 있는 기술자들이 많이 협력하고 그와 청년들이 직접했다. 운영 자금은 그의 지인인 실업가 후쿠이 스데이치(福井拾一)가 100엔을 원조하기로 하였다. 신도 중에 의사와 간호사가 자원봉사로 협력하기로 하고, 1917년 7월, '예수단 우애 구제진료소'가 문을 열었다.

7월 초에는 공립여자신학교를 졸업한 하루도 요코하마에서 돌아왔다. 그녀가 처음 시작한 것은 순회하면서 눈병 환자에게 점안하는 것이었다. 금속 그릇에 약을 넣어 마을 골목을 돌아다니며 눈이 붉은 어린이를 만나면 안약을 투여하였다.

그런데 봉사활동 중에 자신이 눈병에 걸려 오른쪽 눈의 시력을 잃고 말았다. 당시 「오사카 마이니찌신문」에는 "빈민촌의 여신 가가와 도요히코 여사 실명하다"라고 보도하여 "빈민층의 노인과 젊은이들이 모두 울며 회복을 기도하고, 도요히코 씨도 간호에 전력하였으나 희망이 없다는 선고를 받았다"라는 기사가 실렸다. 하루는 문병객들에게 "아직 한 쪽이 남아 있습니다. 하나는 하나님께 바쳤습니다. 남편과 합치면 세 개가 있습니다."라고 대답을 하였다고 한다.

도요히코는 고베여자신학교, 탄바스전도여학교, 오사카침례교여자신학교에 강사로 나가서 각 학교에서 주당 4시간씩 강의를 담당하여 월 45엔의 수입이 있었다. 그 중의 일부는 생활비로, 나머지는 예수단의 활동 자금으로 사용하였다.

그 사이 무료진료소에는 도쿠시마의 와카바야시(若林)병원에서 근무하던 마시마가 동참해 주었다. 그는 아이치현 현립의학전문학교(현재 나고야의과대학) 출신으로서 기독교인이었으며 도요히코의 사업에 공감하여 집안 모두가 고베로 이사를 하였다. 호탕하고 인정미 넘치는 마시마는 이 사업에 최적의 인물이었다. 그는 곧 의욕적으로 진료에 임하였고 빈민촌 주민 속으로 파고들어 갔다. 가난한 사람들에게 마음으로부터 애정을 가지고 대하였기 때문에, 진료소는 사람들의 신뢰를 받게 되었다. 마시마는 또 효고현 나가다에 있는 빈민촌에도 지부를 개설하였다.

그 후, 그는 미국의 시카고대학에 유학을 하고, 영국, 독일을 거쳐 귀국하였다. 관동대지진 때는 상경하여, 도요히코와 함께 혼쇼 마츠쿠라쵸에 무료진료소를 열었고, 코우도우(江東)소비조합의 설립에도 많이 협력하였다. 말년에 그는 일본산아조절연맹 위원장, 도쿄가족계획협회 이사장 등으로 활약하여 일본에서 산아조절운동의 지도자로 알려졌고, 일·소친선협회 부회장, 일·중우호협회 이사 등을 역임했다.

그 다음에 도요히코가 손을 댄 것은 칫솔제조공장 설립이었다. 빈민촌에 일자리를 마련하여 실업자에게 일자리를 주고, 그 이익을 근로자들에게 환원하고, 잉여금은 사회사업자금으로 하기 위한 것이었다. 1917년 11월, 자본금 12,000엔으로 고베에 칫솔공장을 설립하였다. 칫솔공장을 택한 것은 수요가 많고 제조하기 쉬우며 여자와 어린이는 물론 가정에서 부품을 만들 수 있기 때문이었다. 이를 위해 42평 대지에 공장을 짓고, 기계를 구입하고, 오사카의 칫솔공장에서 기술을 배우고 개업하였다. 그러나 생각과는 달리 적자가 증가하였다. 특히 운영자금의 부족, 종업원들의 태만, 기술 미숙 등 여러 원인이 겹쳐서 사업이 어렵게 되어 1918년 10월에는 공동출자자 중 한 사람에게 공장을 양도하지 않으면 안 되었다. 그의 실험은 단 1년 만에 좌절되었다.

2. 노동운동의 기수

이 무렵부터 도요히코는 점차 노동운동에 관여하게 되었다. 원래 그의 노동문제에 대한 사고의 중심에는 노동자를 존중하는 마음이 있었다.

> "노동자를 존중하라. 그들은 지구에서 가장 먼저 생겨난 사람들이다. 우리는 이제 과거의 영웅에 지쳤다. 그들 중에 많은 사람들이 약탈자이며 야수의 자식이 아니었나? 지금까지의 역사는 모두 약탈자들의 역사였다. 이제 참된 생산자가 세계를 지배하려고 한다. 지금부터의 역사가 참된 역사다. 노동자를 존중하라. 그들은 심고 거둬들인다. 그들은 창조주처럼 하루도 쉬지 않고 인간을 위하여 빵을 만들고 베를 짜고 건축을 하고 있으니 모든 인간이 살아갈 수 있는 것은 노동자들 덕분이다"(「신고베」 1919년 1월 15일자).

이와 같은 그의 노동자관은 1920년 4월 간행된 『인간의 고통과 인간 건축』에 수록된 "공장 입헌 운동에 대하여", "일본에서 임금 노동자의 불안", "부녀 노동자의 해방", "노동자 부상의 연구", "아동 학대 방지론" 등의 여러 논문에서 반복적으로 주장되고 있다. 또 1919년 3월에 우애회(友愛會)오사카연합회에서 주최한 "치안경찰법 제17조 철폐 대연설회"에서의 선언에서도 명확히 말하였다.

그의 사회문제의 모티브는 생명 즉 인격이며 생명의 기초를 자유에 두었다고 생각된다. "우리는 살기위해 자유를 요구한다. 정복된 상태보다 해방을 원한다"(「노동자신문」1919년 4월 15일)는 것이 그의 노동운동에 대한 이념이었다.

이러한 점에 관해서 가가와 도요히코 연구가인 스미야 미카오(遇谷三喜男)(도쿄대 명예교수)는 그의 유명한 책인 『가가와 도요히코』에서 "가가와 도요히코는 이렇게 자유로운 노동조합운동의 연장선 위에서 자본주의와 교체되는 미래 사회의 출현을 기대하였다. 이런 점에서 그는 사회진화론자였다"라고 평가하고 있다. 그가 목표하는 것은 노동조합을 기초로 하는 의회주의 즉 길드사회주의 바로 그것이라고 진술하고 있다. 이러한 그의 노동자와 노동조합에 대한 관심은 뉴욕에서의 대규모 시위행진과의 만남, 오크텐에서의 소작인조합의 지도 등의 체험에서 촉발된 것이 많았다는 것은 앞에서 기술한 바 있다. 빈민촌에서의 '천국옥'과 칫솔제조공장의 경영 실패를 통해 자원 봉사만으로는 사업을 일으킬 수 없다는 사실을 통감하였다. "빈민 계급을 없애려면 현재의 자선주의만으로는 불가능하다. 자선주의는 빈민을 오히려 증가시키는 경향이 있다."(『정신운동과 사회운동』) 라고 하였다.

구빈활동의 벽에 부딪친 그는 가난 방지에 눈을 돌리지 않을 수 없었다. 그 결과 빈민문제와 노동문제를 깊이 결부시켜 생각하게 되었다. 그래서 빈민촌의 실태에서 노동자가 어떻게 빈민으로 전락하게 되는가? 빈민의 공급원이 되는 것은 무엇인가? 에 대해 고찰하였다. 원인으로 그가 지적한 것은 심한 육체노동에서 야기된 습관, 병고, 실직 등에 의해서 수입이 막히는 경우가 압도적으로 많다는 사실이었다.

빈민의 중심을 이루는 짐꾼과 심부름꾼 등 미숙련 노동자들이 항상 생활이 불안한 가운데 살고 있고, 위험하고 가난한 삶을 살아가는 것을 싫증날 정도로 속속들이 보아 온 그는 빈민으로의 전락을 멈추게 할 방법이 사회에 별로 없는 것에 강한 분노를 느꼈다. 빈민문제를 매개로 노동운동에 접근한 것은 빈민문제 해결에는 노동운동이 불가결하니 노동조합이 반드시 필요하다고 생각했기 때문이다. 그렇지만 우애회는 일종의 친목단체, 수양단체의 성격이 강하여 그가 바라는 노동조합의 성격과는 거리가 멀었다. 우애회의 강령은 다음과 같았다.

① 우리는 서로 친목하고 일치단결하여 상호부조의 목적을 관철한다.
② 우리는 공공의 이상에 따라 의견 개발, 덕성 함양, 기술 진보를 도모하려고 한다.
③ 우리는 공동의 힘에 의거해서 착실한 방법으로 지위 향상을 도모한다.

1910년 고토쿠 슈스이 등이 처형된 '대역사건(大逆事件)' 1) 후의 엄중한 단속 중에는 '조합'이라는 말조차 꺼리는 시절이었지만 도요히코는 그 강령에 만족하지 않았다.

그러던 중 그가 염원하던 노동운동에 관여할 기회가 생겼다. 1917년 9월 우애회 고베연합회에서 기독교청년회관에서 개최한 특별 강연회에 도요히

---

1) 고토쿠 슈스이는 미천한 가문에서 태어나 10대 중반부터 자유민권운동에 관심을 가져 이 운동의 이론적 지도자였던 나카에 조민의 집에서 일을 하면서 공부를 시작하였다. 그는 청일전쟁 (1894-95) 이후 급속히 발전한 일본 자본주의의 각종 사회문제를 접하면서 차츰 사회주의 사상을 품게 되었다. 1897년에는 사회문제연구회에 가입하였다. 사회주의문제연구회는 1900년에 실천적 성격을 강화한 사회주의협회로 개편되었고 마침내 이듬해에는 일본 최초의 사회주의 정당인 사회민주당으로 발전하게 되었다. 1905년에는 필화사건으로 투옥되었는데 옥중에서 러시아의 무정부주의자 코로포트킨의 저작을 보고 무정부주의와 생디칼리즘에 관심을 갖게 되었다. 출옥 후, 요양 차 건너간 미국에서 급진적인 노동운동 단체인 세계산업노동조합(IWW)의 지도자들과 접하면서 아나코 생디칼리즘에 대한 확신을 얻었다. 귀국한 뒤에는 당시 일본의 사회주의운동을 주도하고 있던 가타야마 등의 의회정책주의를 비판하고 급진적인 직접행동론을 제기함으로써 운동의 주도권을 쥐게 되었다. 그러나 일부 급진파에 의해 계획되고 있던 천황 암살계획에 연루되었다는 혐의로 1910년에 체포되었는데, 이것이 이른바 대역사건(大逆事件)이다. 이 사건은 사회주의운동에 대한 탄압의 기회를 노리고 있던 당국에게 좋은 빌미를 제공하게 됨으로써 의도적으로 확대 해석되었으며, 결국 고토쿠 등 12명이 교수형을 당함으로써 막을 내렸다. 그러나 이 사건으로 이후 10년 가까이 일본의 사회주의운동은 영향력을 잃게 되었다.

코도 강사로 초청되었다. 그 해 4월 미국이 1차 세계대전에 참전한 까닭으로 일본의 조선소와 공장은 철 부족에 시달렸고, 이로 인해 노동자 생활에 위협을 주지 않을까 걱정되었다. 일본노동조합의 전국적 조직으로 성장한 우애회도 이 상태를 우려하여 '미국의 철수출 금지 항의집회'(米鐵禁輸抗議集會)를 개최하였다. 이 때 우애회 회장인 스즈끼 분지를 시작으로 몇 사람이 연설을 하였는데 그 연사들 중에 도요히코도 포함되어 있었다. 당시 그는 29세로 미국에서 돌아온 지 얼마 되지 않았고, 노동운동에 관심을 가진 사회사업가로서 주목받고 있었다. 그는 '철과 근육'이라는 제목으로 "노동이 없으면 철은 뼈대에 지나지 않으나, 노동자들은 그것을 가치 있게 하는 것이다."라는 요지로 열변을 토했다.

이 집회를 계기로 도요히코는 우애회 간부들과 사귀게 되어 1917년 10월에는 우애회 고베연합회의 평의원으로 추대되었다. 그러나 그는 "우애회는 전국에 3만 여명의 회원이 있으나, 아직 철저한 노동조합이라고 하기에는 미흡하다"고 생각하였다. 그러나 실제로 그가 관여한 조직은 우애회 뿐이었기 때문에 그는 조직 강화와 계몽 활동에 주력하였다.

3. 보통선거운동

의회주의 입장을 철저히 지키려는 가가와의 노동운동이 당시 대두되었던 보통선거운동과 연결되어 간 것은 자연스러운 일이었다.

1920년 1월, 천여 명의 노동자가 오사카 덴노지 쪽으로 행진하였다. 그들은 조합기를 선두로 하여 손에는 "선거권을 우리에게 달라"고 쓴 현수막을 높이 들고 있었다. 선두는 중의원 의원인 아자키 유키오(尾崎行雄), 이마이 요시유키(今井嘉行)와 가가와 도요히코 세 사람이었다. 이에 앞서 1919년 12월에 발족한 보통선거 성공기원 간사이노동연맹은 도요히코가 기초한 것에 의거하여 "금품에 의하지 말고, 인습에 의하지 말고, 자주와 자유에 눈뜬 노동자는 선거권을 요구한다. 우리는 인격자이다. 인격자인 우리가 선거권을 요구하는 것은 당연하다"라는 선언을 채택하고 "우리들 노동자는 제 42 차 의회에서 보통선거법의 통과를 기대한다"라고 결의하였다. 이 날의 행진은 대단한 시위운동이었다. 천여 명의 시위대원들은 도요히코가 작사한 '보통선거의 노래'를 소리 높여 합창하였다.

1. 들리느냐 너는, 민중이 어둠 속에서 외치는 그 소리를!
   금권 세계가 압도하고 정의와 인도는 땅에 묻어버리고
   가난한 자는 자유가 없고 백성은 슬프고 힘이 없다!
   (후렴)
   돈으로 자유를 구속하지 않는 공의로운 세상
   모두를 위하여 우리는 외친다.
   평등한 선거의 권리를 달라, 선거의 자유를 달라.
2. 너는 배워라, 3엔의 화폐에 자유의 차이가 있는가?
   자유에 돈의 많고 적음이 있는가?
   정의는 황금보다 못한가?
   돈이 사람보다 나은가?
   자유를 멸시하는 나라가 바로 설까?

보통선거운동이 고조되자 헌정회와 국민당은 1920년 1월 제42회 의회에서 보통선거법을 각각 상정하였으나 의회는 해산되고 말았다. 총선거 후 제 43회 의회에도 상정되었으나 부결되었다. 그 때문에 노동자들의 좌절감과 실망은 오히려 커졌다.

노동총동맹우애회 8주년 기념대회에서는 가가와 도요히코와 니시오 스에히로 등의 간사이 지방(오사카, 교토) 보통선거파와 간토오 지방(도쿄)의 반(反)보통, 직접행동파가 심하게 대립하였다. 이 대회를 계기로 직접 행동을 호소하는 간토오 측에서 주도권을 장악하게 되자 노동조합은 보통선거운동에 참가하지 않는다는 방침으로 전환하였다.

4. 대동맹파업 주도

불황이 심각해지는 상황에서 1921년 4월 오사카전등주식회사에서 단체
교섭권을 요구하며 동맹파업이 일어났다. 이어 오사카 후지나가타(藤水田)
조선소에서도 쟁의가 일어났고, 도요히코가 조합장으로 있던 오사카 신도우
코우 구미아이에 속한 스미모토 신도우 아마가사키 공장에도 파급되었다.
그는 밤낮 조합사무실에 나가서 노사 양 측을 설득하여 어떻게 해서든 조합
측에 유리하게 쟁의를 수습하려고 하였다.

그러나 한 번 불붙은 노동쟁의는 그의 본거지인 고베까지 파급되었다.
1921년 6월에는 생활고에 허덕이던 미쓰비시내연기계회사 고베공장 직공
500여명이 고베발동기공조합을 결성하고, 우애회 고베지부에 새로 가맹하
여 8시간 노동, 임금인상, 단체교섭권 등을 회사에 탄원하였는데 교섭위원
12명을 해고하는 사태가 발생하였다.

같은 시기에 13,000여 명의 종업원이 있는 가와사키조선소에서도 여름
수당 지급을 둘러싸고 대립하여 지도자가 차례로 해고되었다. 이에 항의하
여 징계 철회를 요구하는 규탄대회에서는 회사 측이 보낸 인부들과 난투극
이 벌어졌다.

이러한 험악한 분위기 속에서 두 조선소는 동맹파업에 돌입하였다. 도요
히코는 일본에서 제2차 세계대전 전에 발생한 노동운동 사상 최대가 된 이
대쟁의의 지도자로 전면에 나서게 되었다.

7월 10일 노동총동맹 우애회 고베지부가 효고현 경찰의 허가를 받아 조직
한 시위는 규모와 성격에 있어서 일본 최초의 대중 시위라 할 수 있다. 뉴욕
에서 6만 여명의 시위행진을 보고 충격을 받은 지 5년 후, 그는 참모로서 3만
5천여명 노동자의 선두에 서게 되었다. "사선을 넘어 투쟁하라" 등의 현수막
을 든 시위 대열은 거리를 메우며 10km 정도를 행진했다. 연도의 시민들은
열광적인 박수를 보냈고, 집 앞에는 얼음을 담은 나무통이나 바케츠를 놓고
시위대를 격려하였다.

무더위 속에서 진행된 이 행진은 노동자들의 단결된 위력을 과시하는 것이어서 경영자들을 당황하게 만들었다. 그래서 일본에서는 처음으로 '공장관리' 라는 대책이 수립되었다. 노동자들의 사기는 갈수록 더욱 높아졌다. 시위 금지나 회사 측의 스트라이크 붕괴 시도에 대항하여 도요히코는 운동회, 등산, 씨름대회 등의 친목 사업으로 결속을 굳히는 한편 노동자들의 생활 안전을 도모하였다.

> "폭력에 대해서는 사랑으로! 악에 대해서는 최선으로! 라는 것이 공장
> 관리였다. 노동자들을 쉽게 폭동으로 이끌 수는 있지만 우리는 폭동을
> 바라지 않는다" (「노동자신문」 1921년 7월 25일).

쟁의가 장기화 되면 노동자는 궁지에 몰린다. 투쟁 자금의 준비나 구원제도가 없었기 때문이다. 일하지 않으면 먹을 수 없다. 이런 사정을 알게 된 가와사키조선소는 7월 25일에 조업을 재개하고 쟁의단의 일부를 헐어버렸다.

노동자들은 신사참배를 구실로 시위를 통해 재결속을 도모하고자 하였다. 7월 29일 미씨비시가 조업을 재개하는 날짜에 맞추어 13,000 여명의 노동자는 이쿠다(生田) 신사를 출발하여 7궁 신사까지 가려고 하였다. 이 작전은 빗나갔다. 도요히코의 만류에도 불구하고 성난 노동자들은 경찰의 제지에 맞서 경찰대와 난투극을 벌였다. 쌍방에 수십 명의 부상자가 발생하였기 때문에 그날 밤 도요히코 등 간부 175명이 일제히 검거되었다.

이틀간의 취조 후, 도요히코는 고베감옥에 10일간 유치되었다. 감옥 2층의 한 평 반 정도의 독방에 수감된 그는 "감옥은 빈민촌보다는 나쁘지 않다"고 생각하였다고 한다. 10일간의 옥중 생활은 조금도 고통스럽지는 않았지만, 폭동을 방지하지 못했고 그를 믿고 행동한 노동자들이 말려 들어가 어려움을 겪는 것이 마음 아팠다. 그는 소요죄에 증거 불충분으로 불기소 석방되었다. 그러나 쟁의는 비참한 실패로 끝났다. 8월 12일 쟁의단은 "우리들은 참패하였다"고 패배를 선언하였다.

그러나 이 사건은 다이쇼시대에 민주적인 움직임을 고양한 하나의 하이라이트였다. 그가 출판한 『사선을 넘어서』의 인기와 맞물려 생애 중 가장 시대의 각광을 받은 사건이라 할 수 있다. 원래 그는 "노동조합은 소위 사상문제에서 분리되어 경제문제의 범위 안에서 발달하는 것이 좋다"라고 주장하였다. 또한 그 수단으로서 '비폭력 무저항주의'를 계속해서 고수하였다. 그러나 노동자의 요구가 어느 한 가지도 인정받지 못한 상태에서 쟁의가 끝난 후, 우애회 기관지인 『노동』에는 다음과 같은 기사가 실렸다.

> "힘에 대항하는 것은 결국 힘이다. 자본가나 관헌이 만약 노동자가 정의라고 믿고 나가는 곳에 그저 힘으로 밀어 붙여서 눌러 버린다면, 노동자도 정의니 인도니 하는 약자의 외침은 접어두고 힘으로 대항할 수밖에 없다."

그의 종교적인 '비폭력 무저항주의'는 한계에 부딪쳤고, 그의 온건주의는 노동계에서 격렬한 비판에 휩쓸렸다. 그는 "폭력은 인간 해방의 길이 아니다. 레닌조차, 저 레닌조차 이러한 말을 했다. '차츰 차츰 천천히 노동조합을'"(「대중과 함께」)이라는 예언적인 말을 남긴 채, 스스로 노동조합운동에서 멀어져 갔다. 그는 시대의 조류에서 밀려나 점차 그 정열의 역점을 종교, 농민조합, 협동조합 등의 운동으로 옮겨가게 되었다. 그가 노동운동에 바친 역할에 대해 처음부터 끝까지 운동을 함께한 무라시마 요리유키는 다음과 같은 말을 하였다.

> "니이소 스에히로는 어느 해 우애회 대회에서 '스즈끼 분지 씨는 일본 노동운동의 아버지, 그리고 가가와 도요히코 씨는 어머니다'라고 말한 적이 있다. 이들 크리스천 지도자에 의해 육성되었던 개척기의 일본 노동운동은 휴머니즘에 뿌리박은 온건하고 착실한 것이었다. 개척기가 겨우 지나, 이 지도자들이 노동운동에서 손을 뗀 다이쇼 말기 이

후 노동운동의 방향은 현저히 좌경화되고 투쟁적이 되었다.”

"일본 근대사회발전사에서의 가가와 도요히코"라는 제목으로 미국 남캘리포니아대학에서 박사학위를 받은 쿠누덴 씨가 "가가와 도요히코에게는 옛날부터 일본에 전해 내려오는 협객도가 숨어 있다"라고 그의 논문에서 갈파한 것은 흥미가 있지만 이것은 의리를 중요하게 생각하는 야쿠자의 도를 지칭하는 것이 아니라 약자를 돕고 강자를 억누르는 장부다운 기상을 도요히코에게서 보고 한 말일 것이다. 도요히코의 피에 흐르는 것이 혁명적인 반골이 아니라 인류애를 기반으로 한 십자가의 도를 실천하는 장부의 기개임을 보았을지 모른다. 산하 노동조합의 연설회에서는 계몽적이라기보다는 선동적인 연설을 잘하였다. 도요히코의 리드미칼한 시적인 표현과 폐부를 찌르는 듯한 격정적인 연설은 노동자들의 마음에 불을 질렀다. (『가가와—20세기의 개척자』중에서 "노동운동가로서 가가와 도요히코")

오랜 친구인 무라시마는 가가와의 본질을 신시대의 시인, 사회악과 인간 고통에 대해 분노하는 사회 시인이었다고 보았던 것 같다.

II. 농민운동

도요히코가 노동운동 다음으로 착수한 것은 농민운동이었다. 당시 일본의 농업 종사자는 전 인구의 절반 정도를 점하고 있었고, 공업 인구보다 20% 정도 더 많았다. 대부분이 소작인으로 수입도 공장노동자의 절반 이하인 상황이었다.

"나는 도쿠시마현의 농촌에서 자랐고 농촌이 하루하루 붕괴되어 가는 것을 보고 비통한 마음을 가진 적이 있었지만 지금도 슬픔을 지니고 있다. 도대체 일본 농촌을 구하는 것은 언제일 것인가. 일본의 농민은 더 이상 가난하면 안 된다. 부채 때문에 노예가 되는 길 밖에 없다"
(『정신운동과 사회운동』).

이와 같은 생각을 하고 있던 그의 관심은 노동운동의 좌절과 더불어 점차로 아직 미조직상태로 방치되어 빈곤에 허덕이는 농촌과 농민에게로 향하게 되었다.

1. 농민조합

1921년 가을, 국제노동기구(ILO) 제3회 대회에서 사업에 종사하는 자의 '결사의 자유와 권리 확보'를 '농업에 종사하는 자'에게도 인정하는 것은 그의 결심을 촉진시키는 계기가 되었다. 농민운동으로의 전진을 결의한 그는 스기야마 겐지로(杉山元治郎) 외에 무라시마 요리유키, 오가와 칸조우(小川渙三) 등 좋은 협력자를 얻어서 일본 최초로 농민의 전국 통일조직 결성을 향한 준비를 진행하였다.

당시 지주와 빈농의 격차는 오늘날의 상상을 초월할 정도였다. 소작료 때문에 고생하는 소작인들은 각지에서 소작쟁의를 일으켰다. 전국 각지에 소규모의 소작인조합은 있었으나 자연발생적인 측면이 강하고, 서로 고립되어 있어서 조직적 지도가 거의 이루어지지 않았다. 사회운동, 해방운동으로는 처녀지라 할 수 있는 분야였다. 실제로 쟁의는 1919년 봄에 326건, 9월에 408건, 10월에는 1,680건으로 계속해서 증가하였다.

소작인의 힘을 결집하는 것이 급선무라고 생각한 도요히코는 1921년 10월 17일 스기야마 겐지로를 위원장으로 하는 일본 농민조합을 조직하고, 임시 사무실을 자기 집으로 하여 부인인 하루를 회계 담당으로 정한 뒤, 당면한 활동 자금으로서 자기의 원고료와 인세 등을 투입하였다. 다음 해 1월에는 기관지 『토지와 자유』를 발간하는 등 소작인조합의 결집에 힘을 기울였다.

이렇게 해서 1922년 4월 9일, 고베에서 열린 일본농민조합창립대회에서는 그가 기초한 다음과 같은 선언이 15개 현 대표 150명에 의해 채택되었다.

"농업은 나라의 근본이고 농민은 나라의 보배이다. 일본은 아직 농업 국이다. 전 국민의 70%는 농촌에 거주하고 그 대부분은 소작인이다. 해마다 누적되는 폐단은 농촌에 넘쳐흐르고, 토지 겸병은 계속되어 농촌도 결국 자본주의의 침략을 받아 소작인은 고통받고 일용인은 탄식만 하고 있다. 이에 우리 농민은 서로 돕고 사랑하는 정신으로 해방의 길에 나선다.

우리는 어디까지나 폭력을 부정한다. 우리는 사상의 자유와 사회 공익의 대도에 따라 진리를 사랑하고 타협 없는 해방은 바라지 않는다. 우리는 농민의 단결에 의해 결성한 합리적인 생산자조합으로 자본가에게 대항할 수밖에 없다.

우리는 서둘러서는 안 된다. 토지의 사회화도, 산업의 자유도 일순간에 이루어지는 것이 아니다. 봄에 뿌린 씨는 가을까지 기다리지 않으면 안 된다. 이미 국제노동기구(ILO)는 농민조합의 자유를 보장하였다. 우리는 세계의 흐름에 따라 싫증내지 말고 걸음을 계속해야 한다. 농촌에 밝은 빛이 비쳐올 때까지는 많은 고난을 겪지 않으면 안 된다. 고난을 모르는 자는 성공을 알지 못한다.

일본의 농민들아! 단결하자! 그리하여 농촌에, 산림에 하늘이 내려 주실 자유를 만끽하라. 우리는 공의가 지배하는 세계를 창조하기 위하여, 여기에 희생과 사랑을 바쳐 궁핍한 농민의 해방을 기한다."

창립대회 때의 임원 10명 중 7명은 기독교 신자였지만 도요히코 등은 농민 속에 잠재해 있는 기독교에 대한 경계심을 고려하여 되도록 기독교 색채를 나타내지 않고 농민층의 조직화를 도모하였다. 이것이 효과가 있어서 조합의 힘은 점점 강화되어 다음 해 2월의 2차 대회에는 300개 지부 만 여명, 2년 후인 1924년 3차 대회에는 350개 지부 2만 5천명으로 조직이 확대되었다. 1923년 제2차 대회 이후 도요히코는 각지에서 빈발하는 소작 농민들의 쟁의 지도에 적극적으로 나섰다. 가는 곳마다 큰 힘을 가진 지주나 관헌의 압력과 싸우게 되어 마이코에서는 유치장에 들어가기도 하였다. 그는 미국 유학 중에 오크덴 소작인조합을 지도한 경험도 있어서 선두에 서서 지주들과 교섭을 담당하였다.

그러나 그가 주장하는 무저항, 비폭력주의로는 강건한 권력을 쥐고 있는 지주층의 벽을 허무는 것이 어려웠다. 조직과 운동이 확대됨과 동시에 점차 그의 이상은 막다른 골목에 다다르게 되었다. 노동운동과 마찬가지로 경제투쟁보다 정치투쟁의 성격을 띠는 운동이 농민 사이에 침투되었다. 그래서 농민운동은 그의 한쪽 팔과 같은 스기야마 겐지로에게 맡기고, 그는 농촌소비조합과 농민복음학교 설립에 정열을 기울이게 되었다. 이와 같은 그의 변신에 대해서 "가가와 도요히코는 이상은 좋으나 어느 한 가지 사업도 성공한 것은 없다"라든지 '좌절', '변신' 등과 같은 여러 비판이 있었으나 반드시 그렇다고 할 수는 없다.

그가 정치운동보다 정신운동에 중심을 둔 것은 분명 한계가 있었지만 그의 앞에는 손을 쓰지 않으면 안 되는 비참한 대중들의 고뇌가 많이 놓여 있어서 그만 둘 수 없는 심정으로 여러 가지 사회악에 도전하였던 것이라고 이해할 수 있다. 즉 그는 '사회운동의 씨를 뿌린 사람'이라고 할 수 있다.

여기서 일본농민조합의 일을 이어 받아 생애를 농민운동에 헌신한 스기야마 겐지로와의 관계에 관해서 살펴보자. 스기야마는 1885년 오사카부 츠쿠노시의 빈농가정에서 출생하여 오사카 시립 덴노지농업학교 재학 중에 기독교 세례를 받았다. 졸업 후 와카야마현 농업회의 기사가 되었으며, 오키노이와사부로(沖野三郎)와 카토우 가즈오(加藤一夫) 등과 교류를 하였다. 그 영향을 받아 도후쿠학원 신학부에 입학하여 목사가 되려 하였다. 1920년에 아가와로 가가와를 방문해서 농촌개량의 조언을 받은 것이 두 사람의 첫 만남이었다. 무토 도미오의 『평전 가가와 도요히코』에 따르면 그 당시 도요히코는 "노동조합 운동은 내가 하고 자네는 새로운 운동, 농민조합운동을 했으면 싶네. 그러나 농민운동은 시기상조이기 때문에 기다려주면 좋겠네."라고 약속을 했다.

또한 스기야마는 NHK의 강연회 석상에서 "가가와 선생님은 내가 방문하면 늘 스기야마 군 돈이 있는가? 하고 물으셨는데 내가 '네 있습니다.' 라고 대답하면 언짢아 하셨다"고 말한 적이 있다. 도요히코는 직접 운동으로부터 손을 뗀 후에도 동지인 스기야마를 경제적, 정신적으로 계속해서 지원하였다. 일관되게 농민운동에 생애를 바친 스기야마는 종전 후 사회당의 추천으로 국회의원이 되고 중의원 부의장으로도 일을 했다.

2. 협동조합

이보다 앞서 도요히코는 1919년 8월, 그의 최대 사회사업인 협동조합 설립에도 착수하였다. 오사카시 서부 지역에 유한책임구매조합 공익사를 설립한 것이 첫걸음이었다. 이것은 생산자와 소비자가 서로 연대하여 자유의사로 조합을 만든 것이다. 출자 지분은 제한하여 독점을 방지하며 1인 1표의 의결권을 지켜 이익은 지분에 따라 배분하는 것이었다.

이 구상은 영국의 작은 마을인 로치데일은 1884년에 설립한 '로치데일 공정개척자조합'에 의해 세계 생활협동조합운동의 모델이 되었다. 도요히코는 오래 전부터 마음에 품고 있던 생활협동조합운동이 이상 사회를 실현하는 토대가 될 것이라고 생각하였다. "사람들이 마음으로부터 결속하여, 서로 도우며 사는 것이 인류의 보편적 이익이 된다."고 하는 로버트 오웬의 사상은 그가 바라는 인격향상, 상호부조, 공존공영을 기초로 하는 사회 건설의 길잡이가 되었던 것이다.

공익사는 법학박사 이마이 가사찌가 회장, 도요히코가 이사장이 되어 운영하였다. 목표는 다음과 같다.

① 실질 본위의 일용품을 염가로 공급하여 조합원의 생활을 안정시키고 행복하게 함.

② 구매에 따른 이익은 이등분하여, 그 중의 반은 조합 자금으로 적립하여 공동의 이익을 도모하고, 나머지 반은 조합원의 구매고에 따라 연말에 배당하여 조합원의 가계를 안정시킴.

③ 적당하고 믿을 수 있는 물건부터 제조를 시작하여, 첫째는 실용 위주의 물품을 만들고, 둘째는 조합원에게 일자리를 주어 상호부조를 하게 함.

④ 조합에 약국을 설치하고 의사를 초빙하여, 조합원을 위해서 실비 진료를 개시하여, 병마에 대한 불안과 사회적 불행의 경감에 힘씀.

공익사의 설립은 시대의 요청에 따른 것이었으며, 회원은 순식간에 1,300여 명이 되었다. 그러나 초보자들의 경영으로 적자가 되어, 이것을 보충하기 위해 그는 대단히 고생하였다고 한다.

다음 해인 1920년 10월, 공익사에 이어 고베유한책임구매조합을 창설하였다. 이것은 가와사키조선소 직공의 구매 조직을 발전시킨 것이었다. 그는 협동조합을 '조용한 혁명운동'으로 자리 잡게 하여 결코 자본가에게 의지해서는 안 된다고 생각하였다. 고베구매조합에서는 고베시 후키아이구 야유타도오리 고쵸매(神戶市葺合八幡通り五丁目)에 점포를 열고, 쌀, 설탕, 간장, 소금, 작업복 등 일상생활에서 필요한 것을 취급하여 시민들의 환영을 받았다. 술은 가정을 어지럽힌다는 그의 주장으로 취급하지 않았다. 이 조합은 자신들의 어려운 생활을 스스로 조금이나마 타개하려는 조합원들의 열의와 협력에 의해 순조롭게 발전하였다.

3. 『사선을 넘어서』, 그 책의 의미

이러한 상황 중에, 1920년 10월 3일 도요히코의 출세작이 된 『사선을 넘어서』 제1권이 카이조우샤(改造社)에서 출간되었다. 이 작품은 시마자끼 도손(島崎藤村)에게 보였다가 돌려받은 『비둘기의 흉내』에 빈민촌의 일들을 추가하여 넣은 것이다.

『사선을 넘어서』가 세상에 나올 때까지 도요히코의 이름은 비교적 각 방면에 알려져 있었지만, 이 작품은 그의 이름을 일본 전체에 널리 떨치게 하였고, 게다가 각 국어로 번역되어 세계에도 소개되는 등 말 그대로 대표작이 되었다.

이 책이 출판되는 계기를 만들어 준 사람은 메이지학원 선배 오끼노 이와사부로이다. 1918년 그는 잡지 『웅변』에 도요히코의 빈민촌 생활을 소개하는 "일본 기독교계의 신인"이라는 제목의 글을 실었다.

> "나는 가가와 도요히코를 학자로서 기독교의 신인으로 초대하는 것이
> 아니다. 그는 문장에 뛰어나다. 가상하기 그지없는 귀재이면서 빈민
> 촌의 뒷골목에서 갖은 어려움과 싸우며, 사회문제들을 연구하고 있다.
> 이러한 소장 목사를 가진 일본의 기독교계를 치하하지 않을 수 없다."

이 오끼노의 문장을 접한 개조사의 야마모토 미츠히코 사장은 잡지 『개조』의 4호부터 도요히코의 "유심적 유물사관의 의의"를 게재하였고, 1920년 1월호부터는 "사선을 넘어서"를 4회에 걸쳐 연재하였다. 단행본으로 한 것은 도요히코의 친구인 무라시마와 와세다대학에서 동창회보의 편집장을 하고 있던 요코제키 아이조우(橫關愛造)의 강력한 추천 때문이었다고 한다.

"소설은 아니다", "중학생 수준의 작문이다" 등등 문단으로 부터는 평이 좋지 않았으나, 『사선을 넘어서』는 폭발적인 인기를 불러 공전의 베스트셀러가 되었다. 사람들이 다투어 가며 읽었다. 특히 1921년 6월 고베의 가와사키-미쓰비시조선소에서 쟁의가 일어났을 때, 그 지도자로서의 도요히코가 부각되어서 더욱 많이 팔렸다. 개조사의 선전도 대단하였다. 다음의 광고는 그 한 예이다.

> "도쿄의 어느 소학교 교장은 이 책에서부터 도요히코 씨의 인품을 경

모하고 숭배하여, 많은 돈을 들여 수 백부를 구입하여 지인들에게 나누어주고, 사랑의 교육, 열정의 감화를 이 책에서부터 얻었고, 또 미토에 사는 한 청년은 이 책에서 저자의 위대한 사랑에 감동하여 집을 떠나 멀리 고베에 가서 도요히코 씨의 의형제가 되어 이 한 몸을 사회 개조를 위해 바치려고 했다"(요코하마 하루이치(横山春一)『가가와 도요히코』).

그 해 11월에는 도쿄와 오사카에서 『사선을 넘어서』를 연극으로 상영하는 등 화제가 되어 "사선을 넘어서"가 유행어가 될 정도였다. 그 때문에 초판부터 210판까지 백 오만 부가 팔렸다. 『사선을 넘어서』의 전반부는 그가 20세 무렵의 투병 중에 집필한 소설 『비둘기의 흉내』가 토대가 되었다. 그 당시 메이지학원의 선배인 시마자키 도손이 별로 이 작품에 관심을 보이지 않은 것에 대해서 불만이 많았다. 일기 중에 도손에 대한 도요히코의 강한 비판이 실려 있다.

"요시다의 친구가 '아직 저술하는 것은 이르다'고 말을 했다는 것을 들었기 때문에 모욕이라고 생각을 하면서 전차를 탔다. 전차 안에 있는 사람들은 나보다 훨씬 수려한 옷을 입고 있었다. 아마쿠사 시가타마치를 돌아서 갔기 때문에 도손의 집이 보이지 않았다. 아마쿠사의 시가타마치 근처에 아주 작은 집에 살고 있었다. 나는 도손의 가장 가까운 친구를 보고, 친절히 봐 주지 않은 것이 분하였고 자존심에 심한 상처를 받았다."

잘 알지 못하는 후배를 2층으로 불러 놓고 비난할 때, 믿고 찾아온 선배의 냉담한 반응에 크게 실망하였는데 그 작품이 베스트셀러가 된 것이다. 그가 『사선을 넘어서』로 받은 인세가 약 20만 엔이었는데 현재로 환산하면 20억 엔이 넘는 금액으로 그는 자기가 관여하는 사업에 사용하였다. 무라시마가 사용처의 일부에 관해서 기록한 남은 것이 남아 있다. 그것을 인용하면 다음과 같다(스미야 미키오(隅谷三喜男)『가가와 도요히코』).

『사선을 넘어서』 인세 10만엔 지출내역

        35,000 엔: 고베 노동쟁의 후 정산비용
        20,000 엔: 일본농민조합 비용
         5,000 엔: 광산노동운동 비용
        15,000 엔: 우애구제소 기본금
        10,000 엔: 소비조합 설립 비용
         5,000 엔: 노동학교 기금
        10,000 엔: 기타 사회사업 기금
        총계 100,000엔

  그는 자신이 관계한 사업에 관해서는 가능한 한 경제적인 책임을 지고 뒤치다꺼리를 했다.

  『사선을 넘어서』, 『태양을 쏜 남자』, 『벽의 소리를 들을 때』 3부작은 그의 전반부 생의 자서전 같은 소설이므로 실제 인물을 모델로 한 것이 많았지만, 여주인공인 다미에 추루코에 관해서는 잘 알려지지 않은 채 이런 저런 억측이 발생하기도 했다. 하지만 도요히코와 전후 8년간에 걸쳐 전국 순회전도를 함께 한 그와 가장 가까운 인물인 구로다 시로의 저서 『나의 가가와 도요히코 연구』에는 첫 사랑의 여성에 대한 흥미있는 설이 있다. 그의 젊은 시절의 숨겨진 에피소드로서 기록해 놓았다.

  거기에 따르면 그가 열렬히 사모한 여인은 호리에무라(堀掘村)의 같은 소학교 학생으로 도쿠시마 현립 도쿠시마여학교를 졸업하고 교회에서 그와 다시 만나게 된 사람이라는 것이다. 교회에 다니던 젊은이들이 동경한 아름답고 사교적인 여성이었다고 한다. 도요히코가 상경한 후 그녀는 히로시마에 있는 보모학교에 들어가 졸업한 후, 오사카에 있는 유치원에 취직하였다. 이 여성이 도요히코의 작품에 '쯔루꼬'로 나오는, 히로시마의 학교에 갔고, 보모가 되었다고 하는 바로 그 여성이었을 것이다.

"갑판 위에 서 있던 너의 … 그리운 사람의 모습! 눈을 감아도 눈을 떠도 아른거리는 너의 모습!"이라고 하면서 덧없고 애달픈 연심에 불타던 주인공 아라미의 심정은 젊은 날의 도요히코 자신의 마음을 투영한 것이라 보아야 할 것이다.

어려서 어머니와 사별한 그는 평생 여성 찬미주의자였다. 그러므로 여러 면에서 여성의 지위 향상을 위한 운동에 가담하였다. 도쿠시마에서 유년기를 보낸 평론가인 아라마사 히토는 그를 추모하는 좌담회 석상에서 "그토록 명성이 높은 자가 그처럼 여성에 대해 깨끗한 사람은 드물다"라고 말하였다. 『사선을 넘어서』는 도쿠시마를 무대로 한 명작의 하나로서 흥미있는 대목이 있다.

> "다끼미바시에서 다끼의 산을 바라보면 빛이 일곱 가지, 여덟 가지이다. 형무소는 언제 보아도 크다. 다리를 건너 지진소리같이 들리는 방직공장, 비오는 밤에도 기계는 돌고 있는 것 같다. 마에가와 파출소는 옛 터 그대로 있다. 후루가와를 건너 온 것은 8시, 하천 넓이가 세 마을에 걸쳐있는 긴 다리를 건너니 쓸쓸하다. 무엇인가 바람을 타고 오는 것 같다.
> 다섯 아름이나 될 바닷가의 큰 소나무를 지나 인력거를 만났다. 지금까지는 아무도 만나지 않았다. 이곳에서 또 20리, 피곤하다고 생각되지만 발은 계속 움직이고 있다. 들판을 지나 나까무라에 이르렀고 나까무라를 지나니 긴 들판 길, '강도가 나타나면 어떻게 할까'라고 생각했다. 강도가 나타나면 모조리 죽이겠다. 리고 알몸으로 다음 마을까지 뛰어 가겠다 …."

이 글은 그의 작품 속의 주인공이 아리미 에이이치이, 도쿠시마 시장이었던 아버지 집에서 나와 이타노의 시골집으로 돌아가는 도중을 묘사한 것이다. 메이지 시대와 다이쇼 시대의 그리운 고향 풍물이 여기 저기 나타나게 그린 것으로 그의 고향 사람들에게는 특별히 감명 깊은 작품이라 할 수 있을 것이다. 또한 그 자신의 고향 도쿠시마의 추억도 아름답게 되새길 수 있다. 그의 약 30여년의 전반생을 줄여서 쓴 자서전을 읽는 것 같다.

이 작품도 여러 나라 말로 번역되어 가가와 도요히코의 이름을 한층 높여 주었고 문학사상 고전적인 작품의 하나로 손꼽는 학자도 있다.

1923년 관동 대지진이 일어나자, 도요히코는 가족이나 집을 잃은 사람들을 위하여 급히 상경하여 자원봉사활동의 선두에 나서게 되었지만, 이것을 계기로 생활과 활동의 근거지를 도쿄로 옮기게 되었다.

고베 시절의 그의 헌신은 일본 사회운동의 모든 분야에 있어서 그 뿌리에 깊이 관여하였다. 정말로 사회운동의 개척자로서 큰 발자취를 남겨 놓았던 것이다. 지금은 단지 '일본 생협의 아버지' 라 불리면서 협동조합운동을 제외하고는 주류에서 밀려났다고 하지만 '씨를 뿌린 사람' 으로서의 공적은 지울 수 없다. 오히려 그의 이념이 재검토되어 가고 있다고 하여도 과언이 아니라고 생각된다.

제4장 ——————————— 섬기는 삶의 길을
찾아서

가가와 도요히코는 가난한 자가 없는 사회를 이루기 위해 자신의 전부를 드렸다. 그에게는 '섬기는 삶'이라는 명제가 있었고, 이것을 실천하기 위해 노력하였다.

I. 관동대지진과 자원 봉사

1923년 9월 1일 오전 11시 58분, 아이보만을 진원지로 하는 관동대지진이 일어났다. 진도 7.9의 대지진은 4백만 명이 넘는 이재민을 만들었고, 피해액이 당시 금액으로 약 101억엔 정도였으며, 도쿄와 요코하마의 시가지는 초토화되었다. 특히 시타마치(下町)의 혼쇼(本所) 골목은 불에 탄 시신 때문에 흙이 보이지 않을 정도로 비참하였다고 한다. 수도 도쿄는 대혼란에 빠지고 9월 2일에는 계엄령이 선포되었다.

1. 자원봉사의 시작

도요히코는 9월 2일, 고베에서 신문을 통해 이 사실을 접하고 곧 행동을 개시하였다. 예수단의 청년들에게 고베 시내의 각 교회를 방문하게 해서 협력을 의뢰하고, 자신은 다음날인 3일에 고베의 기독교 단체 대표로서 사토 목사와 함께 구호물자를 배에 싣고 요코하마로 향하였다. 아내 하루와 가족은 의연금과 물자를 모았다.

4일 아침, 도요히코는 요코하마에 상륙하여 부서진 기와와 자갈 속을 걸어서 도쿄로 향하여 가다가 기차로 시나가와에 도착하였다.

5일, 히비야의 지진 구호사무소를 방문하여 식량, 자금, 의류 등의 필요성을 역설하고, 시체 처리, 음료수, 우유 등의 배급에 열중하고 있는 도쿄 YMCA 직원들을 격려하였다. 『일본YMCA의 역사』에는 "9월 5일, 고베에서 온 가가와 도요히코의 지도에 의해서 구호 사업은 크게 전개되었다"고 기록되어 있다.

7일 밤 일단 고베에 돌아와서, 그 후 약 1개월 간 일본의 서쪽 지방 각지를 다니며 강연하면서 모금을 하였다. 시고쿠, 큐슈까지 돌아다니면서 행한 58회의 강연에서 약 7,500엔 정도를 모금하였다.

10월 7일 큐슈에서 돌아와 단신으로 상경하여 내무성, 도쿄 시청을 방문하였는데, 특히 침구가 부족하다는 이야기를 들었다. 고베에 돌아와 오사카 아사히신문사 후원으로 간사이 부인연합회에 지원을 호소하였다. 아마미야 노부유키(兩宮延幸)의 조사에 의하면, 당시 구조 활동을 위해서 마련한 돈이 5,500엔이었는데, 그것은 젊은 시절부터 소장하고 있던 천 수백 권의 영문 서적을 매각하여 얻은 5백엔과 예수단의 기금으로 남겨 두었던 인세의 일부인 5천 엔이었다.

그렇게 해서 10월 18일 가장 피해가 컸던 코우도우(江東)지구의 도쿄시 혼쇼구 마츠구라표 2쵸매 612번지(현재 도쿄에 있는 가가와 도요히코기념관 근처)에 구호 활동의 거점을 정하고, 다음 날에는 미국 적십자사에서 주일학교연합회에 보내준 천막 5장을 받아 본격적으로 활동을 시작하였다. 이 사업은 도쿄 YMCA에 협력하는 형식으로 시작되었다. 여기는 고베의 대기업노동자가 사는 지역과 달리 중소기업에서 일하는 사람이 많았기 때문에 혼쇼기독교산업청년회라 이름을 붙이게 되었다.

"내가 혼쇼에서 하고 싶은 일은 고베의 일을 그대로 이곳에 가지고 오는 것이었다. 잿더미가 된 무사시노 광야에서 졸지에 수 십 만의 이재민이 발생한 지금, 이웃 사람으로서 우리는 구빈활동을 하지 않으면 안된다. 금품으로 도울 수 있는 일과 할 수 없는 일이 있으므로 우리처럼 돈이 없는 사람들은 선한 이웃으로서 가까이서 고락을 함께 해야 한다. 내가 제일 하고 싶은 일은 주민들과 개별적으로 접촉하면서 생활 향상을 도모하는 것이다. 곧 다가올 겨울을 이재민들과 가건물에서 함께 고통을 나누고, 빈민촌의 고뇌를 나도 함께 맛보면서 그것을 과학적으로 조사하여 어려운 사정을 세상에 널리 알리는 일 즉 그들의 눈이 되고 싶다. 육신의 건강과 관련해서는 어머니회, 노인회, 질병회, 상조회 등을 '정착지역(settlement)'을 중심으로 조직하여, 신체적 고통을 감소시키도록 돕고 싶다.

마음의 건강과 관련해서는 청년회, 유년회, 처녀회, 독서회, 연극반 등 취미에 따른 클럽을 조직하여, 이 고장의 지적, 정서적 향상을 도모하는 것이다.

영적인 면으로는 주일학교를 열고, 야학교를 설치하고, 강좌를 개설하고, 또 종교적 집회와 상부상조의 조직을 만들어 이 지방의 등대가 되어야 한다는 생각으로 마쯔구라 마찌에 가(假)건물을 지었다"(『지구를 무덤으로』).

2. 도쿄에서의 사역

도요히코는 1924년 3월까지 도쿄에서 봉사하고, 그 후 고베로 돌아갈 예정이었으나 계획을 바꾸어 도쿄에서 자신의 사업을 계속하기로 하였다. 예수우애회 도쿄지부의 멤버들이 힘을 다해 그를 지원하였고, 고베에서 키타치 요시미치(木立義道), 타이 쿠니마야(田井國政), 후카타 타네츠구(深田種嗣), 스기야마 켄이치로(杉山建一郎) 등이 가세하고, 마시마 등의 협력도 있어서 25명의 스텝이 뭉쳤다. 또한 이 봉사의 소문을 듣고, 직장을 버리고 협력하는 사람들도 점점 더 그 숫자가 늘어났다.

도요히코 자신은 아침 일찍부터 사이드카를 타고 동분서주하였고, 밤에는 교외의 마츠자와무라의 숲 속에 있는 집에서 쉬었다. 그는 가장 피해가 크고 심각한 사회 문제를 안고 있는 장소를 거점으로 하여, 누구보다도 민첩하게 활동을 전개하였다.

도요히코가 도쿄에 정착한 후부터는 노방전도를 위시하여 종교, 의류, 위생, 교육, 법률 상담, 직업소개 등 주민활동을 실제로 다양하게 전개하였다. 그는 단순히 자선사업이나 구제사업에 그치지 않고 주민들의 교육적 측면과 복음에 의한 마음의 회복을 중시하였다. 즉 자조(自助), 자치(自治)의 정신을 기르는 것이 빈곤을 막는 전제라고 생각한 것이다. 키타치 요시미치(木立義道)는 주민들과 접촉하여 지역의 교육적, 경제적 개선과 향상을 협동조합 조직으로 기초를 다져주려는 것은 새로운 시도였다고 『가가와-21세기의 개척자 중에서』말하고 있다.

II. 세계를 향하여

가가와 도요히코의 사역은 여러 분야에서 전개되었다. 이것은 그의 전생애를 바친 헌신적 사역의 결정이다. 그 모습을 찾아보자.

1. 예수의 친구회

도요히코는 가와사끼, 미쯔비시 조선소 쟁의의 패배를 계기로 초심으로 돌아가 새로운 종교 단체 '예수의 친구회'의 결성을 서둘렀다. 자존심과 자신감이 강한 그가 '기회주의'라는 조롱을 받으며 심혈을 기울였던 노동운동에서 물러선다는 것은 참기 힘든 일이었을 것이다. 1921년 10월 '예수의 친구회' 결성은 덧없음을 불식하고 원점으로 복귀할 것을 결의한 기념할 만한 것이었다. 관동대지진이 일어나기 2년 전의 일이었다.

그 당시 일본기독교회에는 기독교를 정신운동에 한정시키는 경향이 강하여, 도요히코처럼 적극적으로 사회운동에 관여한 사람은 적은 실정이었다. 따라서 "나는 오늘날의 교회가 가는 길과 달리 하고 있다. 오늘날의 교회는 작은 죄는 시끄럽게 떠들지만 보다 큰 자본주의의 죄는 대단치 않게 여기고 있기 때문이다. 나는 이 점에서 오늘날의 교회가 걷고 있는 안일한 길을 함께 걷고 싶지 않다"는 그의 강한 주장과 실천은 보수적인 사람들로부터 이단시되는 경우가 많았던 것 같다. "가가와 도요히코에게는 신학이 없다"라는 교회 내부의 비판도 있었다.

'예수의 친구회'는 그의 메이지학원 시절의 친구인 무라타 시로우(村田四郎), 나카야마 마사키(中山昌樹) 등 14명이 중심이 되었는데 점차 많은 동조자가 모여들어서, 독특한 신앙운동으로 발전하였다. 그 방침으로서는 ① 예수에게는 경건하라. ②가난한 자의 벗이 되고 노동을 사랑하라. ③세계평화를 위해 노력하라. ④순결한 생활을 존중하라. ⑤사회봉사에 뜻을 두라. 등을 강령으로 하여 기독교회의 혁신운동을 꾀하였다. 그렇게 하여 '예수의 친구회'는 1년 후에는 900여 명이 되었고, 기관지 『구름 기둥』을 중심으로 지금도 그의 사상을 계승한 활동을 계속하고 있다.

2. 신혼여행과 아들의 출생

여러 방면에서 밤낮없이 활약을 계속하고 있던 도요히코가 대만 전도대회의 초대를 받은 것은 1922년 초였다. 그때 대만은 일본의 식민지였다. 그런데 이 여행이 뜻하지 않은 해프닝으로 인해 결혼 8년 만에 하루와의 신혼여행으로 바뀌고 말았다. 도요히코를 전송하러 나온 하루가 도요히코가 빈민촌에서 돌보아 준 마쯔이라는 주정꾼에게 흉기로 위협당하여 피할 길이 없게 되자 아내를 남겨 두고 출발할 수 없어서 대만 전도에 동행하게 된 것이다. 대만에 상륙한 두 사람은 약 1개월 간 각지에서 전도하고, 고산족 마을에서도 설교를 하였다.

　그런데 귀국한 후에도 마쯔이는 집요하게 두 사람을 계속 찾아다니며 금품을 요구하고 여러 번 폭행을 가하였다. 마쯔이에게 얼굴을 맞고 턱뼈와 이가 부러져서 말을 할 수 없을 정도였다. 그의 교회에는 금품을 요구하는 공갈배가 수 없이 많았고, 폭력을 휘두르는 것은 늘 있는 일이었다.

　대만 여행은 뜻밖에도 두 사람에게 아기를 얻는 기회가 되었다. 자식이 없어서 걱정했던 그는 미친 듯이 기뻤고, 마쯔이의 협박에서 피하고, 태어난 아기의 장래를 위해서 십여 년을 거처하던 빈민촌 생활을 마감하기로 하였다.

　그 해 말 12월 26일 기다리던 장남이 태어났다. 하루에게는 34세의 초산이었다. 두 사람에게는 더할 나위없는 하나님의 크리스마스 선물이 되었다. 도요히코는 아버지 준이치(純一)에서 純, 基督에서 基, 한 글자씩 취하여 장남에게 스미모토(純基)라는 이름을 붙여주었다. 그의 기쁨이 얼마나 컸던가는 갓난아기일 때 지은 다음의 시로써 알 수 있다.

　　　아기의 팥밥

　　　아기가 태어난 지 30일
　　　오늘 아침은 기쁘게 팥밥 지어
　　　이웃 아홉 집에 나누어 주자

　　　아기가 태어날 바로 그 때
　　　아빠는 마을 사람들 소작쟁의로 바빠서
　　　이 마을 저 마을 뛰어다니며
　　　차디찬 북풍에 이지러지듯 분주하였단다.
　　　아가는 아직 모를 거야
　　　아빠가 가난 중에 태어난 사람임을
　　　남을 위하여 발 벗고 나서

언제나 고민하는 버릇이 있다.
아빠의 한 가지 걱정은
아가가 이 가난한 마을에서 잘 자랄 수 있을까이다.

아가의 집은 신가와의 공동주택 서쪽 끝
아가가 출세하여
훌륭한 사람이 되어도
아빠의 노고를 회상하여
가난한 세계의 사람들을 위해 싸워야 함을 잊지 말아라.

아가야 아가야 잘 자라
네가 성장했을 때
아빠는 너에게 친구를 주어
프롤레타리아 투쟁에 두 사람이 함께 가게 할 거야

아기가 태어난 지 30일
오늘은 기뻐 팥밥을 지어
이웃 아홉 집에 나누어 주자!

　다이쇼시대의 베스트셀러 작가이며 수많은 사회운동의 실천을 통해 대중에게 알려진 도요히코에게 아기가 태어난 것은 적지 않은 화제를 불러 일으켰으며, 부인인 하루도 『선데이 마이니치』와 인터뷰를 하였다. 또 작가인 도코도미 로카는 마치 자기 손자가 태어난 것처럼 기뻐하며, 다음과 같은 시를 이들 부부에게 보냈다.

예수님을 사랑하는 부부가 아기를 낳았다.
예수님이 태어났던 크리스마스 날에.
부럽고도 부럽구나,
내가 사랑하는 아기가 나의 손자는 아니지만

하나님, 예수님, 그리고 태어난 아기는 한 몸,
삼위일체의 하나님께 영광을 돌려라.

3. 해외전도에서의 명성

이렇게 다양하게 활동하는 한편, 그는 일본이나 세계 각지에서 강연 활동을 전개하였다. 지진이 발생한 다음 해인 1924년 11월, 가가와 도요히코는 미국대학연맹의 초청으로 요코하마에서 해외전도의 길을 떠났다. 첫 번째의 미국 전도를 할 때 그는 36세였다.

이 여행에 이어 미국, 영국, 프랑스, 네덜란드, 독일, 덴마크, 스위스, 이탈리아, 예루살렘 등을 8개월에 걸쳐 순회하여 세계적인 기독교 전도자로 알려지게 되었다. 이에 대한 기록이 1926년 4월에 『운수편로』(雲水遍路)라 하여 개조사에서 출판하였는데, 그 서문에는 도쿄와 고베에 남겨두고 온 사업과 가족과 자신의 몸에 대해 걱정을 하면서, "몸을 구름과 물에 맡긴 이상, 무엇 때문에 세상살이에 집착하겠는가", "상대방으로부터 초대받고 가는 것이기 때문에 최소한의 비용으로 최대한의 이익을 얻어서 오자"고 도항(渡航)의 결의를 말하였다. 또한 "지구를 위하여, 양심을 구하기 위하여 떠난다."고도 하였다.

하와이를 경유하여 샌프란시스코에 도착한 그는 일본인의 환영을 받았고, 캘리포니아 일본인 거주지를 방문하였다. 그가 상륙하기 반 년 전, 미국에서는 이민법이 시행되어 일본인의 생활이 어두운 때라 마음이 아팠다. 가는 곳마다 강연과 전도의 스케줄에 쫓기면서도, 이야기 중에 배일(排日)이 옳지 않음을 강조하면서, 인종 문제에 대한 미국의 관용을 요청하였다.[2]

캘리포니아주에서 유타주로 간 그는 리노에서 성도덕의 문란함을 논하였고, 10년 전 일본인회 서기로 일하던 그리운 오크텐 마을에도 갔다. 그 후 다

2) 이 시기는 일본의 진주만 폭격 이전이다.

시 시카고와 워싱턴의 공개강좌에도 참석했으나, 뉴욕에서는 눈병의 악화로 1개월 간 입원치료를 받지 않으면 안 되었다.

> "뉴욕에서 1개월간 눈병으로 병원에 입원하였습니다. 그러나 그 사이
> 에도 병상에서 나와 프린스턴대학, 예일대학, 콜럼비아대학 사회과,
> 유니온신학교 등 십여 차례의 강연을 하였습니다. 뉴욕에 머무는 동안,
> 한 번도 극장에 영화 보러가지 않고 강연만 하였더니, 사회주의 사상
> 을 가진 한 여성이 "당신은 무엇 때문에 그렇게 종교에 열심입니까?"
> 라는 핀잔도 했습니다"(「신변잡기」 1925년 3월호).

로스엔젤레스에도 '예수의 친구회'의 씨를 뿌렸으나, 가는 곳마다 배일(排日)의 소리에 접한 그는 "미국민은 국민적 연령이 12살이다"라는 말을 남기고 쓸쓸히 미국을 떠났다.

처음 찾은 유럽에서 그는 적극적으로 선진국의 지혜를 흡수하려고 노력하였다. 주로 영국에서는 빈민대책, 프랑스에서는 노동조합, 바이마르 공화제 독일에서는 청년운동과 수도원 경영, 덴마크에서는 농민학교와 농촌개량, 스위스에서는 국제노동회의 등이었다. 그 후 베니스, 피렌체에서 풍물을 감상하고, 그동안 꿈에 그리던 성지 예루살렘, 갈릴리, 나사렛을 방문하고 1925년 7월 22일 배편으로 고베에 돌아왔다.

그의 부재중에 고베에서는 다께나이가 그 자리를 지켰고, 도쿄에서는 노동자조합 다이쿠(大工)생산협동조합에 의해 혼쇼기독교산업청년회의 기숙사가 완성되었다. 그리고 장녀 치요꼬가 출생하여 그를 기쁘게 하였다.

귀국 후 피로를 풀 사이도 없이 그는 다시 정력적으로 활동에 나섰다. 1주일 후 '예수의 친구회' 세 번째 수양회에서 "백만의 영혼을 하나님께 바친다"가 결의되어 '백만인 구령운동'이 시작되었다.

당시 일본에는 16만 명 정도의 기독교 신자가 있었지만, 그 증가하는 비율이 지극히 낮아서 기껏해야 1년에 약 만 명 정도가 증가되는 상황이었다. 도

요히코는 기독교인 수를 백만 명을 목표로 하였는데, 기독교가 사회적 영향력을 가지기 위해서는 그 정도의 인원이 필요하다고 생각하였다.

지금까지는 일본 기독교는 교조적, 강단 중심적이어서 실천력이 부족했던 종래의 기독교 전도 방법을 변화시켜서 사랑과 협동을 바탕으로 정열적인 실천을 쌓아가야 한다고 믿었다. 이 같은 생각은 선진국 기독교단의 시찰을 통해서 점점 더 확고해져갔던 것이다. 작은 체구인 그는 '가가와 옷'이라 불리는 검소한 골덴 옷에 보자기를 들고 일본 각지의 전도에 나섰다.

1925년 11월에는 간사이 지방을 거점으로 오사카시 시간지마에 '세틀먼트'(빈민들과 접촉하면서 생활 향상을 도모하는 처소)를 개설하고, 12월에는 오사카에 농촌소비협동조합협회를 설립하였으며, 간호사 전도 단체도 발족하였다.

1962년 2월에는 오사카방직노동조합의 조합장에 추대되었고, 이어 3월에는 노동농민당 결성에 따라 중앙집행위원으로서 위원장인 스기야마 겐지로를 돕는 일 등을 하였는데 가정을 돌 볼 사이가 거의 없었다. 도토리현 요나고시에서의 농민조합 강연회에서는 검거되어 유치장에 가기도 하였다. 또한 니가타현에서는 무산(無産)농민소학교의 교장 자리를 의뢰받기도하고 혼쇼기독교산업청년회에 야간 노동중학교를 설립하기도 하였다. 그리고 1926년 10월 7일에는 간사이 지방의 사업에 주력하기 위해 가족과 함께 효고현 니시노미야시(西宮市)로 이사를 하였다.

다음 해인 1927년 1월 스시야마 겐지로(가가와 도요히코의 사랑하는 제자이자 일본 농민운동의 아버지)가 이웃에 이사온 것을 기회로 일본 농촌전도단을 결성하고, 2월에는 자택에서 농민복음학교를 1개월 간 개최하였다.

4. 농민복음학교와 복합(立體)농업

제1회 졸업생을 배출한 농민복음학교의 교실은 그의 자택이었다. 교육기간은 농한기의 한 달이었고, 학비는 무료, 회비는 반액 보조, 정원 10명으로서 농촌 청년에 한정되었다. 침식을 함께하며 공부하는 작은 숙(塾)[3]과 같은 곳이었다. 그는 청년들에게 꿈을 심어주려 하였다.

교장은 스기야마, 강사진은 도요히코 자신을 포함한 대학 교수들이었다. 아침 5시에 기상, 대청소를 하고 나서, 낮에는 수업과 실습을 하고, 밤늦게까지 강의가 계속되었다. 과목은 농학통론, 농촌사회학, 농업실습, 사회사업 등 다채롭고 실제로 필요한 것들이었다. 그는 농촌개량에 뜻을 둔 우수한 후계자 양성을 목표로 하였다.

농민복음학교는 1931년부터 도쿄농업대학의 강사였던 후지사키 모리이치(藤崎盛一)를 전임강사로 하여, 도요히코가 제창하는 복합영농을 추진하는 등 수업 내용도 충실하게 되었다. 후지사키는 1931년에는 무사시노 농민복음학교를 개교하고, 전후에는 시고쿠 카가와현 데시마에서 복합영농을 실천하며 복음학교를 계속한 인물이다.

도쿠시마현에서는 1935년에 구라하시 마사오(倉橋正男)가 무사시노 농민복음학교에 참가하고, 1937년에는 카와라기무라(瓦木村)의 농민복음학교에 호즈키 토시오(保住利), 후지타 마사오(藤田政), 후지모토 우타로(船本宇太郎), 야마모토 에이이치(山本榮一) 등이 입교하였고, 그 다음 해에는 이치하시 키요시(一市橋潔) 등이 가세하였다. 도요히코는 고향 농촌청년들의 참가를 매우 즐거워하여 도쿠시마조라고 부르면서 환영하였다. 생전에 후지모토 우타로(船本宇太郎)는 "나는 마을의 청년들과 함께 나루토 해협을 건너서 농민복음학교에 참가하였는데, 도쿠시마에서 왔다고 해서 각별한 관심을 받았다. 우리도 그것에 감격하여 아와의 쌀과 나루토의 미역 같은 것을 가지고 가서 선생님을 고향의 맛으로 즐겁게 해 드렸다."고 말하였다. 농민복음학교에 참가한 자는 복합영농에 뛰어들었고, 그들이 중심이 되어 전국 각지에 많은 농민복음학교가 개설되었다.

---

3) 숙(塾)은 숙식을 함께 하면서 공부를 하는 곳으로서 기업이나 독지가가 엘리트를 양성하기 위하여 세우는 기숙 교육 기관을 말한다. 마츠시다 정경숙(政經塾)이 대표적이다.

"우리는 논밭농사 짓는(樹立作物) 사이를 이용하여 양봉, 양돈, 산양을 키우고, 마을로 흘러가는 하천에 잉어를 키우는 것은 별로 어려운 일이 아니라고 생각했다. 그 외에 토지를 보다 유효하게 다각적으로 또 입체적으로 조합하여 일본의 토지를 이용하면, 지금까지 버려졌던 일본의 들판을 충분히 살릴 수 있다고 생각하였다"(『새를 위해서』).

이와 같은 도요히코의 말과 같이 도쿠시마에서도 농민복음학교에 참가한 청년들이 제각기 양봉, 양계, 낙농, 호두 등의 수목농업에 의한 복합영농을 실천하였다. 그리고 1939년에는 현재의 나루코시의 후지모토 우타로(船本宇太郞)가 독일인 후작의 지원을 받아 지은 독일풍 교사(校舍)의 2층에서 아와 농민복음학교를 열었다.

III. 평화운동

가가와 도요히코는 하나님 나라운동과 함께 비전 · 반전운동을 전개한다. 이것은 그의 사상의 실천이며, 하나님의 뜻을 이 땅에서 이루는 길이었다.

1. 미국의 가가와 도요히코 후원회

1927년 5월 2일, 미국의 가가와 도요히코 후원회의 헬렌 다빙크가 고베항에 도착하였다. 일본에서의 가가와의 헌신적인 전도활동과 다방면에 걸친 사회사업에 대한 소식을 전해 듣고, 미국에서 '가가와 도요히코 후원회'가 조직되었다.

1925년 3월 1일, 그를 초대했던 미국에서 부인 하루에게 보낸 편지 안에는 "뉴욕시에는 '거룩한 1달러 클럽'이 조직되었습니다. 그래서 월 130달러를 세틀먼트 사업을 위해 기증합니다. 그래서 미스 다빙크를 맞이하여 일하기로 했습니다.”라는 글이 있었는데, 도미 중에 약속된 것으로 생각된다.

가가와 후원회 회장에는 도쿄 나가렌 도쿄 치쿠지(長年東京地)의 일본어 학교에서 교장으로 근무하던 가이 박사가 취임하고, 부회장으로는 지일파로 서 인도 연구가로 유명한 캘리포니아 대학의 샌더스 교수가, 회계는 네로 부 인이 맡았고, 다수의 독지가가 가입하였다. 그들은 가가와가 하는 일에 감명 을 받아 그의 사업을 측면에서 지원하려는 것이었다. 그래서 도쿄와 뉴욕에 서 그와 안면이 있는 독지가인 헬렌 다빙크를 파견하여 그를 지원케 하였던 것이다.

1927년 8월, 중국 상하이에서 개최된 기독교 경제회의에 일본 대표로 참 가했을 때 헬렌 다빙크가 동행하였다. 이 때 그는 상하이에서 3일간에 걸쳐 서 일본인을 위해 “하나님 나라 운동”이라는 강연을 하고, 하루에 두 번씩 1 주일간 항주대학에서 영어 강연을 하였다. 중국에 머무르는 동안 우치야마 간조(內山完造)가 전면적으로 협력했다고 알려지고 있다.

> “일본어와 달리 장기간 사용하지 않던 영어로 말하는 것은 어려운
> 일이었으나 자신도 엉뚱하다고 생각해 놀란 적이 많았다. 다행히
> 미스 다빙크가 나를 돕기 위해 중국에 왔고, 나의 변변치 못한 영
> 어 강연을 기록도 하였기 때문에 중국에서 영어로 강연하게 된 은
> 혜를 입었다. 상하이에서는 옛날 친구였던 우치야마 간조 군의 신
> 세를 졌다. 우치야마 군은 상하이에서 유일한 서점을 운영하고 있
> 었다.”

1930년 제2차 중국 전도에도 헬렌 다빙크가 동행하였다. 4일 간의 전도 후 소주, 남경, 포강, 제남 등지를 약 1개월 간 강연을 하며 돌아 다녔고, 마 지막 청도에서는 6일간 전도하고, 중국 거주 일본인을 위해서 ‘하나님의 나 라 운동’을 강력하게 전개하였다.

2. 하나님의 나라 운동

이것에 앞서 1929년 4월, 국제선교연맹(IMC) 회장 모트 박사가 일본에 왔을 때 가마쿠라와 나라의 특별협의회에서, 일본기독교연맹은 가가와 도요히코의 원안을 기초로 하여 '하나님의 나라 운동'을 계획하고 있었다.

이 계획에 IMC도 찬성하여 첫 해에 1만 5천 엔의 기부를 약속하였다. 그 요청은 도요히코가 1925년부터 착수해온 '백만명 구령운동'을 발전시킨 것이라고 생각된다. 일본기독교회(장로교), 조합교회, 성공회, 감리교회, 침례교회, 루터교회 등으로 구성된 일본기독교연맹이 교파를 초월하여 '하나님의 나라 운동 전국협의회'를 조직하여, 합동으로 전도에 착수하기로 한 것은 일본 기독교회의 역사에서도 특별히 기념할 만한 일이었다. 도요히코의 마음을 다음의 말로서도 읽을 수 있다.

> "왜 교회가 오늘날 이처럼 침체하였습니까? 왜 목사들은 활기가 없습니까? 왜 신자들도 활기가 없습니까? 지금의 교회는 지나치게 자기들만의 세력과 재정에 대해 걱정하고 있는 것이 아닐까요? 왜 교회는 좀 더 서로 연합전선에 나서지 않는 것일까요? 나는 이제 단결하여 대대적인 운동을 전개해야 할 시기가 되었다고 생각합니다"(1926년 1월의 강연에서).

그는 전도의 부진은 불경기에 의한 것이 아니라 교회 내부의 폐쇄성과 사랑의 실천 부족 때문이라고 호소하였다. 그래서 3년을 목표로 하여 하나님의 나라 운동을 시작하고, 주창자인 그도 순회 전도에 전력을 기울였다. '하나님의 나라 운동 방침'에는 '사회개량운동, 사회봉사사업 예를 들면 매매춘 폐지, 금주운동', '사회 문제의 관점에서 융화를 중심으로 한 조선인 및 소수동포에 대한 전도 노력' 등을 함께 실천할 필요가 있다고 강조하였다.

여기에도 그의 생각이 반영되었다. 그의 소원은 기독교 신앙과 인간애를 일부 지식인에 국한하지 않고, 널리 일반 대중에게 스며들게 하는 것이었다. 일본 노동자전도회의 설립을 시작으로 농민전도, 어촌전도, 선원전도, 광부전도, 간호사전도, 결핵환자전도 등을 문서 활동과 주민 활동(세틀먼트)의 중심에서 입안하여 치밀하게 지도한 것도 이 때문이었다. 거의 가정에 머무를 시간이 없었던 그는 전도 중에 다음과 같은 '방황과 순례'라는 시를 지었다.

방황하는 길손도 자식 생각을 할까?
1학년이 된 내 아들은
오늘도 마을 학교에 가면서
집을 버린 듯한 아비를 그리워할 거야.

그의 3년간의 순회 전도에는 50여 만 명이 귀를 기울였다고 한다. 그의 인지도와 설득력 있는 화술이 하루하루를 숨 가쁘게 살아가는 사람들에게 길잡이가 되었으면 좋았을 것이다. 그러나 도요히코의 온 몸을 바친 노력에도 불구하고, 우경화(右傾化)를 강하게 요구하던 시절이어서, 하나님 나라 운동은 생각한 것만큼 신자 증가의 열매를 맺지 못했다.

3. 전국비전(非戰)동맹

이러한 순회 전도 기간 중에도 군국주의로 기울어져가는 시대의 흐름에 항의하여, 도쿄에서 '전국비전동맹'이 결성되었다. 그는 집행위원장으로 추대되었다. 1928년 8월에 발표된 강령에는 다음과 같은 세 개 조항이 제창되었다.

① 우리는 어떠한 전쟁과 군비에 반대한다.
② 우리는 모든 제국주의적 침략 정치, 경제 및 그 운동에 반대한다.
③ 우리는 침략의 고취, 제국주의적 발언, 약소민족의 압박에 반대한다.

10월에는 도쿄의 미사키회관에서 창립기념 대연설회가 개최되었다. 임원에는 도요히코와 아카마츠 가츠마루(赤松克麿) 등 5명이 선출되고, 고문에는 아베 이소오 외 2명이 취임하였다.

또한 1929년 7월, 가가와 도요히코는 당시의 도쿄 시장이던 호리키리 겐지로(堀切善郎)의 요청으로 도쿄시 사회국 촉탁이 되었다. 호리키리는 전직이 부흥성 장관이었는데, 지진 후의 그의 활동에 주목하였던 것으로 생각된다. 애초에는 사회국장으로 추대하였으나 도요히코 본인이 사양하여 촉탁이 되고, 사회국장에는 야스이 세이치로(安井誠一郎)가 취임하게 되었다고 한다. 결국 호리키리 시장은 그의 실천 활동과 경험을 도쿄시의 사회정책과 복지면에 살리기 위해서였다.

여론도 시장의 영단에 호의적이어서, 같은 해 7월 26일자 도쿄마이니찌신문의 논설은 "가가와 씨의 취임의 의의는 전국적으로 중요하다"라는 제목으로 "호리키리 도쿄시장이 시의 사회적 개혁의 제 일보로서 사회사업에 대한 신지식도 있고, 헌신적 실천자인 가가와 씨를 국장급의 촉탁으로 영입하는 것에는 확실히 시장의 영단도 있었다."는 논지를 폈다. 그렇지만 일부 시의원은 "가가와와 같은 공산주의적 색채가 있는 자를 책임 있는 자리에 두는 것은 사상적으로 악영향이 있다"고 반대하기도 하였다.

사회국 촉탁으로 영입된 도요히코는 사회시설 요강 시안을 기초하여 민관을 합쳐서 350 가지가 넘는 사회시설의 개혁에 착수하였다. 이때 이소무라 에이이치(幾村英一)라는 젊은 직원이 있었다. 그는 후에 사회국장이 되어 도요히코의 생활협동조합 이념을 복지에 반영하였다. 그는 '나의 영혼에 자극을 준 한 권의 책' 중에는 『사선을 넘어서』가 있다고 하며 다음과 같이 말하였다.

> "나는 평화 문제와 핵무기 금지 해결에 목숨을 걸고 있다. 신분의 완전
> 한 해방의 실현이 가장 중요한 과제임을 『사선을 넘어서』라는 책으로
> 부터, 그리고 저자인 가가와 도요히코로부터 배웠다."

그의 '감히 가가와 도요히코에게 도전하며'라는 글에서도 "생각해 보면 나의 생활에는 항상 가가와 도요히코의 그림자가 드리워져 있다"고 진술하고 있다.

1930년 1월, 제57회 의회가 해산되어 동지인 카와카미 죠우타로우(河上丈太郎)와 스기야마 겐지로는 선거 출마 준비를 시작하였다. 그 때 도요히코도 마시마 등에 의해서 추천 후보로 출마하는 해프닝이 일어났다. 도쿄 코우도우지구로부터 아사누마 이네지로(淺沼稻郞)[4]가 입후보를 할 수 없는 사정이 생겨서 아사누마의 기반을 지키기 위해, 말하자면 대타였던 것이다.

당시 그와 가장 가까웠던 구로다 시타로 목사의 『인간 가가와 도요히코』에 의하면, 이 시기 그는 꽤 고민을 했다고 한다. 그의 몸속에는 지방 정치가로 활약했던 아버지 준이치와 삼촌인 다메기치의 피가 흐르고 있었다. 그는 하나님 나라 운동에서 "그리스도에 의해 구원 받은 사랑과 정의의 생활을 하면서, 일본을 훌륭한 나라로 만들어 갑시다. 그는 많은 친구를 응원하여 대의원(국회의원)에 당선시켜 의회에 보내고 있습니다. 대의원 제조업자와 같은 사람입니다. 그러나 나는 나의 어머니처럼 고통스럽게 살아가는 여성이 없어지는 훌륭한 나라를 만들기 위해 평생 일할 것입니다. 명예도 지위도 필요 없습니다. 여러분도 일본을 하나님의 나라로 만드는 운동에 동참해 주십시오."라고 호소하면서 넌지시 "대의원이 되지 않겠다."고 말했다. 결국 그는 추천을 사퇴하고 도쿄 아사히신문과 마이니치신문에 다음과 같은 광고를 실었다.

"사회민중당 코우도우 지부가 불초한 저를 도쿄시 제4지구 중의원 후보로 추천을 해 주셨지만, 나의 이상과 일신상의 이유로 사퇴하게 됨을 유권자 여러분께서는 양지하여 주시기 바랍니다"(1930년 1월 29일 가가와 도요히코).

---

4) 사회당 위원장을 역임하던 1960년 우익 청년에 의해서 암살된 진보적 정치인

전도운동을 하는 한편 그가 잡지 『웅변』에 14회에 걸쳐 연재한 소설 "한 알의 밀알"에 완결되어 코우단샤(講談社)에서 단행본으로 출판된 것은 1932년 2월이었다. 『웅변』은 3만부가 발행되었는데, 독자의 태반은 청년층이었다. 노동자 청년들이 다투어 이 소설을 구독하여 8만 6천부가 팔려 또 하나의 대표작이 되었다. 소설로서의 구성이나 묘사는 『사선을 넘어서』를 능가하는 문학성을 갖추었다고 평가받고 있다.

자기가 잘 알고 있는 친지와 토지를 모델로 하여 그리스도의 사랑, 협동조합, 복합영농 등의 지론을 전개하면서 소설가로서의 자질을 엿보게 하였다. 알기 쉽고 재미있다는 대중성과 일종의 교양소설로서 계몽성을 겸비한 점이 많은 독자를 만들게 된 원인이었을 것이다. 『한 알의 밀알』은 4월에 동아시네마에서 영화화되어 도쿄 시장의 지시로 도쿄시의 모든 소학교에서 상영되었다. 또한 1935년 일본 배우학교 학생들에 의해 일본의 유명한 전통극장인 가부까좌에서도 공연되었다.

1931년 7월, 도요히코는 캐나다 토론토에서 개최된 기독교청년회(YMCA) 만국회의의 강사로 초빙되어 다시 북아메리카 전도를 위해 떠났다. 그 곳에서 '하나님에 의한 청년의 모험'이라는 제목으로 사랑에 대해 설교를 하였고, 클리블랜드에서는 '살아계신 하나님'이라는 제목으로 사람이 가야 할 길을 설교하였다. 그리고 시카고, 오크텐 등 가는 곳마다 환영을 받았다. 그의 이름이 북아메리카에서 널리 알려지게 되었다. 11월 12일, 그는 리간호 편으로 동행했던 오가와 기요즈마(小川淸澄), 무라시마 요리유키 등과 함께 귀국하였지만, 그때 만주사변을 일으키면서 일본은 다시 전쟁의 길을 걷기 시작하였다.

4. 반전(反戰)운동과 좌절

전쟁이란 소식에 가슴 아파하면서, 일본과 세계평화를 위하여 태평양 상의 배 위에서 기도를 계속하였다. 당시 노트에 기록한 시가 남아 있다.

고민하는 자식

나는 또 고민하는 자식이 되었다.
일본의 죄를 짊어지고
중국에 사죄하고 세계에 사죄하며
작은 영혼을 산산 조각내니
나는 고민하는 자식이 되었다.

왜 그런가?
왜 흐르는가? 나의 눈물
백성은 먹을 것이 없어 굶주리는데
싸움을 일으켜 백성을 괴롭히는 양심 없는 군벌의 태도
아! 뒷산의 땔감 거두 듯
세계의 평화를 기원하는 어진 혼이 있음을
군벌은 아는가 모르는가?

　그는 일본의 앞날을 걱정하며 다른 나라를 침략함을 슬퍼하였고, 전쟁터
에 끌려간 민중의 운명을 가슴 아파하였다. 그러나 만주국 건국 이래 일본의
파시즘화는 계속되어, 중일전쟁의 진흙탕 속으로 빠져 들어갔다. 하나님의
나라 운동에 대한 압력도 증가하고 미국으로부터의 송금도 점점 감소되었
다. 일본 전체가 전쟁과 증오의 황량한 바람에 휘말리게 되었다.
　이 와중에서도 1932년 4월에는 내각으로부터 중앙직업소개위원회 위원
에, 1934년 12월에는 노동보험조사회 임시위원에, 다음해 7월에는 사회보
험조사회 임시위원에 위촉을 받아 후생사업에도 관여하게 되었다.
　1934년부터는 해외전도를 자주하였다. 1934년 2월에 필리핀의 기독교연
맹 초청으로 마닐라, 바니이섬, 네그로스섬 등을 돌며 대학에서 설교를 하
고, 방문하는 여러 곳에서 한센병 환자들을 위문하였다.
　1935년 2월에는 오스트레일리아 건국 150주년 기념전도집회에 초대를

받아 분주하게 강연 여행을 하였다. 3월 12일부터 19일까지 브리스벤, 3월 21일부터 4월 3일까지 시드니, 4월 31일부터 6일까지 호바루토, 4월 7일부터 15일까지 타스마니아, 4월 16일부터 24일까지 아데레토, 4월 26일부터 5월 12일까지 멜버른, 5월 14일부터 17일까지 시드니, 5월 18일부터 26일까지 뉴질랜드의 여정이었다. 그는 이러한 강연을 통해서 일본인에 대한 오해를 풀고 함께 마음을 합쳐 세계평화를 위한 우애의 정신을 갖자고 다음과 같은 제안을 하였다.

① 국제적 협동조합의 설립
② 국제적 신용조합의 설립
③ 세계 평화를 위한 국제적 교육운동의 촉진
④ 국제간의 정신적 결합

뉴질랜드 전도 후, 그는 피지섬과 하와이제도 등에서도 강연하였다. 강연 횟수는 오스트레일리아에서 67일 간 178회, 뉴질랜드에서 33일 간 90회, 하와이에서 16일 간 60회에 달하였다.

이어서 1935년 12월, 미국 복음운동의 선구자인 라지에부쉬 박사의 기념강좌에 초대받아 세 번째 미국 전도의 길을 나섰다. 이 때 트라코마(전염성 안과 질환) 때문에 상륙하지 못하고 엔젤 섬의 이민 수용소에 수감되었는데, 루즈벨트 대통령의 배려로 악수, 민박 금지, 의사 또는 간호사와 반드시 동행, 보증금 지불이라는 네 가지 조건부로 7개월간의 여행자로 특별 입국 허가를 받았다.

그 때의 여행은 당시 미일관계가 악화되어 여러 가지 방해를 받았다. 미국 각지에서 재향군인회, 군수품 제조업자, 애국적 부인단체, 보수파 목사 클럽 등이 반일 운동을 준비하고 있었던 것이다.

이 같은 상황에서 1936년 6월 오하이오주 이리 호반 레크사이트에서 개최된 전 미국 기독교청년대회에서는 그의 주장이 인정되어 "협동조합은 기독교 경제 윤리 때문에 반드시 채택되어야 한다."는 결의가 채택되었다. 한편 그의 방미는 괴로운 입장에 처한 재미 일본인들에게 큰 힘을 주었다고 한다.

미국 전도를 마친 그는 뉴욕에서 독일 선박 노르만디호를 타고 유럽으로 향하였다. 1936년 7월 8일 노르웨이의 수도 오슬로에서 개최될 예정인 세계 주일학교연맹대회에서 연설을 해야 하기 때문이었다. 이 대회에는 세계 49개국 대표 약 3천 명이 참석하였는데 "주일학교와 복음전도"라는 제목으로 강연하였다. 그 후 유럽 각지의 협동조합을 시찰하기 위해 스웨덴, 핀란드, 폴란드, 독일, 벨기에, 프랑스, 스위스, 오스트리아, 헝가리, 유고슬라비아, 그리스, 시리아 등에서 전도를 하면서 순회하고 수에즈에서 배를 타고 귀국하였다. 10개월간의 긴 여행이었다.

1938년 12월에는 제5회 기독교세계선교대회의 일본 대표로서 21명의 대표단과 함께 인도를 방문했다. 이 대회에서 "십자가에 대하여"라는 제목으로 특별 강연을 하였다. 대회가 끝난 귀로에 인도 각지를 돌며 전도하던 중 간디와 네루를 만났다. 1913년에 고베의 빈민가에서 성자라고 불리었던 알버트 슈바이처의 『예수전연구사』를 번역한 『기독전논쟁사』를 출판하고, 저자인 슈바이처와 서신 교류를 하고 있던 가가와 도요히코는 당시 또 한 명의 성자라고 하는 간디와의 만남을 진작부터 희망하였다.

> "당신에 대한 이야기는 이전부터 많이 들었는데 만나게 되어 대단히 기쁩니다"라고 간디가 말하자 도요히코는 "일본에서 혹시 당신이 내 입장이라면 어떤 태도를 취하겠습니까?"라고 간디에게 질문을 하였다.
> "나는 나의 이단설5)을 확실하게 공언하겠습니다. 그리고 기쁘게 죽음을 맞겠습니다. 저울의 한 쪽에는 생활협동조합과 당신의 사업 전부를 놓고, 다른 쪽에는 당신 나라의 명예를 놓고 생각해 봅시다. 당신이 나

---

5) 종교적 이단의 개념이 아니라 당시 일본의 종교, 사상, 문화 전 영역에서의 광신적 제국주의의 광풍과 그에 대한 운동 그룹의 극좌적 행동주의 사이에서 협동조합 운동은 개량주의로 양쪽에서 비판을 받는 등 실천적 평화주의자로서의 가가와 도요히코의 입장을 이단이라고 간디가 표현했다.

라의 명예를 존중한다면 일본에 거역하여 당신의 견해를 공표하고, 그로 인해 죽음을 맞이해야 한다면 그 죽음을 통해서 일본을 살릴 것을 요구하고 싶습니다. 그러나 그와 같이 하려면 마음의 확신이 필요합니다."라고 간디는 대답하였다.

"확신은 있습니다. 그러나 친구들은 나에게 생각으로만 머물기를 바라고 있습니다"라고 가가와가 말하였다(카와시마 유키오(河鳥辛夫) 『가가와 도요히코와 태평양 전쟁』).

2년 후인 1940년 8월, 가가와 도요히코 후원회에서 헬렌 다빙크가 편집하여 주로 미국에 배포하였던 「가가와 도요히코 캘린더」의 원고가 일본 헌병대에 압수당하는 사건이 발생했다.

"나는 일본을 사랑하고 있다. 그리고 또한 중국도 사랑하고 있다. 두 형제를 싸우게 하고 싶지 않다."라는 그의 바램에도 불구하고, 중일전쟁은 점점 치열해서 일본군의 중경 폭격 등으로 인해서 중국 민중의 수난은 한층 더 심해졌다.

그는 자신의 저서인 『사랑의 과학』의 중국어판 서문에서 다음과 같이 사죄하였다. "나의 모든 기도에도 불구하고, 일본의 군국주의가 중국에서 행한 포학을 생각하면 참기 어려운 부끄러움이 솟아오릅니다. … 내가 백만 번 용서를 구한들 일본이 지은 죄를 속죄하기는 충분하지 못할 것입니다. 나는 너무 부끄럽습니다. 나는 일본의 군국주의자들에게 영향을 미치기에는 너무나 무력하기 때문입니다. 무력한 나를 중국의 지도자들이 비난하는 것은 지극히 당연합니다. 나는 비난받을 만합니다."라고 하였다.

그는 캘린더 속에서도 '중국의 동포에게'라는 서문에 다음과 같은 사죄문을 게재하였다. "일본의 죄를 용서해주십시오. 일본의 기독교 신자들은 군부를 억제할 힘은 없으나, 뜻있는 사람들은 일본의 죄에 대하여 한탄하고 있습니다. 우리의 기도와 움직임에 의하여 그리스도의 이름으로 양국에 평화의 날이 오기를 기도합니다." 이것이 일본 군부의 눈에 가시가 되었다.

그의 이와 같은 언동은 군 당국을 크게 자극하여 위험인물로 지목되어 미움을 받게 되었다. 우익 단체로부터는 매국노라고 매도를 당하고, 거리에는 "가가와 도요히코를 죽여라"는 벽보가 붙기도 하여, 그의 활동은 한층 더 어려워지게 되었다. 그러나 중국에서는 장개석과 부인 송미령이 "일본에 가가와 도요히코가 있는 한 일본인을 미워할 수 없다."라고 하여 그의 양심적인 태도를 평가하는 사람도 있었다.

　　8월 25일, 마쯔자와교회의 주일 예배에서 "예레미야 애가에서 배운다."라는 제목으로 폭력을 비난하고 무저항주의를 칭찬하는 설교를 한 직후, 그는 반전운동 혐의로 히비야 헌병대에 끌려갔다. 그 후 스가모(巢鴨)구치소에 이송되어 죽음을 각오한 3주간의 구치 생활을 하고 나서, 9월 13일에 갑자기 석방되었다. 그를 대미평화공작의 마지막 카드라고 생각하고 있던 마츠오카 외무대신이 법무대신에게 즉시 석방을 요구한 결과였다. 그 때 그가 읊은 시가 있다.

　　　　"수많은 신음 소리에 무릎을 꿇고
　　　　　구원을 위하여 또 기도할 거야"

　　1941년이 되자, 미일관계는 갑자기 험악해져 갔다. 일본 기독교단은 미일의 평화를 기원하였고, 1941년 4월에 도요히코를 비롯한 9명의 사절을 3개월 예정으로 미국에 파견하기로 하였다. 그는 고노에 후미마로(近文麿) 수상으로부터 루즈벨트 대통령과 접견하라는 비밀 부탁을 받고, 기념품으로 루즈벨트 대통령의 초상화를 가지고 갔다. 그러나 양국 간의 사태가 급변하고 악화되어 접견은 실현되지 못했다.

　　일행은 로스엔젤레스, 시카고, 뉴욕 등지에서 기독교연맹이나 여러 교파의 대표들과 함께 합동기도회를 열고 반전 메시지를 발표하였다. 일행이 귀국한 후에도 그는 혼자 미국에 남아 각지를 다니며 평화를 호소하였다. 샌프란시스코에서 발행되던 일본계 신문인 「일미신문」은 사설에서 다음과 같이

가가와 도요히코 연구

그의 열의를 평가하였다.

"지금까지 일본의 교육, 정치, 실업, 학계, 종교계 각 방면의 많은 사람들이 도미하여 일본의 입장을 해명하였다. 그 열정은 존중하지만 전반적으로 실패하였다. 오히려 역효과까지 생기기도 하였다. 그러나 미일 간의 감정이 최악인 상태에서 찾아온 평화 사절의 노력과 2개월의 여정을 연장하여 동분서주하며 신앙적 입장에서 당당하게 소신을 밝힌 가가와 도요히코의 공적은 심히 컸다…그가 양국 간의 친선에 이바지한 공적에 감사하지 않을 수 없다."

그럼에도 불구하고 그의 노력은 열매를 맺지 못한 채, "슬픔을 안고 건너는 태평양, 평화의 밧줄을 가슴에 품고"라는 시를 친구에게 보내고 비탄에 빠져 8월에 귀국하였다.

미일 개전 직전에도 미국 친구 스텐리 존스 목사의 호소에 따라 일본에서 며칠을 계속해서 낮과 밤에 합동기도회를 개최하였지만, 기도회가 끝난 12월 8일 새벽, 드디어 진주만 공격이라는 호외가 그의 손에 들어왔다.

태평양전쟁 발발과 동시에 그의 평화주의나 이웃사랑 사상은 나라를 파는 이적행위라는 비난이 심해지고, 집필이나 강연 의뢰는 거의 끊어졌다. 1943년 5월에는 고베에서 행한 설교가 반전사상과 사회주의적 사상을 품고 있다는 이유로 검거되어 경찰서에 하룻밤 구류당하기도 하였다. 그러한 상황 가운데서, 그는 한때 세도나이까이의 테시마라는 작은 섬에서 『우주의 목적』집필에 주력했는데, 결국 반전, 평화의 신념을 관철하지 못하였다.

평화운동 조직인 '국제반전자동맹', '일본우화화(友和會)'에서도 탈퇴한 그는 이 전쟁이 구미 열강의 식민주의적 침략에 대한 아시아 민족 해방을 위해 일본이 일으킨 정의의 전쟁이라고 하는 세론에 동조하는 견해를 표시하였다. 그리고 폭격기의 무차별 공격이 가장 심하던 1944년 10월에는 적국의 야만적 행위를 예수의 이름으로 단죄한다는 라디오 방송을 해외를 향하여

하였다. '미국 멸망의 예언'이라는 방송에서 그는 다음과 같이 말하였다.

"화 있을찐저 아메리카여! '회칠한 무덤과 같이'라는 말은 미국을 위해 만들어진 말이다. 입으로는 평등을 외치면서도 타민족을 압박하고, 말로는 자유를 부르짖으나 자기만의 우월성을 유지하려는 그 방종함을 전능하신 하나님은 결코 용서하지 않을 것이다.

미국은 회칠한 무덤이다. 그들의 자식은 일본 병사의 두개골로 장난질하고, 대통령은 일본 병사의 뼈로 만든 책 칼을 받았다고 한다. 미국의 양심이 이처럼 마비되었으니 하나님의 심판을 받지 않을 수 있을까? 나는 3년 전 여름, 미국의 많은 도시에서 사랑과 협동이 없으면 참된 문명이 건설되지 않음을 말한 바 있다. 지금은 그리스도의 이름을 부르는 사람들이 서로 증오하면서 가장 많이 싸우고 있다. 이런 모순이 해결되지 않는 한 그리스도의 이름은 영원히 더럽혀진다. 정말로 미국이 그 물질을 그리스도를 위하여 사용하지 않는다면 천벌을 받을 것은 당연하다."

그의 언동이 변화된 배경에 대해 카와시마 유키오(河島幸父)가 『가가와 도요히코와 태평양전쟁』에서 주목한 세 가지 요인을 들어보자. 첫째는 가가와의 정신의 깊은 곳에 간직되어 있던 천황에 대한 경외심, 둘째는 일본의 입장을 약자의 입장으로 생각하는 것, 셋째는 그가 손수 성장시켜 온 모든 사업과 그에 연관된 사람들이 관헌의 탄압으로 파멸되고 있으나 그들을 도와주지 못하는 것이었다. 즉 천황 중심의 일본에 대한 애착이 강한 그의 눈으로 볼 때 "강한 일본이 조선, 중국, 동남아시아를 침략하였다"는 시각이 약해지고, 지금 현재 초토화되어 가는 일본의 참상이 눈에 들어 와서 "강한 미국이 약한 일본을 두드리고 있다"는 생각만이 그의 마음에 자리 잡게 된 것 같다. 세 번째 부분에 대해서는 간디와의 대화에서도 그 징조가 보였다. 아마 그 자신만이라면 어떠한 고문이나 죽음도 두려워하지 않았을 지도 모른다.

여기서 가가와 도요히코의 논리적 한계성과 약점을 볼 수 있다. 일본을 공격한 미국(실상은 일본이 먼저 공격하였다.)은 '화있을진저'이고, 일본이 압제한 조선, 만주, 대만, 중국 등은 단순히 '죄송하다'정도로 끝나는 모순성이다.

패전 후 수년이 지나서 『가가와 도요히코 전』의 저자 요코야마 하루이치(橫山春一)가 전쟁 중에 가가와의 자세가 변화된 이유에 대해 알고자 하였더니, 그는 아무 말 없이 다음의 성경구절을 제시하였다.

> "나의 형제 곧 골육의 친척을 위하여 내 자신이 저주를 받아 그리스도
> 에게서 끊어질지라도 원하는 바로라" (로마서 9:3).

여지없이 좌절된 그의 고민을 짐작할 수 있을 것 같다. 그럼에도 불구하고 그가 왜 그 시기에 침묵이라는 무언의 저항 자세를 관철하지 않았을까? 어떤 압력이 있었을까? 앞으로의 연구과제이다. 문제의 대미(對美) 방송에 관해서는, 평화주의자인 동시에 열렬한 애국자였던 도요히코로서는 미국의 무차별 폭격에 의해서 국토가 황폐화되고 동포가 비참한 지경에 이르는 모습을 좌시할 수 없었으리라는 해석도 가능하지 않을까?

제5장 ───────────── 생명 다하기까지

가가와 도요히코의 마음속에는 세계 평화를 염원하는 뜨거움이 있었다. 이것은 그의 사상 속에 흐르는 평화론의 결과이며, 그의 행동 지침이었다.

I. 새로운 일본의 건설을 위하여

가가와 도요히코는 패전한 일본이 새로운 모습으로 거듭나기를 원하였다. 그것은 그리스도의 복음을 통한 변혁이라고 생각하였다.

1. 새로운 일본건설운동

1945년 8월 15일, 일본이 「포츠담선언」을 수락하고 연합국에 무조건 항복을 해서 태평양전쟁은 끝났다. 8월 26일, 도요히코는 히가시 구니미야(東久邇宮) 수상의 초청을 받고 내각 참여에 대한 제안을 받았다. 그리고 29일에는 일본기독교단의 지도자들과 협의하여 도의가 땅에 떨어진 것에 대해서 기독교는 무엇을 할 것인가를 의논하였다.

　다음 날인 30일에는 「요미우리신문」의 의뢰를 받아 "패전국 국민 가가와 도요히코가 아니라 세계의 양심으로서의 가가와 도요히코"의 입장에서 연합군 사령관 맥아더 원수에게 보내는 서한을 신문을 통해 공개했다. 그 서신에서, 그는 국제협동조합의 설립이나 전승국 사령관으로서의 넓은 마음가짐을 호소하였다. 그리고 일본 국민의 천황에 대한 심정을 대변하였다. 이 편지는 영문으로 번역되어 「일본 타임즈」에도 게재되었다.

　그리고 수상의 요청을 받아 '전국민참회운동'을 제창하고 전 교단에 호소하였다. 9월 24일에는 NHK방송을 통해 '도리와 평화의 길'을 방송하고 적극적인 운동을 개시하였다. 그러나 전국민참회운동은 일본 국민 모두가 전쟁에 대한 반성과 회개를 하자는 것이지만, 자칫하면 전쟁의 책임 소재가 애매하여 역사상의 과오에 대한 검증이 철저히 이루어지지 않는다는 측면이 있음을 간과해서는 안 된다.

　한편, 토쿠가와 요시치카(德川義親), 아리마 요리야스(有馬賴寧), 스즈키 분시로(鈴木文史郎) 등과 국제평화협회를 설립하였는데, 그것은 협동조합 정신에 의거하여 항구적인 평화 수립과 인류의 상호부조와 우애의 실현을 목표로 하였다.

　또한, 1945년 10월에는 아베 이소오(安部磯雄), 다카노 이와사부로(高野岩三郎) 등과 함께 사회당의 창당을 제창하였다. 신당 창당 준비위원으로서 신당을 위한 인선을 위임받고 11월 2일 히비야 공회당에서 열린 일본 사회당 창당식에서 의장으로 선출되었다. 이와 같이 전후에도 그는 쉴 사이도 없이 바쁘게 움직이면서, 사촌 형제인 니이 이타루(新居格)의 표현을 빌리면 '신생 일본의 지휘자' 같은 역할을 보여 주었다.

　다음 해인 1946년 3월에는 하세가와 뇨제칸(長谷川如是閑) 등과 함께 일왕에 의해 귀족원 의원(현재의 참의원)에 칙선(勅選)되었으나 한 번도 등원하지 않고 그만 두었다. 6월 9일 아오야마학원대학에서 기독교 전국대회가 개최된 것을 기회로 그는 기독교도에 의한 신일본건설운동을 호소하였다.

진작부터 교회의 분열에 마음 아파하였고, 기독교도로서 전쟁의 책임을 통감하였는데, 국토와 민심이 황폐화되고 가치관도 혼미하게 된 세상을 바라보며, 지금이야말로 신도들이 일어서야 할 때라고 생각하였다. 그의 제안은 승인되어 전 일본 기독교인의 대동단결과 3년간의 계속 전도를 실행에 옮기게 되었다.

그는 다시 양심과 사랑과 영혼의 구원을 설교하면서 국내외를 순회하기 시작했다. 전쟁 중 중국 남경에서 선교 활동을 하던 구로다 시로와 함께 주로 농촌지역을 돌아다녔다.

교통난과 식량 부족이 심한 시절이었기 때문에 두 사람은 매일 초라한 도시락과 돗자리, 의자와 변기를 자루에 넣어 들고 다녔다. 초만원인 차 안에서 좌석에 앉는 것도 화장실에 가는 것도 곤란했기 때문이었다. 그러나 도시지역의 전화(戰禍)로 지방으로 피난갔던 사람이 많았기 때문에 농촌전도는 큰 반응을 일으켰다.

일본 재건을 부르짖는 그의 말에 패전의 혼란에서 탈피하지 못하고 정신적 지주를 잃은 사람들은 열심히 귀를 기울였고 마음의 안정을 찾았다. 무토우 토미오(武藤富男)는 "'가가와의 전도에서 나는 구원을 받았습니다'라고 말하는 신도들을 기존교회 어디를 가더라도 만나게 되었습니다. 그 정도로 그리스도의 사도로서 가가와의 일은 컸습니다."라고 말하고 있다. 당시 전도에 동행했던 구로다 시로는 그 당시를 다음과 같이 기록하고 있다.

> "패전 후 그의 성격은 크게 변하였다. '일본은 망하였다'고 하며 울었고 '전국이 빈민촌이 되었다'고 생각하면서 한탄하였다. 마음으로부터 웃는다든지 즐거워하는 일이 없었다. 그분처럼 패전을 슬퍼하는 사람을 나는 보지 못하였다. '선생님, 멸망한 것이 아니라 진 것입니다'라고 항변해 보아도 받아들이지 않았다. 그는 예레미야처럼 울면서 3년 반 동안 다시 한 번 전국을 순회하며, 대중과 직접 만나 일본 재건을 호소하였다. 전에 하던 하나님의 나라 건설운동과 유사하게 보였지

만 마음가짐은 전혀 달랐다. 무언가 신일본을 창조하려는 사명을 받은 것과 같이 진지했다. 철저히 고통을 참으면서, 관광 기분은 일체 버렸다. 어디를 가나 마을의 재건을 위해서 최선을 다하였다"(구로다 시로 『인간 가가와 도요히코』).

2. 전후 첫 해외전도

1949년 12월 22일, 그는 하네다 공항을 떠나서 영국으로 향하였다. "영국에는 참된 의미의 크리스천은 11%에 지나지 않습니다. 영국의 영적 위기를 구할 수 있도록 전도해 주시기 바랍니다."라는 의뢰가 영국성서공회, 세계선교협의회, 세계기독교교육자협의회에서 왔기 때문이었다. 전후 최초의 해외선교였기 때문에 도요히코 자신도 매우 즐겁게 승낙하였다. 돌아 올 때 미국에 들릴 계획으로 출발 전 맥아더 사령관과 회견하고 방미에 대한 양해를 얻었다. 이 때 그의 나이 61세였다.

다음 해 1월부터 영국 내에서 전도집회를 시작하였는데 각지에서 대환영을 받았다. 다음으로 서독, 북유럽 각국에서 전도집회를 마치고 미국, 캐나다를 거쳐 12월 28일 귀국하였는데 일 년이 넘는 장기간의 여행이었다.

유럽과 미국에서 그의 이름을 높이고, 가는 곳마다 큰 뉴스가 되었고, 전후의 황폐로부터 사람들을 구원하는 정신적 지도자로서 환영을 받았다. 그는 여행지에서도 일찍 일어나 집필과 독서를 소홀히 하지 않았다. 틈틈이 여러 분야의 저명한 인사들과 회담이나 대화를 나누는 것을 즐기고, 자연이나 사적에 대해서도 왕성한 탐구심을 충족시키려고 노력하였다. 그는 멋진 사람들을 만나고 사물을 대하게 되어서 어린아이와 같은 신선한 감동을 받았다고 나중에 술회하였다.

영국에서는 MRA(도덕재무장운동)의 지도자 북맨 박사와 케임브리지대학 라펜 총장을 만났고, 서독에서는 호이스 대통령과도 회견하며, 전후 세계의 나아갈 바에 대해 깊이 있는 의견을 나누었다. 서독 각지의 강연에서는 패전의 슬픔을 치유하려는 국민들에게 "마틴 루터의 나라를 반드시 그리스도교 정신으로 부흥시켜 주기 바랍니다."라고 진심으로 격려하여 청중에게 깊은 감명을 주었다. 어디에 가나 많은 사람들이 모였지만, 특히 오슬로에서는 3만 여명의 군중이 앞 다투어 참가하였다는 일화가 남아 있다.

그러나 미국에서는 그렇게 환영 일색이었다고 말할 수 없다. 전쟁 중 그가 행한 대미방송의 감정이 남아 있어서 그에 대한 비판이 많았기 때문이었다. 그렇지만 펜실베니아주의 큐카대학에서는 명예문학박사 학위를 받았으며, 국제문화연맹(마크 트윈 협회)의 명예회원에 추대되기도 하는 등 그의 인기는 여전히 높았다.

3. 브라질 전도

1953년 1월 28일에는 그가 염원하던 브라질로 전도여행을 떠났다. 이전부터 브라질의 일본계 이민자들과 현지 기독교 교인들에게서 여러 차례 초대장이 왔었다.

2월 5일 상파울로시(市) 교외의 많은 교민들이 맞아주었다. 상파울로에서 전도한 내용은 다음과 같다. 2월 8일 오후 3시 "원자력 시대의 종교생활", 오후 8시 "십자가 종교의 절대성", 2월 10일 오후 8시 "그리스도교 형제 사랑 역사의 한 측면", 2월 11일 오후 3시 "개척 정신과 정신생활", 오후 8시 "요한복음의 종교적 비의(秘義)", 2월 12일 오후 3시 "우주 창조와 우주정신", 오후 8시 "성서의 종교정신", 2월 13일 오후 8시 "십자가에 대한 명상" 등이었다. 어느 것이나 이민자들을 고무하는 내용이 많이 포함되었다. 그리고 리오데자네이로를 거쳐 오지(奧地)의 개척촌에도 들러 하루 몇 시간 씩 자동차로 여행을 강행한 적도 여러 차례 있었다. 그때 부인 하루에게 보낸 편지에는 다음과 같이 적어 보내며 기도해 달라고 당부하였다.

"그 후에 악전고투를 계속하고 있습니다. 오른쪽 팔 다리가 피곤하면

하루에 10회 정도 마비되고, 오른쪽 손이 어깨까지 류마티스처럼 되었습니다. 병고와 싸우면서 하루에 4회, 아침 8시부터 밤 12시까지 여행하며 강연하는데, 강연을 하고 또 수십 킬로씩 달려가는 일은 몸 상태가 좋지 않아 지금은 예전과 같은 전도여행은 불가능하다고 생각했습니다.”

이와 같은 그의 노력은 결실을 맺어, 4월 3일에는 브라질에서도 ‘예수의 친구회’가 설립되어 광대한 브라질에 교파를 초월한 공동조직도 결성될 기운이 높아졌다.

이 시기, 그의 브라질에서의 전도에 대해서 브라질의 가가와 도요히코 전도위원회의 미요시 목사는 “여행 거리 8,680km, 집회 수 161회, 참가자 수 약 6만 명, 결신자 5,363명이었다. 지금까지 그분처럼 일본인과 브라질인 사이에 크나큰 정신적 감화를 불러일으킨 일본인은 없었다.”라고 총평을 했다. 병든 몸에 채찍질을 하며 다닌 그의 모습은 많은 이민자들에게 큰 힘을 주었고, 현지인들로부터도 큰 신뢰를 받았다. 그가 귀국한 것은 반년 후인 6월 25일이었다.

1954년 여름, 세계교회협의회 제2차 대회에 참가하기 위해 그는 여섯 번째 도미하였다. 이 소식이 알려지자 미국 각지에서 강연 의뢰가 이어져서 4개월간의 일정이 짜여졌다. 특히 8월 15일부터 31일까지 일리노이주 노스웨스턴 대학에서 열린 세계교회협의회에서는 국제연합 미가맹국의 가입 촉진, 원자력 무기 금지를 위한 동서간의 대화, 세계평화 촉진을 위한 협동조합 무역의 추진을 강력히 호소하여 48개국 163 교파 참가자들의 지지를 받았다.

가가와 도요히코의 해외전도는 그 외에도 오키나와, 태국 등 세계의 많은 지역에 이르렀다. 특히 미군 점령 하에서 어려운 생활을 하는 오키나와 사람들에게 깊은 동정심을 가졌다.

왜 그의 전도나 강연이 미국과 유럽의 여러 나라를 위시하여 각 나라에서 그토록 환영을 받았을까? 그의 강연이 영어로 하는 것은 물론이고, 미국이나 유럽 사회는 이전부터 기독교가 저변에 깔려 있어서 빈민의 생활향상을 도모하는 운동과 자원봉사활동 등의 사회 활동이 이미 뿌리박혀 있었기 때문이라고 생각된다. 여러 일그러진 모순을 가지고 있던 자본주의 나라에서 사회운동의 실천자로서 그의 말과 행동은 많은 사람의 마음을 사로잡을 수 있었다. 그가 말하는 사회개량이나 우애경제사상은 인종의 벽을 넘어 병든 사회에 경종을 울렸을 것이다. 워싱턴의 대성당에 앗시시의 성 프란치스코, 알버트 슈바이처, 조지 워싱턴, 아브라함 링컨과 나란히 도요히코의 동상이 서있다는 것은 우연이 아닐 것이다.

II. 세계 여러 나라의 평화운동

도요히코의 사역은 세계평화운동으로 확장된다. 그는 '세계연방' 건설을 위한 운동을 전개하고 그 핵심에서 이 운동을 이끌어 나갔다.

1. 세계연방 아시아회의 의장으로

1952년 11월 3일부터 4일간 세계연방 아시아회의가 히로시마에서 열렸다. 이 회의에는 아시아 여러 나라는 물론이고 13개국 대표와 옵서버 등 350명이 참석하였다. 회의에는 아인슈타인의 메시지가 전해지고, 영국의 포이드 모아 회장을 비롯하여 B. B. 하루(전 인도 극동군사재판소 판사), T. 아후도루라 만 말레이시아연방 수상도 참석하였다. 당시 세계는 미소 대립이 격화되어 사람들은 핵전쟁 불안에 사로 잡혀있었다. 대회 2일째는 히로시마의 원폭 피해 여성 5명이 호소문을 들고 등단하였다.

"지난 7년 간, 우리는 원자폭탄의 후유증으로 괴롭게 살아왔습니다.
아마 이 십자가는 오래 아니 평생 계속되리라고 생각합니다. 그러나 우리는 이 지상의 누구도 원망하거나 미워하지 않습니다. 우리가 솔직히 바라는 것은 두 번 다시 이러한 비극이 세계의 어디에서도 일어나지 않는 것입니다."

가련한 이 여성들의 말은 사람들의 심금을 울렸다. 도요히코는 의장에 추대되었고 다음과 같은 결의문을 읽어 내려갔다.

"지금이야말로 전 인류는 모두 원폭 전쟁의 참화에 분노하며 그것의 비인도성을 슬퍼함과 동시에, 국제적 항쟁이 격화되어 가는 이 상황에서 제3차 세계전쟁의 위기를 어떻게 방지해야 할지 고민하고 있다. 세계연방 아시아회의는 이 회의가 원폭의 땅 히로시마에서 개최된 역사적 의의를 감안하여 전쟁이 완전히 없어지기를 엄숙히 결의함과 동시에 세계연맹의 기초인 인류 동포애의 정신을 강화하기 위하여 다음 사항을 만장일치로 채택하여 결의하고 이를 전 세계에 선언한다.

① 원자핵무기의 제조와 사용을 금지한다.
② 군비의 완전 폐지를 목표로 하고 각국의 현 보유 군비를 철저히 축소한다.
③ 인종 차별을 철폐하고 기본적 인권을 확립한다.
④ 종교적 편견을 배제하고 세계 각 종교 간의 제휴를 촉진한다.
⑤ 속히 각국에서 전범과 포로를 석방한다.
⑥ 인구 문제의 해결을 위해 세계 자원의 해방을 기한다.

위의 정신 원리와 결의 사항을 관철하는 방법으로 우리는 마하트마 간디의 '진리의 파숫꾼'의 원리에 따라 세계연방건설운동을 강력히 추진한다."

그 후 회의는 오사카, 고베, 교토, 도쿄 등지로 회의장을 옮겨서 아시아를 순환하며 경제, 무역, 문화 등의 문제를 토의하며 세계 평화에의 발판을 마련하였다. 2년 후인 1954년 2월, 그는 세계연방정부건설동맹의 부회장에 취임하였다. 그리고 11월 제2회 아시아협동조합 간담회도 개최되었는데 의장으로 진행하였다.

1956년에는 전쟁포기 촉진대회를 도쿄에서 개최하여, 그는 "세계 각국을 향하여 일본처럼 전쟁을 포기하도록 설득하는 수밖에 없습니다. 일본은 국내적으로는 정치, 경제, 사회적인 대개혁을 통하여 국민 생활의 안정을 기하고, 외적으로는 엄정한 중립을 지켜 분쟁의 화해, 중재역을 하지 않으면 안됩니다."라고 역설하였다.

2. 노벨평화상 후보가 되다.

1955년 2월, 이와 같이 한결같은 세계평화를 위한 노력이 평가되어 노벨평화상 후보에 올랐으나 수상하지는 못했다. 같은 해 12월 8일, 그는 일본과 한국의 국교가 단절되어 어업 문제로 대립되고 있는 점을 우려하여 같은 크리스천이고 프린스턴대학 동문이기도 한 한국의 이승만 대통령에게 「마이니치신문」을 통해 공개서한을 보냈다. 공개서한의 내용은 평화라인(이승만라인)에 의해 일본의 3백만 어민이 자원 획득에 괴로움을 당하고 있다는 것과 "일본인을 용서해 주고, 중국에 있는 일본인을 괴롭히지 말라"는 종전 직후의 장개석의 말을 인용하여 일본이 범한 과거의 잘못에 대해 기독교 정신에 입각하여 관대한 조처를 취해줄 것과 아시아 평화를 확립하고, 한일 양국의 새로운 우호관계의 수립이 필요함을 호소하였다. 이에 대해 이승만 대통령으로부터 다음과 같은 회신이 왔다.

"귀하는 다년 간 내가 매우 존경하는 일본의 지도자 중의 한 사람입니다. 당신의 서한에서 나를 칭찬한 것에 대해 매우 송구하게 생각합니다. 당신은 많은 일본인들이 조선인을 착취하였다는 역사적 사실을 인정하셨습니다만 이러한 사실 관계의 시인은 양국 사이의 항구적인 평화에 밑받침이 될 것입니다.

귀하는 일본의 40년간의 조선 지배에 대해 사죄의 뜻을 표했는데 그것은 나의 주의를 끄는 이름 있는 일본인 중 최초의 발언입니다. 지금까지는 그와 같은 발언이 없었으므로 우리 한국인들이 일본의 한국에 대한 관심은 한국의 우정을 얻으려는 것이 아니라 다시 한국의 영토를 차지하려는 욕심에서 하는 행위라고 생각하는 것도 무리가 아닙니다.

최근 평화라인이 일방적인 것이라고 하는 말이 있습니다. 귀하도 아시는 바와 같이 일본인들은 평화라인 설정 이전에 맥아더라인, 클라크라인도 전혀 존중하지 않았습니다.

친애하는 가가와 도요히코 씨, 고명하고 기독교 정신이 충만한 귀하의 성실한 메시지에 대해 이처럼 긴 문장으로 답함을 용서하십시오. 나는 일본 정부가 미국의 영향으로 배척하여야할 여러 가지 문제를 완고히 고집하고 있는 것에 대단히 실망하고 있으나, 나의 의중은 귀하와 마찬가지로 사람을 증오할 의향은 없음을 알아주기 바랍니다. 우리는 모든 이웃나라 특히 일본과의 평화스러운 관계를 소망합니다."

이 회답을 받고, 그는 한국 대표부의 공사를 세 번이나 방문하고, 하토야마(鳩山) 수상이나 시게미스(重光) 외무장관, 오가타 다케토라(緒方竹虎) 관방장관 등 여러 실력자들과도 면담하여 국교 회복과 양국 간에 걸쳐 있는 여러 장애 요소를 제거하려고 노력하였다. 그 성과에 대해 여러 방면에서 기대가 컸지만, 사태 수습은 결국 외무부로 넘어가고 조기 해결은 이루어지지 않았다.

1957년 10월에는 아시아, 아프리카 여러 나라의 제휴와 협력, 핵무기 금지와 군비 철폐, 그리고 국제연맹의 강화와 세계연방화를 내걸고, 제3회 세계연방 아시아회의가 교토에서 개최되었다. 이때 의장으로서 '교토 선언'을 발표하였다. 또한 1958년에는 버틀란드 럿셀(영국) 등과 함께 원고가 되어 미국 정부 책임자를 핵실험은 헌법 위반이라고 워싱턴 지방재판소에 제소하였다.

8월 14일에는 도쿄에서 세계평화를 위한 기독교인 국제회의를 개최하고, 세계의 크리스천이 국경을 초월하여 한자리에 모여서 세계평화를 위해서 기도하였다. 그는 의장으로서 "이러한 기독교인 국제평화회의를 매년 개최하고 싶다"는 의욕을 나타냈다. 다음 해인 1959년에는 세계연방건설동맹 총회에서 71세로 병상에 있는 도요히코를 다시 노벨평화상 수상 후보로 추천하였으나 이때에도 수상하지는 못했다.

3. 국제협동조합의 제창

도요히코는 자본주의가 가지고 있는 사회악에 대한 과격한 직접적 행동은 부정하였다. 그 때문에 노동운동이나 자신이 처음으로 만든 농민운동에서도 소수파가 되었고, 차츰 이상의 실현을 협동조합 운동에 맡기게 되었다. 증오나 투쟁을 초월하여, 서로 신뢰하고 도와주는 방법으로서 그가 도달한 것이 협동조합운동이었다. 그런 뜻에서 협동조합운동은 그에게 남겨진 최후의 사회운동이었다고 말할 수 있다. 그에게 있어서 이 운동은 단순한 사업이 아니라 인간애와 상호부조라는 큰 원리에 기초한 것이었다. 예수 그리스도의 유명한 말씀인 "사람은 빵만으로 사는 것이 아니다"의 실천이었다고 해석된다. 물질적인 풍요로움만을 위한 것이 아니라 서로 도와가며 사는 것이 중요하다고 생각하였다.

전쟁 전에 많은 협동조합을 창설해 왔던 그는 전후인 1945년 11월에 맨먼저 일본협동조합동맹을 조직하고 그 회장이 되어 전후의 부흥에 이바지하였다. 그리고 나라의 사회보험제도 조사위원회와 도쿄시의 생활협동조합 지도위원회 위원으로 활약하였기 때문에, 전국후생문화농업협동조합연합회와 생명보험중앙위원회의 위원장 등과 같은 많은 민간의 협동조합 보급에 앞장서서 이 분야의 제1 인자가 되었다. '생활협동조합, 농협 공제의 아버지'라고 불리는 것은 이 때문이다.

그는 또 '우애의 경제'를 제창하여, 국제협동조합의 창설을 제창한 것으로도 알려져 있다. 또한 해외 전도여행에서도 이것을 역설하고, 만주의 합작사(협동조합) 운동이나 미국과 유럽의 협동조합운동에도 많은 영향을 끼쳤다. 국제협동조합 무역에 있어서, 협동 호혜정신, 권리 및 기회의 균등, 착취의 배제 등을 실현하는 것이 경제적으로도 세계 평화에 이어지는 것이라고 주장하였다.

이것은 미국의 공동조합, 유럽의 경제공동체(현 유럽연합)의 발상에도 적지 않은 영향을 주었다는 것이 최근 마츠자와자료관(가가와 도요히코 목사가 도쿄에 설립한 마츠자와 교회 부설 가가와 도요히코 기념관)의 하네자와 와이치로(光澤和一) 연구원의 해외조사에 의해서 밝혀졌다. 1958년 말레이시아 쿠알라룸푸르에서 국제협동조합연맹(ICA)의 동남아시아 회의에서 의장으로 일을 했다.

협동조합의 운영에는 직접 진두지휘를 하기보다는 적임자에게 맡기는 방식으로 후계자 육성을 도모하였다. 이것이 결실을 거두어 그의 이념은 전쟁 중과 전쟁 후에 걸쳐 계속하여 맥을 이어나가 오늘에 이르고 있다.

그 중에서도 그가 창립하고 지원한 코프고베는 고베생협과 나다생협이 합병한 것으로서 조합원 130만 명이 넘는 일본 최대 규모이고 세계 유수의 생협으로 발전하였다.

도요히코는 형제애와 이웃 사랑이라는 숭고한 이념을 협동조합운동의 실천으로 달성하려고 정열을 기울였다. 이것은 현대를 사는 그리고 차세대를 비춰줄 사상이라고 할 수 있을 것이다.

III. 마지막 사역

도요히코는 평생을 병고에 시달리면서 하나님의 사역을 감당하였다. 이제 하나님의 부르심의 날이 가까이 왔다. 그의 마지막 사역을 살펴보자.

1. 『우주의 목적』 저술

1958년 6월 25일, 『우주의 목적』이라는 책이 「마이니치신문사」에 의해 출판되었다. 이 작품은 그가 영국 H. G. 웨일즈의 『세계문화사대계』를 모범으로 하여 쓴 17년간에 걸친 역작(力作)이다. 도쿠시마중학교 5학년 시절 발표한 과학 논문 '무장한 게'를 기점으로 본다면 실로 50년 만에 완성한 것이다.

수많은 저서 중 이름 그대로 평생의 작업이라 할 만한 대작이다. 거기에는 화학, 물리학, 심리학, 생명과학, 진화론, 지학, 천문학 등 원자에서 우주까지 자연과학의 모든 분야가 망라되어 있어서 그의 뛰어난 과학자다운 면모를 엿볼 수 있다. 그는 당시의 최신 과학정보에 따라 유심적 우주목적론을 전개하여 우주를 종합적으로 이해하려고 하였다.

> "우주악(惡)의 문제를 다루게 된 것은 19세 때였다. 그 후로 나는 바쁜 일본 사회운동의 틈을 이용하여 '우주악과 그의 구제 방법' 연구를 계속하였다. 태평양전쟁이 시작되기 전부터, 나는 우주악의 문제를 우주 목적의 각도에서 보고, 우주의 구조에 새로운 예술적 흥미를 느끼게 되었다"라고 서문에 기록하면서 독특하고 장대한 우주 철학 세계관을 말하였다.

"우주에는 투쟁이 있고, 고통이 있고, 죽음이 있다. 그러나 그것들은 규정이 없는 것이 아니고, 부정적인 측면을 다시 부정하는 움직임이 있어서 전체로 조화를 유지하며 진화하고 있다"고 말하면서 "악의 측면에서 연구할 때, 악을 뛰어넘어 전진하는 하나의 힘이 그 안에 있는 것을 발견했다"고 말하였다. 그리고 "나는 세계의 고통의 존재를 부정하는 것이 아니다. 세계의 고통을 볼 때, 우주의 아름다운 면, 또 우주악을 제거하려는 우주 의지가 일하고 있음을 부정하는 것은 허용될 수 없다고 생각한다. 우주가 연출하는 연극은 아직 끝나지 않았다. 나는 희망을 가지고 원자폭탄을 물리치는 영광스러운 우주의 여명을 기다리고 있다"고 우주의 아름다움과 여명에 대해 희망을 말하고 있다.

스미야 미키오(隅谷三喜男)는 그가 쓴 『가가와 도요히코』에서 이 책들은 난해하고 과학을 주관적으로 다루면서도, 과학적 논증이 결여되어서, 기독교계의 과학자나 학생들이 반드시 받아들이는 것은 아니라고 기술하고 있다.

그러나 일본인에게는 보기 드문 규모의 사상서라는 것을 부정하지 못한다. 그는 일생 동안 방대한 양의 저서를 남겼다. 그 중 주된 것을 추려보면, 종교에 관한 것 58권, 사회사상에 관한 것 35권, 문학에 관한 것 53권(그 중 소설은 28권), 번역 23권 등이며 그 외에 과학이나 생활에 관한 것을 모두 합치면 200권이 넘는다고 한다. 또 해외에서도 출판되었다는 것은 당시의 일본인으로서는 이례적인 일이었다.

그에게 있어서 저작이나 강연은 사회교화와 실천활동의 강력한 수단이 되었고 또 운동과 사업의 재원이 되기도 하였다. 그의 정력적인 문필 활동을 뒷받침한 사람들은 가가와의 만년필이라 불리는 이마이 요네(今井 よね), 야마지 히데오(山路英世), 요시모토 타케코(吉本建子) 등 재원들이었다. 특히 관동대지진의 구호 활동 때 시력이 악화되어서 구술에 의지하여 집필할 때 그녀들의 지원은 큰 힘이 되었다.

2. 평화를 바라는 기도

도요히코는 1958년경부터 몸이 상당히 쇠약해졌으나 1959년에 접어들어서도 활동을 멈추지 않았다. 1월 2일부터 '예수의 친구회' 간사이 지부 동계 복음학교에서 강의하고, 5일에는 고베교육위원회 회의에도 참석하였다. 그날 밤은 피로가 심하여 혼자 걸을 수도 없었다고 한다. 매년 그가 즐거운 마음으로 가던 도쿠시마를 중심으로 한 시고꾸 지방 전도에도 가려고 하였다.

"선생이 그런 여윈 몸으로 시고꾸 전도에 나선다는 것은 자살 행위와 같습니다. 누가 와서 만류해 주기 바랍니다."는 연락이 와서 오사카에서 대표로 타나카 요지죠우(田中尤三), 가네타 히로요시(金田弘義) 두 목사가 달려와서 만류하였으나 "전도자는 복음 전하는 것이 사명이다. 전도하다가 쓰러져도 조금도 후회하지 않는다"고 하면서 말을 듣지 않았다.

1월 6일, 효고현 교장회의에서의 강연을 마치고 가다가 전도소의 시라쿠라 마사오 목사의 집에 들렀다. 아주 지친 것 같이 기침도 심하게 하고 열도 높았다고 한다. 약 복용을 꺼리는 그에게 클로르마이신을 권했더니 같이 있던 시라쿠라 마사오 목사에게 "죽는 것은 종이로 만든 문을 열고 옆방에 가는 것과 같다"는 농담도 하였다.

초만원으로 발 디딜 틈도 없는 열차에 시달리고, 연락선 갑판에서 찬바람을 맞으며 겨우 고마츠 항에 도착한 것은 밤 12시가 지난 시간이었다. 시내 여관에 투숙했는데 호흡 곤란 상태가 왔다. 그러나 밤중에 의사를 부르는 것은 타인에게 폐를 끼치는 일이라고 거절하여 날이 밝기를 기다렸다가 다카마츠의 루가내과병원에 입원하였다. 진단 결과 심근경색, 만성신염, 대동맥중막염, 기관지확장증, 심장비대 등 여러 가지 병이 겹쳐 있다는 진단을 받았다. 젊었을 때부터 온 몸이 각종 병의 박물관 같았던 그의 육체는 끊임없이 혹사당하면서도 강렬한 사명감과 정신력으로 겨우 버티고 있었던 것이다. 루가병원에 3개월 정도 입원한 후, 그는 자택 요양을 희망하여 3월 24일 도쿄의 마츠자와에 있는 자택으로 옮겨 갔다. 5월 31일부터는 자신이 창설한 나가노종합병원에 입원하였다.

"가가와 도요히코 몸져눕다"는 소식이 알려지자 각지에서 위문금이 줄을 이었는데, 그 위문금이 약 40만 엔(현재 가치로 약 40억엔)에 달하였다. 그는 위문금의 호의는 받아들였으나 돈은 모두 교직자 질병위문금으로 기부하였다. '가가와 도요히코 선생을 위한 기도회'가 도쿄, 오사카를 시작으로 로스엔젤레스, 시카고 등 해외에서도 개최되었다.

7월 11일, 그의 희망에 따라 다시 마츠자와의 집으로 갔지만 병세는 점차 악화되어 갔다. 다음 해인 1960년 4월 23일 오후 9시 13분, 마침내 72년의 파란만장한 생애를 마쳤다. 곧 훈일등 서보장(勳一等 瑞寶章)이 추서되었다.

다음 날 24일의 납관식(納棺式)에는 그의 지도를 받은 각종 단체, 나가노 꼬시치코신용조합, 도쿄의료생협, 일본협동조합연합회, 철도공제회, 가정의 빛 협회, 전국농업협동조합연합회, 그리스도신문사, 메이지대학, 마츠자와교회, NCC, 일본기독교단, 일본구라협회(일본한센병구제협회), 세계연방건설동맹, 예수의 친구회, 우애(友愛)건축(건축노동자 협동조합), 일본사회당 등에서 참석하였다. 이들 단체들은 보은의 마음으로 장례의 예를 다하고 싶다고 요청하여 4월 29일 아오야마학원 대학 예배당에서 합동으로 고별식을 거행하였다.

그의 사망을 애도하여 많은 사람들이 조사를 썼지만 아카이와 사카에(赤榮) 목사가 신문에 기고한 글 중의 일부는 가가와 도요히코에 대한 객관적인 평으로서 설득력이 있다고 생각한다.

"가가와 도요히코 선생 같이 세계적으로 유명한 분이 돌아가셨다는 것은 나와 같은 사람에게는 직접적으로 영향을 주지 않습니다. 『사선을 넘어서』라든지 『눈물의 이등분』과 같은 옛날에 썼던 책이 떠오릅니다. 그러한 책과 같이 살았던 도요히코 선생이 돌아가셨다는 신문 기사를 보고서도, 거기에 조금도 영향을 받지 않고 계속해서 살아 갈 것이기 때문입니다.

비교적 자기 폐쇄적이 되기 쉬운 기독교계에서 가가와 선생처럼 다방면의 활동을 한 사람도 드물 것입니다. 특히 다이쇼시대 초기에 협동조합운동을 활발히 한 것은 인상적이었고, 평화주의자로서 시종 일관했다는 것은 특필해도 좋을 것입니다.

『사선을 넘어서』가 베스트셀러가 되어 전차 안에서도 한 두 사람은 반드시 그 책을 손에 들고 있었고, '사선을 넘어서' 라는 말이 유행어가 되었을 때도 가가와 도요히코 선생은 골덴으로 된 '가가와 옷' 을 입고 거지같은 모습을 하고서, 빈민촌에서 나빠진 눈을 비비던 것을 나는 지금 떠올리고 있습니다. 유명한 사람은 한편으로는 이러 저러한 좋지 못한 소문이 있는데, 나도 또한 그에 대한 악평을 듣지 않은 것은 아닙니다. 그러나 예수의 생활에서 배워 가난한 사람이나 학대 받는 사람들의 벗이 되어 일생을 보낸 것은 누구나 인정하며 또 높이 평가할 것입니다."

그가 사망한 1960년, 일본에서는 미일 신안전보장조약을 둘러싸고 안보 소동이 일어났고, 그의 친구 니시오 스에히로 등이 민주사회당을 결성하는 등 사회는 심하게 요동쳤다.

그의 마지막 기도인 "교회를 강하게 해 주십시오. 일본을 구해 주십시오. 세계에 평화가 오게 해 주십시오"는 그의 유언이 되고 말았다.

사랑의 사람, 가가와 도요히코는 누구보다도 애향심이 강한 사람이었다. 특히 만년의 수필이나 단가(短歌)에는 고향에 대한 추억이 배어 있고 도쿠시마 전도에도 마음이 들떠 있었다.

> 한 밤중에 눈을 뜨고 하늘에 빌까,
> 아와가 새로 태어나는 성스러운 시대를
>
> (1947년, 소화 22년 1월 11일 板東에서)

> 아와 호리에 고보리의 귀퉁이에 끓어 엎드려
> 조국재건을 기도할꺼나
>
> (1948년, 소화 23년 1월 11일 호리에에서)

제2부

그의 사역

使役

제6장 ── 가가와 도요히코의 빈민운동

서론: 왜 가가와 도요히코인가?

서울에 눈보라와 혹한이 몰려온 2010년의 세모이지만 일본 고베(神戶)는 비교적 따뜻하였다. 신간센 신고베역 앞을 흐르는 냇가 이쿠다가와(生田川) 에는 계절을 잃어버린 꽃들이 피어 있었다. 이 냇가에는 여러 종류의 기념비 들이 있었는데 시비(詩碑)같은 것이 많았다.

신가와(新川) 쪽으로 냇가를 따라 내려가면 특별한 비 하나를 만나게 된 다. 「가가와 도요히코 탄생 1백주년 기념비」이다. 고베에서 태어나고 이곳에 서 빈민운동을 한 가가와를 기념하기 위한 고베 사람들의 사랑의 표현이다.

오래전 일본의 공영방송인 NHK가 "가가와 도요히코를 아십니까?"라는 제목의 프로그램을 방영한 적이 있다. 이 프로그램에는 노벨문학상 수상자 인 오에 겐자부로(大江健三郎)와 가가와 도요히코 연구의 일인자인 도쿄대 명예교수인 스미야 미키오(隅谷三喜男)[1]의 대담이 방영되었다. 두 사람은 여러 관점에서 가가와의 생애와 업적을 조명하였다.

---

1) 스미야 미키오 교수가 쓴 가가와 전기의 대표적인 것은 스미야 미키오, 가가와 도요히코: 사회 운동과 하나님 나라운동, 김은숙 역(서울: 보이스사, 2004)이 있다.

또 NHK는 '라이벌 일본사'라는 시리즈 프로그램에서 1923년에 일어난 관동대지진 이후 눈부신 활약한 인물로서 고치현(高知縣) 출신의 과학자 데라다 도라히코(寺田寅彦)와 도쿠시마현(德島縣) 출신의 사회운동가 가가와 도요히코를 비교하여 다루었다. 데라다는 물리학자로서 대지진의 원인 규명과 피해 상황 조사에 착수하였고, 가가와는 피해자를 위한 구호활동에 전력을 기우렸다. 같은 사건에 대해 다른 접근방법으로 대지진의 실상을 보여주며, 여기서 가가와를 통한 자원봉사운동의 한 모델을 찾을 수 있다.

이제 하나의 질문이 제기된다. "왜 가가와 도요히코인가?"이다. 이것은 오늘의 시대상과 직결된다. 세계 각지에서 일어나는 재난의 연속, 빈부의 격차에서 오는 빈민계층의 확산, 도시화 현상의 여파로 생기는 소외계층의 문제 등에 대한 하나의 응답으로 '가가와 도요히코 모델'을 추적해 본다.

I. 가가와의 빈민운동의 생애사적 특성

한 사람의 사상과 사역은 그의 생애사와 중요한 관계가 있다. 이것은 생애를 통하여 사상이 형성되고 사역이 전개되기 때문이다. 특히 가가와 도요히코의 경우가 더욱 그러하다.[2]

1. 가계적 흐름

가가와는 고베에서 태어났으나 어렸을 때 부모를 모두 여의고, 4세 때부터 16세 때까지 아버지의 고향인 도꾸시마(德島)에서 지냈다. 그의 어린 시절은 고독하였고, 병약한 몸으로 인해 고생을 많이 하였다.

---

2) 가가와 도요히꼬의 전기와 연구서는 매우 많다. 1964년에 그리스도신문사가 간행한 『賀川豊彦全集』전 24권을 비롯하여, 요코하마 하루이치(横山春一)의 『賀川豊彦伝』(東京: 警醒社, 1959)를 비롯한 여러 종류들이 있다. 본서 참고문헌을 보라.

가가와 도요히코의 고향인 도쿠시마현 이타노군 호리에무라이가시 우마츠메는 아산산맥의 남쪽에 펼쳐진 요시노강의 충적평야 한 가운데 있다. 시고쿠(四國)의 사부로 요시노 강은 도쿠시마 평야를 가로지르는 큰 하천인데 예부터 범람이 많이 되었고, 비옥한 땅이 있고 강의 길이가 25km 정도였다.

도요히코의 아버지 준이치(傳次郎·純一)은 술장사를 하는 이소베 가문의 3남으로 태어났으나 15세 때에 가가와 가문의 데릴사위가 되었다. 준이치는 정치운동에 참여하여 오늘날의 시장직에 상당한 직책을 맡게 되었으나 44세의 나이에 별세한다. 이때 도요히코의 나이 4세였다.

도요히코의 생모의 가계에 대해서는 정확하게 알려진 것은 없으나 '가메'라는 이름이었고 연회석상에 '마스에' 라는 이름으로 나왔으며 준이찌를 만나 동거하였다.3)

도요히코는 양친이 사망한 후 아버지의 고향인 도꾸시마에 가서 할머니와 양어머니의 손에 자라게 되었고, 그곳에서 학교를 다니며 외로운 유년기와 소년기를 보내게 되었는데 이것이 도요히코의 빈민운동의 바탕이 된다.

2. 질병과의 투쟁

도요히코의 삶은 질병과의 투쟁으로 연결된다. 죽음의 고비를 넘기면서 그의 삶은 절망 속에서 희망을 바라보았다.

도요히코는 매일 밤 후다기라는 번화가에서 열심히 노방전도를 하던 중 과로로 쓰러졌다. 열이 나고 가래에 피가 섞여 나왔다. 의사는 폐괴저라고 진단하였다. 폐괴저는 흉통, 호흡곤란, 각혈, 전신 발진 등을 수반하는 무서운 병이었다. 당시 목사관의 방 한 칸에서 40도 전후의 고열에 시달리며 생사의 기로에서 헤매는 도요히코를 전염의 위험에도 불구하고 열심히 간호해

---

3) 가가와 도요히코가 "나는 친어머니에 대해서 알지 못한다"고 할 정도로 친모에 대한 기록이 없다. 남겨진 편지들을 보면 상냥한 성품과 높은 지성미를 갖추었고, 메이지 유신 때에 몰락한 어느 사족의 딸이라는 설도 있다.

준 사람은 나가오 목사와 그 가족이었다. 특히 목사의 딸인 기노에는 밤을 새워가며 옆에서 간호하였다. 후에 『사선을 넘어서』의 한 모델이 되기도 했는데 그가 은근히 사모하던 여성이었다. 도요히코는 당시를 다음과 같이 회상하였다.

> "도요바시의 교회 2층에서 폐괴저라는 진단을 받고, 의사가 근친들에게 전보로 알리라고 하는 것을 알았을 때, 내가 의사 말대로 살 수 없다고 생각했다면 나는 죽었을 것이다. 내가 살아 난 비결은 이렇다. 의사가 단념하고 또 나 자신도 병세가 위중하다고 느껴도, 살아갈 힘이 있다고 믿고, 살아서 해야 할 사명이 있다고 확고하게 믿고 있다면, 그렇게 쉽게 죽지 않는다. 의사가 병을 고친다든지, 약의 힘으로 병세를 약하게 한다든지 하는 것은 병의 치료에서 단지 보조 역할을 하는 것이고, 사람의 신체 자체가 몸을 낫게 하는 것이다."[4]

당시의 위독한 상태는 나가오 목사 가족의 헌신적인 간호와 그 자신 재생력을 믿고, 모든 것을 절대자의 손에 맡기며 병을 겁내지 않는 믿음으로써 회복되었다. 도요바시에 머물던 중, 가가와는 나가오 마키 목사의 인품에 크게 감화를 받은 후 자기의 생활 방식에 하나하나 적용하였다. 나가오 마키 목사는 덕스러운 사람으로서 청빈한 생애를 살았던 사람이었다. 그는 나가오 목사의 인격을 다음과 같이 칭송하였다.

> "나가오 목사는 이 세상에서 지위는 없었다. 목사는 모두 가난하지만 그처럼 가난한 목사를 본 적이 없었다. 그가 가난하면서도 즐겁게 사는 것에 탄복했다. 나는 그에게서 평범한 생명 예술을 보았다. 일본에 있는 목사 중 내가 가장 탄복하고 감화를 받은 이는 나가오 마키 목사이다. 보살핌을 받는 것과 가르침을 받는 것은 다르다. 보살핌을 받은

---

4) 村島歸之, 『賀川豊彦病中闘史』(東京: 登火社, 1959).

것은 서양 선교사이지만, 가르침을 받은 것은 나가오 마키 목사이다. 일본에 그와 같은 사람이 있다는 것을 하나님께 감사한다. '숨겨진 성자', 이것이 나가오 마키 목사에게 가장 적합한 칭호일 것이다. 늘 걸인들을 재워주고 그들에게서 잡은 벼룩이나 이를 병에 넣어 가보(家寶)라고 하면서 맏아들(丁郎)에게 넘겨주었다."5)

도요히꼬는 질병 속에서 생명의 역사를 이루는 체험을 하게 된다.

3. 헌신의 계기

도요히코가 고베에서 빈민촌에 들어가 빈민 구호와 전도에 뜻을 가지게 된 것은 나가오 목사의 철저한 청빈 생활과 이웃을 사랑하는 인간애에 영향을 받은 것이 컸다고 생각된다. 자신도 나가오 목사처럼 이웃을 위해 살아가는 길이 반드시 있을 것이라고 큰 시사를 받았다.

폐에서 출혈을 멈추지 않으니 도요히코는 자신의 병이 나가오 목사 가족에게 전염될 것이 걱정되어 개학할 무렵 고베로 돌아왔다. 목숨은 건졌으나 건강상태는 여전히 호전되지 않아 고베로 돌아온 4일째 다시 각혈을 하고 38도가 넘는 고열이 계속되었다. 마야스는 도요바시에서의 일도 있었서 크게 걱정을 하고, 고베위생병원에 입원시켰다. 이 병원은 물치료 요법이라는 일종의 온습포 찜질요법으로 쇠약한 몸의 백혈구를 증가시키는 물리 요법을 하고 있었다.

담요를 목과 가슴 등 온몸에 감아 땀을 내게 하고 이마에는 얼음주머니를 놓았다. 그리고 온수와 냉수를 번갈아 1분 정도씩 뿌려주었다. 늑막염에 걸렸던 그는 쉽게 감기에 걸렸는데 감기에 걸리면 각혈이 더 심해졌다. 그는 4일 만에 병원을 나와서 기숙사로 돌아갔다.

---

5) 黑田四郎, 『人間賀川豊彦』(東京: キリスト新聞社, 1960).

도요히코는 다시 아카시에 있는 병원에 입원하였다. 그 때도 입원비가 부족하여 학교 친구들이 고서(古書) 등을 처분해서 도와주었다. 이 병원에서는 주액(湊液)이라는 약을 매일 주사하면서 안정을 취하게 하는 방식을 사용하였다. 병실에서 보이는 아카시 해협과 아와지시마의 경관, 그리고 끊임없이 들려오는 파도소리는 고독감을 부채질하였다. 다소 기분이 좋아지면 책을 읽는 것이 유일한 위안이었다. 이 병원에는 9월 하순부터 1월 하순까지 4개월간 입원하였는데 몸 상태도 호전되고 입원비도 감당하기 어려워 통원 치료를 받기로 하였다.

한 목사의 헌신적 삶이 도요히코에게는 하나의 모범이 되었고, 이것이 그로 하여금 빈민운동에 헌신하는 계기가 되었다.

II. 가가와의 빈민운동의 실천적 양상

가가와 도요히코는 그의 삶의 전부를 드려 헌신적 사역을 하였는데 그 대표적인 것이 빈민운동이다. 이것은 그의 삶이었고 헌신이었다.

1. 슬럼가의 생활

가가와 도요히코는 스스로 빈민굴에 들어가 그들을 섬기는 사역을 하였으니 이것이 가가와의 특별한 삶이라고 할 수 있다.

1909년 12월 24일, 크리스마스 이브 오후, 고베신학교 학생 가가와 도요히코는 디켄즈의 『크리스마스 캐롤』을 떠올리며, 짐수레에 이불과 서너 벌의 옷과 책 한 고리짝을 싣고 후키아이 신가와의 빈민굴로 이사하였다. 새로 이사한 곳은 먼저 살던 사람이 지난 해 싸움 중에 입은 상처로 죽자 유령이 나온다는 소문이 퍼져서 아무도 이사를 오지 않던 집이었다. 가난했던 가가와는 하루에 7전⁶⁾ 하는 집세를 한 달에 2엔만 내기로 하고, 다다미 5장 크기의 방에 헌 다다미 3장만을 깔고 이사하였다. 가가와는 꽤 오래전부터 폐병을 앓고 있었는데 2년 전부터 병세가 악화되어 지난 해에는 대부분의 시간을 미카와(三河)의 가마가오리(蒲郡)에서 요양생활로 보내야만 했다. '어차피 죽을 거라면 빈민굴에서'[7]라고 생각하여 이곳으로 들어온 것이다.

> "어차피, 얼마 안 있어 죽을 거라면—1년이든지 2년이든 기껏 오래 살아 보았자 3년 안에 폐병으로 죽을 게 뻔하니 죽을 때까지 있는 용기를 다 내어 좀 더 가치 있는 삶을 살아야겠다고 결심하였다."[8]

가가와는 빈민굴 생활에 하나의 환상을, 그의 말을 빌리면 '종교상의 어떤 확신'(『땅 껍질을 뚫고』)을 가지고 있었다. 그는 자전소설 『사선을 넘어서』에서 주인공에 대해 이렇게 기록하고 있다.[9]

> "신이 그에게 맡긴 소명—빈민문제를 통해 예수의 정신을 발휘해 보고 싶다—을 위하여 빈민굴에서 일생을 보낸다는 성스러운 목표를 완수할 때까지는 죽을 수 없다는 확신을 가지고 있었다."

학우인 이토오 테이지(伊藤悌二)가 밀어주는 수레에는 고리짝이 세 개 실려 있었다. 각각의 고리짝에는 이불, 옷, 서적 등이 아무렇게나 담겨 있었다. 수레는 한 시간 정도 걸려 고베시 기타혼마치 6쵸매 221번지에 통칭 신가와의 5채의 다세대 주택 중에서 동쪽에서 2번째 주택에 있는 셋집에 도착하였다. 앞방은 다다미 3장, 뒷방은 다다미 2장 정도의 넓이인데 다다미는 없고 나무 마룻바닥이었다. 창문, 부엌, 화장실도 없는 집, 지저분한 마룻바닥과

---

6) 1910년 당시 제조업에 종사하는 남녀 공원의 하루 평균 일당이 41전이었다. 다만 빈민굴에는 제조업 노동자보다 저임금의 도시 잡업층이 다수 살고 있었던 것을 고려할 필요가 있다.
7) 賀川豊彦, 『地殻を破く』(東京: 福永書店, 1920), p. 192.
8) 賀川豊彦, 『死線を越えて』(東京: 改造社, 1920), p. 184.
9) *Ibid.*, p. 181.

벽에는 지난 해 살인 사건 때 튀어나온 핏자국이 여기저기 남아 있었다. 무서운 기분이 들어서 아무도 찾지 않던 다세대 주택에 있는 방 한 칸을 월 2엔의 집세로 빌린 것이다. 그 주변 약 27,000평 정도 되는 곳은 밑바닥 생활을 하는 약 8,000명의 사람들이 사는 일본 최대의 빈민가였다. 아라가와는 그가 노방전도하던 친숙한 지역이었다.

> "따라서 이 지역에는 빈곤, 병자, 비참함만이 아니라 범죄가 꿈틀거렸고, 인간의 죄악들이 허영 위에서 감추어지지도 않았으며, 빈곤한 까닭에 오히려 숨겨지지 않는 형태로 무서운 세력을 휘두르고 있었다."[10]

라고 도요히코의 제자이며 협력자였던 타케우치 마사루(竹內勝)는 『가가와 도요히코와 그의 자원봉사자』에 기록하였다.

신가와에 옮겨간 3일 후인 12월 27일, 부근 공터를 이용하여 크리스마스 파티를 개최하였다. 낮에 모여든 약 300명의 어린이들에게 마야스 교수가 보내준 장난감을 나눠주었고, 밤에는 백여 명에게 어른들에게 과자와 수건 1장씩 나눠주었다.

그는 3평의 방에서 거주하며 30분 걸리는 고베신학교를 걸어 다녔다. 학교에서 돌아오면 밤에는 노방전도와 주변 사람들을 돌보아 주었고, 좁은 방에서 독서와 집필로 촌음을 아끼며 노력하였다. 갈아입을 옷이 없었기 때문에 세탁할 일도 없었다. 신발은 한 켤레 10전 하는 제일 값싼 게다였고, 식사는 보통 보리밥에 된장국이었으며, 고기와 생선은 먹지 않고 채식만 하였다. 매일 5시에 일어나 독서를 했는데 하루 책 한 권 읽는 것을 목표로 하였다.

그러나 주야를 막론하고 실업자나 병자가 끊이지 않아 쉴 수 없는 날이 계속되었다. 불량배나 병자들을 집에 머무르게 하였기 때문에 눈병이나 피부병에 전염되기도 하였다. 심신을 혹사하는 도요히코를 보고 마야스가 가끔

---

10) 竹內勝, 『賀川豊彦と自願奉仕』(東京: 竹內勝口述刊行會, 1973).

자기 집에 데리고 가서 휴식과 영양 보충을 시켰을 정도였다.

크리스마스 후, 일주일 동안 도요히코가 만난 사람이 6명이었다. 이 사람들은 신가와에서의 12년 생활 중에 만난 여러 종류의 사람들을 대표하는 것 같았다. 류마티스 관절염으로 거동이 불편하던 사람으로 안수 기도로 걷게 되어 감사하다고 최초의 제자가 된 데쿠치(出口), 도요히코에게 착실한 심복인 체하다가 갑자기 변하여 행패를 부린 이상 성격의 우에키(植木), 노름꾼으로서 일은 하지 않는 무례한 하야시(林), 난봉꾼으로서 도요히코에게 공갈 협박하며 금품을 요구한 소노타(園田), 그의 집에 이유없이 뛰어들어 잠을 잤던 피부병 환자 마루야마, 류머티즘이 심한 노숙자인 이즈(伊豆) 등등이 그들이었다.

도요히코는 폭력이나 흉기 등으로 협박하여도 겁내지 않았다. 오히려 "이런 일이 없다면 빈민촌에 찾아온 보람이 없다"라고 하였다.

2. 삶으로서의 전도

그는 태어나면서부터 불행하였다. 어려서부터 첩의 자식이라는 놀림을 받아야 했고, 형의 방탕한 생활로 인해 가산이 기울어져 도요히코가 열다섯이 되던 해 그의 집안은 파산하고 말았다. 그 후 그는 35전하는 성경책을 사기 위해서 고심해야 할 정도로 가난했으며 병고와 가난 때문에 언제나 의기소침해 있었다. 1909년 봄의 어느 날 일기에 이렇게 쓰고 있다.[11]

> 4월 11일(일요일)
> 그 따위 그리스도교는 거짓이다. 경제적으로 아무런 권위도 없다. 아질리도록 압박받는 이 아이, 울고 또 운다. 이 연약한 몸을 지탱하기 위하여.

---

11) 賀川の日記.

5월 30일(일요일)

나는 완전히 절망이다. 절망. 절망. 인생의 가치란 무엇이란 말인가.
하룻밤 내내 울었다.

이러한 회의를 그는 이렇게 기록하고 있다.[12]

> "나는 지금 무서운 의혹에 빠져 있다. 예전에는 삼위일체론이나 속죄
> 의 문제로 괴로워하였다. 재작년에는 영혼이 사회의 운명적 진화에 어
> 떤 관계가 있는지를 고민하였으나, 지난 해에는 사회는 아무래도 좋
> 고, 개인의 영혼이 사후에도 연속되어지는가라는 문제로 고민하였다.
> 그리곤 결국 현재의 삶이 가장 가치 있다며 그것으로 충분하다는 결론
> 을 내렸었는데, 지금에 와서는 현재가 과연 가치 있는 것일까를 고민
> 하다 결국 생존의 가치마저 근본부터 의심하게 되었다. 인간은 왜 생존
> 하는 것일까? 아, 해결은 그것뿐이다. 죽음이다 ……죽음……죽음, 죽
> 음…… 인간은 모두 가치 없는 것이다. 가장 가치 있는 것은 죽음이다."

가가와는 자기 자신보다도 더한 인생의 실패자, 약한 자, 가난한 자에게
깊은 동정심을 가지고 있었다. 자기 몸 하나조차 제때에 식사할 수 없던 어려
운 상황 속에서도 길 잃은 강아지나 들 고양이를 키우고 있었던 것은 다름 아
닌 그러한 동정심의 발로였다. 런던의 이스트 엔드[13]에 뛰어 들어간 아놀드
토인비[14]나, 그 토인비의 뒤를 이은 캐논 버넷의 사업에 크게 감격한 것도
가가와의 마음속에 그들과 공명하는 것이 있었기 때문이다. 그러나 다른 한

---

12) 賀川豊彦, 『無の哲學』, 賀川豊彦全集 24(東京: キリスト新聞社, 1964), p. 368.
13) East End, 영국 런던 동부, 템스 강 북안을 바라보는 저지 일대의 총칭. 강안에 조선소 · 부두 ·
    창고가 들어서 있고, 옛날에는 최하층 계급의 노동자 및 이민 · 선원 등이 사는 빈민가로 유명
    하였다.
14) Arnold Toynbee(1852-1883): 영국 경제학자 · 사회개량가. 런던 출생. 사회개량가로서 실천
    적인 운동을 하였고 노동조합?협동조합 보급에도 힘썼다. 세틀먼트운동의 선구자.

편으로는 이러한 인생의 모든 것이 무의미하고 무가치한 것은 아닌가하며 번민하였다. 그리고는 죽음만이 해결이라고 생각하였다. 죽음이 그를 기다리고 있었다.

이러한 고뇌의 저 밑바닥 속에서 가가와는 하나님의 사랑에 대하여 큰 발견을 하였다. "하나님은 이러한 무가치한 인생 속에서도 살아계시다."[15] 아니, 하나님은 이 무가치한 인생을 가치 있게 하려고 예수라고 하는 인간이 되어 이 인간 세상 속에 나타난 것이 아닌가. "하나님이 스스로의 자리를 버리고 나사렛의 노동자 예수로서 인간생활에 들어온 것이라면 우리들이 빈민굴에 들어가 생활하는 것은 정말 아무것도 아닌 것이다."[16] 하나님은 싸우고 있다. "나도 하나님처럼 분투하자." 그는 철학자로서의 하나님이 아니라, 목수의 아들 속죄자 예수에게 심취하였다. "빈민 문제를 통해서 예수의 정신을 발휘해보고 싶다"[17]라는 그의 발상은 이러한 관점에서 설명되어야 한다.

그는 삶으로서의 전도를 실천하였다. 즉 그리스도인의 삶이 이 세상에서 빛과 소금이 되며, 섬김과 나눔 운동으로 구체화되어 갔다.

3. 빈민구호운동

빈민굴의 상황은 상상했던 것 이상으로 심각한 상태였다. 러일전쟁 후 신가와의 빈민굴에도 불경기의 여파는 여지없이 밀려왔다. 살기 힘들어진 빈민들 사이에서는 양육비를 받는 조건으로 어린아이를 받아들이고는 영양실조로 죽이는 살인과 같은 행위가 빈번하게 자행되었다. 이런 상황을 알게 된 가가와는 어린 아이 한 명을 거두어들인다.[18]

---

15) 賀川, 『無の哲學』.
16) 賀川, 『イエスの宗教と眞理』(東京: 警醒社, 1921), p. 150.
17) *Ibid.*
18) 賀川の詩, '淚の二等分', 1-2.

오이시가 우네
잠에서 깨어나
기저귀를 갈고
우유를 타고
의자에 기대어 앉아
눈물짓네.

오이시를 데려온 지
오늘 밤으로 삼일
밤낮 없이 일하고
한숨 자니
오이시가 깨우네.

마치 마르다만
매실 장아찌의 열매처럼
죽다 살아남은
어린아이

장염으로
45도까지 오른 높은 열,
짧은 여름 밤,
세상은 조용하고
옆집의 시계는
한 시를 알리네.

아? 오이시가 벙어리가 되었다,
울지 않는다,
눈을 뜨지 않네,
죽은 것인가,

얘야, 얘야,

아직 죽기에는 너무 일러,

나는 장례비도 없단다,

모기가 –

허벅지를 무네 – 아 가려워!

가가와가 들어가 살고 있는 후키아이 신가와의 빈민굴은 당시 일본에서 첫째, 둘째를 다툴 정도로 큰 빈민굴이었다. 나무로 만든 임대 숙소에 사는 사람들을 제외하고도 8,000명의 인구가 살고 있었다. 이들은 인구와 약 2천 개의 직업을 가지고 있었는데 가가와는 이렇게 정리하고 있다.[19)]

> "직업을 보면 마흔 네다섯 종류로 인부, 분뇨수거자, 일일고용인, 인력거 인부, 마부, 바구니 가공자, 야채상, 목수, 헌가마 수거자, 농민, 표구사, 중, 뱃사공, 보조, 막노동꾼, 안마장이, 목수, 생선가게, 담뱃대수리공, 시청 인부, 쥐잡는 사람, 연료상, 우물 만드는 사람, 과자 장사, 헌책 장사, 성냥 만드는 사람, 넝마주이, 공부(工夫), 고물상, 광대, 장의사, 아연공, 헌물건 수거자, 땜장이, 옷 수선사, 점쟁이, 반찬가게, 방물상, 빵장사, 약장사, 사탕가게, 고깃집 등이었다. 그중에 가장 많은 것은 지게꾼, 막노동꾼, 보조원, 직공이었다."

이러한 직업 분포는 지역에 따라 다소 차이는 있지만 대부분의 빈민굴에서 보이는 현황이었다. 그런데 이 현황에서 반드시 짚고 넘어가야 할 사실을 발견하게 된다. 그것은 지금까지 보아온 빈민굴의 주민들은 거지, 도박꾼, 소매치기 등으로 제대로 된 직업을 가지고 있는 자가 없었다. 신가와의 빈민굴에서 가가와 주위에 있던 사람들은 대게 이러한 종류의 사람들이었다. 그러나 신가와 거주자 중에는 지게꾼, 막노동꾼, 보조원, 직공이 가장 많았다.

---

19) 賀川豊彦, 『貧民心理の研究』(東京: 警醒社, 1915), p. 94.

그것은 한 마디로 말하면 공장의 직공과 미숙련 노동자들이었다. 이것은 고베가 항구도시이며 동시에 가와사키(川崎), 미쓰비시(三菱) 두 조선소와 고베제철소를 중심으로 한 중공업 도시인 것과 관련이 있다. 그러나 중요한 것은 이러한 노동자들이 빈민굴의 중심을 이루고 있다는 사실이다. 당시는 노동자도 빈민 즉 하층사회의 중요한 구성원으로, 요코야마 겐지로가 『일본의 하층사회』에 대하여 서술한 때에도 철공이나 방적 여공 등의 노동자가 좁은 의미의 「빈민」과 함께 하층사회로 분류되어 연구되었다. 이러한 사실은 제1차 세계대전까지 거의 변하지 않았다. 그러므로 빈민이라고 할 때는 막노동꾼, 인부는 물론 공장의 노동자들까지 그 속에 포함되었던 것이다.

하지만 요코야마도 그랬듯이 가가와는 소위 빈민굴에 있는 좁은 의미의 빈민과 노동자를 구별해서 생각하려 하였다. "나는 빈민과 일본의 하층노동자를 가능한 한 분리하여 논하고 싶다."[20] 보다 정확히 말하면, 그는 직공 즉 공장노동자를 그 이외의 빈민굴 거주자와 구별하여 연구하려고 노력하였다. 그는 『빈민심리연구』 제2편 「빈민생명의 연구」에서 「직공의 생명」과 「빈민의 생명」으로 나누어 고찰하였으며, 이어지는 「빈민병 연구」에서도 「직공병」과 「빈민병」으로 나누어 고찰하였다. 요코야마가 관찰한 청·일 전쟁 직후의 빈민사회에 비하여, 러?일전쟁 후의 빈민사회에서는 공장노동자와 좁은 의미의 빈민과의 차이가 더욱 명백해져 갔다.

가가와 도요히코는 빈민구호운동을 구체적으로 실천하는 방안을 강구하고 여기에 모든 힘을 기우렸다.

III. 가가와의 빈민운동의 학문적 탐구

가가와 도요히코의 빈민운동이 가지는 특성은 빈민운동의 실천만이 아니

---

20) *Ibid.*, p. 82.

라 빈민운동에 대한 학문적 연구를 한 점이다. 이것은 가가와의 사역이 학문적 바탕과 성찰을 근거로 함을 보여주며 가가와의 탐구심이 중요한 과제로 등장한다. 여기서 가가와 도요히코의 빈민연구의 대표적 작품을 탐구해 본다.

1. 『빈민심리의 연구』

빈민굴에 들어간 1909년 말부터 미국으로 유학을 떠난 1914년 8월까지 4년 8개월간의 빈민굴 생활에서의 경험을 기초로 하여 쓴 것이 『빈민심리연구』였다. 경성사가 출판을 맡아주었는데, 국판 650쪽의 이 책은 팔리지 않을 것으로 여겨져 가가와가 미국으로 건너간 후 1여년이 지난 1915년 11월에야 출판되었다. 그러나 이 책은 일본 빈민연구 사상 최고의 작품이 되었다.

일본에서의 빈민연구는 요코야마 겐노스게(橫山源之助)의 『일본의 하층사회』(1899년)로부터 시작된다고 할 수 있다. 물론 그 이전에도 빈민굴에 대한 저작물이 없었던 것은 아니다. 예를 들면, 다이가 고시(大我居士)의 『빈민굴탐험기(1890년)』, 겐콘 잇푸이(乾坤一布衣)의 『깊은 암흑 속의 도쿄』(1893년) 등을 손꼽을 수 있는데, 이런 저작물들은 빈민굴을 탐험기적인 표면적 기술로 표현한 것에 지나지 않아서 학문적 검토를 할 만한 가치가 있는 것은 아니었다. 이러한 점에서 요코야마의 『일본의 하층사회』가 최초로 빈민사회의 실정을 정확히 파악하여 분석한 것이라고 할 수 있다. 당시는 하층사회와 중산층 인테리 사회와의 사회적 단절이 컸기 때문에 지식계층에게 있어 하층사회는 다른 세상에 사는 이방인과 다름없었다. 그리스도교인들 가운데 이 하층사회 속으로 몸을 던져 빈민들의 친구가 되려고 한 사람들도 적지 않았지만, 그러한 경우 정열이 앞선 나머지 사태를 객관적으로 고찰, 분석하는 데는 미흡하였다. 이러한 상황 속에서 빈민 문제의 연구를 크게 전진시킨 것은 1910년의 대역사건(大逆事件)[21]이었다. 당국은 하층사회 내부

---

21) 사회주의자, 무정부주의자에 대한 정부의 탄압 사건. 사회주의자 고토쿠 슈세이(幸德秋水)가 천왕 암살을 기도하였다고 탄압 이유를 날조하였다.

에 불만이 폭발하기 시작하여 이러한 사건이 일어난 것으로 보고 대책을 준비함과 동시에 하층사회의 실태 파악을 위해 대규모 조사를 착수하였다. 그 결과 『세민(細民)조사보고서』가 1913년에 발표되었다. 그것은 과학적 방법에 근거하여 실시한 대규모의 조사로 일본에서 최초로 실시했다는 점에 큰 의미가 있지만, 빈민 사회가 가지고 있는 근본 문제에 대해서 충분히 언급하지 못했다는 점이 지적되고 있다.

그때 "4년 8개월의 빈민생활 속에서 내가 아니면 얻을 수 없었을 것이라고 생각되는 것"을 자료로 하여 쓴 것이 『빈민심리연구』였다. 가가와의 이러한 자부심은 틀리지 않았다. 그 독자성은 단순히 4년 8개월의 빈민생활 그자체에 있는 것이 아니다. 그가 빈민연구사에 관하여 폭넓은 지식을 가지고 있었기에 그 기간 동안 빈민연구자로서 유용한 시간을 보낼 수 있었다는 것을 간과해서는 안 된다. 그는 찰스 브즈의 『런던시의 생활과 노동』(*The Life and Labour of the City of London*)이나, 론도리의 『빈곤―도시생활연구』(*Poverty― A Study of Town Life*)와 같은 빈민연구의 고전은 물론, 엥겔스의 『영국 노동자 계급의 상태』와 같은 저작물까지 폭넓게 섭렵하였으며, 일본의 빈민연구에 대해서는 위에서 서술한 것 외에도 하라다 도후(原田東風)의 『빈민굴』(1902년), 사회정책학회의 『생계비문제』(1913년), 나마에 다카유키(生江孝之)의 사회사업에 관한 여러 논문 등 빈곤문제에 관한 많은 자료들을 읽었던 것이다. 이러한 빈민연구의 축적과 함께, 외부가 아닌 빈민사회 안에서 생활하며 관찰한 점이 『빈민심리연구』의 첫 번째 의의로 꼽을 수 있을 것이다. 이 책은 일본의 빈민연구의 고전으로서 오늘날까지도 충분히 검토할 만한 가치를 지니고 있다.

그렇지만 『빈민심리연구』의 보다 특별한 의미는 그 책의 제목이 나타내는 바와 같이 빈민의 심리를 연구한 점에 있다. 가가와 스스로 "나는 훌륭한 심리학자도 아니고 또한 경제학자도 아니다"(자서〔自序〕)라고 인정하듯이 이 책을 심리학 저작물로 본다면 많은 결점을 지적할 수 있을 것이다. 대부분 심리학에 대한 가가와식의 해석에 근거하고 있는데, 당시 일본은 물론 서구에

가가와 도요히코 연구

서도 빈민 심리에 대해서는 정리된 연구가 전혀 없었다는 사정을 감안하여야 할 것이다. 심리학의 관점에서 본다면 분석을 하는 수단에 문제가 있으나, 그보다 중요한 것은 그 자신의 관점에서 자기 나름대로 규명하고자하는 문제를 갖고 있었다는 점이다. 그것은 앞에서 서술한 '빈고(貧苦)와 정신의 충돌' 이라는 문제이며, 그 연구를 「빈민심리」라는 이름으로 불렀던 것이다. 그는 자신의 연구가 큰 의미를 가지고 있으므로 학계에 인정받고 싶다는 야심을 가지고 있었기 때문에 학계의 틀 안에 들어가기 위해 기성의 학문분야와 자신의 연구를 연관시켰던 것이다. 그러나 그의 연구는 본래 그 틀에 들어가기 어려웠다. 『빈민심리연구』는 다음과 같이 구성되어 있다.

제1편 물질이 궁핍한 인간의 연구

빈민 발생의 원인으로부터 구미 및 일본의 빈민 현상, 빈민의 경제생활 등 빈민 자체가 먼저 고찰된다.

제2편 물질의 결핍이 정신에 미치는 영향 연구

빈민의 사망률, 질병 등 빈민 생활의 위험과 그것에 대한 심리적 대응으로부터 의식주 등의 생활난이 빈민심리에 미치는 영향을 여러 가지 측면에서 고찰한다.

제3편 물질이 결핍되어 있는 인간의 정신 연구

빈곤이 빈민의 지정의에 어떠한 영향을 미치는 지를 고찰하여 그것으로부터 빈민의 이동, 폭력 등을 분석하고, 끝으로 부랑자, 거지, 매춘부, 술꾼, 건달, 도박꾼, 정신 이상자, 불량소년, 게으른 사람 등 여러 유형으로 고찰한다.

'빈고와 정신의 충돌' 이 그 나름대로 잘 정리되어 전개되어 있음을 알 수 있을 것이다. 가가와는 빈민문제가 곧 경제문제임을 조금도 의심치 않았다. 빈민이 고통스러워하는 것은 무엇보다도 경제적인 궁핍 때문이었다. 그러나 그는 빈민문제를 경제문제로, 단지 물질적인 문제로만 생각하는 것에는 결코 찬성할 수 없었다. 인간은 '정신생활의 일종의 표면장력에 의해' 가난의 압박을 견뎌 나갈 수도 있으며, 반대로 정신적 퇴폐가 가난의 큰 원인이 되기도 하는 것을 빈민굴 안에서 질리도록 보아왔기 때문이다. '사회가 정신적 추락과 퇴폐적 분위기에 빠지면서 얻게 된 음주, 매독 등에 의해 병들고 나약해져버린 육신이 모두 빈민굴로 모여든다.'[22] 그러므로 '한 개의 빈민부락을 개선하려고 할 때, 어디까지 정신생활로 이끌며, 어디까지 물질의 구조와 개량으로 이끌 것인가라는 문제를 해결할 필요가 있으며'[23] 그 문제의 해결을 위해『빈민심리연구』가 필요하였던 것이었다.『빈민심리연구』가 그의 인격관─생명과 물질의 통일 ─ 에 기초하고 있다는 것은 새삼 이야기할 필요도 없을 것이다.

가가와는『빈민심리연구』의 마지막 장에서「빈민의 군중심리」를 고찰하였다. 빈민은 군중으로 모여 생활하여 개인의식이 약하기 때문에 "자신도 모르게 군중의 파도에 밀려, 무의식적인 충동으로 생각을 정하는 경우가 있다.[24] 그러므로 빈민이 가장 잘하는 것은 폭동이다"라고 하였다.[25]

2.『사회악과의 싸움』

가가와는 빈민굴 10년의 경험을 다음과 같이 말하고 있다.[26]

"첫 인상 ─ 제일 놀라웠던 것은 양육아가 많다는 것이었습니다. 내가 첫해에 장례식을 치른 14구의 시체 중, 7·8구 이상은 이러한 아이들이었던 것 같습니다. 빈민굴 안에 양육아를 받아들이는 중개인이 다음, 또 다음 그렇게 네다섯 명에게 거쳐 갑니다. 처음에는 옷 10벌과 돈 30

---

22) 賀川豊彦,『精神運動と社會運動』(東京: 警醒社, 1919), p. 449.

23) 賀川,『貧民心理の研究』, p. 440.

24) *Ibid.*, p. 646.

25) *Ibid.*, p. 648.

26) 賀川豊彦,『人間苦と人格回復』(東京: 警醒社, 1920), pp. 385-391.

엔에 맡겨진 아이들이, 다음 사람에게 옷 5벌과 20엔에 맡겨지고, 그 다음 사람에게는 옷 3벌과 10엔, 그리고 또 다시 2벌의 옷과 단돈 5엔에 넘겨지게 됩니다. 이러한 과정은 결국 궁핍한 빈민들이 생계를 유지하기 위해 생겨난 것입니다. 단순히 조그만 이익 때문에 맡겨진 양육아들은 죽만 먹다가 결국 영양불량이라는 사망선고를 받게 되는 것입니다.

환자 병간호 ─ 첫해에는 환자의 병간호 같은 건 염두에도 없었습니다만 ─ (중략) 한 달에 50엔으로 먹을 것이 없어 고생하는 10여명의 사람들을 돌보기로 마음먹었던 것입니다. 그러나 찾아오는 사람이 전부 중병환자인 것에 너무 놀랐습니다. 나는 환자들 속에 앉아 비명을 질렀습니다.

도박 ─ 도박꾼에게 싸움이란 언제나 따라다니는 것이어서 나는 단검으로 몇 번이나 협박을 당하였습니다. 가지고 싶은 것을 자기 마음대로 가지고 가서 전당포에 맡깁니다. 그러나 더욱 놀라운 것은 도박꾼과 매춘부가 한 통속이라는 사실이었습니다. 매춘부의 남편이 그 여자의 보호막이라는 사실이 놀라왔습니다. 그리고 그 매춘부의 남편은 아침부터 밤까지 도박을 합니다.

매춘부의 표준(이상(理想) ─ 필자주)은 기생이고, 도박꾼의 이상은 도박장 주인입니다. 기생도 도박장 주인도 놀고먹는 계급입니다. 만약 빈민이 놀고먹고 반사회적인 일을 해서 나쁘다고 한다면, 먼저 기생과 도박장 주인을 처벌해야만 할 것입니다. 이러한 결론이 나오게 되면 나는 항상 사회의 죄악이 오늘날의 산업조합 그 뿌리에까지 스며들어 있다는 사실을 생각하게 되기 때문에 …… 설교할 용기를 잃게 됩니다."

빈민굴은 사회악의 소굴이기도 하였다. 이 빈민굴에서 가가와는 무엇을 하려고 했던 것인가. 돈도 없고 또 정치력도 없었다. 앞으로 2, 3년 밖에 살 수 없다고 여겼던 건강도 거의 회복되어, 1912년에 신학교를 졸업, 1913년에는 결혼도 하였다. 이듬 해부터 2년 9개월간 미국 유학도 했다. 그는 일생을 빈민굴에서 보내고 여기서 죽을 생각이었다.[27]

> "빈민굴 철거가 나의 꿈이지만 지금 당장 그것이 없어지지 않을 바엔 가난한 사람들과 함께 서로 위로하며 재미있게 살고 싶다. 이건 자선이 아니다. '좋은 이웃' 운동의 작은 실마리일 뿐이다. 큰 사업도 아니다. 인격과 인격의 만남을 좀 더 확산시키는 운동이다. 때문에 이것은 돈으로도 할 수 없으며, 회관에서도 할 수 없다. 의지와 진실만으로 가능한 것이다. 즉 빈민굴에서 사는 것만이 사명인 것이다."[28]

「인격과 인격의 만남」 속에서 빈민굴 생활의 참 의미를 발견한 가가와는 빈민굴 사람들의 모습 속에서 「존경할만한 점」을 발견하면서 자선과 동정을 배격하였다. 자선이나 동정의 배후에는 더 높은 곳에서 빈민을 내려다보는 경멸감이 깔려 있기 때문이다. "빈민굴에도 자아는 있습니다. 동정 받는 것을 원치 않는 자아가 있습니다. 동정은 빈민을 모욕하는 것입니다."[29]라고 항의한다. 빈민굴에는 빈민굴의 좋은 점이 있다고 생각하였다.

> "내가 일본을 찬미하지 않을 수 없는 것은 이런 절망 속에서도 하나의 곧은 도덕과 사랑과 상부상조가 있기 때문이다. 도박꾼이 감옥에라도 들어가게 되면 마치 징병에라도 끌려가는 듯이 소란을 피우며, 모두들 동정심으로 차입을 넣어 준다. 병에 걸리면 이웃이 구제한다. 그야말로 말로 다하지 못할만큼의 보살핌을 이곳 극빈층의 부인들은 결코 마다하지 않는다. 나는 빈민굴에서 죽고 싶다."[30]

---

27) 賀川, 『地殼を破く』, p. 199.
28) 賀川, 『人間苦と人格回復』, pp. 402-403.
29) 賀川, 『地殼を破く』, p. 180.
30) *Ibid.*, p. 182.

가가와가 빈민굴의 미덕으로 가장 강조한 것은 상부상조였다. 주목해야 할 점은 이 상부상조야말로 자연 속에서도 쉽게 찾을 수 있는 현상이며, 「우주악」의 발호를 막고 있는 기본적 힘이라는 것이다. 이 점에서 그의 사회악에 대한 이해는 우주악의 이해와 통하고 있다.

그런데 사회악이 우주악 속에서 특수한 위치에 있는 것은 그것이 단지 물질의 문제가 아닌 인격문제와 연결된다는 점에 있다. 가가와는 이것을 「빈곤와 정신의 충돌」(『빈민심리연구』 자서)로 해석하고 있다. 아침부터 밤까지 빈민굴에서 그들의 어려움을 생생하게 경험하고 빈곤이 인간의 정신생활에 미치는 비참함을 바라보며 그는 "때때로 끝없는 염세관에 빠지기도 했다. 그러나 아무리 빵과 추위로 삶의 뿌리마저 압박받는 빈민이라 하여도, 일종의 정신적 표면장력에 의해 군함이 물에 뜨는 것과 같은 불가사의한 현상"[31]과도 마주치는 것이다.

'빵이 얼마만큼 정신을 압박하는가?'
'인간은 빵 없이 살 수 없다는 포이어바흐의 단언은 얼마만큼 사실인가?'
'정신생활은 얼마만큼 육체의 생활을 초월해서 존재할 수 있을까?'

그때, 그가 염두에 두었던 것은 무엇보다도 마르크스의 유물사관이었다. "나는 매일같이 빈민굴의 애환을 함께 겪으면서 마르크스가 말하는 것이 왠지 '정말이 아닐까?' 라고 끌려 들어갈 뻔한 적도 있다."[32] 그는 유물사관을 일면(一面)의 진리로 인정하였다. 가가와의 유물사관 이해에는 가가와다운 해석이 보인다.

대역사건(大逆事件) 후 모든 사회주의 사상이 금해져 있었을 뿐만 아니라 그 당시 일본이 마르크스주의를 이해하는 수준이 아직 유치하며 독자적 세계를 전개하려 했던 그의 의도는 장하다고 할 만하다. 그런데 신학교를 졸업

---

31) *Ibid.*, 총론.
32) *Ibid.*

하고 전도사가 된 그가 빈민문제에 빠져든 데에는 단순히 빈민에 대한 사랑이나 존경 때문만이 아니라 가가와 자신의 그리스도교에 대한 이해와 깊은 관계가 있었다. 당시 사상계와 그리스도교계에서 지배적이었던 물질과 정신의 이원론이나 유물사관의 일원론과는 달리 그는 물질을 생명의 하나의 방향으로 보는 일원론에 서 있었다.

> "생명은 두 방향, 즉 시간적으로는 생명으로 비약하며, 공간적으로는 물질로서 나타난다." [33]

생명이 공간적으로 물질로 나타난다는 것이 구체적으로 무엇을 의미하는지는 확실치 않지만, 그가 정신과 물질의 이원론을 거부하고 인간 존재를 생명＝인격이라는 일원에 두고, 물질적 존재와 정신적 존재를 통일시켜 파악하려 했던 것은 거의 틀림없는 것 같다. 여기에 그의 사상의 건강함이 있다.

3. 『인간성 상실과 인격회복』

10여 년의 빈민굴 생활에서 가가와가 발견한 것은 단순히 빈민의 심리나 노동자와 빈민의 구별이 아니었다. 그리스도교 신자인 가가와에게는 더욱 심각한 문제가 있었다. 빈민굴 사람들은 가난의 고통 때문에 '인간성'을 상실할 수밖에 없었던 것이다. 그는 빈민굴에서의 십년 생활을 돌아보며 이렇게 기록하였다.

> 가정체험수양회에 가끔 데리고 갔던 여자 아이들은 대부분 기생이 되고, 내가 없는 동안 두세 명을 제외한 모든 남자아이들이 소매치기가 되었다는 이야기만큼 나를 무섭게 한 것은 없다. [34]

---

33) 賀川, 『イエスの宗教と眞理』, p. 143.
34) 賀川, 『地殻を破く』, p. 191.

그는 아이들이 넝마주이에서 소매치기로 전락해 가는 과정을 이렇게 설명하고 있다.

> 빈민은 역시 빈민입니다. 빈민굴로 떨어진 사람들은 시간이 지나도 다시 일어설 수 없는 것 같습니다. 이렇게 경기가 좋은 데도 변함없이 200, 250명에 이르는 사람들이 쓰레기를 주우러 나가고 있습니다. 생각하면 비참한 일입니다.
>
> 사람으로 태어나 넝마주이로 추락하면 영원히 다시는 일어설 수 없는 것처럼 보입니다. 특히 다섯 살, 여섯 살 때부터 부모를 따라 넝마주이를 시작한 아이는 너무나도 절망적입니다. 나는 몇 백 명의 아이들을 알고 있습니다. 그러나 부모가 넝마주이였던 아이가 잘 되는 것을 본 적이 없습니다. 그들은 언젠가는 지옥의 밑으로 떨어져 갑니다. 넝마주이였던 아이들 중 몇 몇은 쇳조각 도둑이 되는 것을 보아야 했습니다. 그리고 쇳조각을 훔치는 도둑에서 소매치기 부하로 되는 것은 흔히 있는 일입니다.[35]

처음에는 물건을 줍다가 결국에는 남의 물건을 훔치게 되기까지 그 과정에서 아무런 거리낌도 느끼지 못하는 것이다. 그는 빈민굴 출신인 한 친구에 대해 이렇게 노래하고 있다.[36]

> 태어난 지 열닷새
> '죽어버려라' 모래밭에 내동댕이쳐진,
> 개똥이, 개똥이!
> 운 없는 아이!
> 돈 오엔(五円)을 빌릴 수 없다고

---

35) *Ibid.*, p. 197.
36) 賀川, 『淚の 二等分』, pp. 62-63.

칼로 사람을 위협하는 운 없는 아이!
흠치기 위하여 하찌망가(八幡通)에 불을 지른
열다섯 살 악동
아~ 이야말로 신가와의 걸작!

하지만, 그것보다도 더욱 그의 마음을 아프게 한 것은 빈민굴의 여자 아이
들의 운명이었다.

> 여자 아이들은 기생으로 팔려갑니다. 옆집의 유키에도 히사에도 기생
> 으로 팔려갔습니다. 둘 다 내가 운영하는 주일학교의 학생이었습니다.
> 유키에의 어머니는 무사 가문의 딸로 품위있게 집을 꾸려나가던 사람
> 이었습니다만 빈민굴에 들어와서 집안은 엉망으로 된 것 같습니다.
> 딸들은 철이 들 때쯤에는 가난 때문에 기생보다도 더 가련한 처지에
> 놓입니다. 그리고 더러운 빈민굴에서 더러운 얼굴로 희롱 당하느니,
> 깨끗한 곳으로 나가서 한껏 남자들을 희롱하겠다고 생각하는 것이
> 여자들의 위험한 반항의식이겠죠. 만약 집안 형편이 조금이라도 어려
> 우면 더욱 더 그러합니다. 유키에도 그렇게 팔려갔습니다. 히사에의
> 경우는 조금 다릅니다. 히사에는 아버지의 도박 빚으로 팔려갔습니다.
> 어머니는 넝마주이로 전락하면 사력을 다해 고군분투하지 않는 한
> 과거의 인간적 존엄함을 다시 회복할 수 없습니다. 히사에는 불쌍하게
> 도 결국 아버지의 도박자금이 된 것입니다.[37]

여기에서 가가와는 소매치기가 된 소년들, 기생으로 몸을 판 소녀들을 책
망하려는 것이 아니다. 반대로 그들의 인간성을 좀먹고 소매치기로 전락시
키거나 기생으로 전락시키는 빈곤과 빈곤이 초래하는 세태를 이야기하고 있
는 것이다. 사회의 주인공이어야 할 인간이 이 사회에 의하여 부서지고, 인

---

37) 賀川, 『地殻を破く』, pp. 176-179.

간의 존엄성을 상실해 가는 것이 문제였다.

> 고베 후키아이 신가와의 빈민굴에 사는 동포는 총 11,000명이 됩니다.
> 그들의 집은 공동주택으로 대부분 다다미 5장 내지는 2장 크기의 방
> 으로 나누어져 있습니다. 천정도 없고 다다미도 깔려 있지 않아, 그 불
> 결함과 비위생적인 것은 말로 다할 수 없습니다. 그들은 하루 종일 일
> 을 하지만 보수가 변변치 않아 끼니를 때우기에도 부족합니다. 오늘날
> 부잣집의 배부른 개는 그들 빈민들에 비해 훨씬 행복한 생활을 보내고
> 있습니다. 동물과 인간의 가치가 전도되어 있습니다. 같은 인간이면
> 서 단지 가난하다는 이유로 개만도 못한 생활을 하고 있는 그들을 어
> 느 누가 눈물 없이 바라볼 수 있겠습니까. 고베는 알다시피 통상무역
> 이 활발한 항구도시이기 때문에 창고가 많습니다. 훌륭한 창고이지요.
> 그 안은 청결하게 청소되어 있고 습기를 방지하기 위한 장치도 설치되
> 어 있으며 지키는 사람도 있습니다. 궁핍에 찌든 노동자는 가엽게도
> 그 안에 쌓여 있는 화물을 부러운 듯이 쳐다보고 있습니다. 보십시오.
> 화물은 노동자 이상의 좋은 대우를 받고 있는 것입니다. 오늘날은 화
> 물이 너무나도 존중되는 시대입니다. 상업의 목적인 화물이 사람보다
> 도 존중받고, 사람은 물건보다도 가벼이 취급받는 시대입니다.[38]

여기에서 그는 '가치의 전도(轉倒)'를 본 것이다. '죽은 우상의 전당이 살
아있는 인간의 주택보다 크다'. 인간이 무시되고 물건이 신이 되어, 물신(物
神)에게 예배를 하고 있다. 이러한 인식에서 그는 현대의 가치관을 다시 세
우려고 한다. 그것이 그가 말하는 '인격회복'이다.

> 새로운 기계문명에서 종교는 불교의 법당도 아니며, 교회당도 아니고,
> 또한 서적도 아니다. 그것은 '인격회복'이어야만 한다. 교회 뒤의 공

---

38) 『賀川豊彦大講演集』, pp. 76~77.

장에 억눌린 빈 민과 기생이 모여 있는 동안, 노동자계급과 자본가계급이 싸우고 있는 동안은 돌과 나무로 만든 표상은 참된 표상일 수가 없다. 참된 표상은 인격이어야만 한다. 인격은 신격이다. 참된 인격이 세워지는 곳에 신이 나타나는 것이다. 인격을 세우는 것이 신의 사업이다.[39]

다시 한 번 인간을 인간이 있어야 할 위치로 돌려놓자는 것이다.

'현대는 사리사욕 때문에 부와 생산과 기계가 중시되고, 인간의 생명이 너무나도 가볍게 다루어지고 있습니다. 우리는 이렇게 잘못된 사회를 개조하여 생명의 존귀함에 기초한 사회를 실현하지 않으면 안 됩니다. 사회개혁의 정신적 동기는 이 생명주의를 최고의 가치로 하여야만 합니다.'[40]

인간의 생명과 인격을 중심에 둔 사회를 구상한 가가와는 자본주의 원리를 부정하는 것을 출발점으로 하여 인격을 중심으로 하는 경제조직을 전개하려고 시도한다. 그것이 그의 「주관경제학」이었다. 이것을 통해 빈민의 「인격을 자본주의 유물론적 압제로부터 회복시키고 싶다」고 생각한다.[41]

과거의 경제 가치는 모두 객관적인 것으로 표명되어, 객관적인 유기물질로 지불되었다. 아프리카의 노예 한 사람을 조개 열 개와 유리구슬 세 개로 살 수 있었다. 이것이 바로 객관경제이다. 과거에 인간은 너무나도 많은 우상에 심취되어 있었기 때문에 한 생명보다 유리구슬 하나에 더 큰 가치를 두고 있었다. 근세에서는 이 유리구슬이 금화이며 유

---

39) 賀川, 『精神運動と社會運動』, p. 384.
40) 『賀川豊彦大講演集』, p. 80.
41) 賀川, 『主觀經濟の 原理』, 序文.

가증권인데, 그것도 하나의 우상임에는 변함이 없다. 참된 경제학은 생명과 자유를 주는 것이어야 한다. 그러나 정미소에서는 배가 고픈 가운데 쌀을 빻아야 하며, 맥주제조회사에서는 목말라하며 노동을 해야 하고, 방직회사에서는 추위에 떨며 근무하는 오늘날의 경제 조직에서 무슨 가치를 발견할 수 있겠는가.[42]

이와 같이 그가 말하는 주관경제학은 오스트리아학파의 주관가치설[43]과는 전혀 관계가 없다. 그는 주관가치설이 있다는 것조차 몰랐던 것 같다. 그가 경제학에서 영향을 받은 것은 오히려 러스킨이며, 가장 관심을 가진 것은 마르크스였다. 구매력이 있고 수요만 있다면 인간도 살 수 있다는 현실을 비판한 그는 생명의 발로인 노동을 가치의 원천으로 하는 마르크스에 공감하였던 것이다. '노동가치설은 유일한 가치설로서의 자격이 있다. 즉 생명의 경제라는 관점에서 말한다면, 노동소비는 그 자체로 완전한 가치가 있는 것이다.'[44]
하지만 그의 경제학은 경험과학으로서의 경제학의 틀을 벗어나 버렸다. 자본주의 경제의 근원적 폐단을 비판할 수 있었지만 분석할 수는 없었다. 그의 '주관경제학'은 경제학이 아니라 일종의 경제철학이었다. 그것을 자기 방식으로 해석하여 굳이 경제학으로 제시하려고 한 데에 오류가 있었던 것이다. 경제철학으로서 그 나름대로 전개하였다면 그 의미는 더욱 컸을 것이다.
가가와의 이러한 가치관을 지탱했던 것은 그의 인간관, 즉 그의 빈민을 바라보는 관점이었다.

매춘부가 나쁘다고 말하는 이가 누구입니까. 나는 그들의 친구가 되

---

42) 賀川, 『精神運動と社會運動』, p. 297.
43) 생산물의 가치는 노동 투입량에 의해 결정된다는 종래의 노동가치설을 부인하고 최종 소비자가 얼마나 만족하는지, 즉 효용에 의해 결정된다는 주장이다. 이는 19세기 말 칼 멩거를 중심으로 발전되었고 현재 경제학 이론의 주류를 형성하고 있는 신고전학파의 한계효용이론의 기틀을 마련했다.
44) *Ibid.*, p. 298.

어, 매춘부도 존경할 수 있다는 것을 알았습니다. 세상에 악인은 없습니다. 그러나 세상에 성인도 없습니다. 선은 실낙원 이후 파편이 되어 세상에 떨어졌습니다. 밑바닥의 사람들에게도 조금씩 선의 파편이 떨어진 것입니다. 나는 그것을 빛을 삼아 빈민굴의 영혼에 예배하는 마음으로 다가가고 있는 것입니다. 정말로 사람의 영혼만큼 귀중한 것은 없습니다.[45]

이러한 가가와의 인간관은 앞에서 서술한 그의 우주악관에 연결된다. 우주는 투쟁과 고통으로 가득 차 있는 것 같지만 그곳에는 하나의 질서가 있으며, 그것이 곧 구원이 된다. 이렇게 인간 세상은 죄와 번뇌로 가득 차 있지만 '선의 파편'이 한 사람 한 사람에게 머물고 있다는 것이다. 또한 이러한 인간관은 그의 세계관의 또 하나의 지주였던 진화론에 의해 뒷받침되었다.

나는 인간 고통으로서의 오류의 문제를 고찰함에 있어서도 인간성 그 자체에 근본적으로 오류가 있다고는 생각하지 않는다. 나는 우리들이 시간상의 진화와 직관과 자유의지의 힘으로 보다 나은 진리에 도달할 수 있다고 믿는 것이다.[46]
만약 악을 근본적인 것이라고 생각한다면 그것은 대단히 큰 잘못이다. 악은 자유의지의 창조적 진화 위에 있는 것이기 때문에 책임은 자유의지 위에 있는 것이다. 그래서 강한 자유의지로 살려고 하는 자에게는 악은 완전히 소멸되어 버리는 것이다.[47]

계속해서 이렇게도 기록하고 있다.

우주는 인간이 상상하는 것처럼 살아가는 데 가장 고통스러운 곳이 아

---

45) 賀川, 『地殼を破く』, pp. 185–186.
46) 賀川, 『人間苦と人間回復』, p. 521.
47) 賀川, 『地殼を破く』, p. 65.

니라는 것을 알았다. 물론 그것은 최선의 세계는 아니다. 그러나 인간의 자유의지가 조금이라도 남아있는 동안, 개조될 수 있는 자유가 있는 동안에는 최악의 세상도 그만큼 좋아질 희망이 있는 것이다.[48]

그는 인간 그 자체에, 사회 그 자체에 희망을 가질 수 있었다. 그 희망이 그의 실천적 활동의 원동력이 되었다. 하지만 그것은 일종의 휴머니즘이 아닌가? 인간 속에서 가능성을 발견하고 인간의 무한한 진보를 믿는 가가와의 신념에 대해 그리스도교와는 관계가 없다는 비판이 일본 그리스도교계에 그 뿌리를 깊이 드리우고 있었다. 사실 우리들은 그의 저술 여러 군데서 그렇게 생각되어질 만한 표현을 인용할 수 있다.

나는 신이 되고 싶다. 전지전능하게 되고 싶다. 지상의 미의 창조주가 되고 싶다. 이것이 나의 본질이다. 나는 신이 되고 싶다. 나를 탈피하여 신이 되는 것이다.[49]

하나님이 단지 우리들의 이상 속에 존재하면서 밧줄로 우리를 이끌고 가는 동안은 아직 진정한 의미의 종교가 아니다. 진정한 종교는 하나님 자신이 우리들에게 임하는, 하나님으로서의 인간의 경험이다.[50]

그것은 아무리 잘 해석하여도 신인합일설(神人合一說)이다. 가가와 스스로 '그것은 즉 신인융합의 세계이다'라고도 기록하고 있다. 그러나 그것은 가가와가 말하려고 하였던 본래 취지가 아니다. 그는 같은 곳에서 이렇게 말하고 있다.[51]

---

48) *Ibid.*, p. 66.
49) 賀川豊彦, 『勞動者崇拜論』(東京: 福永書店, 1919), p. 129.
50) 賀川, 『イエスの 宗教と眞理』, p. 150.
51) *Ibid.*

종교라고 하는 것은 (중략) 하나님이 예수로서 인간을 경험한다는 일면이 있다. 즉 그것은 하나님이 하나님으로 머무르지 않고 인간의 마음속에서 활동하는 하나님의 생활이다.

가가와 자신의 종교 체험은 그리스도에게 나타나 있는 사랑과 위안이었으므로, 그의 신앙이 거기에서 떠날 수는 없었다. 하지만 당시의 신학계의 주류는 매우 자유주의적이었기 때문에 그가 자신의 신앙을 논리적으로 전개하려는 경우에도 종종 자유주의에 끌려갔던 것이다. 당시 신학계의 관심의 초점이 인간 예수이었던 것처럼, 그도 인간 예수에 주목하였다. 그것이 『기독전논쟁사』(1913년)로 출간되었고, 『예수의 종교와 진리』(1921년)로 출간되었다. 그러나 그의 신학은 표현이 위태롭기는 하나, 매우 건전하기를 추구했다는 것을 이 저서들을 한번 읽으면 이해할 수 있을 것이다.

결론

가가와 도요히코의 빈민운동은 이상주의자의 자기실현이 아니라 하나님의 자녀로서 어려움을 극복한 자신을 다른 사람을 위해 드리는 헌신의 역사이다. 고베 신가와 빈민촌에서 그들과 함께 생활하며 그리스도의 사랑을 실천한 그에게서 중요한 것을 배울 수 있다.

첫째, 실천적 사랑이다. 가가와 도요히코는 논리나 선언으로서의 빈민운동이 아니라 자기가 체험한 그리스도의 사랑을 다른 사람에게 그대로 전하는 실천적 사랑운동이다. 그 바탕에 그리스도의 은혜와 사랑이 깔려 있음을 주목해야 한다. 그가 몸소 빈민촌에서 기거한 것은 단순한 구제운동이 아니다.

둘째, 이론적 연구이다. 가가와 도요히코는 빈민문제에 대한 연구를 계속하였고, 여러 권의 연구서를 내었다. 이것은 단순한 구제 활동이 아니라 체계적 연구를 통해 빈민 문제를 해결하고자 하는 차원 높은 탐구이다.

셋째, 다른 운동과의 연결이다. 가가와의 빈민운동은 사회운동과 하나님 나라 운동으로 확장되었다. 그는 노동운동을 전개하였고, 일본 농민조합을 결성하여 농민해방론을 주창하였다. 이 모든 것은 빈민의 인격상실과 그 회복에 초점을 맞추었고, 이것이 하나님나라운동으로 승화되었다.

가가와 도요히코가 '인간의 존엄성'에 관심을 둔 것은 하나님의 형상으로서의 인간론 즉 기독교적 인간론에 근거한 것이다.

제7장 ———————— 가가와 도요히코의
노동운동

서론: 20세기 초 일본의 노동 현장

섬나라의 특성을 가지고 있던 일본이 서양문물에 대한 문호개방과 메이지 유신을 통해 새로운 변화를 겪게 되었다. 이것이 농민과 노동자 등의 기층민중의 삶을 변하게 하였다. 이러한 변화는 일본인의 삶의 체계를 바꾸었는데 그중에 노동현장도 예외가 아니다.

일본의 자본주의 형성은 메이지 유신과 근대화를 통해 이루어졌다.[1] 일본은 1894년의 청일전쟁 이후 이른바 '제1차 산업혁명'이 진행되었고 산업과 무역이 확산되었다. 1904년의 러일전쟁을 계기로 '제2차 산업혁명'이 이루어져서 기계공업의 발달이 있었다.[2] 특히 1914년의 제1차 세계대전은 일본의 산업을 공업 분야로 확산시키는 계기가 되었다.

일본이 서양문화를 수용함으로써 산업구조의 변화가 생겼고,[3] 여기서 노동계층이라는 새로운 사회제도가 정착하게 되었다. 이때 서구 자본주의 국가

---

1) 일본학 교육협의회 엮음, 일본의 이해(서울: 태학사, 2002), p. 273.
2) *Ibid.*, p. 276.
3) 정하미, 일본의 서양문명 수용사(파주: 살림, 2005).

가 추진했던 문명론적인 사유방식이 일본 사회의 세계관 형성에 영향을 미치게 되었다. 서구 자본주의가 일본의 문명개화에 작용하여 이른바 '이식문명사'(移植文明史)를 이루어 나간다.[4]

　여기서 노동자들의 문제가 생긴다. 체질화되지 못한 근대자본주의는 프로테스탄트적 윤리의식을 배제한 체 지배계급과 피지배계급이라는 대칭적 사회구조를 구성하였고, 특히 일본과 같은 종적 구조사회에서는 더욱 강하게 나타났다.[5]

I. 빈곤과 노동운동

　가가와 도요히코는 빈민운동을 시작으로 사회운동을 활발히 전개하였다. 그가 노동운동을 전개한 이유를 여러 가지로 규정할 수 있으나 당시의 사회적 정황에 따른 빈곤에서의 탈출과 연관되고 이것은 더 넓게 사회악과의 투쟁에 귀결한다.

1. 노동조합의 필요

　가가와 도요히코는 1917년 5월, 2년 9개월간의 미국 유학에서 돌아와 다시 신가와의 빈민굴로 들어갔다. 그러나 귀국 후의 가가와는 옷차림이 단정해지고 미국 유학생이라는 직함이 생겼다는 외형적 변화와 함께 빈민문제에 대해서도 유학 전과는 다른 관점을 갖게 되었다. 그것은 빈민문제의 해결책으로 빈민=노동자 자신의 주체적 해방운동, 즉 노동조합운동의 의의를 중

---

4) *Ibid.*, p 70.
5) 막스 베버의 「자본주의와 프로테스탄트 윤리」를 비교하라. 노동운동 중심으로 분석한 로버트 실젠, 사랑과 사회정의의 사도 가가와 도요히코 평전, 서정민·홍이표 옮김(서울: 신앙과 지성사, 2018)을 참조하라.

시하게 되었다.

프린스턴신학교에서 2년간의 공부를 마치고 뉴욕으로 온 여름 어느 날, 가가와는 '빵을 달라', '휴일을 달라'고 쓰여진 플랜카드와 조합기를 휘날리며 행진하는 수만의 노동자들의 데모를 보게 되었다. 이 질서정연한 운동은 가가와에게는 새로운 발견이며 하나의 영감(靈感)이었다. 그는 도로에 선 채, 이 행진을 지켜보았다. 그때의 충격을 몇 년 후 ― 다소 윤색되었다고는 여겨지지만 ― 이렇게 기록하고 있다.[6]

> "아무리 구제를 외쳐도 다 부질없는 짓이다! 노동조합이다! 노동조합
> 이다! 노동자 스스로의 힘으로 스스로를 구하는 것 외에는 달리 길이
> 없다! 나는 일본으로 돌아가 노동조합부터 시작하겠다!"

그 후 1년 가까운 미국생활을 통하여 그는 노동조합운동에 대하여 공부하고 경험한 후 일본으로 돌아왔다.

그러나 그때에도 그의 머릿속에 있던 것은 신가와의 빈민굴이며 일본의 빈민계층이었다. 노동조합운동도 이 빈민들의 해방운동으로서 의미가 있었다. 예를 들면 귀국 1년 후에 쓴 「일본의 빈곤방지책으로의 노동조합운동」에서 "만일 오늘날 빈민계층을 없애려고 한다면 오늘날과 같은 자선주의로는 불가능하다. 자선주의는 항상 빈민을 증가시키는 경향이 있다"고 단정하고, "구제사상은 반드시 노동문제의 근본에 부딪쳐야 한다고 생각한다. 거기에는 사회주의, 사회개량주의, 국가사회주의라는 여러 종류의 주의 주장도 있지만 일본의 오늘날 현상에 비추어 볼 때 노동조합의 건전한 발달을 도모하는 것이 가장 급선무라고 생각한다."[7]라고 기록하고 있다.

여기에 그의 새로운 생각이 많이 나타나 있다. 그는 빈민문제를 노동문제와 관련하여 생각하려고 한 점이다. 그가 빈민문제를 "반드시 노동문제와 함

---

6) 賀川豊彦, 태양을 향해 활을 쏘는 자, 1921, p. 441.
7) 賀川豊彦, 精神運動の社會運動(東京: 警醒社, 1919), pp. 538-539.

께 해결해야 한다."고 생각하는 데에는 두 가지 이유가 있다. 하나는 노동자
와 빈민을 확실히 구별한 후에 노동자는 필연적으로 빈민으로 되어 가는 상
황에 놓여 있고 빈민의 주요한 발생원이 되고 있다는 것이다. 1918년 4월,
오사카 덴노지(天王寺) 공회당에서 열린 우애회(友愛會) 제5회 대회 강연회
에서의 강연 「노동자는 왜 빈민이 되는가」에서 가가와는 이렇게 말하였다.[8]

> "노동자는 결코 빈민이 아니다. 노동자는 가장 하위계층인 빈민보다
> 높은 계층의 사람들이다. 그러나 우리나라에서는 이 양자는 혼동되어
> 노동자 문제와 빈민 문제를 동일하게 생각하는 사람도 많다. 이 두 계
> 층의 구분이 쉽지는 않지만 왜 노동자가 빈민계층으로 전락하는가는
> 반드시 생각해 보아야 할 문제이다."

그 원인으로 다음의 다섯 가지를 들고 있다. 첫째는 음주이다. 그러나 그
내면에는 심한 육체노동이 자리하고 있음을 간과할 수 없다. 둘째는 병이다.
'빈민가의 노동자들은 적어도 일 년에 24일 이상을 병에 걸려 결근하고 결국
이 병으로 인해 빈민으로 추락하는 계기를 맞이하게 된다.' 셋째는 부상이
다. '기계를 다루는 노동자에게 부상은 피할 수 없는 일이다'. 넷째는 생활의
불안정이다. '언제 경기가 불황으로 바뀔지, 언제 해고될지 알 수가 없다.'
다섯째는 노동자는 노예가 아니며 자유롭다. 자유로 인해 빈곤이 야기된다
는 것은 '그 표면에 커다란 사회제도의 결함이 존재하고 있다는 것을 간과해
서는 안 된다.' 요컨대 노동계층은 자유로움과 더불어 늘 실업에 대한 불안
을 안고 살아간다. 또한 질병, 부상으로 인한 수입의 불안정은 결국 경제적
부족을 야기하는 등 이러한 여러 가지 원인으로 인해 삶이 방만해지고 결국
빈민계층으로 추락하고 마는 것이다. 이러한 사실은 가가와가 신가와 빈민
굴 안에서 매일같이 보는 현실이었다. 빈민문제를 해결하기 위해 접근하는

---

8) 友愛會, 勞動と産業, 1919年 5月号.

데 있어 빈곤계층의 자각을 통해 삶의 변화를 추구해야 하는 것은 중요한 요소이다. 또한 질병과 부상 등으로 인해 수입이 불안정해지는 생활에서 벗어나 일정기간 생활이 보장되는 체제가 필요하다. 뿐만 아니라 실업이 없는 사회를 만들어 가야만 하는 것이다.

빈민문제가 노동문제와 부딪칠 수밖에 없는 또 하나의 측면은 가가와도 말한 바와 같이 빈민문제와 노동자문제의 구별은 매우 어려울 뿐만 아니라 노동자 자신이 빈민이었다는 것이다. 가가와는 「빈곤방지책으로의 조합운동」 속에서 "공장병, 직업으로 인한 상해 등으로 오늘날 노동자 계급이 빈민의 경계선에 서 있다는 것은 주지의 사실이다."라고 하며,[9] 노동자가 빈민의 늪에 빠져 있다는 것을 강조했을 뿐만 아니라 "일본의 오늘날 사회를 생각할 때 노동자의 생활 상태를 이대로 방치하는 것은 국가의 백년대계를 위해서는 안 되는 일이기 때문이다. 오늘날 범죄의 90%가 빈민 계층에 의해 발생되며, 영아 사망률은 매년 증가 하고 있는 상태이다."[10]라고 기록하고, 노동자와 빈민을 동일선상에서 바라보았다. 그것은 그가 표현상 부주의한 점이 있지만, 그와 함께 생활하던 빈민굴 거주자 대부분이 인부, 보조원 등 미숙련 노동자였다는 사실에 더욱 중점을 둘 필요가 있을 것이다. 미숙련 노동자의 생활은 완전히 빈민과 동일하였고 이는 결국 미숙련 노동자가 곧 빈민이었다.[11]

---

9) 賀川豊彦, 精神運動と社會運動, p. 541.

10) 귀국 후 가가와가 말하는 또 하나의 노동문제관의 특색은 「사회주의, 사회개량주의, 국가사회주의라는 각종 주의, 주장」이 아닌 「노동조합의 건전한 발달」에서 의의를 찾았다는 것이다. 그는 도쿠시마(德島)의 중학생 때부터 『평민신문』이나 『직언(直言)』과 같은 사회주의 운동의 기관지를 읽으면서, 그때 이미 스스로를 「사회주의자」(「오두막 일기」『암중척어(暗中隻語)』 p. 398)라고 생각하였고, 관헌으로부터도 위험인물로 간주되었다. 그는 노동조합은 「소위 사상문제와 분리하여 경제문제의 범위 내에서 발달하는 것이 좋다.」(『精神運動と社會運動』p. 539)라고 생각하였다. 이는 미국의 노동운동으로부터 받은 영향 때문이기도 하지만 또한 일본의 현실을 생각한 것이기도 했다.

11) 가가와는 노동조합은 무엇을 해야 할 것인가에 대하여 다음과 같이 생각하였다.
1. 순수 경제운동으로 정치운동과 절연할 것.
2. 순수 경제운동으로서 정부로부터 결사의 승인을 얻을 것.
3. 동맹파공(罷工)의 권리를 인정받기 위하여 치안경찰법 제17조의 철폐를 요구할 것(Ibid., p. 546).

여기에서 주목할 것은 가가와의 노동조합운동의 접근방법이 빈민문제를 매개로 하여 행하여졌다는 점이다. 일본으로 돌아온 후 일 년 동안은 「일본의 빈곤방지책으로의 노동조합운동」이나 「노동자는 왜 빈민이 되는가」 등 어느 것이나 빈민문제와의 관련 속에서 노동문제를 논하였다. 그는 노동조합운동을 무엇보다도 먼저 「빈곤방지책의 근본문제」로 이해하였다.

2. 노동운동에의 헌신

1917년 9월 9일 저녁. 우애회 고베연합회의 특별 강연회가 기독교 청년회관에서 청중 800명이 모인 가운데 개최되었다. 우애회 회장 스즈키 분지(鈴木文治)의 「미국의 철 수출금지 사정」에 대한 강연 외에 고베연합회 주무(主務)인 다카야마 도요조(高山豊三)와 오사카 연합회 주무인 마쓰오카 고마키치(松岡駒吉) 등이 강연을 하였는데, 그 연설자의 한 사람으로 가가와 도요히코가 있었다. 그는 「철과 근육」이라는 제목으로 연설을 하였다. 가가와가 우애회의 활동에 관계하게 된 것은 이번이 처음이었다. 그 날의 강연회는 제1차 대전으로 인해 미국에 철 수출을 금지하자 일본의 조선소에 철 부족상태가 발생, 결국 이것이 노동자들의 생활에 영향을 미치게 된 사태에 대한 항의 집회였다. 가가와는 최근 미국에 다녀온 사람이며, 또한 노동문제에도 관심을 가지고 있다고 하여 초청되었다. 이것을 계기로 가가와는 우애회와 관계를 맺게 되고, 같은 해 10월에는 고베연합회의 평의원으로 선출되었다. 그때 고베연합회의 주무를 맡고 있던 이가 다카야마였다. 다카야마는 신학교를 마치고 창립된 지 얼마 안 되는 우애회에서 잠시 주사(主事)를 역임한 후 목사로 있었는데, 고베연합회가 생기자 스즈키 분지의 요청으로 다시 우애회로 돌아와 고베에 와 있었다. 그러던 중 그는 그해 10월말, 미국에 있는 일본인 교회의 목사직을 맡기 위해 주무직을 사퇴하였다. 그로 인해 연합회에 남은 유일한 지식인이었던 가가와의 책임은 막중해 질 수 밖에 없었다.

우애회는 1912년 8월 1일 통일기독교(유니테리안) 홍도회(弘道會)의 간

사였던 스즈키 분지를 지도자로 하여, 도쿄 시바(芝)의 유니테리안협회 유일
관에서 창설되었다. 스즈키가 기록한 바와 같이 노동이라는 단어조차 위험
시되었으며, 대역사건(大逆事件) 이후 사회운동의 고난시대였으므로 노동
조합이라는 명칭도 사용하지 않고 「우애회(友愛會)」라고 이름 지었으며, 그
강령 3개 조항도 다음과 같이 지극히 온건한 것이었다.

1. 우리들은 서로 친목하고 일치 협력하여 상부상조의 목적을 관철할
   것을 기대한다.
2. 우리들은 공공의 이상에 따라 지식 개발, 덕성 함양, 기술 진보를
   도모할 것을 기대한다.
3. 우리들은 공동의 힘으로 착실한 방법을 통해 우리들의 지위 개선을
   도모할 것을 기대한다.

우애회의 행보는 그 후 제1차 세계대전 이전까지는 그다지 순조롭지 않았
다. 그러나 제1차 세계대전이 시작되자 물가가 폭등하여 노동자의 생활이 위
협을 받는 한편 노동 수요가 급증하여 노동자가 유리한 입장을 갖게 되는 계
기를 맞이하였다. 이로 인해 우애회는 급속한 발전을 이루며 조금씩 노동조
합다운 움직임을 보이기 시작했다. 이 우애회의 운동이 고베 지역으로 전해
온 것은 가가와가 미국으로 간 직후인 1914년 가을이다. 먼저 가와사키(川
崎)조선소 후키아이(葺合)공장의 노동자를 중심으로 고베분회가 생기고,
1915년 4월에는 가와사키조선소 본 공장의 노동자를 중심으로 고베지부가
발족하였다. 이 고베지부의 지부장으로 선출된 사람은 고베상고(商高)의 소
장파 교수였던 기독교 신자 야마가타 겐이치(山形憲一)였다. 야마가타는 히
토쓰바시상고(一橋商高) 재학시절부터 노동조합에 관심을 가지고 우애회와
도 접촉하며 「직공조합론」을 간행하였다. 이 책은 당시 일본에서 노동조합
에 관한 유일한 저술이었다. 그러나 1916년 유럽 유학을 떠난 그는 그곳에서
병사하여 돌아오지 못했다. 그러나 가와사키조선소 이외에 미쓰비시조선소,

고베제철소 등 큰 공장을 주위에 두고 있는 지리적 이점을 가지고 있던 고베의 노동운동은 그 후에도 발전하여 가와사키 및 미쓰비시의 효고(兵庫)공장 노동자를 중심으로 효고 지부가 만들어지고, 가와사키의 후키아이공장과 고베제철소의 노동자를 중심으로 후키아이 지부가 결성되었다. 그리고 적은 수이지만 이 후키아이지부로부처 시전(市電) 미나토가와(湊川)발전소를 중심으로 하는 노동자가 분리되어 시리이케(尻地)지부가 만들어졌다. 1917년 봄에는 조합원이 고베지구 1,000명, 효고, 후키아이 양쪽 지부 각 200명에 이르자, 그 해 5월 고베연합회가 조직되어 주무로서 다카야마 도요조가 고베로 오게 되었다.

가가와가 노동운동에 관심을 가지고 일본으로 돌아왔을 당시 고베의 노동운동은 이러한 상태였다. 가가와는 수양단체의 색채를 탈피하지 못한 우애회를 그다지 높게 평가하지 않았다.

"우애회는 전국에 3만 명의 회원을 가지고 있지만 아직 제대로 된 노동조합이라고는 말하기 어렵다."라고 하며,[12] 오히려 이름도 없는 도쿠시마현(德島縣)의 다카시마(高島)염전노동조합을 높이 평가하였다. 그러나 그가 직접 관여할 수 있는 것은 우애회 뿐이었다. 1917년 가을부터 가가와 도요히코와 우애회와의 관계는 점점 깊어져 갔다. 우애회의 기관지『노동과 산업』은 가가와의 고베연합회의 활동을 다음과 같이 보고하고 있다.

"고베연합회 신년간담회, 1월 13일 오후 7시부터 미나토가와 실업보수학교에서 개회, 스즈키(須々木) 간사의 개회사에 이어, 효고 지구 야스이(安井) 간사 및 고베 지구 아베(安部) 간사, 그 외의 연설이 있었다. 이어서 본회 평의원 가가와 도요히코 씨의 「영국의 전시(戰時) 노동조직에 대하여」라는 연설로 약 1시간에 걸친 열변이 있었다. 강연이 끝나자 미리 준비되었던 다과가 사람들 앞에 놓이고 모두 각자 일어나 자기소개를 하며 화기애애한 분위기 속에 여흥의 막이 올랐다. 당일

12) *Ibid.*, p. 548.

회의에 참석한 사람은 후키아이, 고베, 효고, 시리이케 등의 각 지부를 합하여 60여명이었고 근래에 드문 성황으로 모두 만족하며 오후 11시에 해산하였다. 당일 바쁘신 가운데 우리들을 위하여 거듭 출석하여 강연을 하여주신 가가와 도요히코 씨 및 모든 준비와 여흥을 위하여 힘써 주신 회원 여러분께 이 자리를 빌어 깊은 감사의 뜻을 전한다."[13]

고베연합회를 기반으로 급속히 노동운동의 제일선에 나타난 가가와는 1919년 1월에는 오사카로 진출하였다. 1월 16일, 오사카연합회 주최로 중앙 공회당에서 노동조합공인기성(勞動組合公認期成) 대연설회가 개최되었는데, 가가와가 강사로 초청되었다. 강연회는 예상 밖의 성황을 이루어 '청중이 무려 3,000명'에 이르렀으며, 가가와는 「일본의 임금생활의 불안」에 대해 연설하였다. 당시 일본에는 노동조합법이 존재하지 않을 뿐만 아니라 치안경찰법이 엄존하고 있었으므로 노동조합이 이른바 묵인되고 있다고 하나 쟁의라도 일으키기만 하면 곧 17조에 위반되어 검거되는 상황이었기 때문에 우애회는 노동조합의 공인과 치경법 17조 철폐를 요구하는 운동을 전국적으로 전개하였다. 고베연합회도 3월초 2,000명의 서명을 받았고, 3월 15일에는 우애회 본부가 5,000명의 서명을 받아 치경법 개정청원을 중의원에 제출한 것과 때를 같이 하여 가가와도 오사카연합회가 주최한 「치안경찰법 제17조 철폐 대연설회」에서 강연하였다. 여기에서 가가와가 초안한 다음과 같은 성명 ─ 이것은 오히려 노동자 해방 시(詩)라고 말하는 편이 낫다 ─ 이 채택되었다.

〈치안경찰법 제17조 철폐선언〉

세계는 밝아온다. 노동자는 인간으로서의 실재를 자각한다. 노동자는 오늘에 이르기까지 완력과 금력과 기계로부터 억압당하며 과거 수십 세기를 노예로 살아왔다. 그러나 지금 세계는 밝아온다. 우리들은 해

---

13) 友愛會, 「勞動と産業」, 1918年 3月号, 68.

방된 참된 인간으로 여기에 서 있다!

우리들은 자주권을 요구한다! 우리들은 단결의 자유와 집합계약(노동협약—필자)의 권리를 주장한다. 왜 자본가 혼자서만 임금 제정의 권리를 가질 수 있단 말인가!

우리들은 노동권을 요구한다. 우마(牛馬)에게 노동권이 있고 실업이 없듯이 우리들은 오직 우마의 권리를 요구할 뿐이다!

우리들은 생존권을 요구한다. 우리들은 실직하고, 처자식은 기아에 허덕이며, 암흑 속에 앉아 있다. 죽음이 우리들을 찾아오고, 노동자는 혼절한다. 우리들은 살아야만 한다.

우리들은 자유, 자주, 자치의 세계에 살고자 한다. 아마 지금 세계는 밝아온다. 우리 노동자들은 일어서야만 한다.

그가 일찍이 일본의 노동운동의 과제라고 생각하였던 것이 드디어 현실운동 속에서 전개되기에 이르렀다. '세계는 밝아온다'는 표현은 그러한 현실을 그가 느낀 것이라고 생각된다.

"가가와 도요히코 씨만큼 본회를 도와주고 있는 사람은 이전에도 아마 이후에도 없을 것이다."[14](「고베연합회의 근황」『노동과 산업』)라고 이야기될 정도로 이미 노동운동에 깊이 관여하고 있던 가가와는 이때부터 드디어 '새로운 책임이 그의 어깨 위에 있음을 통감하고', '노동조합운동의 최선봉에 설 것을 각오' 하게 되었다.[15]

3. 노동자 해방을 위한 호소

노동운동에 깊이 관여하게 되면서 가가와의 노동운동관에도 변화가 보인다. 예를 들면 그는 일본의 노동운동의 근본방침으로서 이전에는 '순수경제

---

14) *Ibid.*, 1918年 7月号, 42.
15) 『벽의 소리 들을 때』, pp. 147-148.

운동으로 정치운동과 절연하는 것'의 중요성을 강조하였다. 그러나 그가 조합운동의 지도자로서 치경법 제17조 철폐, 최저임금제 확립, 공장법 개정, 노동보험제도 재정 등을 거론하였을 때, 그것은 모두 정치운동의 매개 없이는 실현 불가능한 것이었다. 그는 보통선거운동의 투사가 되어야 했으며, 그것을 위해 노동조합을 동원할 수밖에 없었다. 또 빈민문제와 관련지어 노동문제를 생각했던 초기의 노동운동관도 보이지 않게 되었다. 노동운동 지도자로서의 가가와는 전과 다름없이 신가와 빈민굴에 살고 있었기 때문에 빈민문제가 그의 마음에서 사라진 것은 아니었다. 하지만 이제 노동문제와 빈민문제는 확실히 구별되게 되었다. 노동조합에서 그가 접하는 노동자들은 철공, 신동공(伸銅工), 인쇄공들로 빈민가에 사는 미숙련 노동자가 아니었다. 당시의 노동운동은 19세기 유럽의 노동운동처럼 능숙한 숙련 노동자들의 운동이었다. 가가와는 조합운동을 이러한 노동자의 운동으로서 확실히 인식하게 됨에 따라 이제는 빈민문제와는 확연히 구별된 것으로서 노동조합운동을 다루었다. 그러한 까닭에 『신고베』 창간 이후의 그의 노동문제에 관한 단문을 모아놓은 『노동자 숭배론』(1919년) ― 이 책은 많은 복자(伏字)를 사용하며 주의를 기울였음에도 불구하고, 출판과 동시에 발매 금지가 되었다 ― 에서는 노동자는 이미 빈민도 하층사회도 아닌 당당한 노동자 계급이었다.[16]

> "인간은 그 근본에서 평등하다. 돈이 많다거나, 하룻밤 사이에 만들어지는 작위(爵位) 등으로 인간을 구별할 수가 없다. 노동자도 인간이다. 그들도 그들이 주인이라고 일컫는 고용주들과 마찬가지로 생을 향락할 권리를 충분히 가지고 있다."

그는 한 발 더 나아가 노동자 숭배를 주장한다.[17]

---

16) 『勞動者新聞』(1919年 5月 15日).
17) *Ibid.*

"노동자를 숭배하라. 그는 지구에서 태어난 최고의 영웅이다. 우리들은 이미 과거의 영웅에 질렸다. 그들 대부분은 약탈자가 아니던가. 야수의 자식이 아니던가. 오늘날까지의 역사는 모두 약탈자의 역사이다. 그러나 지금, 참된 생산자가 세계를 지배하려 하고 있다. 이제부터의 역사가 참된 역사이다. 노동자를 숭배하라. 그들은 씨를 뿌리고 벼를 수확한다. 그들은 창조주처럼 하루도 쉬지 않고 인간을 위하여 빵을 만든다. 그들은 옷감을 짜고, 집을 짓는다. 모든 인간이 살 수 있는 것은 노동자의 노고 덕분이다."[18]

이제 노동자는 구제받아야 할 빈민과는 본질적으로 무관한 것으로 다루어졌다. 노동자는 역사의 담당자이며 창조자였다.

이와 관련하여 사회문제관의 중심개념인 '인격' 을 바라보는데 있어서도 가가와에게 미묘한 변화가 일어났다. 1918년 봄 「일본의 빈곤 방지책으로의 노동조합운동」에서는 "이상적인 직공을 만들기 위해 직공의 인격을 인정해야만 한다. 그러나 일본에서는 아직 사회가 직공의 인격을 인정하는 데까지는 발전하지 못했다."[19]며 노동자의 인격에 대한 사회의 인식을 중시하였지만, 1919년이 되자 '노동자는 인간으로서 실재(實在)를 자각했다.' '노동자는 인격체다' 라는 관점은 노동자 자신의 자각으로 중심을 옮겨 간 것이다. 노동운동을 외부에서 동정자로서 보고 있었던 때와 노동운동의 제1 선에 섰을 때와의 차이라고 말할 수 있을 것이다.

노동운동의 논점도 점차 명백해 졌다. 1918년경에 쓰여진 논문을 정리한 『정신운동과 사회운동』에서는 「지쿠오탄전(筑豊炭田)의 노동문제」한 편을 제외하고는 노동문제를 정면에서 다룬 것을 찾을 수 없는 데, 1년 후의 논문집인 『인간고와 인격회복』에서는 다음과 같이 논하고 있다.

---

18) 『新神戶』, 1919年 1月 15日字.
19) 精神運動と社會運動, p. 544.

「공장입헌운동에 대하여」

「일본의 임금노동자의 불안」

「부인노동자의 해방」

「노동자의 부상 연구」

「아동학대방지론」

또한 이 내용들을 주의 깊게 보면 금방 알 수 있듯이 공장입헌, 임금노동자의 불안, 부인 노동의 해방, 부상 문제, 아동 노동 등을 모두 우애회 제7 주년 대회선언 등에서 다루어진 노동운동의 과제였다. '여공은 방적회사에서 신음하며, 나이 어린 공원은 긴 노동시간으로 지치며, 땅속으로부터는 여자 광부의 절규가 들려온다.' 라는 선언의 내용과 대조하여 보면 금방 알 수 있을 것이다. 『신고베』에 실린 문장을 중심으로 모은 소논문집 『노동자 숭배론』이 조합운동 그 자체의 표리의 관계에 있으며, 그 문장 하나하나가 운동과 관련되어 있었던 것은 말할 필요도 없다.

이러한 논문 속에 전개된 가가와의 노동조합론에는 몇 가지 주목할 만한 논점이 있다. 첫째, 노동 비상품의 원칙이다. 우애회의 7주년 대회에서 첫 번째 주장으로 거론되었을 뿐 아니라 가가와의 노동자 인격론과 표리의 관계가 보인다. 그의 주장은 노동력과 노동자를 혼동하여, 노동자는 상품이 아니라는 점에서 노동력도 상품이 아니다는 논리가 전개되었다. 그가 유력한 근거로서 제시한 ILO의 원칙도 '노동은 단지 상품이 아니다.' 라고 말함으로써 한편으로 상품임을 인정하고 있었다. 가가와의 경우에는 그 측면을 보지 못하였기 때문에 노동자를 매매하는 자본주의에 대해 비판할 수 있었고 또 그 비난은 단순 명료할 수밖에 없었지만 자본주의 자체의 논리는 그 곳에서 전개될 여지가 없었다. 이것이 경제학자가 아닌 그의 한계라고 말할 수 있다. 그가 노동자의 임금을 최저선으로 못 박고 있는 '임금 철칙'에 소박하게 찬성하는 것도 이에 해당한다.[20] 그러나 이렇게 소박했기 때문에 오히려 문제

---

20) 賀川豊彦, 人間苦と人格回復(東京: 警醒社, 1920), p. 182.

의 한 단면을 명확하게 나타낼 수 있는 논리로 노동자에게 호소하였다. 그리고 그의 저서 『생존 경쟁의 철학』에서 "잉여 가치의 경제철학은 노동 전수권을 주장한다. 즉 오늘날의 부의 모든 것이 노동자에 의해서 생산된 것이기 때문에 모든 부는 노동계급에 속해야만 하는 것이다고 가르친다."라고 말하는 경우에도 똑같은 문제점을 확실히 발견할 수 있다. 노동전수권의 사상은 그가 '노동자는 생산자다'라는 것을 강조할 때 그 배경이 되었기 때문에 특히 주목해 둘 필요가 있다. 그는 마르크스의 잉여가치설에서 소박한 착취론을 이끌어낸 것인데, 그것이 그의 자본주의 비판의 유력한 전제가 되어 있었으며, 그것은 노동자에게 받아들여지기 쉬운 이론이기도 하였다.

가가와에게 사회문제의 작은 동기는 생명 즉 인격이었다. 그리고 이 생명의 기초는 자유에 있었다. 이러한 점은 조합운동에서도 일관되게 나타나고 있다.

> "우리들은 먼저 생명을 보장하는 자유를 요구한다. 먼저 산업에 정복된 상태에 서있는 우리들을 해방해 주오. 문화는 저절로 용솟음친다. 우리들이 요구하는 것은 생명이며 자유이며 자주이다."[21]

그런데 현대의 노동자는 자본의 사슬, '황금의 사슬'에 묶이어 노동자가 상품이 되고 물질이 인간을 지배하고 있다. 그로 인해 노동자는 고통과 가난 속에서 허덕이고 있다. 따라서 문제는 이 사슬로부터 해방되는 것이다.

> "끝까지 자유를 외치겠다. 일본의 땅이여, 나는 빵이 없더라도 자유롭게 살고 싶다! 아니, 자유를 위하여 빵을 요구할 뿐이다. 나는 빵을 위하여 자유를 팔고 싶지 않다."[22]

그는 노동운동이 노동조건을 개선하기 위한 운동이라고 생각하지 않았다.

---

21) 勞動者新聞, 1920年 4月 15日字,「自由組合論」, p. 51.
22) *Ibid.*

그렇게 해서는 노동자 문제를 근본적으로 해결할 수 없다고 생각하였기 때문이다. 그는 이 문제를 단적으로 이렇게 기록하고 있다.

> "우리 노동자들에게는 돈 즉 임금보다도 더 바라는 것이 있다. 우리들은 무엇보다도 먼저 인간이 되고 싶다. 우리들의 요구는 단지 임금의 인상만이 아니다. 여덟 시간 노동제만이 아니다. 가난하여도, 노동시간이 길어도 상관없다. 먼저 인간이고 싶다."[23]

인간해방운동의 첫 걸음으로 노동조합이 조직되었다. 그것은 인간해방의 본래 모습에 비추어, 자유로운 운동이어야만 한다. 그것이 가가와가 말하는 「자유조합」이었다.

> "자유조합주의는 내면으로부터 솟아나오는 깨달은 자아를 확립함으로써 사회를 개조하고자 하는 것이다. 노동자가 스스로 깨닫고 강력한 자발적 정신으로 운동에 참가하기를 기다리는 것이다. 그러나 성공을 서두르는 자는 자발적인 운동을 기다리지 못하고 밧줄로 묶어 두어도 앞으로 나아가려고 한다. 지금부터 눈 뜨려 하는 자를 밧줄로 묶어 두어서는 자유를 찾을 수 없다."[24]

밧줄로 묶지 않으면 노동운동은 할 수 없다고 생각하는 것은 참된 노동운동이 아니라 독재정치라고 그는 생각하였다. 대중의 해방운동은 서둘러서는 안 된다는 것이 그의 사회운동의 기본 방침이었다. 그것은 단지 전술적인 방침 이상의 것으로 자유의지와 그 배후에 움직이는 우주의지라고 그는 믿고 있었다. 그는 「자유의지의 창조적 진화」[25]를 믿고 있었기 때문에 인간은 자

---

23) *Ibid.*, 1918年 6月 15日字.
24) *Ibid.*, 1920年 12月 15日字.
25) 賀川豊彦, 人間苦と人格回復, p. 65.

유의지로 보다 좋은 사회에 도달할 수 있다고 확신하였던 것이다.

그런데 자유조합주의가 단순한 빵만의 문제가 아닌 인간의 해방운동이라고 하였을 때, 가가와는 단순히 정신적인 해방이나 문화적인 세계의 해방을 생각하고 있었던 것은 결코 아니다. 그에게 있어 생명은 정신과 물질의 통일체로서 받아들여졌다는 것은 앞에서 살펴 본바와 같지만, 자유 또한 '산업의 자유'(industrial liberty)를 생각하고 있었다.

> "그것은 배후에 있는 하나님의 힘을 느끼며, 「나」의 생활력을 산업의 영역으로까지 쏟아 부으려는 참된 자유이다. 즉 자기의 힘으로 진화의 힘으로 물질의 세계까지도 개조하려고 하는 참된 노력이며 인격운동이다. 노동비상품(勞動非商品)의 근본 요구이다. 이 세계는 영육합치(靈肉合致)의 세계이다." 26)

그는 그리스도의 성육신(成肉身 · 하나님이 역사 속에 인간 예수로서 등장하는 것)을 염두에 두고 있었다. 자유도 산업 속에 성육신하여야만 한다. 그는 이것을 "유물주의로부터 각성하여 유물(唯物)이라는 옷을 입은 표상의 세계"27)라고도 기록하고 있다.

가가와는 이렇게 자유로운 노동조합운동의 연장선상에서 자본주의를 대신하는 미래사회가 출현하기를 기대한다. 그는 이 경우에도 철저한 사회진화론자였다.

> "노동조합의 성장과 함께 사회 조직을 개혁해 가자. 노동자에 의해 자본이 만들어진 것이기 때문에 자본은 노동조합 앞에서는 고사(枯死)할 수밖에 없다. 성장의 법칙은 오직 노동조합에만 작용한다고 생각한다. 그래서 첫째도 노동조합, 둘째도 노동조합이다. 그리고 노동조합

---

26) 「勞動者新聞」, 1920年 3月 15日字.
27) *Ibid.*

을 통해 오늘날의 의회를 생산자의회로 바꿀 수만 있다면 좋겠다. 물론 그것을 이루기 위해서는 총동맹 파공(罷工)이나 태업(怠業)은 피할 수 없는 길일 것이다. 그러나 모든 폭행이나 생산기관을 파괴하는 것은 노동자가 만들어 가는 자치 세상에도 좋은 영향을 주는 것이 아니므로 우리들은 모든 폭행과 파괴에 반대를 하며, 항상 건설적으로 사회개조에 매진해야만 한다."[28]

이러한 입장에서 그는 마르크스주의자나 혁명적 노동조합주의자의 폭력적 혁명론에 반대한다. 그것은 '인간의 성장을 인정하지 않고, 인간의 자유의지를 믿지 않는 것'[29]이었으므로 가가와는 이에 동조할 수가 없었다.

그렇다면 노동조합운동이 가져올 미래사회라고 하는 것은 어떤 사회일까. 그는 '오늘날의 의회를 생산자의회로 바꿀 수만 있다면 좋겠다'고 기록하고 있는데, 이 생산자의회라고 하는 것은 노동조합을 기초로 하는 의회주의, 즉 길드사회주의였다. 그는 미래 사회에서는 정치적 결사의 자유뿐만 아니라 산업에서도 결사의 자유가 인정되어야만 한다고 생각하였다. '중앙집권적인 마르크스사회주의에 반대하고 중세기의 종교적 결사를 중심으로 발달한 길드사회주의'[30]에 찬성한 것이다. 여기서는 '중세기의 종교적 결사를 중심으로 하여 발달했다.'고만 기록하고 있지만, 길드사회주의는 실은 제1차 세계대전 후 영국에서 급속히 발달한 사회주의 사상으로 가가와는 일찍부터 이것에 관심을 가지고 있었다. 이미 '영국 노동당과 사회개조'라는 글의 말미에 '생산자 의회를 주장하는 길드사회주의[31]는 마침내 그 결과를 보고 있다.'[32] 라고 기록하고 있으며, 「공장입헌운동에 대하여」에서는 '이 공장입헌운동

---

28) *Ibid.*, 1920年 11月 15日字, 「自由組合論」, p.11.

29) *Ibid.*, p. 8.

30) *Ibid.*, p. 158.

31) 대중과의 묵시적 계약관계로 운영되는 전국적 길드조직을 통해 노동자들이 산업을 통제할 것을 주장했던 운동을 말한다. 1920년대 초 영국에서 발생하여 약 20년 동안 노동운동에 큰 영향을 미쳤다.

32) 「精神運動と社會運動」, p. 596.

을 경제적으로 조직하려고 생각하는 사람은 길드사회주의자다.'[33]라고 서술하고 있다. 또한 『노동자숭배론』에서는 다음과 같이 규정하고 있다.

> "그들은 마르크스로부터 자본 공유, 생산기관의 사회화라는 근본 내용을 받아들이고, 혁명적 노동조합주의로부터는 노동계급의 지배라는 개념을 채용하였다. 또한 임금제도의 파괴와 길드에 의한 생산기관 및 분배의 지배권과 이를 종합하는 생산의회를 요구하며, 오늘날과 같은 권력적 계급별로 이루어진 의회 조직을 변경하여 경제별로 나누어진 새로운 의회 조직을 요구하고 있는 것이다. 오늘날의 정부를 그대로 남겨두어, 인류를 위해 생산자와 소비자 양측의 행복을 생각하며 정치를 해 나가도록 하는 것이다."[34]

그의 사회이론은 '출발점도 노동조합, 수단도 노동조합이며, 목적도 노동조합'[35] 이면서도 민주적 수단을 통하여 생산자의회를 지향한다는 점에서는 철저한 의회주의이기도 했다. 이러한 가가와의 사회운동 이론은 당연히 강한 비판을 받을 수밖에 없었다.

II. 노동운동의 실천

가가와 도요히코는 고베연합회를 중심으로 노동현장운동을 전개하였고, 단순한 현장투쟁만이 아니라 노동조합운동의 이론적 전거를 제공하였다. 그러니 가가와는 이론과 실천이라는 영역에서 일본 노동운동의 새로운 지평을 열었다.

---

33) 「人間苦と人間回復」, p. 179.
34) 「勞動者崇拜論」, p. 69.
35) 「自由組合論」, p. 19.

1. 이론적 배경

1919년의 노동운동은 노동조합의 공인과 치안경찰법 17조 철폐를 중심 테마로 하고 있다. 그것은 제1차 세계대전이 끝나면서 가까스로 발전 궤도에 오른 일본 노동조합이 직면한 두 개의 커다란 문제였기 때문이다. 따라서 노동조합운동은 필연적으로 정치문제와 충돌할 수밖에 없었는데 의회에는 노동자 대표가 한 사람도 없었다. 이러한 문제에 직면한 가가와는 일찍이 노동조합운동이 보통선거운동과 병행되어야 한다고 확신하게 되었다. 그 해 2월 7일 가가와는 다음과 같은 선언문을 쓰고 있다.

〈노동자 보통선거운동 선언〉

우리 노동자는 선거권을 요구한다. 우리들은 평상시에는 나라의 경제 발전을 위해 노력하며 전시에는 국방의 의무를 다한다. 밭을 갈고 씨를 뿌린다. 사람을 위해서 빵을 반죽하며 옷감을 짠다. 우리들이 한 표의 선거권을 요구하는 게 뭐가 이상하단 말인가.
우리들은 폭동과 소란을 반대한다. 우리들은 자성과 본연의 사랑에 기초한 입헌적 수단을 통해 우리들의 의지를 표명하고자 한다. 우리 노동자는 선거권을 요구한다. 사람들을 위해서 우리들은 생명을 걸고 모험을 감수하며 물건을 생산한다. 그리하여 사람들은 소비자가 되고 투표권을 갖는다. 우리들 생산자가 투표권을 요구하는데 무슨 이상함이 있는가.
우리들은 금력에 의한 선거제도를 배척한다. 돈에 매수된 선거제도의 비참함을 보라. 우리 노동자는 금력에 의존하는 문화가 가질 수밖에 없는 결함을 알기에 근육과 두뇌와 정의에 근거한 보통선거를 요구한다. 생산자는 선거권을 요구할 수밖에 없다!

『신고베』는 제8호에 「우리들은 보통선거를 요구한다」를 게재하였다.[36] 이것은 당시 노동운동 가운데 보통선거를 요구한 최초의 주장으로 고베연합회의 주무인 구루 고조가 서명하였다. 이렇게 하여 가가와를 중심으로 한 고베연합회에서부터 노동자의 보통선거운동이 시작되었다.

일본에서 보통선거운동의 역사는 오래 전부터 시작되었는데, 가타야마 센(片山潛), 기노시타 나오에(水下尙江)에 의해서 노동운동과 결부된 것은 보통선거운동이 발족한지 얼마 되지 않은 1900년경이었다. 그해 노동조합 기성회는 보통선거의 청원을 의회에 청하기도 하였다. 그러나 제1차 세계대전 중에 발전한 데모크라시 운동은 학생, 인테리 중심의 운동이었으므로 보통선거에 대한 주장도 가가와 등이 다루기 전까지는 노동운동과 결부되어 있지 않았다. 우애회로서는 조합 공인(公認), 치경법 17조 철폐운동 등으로 조합운동을 확립시키는 것이 선결 과제였으며 이를 위한 운동으로 바빴다. 따라서 1919년 4월, 고베연합회가 추진하여 생겨난 관서노동동맹회에서조차 보통선거운동은 전혀 문제시되지 않았다. 이러한 상황 속에서 가가와가 재빨리 보통선거운동에 착안하여 노동자 보통선거운동 선언을 작성했는데, 이것은 1919년 1월 의회에서 선거법 개정이 이루어져 선거권 자격을 납세액 10엔에서 3엔으로 인하한 것이 직접적인 계기가 되었다. 가가와는 이 정도의 개정에 만족하지 않고 노동자에게도 선거권을 부여해야 한다며 보통선거운동의 필요를 주장하기에 이르렀던 것이다.

노동운동과 보통선거운동은 마침내 그 해 여름 우애회 제7 주년 대회에서부터 본격적으로 연결되게 되었다. 대회가 채택한 주장 중 하나의 항목으로 보통선거가 다루어진 것이다. 그러나 이 항목은 대회 회장에서는 전혀 논의되지 못하였으며, 그때 발표한 「선언」속에도 언급되어 있지 않다. 아직은 노동운동의 부록에 지나지 않았기 때문이다. 하지만 우애회가 정식으로 보통선거를 다룬 것에 힘입어, 관서노동동맹의 보통선거운동은 갑자기 활발하게

---

36) 「新神戶」, 第8?, 1919年 2月 20日字.

되었다. 의회 개회를 앞두고 11월에는 가가와 등이 제창한 보통선거 실시 청원에 노동자의 서명을 모아서 의회에 보냈다. 또한 12월 15일에는 관서동맹회가 중심이 되어 당시 오사카 주변에 있던 향상회(向上會), 오사카철공조합, 우애회, 해원부(海員部), 오사카 벽돌적공조합(積工組合), 간사이전공(電工)종업원조합, 니시진(西陣) 직우회(織友會) 등 10여개의 노동단체가 「보통선거기성관서노동연맹」이라는 이름으로 결성되었으며, 12월 24일 오사카 중앙공회당에서 제1회 보통선거요구 노동자 연설회를 개최하였다. 가가와가 집필한 「금전과 인습을 탈피하여 자주와 자유를 깨달은 노동자는 선거권을 요구한다. 우리들은 인격자이다. 인격자인 우리들이 선거권을 요구하는 것은 당연하다.」라는 가가와다운 강도 높은 선언이 낭독된 후,

"우리들 노동자는 제42회 의회에서 보통선거법이 통과되기를 기대한다."

고 결의하였다. 1920년 1월 18일 보통선거기성관서노동동맹은 산하의 노동자 1,000명이 오사카에 모여 가가와가 만든 「보통선거의 노래」를 부르며 덴노지(天王寺)를 향해 행진하였다.

들리지 않는가? 그대여 민중이
어둠 속에 외치는 그 소리를
금권이 세계를 압도하고
정의와 인도가 땅에 떨어지고
가난한 자에게 자유가 없으며
국민은 슬프고 존재감은 미미하다!
그대여 가르쳐다오 3엔의
화폐로 자유의 차이가 생기는가?
정의는 황금보다 못한 것인가?
돈은 사람보다 나은 것인가?
자유를 무시하는 나라가 부흥하는가?

그날 밤, 중앙공회당에서의 연설회는 5천 명의 청중이 모였는데 가가와는 대표 발표자 중 한 사람이었다.

이러한 관서의 움직임에 대응하여, 관동에서도 1919년 12월 24일에는 간다(神田)기독교청년회관에서 「치경법철폐·보통선거기성노동대연설회」를 개최하였다. 또한 1920년 1월 15일의 우애회 본부 이사회는 「보통선거 실시일을 1921년 4월로 하고, 20세 이상의 남자에게 모두 선거권을 주자」는 운동 방침을 결정했다. 이런 운동방침에 따라 우애회의 모든 관동지역조합은 신우회(信友會), 오이시가와(小石川)노동회, 신인세루로이도조합, 대일본광산노동동맹회, 전국광부조합 등과 함께 「보통선거기성·치경철폐 관동노동연맹」을 결성하여 2월 11일에는 시바(芝)공원에서 연설회를 개최한 후 시위운동을 하였다.

> "이 날 바람이 강했지만 노예와 같은 환경에서 참 인간으로 다시 서려고 모인 사람이 무려 3만 명으로 '보통선거 요구', '악법 치경법의 철폐', '노예에서 인간으로' 등의 깃발을 손에 든 긴 행렬은 도심지의 큰길을 지나서 히비야(日比谷) 공원으로 들어가 니쥬바시(二重橋)에서 기미가요(君が代)와 보통선거노래를 합창하고 해산하였다. 이 날의 시위운동은 실로 전대미문의 것이었다."[37]

이와 같은 보통선거운동의 열기가 드높아지자 1920년 1월 제42회 의회에서 헌정회(憲政會)[38] 및 국민당(國民党)[39]은 각각 보통선거안을 제출하였다. 정부는 선거법이 지난 의회에서 개정된 후 한 번도 실시되지 않은 상황에서 재개정은 부당하다며 이를 반대하고, 노동자들의 보통선거운동이 한창이

---

37) 「勞動」, 1920年 3月号.
38) 군비 확장 정책을 진행하는 가쓰라 다로(桂太郎) 내각에 반대하기 위해 1916년에 창립하여 헌법 옹호운동을 지지.
39) 입헌국민당(立憲國民党): 이토 히로부미(伊藤博文)가 만든 입헌정우회(立憲政友會)에 대항하기 위해 1910년 창립하여 헌법 옹호운동을 지지.

던 2월말 의회를 해산시킴으로써 노력은 수포로 돌아가고 말았다. 선거가 끝나고 같은 해 6월 소집된 제43회 의회에서도 재차 보통선거안을 상정하였지만 이번에는 헌정회와 국민당의 의견이 일치되지 않아 찬성자 소수로 무참히 부결되어 버렸다.

보통선거 실현을 위한 노력과 기대가 컸던만큼 의회제도에 대한 환멸 또한 컸다. 특히 그 반동은 관동의 노동운동에 강하게 나타났다. 원래 관동의 조합은 가가와를 중심으로 한 관서의 조합과는 의견을 조금 달리하고 있었다. 총동맹의 기관지 『노동』은 그간의 사정을 「보통선거와 노동자」에 다음과 같이 전하고 있다.

> "보통선거로는 미온적이기 때문에 경제적 직접 행동[40]을 취해야만 한다고 주장하는 사람도 노동자 중에 있었다. 그러나 참정권을 획득한다는 것은 노동자 해방을 위한 하나의 과정이다. 노동자가 열렬히 대동단결하여 행동하고 난 연후에 참정권을 획득한다는 것은 그 행동만으로도 확실히 노동운동의 장래에 심대한 이익을 주는 것이다. 물론 보통선거가 농사는 아니지만 노동자의 적극적인 보통선거운동은 크게 환영할 말한 것이다."[41]

이것은 보통선거 그 자체를 목표로 하기보다는 그것을 획득하는 운동으로 출발하였다.

2. 노동 현장의 실천

1918년 12월 말 가가와가 의장으로 있던 고베연합회 대의원 회의에서 다음의 두 가지 중요한 결정을 한다.

---

40) 총파업을 의미함.
41) 「勞動」, 1920年 3月号.

1. 관서노동동맹조직의 건
2. 「신고베」를 개명하고, 동맹회의 기관지로 하는 안건

　고베연합회가 주도하여, 관서의 노동운동을 하나로 묶어내자는 것이다. 오사카연합회는 다음해 1월 회합에서 이 안건을 협의한 결과, 만장일치로 타결하여 '오는 3월 1일부터 회비를 20전으로 개정하고, 현재 고베연합회에서 발행하는 『신고베』를 『노동자신문』이라고 하고 회원에게 배포할 것을 결정'[42]하였다. 교토에서도 이것을 계기로 연합회를 소집하기로 하고, 고베연합회의 제안에 찬성하였다. 모든 준비가 끝나자 우선 3월호부터 『신고베』를 『노동자신문』이라고 개명하고 가가와는 발행·편집에서부터 인쇄까지 담당하는 사장이 되었다. 제1호에 「공장민주 ─ 노동자주권 요구」, 제2호에 「공장법 개정의 필요」라는 글을 썼으며, 그 후에도 거의 매호마다 글을 실어 노동문제를 논했다.

　한편 관서동맹회는 4월 3일 오사카우애회 관서출장소에서 이사회를 개최하였는데 가가와는 그 곳에서 이사장으로 선출된다. 고베연합회의 평의원이된 지 꼭 일 년 반 만에 관서지역의 확고부동한 노동운동 지도자가 된 것이다. 4월 13일, 관서동맹회 창립대회가 오사카에서 개최되고 연이어 20일 저녁에는 오사카 중앙공회당에서 창립기념 대강연회가 성대하게 개최되었다. 이 대회에서 가가와가 초안한 다음의 창립선언이 만장일치로 채택되었다.

〈관서노동동맹 창립선언〉

　우리들은 생산자이다. 창조자이다. 노동자이다. 우리들은 주물사(鑄物師)이다. 우리들은 세계를 다듬어 만들어 간다. 또 우리들은 쇠망치를 들고 있다. 우리들은 내재하는 성스러운 이상과 정의와 사랑과 신앙의 축복에 포함되지 않는 것이 있으면, 지금(地金)이 식기 전에 망

---

42) 「勞動と産業」, 第8卷 3号, 42.

치를 내려친다. 우리들은 의지와 근육과 망치와 풀무를 가지고 있다. 우리들은 우리 안에 이상을 가지고 우주를 개조할 수 있다. 서두르지 말라 사람들이여, … 생산자의 길은 건설과 창조에 있는 것이다.

우리들은 이러한 정신으로 선언한다. 노동은 하나의 상품이 아니라고. 자본주의 문화는 임금 철칙과 기계의 압박으로 노동자를 하나의 상품으로, 사회의 최하층으로 침윤(浸潤)시켰다. 그러므로 우리들은 노동조합의 자유와 생활권과 노동권과 단체 계약권과 정의에 기초한 동맹 태업의 권리를 주장하며, 치안경찰법 제17조 철폐와 현행 공장법의 개정을 요구한다.

선언은 더 나아가 8시간 노동제, 최저임금 제정, 사회보험제도의 확립, 공장민주제, 남녀동일임금, 주택문제 해결, 교육의 기회 균등 등을 요구하며 다음과 같이 글을 맺고 있다.

"이와 같은 요구는 생산자가 주장할 수 있는 정당한 권리임과 동시에 우리들은 자유를 가지고 있는 하나의 인격체로서 결코 시장의 상품이 아니라는 사실을 세계에 알리는 데 필요한 조건이다. 우리들은 결코 성공을 서두르지 않는다. 우리들은 모든 행동과 폭동선동과 과격주의(볼세비키) 사상을 부정한다. 우리들은 오로지 자신의 생산적 능력을 이성으로 신뢰하며 확고히 건설과 창조의 길을 걷고자 하는 것이다. 시대는 변할 것이다. 유행을 따라하는 것을 좋아하는 일본인은 어제 제국주의를 보내고, 오늘 민주주의를 맞이하며, 내일은 또 인종적 편견으로 고민하면서도 노동자의 자각에 대하여는 전혀 돌아보지 않을 것이다. 그러나 우리들은 이미 한 발자국 내딛었다. 이 길은 결코 변하는 것이 아니다. 우리들은 세계의 문명을 가르칠 수 있는 자는 생산자 밖에 없다는 것을 알기 때문에 소비계급의 유희적 문명과 그에 따른 파산을 비웃는다. 모든 미망(迷妄)과 파괴에 반대하며, 전후 세계의 개조와 건설은 오직 우리들 생산자만이 이룰 수 있다는 것과 그렇게 하여 예지(叡智)

의 태양을 바라보는 날이 가까이 왔음을 세계에 선언하는 것이다."

　이것을 길게 인용한 것은 가가와의 노동운동관이 단적으로 나타나 있기 때문이기도 하지만 그것보다도 노동운동관이 그의 개인적인 것이 아니라 선언이라는 형태로 관서노동조합운동의 공식적인 견해가 되었다는 점에 의미가 있기 때문이다. 이 대강령은 이보다 앞서 이사회에서 결의되었는데 내용보강 및 이론화는 가가와의 손에서 이루어진 것으로 그가 관서노동동맹회의 이론적 지도자임을 확실히 나타낸 것이다.

　이 선언에서 주목되는 것은 노동조합운동의 목표가 구체적으로 제시되었다는 것뿐만 아니라 '노동자는 상품이 아니다.'라는 그의 노동운동의 기본원리가 명백하게 나타나 있다. 그것은 그가 계속 주장하였던 것이기도 했지만 당시 완성된 ILO[43] 규약 제1조에 노동자는 인격체이며 상품이 아니라는 요지가 규정됨에 따라 더욱 확신을 얻었기 때문이다. 그가 4월 20일 동맹회창립기념 강연회에서 「국제노동법론」에 대해 이야기를 한 것도 그런 관점을 논하고 싶었기 때문이다. 관서의 노동운동의 깃발은 이제 선명하게 되었다.

　1918년 후반부터 1919년 전반이라는 시기는 일본의 노동운동사에서 기념할만한 해였다. 노동조합수가 비약적으로 증가하였는데, 우애회만을 봐도 앞에서 서술한 『신고베』 발간, 교토연합회의 결성, 관서동맹회의 설립을 비롯하여 가마이시(釜石, 1918년 8월), 도쿄철공조합(1918년 10월), 모지(門司)지부(1918년 10월), 구라야마(鞍山)지부(1919년 5월), 미부(壬生)지부(1919년 5월), 아시오(足尾)지부(1919년 6월), 교토 하쿠유(箔友)지부(1919년 6월) 등이 계속하여 결성되고, 그해 7월에는 고베연합회 내의 스마(須磨)지부, 가리모(苅藻)지부, 오사카연합회 내에는 한난(阪南)지부, 기타(北)지

---

43) International Labor Organization (국제노동기구): 노동자를 국제적 차원에서 보호하기 위해 1919년에 설립된 국제기구, 1920년에는 국제연맹에 소속되었고 제2차 대전 후에는 국제연합(UN)의 사회정책전문기관으로 되었다.

부, 아마가사키(尼ヶ崎)지부가 일제히 조직되었다. 1918년 4월에는 3만 명이었던 우애회 회원이, 1919년 여름에는 5만 명으로 증가하였다. 쟁의도 각 지역에서 빈발하였다. 『오사카마이니치(大阪每日)』는 이때의 상황을 다음과 같이 보도하고 있다.[44]

"효고현 내에서는 다이쇼 5년 이전에는 1년에 10건을 밑돌았던 파업이 지난 달(7월) 한 달 동안 이미 열두 번의 파업이 있었다. 이것은 평화 극복 후 일자리가 감소하여 노동자 수입이 크게 영향 받은 결과이다. 게다가 물가는 폭등하여, 50전 하던 쌀값이 60전 대에 가까워지는 등 생활이 불안해졌기 때문이라고 볼 수밖에 없다. 또한 근자에 이르러 조직 운동가의 자각이 높아지고, 고베우애회 처럼 회원 수가 이미 3500명을 넘어선 것도 무시할 수 없다. 신문 지상에 보도된 7월1일 이후 40일 동안 있었던 현내의 파업은 11건이고, 파업 참가인원도 한 건당 평균 174명으로, 종래 100명을 밑돌았던 것에 비하면 많이 증가한 것이다. 그러나 여기에서 주목해야 할 것은 최근에 일어나는 쟁의에서 혁명적 노동조합주의자[45]들이 하는 태업[46]이라는 형태가 나타나기 시작했다. 또한 동양성냥과 다카도리(鷹取)공장의 쟁의 때는 위와 같은 태업 외에, 피케팅[47]이라고 해서 쟁의 중 다른 직공이 보충 취업하는 것을 막기 위한 감시도 하였다. 현내의 쟁의는 양적 측면뿐만 아니라 질적으로도 매우 큰 변화를 보여 왔음을 알아야 한다."

---

44) 大阪每日新聞, 1919年 8月 14日字.
45) 혁명적 노동조합주의(Syndicalisme): 19세기 말부터 20세기 초까지 프랑스와 이탈리아에서 일어났던 노동조합주의의 하나. 생디카(조합)를 노동자의 단 하나의 계급적 조직으로 간주하고, 정당과 선거 및 의회 등의 정치운동을 배척하고 동맹파업・사보타주・보이콧, 특히 총파업과 무장봉기 등의 직접적 행동에 의해 정부를 타도하고 생산과 분배의 관리권을 조합에서 장악하여 착취 없는 자유로운 새 사회체제를 실현한다는 사상 및 운동이다.
46) 준법적인 쟁의 행위로 노동자들이 조직적으로 천천히 작업하는 등 생산 능률을 저하시키는 것을 말한다.
47) 파업을 효과적으로 수행하기 위해 일하기 원하는 노동자의 사업장 출입을 저지하고 파업 참여에 협력할 것을 요구하는 행위이다.

이러한 상황을 배경으로 1919년 8월 말, 도쿄 우애회 본부 사쿠라우에(樓上)에서 우애회 제7 주년 대회가 개최되었다. 가가와는 후키아이지부의 대의원으로 여기에 참석하여, 대회의 중요 의제 중 하나였던 회칙개정위원장이 되었다. 노동조합운동이 진전되어 가는 데도 불구하고 창립 이래 기본적인 변화가 없었던 우애회의 체질을 어떻게 바꿀 것인가 하는 점에 있었다. 대회는 명칭을 「대일본노동총동맹우애회」라고 개칭하기로 가결하였는데, 이것은 제2 의안(議案) '점차 지부를 지방별에서 직업별로 개편할 것' 이라는 것과 관계에 있었다. 지금까지 우애회는 직업 여하를 불문하고 동일 지역에 거주하는 노동자로 조직되어 왔는데, 1917년경부터 노동조합의 본래 모습인 동직(同職)조합[48] 을 조직해야 한다는 움직임이 점차 표면화되어 왔다. 이미 1918년 3월에는 도쿄에서 우애회 방적노동조합이 생기고 '우리들은 우애회의 강령을 관철하기 위한 지름길로서 동직동업의 회원을 망라하는 우애회 방적조합의 발전을 기대한다.' 는 취지를 결의하였다. 그 해 10월에는 도쿄 철공조합이 조직되고 철공이 많은 고베에서도 철공조합을 만들려는 움직임이 있었다. 이러한 상황 속에서 우애회는 각종 직업별 조합의 총동맹으로서 스스로를 개편하려고 하였던 것이다. 우애회의 성격이 변화하면 그에 따라 노동조합으로서의 기본적인 입장이나 구체적인 주장이 문제시 될 수밖에 없었다. 창립 당시의 삼대 강령은 이미 그 사명을 다 하였다. 새로운 강령이라고도 할 수 있는 「선언」 초안을 담당한 것은 가가와였다. 특별 위원들에 의해 두세 차례 수정을 거친 뒤에 만장일치로 가결된 「선언」은 다음과 같다.

〈선 언〉

인간은 그 본연에 있어서 자유롭다. 따라서 우리들 노동자는 이렇게 선언한다. 노동자는 인격체이다. 그는 단지 임금 시세에 따라 매매되

---

48) 이른바 길드(Guild)로서 중·근세 유럽 및 이슬람, 인도, 중국, 일본에서 수공업자나 상인들이 상호부조와 직업상의 권익 증진을 위해 결성한 조합을 말한다.

어지는 것이 아니다. 그들은 또 조합의 자유를 획득하여야만 한다. 자본이 집중되어 노동력을 약탈하고 모든 인간성을 물질화하려고 할 때, 노동자는 단결력으로 사회질서가 단지 황금에 의해 지지되는 것이 아니라 생산자의 인간성에 의해 지지된다는 것을 자본가에게 가르쳐 주어야 한다.

특히 기계문화가 잘못된 방향으로 우리들을 인도한 이후, 자본주의의 해독은 세계를 침윤하여 생산과잉과 공황이 번갈아 나타나고 있다. 생산자는 공장에서 쫓겨나거나 하나의 기계의 부속품으로 여겨지면서 겨우 최소한의 생계를 유지할 정도의 임금에 만족하지 않으면 안 되게 되었다.

이제 우리 생산자들은 결코 기계가 아님을 선언한다. 우리들은 개성의 발달과 사회와의 유기적 관계를 구축하기 위하여 생산자에게 완전한 교육이 이루어지는 사회조직과 생활의 안정과 자유의지로 자기의 삶을 결정할 수 있는 권리를 요구 한다.

우리나라의 산업계를 돌아보면 여공은 방적회사에서 신음하며, 나이 어린 공원은 긴 노동시간으로 지치고, 땅속으로부터는 여자 광부의 절규가 들려온다. 오~지금은 해방의 때이다. 또한 노동자의 사망률은 증가하고, 생활의 불안으로 인해 갓난아이의 사망, 사산, 유산도 매우 증가하여 노동자의 얼굴에 죽음의 그늘이 가실 때가 없다. 물가가 폭등하고 파공(罷工)이 계속 이어지며, 조합의 자유는 인정되지 않고, 노동자는 자유인으로서의 권리가 완전히 부정되고 있다. 지금 일본은 생산자의 한탄이 넘치고 있다.

세계는 다시 태어나고 있다. 일본만을 남겨둔 채 앞으로 앞으로 전진한다. 그러므로 우리 일본의 생산자들은 세계를 향하여 이렇게 선언한다. 그러므로 우리 일본의 생산자들은 세계를 향하여 이렇게 선언한다. 일본의 노동자도 국제연맹과 노동규약 정신으로 태어나 지구가 모든 평화와 자유와 평등이 지배하는 곳이 되기 위해서 우리들도 순교적인 분투를 거절해서는 안 된다.

이 선언의 기조가 된 자유, 인격, 생산자, 인간성 등은 모두 관서노동동맹회의 창립선언에 있던 것이며, 노동자는 인격체이고 상품이 아니라는 기조도 이미 그 안에서 전개되었던 것이다. 그리고 그 창립선언은 가가와가 초안하였다. 그러므로 제7회 개회선언에 흐르고 있는 사상은 가가와 자신의 사상이었다. 가가와의 노동운동 원리가 지금의 노동총동맹의 기본방침이 된 것이다. 회칙개정 건은 그때까지의 회장 독재의 폐단을 고치어 회의제로 하고, 이사회를 조직하게 되었는데, 가가와는 고베연합회의 대표로서 이사회 멤버로 선출되었다. 대회 후에 열린 기념강연회에서 그는 국회의원 이마이 요시우키(今井嘉幸), 와세다대학(早稻田大學) 교수이며 우애회의 회장대리였던 기타자와 신지로(北澤新次郎)와 함께 강연하였다. 가가와는 이제 고베연합회의 가가와도 아니며, 관서동맹회의 가가와도 아닌 노동총동맹우애회의 가가와였다. 그때 그의 나이 불과 31세, 노동운동에 관여한지 만 2년이 지나지 않았다. 그때 그가 만든 '노동가'는 다음과 같다.

눈을 뜨라 일본의 노동자
과거의 인습을 깨트리고
세계 변화를 이룰 때까지
극기 근면하며 노력하라

땅을 갈고 베를 짜고 배를 만들고
땅속을 파헤쳐 광물을 캐내고
땀을 흘리며 빵을 반죽하는
노동자야말로 존귀하도다.

이 노동가는 노동자들 특히 관서지역 노동자들 사이에서 널리 불리어졌다.

가가와가 노동운동에서 리더십을 가지고 급속히 부상할 수 있었던 이유는 과연 무엇일까? 그때까지만 해도 도쿄대학 출신의 법학사이며 우애회를 탄생시키고 발전시킨 스즈키 분지가 우애회의 지도적 중심에 자리하고 있었다. 그가 관계나 실업계에 아는 사람이 많았기에 사회의 무관심 속에서 좌절하려는 노동운동을 유지, 지탱해왔는지 모른다. 조합운동 초창기에는 스즈키와 같은 인테리 지도자가 필요했다. 그러므로 우애회에서 회장이라고 하면 스즈키 분지를 말하는 것이었다. 그러한 스즈키의 지도력이 흔들린 것은 제7 주년 대회로 특히 회장 독주에 대한 비판과 이사 제도의 채택이 그 원인이었다. 우애회가 성장함에 따라 이미 스즈키 혼자서 움직여 갈 수 있는 시기는 지나갔다. 그것 말고도 더 중요한 문제가 있었다. 제1 차 세계대전이 몰고 온 데모크라시운동과 러시아 혁명의 물결 속에서 시대는 크게 변하려하고 있었다. '세계는 밝아오고' 있다며 가가와가 끊임없이 외친 것처럼 새 시대가 오고 있었다. 노동자들 사이에도 시대의 파도는 밀려왔다. 노동자는 이렇게 이야기한다.

> "나는 지금까지 아이들에게 입버릇처럼 이렇게 일러왔다. 우리같이 가난한 사람에게 이 세상은 도저히 성공할 수 없도록 되어 있다. 햇빛을 보며 살 수 있게 되어 있지 않다. 그러니 어쩔 수 없어. 너희들은 억지로라도 포기해야만 한다. 평생 밥을 굶지 않으려면 기량을 닦아 직공으로서 살아가거라, 꿈이나 대망 따위는 갖지 말라고 일렀다. 그런데 뇌성벽력과 같이 러시아에서 대혁명이 일어나 눈 깜짝할 사이에 천하는 노동자의 손으로 돌아왔다. 나는 가슴이 뛰었다. 그리고 아이들을 껴안고 이렇게 외쳤다. '얘들아, 걱정하지 마라. 너희들도 천하를 쥘 수 있단다!'[49]

> "나는 한 사람의 인간이다. 그러나 노동자라는 이유로 세상은 나를 하등한 인간이라며 조소와 경멸의 눈으로 쳐다본다. 내가 분하여 참을 수 없을 때, 내 피의 고동은 멈추지 않았다."[50]

이렇게 노동자가 자의식에 눈뜨고, 개인의 해방과 사회적 해방이 불가분

---

49) 「勞動と産業」, 1918年 10月号.
50) *Ibid.*, 1919年 1月号.

의 관계로 인식되기에 이르렀는데, 스즈키 분지의 사상은 이에 응답할 힘이 부족한 채, 아무런 응답도 할 수 없었다. 그는 본질적으로 조합주의자이며, 노동조합을 통해 노동조건을 개선하고자 생각하였기 때문에 자본주의에 대신할 만한 생생한 미래상을 가지고 있지 않았다. 상상력이 결여되어 있었다.

3. 미쓰비시 대쟁의

쟁의의 불길은 가가와의 지도 아래 있는 미쓰비시와 가와사키조선소로 불똥이 튀어갔다. 원래 미쓰비시조선소는 가와사키조선소에 비해서 임금도 2할쯤 싸고, 노동시간도 가와사키가 8시간인데 비해 9시간이었다. 지난 해 이후로는 야근이 없어져 노동자의 생활은 점점 어려워져 갔다. 이러한 사정을 배경으로 하여 미쓰비시내연기(內燃機)회사의 직공 500명은 6월 25일 고베 발동기공(發動機工)조합을 조직, 우애회에 가입함과 동시에 횡단조합 승인, 단체교섭권 확인 등을 포함한 탄원서를 회사에 제출했다. 탄원서는 형식 미비를 이유로 재차 기각되고, 7월 1일에는 교섭위원이 해고됨에 따라 분위기가 험악해지며 태업상태로 들어갔다. 또한 가와사키조선소에서도 같은 해 1월 야근이 없어지자 수입 감소로 인해 노동자의 생활은 어려워졌다. 그런데 6월 27일 상여금과 창업 25주년기념 특별 분배금이 지급되었는데 회사가 주주에게 신주 무상지급 등을 통해 실질적으로 7할에 해당하는 금액을 배당한데 비해 종업원들에게는 불황이라는 이유로 상여, 분배금이 얼마 되지 않아 불만이 생겨났다. 그러자 전기공 단체인 전정회(電正會)가 중심이 되어 단체 교섭권 및 수당지급 등에 관한 요구를 제출하기로 하고, 30일 저녁 미나토가와권업관에서 대회를 개최하였을 뿐만 아니라 가가와 등을 강사로 하는 강연회로 한껏 기세를 올렸다. '가가와 도요히코 씨와 전정회 간부가 30일 밤에 만나 비밀회의를 통해 요구서를 다시 수정'[51] 한 후, 7월 2일 회사에 제출

---

51) 勞動者新聞, 1921年 7月 25日字.

하지만 2일, 4일에 있었던 제1, 2회 교섭에서도 회사는 사장 부재를 이유로 성의 있는 답변을 하지 않았다. 한편 우애회 고베연합회로서는 이 기회에 직공의 조합 가입을 자유롭게 할 수 있다는 것을 큰 공장에게도 확인시키는 운동을 일으키기로 하고, 7월 4일 각 노동단체연합의 단체교섭권 확인요구 노동자대회를 열었다. 이 대회에서 교섭위원으로 뽑힌 가가와 등은 5일 고베 시내의 주요 공장을 방문하고 '노동조합의 확인'을 요구하였다. 그러나 가와사키조선소와 미쓰비시는 자신들의 방침을 양보하지 않았고 결국 각 공장 모두 이것을 거절하였다. 회사측은 조합의 요구를 거부하였을 뿐만 아니라 운동의 지도자들을 해고하였기 때문에 가와사키조선소도 7월 초순부터 태업 상태에 들어갔다. 또한 7월 7일에는 가와사키조선소 출입 인부를 공급하는 가타후쿠조(片副組)의 '세한타이(靑襷隊)'와 직공들 사이에 난투극이 벌어져 세한타이가 휘두른 흉기에 직공들이 중경상을 입는 사건마저 발생하여 직공들의 분노감은 높아져만 갔다. 이렇게 해서 가와사키 1만 3천 명의 노동자는 7일부터 총파업에 들어갔으며, 미쓰비시에서도 내연기, 조선, 전기 모두 합쳐 1만 2천 명이 8일 총파업에 들어갔다. 이렇게 되자 당초 우애회와는 직접 관계가 없었던 이 쟁의도 우애회의 지도 아래 통일적으로 행동하게 되었으며, 가가와 등이 전권위원으로 선출되었다.

전열을 갖춘 노동자 측은 7월 10일, 응원 차 오사카에서 온 노동자와 함께 3만 명의 대규모 시위운동을 전개하였다. 가가와는 「참모」라고 쓴 어깨띠를 두르고, 선두에서 앞서 가는 구루 총지휘관의 뒤를 이었다. 그날 오후에 열린 쟁의보고 대연설회에서 가가와는 격려의 연설을 하였다.

> "끝으로 가가와 도요히코 씨의 열변은 온몸을 감격과 용기로 넘쳐나게 했고 노동운동의 광명을 향하여 나아갈 것을 다짐하며 열렬한 환호 속에 강연회를 마쳤다."[52]

---

52) *Ibid.*, 7月 25日字.

이와 같은 상황에 대응하여 조합 측은 일본 최초의 시도로서 「공장관리」라는 방침을 결정하였다. 조합은 「선언」속에 이렇게 기록하고 있다.

"회사가 지금처럼 불성실한 태도로 횡포를 부리는 것에 대항하여 우리가 파업을 계속한다면 일본 산업은 마비되며 사회적 불안이 조성됩니다. 이에 우리들의 요구가 관철될 때까지 각각 자신의 부서로 돌아가 모두가 자기에게 맡겨진 공장의 일을 관리하며, 공사를 진행하기로 합니다."

조합의 새로운 전술 「공장관리」에 대해서 「참모」가가와는 이렇게 쓰고 있다.

"산업관리는 폭력에 의한 공장 점령이 아니다. 같은 산업에 종사하는 모든 노동자의 합의적 결의에 따른 건설적인 시도이다. 소극적인 스트라이크나 태업은 매우 용이하다. 그러나 모든 산업의 노동자가 완전한 단결 아래 적극적으로 근로 작업에 임한다는 것은 실로 어려운 것이다. 그러나 노동계급 모든 사람의 의식이 자각하지 않는다면, 참된 노동운동이라 말할 수 없는 것이다. 사랑으로 폭력에 대응하고, 선으로 악에 대응하는 것이 공장관리이다. 노동자를 폭동으로 이끄는 것은 쉽다. 그러나 우리들은 그런 폭동을 희망하지 않는다. 우리들은 회사를 사랑하고 국가를 사랑하고 사회를 사랑하며 모든 산업을 사랑하기 때문에 파괴 대신 건설로, 폭력 대신 최선을 다하였다. 그러나 불행히도 회사의 문은 닫혔다."[53]

공장관리는 가가와가 몇 해 전부터 주장하였던 것이다. 이미 1919년 가을

53) *Ibid.*
54) *Ibid.*, 9月 15日字.

에 「공장의 조합관리」를 설명하며 '적어도 공장의 관리만큼은 직공의 자치단체인 조합에서 관리하고 싶습니다.' 54) 라고 쓰고 있다.

3만 노동자의 질서 정연한 시위와 공장관리선언은 경영자에게 충격을 주었다. 특히 공장관리는 자본가의 소유권 침해로 심각하게 받아들여져, 미쓰비시는 12일부터 10일간, 가와사키는 14일부터 10일간의 휴업을 결정하게 만들었다. 그것뿐만 아니라 12일에는 군기(軍機)보호라는 명목으로 수 십 명의 헌병이 파견되었다. 현 당국도 당황하여 치안유지를 명목으로 시위운동을 금지하고 집회를 제한하였을 뿐만 아니라 육해군이 출병할 것을 요구하여 14일에는 히메지사단(姬路師團)의 일개 대대가 고베로 진입하여 왔다. 여기에 힘입어 회사 측은 조합의 지도자를 차례대로 해고하고, 경찰은 쟁의단 본부를 수색하고 지도자를 검거하였다. 이에 대항하여 쟁의단은 재향 군인에게 일제히 군복 착용을 명령하고, 쟁의가 장기화되는 것에 대비하여 행상대(行商隊)를 조직하고, 낮에는 수영, 씨름, 운동회 등의 여가 활동을 하며, 밤에는 연설회를 개최하여 노동자의 결속을 다지기에 힘썼다.

가와사키조선소는 24일 공장 재개를 발표하고 노동자에게 일자리로 돌아올 것을 권고하는 한편, 이후부터는 휴업 수당 지급이 없다는 것을 알렸다. 이것에 대하여 쟁의단은 73:5로 파업 단행을 결의하였지만 장기적 투쟁과 회사·관원의 압력으로 노동자들도 점점 지치기 시작했다. 공장이 재개되자 공장으로 복귀하는 사람도 처음에는 2할 조금 넘던 것이 27일에는 3할을 넘는 상태로 증가해 갔다. 사태가 이렇게 되자 쟁의단은 쟁의단의 군센 단결과 사기 진작을 위해 신사참배를 이유로 금지되어 있던 시위운동을 하기로 결정하고 28일부터 실행하였다. 다음 29일은 미쓰비시 공장이 재개하는 날이었다. 가와사키의 쟁의단 1만 여명은 이쿠타(生田)신사를 참배하고 노동가와 국가를 합창한 후, 가가와의 격려연설 뒤 시위운동으로 들어갔다. 그날 관헌의 경계는 특히 엄중하였다. 이때 시위 행진하던 모습을 『노동자신문』은 이렇게 전하고 있다.

"선두에 서 앞장서던 가가와 도요히코 씨는 그대로 미나토가와(湊川) 강변으로 향하였는데, 전기국(電氣局) 계단 위에서 몇 사람이 나무 조각을 내던졌다. 이로 인해 앞에 선 대열이 더 이상 나아가지 못하고 그 자리에 서 있는데, 뒤의 후속 대열이 밀려오면서 결국 전기국을 지키는 순사의 경계선이 무너지게 되었다. 상황이 이렇게 되자 기마 순사 2명과 사복순사 40명, 그리고 헌병 몇 명이 그들을 가로막는 대충돌이 벌어졌다. 이때 직공들이 순사 한 명을 포로로 잡아 가자 엔도(遠藤) 소장은 칼을 사용할 것을 명령, 직공단 5천 명 속으로 돌진 하여 순사를 구출해내는 일이 벌어졌다. 직공단은 더욱 함성을 높이며 기와 조각과 길가의 통나무를 무기로 삼았고 사복경찰은 경찰봉을, 제복순사는 칼을 빼어들고 싸우게 되었다. 이곳은 물론 니시데마치(西手町) 일대의 거리는 모자, 단도집, 수첩, 연필 등이 여기저기 흩어져 일대 아수라장을 방불케 하였다."[55]

이 난투극으로 인해 노동자 한 명이 경찰의 칼에 희생되었다. 가가와는 행렬을 무사히 해산시키고 쟁의단 본부로 돌아가 동지들과 대책을 논의하였다. 그때 경찰이 쟁의단 본부를 습격하여 가가와 등 간부 130명을 검거하였다. 경찰은 이 혼란을 소요죄로 보고, 그 원인이 간부회의 결의 때문이라고 간주한 것이다. 이로 인해 쟁의단은 모든 지도력을 상실하는 치명적인 타격을 받게 되었다.

그러나 다음날인 30일 가와사키·미쓰비시의 파공(罷工) 노동자는 집단 참배가 금지되었음에도 불구하고 와다미야(和田宮)신사 주변에 모여 미나토가와신사를 향해 시위운동을 전개하였다. 그러나 이것 또한 경찰대와 대충돌을 일으켜, 경찰대의 칼 아래 또다시 유혈의 처참함을 맛보게 되었다. 모든 간부가 검거되었다는 보도가 전해지자 총동맹 본부는 급히 스즈키 회장과 간부 마쓰오카 고마키치(松岡駒吉), 아카마쓰 가쓰마로(赤松克麿)를 고베로

---

55) *Ibid.*, 8月 15日字.

보냈다. 그들은 진용을 다시 갖춰 재건하려 하였지만 이미 대세는 결정되어 있었다. 쟁의단은 연설회나 행상 등의 활동을 계속하였지만 패색은 날로 짙어 갔다. 그러는 동안 회사 측은 일체의 조정에 응하지 않았으며 쟁의단도 원칙을 고수하여 모든 조정은 실패로 끝나버렸다. '이미 생계를 포기한 노동자들이 늘어났고 전열은 흐트러져 가기 시작했다.'[56] 이러한 상황에 이르자 쟁의단 본부는 후일 다시 투쟁에 나설 여력을 남기기 위해 8월 9일 '파업단 전원 취업을 선언하고', 이어 12일에는 참패선언을 발표하였다.

> 우리들은 무운(武運)이 없어 결국 참패하였다.
> 40일에 걸친 분투(奮鬪)로 우리의 칼은 부러지고 화살은 다 떨어졌다. 이에 분을 삼키며 전쟁을 끝낸다. 지금 나의 가슴 속에 뼈저리게 각인된 것은 자본가의 폭력과 학대 그리고 관헌의 압제이다. 우리의 몸에 남자의 피가 끓는 이상 어찌 이 울분을 잊을 수 있으리오. 우리들은 사회 개조의 투지를 더욱 굳건히 하였다. 또한 우리들은 지금 단결력을 더욱 더 양성할 필요를 통감하였다. 이 분노가 칼처럼 우리 몸을 찌르고 있다. 가슴에 밀려오는 슬픔과 분함으로 더 말을 이을 수가 없다. 지금 우리들은 눈물을 흘리며 전쟁을 마친다.
>
> 가와사키·미쓰비시 쟁의단

가가와는 소요죄로 기소되었다. 그때의 옥중에서의 감상을 그는 다음과 같이 기록하고 있다.

> "7월 더운 날 저녁 나는 결국 포박의 몸이 되었다. 사도 바울은 감옥에서 한밤중에 찬미가를 소리 높여 불렀다고 하는데, 나는 70여 차례에 걸친 연설로 목소리가 완전히 쉬어 찬미가를 부르고 싶어도 목소리가 나오지 않았다. 그러나 나는 귓가에 울리는 몇 만 명 노동자들의 대시

---

56) *Ibid.*, 8月 25日字.

위 행렬의 발자국 소리와 고베시가의 모든 교통이 멈춘 가운데 격동하였던 만 수천 명의 함성을 듣는다. 나는 그렇게 엄숙한 찬미가를 들어본 적이 없다. 나는 좋은 때에 태어났다. 나는 육성과 뼈 마디마디에서 우러나오는 교향곡을 들었다. 게다가 이쿠타 숲에서 뛰쳐나온 작업복의 노동자가 곧장 시위 행렬을 향해 달리던 그 장엄한 광경이 나의 눈앞에 아른거린다. 한 사람의 인간도 위대한데 만여 명의 생산자가 해방의 날을 위해 뛰쳐나온 그 광경은 뭐라고 말할 수 없이 엄숙하고 위대한 것이었다. 그것은 맑은 아침이었다. 광명의 날이었다. 시작의 날이었다. 그렇다. 노예의 나라에서 자유의 나라로, 압제의 나라에서 해방의 나라로, 암흑의 나라에서 광명의 나라로 달려가는 날이었다.

불기둥은 일어섰다! 이스라엘은 광야로 나왔다!
구름기둥이 일어섰다! 이스라엘은 홍해를 건넜다!
모든 것이 시작의 날을 위해 준비되었다. 여호수아 위에 태양이 하룻동안 머물며 움직이지 않았다."[57]

노동자 해방의 예언자 여호수아 · 가가와는 쟁의가 참패한 와중에서도 해방의 날이 가가오고 있음을 본 것이다. 투옥생활은 그동안 바빴던 가가와에게 명상의 시간을 주었다. 그는 조용히 일본의 장래를 생각하며, 자신이 살아갈 길을 생각하였다. 취업 선언이 있었던 다음날인 8월 10일 쟁의단 사람들이 마중 나온 가운데 석방되었다.

III. 노동운동의 한계와 결별

노동운동의 이론을 제공하고 현장에서 노동운동을 지휘하였던 가가와 도

---

57) 『별에서 별까지의 길』, 1922년 5월, 3-6.

요히코도 노동운동에 한계를 느끼고 여기서 결별하는 사태가 일어난다. 가가와의 상황 변화에 대해 살펴볼 필요가 있다.

1. 노동운동의 현실

관서에서 노동운동의 상징이 가가와였다고 한다면, 관동에서의 상징은 오스기였다. 오스기의 혁명적 노동조합주의는 가가와의 의회주의와 격돌하게 된다.[58] 그러나 흥미롭게도 노동운동의 이념에 있어서는 서로 공통되는 부분이 많았다. 가가와는 인간을 인격으로 다룬 것에 반해, 오스기는 보다 자연적인 생(生)으로 이해하여 인간이해의 시각에 차이가 있다. 하지만 오스기도 '자유로운 개인'을 출발점으로 하여 생(生)의 확충, 즉 노동자의 억압 상태로부터 해방에서 노동운동의 의의를 찾고 있었다. 마르크스주의를 비판하고 자유를 도착점으로서 뿐만 아니라 출발점으로 생각해야 한다는 것을 잊어버리고 있었다는 점도 가가와와 상통하는 부분이라 할 수 있다. 이들 공통점은 가가와의 길드사회주의 자체가 영국식 혁명적 노동조합주의였으므로 당연한 것처럼 보인다. 이 두 사람이 동서 노동운동의 지도자가 된 데에는 두 사람의 독특한 인격에 기인하는 바 크다. 또한 당시 깨어있는 노동자들은 경제적 조건을 다소 개선하는 것보다는 인간의 해방 자체를 추구하고 있었다고 이해해야 할 것이다. 그러나 가가와는 중요한 점에서 오스기와 달랐다. 오스기는 생의 확충을 위한 생의 투쟁을 강조하고 직접행동을 찬미하였다. 그 직접행동은 노동자들 사이에서는 때때로 '경찰과 충돌하여 하룻밤 경찰서에 붙잡히거나, 금지된 혁명가를 소리 높여 부르며 큰 길을 활보하는 것'[59] 이 '생의 확충'을 실천하는 것으로 이해되었다. 그러나 가가와는 이러한 행동

---

58) 관동에서는 「경제적 직접행동」, 즉 총파업을 주장하는 혁명적 노동조합주의가 오스기 사카에 (大杉榮)의 영향을 받아 더욱 강하였기 때문에 보통선거운동이 실패하자 직접행동론이 급속하게 우세하게 되었다.

59) 다나바시 고토라(棚橋小虎), 「노동조합으로 돌아가라」『노동』1921년 1월호.

은 노동운동의 장애가 될 뿐 아무런 도움이 되지 않는다고 생각하였다.

직접행동론은 오스기의 영향 아래에 있었던 신우회와 그 밖의 조합뿐만 아니라 우애회 안에도 침투해 있었다. 그것은 앞에서 서술한 보통 선거운동의 실패 이외에 1920년 봄 이후 전후(戰後) 공황의 영향이기도 하였다. 사업 축소에 따른 해고가 전국적으로 이루어졌다. 많은 노동자가 이에 저항하였지만 노동자의 패색은 깊어져 갔다. 원칙에 따른 투쟁만으로는 사태가 개선될 수 없다고 느끼게 되자, 한층 격렬한 행동을 주장하는 의견이 힘을 받을 수밖에 없었다. 많은 조합 조직들은 큰 타격을 받고 소멸하는 경우도 생겨났다. 결국 조합운동에 의해 노동자의 해방을 도모하는 것은 무의미하게 여겨지게 되었다.

이와 같은 상황 속에서 제8회 총동맹대회가 10월 3일부터 3일간에 걸쳐 오사카에서 개최되었다. 첫날, 전국 대의원을 맞이하여 나카지마(中島)공원에서부터 대회 장소인 텐노지공회당을 향해 시위행진을 하였다. 선두의 악대는 가가와가 만든 노동가 '깨어나라 일본의 노동자'를 연주하였다. 그러나 선두에 있던 관동의 대의원이 '탐욕스런 사업가의 마의 손은 오랜 세월 노동의 …'라는 격렬한 노동가를 소리 높여 불렀기 때문에 악대의 반주도 어느 틈엔가 그 곡으로 바뀌어져 갔다. 관동, 관서의 대립이 급속히 그 모습을 드러내었다. 가가와는 격분하여 "이런 격렬한 노래를 부른다면 책임을 질 수 없다."고, 한때 행렬에서 떠나 모습을 감춰버렸다. 가가와의 친한 친구로 그 날 행렬의 선두에 함께 있던 무라시마 요리유키(村島歸之)는 그간의 사정을 "아마 격분한 감정을 추스르기 위해 잠시 명상과 기도를 하고 온 것으로 생각된다. 관서 측의 대의원은 가가와 씨의 얼굴을 보자 안도의 한숨을 내쉬었다. 그만큼 모두가 그 날의 충돌을 예상하면서, 또한 가가와 씨를 의지하였던 것이다."[60]라고 기록하고 있다. 가가와는 관서노동운동의 대표로서 관동파의 혁명적 노동조합주의와 대결하게 된 것이다.

---

60) 雲柱, 1929年 11月号.

첫날밤의 간담회부터 이미 상황은 험악하였다. 위세 등등한 논의에 박수가 터졌다. 오스기와 함께 메이지 이후의 혁명적 산업주의자 아라하타 간손(荒畑寒村)도 격렬하고 선동적인 연설을 하였다. 마지막으로 소개된 가가와는 이런 분위기 속에서 조용히 입을 열었다.

> "우리나라의 노동조합은 이제 막 출발하였다. 지금 우리들이 초조한 생각에 지나치게 격렬하거나 즉흥적인 운동으로 치우치는 듯한 행동을 한다면 관헌의 압박은 더욱 심하여 질 것이고, 또한 온건한 조합원은 조합으로부터 떠나갈 것이다. 우리들은 과거의 쓴 경험을 잊어서는 안 된다. 특히 서로가 명심해야 할 것은 파괴하면 다 이루어진다고 이야기하는 부류에 절대 이용되어서는 안 된다. 나는 레닌이 영국 노동자에게 보낸 한 구절을 여러분에게 전한다. 레닌도 이렇게 말했다. '노동조합이여, 천천히 또 천천히.'"[61]

이것은 전초전이었다. 의견 대립은 둘째 날에 더욱 분명해졌다. 노동조합법 제정과 공장법 개정에 관한 실행위원회를 설치하는 안건과 관련하여 도쿄의 한 대의원이 '우리들 노동자는 부르조아 의회를 신용하지 않는다. 부르조아 의회가 법률 제정을 제한하는 것은 우습다'고 발언하자 총동맹은 의회주의를 택할 것인지, 직접행동을 택할 것인지 그 근본방침을 정하지 않으면 안 된다는 것으로 논의가 옮겨갔다. 관동 측의 직접행동론이 논의로서는 우세하였다. 가가와는 "지금의 의견은 지극히 당연합니다만 곰곰이 생각해 보면 노동조합의 본질을 잘못 생각하고 있는 것처럼 보입니다. 칼로 일어선 자는 칼로 망합니다. 우리 노동운동은 그런 일시적인 권력운동이 아닙니다. 우리들은 지금 자본주의와의 싸움에 임하면서 조직을 통하지 않고 처음부터 폭력으로 행동하려고 한다면 그 목적을 수정하지 못할 뿐 만 아니라 아무것

---

61) 西尾末廣, 大衆과 함께, pp. 89-90.
62) 賀川, 『벽의 소리 들을 때』, p. 332.
63) 勞動者新聞, 10月15日字.

도 얻어 낼 수 없다고 생각합니다."[62]고 말하며 의회주의를 변호하였다. 『노동자신문』은 논쟁의 모습을 이렇게 전하고 있다.[63]

"관동과 교토지역의 급진론자로부터 반대 의견이 나와서 우선 우리들이 끝까지 「의회정책」으로 나아가야만 하는가, 아니면 「직접행동」으로 해야만 하는가를 결정하는 것이 선결문제라고 주장하며 갑론을박하는 회의장은 일종의 비장한 분위기마저 띠게 되었다. 의장은 이것을 다음날로 연기할 수밖에 없다는 취지를 선포하고 5시에 해산하였다. 하지만 시종일관 매우 긴장한 분위기였으며 특히 도쿄 대표자들의 사상이 적화(赤化)되어 있다는 사실에는 내빈과 방청자들도 자신의 귀를 의심할 정도였다."

가가와는 '지금까지의 우애회 대회에서 제8 주년 대회처럼 사상문제가 논의된 적은 없었다. 이것은 일본 노동운동의 매우 큰 진보라고 생각한다. 조만간 일본 노동운동에서도 사상적으로 근본을 정할 필요가 있었던 것이다.'[64]라고 기록하면서, 그때의 상황을 다음과 같이 이야기하고 있다.

"우애회 대회의 둘째 날도 셋째 날도 직접행동론이 많이 거론되었다. 그리고 성실하고 정직한 조합주의는 낡은 것이라고 배척되었다. 아직 조합원의 수가 일본 노동자의 100분의 1에도 미치지 못한 상태에서 일본의 노동자는 구식의 조합주의를 버리고 직접행동으로 옮기려 하는 것이다. 그 때문에 보통선거도 어리석다고 배척하고 의회도 부인하며 단지 직접행동론이 있을 뿐이라고 말하는 것이 노동자 대다수의 의견인 것처럼 보았다. 그래서 나의 "무저항에 의한 저항"이라는 계급투쟁부인설은 태도와 조소 속에 묻혔다. 나는 홀로 비웃음을 받으며 계급투쟁이 세계를 구하는 방법은 아니라는 것을 설득하였다."[65]

---

64) 自由組合論, p. 100.
65) *Ibid.*, pp. 101-102.

가가와는 계급투쟁의 사실은 인정했지만 '계급투쟁은 민족 자멸의 지름길이며', '고쳐야만 하는 성질'의 것[66]이라고 생각하였다. 그는 계급투쟁을 오히려 '사회악'으로 생각하였다.

> "어떤 사회운동이든 증오를 가르치는 것은 잘못이다. 사회운동의 근
> 본적 동기는 사랑이어야만 한다. 그러나 인간은 싸운다. 그것은 인간
> 이 병적이기 때문이다. 그러나 이 병적 충동을 스스로 변호하여 그것
> 이 정당한 목적이며 마치 수단인 것처럼 주장하는 것은 어리석은 일
> 이다."[67]

물론 그는 노동조합의 의의를 높이 평가하며 총동맹 파공(罷工)까지를 포함한 노동쟁의를 인정하고 있다. 그러나 "계급투쟁은 모든 문화를 퇴화시키며 민족을 쇠약하게 하여 발전을 가로막고 천재를 매장시킨다."[68]고 말할 때, 그가 구체적으로 이해하고 있던 계급투쟁이란 폭력적 투쟁이며 궁극적으로는 폭력혁명이었다. 그것이 당시 노동조합운동의 지배적인 분위기가 되려고 하고 있었다. '노동운동의 근본 목적은 인격회복[69]운동이다.'[70]라고 생각하고 있었던 가가와는 이 조류(潮流)를 비판하지 않을 수 없었다.

> "인간성을 신용하지 않고 인간성의 가능성을 믿지 않는 사람은 인간
> 을 흙 인형처럼 유물사관의 결정에 따라 이야기하려고 한다. 그러나
> 백만 번의 결정이 있고, 일억 번의 계급투쟁이 반복되어도 그런 세계
> 는 성장이 없는 피곤한 세계이다. 나는 내부로부터 싹터 나오는 인간
> 성의 폭발만이 참된 힘이라고 생각하고 있다. 그러므로 다 성장한 뒤

---

66) 精神運動と社會運動, p. 439.

67) 自由組合論, pp. 73-74.

68) *Ibid.*, p. 77.

69) 원문에는 인간건축(人間建築)이라고 되어 있으나 여기서는 인격회복이라고 번역하였다.

70) *Ibid.*, p. 70.

에 달걀 속에서 부화한 병아리가 껍질을 깨고 나오는 것은 전혀 지장
이 없지만 성장하지도 않은 달걀을 부화시키려고 쇠망치로 깨트리는
데에는 찬성하지 않는다."71)

이러한 주장을 하는 가가와는 급진론자의 공격 대상이 되었다. '가가와를
매장시켜라!'는 주장들이 나오기 시작하였다.

2. 노동운동의 한계

오사카대회 후 가가와의 열정적인 주장에도 불구하고 관서에서조차 보
통선거운동은 시들해져 버렸다. 오사카연합회는 12월의 대의원회에서 보
통선거운동을 '소극적으로 실행'하기로 하였고, 고베연합회도 '직업 정치
가를 끼지 않고, 노동단체만으로 운동을 한다.', '청원운동을 제외하고 시
위운동 또는 연설회'에 한정하기로 하였다. 1921년 1월, 보통선거기성관서
노동연맹이 주최한 시위행렬 및 연설회는 향상회, 오사카인쇄공조합 등이
참가하여 기세를 높였지만 우애회는 거의 참가하지 않았다. 그뿐만 아니라
동맹회는 1월 이사회에서 '보통선거운동은 직업적 정치가와 제휴하지 않고
노동단체만으로 할 것'을 결의하고 이 집회를 마지막으로 '연맹 해산을 제
안하기'로 결정했다. 이렇게 관서에서는 보통선거운동의 주체마저 해체해
버렸다.

일본의 노동조합운동이 두 개의 방향으로 나누어지고 있었다. 1921년이
되어도 불황은 회복의 징후를 보이지 않았다. 공장 폐쇄와 해고가 잇따랐다.
공황 이후 1년 동안 조선업계의 해고자는 4만을 넘었다. 게다가 세계대전 전
의 노동자와는 달리 노동문제에 대한 의식도 높아지고, 다소의 조직도 가지
고 있었다. 노동운동이 격렬하게 일어나고 고용주와 관헌의 억압을 계기로

---

71) *Ibid.*, pp. 98-99.

폭력화될 가능성을 가지고 있었다. 게다가 혁신적 산업주의조합자 기반까지 있었으니 영향이 나타난다는 것도 당연하다고 하겠다. 우애회 간부는 이것을 우려하였다.

1921년 봄 이후 관서의 노동계도 떠들썩하였다. 당시 분위기를 전하기 위해 조금 길지만 『노동』의 한 문장을 인용해 보자.

"작년 이후 불경기의 영향으로 한때 쇠퇴, 침체가 극에 달한 것처럼 보인 우리나라의 노동운동은 최근 대단한 기세로 움트기 시작하였다. 오사카의 이른바 다이덴(大電·오사카전등회사)의 쟁의(5월초·중순)를 계기로 오사카의 노동자들은 갑자기 위세를 만회하게 되었다. 그리고 그들이 내세운 요구는 단체교섭권의 확인이라는 것이었다. 물론 지금까지도 노동자의 조합권이나 단결권을 외치고 요구했었다. 그러나 그것은 노동자의 단결권에 대한 소극적인 요구에 지나지 않았다. 다이덴(大電)쟁의에서 나온 요구는 이러한 것에서 한발 더 나아간 보다 적극적인 것이었다. 그러나 이 교섭권이라는 것은 단지 한 회사 안에서의 조합의 교섭권이라는 것에 지나지 않는다. 그런데 여기서 다시 한발 나아간 것은 20여일에 걸쳐 맹렬히 싸웠으며 관서노동자의 피를 끓게 한 후지나가타(藤永田) 조선소의 노동자쟁의(6월)이다. 쟁의의 최종 주안점은 오사카조선노동조합을 인정하고 이 조합과 단체교섭을 하라는 것이었다."

이 쟁의에 대해 노동조합 측의 공식 발표는 다음과 같다.

(6월 5일) 가가와 도요히코 씨는 관계자와 함께 구속자를 풀어 줄 것을 요구하기 위해 특별고등(특고) 경사과장을 방문하고, 본 공장 사무소에서는 나가다(永田) 소장에게 노동조합과 단체교섭권에 대해서 약 2시간 설명하였다. 또한 아사히구락부(朝日具樂部)에 찾아가 제2, 제

3의 새로운 조합 실행위원을 만나 이른바 정정당당한 싸움에 대해 여러 가지 훈계를 하였다. 이리하여 6일에는 직공 전원이 평상시대로 출근하였으나 직공복으로 변장한 여러 명의 형사들 때문에 또 10여명이 구속되었다. 그러는 사이 가가와 도요히코 씨는 6일 오전 10시부터 공장측 대표자와 만나 여러 가지 절충을 거듭하여 드디어 아래와 각서를 작성하기에 이르렀다.

〈각 서〉

1. 후지나가다조선소 내에서 노동자가 조직하는 조합을 교섭단체로 인정한다.
2. 그 단체의 내용, 조직 방침, 교섭의 범위 및 방법에 관해서는 공장주 측과 노동자 측으로부터 적당한 위원을 선출하는 대로 즉시 조사회를 조직하여 심의 결정하는 것으로 한다.

이리하여 오후 4시 직공 측 위원 4명은 공장 측의 마에노(前野) 상무와 나가다(永田) 공장과장 외 다른 1명과 가가와 도요히코 씨, 시라이(白井·특고) 과장이 입회한 가운데 재차 모임을 가지고 단체 교섭권에 대한 협의를 진행하고 있었다. 그런데 마에노 씨가 갑자기 전에 교환한 각서는 단순히 안(案)에 불과하며, 정식으로 교환한 것은 없다고 사실과 다른 고집을 부리며 양보하지 않아 대격론이 일어나게 되자 직공 측 대표자가 자리를 걷어차고 나가버렸다. 이것으로 가가와 씨는 조정에서 손을 떼었다.[72]

회사 측은 교섭을 하루하루 미루며 노동조합이 내부에서부터 붕괴하기를 기다리는 작전을 취했다.

"초조해질 대로 초조해진 노동자는 마침내 17일에 회사 간부의 사택을 습격하기에 이르렀다. 일이 이렇게 되자 혼전 양상을 띠었다. 경찰

---

72) 勞動者新聞, 1921年 6月 18日字.

대와 여기저기서 충돌하였으며, 양쪽 모두 부상자가 수십 명에 달했다. 결국 교섭권의 문제도 뒤로 미루어지고 조합의 독립조차도 기약할 수 없는 상태에서 우선 전쟁을 끝낼 수밖에 없었다."[73]

후지나가다 쟁의가 교착상태에 빠지자 오사카의 조합이란 조합은 모든 힘을 다해 성원을 보냈다. 그것은 이제 공장 한 곳의 쟁의가 아니라 전 오사카를 휩쓴 쟁의였다. 오사카의 모든 조합은 6월 17일과 20일 2회에 걸쳐 덴노지공회당에서 노동자대회를 개최하였다. 중심적인 연설자였던 가가와는 제1회 대회에서 그다운 논조로 이렇게 선언하고 있다.

"압박하여 오라! 박해여 일어나라! 우리들은 이곳에서 단호히 일어나 산업의 민주를 절규한다. 산업의 전제군주를 매장하라! 오늘날 우리들은 입헌 세계에서 살고 있는데 왜 산업에서만 전제군주가 필요하단 말인가! 우리들은 공장의 입헌제를 요구한다. 혼탁한 공기여 사라져라! 자유의 분위기여 용솟음쳐라! 우리들은 끝까지 노동자의 자유를 위해 싸우자"

고베의 노동자들도 가만히 보고만 있을 수 없었다. 6월 8일, 12일, 18일 3회에 걸쳐 성대하게 노동자대회를 개최하고 후지나가다 쟁의를 전폭적으로 지원하였다. 가가와는 여기에서도 중요한 지도자였다. 제3회 노동자 대회에서는 '횡단조합을 배경으로 한 단체교섭권을 획득할 것'이 결의되었다. 노동자의 횡적연대 바꿔 말한다면 계급의식이 이 투쟁을 계기로 광범위하게 형성되어 갔다. 『노동』은 그간의 사정을 이렇게 적고 있다.

"결국은 맞닥뜨려야 할 운명이다. 계급투쟁이 인류 진화의 한 단계로서 어쩔 수 없는 운명이라면 설사 그 잔이 아무리 쓰디쓰더라도 우리

---

73) 勞動, 1921年 7月号.

들은 순교자의 심정으로 이 잔을 마시는 것 외에 달리 방법이 없다고
생각한다."

가가와는 불황 속에서 하는 쟁의는 희생만 크다고 생각하여 상담을 받았
을 때에는 쟁의에 찬성하지 않았다. 그러나 일단 쟁의가 일어나면 그렇게 말
만 하고 있을 수 없었던 것이다. 이 쟁의가 끝나기도 전에 스미토모신동(伸
銅) 아마가사키(尼崎)공장에서도 쟁의가 일어났다. 여기에는 가가와가 조합
장을 맡고 있던 신동공조합이 관여하고 있었다. 가가와는 매일 고베에서 신
동공조합사무소에 나가 양복을 입은 채로 조합사무소에서 잠을 자는 경우도
적지 않았다. 쟁의는 조합에 유리하게 해결되었다.

3. 노동운동과의 결별

가와사키·미쓰비시 노동쟁의와 그 참패는 일본의 노동조합운동에 있어서
하나의 전환점이 되었다. 총동맹 기관지 『노동』 9월호에 이 쟁의가 보도되었
는데 '일본 노동운동의 전기(轉機)' 라는 제목으로 다음과 같이 논하였다.[74]

"좌익이든 우익이든, 악화든 합리화든 오랫동안 혼돈 속을 방황한 일
본의 노동운동은 이번 쟁의를 분기점으로 하여 또 하나의 전기(轉機)를
맞이하였다. 마침내 우리가 나아가야 할 목적이 정해진 듯한 느낌이
든다. '힘'에 대항하는 것은 결국 '힘'이다. 만약 노동자가 정의라고
믿고 나아가는 것을 자본가나 관헌이 단지 '힘'으로 억압하려고만 한
다면 노동자도 필경 정의라든가 인도라든가 하는 약자의 주제를 주장
하는데 머무르지 않겠다. '힘'으로 대항하는 것 외에는 방법이 없다.
이번 쟁의를 거치면서 모든 이들의 머릿속에 강하게 각인되어진 이러

---

74) 勞動, 1921年 9月号.

한 인상은 쉽게 지워지는 것이 아니다. 도의도 정리도 인정도 모두 유
린당한 자폭적 심정이 향할 곳은 오직 한 곳뿐이다."

　　쟁의의 지도자였던 가가와는 노동자의 힘은 오직 단결하는데 있으며, 그
것을 지탱하는 것은 노동자의 인간으로서의 자각과 정의와 사랑이라는 것
을 끊임없이 이야기하였다. 쟁의방침으로서도 무저항주의와 질서 있는 단
체 행동을 중심으로 하여 조급히 서두는 조합원을 자제시켰다. 그러나 결국
은 참패였다. 도의(道義)도 정리(正理)도 인정(人情)도 결국 힘 앞에서는 지
탱하지 못한다는 것을 노동자는 온몸으로 체험했던 것이다. '힘에 대항하는
것은 결국 힘' 이외에는 없다고 생각하게 된 것은 당연하다고 말할 수 있겠
다. 그것은 가가와의 노동운동의 패배를 의미한다. 그러나 그는 실망하지 않
았다. 오히려 쟁의를 진행하는 가운데 보여준 노동자의 단결의 힘에 새로운
기대를 걸 수 있다고 생각하였다. 노동자의 자각은 높았다. 그러나 노동자
해방의 길은 평탄하지 않다. 가가와는 쟁의 직후 『노동자신문』에 다음과 같
이 썼다.

　　"일본의 노동자 계급은 이제 근본에서 자각하였다. 이제 그들은 단순
　　히 임금 인상이나 시간의 단축문제로 움직이고 있는 것이 아니다. 그
　　들은 인격의 자유와 생산자의 근본적 해방을 위해서 행동하고 있다.
　　그래서 앞으로 어떠한 압박이 가해질지라도, 아무리 많은 사람이 구속
　　될지라도, 그것들은 단지 노동계급 해방을 위한 초석(礎石)이 될 뿐
　　그것이 조합운동을 단절시킬 수는 없는 것이다."[75]

　　"압박이여 오라! 박해여 일어나라! 정의를 위해서 백 명이 오른쪽으로
　　쓰러지고 천 명이 왼쪽으로 쓰러져도 우리들은 사선을 넘어 돌진하라.
　　파업이 실패해도 노동자의 길은 진격한다. 십자가의 길은 패배의 교조

---

75) 勞動者新聞, 1921年 8月 15日字.

(敎條)이다. 노동자 인격의 자유를 위해서 싸움이 항상 승리일 필요는 없다. 정의는 힘차게 나아간다. 노동자는 세계의 기초이다. 진리는 끝까지 칼에 굴복해서는 안 된다. 미래는 노동자의 것이다."[76]

미래는 노동자의 것이라고 생각하는 점에서는 일치하여도 그것을 어떻게 실현하는가에 대해서는 가가와도 이미 소수파에 불과했다. 회사 측의 강경한 태도와 관헌의 탄압으로 인해 정의나 인도는 '약자의 주제'로 간주되었다. 폭력에는 폭력으로 대응한다는 태도가 지배적이 되었다. 이러한 분위기 속에서 혁명적 노동조합주의는 쉽게 이러한 태도에 물들어져 갔다. 관서지방의 노동조합운동도 급진 과격한 의견이 주류를 이루어 갔다. 가가와는 이런 움직임에 찬성할 수 없었고 위험하다고 생각했다.

"이상주의에서 멀어진 노동운동은 참된 운동일 수 없다. 우리들이 착취 계급에 대응하여 계급적인 자각을 갖추는 것은 바람직하지만 그것이 이상이 결여된 자각이라면 아무 소용도 없다. 뭐든 파괴해 버리면 새로운 것이 생기리라고 여기는 것은 큰 오산이다. 우리들은 반드시 새로운 이상을 가지고 그것을 향해 앞으로 나아가야 한다. 폭력이나 무력, 금권으로 이룩한 외면적이고 가상적인 권위 아래서 생긴 사회조직은 금방 무너져 버린다. 우리들은 그러한 것들 위에 새로운 사회를 만들어 가고 싶지 않다. 노동조합이 이상을 버렸을 때는 노동조합은 이미 사회를 개조하겠다는 동기로서의 사명을 상실해 버리는 것이다."[77]

가가와의 영향력이 대쟁의(大爭議)를 계기로 많이 약화되었다고는 하나 아직 관서지역에서는 가장 유력한 지도자였으며, 그의 주장을 진심으로 지지하는 사람도 많았다. 그래서 그해 9월말 관서노동동맹회 임시대회에서 가

---

76) *Ibid.*, 8月 29日字.
77) *Ibid.*, 1921년 10月 11日字.

가와는 후지오카 분로쿠, 니시오 스에히로와 함께 관서에서 선출된 총동맹 중앙위원으로 추천받고, 10월의 총동맹 전국대회에서는 중앙위원 7인 중 한 사람으로 선출되었다. 또한 『노동자신문』의 사장 겸 발행, 인쇄, 편집인으로서 거의 매호마다 1면 상단에 논진을 폈다. 게다가 그 내용도 노동운동이 당면한 여러 가지 문제와 관련된 것뿐 ─「파업통제론」(10월 15일호), 「무산계급과 실업문제」(11월 15일호), 「군비축소와 무산자계급」(12월 1일호), 「보통선거안과 그 장래」(1922년 1월 1일호), 「노동과 향락」(1월 17일호), 「노동보험과 노동조합」(2월 1일호) 등 ─ 이었다.

또 1922년 5월에 열린 신동공조합의 대의원대회에서 투표에 의해 가가와는 조합장으로 재선되었다. 신동공조합은 관서에서도 가장 큰 조합으로 조선소의 대쟁의가 끝난 후에도 관서지역에서 활발한 운동을 실시하던 조합 중 하나였다.

노동조합운동이 회사 측과 관헌의 압박으로 시련을 받는 한편 조합 내에서는 불만과 초조감으로 점차 폭력적 경향이 강화되어가는 가운데, 가가와는 노동운동이 기초가 다져진 운동으로 되기 위해서는 노동자의 교육이 중요하다고 생각하게 되었다. 그는 1922년 5월의 『노동자신문』에서 「교육의 가능성을 생각할 것」을 제창하고 이렇게 주장했다.[78]

> "사회 기초로서의 노동조합이 노동계급의 해방을 위해서는 민주화된 교육조직이 가장 좋은 방법이다. 따라서 노동학교는 다시 새로워질 필요가 있다. 그러나 나는 노동학교를 단지 전쟁을 위한 사관학교만으로 국한하여 생각하고 싶지 않다. 나는 그러한 사관을 만들기 전에 먼저 인간을 만드는 것이 진정한 의미에서 교육의 민주라고 생각하고 있다."

가가와의 이러한 주장에 찬성하는 사람이 여럿 나타났다. 그리하여 오사

---

78) *Ibid.*, 1922년 5月.

카노동학교에 대한 계획이 무르익어 6월 1일부터 오사카 니시구(西區) 미나미아지아와가(南安治河通)에 있는 아지가와교회를 임시교사(校舍)로 하여 1학기를 개강하게 되었다. 매주 화, 목, 토요일 밤 2시간 반 동안 개강하고, 수업기간은 3개월을 한 학기로 하여, 2학기로 졸업하는 것으로 하였다. 강사는 가가와 이외에 신데이 마사미치(新明正道), 마쓰자오 가네토(松澤兼), 고이와이 기요시(小岩井淨), 다카야마 기조(高山義三), 무라시마 요리유키(村島歸之) 등의 대학교수, 변호사, 신문기자였다. 노동학교는 대성황이었다.

가가와는 자신이 관계한 노동운동에 대해서는 가능한 경제적 책임을 지고 뒤를 봐 주었다.[79] 그러므로 가가와의 사고방식에는 찬성할 수 없었던 혈기 왕성한 노동운동의 활동분자도 가가와의 헌신적인 노력 앞에서는 머리를 숙이지 않을 수 없었다.

그렇지만 앞에서 기술한 바와 같이 가가와에 대한 비판은 관서지역 노동운동 안에서도 점점 강해져 갔다. 이미 가가와에게 노동조합은 그렇게 마음 편한 곳이 못 되었다.

가가와는 가가와 나름대로 1921년 10월 총동맹 중앙위원에 선출된 때부터 중앙위원회에는 거의 출석하지 않았으며 관서노동동맹회의 이사회 등에도 얼굴을 내밀지 않았다. 그런 의미에서 노동운동과의 사이에 이미 거리가 생겼다는 것은 부정할 여지가 없을 것이다. 그리고 21년 5월 관서동맹회 이사회에서 『노동자신문』의 편집 발행인은 가가와가 아닌 신동공조합의 안도 구미마쓰(安藤國松)로 변경되었다. 가가와는 21년 7월, 12월호에 「위험의 잉태」라는 제목의 글을 게재한 것을 마지막으로 오랫동안 키워온 『노동자신문』과의 관계도 끊었다. 그 글 속에서 그는 다음과 같이 기록하고 있다.

---

79) 가가와가 노동운동에 여전히 큰 영향을 가지고 있었던 또 하나의 가장 큰 요인은 노동운동에 대한 가가와의 경제적 원조였다. 당시의 조합은 자금 면에서 빈약하였다. 지도자들도 쟁의를 하다 해고가 되면 곧 생활이 궁핍해진다. 이런 사람들을 한 사람, 한 사람 돌보아 주고 운동에 필요한 뭉치자금을 제공한 것은 가가와였다. 『사선을 넘어서』를 비롯하여, 『태양을 향해 화살을 쏘는 자』 등이 판을 거듭하자, 당시로서는 막대한 금액이 가가와의 손에 주어졌다. 무라시마 요리유키는 『사선을 넘어서』의 인세를 어디에 사용했는지를 기록하였다.

"위험이 시시각각 다가오고 있다. 선의에 의한 개조운동은 점점 자취를 감추고, 협박과 협박이 일본 위에 내려서 일본은 암흑속의 옛날로 돌아가야만 할지도 모른다. 그런 날을 보기를 원치 않기 때문에 우리들은 진정한 노동조합운동으로 조용히 사회재건을 서두르지 않으면 안 된다. 그러나 그것이 성취되기 전에 어둠이 먼저 오는 것은 아닐까. 나는 그것을 두려워하고 있다."

가가와는 노동운동에 환멸을 느꼈다. 노동운동은 이미 가가와를 필요로 하지 않게 되었다. 가가와는 자기의 본래의 사명이 전도자임을 생각하지 않을 수 없었다. 총동맹이 좌익으로 급선회한 1921년 10월 대회 직후, 가가와는 동지와 함께 종교결사단체인 「예수친구회(イェス友會)」를 조직하고, 1922년 1월부터 개인잡지 『구름기둥(雲の柱)』을 발행하기에 이르렀다. 동시에 그의 사회적 관심은 노동에서 농민운동으로 옮겨갔다. 농민운동은 가가와를 필요로 하고 있었던 것이다.

결론: 가가와의 한계와 변모

빈민을 구하기 위하여 시작한 가가와의 노동운동은 강경한 현장이론가들과의 이론 투쟁에서 밀려 나기 시작하였다. 화해와 협력보다 투쟁과 쟁취를 강조하는 강경파 노동운동은 노동현장을 더욱 경색시켰다.

가가와는 '성육신의 신학'을 바탕으로 하여 노동자들과 하나가 되고, 그들의 어려움을 극복시키려는 노력을 하였으나 이것은 하나의 '감상적 이상론'이 되었다. 노동운동은 투쟁이요 쟁취라고 생각하는 이들에게 가가와의 논리는 한계가 있었다.

가가와는 빈민운동가와 노동운동가 이전에 전도자이기를 원하였다. 그러기에 그의 노동운동은 궁극적으로 전도를 목표하는 것이었고, 성육신의 신학과 실천의 신학을 바탕으로 하였다. 이러한 그의 주장이 노동운동에 적용되기에는 한계가 있었다.

우리는 여기서 1960년대와 70년대의 한국에서의 '도시산업선교운동'을 연상한다.[80] 당시 사회악에 대항하고 정의 구현을 위한 방안이었으나 이것이 하나의 과도기적 현상이었음을 오늘의 우리들이 알 수 있는 것과 같다. 결국 가가와는 자신의 본분인 전도자로 돌아갈 수밖에 없었다.

---

80) 도서산업 선교에 대해서는 인명진, 성문밖 사람들 이야기(서울: 대한기독교서회, 2013)을 참고하라. 또 김명배 책임 편집, 三愚 인명진을 論하다(서울: 북코리아, 2021)을 보라.

제8장 ───────── 가가와 도요히코의
                                              농민운동

서론: 농촌의 아들

가가와 도요히코는 농촌의 아들이었다. 비록 고베에서 태어나기는 하였으나 그가 자란 도쿠시마현(德島縣) 호리에(堀江) 지역은 적막한 산골이었다. 오늘날은 나루토시(鳴門市)에 편입되어 있으나 지금도 가구들이 얼마 되지 않는 작은 마을이다. 당시 농민들의 수입은 공장노동자의 절반 밖에 되지 않는 상황이었는데 가가와는 여기에 대해 이렇게 기록하고 있다.[1]

> "나는 도쿠시마현의 농촌에서 자랐고 농촌이 하루하루 붕괴되어가는
> 것을 보고 비통한 마음을 가진 적이 있었지만 지금도 슬픔을 지니고
> 있다. 도대체 일본 농촌을 구하는 것은 언제일 것인가. 일본의 농민은
> 더 이상 가난하면 안 된다. 부채 때문에 노예가 되는 길밖에 없다."

가가와는 노동운동에서 농민운동으로 사역의 방향을 수정하는 변화를 겪게 된다. 이것은 가가와 사역의 새로운 변신이며 새 무대를 향한 헌신이기도 하였다.

───────────────

1) 賀川豊彦, 精神運動と社會運動(東京: 警醒社, 1919).

I. 농민운동에의 헌신

농촌의 아들인 가가와가 농민운동을 하는 것이 당연한 것 같이 보이나 그는 이미 도쿄와 고베의 도시생활을 경험하였고, 미국 유학을 통하여 새로운 문화를 접한 상태였다. 그러나 그는 빈민운동을 통하여 도시빈민들의 어려움을 체험하였고, 노동운동을 통해 노동자의 생존권에 관심을 가지고 이들을 돌보는 헌신의 삶을 살았다.[2] 가가와는 새로운 영역에의 헌신을 시도한다.

1. 노동운동에의 실망

가가와는 미국 유학과 빈민운동의 체험을 통하여 빈곤에서의 탈출을 위한 노력을 하였다. 그는 사회개조의 이론과 실제를 확실히 몸에 익혀, 일본의 도시와 농촌의 빈곤생활을 어떻게 향상시킬 것인가에 대해서의 확신을 안고 1917년에 신가와로 돌와 왔다. 신가와에서 6년간의 생활경험과 미국에서의 3년간의 체험을 지닌 가가와에게는 실로 일본에서 새로운 사회를 실현하는 이론과 실천을 향해서 일어서게 된다.[3]

당시 오사카와 고베는 전국에서도 큰 공장이 매우 많이 모여 있었기 때문에 우선 노동자의 문제에 손을 대지 않으면 안 되었다. 그래서 당시 유일한 노동조합이었던 우애회(總評의 전신)의 고베지부의 회원이 되었다. 그래서 곧 고베지부장이 되고, 기관지 『신고베』를 발행하고, 1년 남짓해서 관서지방 전체의 지도자가 되었다. 1919년에는 유명한 「노동자 숭배론」을 발표하고, 그것이 발매금지 처분을 받고서는 명실공히 전국의 노동운동의 제1 인자가 되어 다시 보통선거운동이나 무산정당운동까지 일으켜 눈부신 활동을 했다. 1921년에는 일본 최초의 3만 명을 넘는 종업원을 가진 가와사키조선

---

2) 김남식, "가가와 도요히코의 빈민운동 연구", 신학지남, 제78권 1호, 2011년 봄호, 146-174.
3) *Ibid.*

소의 초대형 스트라이크를 지도해서 기세가 당당했다.

그러나 시기상조였기 때문에 쟁의는 다수의 희생자를 내고 완패했다. 그후 일본의 노동조합운동은 모두 공산주의자의 손으로 넘어가고 가가와나 종교가의 손에서 떠났다. 가가와는 언제나 노조를 배후에서 후원했으나 노조는 가가와를 이용할 따름이며 늘 가가와를 밀어내었다.

가가와는 노동운동에 혼신의 힘을 쏟았으나 그의 기독교적 지도노선은 온건주의 또는 패배주의로 지탄을 받았고, 강경론을 주장하는 공산주의자들에게 노동운동의 주도권을 빼앗겼다. 그러니 가가와가 농민운동에 참여한 것은 노동운동에서의 축출과 연관되는 일이다. 실망의 나락에서 새로운 영역을 개척한 것이다.

2. 스기야마(杉山)와의 만남

가가와의 농민운동 중에서 주목할 만한 것은 스기야마(杉山)와의 만남이다. 그들은 콤비를 이루었고 농민운동을 함께하는 동지적 관계로 헌신하였다.

「雄辯」이란 잡지에 목사이자 작가인 오키노(沖野岩三郎)가 '일본 기독교계의 신인과 그 사업'이라는 글을 발표하였다.[4] 이 글에서 일본 기독교계의 새로운 주자를 소개하였는데 한 사람은 가가와 도요히코이고, 또 다른 한 사람은 와카야마(和歌山)현립 농업회 출신으로 도쿠호(東北) 학원을 졸업한 스기야마 겐지로(杉山元治郎) 목사였다. 스기야마 목사는 후쿠시마(福島) 평야 부근의 농촌교회에 부임하여 교회만이 아니라 농촌을 변화시킨 사람이다.

스기야마 목사는 그의 교회가 있는 마을의 넓은 늪에서 농민들이 고난을 겪고 있는 것을 보고 농민들을 지도하여 그 늪을 간척하여 훌륭한 농토로 만들었다. 이것은 그 당시에 매우 파격적인 일이었고 목사가 농민의 삶에 직접

---

4) 오키노와 가가와는 메이지학원의 동기생으로 친밀한 사이였다.

관여하는 모범적 사례였다.

가가와는 '이 사람이다' 싶어 오키노의 소개로 스기야마 목사를 만나 '농민조합운동'을 하자는데 의기투합하였다.[5] 농민운동을 전개하기로 한 가가와는 스기야마 겐지로 외에 무라시마 요리유키, 오가와 칸조우(小川澳三) 등 좋은 협력자를 얻어서, 일본 최초로 농민의 전국 통일조직 결성을 향한 준비를 진행하였다.

당시 지주와 빈농의 격차는 오늘날의 상상을 초월할 정도였다. 소작료 때문에 고생하는 소작인들은 각지에서 소작쟁의를 일으켰다. 전국 각지에 소규모의 소작인조합은 있었으나 자연 발생적인 측면이 강하고, 서로 고립되어 있어서 조직적 지도가 거의 이루어지지 않았다. 사회운동, 해방운동으로는 처녀지라 할 수 있는 분야였다. 쟁의의 중심과제가 되었던 것은 가혹한 소작료의 인하였다. 실제로 쟁의는 1919년 봄에 326건, 9월에 408건, 10월에는 1,680건으로 계속해서 증가하였다.

소작인의 힘을 결집하는 것이 급선무라고 생각한 그는 1921년 10월 17일 스기야마 겐지로를 위원장으로 하는 일본농민조합을 조직하고, 임시 사무실을 자기 집으로 하여 부인인 하루를 회계 담당으로 정한 뒤, 당면한 활동 자금으로서 자기의 원고료와 인세 등을 투입하였다. 1922년 1월에는 기관지 『토지와 자유』를 발간하는 등 소작인조합의 결집에 힘을 기울였다.[6]

---

5) 스기야마는 1885년 오사카부 츠쿠노시의 빈농가정에서 출생하여 오사카 시립 덴노지농업학교 재학 중에 기독교 세례를 받았다. 졸업 후 와카야마현 농업회의 기사가 되었으며, 오키노 이와사부로(沖野岩三郎)와 카토우 가즈오(加藤一夫) 등과 교류를 하였다. 그 영향을 받아 도후쿠학원 신학부에 입학하여 목사가 되었다. 1920년에 아가와로 가가와를 방문해서 농촌개량의 조언을 받은 것이 두 사람의 첫 만남이었다. 무토 도미오의 『평전 가가와 도요히코』에 따르면 그 당시 도요히코는 "노동조합 운동은 내가 하고 자네는 새로운 운동, 농민조합운동을 했으면 싶네, 그러나 농민운동은 시기상조이기 때문에 기다려주면 좋겠네"라고 약속을 했다.

6) 『土地と自由』는 농민운동의 이론적 근거 제시와 함께 선전도구로의 역할을 감당하기 위한 방안으로 간행되었다. 이것은 일본 대중운동의 특성이라고 볼 수 있다. 일본의 이러한 운동이 당시 농촌운동을 하던 유재기(劉載奇) 목사에 의해 한국에 소개되었다. 김병희 편, 허심 유재기 목사 유고집 · 세대를 뛰어넘는 경계인(서울: 예영, 2011), pp. 259-262.

3. 농민운동의 온건성

노동조합은 공산주의자들이 주도권을 빼앗아 좌경화해 버렸으나 일본농민조합은 창립 당시부터 온건한 길을 걸었다. 발기인도 이사장 스기야마 겐지로(杉山元治郎), (이사) 가가와 도요히코(賀川豊彦), 푸르세(古瀬傳藏), 무라시마 요라유키(村島歸之), 오가와 간조우(小川渙三), (평의원)아리마(有馬賴寧), 모리모토(森本幸吉), 스즈키 분지(鈴木文治), 오키노 이와사부로(沖野岩三郎), 요시노(吉野作造) 등 거의 전원이 크리스천이고 5명의 이사 중에서 목사가 3명이었다.

거기에다가 농민은 땅에 뿌리를 박은 견실함이 있고, 또 토지는 한 번 파괴하면 거의 재건이 불가능하므로 경솔하게 파괴되어서는 안 되므로 스기야마, 가가가와 콤비로 일본농민조합운동은 확실한 성장을 계속했다.

물론 여러 가지 곤란이 있었다. 외부에서의 관헌이나 부자들의 압력과 내부에서의 공산주의자들의 집요한 반대가 언제나 그들을 괴롭혔다. 그러나 제2차 세계대전에서 일본이 패하고 나서는 상황이 급변했다. 미국군의 점령 하에서 크리스천인 맥아더 사령관의 지도에 따라 1947년에는 전국에 농지개혁을 단행했다.

만약 농지개혁이 몇 해만 늦었어도 전후의 「쌀보내기 운동」의 여파가 과격화해서 일본에 혁명이 발발할 위험이 높았다. 그러나 농지개혁은 농민 전부가 지주가 되는 실질적인 혁명이었기 때문에 구원되었다. 스기야마, 가가와가 지도하는 농민조합이 온갖 곤란에 휘말리면서도 그 온건성을 굳게 지켰기 때문에 하나님의 축복을 받아 피를 흘리지 않고 일본 농촌의 혁신이 실현되었다.

가가와는 노동운동의 과격성을 경험하였기에 농민운동은 온건한 방향으로 나아가려고 노력하였고 농민들의 삶을 새롭게 하는데 관심을 모았다.[7]

---

7) 김남식, "가가와 도요히코의 노동운동", 본서 제7장 참조.

II. 농민운동의 이론적 탐구

가가와의 농민운동은 그의 다른 사회활동과 같이 이론적 받침이 있다. 즉 이론과 실천이 하나의 틀을 이룬 장점을 가지고 있어 감정적 방향으로 흐르는 것을 막고 있다. 가가와는 '농민해방론'을 통해 빈곤에서의 탈피를 제시한다.

1. 농민해방론

가가와는 신가와 빈민굴 주민을 관찰한 결과 그 대부분이 농촌 출신의 빈민이며, 이미 농촌에서부터 빈민이었다는 것을 알게 되었다. 도시의 빈민도 비참하지만 농촌의 빈민은 지방에 따라서 더욱 비참하였다. 가가와는 농촌에서도 사회사업이 전개되어야 한다고 생각하고 있었다. 그런데 1918년 이후, 노동운동의 제일선에 서서 노동자와 함께 노동문제를 생각하게 되자 이런 농촌에 대한 사회사업적 접근에도 하나의 변화가 보이게 되었다. 농민 특히 소작인의 생활은 비참한데 그들도 역시 생산자이므로 농민문제 해결의 방향도 생산자로서의 농민해방운동이어야 한다고 생각하게 된 것이다. 가가와가 농촌문제에 대해서 최초로 쓴 논문은 1919년 1월 『구제(救濟) 연구』(오사카부[大阪府] 사회과)에 게재된 「일본 농촌의 사회문제」(『정신운동과 사회노동』에 수록)인데, 그 안에서 그는 이렇게 기록하고 있다.

"농민은 해마다 피폐해 간다. 목숨만 붙어있으면 그것으로 만족하는 것이다. 그들은 거의 빈민과 같은 생활에 만족하고 있다. 일본에서 약 2천만의 농민은 빈농의 상태에 있고, 그 중 약 750만 명은 한 마지기의 논밭도 없는 무산계급의 사람들이었다. 일본의 사회문제는 농촌에 있다. 오늘날의 농촌소작인은 일종의 허울 좋은 임금노동자인 것이다. 나는 이런 의미에서 일본에서 약 1천만 명의 농민은 빈민이며 농장노동자라고 보아도 무리가 아닐 것이다."[8]

"봉건적으로 지주와 소작인이 온정주의를 유지하고 갈 수만 있다면
괜찮겠지만 오늘날에는 토지 합병으로 자본주의적 경영법이 농장에까
지 스며들어 차라리 무자비한 자본가 밑에서 막 취급을 당하느니 사막
과 같은 도회지가 훨씬 낫다고 생각하여 도회지로 나오는 것이다."[9]

노동운동의 지도자인 가가와에게는 소작인은 지주가 소유하는 농장의 노
동자일 뿐이었다. 따라서 농민문제는 그 본질에서 농업노동자문제이며, 그
런 점에서 노동문제에 대한 것과 기본적으로는 동일한 접근이 가능하다고
생각하였다. 경작권 확보 요구는 단체교섭권 확립에, 임금인상 요구는 소작
료 절감 요구에 해당하는 것이다. 이러한 농촌문제의 단순화는 일본의 농촌
문제 분석으로서는 매우 초보적인 단계이지만, 다이쇼(大正) 중기의 일본 농
촌문제의 이해 수준으로는 그렇게 낮다고만은 할 수 없다. 노동문제의 시점
에서부터 접근한 것으로서는 당연한 결론이라고도 말할 수 있다.

그렇다고 하여 가가와가 농촌문제와 노동문제를 획일적으로 단순화시킨
것은 아니다. 농촌문제와 노동문제 사이의 일종의 대립관계도 인정하였으며
실제로 문제 해결책으로서 다른 방책을 스스로 생각하기도 하였다. 두 문제
의 차이가 단적으로 나타난 것은 농민의 도시 집중문제이다. 가가와는 이 점
에 대해서 앞서 소개한 논문에서 이렇게 말하고 있다.

"시골의 생활은 오히려 안정적이지 못하고 고통스럽다. 힘든 노동을
피해 농촌빈민이 도시로 이주한다. 특히 최근에 공업이 번성하게 되자
많은 농장노동자가 도시로 더욱 집중하게 되었다. 전쟁 중에 26만 명
의 직공이 도시로 집중하였는데 그 8할이 농민이었다. 그런데 그들은

---

8) 精神運動と社會運動, p. 454.
9) Ibid., p. 458.

불경기가 되어도 고향으로 돌아가지 않고 도시에 남고, 농촌은 점점 피폐해 가는 경향이 나타난다. 어쨌든 농장노동자가 도시에 집중하게 되는 최대의 이유는 농부로 살아서는 돈을 벌 수 없기 때문이다."[10]

가가와는 빈민굴에서 도시 무산계급의 어두운 면을 질리도록 보아 왔다. 도시의 빈민굴에 유입되어 오는 농촌빈민·소작인의 비참함, 그러한 소작인을 대량으로 안고 있는 일본의 농촌문제의 심각함에 그는 마음이 아팠다.

이러한 현실에 대해 일본의 농촌은, 일본의 사회는 어떻게 생각하고, 어떻게 하려고 했던 것일까. 당시 일본의 농촌을 지배하고, 농업정책을 지탱하고 있던 사상은 농본주의 즉 노농사상(勞農思想)이었다. 노농주의는 영세 농업에서의 효과적인 농법과 경영을 설명한 것으로 두 개의 기조(基調)가 있다. 첫째는 한정된 영세 토지에서 최대 수확을 얻는 방법, 다시 말해 최대한의 노동력 지출로 토지생산물을 증가시키는 근로주의(勤勞主義)이다. 그러나 근로주의는 근로를 중시한다는 미명 아래 근로 자체를 무상 제공시키고, 농업경영의 노동 코스트를 제로로 계산하여 인간을 소, 말 이하로 혹사시키는 사상이기도 했다. 또 한 가지는 높은 소작료와 높은 지세(地稅)를 부담해야만 하는 농촌에서는 아무리 근면하다 할지라도 농민의 생활은 어려울 수밖에 없었다. 때문에 이러한 조건 아래서 농업경영을 유지해 나가기 위한 방책으로 소비절약이 강조되었다. 생활을 위해서 생산이 있는 것이 아니라, 생산을 위해서 생활이 억제되었다. 즉 농민은 소비생활에서도 인간다운 생활로부터 소외되어 있었다.

가가와는 일본의 농촌문제를 해결하기 위해서는 이러한 농민들의 삶 자체를 개선하는 것이 선결문제라고 생각하였다. 「일본 농촌의 사회문제」에서 그는 이렇게 논하고 있다.[11]

---

10) *Ibid.*, pp. 457-458.
11) *Ibid.*, p. 463.

"밭을 경작하는 것은 알면서 인간을 경작하는 것을 모르는 것은 부처
님을 만들어 마음을 넣지 않는 것과 똑같은 것이다. 인생의 목적은 밭
을 만들기 위해서가 아니다. 인생은 인생이다. 밭에서 보리가 자라더
라도 오두막집에서 사람의 아이가 죽어 나간다면 아무런 도움도 되지
않는다. 그러나 오늘날 일본의 농촌 경제에서도 농업도덕에서도 보덕
종(報德宗)[12]에서도 이 인간 본위의 농생(農生)을 잊어버리고 있다.
절약은 알면서 소비는 모르는 경제학은 아무 도움도 되지 않는다. 말
의 똥을 줍는 일은 가르치면서 영아 사망률을 감퇴시키는 방법을 알지
못하는 농업도덕이 무슨 도움이 되겠는가. 지주만이 배부르고 소작인
이 피폐해 가는 농촌행정이 무슨 도움이 되겠는가? 오늘날 농촌의 급
무는 우선 사상의 조에 있다. 사상개조의 첫째는 밭보다도 인간이 소
중하다는 것에 있다."

가가와는 농촌문제를 해결하기 위해서는 농민해방 즉 인간으로서의 농민
의 주권회복이 가장 최우선되어야 한다고 생각했다. 이는 당시의 노농주의
에 대한 매우 정확한 비판이었다. 그가 농민운동의 선두에 섰을 때의 기조도
이러한 기본 정신이 바탕이 되었다.

2. 하층 농민의 궁핍 해방

당시 일본 농촌의 최대 문제인 농지의 소유관계와 그와 관련된 문제를 해
결하고자 하는 사회적 상황으로 인해 농민조합운동은 그 출발부터 소작료
경감, 경작권 확립을 둘러싸고 전개되었다. 1919년에 "일본에서 약 천만 명
의 농민은 빈민이며, 농장노동자라고 보아도 무리가 없을 것이다."라고 쓴
가가와도 일본농민조합의 「선언」에서는 '토지 합병이라는 악풍이 나타나 마

---

12) 신(神), 선(仙), 유(儒)의 조화를 근간으로 하는 도덕으로, 에도(江戶)시대 농촌계몽운동의 정
    신적인 발판으로 보급됨.

침내 농촌에도 자본주의가 들어오게 되어(소작관계가 냉정한 금전관계에 지배되게 되어-필자) 소작인은 고통 받으며, 일일고용인은 한탄한다.' 고 기록하고, 앞에서 소개한 『토지와 자유』(농민조합의 기관지)에서는 "토지 문제는 일반 노동문제처럼 간단히 생각할 수 없다"고 하며,[13] 그 특수성을 인정하고 농민문제를 농업문제로서 토지소유의 관계 속에서 생각하려고 하는 자세를 나타내고 있다. 이러한 경향이 한층 더 확실히 나타난 것이 농민조합 운동이었다.

소작쟁의의 중심문제는 소작료의 인하였다. 예전부터 일본의 농민은 전통적인 높은 소작료 자체를 불합리적이라고 생각하지 않았으므로 흉작 때에는 지주에게 감면을 간청하는데 그쳤다. 그러나 일본농민조합은 이 높은 소작료 자체가 문제라고 생각하여, 영구히 인하하기를 요구하기에 이르렀다. 일본농민조합이 제일 먼저 관여한 것은 오카야마현 고지마만(兒島湾) 후지다(藤田)농장 소작쟁의였다. 후지다농장에서는 1921년부터 소작료를 둘러싸고 분쟁이 생겼다. 농민조합이 조직되자 신속히 연락을 취했다. 농장 측에서는 소작인이 볏짚을 판 것을 절도죄로 고소하거나 지도적인 인물과의 소작계약을 해제하였다. 소작인 측이 소작료 5할 정율제를 요구하며 그 해 가을 소작인의 몫으로 5할 분의 탈곡을 강행하자, 농장 측에서는 수확한 벼를 차압함과 동시에 출입금지 가처분을 강행하였다. 일농(日農) 본부는 전력을 다해 소작인 측을 응원하였다. 가가와는 『토지와 자유』 제 5호에서 「우리나라에 이러한 농노(農奴)가 있다.」라는 제목으로 다음과 같이 호소하였다.[14]

"요즘 농민은 시간이 없고 바빠서 볏짚으로 가마니를 만드는 대신 그 볏짚을 팔아 가마니를 사려고 했더니 결국 그 볏짚횡령죄로 주재소에 끌려간다. 집회를 열려고 해도 세 사람 이상 밤에 모이면 소요죄로 검문을 받게 되니 마치 계엄령 아래서 노동하고 있는 상태와 같다. 나는

13)「土地と自由」, 創刊號.
14) Ibid., 第5号.

마을사람들을 만나보고 너무나 가엾어 참을 수가 없었다. 일본 관서지방에 농노제가 없다고 생각했었는데 후지다조(藤田組) 농장에서 그것을 보았다. 후지다 집안은 농노와 다를 바 없는 농민을 해방하라고 나는 요구한다."

일본농민조합은 학대받는 농민의 요구를 수렴하여 조직하자 급속히 발전해 갔다. 1923년 말에는 304 조합, 25,711명이었던 것이 24년 말에는 675 조합, 51,118명, 25년 말에는 957 조합, 72,794명이 되었다. 소작료 인하와 경작권 확립이 중심 목표였다. 가가와도 1924년 5월의「농촌문제의 귀추(歸趨)」(『가가와 도요히코 씨 대연설집』)에서 이렇게 이야기 하고 있다.[15]

"나는 소작문제를 근본적으로 해결하기 위해서는 4단계가 있다고 생각합니다. 제1 단계는 소작료 인하, 제2 단계는 소작법 제정, 제3 단계는(산업조합에 의한) 단체경작 완성, 제4 단계는 토지의 조합관리입니다."

농민운동의 핵심적 토지소유 관계의 시정이며, 그 제1 단계는 당연히 소작료 인하에서부터 시작해야 한다고 생각했다. 그러나 농민운동의 길도 평탄하지만은 않았다. 그 때 그는 이렇게 기록하고 있다.[16]

"소작인조합이 덩치는 커졌습니다만 각처에서 압박을 받고 있습니다. 오카야마현에서도 오사카부에서도 동지가 관청에서 취조를 받고 있으며, 내년 정월에는 또 오이타(大分) 재판으로 바쁠 것 같습니다. 그러나 수난이 없으면 승리도 없습니다."

그리고 그 자신도 똑같은 경험을 하지 않으면 안 되었다.

15) 「賀川豊彦 大演説集」
16) 身邊雜記, 全集24, p. 18.

"나는 3월 13일부터 돗토리현(鳥取縣)에서 일본농민조합 기념강연회
에 출석하였었는데, 검거되어 약 한 시간 반 동안 경찰서에 갇혔다 나
왔습니다. 내가 감방에 들어가게 된 것은 산업조합강연회를 이유 없이
해산시키는 까닭을 임관(臨官)에게 물었기 때문입니다. 단지 그 이유
만으로 감금당했습니다."[17]

그러나 노동운동의 투쟁에 싫증을 느끼고 있던 가가와에게 농민운동과 농
민과의 마음의 연대는 큰 격려가 되었다. "어느 마을에 가든 1, 2천명이 모여
들었다. 농민들이 3, 40리의 먼 길을 마다않고 찾아온다(중략). 농민들은 항
상 기쁘게 들어준다.[18] 농민조합을 시작하고 난 후, 소박한 농민 제군들과
만날 수 있어서 나는 얼마나 기쁜지 모른다."[19] 가가와는 자전소설 『벽의 소
리 들을 때』에 그 간의 사정을 이렇게 기록하고 있다.[20]

"나는 또 기타카와치(北河內) 마을에서부터 야마시로(山城)의 쓰즈키
군(綴喜郡) 남쪽까지 농민조합 강연을 하기 위해 갔다. 어디에 가든
농민들은 친절하며 정중하였고, 언제나 니이미(新見)의 영혼의 상처
에 약을 발라 주었다. 그들은 자본가(지주)에게 반항할 때에도 난폭한
말을 조금도 내뱉지 않았다. 그리고 비록 내뱉은 경우가 있다 할지라
도 거기에는 독기가 없었다. 그들에게는 대지의 숨결이 있었으며, 도
저히 빈민굴 사람들처럼 성격적으로 타락할 수 없었다."

3. 저서에 나타난 농촌 이미지

가가와는 농민조합을 발족시키고 농민복음학교를 만들고, 또 전국 방방

---

17) *Ibid.*, p. 55.
18) *Ibid.*, p. 8.
19) *Ibid.*, p. 12.
20) 가가와의 개인잡지 『구름기둥』에 게재되었던 자신의 활동을 자전적으로 적은 기록과 감상이
「신변잡기」라는 제목으로 『전집 24』에 수록되어 있다.

곡곡을 순회하면서 농촌생활을 위해서 커다란 영향을 주었다. 그러나 그는 많은 저술을 통해서 커다란 변화를 끼쳤다. 18세기에 영국의 사회 위기를 구해낸 존 웨슬리는 2백 수십 권의 책을 출판해서 위대한 감화를 남긴 것으로 유명하다. 그러나 가가와의 3백 권에 가까운 저서도 존 웨슬리에 뒤지지 않는 위대한 공헌을 일본 농민생활의 혁신에 준 것이 아니겠는가.[21]

우선 많은 논문집이 있다. 1929년부터 『흙과 사람』이라는 월간잡지를 발행하면서 1933년부터 1958년 사이에 「농촌사회사업」「입체농업의 이론과 실제」「농촌후생과 정신후생」「신일본의 의식주」「수목(樹木) 박물과 그 수확」「입체농업과 농촌설계」라는 6권의 전문서적을 세상에 내놓았다. 어느 책이라도 가가와의 독특한 발상과 경험을 전하려는 정열을 가지고 쓰여진 당당한 것이다. 독자로 하여금 분발해서 일어서게 하고 그 생애에 비상한 감화를 끼치게 하는 명저(名著)이다.

그 밖에도 「세계식량자원론」「입체농업의 연구」 등의 명저의 번역도 출판했다. 그리고 가가와 특유의 명필로 쓴 농촌소설을 차례차례 발표해서 커다란 붐을 일으키고 농촌의 젊은이들에게 깊은 영향을 주었다. 『사선을 넘어서』는 일본 전체를 흔들어 움직였을 뿐 아니라 세계 각국의 감동을 소용돌이치게 했다. 가가와는 소설로써 일본의 농어촌을 어떻게 혁신시켜 나갈 것인가를 강력하게 시사하고 있다.

「한 알의 밀알」(아이찌현의 농어촌), 「환상의 兵車」(기후현의 가난한 마을), 「젖과 꿀이 흐르는 고장(鄕)」(南會津의 농촌), 「그 유역」(도쿠시마 현 나가와 하류의 마을), 「황야에 부르짖는 소리」(후쿠시마의 산악지대), 「제3기층의 위에」(홋가이도의 산악지대), 「海豹처럼」(瀨戸內海手洗港), 그 밖에 「기우는 大地」「남풍에 겨루는 것」「銀河系統」「그의 流域」「銀鮫의 진로」「日輪을 잉태한 광야」「들에 피는 꽃」「가라앉는 태양」「약속의 聖地」등의 소설을 연달아 발표해서 농어촌의 청년 남녀에게 많은 감화를 주었다.[22]

---

21) 김남식, "가가와 도요히코의 저술활동"을 참조하라(본서 제3부 제15장).

특히 대전 후에 농협이 가가와의 노력으로 생명보험을 경영하는 권리를 얻고부터는 화려한 전진을 시작했을 때『집의 빛』이라는 월간잡지를 발행했다. 그러나 잘 팔리지 않아서 "꼭 선생의 소설을 연재하고 싶다"는 요청이 있었다. 가가와는 될 수 있는 대로 매월 이 잡지에 소설 원고를 보내기로 했다. 그 때문에『집의 빛』의 독자가 급속도로 증가했다. 그래서 농협은 더욱 더 발전해서 오늘날 세계적 지위를 얻게 된 것이다.『집의 빛』은 가가와가 세상을 뜬 오늘에도 훌륭하게 발행되고 있다.

III. 농민운동의 실천

가가와는 농촌과 농민을 위하여 여러 가지 활동을 하였다. 이것은 가가와 사역의 특성이라고 할 수 있으며 그의 '실천의 신학' 즉 '인카네이션의 신학'이 구체화된 것이다.

1. 농민조합의 결성

1920년 말 가가와는 불안과 고독감이 섞인 복잡한 심정으로 일본의 노동운동이 자신을 필요로 하지 않는다는 사실을 인정할 수밖에 없었다. 그때 그의 가슴속에 명멸하는 것은 가난하고 학대받는 농민들의 모습이었다. "나는 도쿠시마현의 농촌에서 자라나 나날이 파괴되어 가는 농촌의 모습을 보며 마음 아파하였는데 지금도 그 슬픔을 느끼고 있다. 대체 일본의 농촌이 구제되는 것은 언제일까."[23]

노동운동과 집필 활동으로 바쁜 가가와는 농민운동의 필요성을 통감하고

---

22) 가가와의 작품에 나타나는 농촌 배경과 미우라 아야꼬(三浦陵子)의 홋카이도 배경을 비교해 보라. 김남식, 미우라 아야꼬의 삶과 문학(서울: 도서출판 베다니, 2008)을 보라.

23)「精神運動と社會運動」, p. 458.

친구 무라시마 요리유키 등과 함께 상의하였지만 아직은 때가 아니었다. 1920년 가을 후쿠시마현(福島縣)의 농촌에서 온 스기야마 겐지로(杉山元治郎)가 신가와의 빈민굴을 방문하여 사회운동에 대한 포부를 이야기하였을 때, 가가와는 스기야마에게 이렇게 말하였다.[24]

"노동운동은 내가 할 테니 자네는 농민운동을 해 다오. 하지만 농민운동을 하기에는 아직 시기가 좀 이르다. 잠시 기다려다오."[25]

1921년 가을 ILO 제3회 대회에서 농업노동의 문제로서「농업종사자」에게「결사의 자유와 권리의 확보」가 인정되었고, 따라서 소작인도 당연히 그 권리가 국제적으로도 확인되게 되었다. 가가와는 드디어 농민조합운동의 시기가 도래했다고 생각하고 그해 10월 중순 스기야마와 구체적인 계획을 세웠다. 그 계획에 참여한 무라시마가 오사카마이니치신문에「일본 농민조합 탄생」이라는 기사를 재빨리 실었기 때문에 이 계획은 금방 전국적으로 알려

---

24) 農民組合史刊行會, 農民組合運動史, 杉山의 서문.
25) 메이지학원에서 가가와의 동급생이었던 오키노 이와지부로(沖野岩三郎)는 1919년 잡지 『웅변』에서「일본기독교회의 신인(新人)과 사업」이란 글을 쓰고, 가가와와 스기야마를 소개하였는데, 그 중에서 스기야마에 대해서 이렇게 기록하고 있다. "스기야마 겐지로는 센슈(泉州) 사노(佐野) 출신이다. 그는 오사카부립(大阪府立) 덴노지농업학교를 졸업한 후 와카야마현청(和歌山縣廳)에 들어가 현농회(縣農會)의 서기가 되었다. 그러나 그는 기독교 신자였으므로 일본기독교회에 출석하게 되었다. 그 후 교회의 청년들에게 비전론(非戰論)의 연설을 한 것이 현회(縣會)에서 문제가 되어서, 스기야마는 끝내 현청을 그만 둘 수밖에 없었다. 그는 센다이(仙台)로 가서 도호쿠학원(東北學院)의 신학부에 들어갔다. 그는 신학부를 졸업함과 동시에 히가시6번가 교회의 목사로 청빙되었는데, (중략) 후에 후쿠시마현 오다카초(小高町) 일본기독교회의 목사로 청빙되었다. 사례금은 놀랍게도 단돈 1엔 50전이었다. 그는 농학교 출신의 지식을 이용하여 교회 내에서 농작물의 종자를 중개 판매 하였고, 농기구, 연탄을 팔고, 자전거 타이어, 튜브 수리에 관한 전매특허를 얻어 팔기 시작하고, 비료를 중개 판매하기도 하고, 기와를 구어 팔기도 하였다. 겨울이 되면 목사 부부는 매일 밤 군고구마를 팔았다. 그는 가까운 마을들을 순회하며 청년들을 모아, 토양학이나 비료학에 대해 순회 강의를 계속하였기 때문에 그의 집에는 항상 농부들이 찾아와 마루 끝에 걸터앉아서 비료나 생산물에 관한 상담을 하였다. 그는 실로 흥미롭고 담대한 계획을 실행하고 있었다. 그것은 그가 창립한 「오다카(小高)농민고등학교」다. 농민고등학교라는 것은 북유럽 덴마크에 있는 학교를 모방한 것으로, 겨울동안 농사일을 할 수 없는 농한기에만 개교한다.」

졌다. 이는 목마른 땅에 물이 스며드는 것과 같이 농민들 사이에 침투하여 전국 각지에서 대단한 반응을 일으켰다. 이전에도 각지에 소규모이나 소작조합은 조직되어 있었다. 제1차 세계대전 말기 이후에 만들어진 이 조합은 데모크라시 운동이나 노동운동의 영향을 받아 지주에 대항하여 소작인의 이익을 지켜 나아갈 것을 목적으로 한 것이 대부분을 차지하였다. 이러한 소작조합의 결성에 의해 제1차 세계대전 이후 각지에서 소작쟁의도 일어나게 되었다. 그간의 사정에 대해서 농림성의 보고는 이렇게 기록하고 있다.[26]

> "최근 특히 세계대전 후 시대의 변천과 함께 농가의 경제적 궁핍과 각종 사회사상 운동의 변동은 지주와 소작인의 관계에도 영향을 미치게되었다. 예전의 관습에만 의존하지 않고 법률상 서로의 권리를 주장하였고, 대항적인 성질을 띠고 있는 단체를 조직하여 각각 그 이익을 옹호하기에 이르렀다. 소작 조건에 관련된 계획적인 소작쟁의도 발생하였다. 건수의 급격한 증가는 물론 쟁의의 성격도 점점 도를 넘어 소작료외에 소작조건도 일시적이 아닌 영구적인 개정 요구를 목적으로 하게되었다. … 지주와 소작간의 문제가 우리 농촌 문제의 중심 문제라는생각을 갖기에 이르렀다."

이들 소작조합의 대부분은 촌이나 부락을 단위로 하는 단독조합으로 조합 상호간의 연락도 정착되지 않았고 지도방침도 결여되어 있었다. 쟁의도 우발적이고 자연 발생적인 것이었다. 이러한 상황 아래서 농민조합 결성의 시기는 무르익고 있었던 것이다. 이렇게 하여 일본의 농민조합이 결성되어 스기야마 이사장, 가가와, 무라시마 등이 이사가 되고, 가가와의 집을 임시 사무소로 하여 규약을 제정하고 발족하였다. 1922년 2월에는 기관지 『토지와 자유』가 창간되어 운동은 착실하게 진행되었다. 일본농민조합의 창립에 참가한 사람들의 대부분은 "가가와와 스기야마 두 사람의 개인적 친구거나 기

---

26) 小作爭議 報告書.

독교 목사 또는 신도라는 것이 특징이다."[27] 그 후 조합이 창립되었다는 얘기를 듣고 지방의 노동운동이나 농민운동의 선각자가 참여하였다.

당시의 가가와의 심정에 대해서 노동운동의 동지이며 농민조합의 평의원이 된 총동맹 회장 스즈키 분지는 이렇게 기록하고 있다.[28]

> "내가 보는 바로는 요즘 가가와 군은 노동운동에 지쳐 있었으며 심적 부담이 컸다. 당시의 혁명적 노동조합주의의 폭풍에 휩쓸려 있던 일본의 노동자는 기독교 신자로서의 가가와 군의 이상과 신념에 의한 운동을 우습게 보았다. 의회주의적 방향으로 유도하려고 하는 보통선거운동에 대한 반항, 각종 운동·쟁의에 대한 방침의 배반, 마지막으로 고베 대쟁의 희생으로 단기간이지만 투옥생활에서 받은 깊은 상처, 이러한 것은 온화하면서도 예민한 가가와 군의 심경을 아프게 하기에 충분하였다. 원래 농민운동은 전국적 조직운동으로서는 해방운동의 시작이었다. 대망의 절규는 전국적으로 가득 찼으며, 스기야마는 협력자로서 적임자였고 인세, 고료에서 들어오는 운동자금도 풍부하였다. 기독교적인 하나의 새로운 것을 농민운동에서 개척하고자 뜻을 세우는 것은 너무도 당연한 일이다."

농민조합은 기독교 휴머니즘의 발로로서 일본에서 가장 학대받는 계층인 소작인에 대한 사랑의 실천 활동으로서 전개되었다. 그것은 초창기 농민조합의 사상적 입지이기도 하였다.

일본의 농민은 반봉건적이라 불리는 뒤떨어진 사회제도와 4할이 넘는 높은 소작료에 허덕이며 상품경제 속에서 지주와 고리대금과 상인들의 혹독한 착취로 궁핍한 생활이 계속되었다. 제1차 세계대전과 함께 일어난 데모크라시의 물결은 일본의 농촌에도 점차 확산되고, 대전(大戰) 중에 나타난 물가

---

27) 勞動運動 20年, p. 298.
28) Ibid., p. 294.

폭등으로 인한 생활고 등의 어려움이 극심해지자 전국 각지에서 자연 발생적으로 소작쟁의가 일어나게 되었다. 1919년 326건, 1920년에 408건, 1921년에 1,680건으로 해마다 급증하였다. 이러한 움직임에 따라 소작조합도 각 지역에 분산적으로 결성되어, 1919년 말경에 288개소, 1921년 말에는 679개소에 다 달았다. 가가와는 1921년 12월『노동자신문』에「토지와 자유」라는 제목의 글을 게재하며 이렇게 주장하고 있다.[29]

> "제네바에서의 농업노동자문제에 대한 협의 결과, 소작인도 조합 안에 포함하여 단체운동을 허가하기로 되었는데, 이는 너무나도 당연한 것이다. 이것을 반대하던 우리 정부의 식견 없음을 비웃을 뿐이다. 앞으로 소작인조합이 필요하다고 하면 일본에서도 이 방면으로 운동에 착수하여야 한다. 그러나 토지문제는 보통의 노동문제처럼 간단하게 생각할 수가 없다. 일본은 뭐라 해도 아직 농업국이며 일본에서 무산자계급은 대부분 농민이다. 그러므로 우리들은 어디까지나 냉정하게 판단하여 농민조합의 발흥을 기대함과 동시에 토지에 대한 공평한 지배를 요구하여야 한다. 경작하는 자가 가장 공평한 노동 전수권(全收權)을 인정받아야 할 시기가 도래하고 있다고 생각한다. 일본에서 농촌의 자유는 시각을 다투는 문제이다. 나는 일본의 농민을 위해서 끝까지 토지에 관한 자유를 외치고 싶다."

이 내용에서 가가와가 농민운동을 노동운동의 일환 내지는 그 연장으로 생각하고 있음을 알 수 있다.

일본농민조합은 1922년 4월 9일, 고베기독교청년회관에서 제1회 대회를 개최하였다. 출석자는 가가와, 스기야마, 무라시마 외 15부현(府縣) 농민대표자 150명 (경보국(警保局)은 14현 약 90명이라고 기록하고 있다)이 참가하여 스기야마를 의장으로 선출하였다. 그러나 의장을 비롯해 참가자의 대

---

29) 勞動者新聞, 1921年 12月.

부분은 대회의 운영방법 등을 몰랐다. 경보국의 보고 등에는 '참가자의 다수
는 비교적 저층민이어서 의사 진행이 잘 이루어지지는 않았지만 특별한 차
질 없이 해산'[30]이라고 기록하고 있을 정도이다. 이런 가운데 가가와는 혼
자서 의안의 설명을 하거나 찬성연설을 하거나, 의사진행 담당을 하는 등 대
활약을 하였다. 그가 기초한 아래의 선언이 대회에서 채택되었다.

〈선 언〉

> 농사는 나라의 근본이며 농민은 나라의 보배이다. 일본은 농업국이다.
> 국민의 7할은 아직 농촌에서 거주하고, 또 그 7할은 소작인이다. 그런
> 데 농촌이 여러 해에 피폐하게 되고, 토지합병이라는 악풍(惡風)이 나
> 타나서 마침내 농촌에도 자본주의가 들어오게 되었다. 소작인은 고통
> 받으며 일일 고용인은 한탄한다. 그래서 우리들 농민은 상부상조와 우
> 애의 정신으로 해방을 위한 도상에 서있다. 우리들은 끝까지 폭력을
> 부정한다. 우리들은 사상의 자유와 사회 공익이라는 태도를 따르며 진
> 리를 사랑하고 오직 농민의 단결로 합리적인 생산자조합을 통해 자본
> 가에 대항하여야 한다.
> 우리들은 서둘러서는 안 된다. 봄에 뿌린 씨앗은 가을이 될 때까지 기다
> 려야만 한다. 농촌으로 광명이 퍼질 때까지는 아직 몇 백 개의 고난을 통
> 과하지 않으면 안 된다. 고난을 알지 못하는 자는 성공을 알지 못하는 자
> 이다. 일본의 농민이여 단결하라! 그리고 농촌에서, 산림에서 하늘이 준
> 자유를 호흡하라. 우리들은 공의(公義)가 지배하는 세계를 창조하기 위
> 해 지금 희생과 뜨거운 사랑을 바쳐 궁핍한 농민이 해방되기를 기대한다.

　　노동운동에서는 가가와가 그토록 강조해도 반대론이 우세했지만 여기서
는 그의 주장이 마음껏 전개되고 있음을 볼 수 있다. 대회는 연이어 다음과
같은 「강령」을 제정하였다.

---

30) 本邦勞動運動月報, 1922年 4月.

1. 우리들 농민은 지식을 배우며 기술을 닦고 덕성을 함양하며 농촌
   생활을 즐기고 농촌문화의 완성을 기대한다.
2. 우리들은 상부상조의 힘으로 서로 믿고 의지하며 농촌생활의 향상을
   기대한다.
3. 우리들 농민은 온건하고 착실하게 합리적이고 합법적인 방법으로
   공동의 이상에 도달하기를 기대한다.

「강령」을 만장일치로 통과시키고, 전국적인 농민조합의 확립, 소작입법 확립, 보통선거, 치안경찰법 개정, 농민학교 보급 등 20개조의 주장을 순서에 따라 심의한 뒤 이의 없이 가결하였다.

이렇게 뼈대가 완성되자 다음 임무는 전국적으로 농민조합을 조직하는 것이었다. 우애회의 투사이며 가가와의 노동운동 협력자였던 고세이 쵸조(行政長藏)와 안도 구니마쓰(安藤國松)가 그 임무를 담당하였다. 일본농민조합은 소작료 경감, 경작권 확립 등을 목표로 활발한 운동을 전개하여, 운동은 순식간에 들판의 불과 같이 일본 전국으로 퍼져갔다. 1923년 2월 고베에서 열린 제22회 대회에서는 100지부, 조합원 1만 여명으로 보고되고 있다.

그 당시 농민조합은 가가와, 스기야마가 중심인물이고 그 지도이념도 아주 잘 엄수되고 있었기 때문에 농민운동은 기독교와 밀접하게 연결되어 있었다. 일농(日農)의 선전원이었던 교세이는 그간의 사정을 다음과 같이 기록하고 있다.

"일본농민조합은 가가와 조합장인 스기야마가 기독교 신자인 것과
관련하여 지방홍보 때, 농민조합은 괜찮으나 기독교 분위기가 나오지
않도록 해달라고 부탁을 받았다."[31]

이러한 교세이에 대해서 가가와는 이렇게 기록하고 있다.

---

31) "農民組合と宗教", 土地と自由, 第9?.

"일본농민조합의 선전부장인 교세이 군은 예수단의 회원으로 깊은 신
앙심을 가지고 언제나 투쟁하고 있다. 교세이 군은 이번에 반수(播州)
의 시카다무라(志方村)에서 둔전(屯田)을 하였다. 집세 6엔에 다다미
6장 크기 방 2칸, 3장 크기 방 2칸과 30여 평의 밭이 있다."[32]

농민들 가운데 지방 유력자들은 농민조합에 가입하는 것을 반대하였다.
그들은 기독교인들이 소작인을 선동하여 농민조합을 만든 이유가 농민을 기
독교인으로 만들려는 심산이라고 생각하였다. 그들의 말을 믿고 농민조합에
가입하게 되면 기독교인이 되어 조상에게 불효하는 것이라며 반대하였다.

2. 농민복음학교의 설립

이로부터 구체적인 방안으로서 그가 그 후 많은 정성과 열정을 쏟아 부은
농민학교에 대한 구상이 떠오르게 된다.

> "오늘날 무엇보다도 필요한 것은 농민학교를 부흥시켜 겨울 휴농기에
> 성인과 청년들에게 농작화학이든 자연취미이든 농업경제학을 가르치
> 는 일이라고 생각한다. 일본에서는 스기야마 군이 고등농민학교를 하
> 나 세웠을 뿐 그 외에는 아직 설립하였다는 이야기를 듣지 못하였다.
> 농민학교에서는 옛날 사숙(私塾)처럼 사상적 결합도 염두에 두며, 사
> 상의 밭을 일굴 생각으로 열심히 연구하는 것이 좋다고 생각한다."[33]

가가와는 덴마크의 농민고등학교를 모방하여 전국에 모인 10여명의 농촌
청년들과 침식을 함께 하며, 농촌문제에 대해서 대화하고 농민이 살아가야
할 길을 이야기하는 기회를 만들어야만 한다고 생각했다. 이러한 생각으로
실현된 것이 농민복음학교였다.

---

33) *Ibid.*, p. 461.

무토우 토미오(武藤富男)는 "구룬트비히는 독일과의 전쟁에서 피폐한 덴마크의 여러 곳에 농민고등학교를 세워, 애국심을 고취하고 농촌의 부흥으로 국가의 부흥을 가져오게 한 인물이고, 시인이고, 종교가이고, 신학자이고, 문학자였다. … 가가와는 일본의 구룬트비히라 하겠다."라고 하였다.[34]

원래 가가와는 교육을 매우 중히 여겼다. 그래서 농민조합운동을 일으키자 1926년 6월에는 니가타현 우라하라군 가자키마을(新潟縣 浦原郡 木崎村)에 무산농민학교를 개설하고 상당히 오랫동안 계속해서 많은 유력한 농민조합의 간부를 길러내었다. 전 중의원의장의 요직에 있던 미야케 마사카즈(三宅正一)도 이 학교의 졸업생이다.

그리고 농민학교에서는 농업기술, 농촌경영, 협동조합, 의식주 등의 농촌생활의 개선 등에 대해서 가르치고, 애신(愛神), 애린(愛隣), 애토(愛土)의 삼애주의에 사는 농민생활의 혁신에 대해서 설명했다. 이것을 여러 곳에서 열었다. 상당한 비용이 필요했으나 당시 발표하고 있던 책의 인세가 차례차례로 들어와서, 그것을 아낌없이 쏟아 넣은 것과 스기야마(杉山元治郞) 교장의 따뜻한 인격과 깊은 학식, 경험에 의하여 이끌렸으므로 많은 유능한 인재가 여러 곳에서 양성되었다.

다시 가가와가 구룬트비히와 비교될 만한 이유는 농민복음학교를 창설했기 때문이다. 1927년 2월 11일부터 1개월 동안 니시노미야(西宮) 교외의 카와라기무라(瓦木村)에 있는 자택을 개방해서 여러 가지로 바쁜 가가와는 학생들과 침식을 함께 하면서 충분히 가르쳤다. 스기야마 교장도 거처를 건너편 집으로 옮겨 올 정도로 힘을 기울였다. "학생 10명에 선생 30명이라는 재미있는 학교이기 때문에 아주 유쾌한 나날을 보냈다. … 돈은 조금 들지만 이 방법이 농촌전도에 가장 알맞은 것 같다."고 가가와의 「신변잡기」에 적혀 있다.[35]

최초의 농민복음학교는 농가의 장남으로서 농가를 이어 한 평생 마을을 위해서 일할 사람이라는 자격 제한이 있었다. 게다가 될 수 있는 대로 크리스

---

34) 全集12卷 解說.

35) 身邊雜記.

천을 모으는데 고심했다. 2월 11일부터 1개월이라는 기간은 당시 농한기로서 대개 농사일을 그리 하지 않는 때였다. 그래서 모집해 온 것은 오카야마, 후쿠시마, 사가에서 각 2명, 교토, 효고, 와카야마, 히로시마현에서 1명씩 모두 10명이었다.

교수진은 杉山 교장, 賀川 교주, 吉田源治郎 교무주임, 駒井四郎 理博(關西學院, 物理), 山本一淸 理博(京都大學, 天文學), 河上丈太郎 法博(關西學院, 政治學), 岩崎武夫 文博(關西學院, 文學), 坂本勝 교수(關西學院, 法學), 福田敬太郎 商博(神戸商大), 거기에 柳宗悅(美學), 林歌子(矯風會), 今井革(변호사), 村島歸之(大阪每日新聞) 등의 명사 30명의 초호화판이었다. 모여든 청년들도 우수한 사람들이 많았다. 가가와도 될 수 있는 대로 집에 있고, 함께 목욕탕에서 등을 밀어주기도 했다. 마치 요시다(吉田松陰)의 마쯔시다 정경숙(松下村塾)이나 구룬트비히의 초등학교 그대로라고 사람들은 마음속으로 감동했다.

모든 것을 각 분야의 권위자로부터 배우기 때문에 모두 대단히 기뻐했으나 역시 뭐라고 해도 가가와의 강의는 듣는 사람으로 하여금 절대적인 감동을 주었다. 더욱이 농가의 생활이 너무 가난하기 때문에, 첫째 가옥을 좀 더 합리적으로 하고, 둘째 음식에 관해서도 좀 더 연구해서 영양 부족에 걸리지 않도록 합리화하고, 셋째 의복도 잘 생각해서 개량할 것을 재미있게 이야기했다.

거기에다가 농촌의 경영이 너무 돈벌이주의로 달리고 있는데, 돈벌이주의의 농촌경영에서 마을의 생활을 풍부하게 하는 경영으로 변화하지 않으면 안 된다. 그래서 다음 세 가지 원칙을 지켜야 한다고 했다.

제1, 애신(愛神), 애린(愛隣), 애토(愛土)의 정신
제2, 경영의 다각형화, 기계화, 입체화
제3, 운영의 협동조합화를 충실히 실행하지 않으면 안 된다.

애신, 애린, 애토의 삼애주의는 성경에 있는 "네 마음을 다하고 목숨을 다하고 뜻을 다하여 주 너의 하나님을 사랑하라 하셨으니 … 네 이웃을 네 자신 같이 사랑하라 하셨으니"(마태복음 22:37-39)라는 말씀에서 인용한 것이다. 그 밖에 "흙도 살아 있다. 그러므로 흙도 심하게 다스리면 언젠가는 지쳐서 마침내 인간을 적으로 할 것이기 때문에 흙을 사랑하고 소중하게 여기고 귀엽게 여기지 아니하면 농업은 성공하지 못한다."라고 강조했다.

다음으로 다각형화, 기계화, 입체화의 경영에 대해서는 "현재의 농업은 건국 이래 조금도 진보하지 않았다. 그래서 더욱 더 기계를 사용하고 여러 가지 생산방법을 생각해서 쌀이나 채소뿐만 아니라 연못을 만들어 양어를 하고 논밭에는 쌀, 보리, 채소를 심고, 유실수를 심어 과실을 수확하는 입체적인 농업을 해야 한다."고 설명했다.

그것을 듣고 학생들도 눈이 번쩍 뜨이는 것 같아서 경탄했다. 그렇지만 그런 것이 일본에서 실행될 것인가 의심스러웠다. 결국 100년이 지난 오늘날, 농기구는 아주 개량되었고, 가가와의 말대로 기계화된 것을 볼 때, 그 놀라운 선견지명에 세삼 감탄하지 않을 수 없다.

농업의 입체화에 대해서도 가가와는 1929년에 미국의 존 럿셀 스미스 박사의 『수목(樹木)농업』이라는 저서를 번역해서 『세계식량자원론』이라는 제목으로 출판하고, 일본의 식량문제의 선구자가 되었다. '호도'에서 식량을 얻을 것을 주장하고 그것이 한 때 아주 유명했다. 지금도 그것을 계속해서 상당한 수확을 얻고 이익을 보는 사람들이 각지에 산재해 있다.

제3의 농촌혁신의 원칙은 운영을 협동조합화 하는 일이다. 그것은 농업이 전부 개인경영에 맡겨져 있던 당시로서는 전혀 새로운 구상이었다. 가가와는 따로따로 개인적으로 하는 것은 비능률적인 것임을 지적하고 모든 것을 협동화해야 한다고 주장했다.

그것도 생산, 이용, 판매, 소비, 신용, 보험, 공제의 일곱 부문의 모든 것의 협동화를 철저히 하지 않으면 안 된다고 주장했다. 이것도 당시로서는 새로운 주장이었다. 오늘날 농협이 중심이 되어 거의 모든 것의 협동화되어 있는 것을 볼 때 가가와의 선견지명이 얼마나 훌륭했던가를 다시 한 번 감탄하지 않을 수 없다.

그런데 이 농민복음학교는 1927년에 개교되었으나, 오랜 세월이 지난 오늘에도 계속되고 있어 참으로 기쁜 일이다. 처음은 니시노미야시(西宮市)의 교외에 있는 가가와의 저택에서 개교했으나, 한 곳으로만 부족해서 차츰 여기저기에서 개교하게 되었다. 특히 1931년 6월에 후쿠오카현(福岡縣)의 농업기사였던 후지사끼(藤崎盛一)가 전임강사로 일하고부터는 급속도로 이 활동이 펴져서 홋가이도, 기후현, 사가현, 야마가다현 그 밖에 널리 펴지게 되었다. 1933년에는 당시 가가와가 살고 있던 마쯔자와(松澤)에서 가까운 곳에 무사시(武庫野) 농민복음학교가 개설되어 거기에 후지사끼(藤崎)가 정주하게 되고부터 점점 농민복음학교운동이 맹렬하게 전개되었다. 더욱이 당시 농촌전도가 막혔던 일본기독교연맹이 이 일을 맡게 되어 이 운동은 다시 전국화하게 되었다. 전후에는 선교사도 모두 힘썼기 때문에 더욱 크게 활동하였고, 마침내 도쿄 교외의 마쯔다시(町田市) 농촌전도신학교가 설립되어 농촌전도자가 차례차례 양성되게 되어 오늘에 이르렀다.

다시 대전 후의 1947년에는 세토나이카미(瀨戸內海)의 풍광이 수려한 가가와현 도시마(香川縣 豊島)에 도시마농민복음학교가 세워졌고 후지사키(藤崎) 선생의 헌신적인 노력으로 2월과 8월에는 수업을 하였고 언제든지 수십 명이 교육을 받고 있다. 또 거기에는 1, 2년 동안 머물면서 연구하는 사람도 있어 졸업 후 캘리포니아와 남아메리카에 갔다.

그리하여 그 후에도 홋가이도, 야마가다현, 야마테현 그 밖에 여러 곳에서 1, 2주간의 단기농민복음학교가 열리고 있다. 그리고 1977년에는 개교 50주년 기념식을 도시마(豊島)에서 성대히 거행했다. 이 날 「애토, 애린, 애신」이라는 가가와의 먹 흔적이 선명한 50년 기념비를 세우고 『농민복음학교』라는 후지사끼의 저서도 발행했다.

후지사끼는 전국 각지에서 단기의 농민복음학교를 열었다. 뿐만 아니라 거의 매년 브라질, 캐나다, 북유럽의 여러 나라, 미국, 대만, 한국 등의 여러 나라를 방문하고 농민복음학교운동을 전개하였다.

제1회 졸업생을 배출한 농민복음학교는 가가와의 자택이었다. 수업기간
은 농한기의 한 달이었고, 학비는 무료, 회비는 반액 보조, 정원 10명으로서 농
촌 청년에 한정되었다. 침식을 함께하며 공부하는 작은 '숙'(塾)36)과 같은
곳이었다. 그는 청년들에게 꿈을 심어주려 하였다.

교장은 스기야마, 강사진은 가가와를 포함한 대학 교수들이었다. 아침 5시
에 기상, 대청소를 하고 나서, 낮에는 수업과 실습을 하고, 밤늦게까지 강의
가 계속되었다. 과목은 농학통론, 농촌사회학, 농업실습, 사회사업 등 다채
롭고 실제로 필요한 것들이었다. 그는 농촌개량에 뜻을 둔 우수한 후계자 양
성을 목표로 하였다.

농민복음학교는 1931년부터 동경농업대학의 강사였던 후지사키 모리사
키(藤崎盛一)를 전임강사로 하여 가가와가 제창하는 복합영농을 추진하는
등 수업 내용도 충실하게 되었다. 후지사키는 1931년에는 무사시노 농민복
음학교를 개교하고, 전후에는 시고쿠 가가와현 데시마에서 복합영농을 실천
하며 복음학교를 계속한 인물이다.

도쿠시마현에서 1935년에 구라하시 마사오(倉橋正男)가 무사시노 농민
복음학교에 참가하고, 1937년에는 카와라기무라(瓦木村)의 농민복음학교에
호즈미 토시오(保住利雄), 후지타 마사오(藤田政雄), 후나모토 우타로(船本
宇太郎), 야마모토 에이이치(山本榮一) 등이 입교하고, 그 다음 해에는 이치
하시 키요시(市橋潔) 등이 가세하였다. 가가와는 고향 농촌청년들의 참가를
매우 즐거워하여 도쿠시마조라고 부르면서 환영하였다. 생전에 후지모토 우
타로(船本宇太郎)는 "나는 마을의 청년들과 함께 나루토 해협을 건너서 농
민복음학교에 참가하였는데, 도쿠시마에서 왔다고 해서 각별한 관심을 받았
다. 우리도 그것에 감격하여 아와의 쌀과 나루토의 미역 같은 것을 가지고 가
서, 선생님을 고향의 맛으로 즐겁게 해 드렸다."고 말하였다. 농민복음학교

---

36) 숙(塾)은 숙식을 함께 하면서 공부를 하는 곳으로서 기업이나 독지가가 엘리트를 양성하기 위
하여 세우는 기숙교육기관을 말한다. 마츠시다 정경숙(政經塾)이 대표적이다.

에 참가한 자는 복합영농에 뛰어들었고, 그들이 중심이 되어 전국 각지로 많은 농민복음학교가 개설되었다.

> "우리는 논밭농사 짓는(樹立作物) 사이를 이용하여 양봉, 양돈, 산양을 키우고, 마을로 흘러가는 하천에 잉어를 키우는 것은 별로 어려운 일이 아니라고 생각했다. 그 외에 토지를 보다 유효하게 다각적으로 또 입체적으로 조합하여 일본의 토지를 이용하면 지금까지 버려졌던 일본의 들판을 충분히 살릴 수 있다고 생각하였다."[37]

이와 같은 가가와의 말과 같이 도쿠시마에서도 농민복음학교에 참가한 청년들이 제각기 양봉, 양계, 낙농, 호두 등의 수목농업에 의한 복합영농을 실천하였다. 그리고 1939년에는 현재의 나루토시의 후지모토 우타로(船本宇太郎)가 독일인 후작의 지원을 받아 지은 독일풍 교사(校舍)의 2층에서 아와 농민복음학교를 열었다.

농민복음학교의 교과목(일례)

과 목	교 수	과 목	교 수
동물진화론	교토대학 驅井 卓	사회사업	愛染園 富田象吉
해충에 관해서	교토대학 湯淺 八郎	민중과 공예	도시샤대학 柳宗悅
지질학 연구	교토대학 中村新太郎	世界漫遊談	목사 木村 淸松
수목에 관해서	田中 彰一	주일학교	목사 失部 善好
쌀에 관해서	澤田 德松	농촌공예	농촌전도단 升崎 外彦
소비조합	農村消費組合 安藤 國松	음악	목사 黑田 四郎
농촌과 여공	大海記者 村島 歸志	양계	스기야마 겐지로

---

37)「새를 위해서」

아동문제	日曜世界社 西阪 保治	비교종교	목사 吉田原治郎
농촌오락	善隣館 모 란	농촌과학	농촌전도단 佐野 英雄
공창폐지문제	矯風會 林歌子	위생	의사 芝 八重
농촌과 법률	변호사 吉田 賢一	목공	高井信太郎

3. 무산정당과 협동조합

앞에서 서술한 바와 같이, 가가와와 스기야마를 중심으로 하여 출발한 일본농민조합은 지도자들 대부분이 크리스천이었기 때문에 여러 가지 장애는 있었지만 가가와에게 있어서는 일하는 보람도 있고 일하기 편안한 곳이었다.

> "농민조합운동은 날로 심각해져 간부가 감옥에 들어가는 일이 빈번해졌습니다. 그러나 간부 제군이 뜨거운 신앙을 가지고 진실로 인도적인 입장에서 일하여 주기 때문에 항상 기뻐 눈물에 잠깁니다."[38]

가가와는 1922년 2월 제2회 농민조합대회에서도 본부 이사로 선출되었는데, 노동운동의 경우와는 다르게 스스로 조합 책임자가 되어 선두에 서는 일은 하지 않았다. 농민조합의 최고 책임자로는 스기야마를 추천하고, 자신은 전국을 돌며 강연하며, 틈을 내어 집필 활동에 종사하였다. 그의 활동을 「신변잡기」에서 두세 개 인용해보자.

> "아무리 거절하여도 도저히 거절할 수 없는 요구로 나는 1월 중에 하리마(播磨), 구레(吳), 인노시마(因の島), 교토(京都), 사이디이지(西大寺), 오카야마(岡山), 나고야(名古屋)로 여행을 하였다. 하리마의

---

38) 身邊雜記, 1923년 2월.

나와(那波)에는 예수단의 교세이(行政) 군의 요구로, 인노시마에는 오
사카연합회의 니시오(西尾) 군, 구레에는 오사카 향상회〔포병병기공
장노동조합〕의 야기(八木) 군, 교토에는 후시마(伏見)의 요시다(田吉)
군의 요청으로, 오카야마에는 예수단의 의사인 오호(於保) 선생님의 5
개월간의 계속된 요구로, 그리고 나고야는 전(前) 청년회 주사 아라다
니(荒谷) 형의 요구 ─ 이렇게 열렬한 요구에 나는 어쩔 수 없이 움직
이게 되어 빈민굴 밖으로 나간다."39)

"작년 9월 2일에 고베를 출발하여, 집에서 잠을 잔 날은 손으로 꼽을
정도 밖에 없지만 동으로 서로 쉬지도 못하며 무리하게 정신없이 뛰어
다니다 마침내 이 마쯔자와(松澤) 숲에 정착한지 만 1년을 맞이하게
되었다. 그 사이 조용히 지낸 날이라고 한다면 오직, 10월 19일 저녁
〔관동대지진 직후〕, 초토화 되어버린 혼쇼(本所)에 텐트를 친 2, 3일
동안의 밤과 그 1년 후인 요즘 마쓰자와 숲속에서 뿐이다."40)

"2월 16일부터 나는 에치고(越後) 나가오카(長岡) 방면으로 농민조합
선전을 위해 갔다."41)

이러한 무리한 활동은 그의 건강을 더욱 악화시켰다. 1922년 가을에는 결
막염으로 요양하지 않으면 안 되었으며, 1923년에 들어서자 전부터 나빴던
눈이 한층 심해져서, '신문도 읽을 수 없을 정도로 눈이 나빠져, 매일 누워
있고', 호쿠리쿠(北陸)로 전도하러 갔을 때에는 '눈이 보이지 않기 때문에
구로다(黑田) 목사의 인도를 받아야만 하였다.'42) 눈은 그 후에도 좋아지지
않아 1924년 봄에는 44일간이나 입원하였다.

---

39) *Ibid.*, 1922年 2月, p. 3.
40) *Ibid.*, 1924年 9月, p. 33.
41) *Ibid.*, 1926年 2月, p. 51.
42) *Ibid.*, 1924年 2月, p. 20.

그러나 또 다시 새로운 일이 더해졌다. 그것은 무산정당(無産政党)의 결성이다. 앞에서 서술한 바와 같이, 가가와는 사회운동에서 폭력을 부정하고 의회주의를 일관되게 주장하여 왔다. 노동운동과 보통선거운동을 연결시키는데 가장 열심히 일한 것은 가가와였다. 하지만 그것이 하나의 쟁점이 되어 가가와는 노동운동으로부터 손을 떼게 되었다. 노동운동의 대세가 탄압 속에서 한층 급진적인 방향으로 흘렀기 때문이다. 그런데 정부는 탄압만으로는 급진적인 방향으로 선회해 가는 노동운동을 진정시키기 어렵다고 생각하여, 1925년 호헌삼파내각(護憲三派內閣)[43]에 의하여 보통선거법을 의회에서 통과시켰다. 이로 인해 노동자와 농민들도 선거권을 갖게 되었으므로 무산정당을 결성해야 한다는 기운이 갑자기 높아졌다.

그 주창자가 바로 일본농민조합이었다. 이에 앞서 농민조합 내부에서도 노동운동의 영향을 받아 보통선거에 대해서 찬반양론으로 갈라져 제2회 대회에서도 관서 측의 찬성론과 관동 측의 반대론이 대립하였다. 가가와의 제안으로 '지방자치제에 대해서는 보통선거의 실현을 위해 노력하며, 국회에 대한 보통선거촉진운동은 각 지부의 임의에 맡긴다.'는 것으로 사태를 수습하였다. 그러나 보통선거의 실현이 다가옴에 따라 노동총동맹 안에서도 농민조합 안에서도 의회 제도를 이용하려고 하는 기운이 갑자기 힘을 얻게 되어 무산정당의 결성이 당면 과제가 되기에 이르렀다. 그러나 1925년 5월, 노동총동맹은 좌우로 분열하여 우파의 총동맹과 공산당의 영향 아래 있는 좌파의 일본노동조합평의회 사이에 노동조합운동의 주도권을 둘러싼 항쟁이 격렬하였기 때문에, 무산정당 결성의 주도권은 일본농민조합의 손에 놓이게 된다.

농민조합은 좌우의 주장을 조정하면서, 1925년 12월, 마침내 농민노동당을 결성하여 목표를 달성하였지만 창당 당일 결사금지의 명령을 받고 해체할 수밖에 없었다. '정당이라는 이름을 빙자하여 우리나라 체제와 서로 용납

---

43) 귀족원 중심의 내각 구성에 반대하여 제2차 호헌운동을 일으킨 헌정회, 정우회, 혁신구락부가 1924년 합동으로 조직한 내각.

될 수 없는 공산주의의 실행을 기도(企圖)' 한다는 것이 결사 금지의 가장 큰 이유였기 때문에 농민조합은 재차 각 노농(勞農)단체에 호소하여 평의회 등 좌익파를 제외하고 26년 3월, 노동농민당을 결성하였다. 위원장은 스기야마가, 집행위원은 가가와가 맡게 되었다. 오랜 주장이었던 보통선거의 실시를 눈앞에 두고 가가와가 무산정당운동에 큰 열의를 보인 것은 당연하다고 말할 수 있겠다.

> "저는 노동자 농민 여러분에게 이끌려 아베이쿠오 씨와 함께 중앙위원 말석에서 모금위원의 역할을 맡고 있습니다. 만약 『구름기둥』의 애독자가 후원해 주시지 않는다면 일본의 『구름기둥』은 발전할 수 없습니다. 그리고 노동농민당 쪽에도 가입하여 주십시오. 내년에는 총선거가 있습니다. 어쩌면 의회가 해산될지도 모른다고 생각합니다. 지금부터 준비할 필요가 있습니다. 그래서 50명 이상이 되는 곳에서는 노동농민당 지부를 만들 수 있습니다. 노동농민당은 노동자만의 전유물이 아닙니다. 노동계급을 해방시키고 싶다고 생각하는 분은 중산계급이든 학생이든 선거투표권을 가지고 계신 분은 누구든지 가입하시기를 바랍니다. 그러나 먼저 말씀드리겠습니다만 저는 의원은 되지 않을 생각입니다. 나는 예수 그리스도의 사랑을 가지고 일본의 노동당을 출발시키고 싶습니다. 이런 의미에서 독자 여러분이 내가 관계하고 있는 노동농민당을 지원해 주시기를 바랍니다. 나는 이 무산정당의 일꾼으로서 당분간 일할 생각입니다."[44]

하지만 이 무산정당과의 밀월도 오래가지는 않았다. 가가와가 키워 온 일본농민조합은 전국적인 통일무산정당의 결성에 주도권을 쥔 전국 최대의 조직이었다. 그래서 당시 노동운동과 농민운동의 제일선에 진출해 온 공산계 지도자도 전노동조합을 그 영향 하에 두기 위한 전술로서 단일 무산정당을

---

44) 「全集 24」, pp. 61-62.

지지하고 점차 그 지도력을 강화해 갔다. 이러한 상황 속에서 노농당 내의 좌파가 평의회 등의 좌익 조직에 대해서도 문호를 개방할 것을 주장하자 좌우 양파는 정면 충돌하게 되었다. 이것은 총동맹을 비롯한 우파 단체의 총 탈퇴로 발전하여, 가가와도 아베와 함께 집행위원을 사퇴하고 탈퇴해 버렸다. 그간의 사정을 가가와는 이렇게 기록하고 있다.[45]

> "고심 고심하던 노동농민당도 작년 12월 이후 결국 두 개로 분열해 버렸다. 나의 고베 사무실을 산실로 하여 탄생한 일본농민조합 어디에서도 농민조합의 이념을 전혀 발견할 수 없을 정도로 좌익운동은 극심하였다. 실은 많은 좌익 사람들의 출석으로 인해 흔들리기 시작한 확대중앙위원회에 의하여 온화한 농민조합 자체가 평의회로 유인되려고 하였다. 좌익 사람들은 공산계가 많지만, 이후의 일본 무산계급의 정치활동은 정치연구회를 무너뜨렸던 것과 같은 기세[46]로 무엇이든지 확대중앙위원회에서는 통과할 수 없었다."

노농당에서 탈퇴한 단체는 아베 이쿠죠(安部幾三) 등의 제창으로 같은 해 12월 사회민주주의를 이념으로 하여 「사회민중당(社會民衆党)」을 조직하였다. 가가와는 중앙위원으로 추천되었지만 고사하고 받아들이지 않았다. 그는 일본의 무산단체의 정치도덕에 매우 비판적 입장이 되어 있었다. '일본을 위해서 확고히 정치도덕을 확립할 필요'가 있음을 통감하고, 자신의 임무가 바로 거기에 있음을 절실히 느끼게 되었다. 이 후 그는 전국대중당(全國大衆党)의 고문이 되었지만, 무산정당에서는 끝까지 고문 이상의 역할은 하지 않았다.

그런데 무산정당은 공산계 좌익의 진출에 의해 1925년에는 노동총동맹이 좌우로 분열되자 좌익 운동의 대상으로 남겨진 것은 농민조합이었다. 게다

---

45) 身邊雜記, 1926年 10月, 71.
46) 1924年 6월 무산정당 조직을 촉진할 목적으로 결성되어 가가와도 집행위원의 한 사람이 되었지만 다음해 좌파가 주도권을 잡아 우파를 쫓아냈다.

가 노동조합과 달리, 외부로부터 지도자가 들어오는 것이 용이하였기 때문에 무산정당 결성 과정에서 농민조합은 급속히 좌익화되었다. 이에 반발한 우파 지도자는 1926년 봄 일농(日農)을 탈퇴하여 전일본농민조합동맹을 조직하였다. 우파 탈퇴 후 일농의 주도권 획득을 위해 좌파의 활동은 한층 활발하게 되었다. 가가와는 그 권력 싸움에 심한 반감을 느꼈다.

> "좌익 일파에게 문호를 개방하기로 결의한 일본농민조합이 우익이 퇴각
> 하자 곧 바로 확대중앙위원회까지 개최하여 결의한 조항을 전부 철회
> 하겠다고 말하는 것은 너무나도 정치도덕을 무시하는 어이없는 방법
> 이라고 나는 말하고 싶다."[47]

이와 같은 상황 속에서 노농당의 좌익화와 사민당(社民党)의 우익화에 만족하지 않는 일부 일농 사람들은 총동맹 동지들과 의기투합하여 중간파인 일본노농당(日本勞農党)을 조직하였다. 이렇게 되자 통일무산정당을 제창하여 온 일농은 조직 안에 두 개의 무산정당이 생겨 딜레마와 혼란에 빠졌다. 이 혼란 속에서 일농은 사실상 분열하여, 1927년 초에 스기야마를 위원장으로 하고 가가와의 옛날의 동지인 안도 구미나쓰와 교세이 초조 등을 중앙위원으로 하는 전일본농민조합이 결성되기에 이르렀다. 가가와는 그간의 움직임을 이렇게 기록하고 있다.

> "2월 1일에 농민대회가 개최되었다. 그리고 새로 태어나는 마음으로
> 재차 새로운 의미에서의 농민조합운동을 출발시켰다. 나는 일주일에
> 한 번 정도는 농민조합의 일로 반드시 반슈카고가와(播州加古川) 유
> 역이나 멀리는 이요(伊子)의 간논지(觀音寺) 근처까지 원정을 나갔다.
> 덕분에 2월에는 원고를 거의 쓸 수 없었다."[48]

---

47) *Ibid.*, 1926年 10月.
48) *Ibid.*, 1927年 2月, 77.

그러나 그가 그토록 정성을 기울이며 돌본 농민조합이 분열하는 것은 너무나도 슬펐다. 노동운동에서도 농민운동에서도 무산정당운동에서도 원리가 상실되었다.

> "오늘날 노동운동에서 내가 가장 싫어하는 것은 항쟁만을 유일한 수단으로 생각하여 인간애(人間愛)라는 기본이념에서 떨어져 나가는 것입니다. 즉 하나의 윤리운동에서 추락하여 공포 정치적인 움직임으로 변하는 것입니다. 나에게는 마치 광기어린 판처럼 보입니다." 49)

가가와에게는 농민조합이나 무산정당에도 똑같은 광기가 지배하고 있는 것처럼 생각되었다. 그가 희망을 가졌던 전국농민조합도 예외는 아니었다.

> "스기야마 씨가 조합장을 맡고 있고 내가 고문을 맡고 있는 전국농민조합도 좌익공산주의자의 진출이 두드러져 아무래도 잘 진행될 것 같지도 않습니다. 전투만을 강조하는 농민조합은 곤란합니다." 50)

가가와는 일본의 사회운동 속에서 「하나님에 의해 거듭남」의 필요성을 통감하였다.

> "일본의 노동조합은 정치운동에 의해 산산이 해체되었습니다. 매우 곤란한 일입니다. 나는 당분간 무산정당 운동에서 손을 떼고 하나님나라운동에 열중하겠습니다." 51)

그러나 그가 사회운동에서 완전히 손을 뗀 것은 아니다. 사회문제에 대응하는 그의 방식은 결코 안이한 방법이 아니었다. 앞의 문장에 이어 그는 이렇게 기록하고 있다.

---

49) *Ibid.*, 1926年 4月.
50) *Ibid.*, 1929年 3月, 98.
51) *Ibid.*, 1926年 12月, 73.

"이번에 농촌소비조합협회를 세웁니다. 그리고 일본의 자본주의와 싸울 생각입니다. 소비조합운동이 점점 구체화되어 이번에『소비조합시대』라는 월간잡지를 출간하기에 이르렀습니다. 나는 이를 위해 열심히 노력하고 싶습니다."[52]

가가와에게 마지막으로 남은 사회운동은 협동조합운동이었다. 속죄애(贖罪愛)의 실천이라는 측면에서 사회운동에 정진해 온 가가와에게는 일본사회의 기본구조와 그로부터 생기는 농민 노동자의 고뇌에 대해 사회과학적으로 분석하고 그 계급적 대항관계가 격렬하게 될 수밖에 없는 필연성에 대해서 특히 일본의 권력구조의 성격에 대해서 깊이 이해하기에는 부족한 점이 있었다. 대중운동에 있어서 권력정치라는 측면을 이해하기 어려웠다. 좌익 공산계의 사람들이 계급투쟁을 강조하면 할수록 인간과 인간과의 상부상조를 기초로 하는 사회 건설에 정열을 쏟으려고 하였다. 협동조합운동은 이러한 그의 사회철학과 가장 잘 맞았다. 1927년에 쓴 팜플렛「사회구성과 소비조합」에서 가가와는 이렇게 기록하고 있다.

"1871년에 파리 코뮌[53]이 있었는데 노동자가 스스로 공장을 관리하여 15만명이 일하였지만 제조한 것을 전부 팔지 못하였다. 즉 소비조합이 만들어져 있지 않았기 때문에 실패로 끝났던 것이다. 소비조합을 만들지 않은 채 노동조합만으로 여러 가지를 요구하는 것만으로는 안 된다. 그것은 마치 바퀴 두 개가 달려 있어야 할 차에 하나만을 붙여 놓은 것과 마찬가지이다. 생산 혁명과 정치 혁명의 차이점은 이것이다. 경제적 개조운동에서는 폭력을 사용해도 안 된다는 것이다. 따라서 우리들은 어떻게 해서든지 스스로 나서서 소비조합을 만들고 생산

52) *Ibid.*
53) 1871년 3월 28일부터 5월 28일 사이에 파리 시민과 노동자들의 봉기에 의해 수립된 혁명적 자치정부.

조합을 만들어야 한다. 그것은 단순한 폭력, 권력으로는 할 수 없다. 정치혁명과 경제적 개조운동이 함께 해서는 안 된다."54)

그러나 이러한 주장은 사실 가가와의 지론이었다. 『자유조합론』에서 이미 그는 이렇게 기록하고 있다.

"소비자조합과 생산자조합은 오늘날의 자본주의적인 자기중심의 사회 조직을 대신하여 길드정신으로 세상을 지배하지 않으면 안 된다. 즉 이 길은 폭력에 의존하지 않고 진보적으로 세계를 광명으로 이끄는 길 이다. 우리들이 이 세계를 수립하기 위해서는 오직 사랑과 상부상조의 정신에 의해서만 가능한 것이다."55)

이러한 이상을 실천하기 위한 첫걸음으로 가가와는 이미 1919년에 오사 카의 노동조합의 지도적 인물과 이야기를 나누고, 교회 사람들의 협력을 얻 어 구매조합 공익사(共益社)를 조직하였다. 공익사는 협동조합의 이상과 구 체적인 사업의 방향을 강령 속에 다음과 같이 주장했다.

1. 실질 본위의 일용품을 염가로 공급하여 조합원의 생활을 안정, 행 복하게 한다.
2. 구매에 따른 이익을 나누어, 한편으로는 조합 자본으로 적립하여 공동의 이익을 꾀하고 다른 한편으로는 조합원의 구매 액수에 따라 연말 배당하여 조합원에게 환원, 조합원의 생활을 안정시키고 풍부 하게 한다.
3. 적당하다고 여겨지는 물건부터 점차적으로 제조를 시작하여 첫째 실용 본위의 물품을 만들고, 둘째 조합원에게 일자리를 주어 상부 상조를 기대한다.

---

54) 「社會構成と消費組合」.
55) 消費組合論, pp. 34-35.

4. 조합에 약국을 설치하고 의사를 초빙, 조합원을 위한 실비진료를
   개시하여 병마의 불안과 사회적 불행의 경감을 위해 노력한다.

이것은 영국의 노치텔조합을 모델로 한 것인데 네 번째 조항인 실비진료
는 당시 노동자의 질병률이 높아 그로 인해 생활의 위기가 초래되는 실정에
대해 그가 취할 수 있는 최대한의 대책이며, 또한 그가 후에 소비조합과 병행
하여 노력을 기울인 의료조합운동으로서의 최초의 제창이었다. 공익사는 협
동조합운동의 선구자로서 이상은 높았지만 경영은 잘 이루어지지 않았다.
가가와가 그 뒷수습을 위해 고생해야만 하였다. 하지만 공익사의 사무소는
재정 빈약으로 집회소가 없던 당시의 노동조합의 회의장으로 이용되고 오사
카의 노동운동의 거점이 되었다.

1920년에는 가가와의 지도 아래 고베소비조합이 탄생하였다. 이것은 처
음에는 가와사키조선소 직공의 구매조합으로 조직하려고 했던 것을 가가와
의 방침에 따라 지역 조직으로 확대하여, 노동조합의 간부와 기독교회의 유
지를 중심으로 결성되었다. 그 후 1921년에 있던 조선소 대쟁의로 인해 노동
조합이 큰 타격을 받자 노동자 조합원이 대부분 탈퇴하고 일반 시민을 주축
으로 하는 협동조합으로 되었는데, 생활개선 이외의 계몽활동에도 힘을 쏟
아 경제적으로도 안정되고 성공한 협동조합의 하나로서 성장하여 갔다. 여
하튼 가가와의 초기 소비조합운동은 조직으로서는 지역조직을 기반으로 하
면서, 노동자의 생활 안정을 목표로 하고 노동조합활동을 보강하는 것으로
구상된 것이다.

또한 관동대지진 후 구조 활동을 한 것이 계기가 되어 가가와는 1928년에
고도(江東)소비조합을 발족시켰다. 이 조합의 특색은 세틀먼트[56]로부터 태
동한 것으로, 지역의 경제적 개선과 생활지도를 협동조합의 이념과 조직에

---

56) Settlement : 지식계급이나 학생 등이 노동자 거주지 · 슬럼가에 정착하여 노동자 빈민과 인격
   적인 접촉을 통해 도움을 주고 자력으로 생활 향상, 사회활동에 참가시키기 위한 운동 · 활동,
   또는 시설 · 단체, 인보사업(隣保事業)이라고도 한다.

의해 구체화하려고 하였던 것이다. 그것은 지부의 관계자와 노동총동맹 관계의 조합과 가가와의 주위에 모여 있던 사람들로 조직되었다. 이 조합에 대해 가가와는 이렇게 기록하고 있다.

> "소비조합운동이 각 방면으로 큰 발전을 계속하고 있는 것은 대단히 기쁜 일이다. 혼조(本所)산업청년회의 고타치 형을 중심으로 회원이 책을 팔고, 월급의 전부를 투자하여 선전을 하는 등 놀라우리만큼 커다란 노력으로 사회개조 프로그램을 조용히 전개하고 있다. 나는 이것이야말로 참 개조운동의 시작이라고 생각한다."[57]

또한 "내가 주창하여 만든 와세다대학(早稻田大學)의 소비조합도 다쿠쇼쿠대학(拓殖大學)의 소비조합도 점차 활성화되고 있다."[58]고 기록하고 있는 것처럼, 도쿄학생소비조합의 창립과 운영에 대해서도 적극적으로 활동하였다. 이 무렵부터 가가와는 소비조합운동에 적극적으로 관여하게 된다.

노동운동에서 손을 떼고 농민운동에도 한계를 느끼고 무산정당운동에도 실망한 가가와는 협동조합운동 속에서 이상사회의 작은 그림을 찾으려고 하였다. 노동운동이나 농민운동 안에서 생산자조합과 소비자조합을 차의 두 바퀴로 생각하고 있던 그의 사회사상이 조금씩 생산자조합의 비중은 후퇴하고, 소비자조합인 협동조합이 전면으로 나서게 되었다.[59] 협동조합운동에도 좌익세력은 어김없이 침투하여 가가와를 괴롭히는 경우도 적지 않았지만 '종교적인 형제애 의식의 발전'으로 이해하여 온 협동조합운동에 대해서는 그는 끝까지 책임을 지었다.[60]

---

57) 身邊雜記, 1927年 5月, 80.

58) *Ibid.*

59) 가가와의 협동조합론이 가장 잘 정리된 것은 『산업조합의 본질과 진로』(1940년)이다. 이 책에서 기독교 형제애의 발전된 형태로서 협동조합을 언급하며, 협동조합의 구체적인 문제를 다루고 있다.

60) 「信用協同組合要論」, 1947年 序文.

"30년 가깝게 나는 일본의 협동조합운동을 위하여 싸워 왔다. 좌익으로부터도 우익으로부터도 심한 압박을 받으면서 어리석은 자처럼 조합운동을 위하여 노력하여 왔다. 종전 후 일본을 재건할 수 있는 유일한 길은 협동조합운동임을 믿고 동지와 함께 싸웠다."

그는 젊은 시절부터 걸어 온 오랜 동안의 사회운동의 마지막 도상에서 협동조합주의라는 안주할 곳을 발견한 것이다.

결론: 농촌을 위한 희망의 메시지

1919년 8월에 오사카에 유한책임구매조합(有限責任購買組合)을 설립하고, 이듬 해 10월에 유한책임 고베구매조합(有限責任神戶購買組合)을 창설하고, 1921년 5월에는 나다구매조합(灘購買組合)을 만들어 갖은 곤란을 겪으면서 협동조합운동에 박차를 가했다. 다행히 『사선을 넘어서』의 막대한 인세가 들어왔기 때문에 언제나 손해를 보면서도 경제 활동을 계속했다.

그리하여 도시뿐만 아니라 당시 가난의 밑바닥에 깔린 농촌을 구하기 위해서 1925년 2월에 오사카에서 농촌소비협동조합을 설립했다. 그것이 현재의 농협의 출발이었다. 그런고로 가가와는 실로 농협을 낳은 어머니였다.

도시에서는 공산주의자들이 잠입해서 갖은 수단을 써서 구매조합을 파괴할 것에 전념했다. 그래서 가가와는 도시에서는 어디에서나 봉변을 당하고 좀처럼 순조롭게 성장할 수가 없어 고심참담하였다. 그래서 우선 농촌 쪽으로 힘을 기울이기로 했다. 때마침 농민조합 운동도 진전했고, 여러 곳의 농민학교에서도 협동조합의 중요성을 가르치고, 또 농민복음학교운동도 대단한 기세로 퍼져 갔기 때문에 농협은 비교적 순조롭게 성장해 갔다. 그러나 실적이 오르게 되자 그것을 한층 더 전국적으로 보급시켜 보려고 당시의 정부가 농협에 주력하게 되었다. 그것이 의외로 잘 되어가자 그 뒤에도 더욱 더 정부가 여러 가지 점에서 지도 원조했기 때문에 도시에서는 도저히 생각할 수 없을 만큼 발달하게 되었다. 세월이 흘러 세상은 바뀌었으나 농협은 다시 산업협동조합이라는 형태를 취하게 되고, 어느 사이에 오늘날과 같이 성대함을 자랑하게 되었다.

그러나 농협이 어떻게 큰 조직을 가지고, 세계에 자랑할 만한 실력을 갖게 되더라도 규칙에 분명히 돈벌이를 중심으로 해서는 안 된다고 정해져 있기 때문에 창립자 가가와의 호조애(互助愛)의 정신을 잊어서는 안 된다. 현재 농협이 본래의 협동조합정신을 잊고, 일반적인 자본주의적 사업과 다름없으며 지나치게 영리주의로 달려 도리어 농민으로부터 착취하고 있다고 비평하는 사람이 많은 현상이다. 지난 1976년도 전국대회에서 '현재의 농협은 당초의 정신을 잊어버리고 있을 우려가 있으므로 진정한 협동조합 정신으로 돌아가, 한층 공제협동조합운동을 이어 나가자'고 결의하고, 지금도 열심히 노력하고 있는 중이다.

가가와의 지도를 받은 그룹은 가가와의 탄생 90년을 기념해서, 가가와가 오래 살고 있던 마쯔자와(松澤)의 옛 집터에 「가가와 도요히코 자료관」을 건설하자고 결의하고, 그 일에 착수했다. 그 때에 농협의 수뇌부들도 "농협의 정신을 젊은 직원이나 회원에게 배우게 하기 위해서 매우 유익한 기획이기 때문에 꼭 그 기획을 완성시켜 달라, 필요한 자금도 되도록 내게 해 보겠다"고 말하였다.

제9장 ——————— 가가와 도요히코의
'하나님의 나라운동'

서론: 새로운 형태의 전도운동

가가와 도요히코는 빈민운동에서 시작하여 노동운동과 농민운동 등의 다양한 사역을 감당하였다. 이러한 운동들의 배경에는 그리스도의 복음을 전하려고 하는 열망이 깔려있는데 이것이 구체화된 것이 '하나님의 나라(神の國) 운동'이다. 자칫 오해하면 어떤 신흥종교운동이나 특수한 사회운동 정도로 볼 수 있으나 이 운동은 '일본의 민족복음화 운동'이라고 할 수 있다.[1]

I. 하나님의 나라 운동의 배경

가가와 도요히코가 중심이 되어 전개한 '하나님의 나라(神の國) 운동'은 일본의 정신계에 하나의 변화와 자극을 주는 계기였다. 가가와가 전개한 여

---

1) 이 운동의 특성은 1910년대 한국에서 일어난 '백만 명 구령운동'이나 1960년대와 1970년대의 '민족복음화운동'과 비슷한 것으로 이해하면 '하나님의 나라운동'의 특성을 보아 쉽게 알 수 있을 것이다. 김남식, 하나님의 나라 운동(서울: 도서출판 베다니, 2023)을 참조하라.

러 가지 운동의 바탕에는 사회악과의 대결이란 주제가 깔려 있고, 나아가서 사회정의의 실현이라는 명제가 있었다. 이 운동의 배경을 몇 가지 측면으로 살펴본다.

1. 일본 사회의 퇴폐상

20세기 초반의 일본 사회는 근대화의 여파 속에서 심각한 문제들이 제기되기 시작하였다. 그중 대표적인 것이 사회의 퇴폐상이었다. 가가와는 당시의 실정을 다음과 같이 기록하였다.[2]

> "아와(阿波)의 요시노강(吉野川)의 유역에는 막부시대(幕府時代)부터 부유한 세도가(勢道家)가 많이 있었다. 아버지의 집도 세도가 집안 중의 하나였다. 그래서 5살에서 11살까지 나도 요시노강 유역의 쪽나무 가공장이 있는 집에서 자랐다. 그러나 메이지 중반부터 무슨 연유에선지 요시노강 유역의 호족들 사이에 음탕한 분위기가 유행병처럼 번져갔다. 우리 마을 부근에서도 벽을 하얗게 칠한 호농(豪農)들의 창고가 하나 둘씩 쓰러져 가는 것을 수 없이 보았다. 모든 것이 도덕적인 퇴폐의 기운으로 덮여 있었다. 그 아름다운 요시노강의 맑은 물도 사람의 마음을 맑게 정화할 수는 없었다.
> 나는 어려서부터 슬픈 아이였다. 나는 주위의 퇴폐적 기운을 바라보면서 성스러운 마음을 지닌 사람이 된다는 것은 절망적이라고 생각하였다. 그래서 어두운 힘에 억눌리며 외롭고 쓸쓸한 생활을 계속하였다."

그 끝없는 어둠을 깨뜨리고 빛을 준 것은 예수와 그의 속죄애(贖罪愛)였다. 그는 '예수의 십자가에서 인간의 모든 실체를 보았다.'[3] "가난이 가난으

---

2) 賀川豊彦, イエスの宗教と眞理(東京: 警醒社, 1921), 序.
3) *Ibid.*

로 여겨지지 않으며 외로움이 외로움으로 느껴지지 않고 감옥에 들어가도 피를 토할 때에도 죽음에 가까이 갔을 때에도 예수의 사랑은 나를 강하게 만들어 주었다."[4]

하지만 그도 인간의 자식이었다. 누구보다 자신감이 강했던 가가와로서는 심혈을 기울여 보살피고 지도해 왔던 노동운동으로부터 비판과 비난을 당하며 점차 고립되어 가는 것이 큰 고통이었다. 무저항주의라는 비판을 들으면서까지 싸워왔던 고베 가와사키·미쓰비시 대쟁의가 결국에는 대난투전으로 변하고, 그 자신이 미결수로 감옥에 투옥된 것은 참기 힘든 타격이었다.

> "내가 마음 밑바닥에서부터 예수의 고독함에 대해 생각하기 시작한 것은 다이쇼 10년의 초여름, 고베의 감옥에서 하루하루를 보내고 있을 때였다. 당시에는 3만 5천명의 노동자와 함께 목숨을 걸고 운동을 하던 시절이었는데 독방 감옥은 여러 가지 일에 대해 생각하게 하였다. 하지만 그중에서도 가장 나에게 다가온 것은 예수였다. 성경을 읽으며, 예수의 고독한 심정을 반추해 보았다."[5]

> "무슨 일이든 현 시대의 요구에 상반하는 것을 주장하려 한다면 민중은 그 사람으로부터 멀어져 간다. 멀어져 갈 뿐만 아니라 인민의 적으로 매도되고, 공격 받고 고통 받아 결국에는 죽게 된다."[6]

> "불합리한 민중 속에서 예수는 진실로 고독하였다. 그래서 예수의 제자가 되는 사람도 이러한 각오를 해야만 하였다. 군중이 아무리 우리를 물러나게 하려고 해도 결코 굴복하여서는 안 된다. 고독해질지라도 끝까지 옳은 길을 걸어가야만 한다."[7]

---

4) Ibid.
5) 賀川豊彦, イエスと人類愛の內容(東京: 警醒社, 1923), p. 79.
6) Ibid., p. 103.
7) Ibid., p. 104.

커다란 자신감을 가지고 심혈을 기울여 노동운동을 전개하던 가가와는 배신감과 함께 감옥에 투옥된 자신의 신세에 더없는 고독감을 느끼게 되었다. 그러나 그렇다고 좌절하고 있을 수만은 없었다. 가가와는 십자가에서의 죽음을 알면서도 의연히 예루살렘으로 들어오는 예수의 모습에서 많은 위로를 받았다.

"예수는 다시 민중 속으로 들어가 죽음을 결심하고 예루살렘으로 향하였다. 그렇지만 예수만을 민중 속으로 보내서는 안 된다. 우리들도 그 길을 가야만 한다. 오늘 지금 새로운 생활에 뛰어드는 것이다. 다시 힘을 얻어 민중 속으로 가자. 살을 에는 북풍이여 불어라. 우리들은 과감히 일어나, 예수의 뒤를 따른다."8)

이렇게 그는 꺾이지 않고 새로운 진로를 찾아 한 발 한 발 농민운동으로, 무산정당운동으로, 소비조합운동으로 진로를 바꾸어 나아갔다.

이러한 사회적 활동에 몸을 담그면 담글수록 가가와는 사회운동에서 해방되어야 할 인간의 인간성 그 자체의 문제에 당면하게 된다. 자신의 가장 기본적 활동을 인간 내면의 영혼구원에 중점을 두었지만 영혼구원과 생활의 해방을 분리하는데 찬성할 수 없었다. 19세기 후반 이후, 구미(歐美)교회에서도 이 두 개를 분리하려고 하는 풍조가 지배적이었다. 그리고 그것에 대한 비판으로 기독교 사회주의나 사회복음을 주장하는 그룹도 존재하였다. 마이너리티 그룹이면서 사회적으로 수동적인 일본의 기독교계에서는 기독교를 단순한 정신적 운동에 한정하려고 하는 경향이 특히 현저하였다. 사회악을 등에 지고 가난과 병고로 고통받아온 가가와는 이러한 이분법을 용납할 수 없었다. 가가와는 모든 사회운동은 인간존재 그 자체의 해방운동이었다.

---

8) *Ibid.*, p. 111.

2. 신학적 배경

가가와가 전개한 '하나님의 나라운동'은 단순한 사회운동이 아니라 신학적 배경을 가진 운동으로서 특성을 가지고 있다. 신학적 배경은 여러 가지로 규정할 수 있으나 사회악과의 싸움과 하나님 나라의 실현으로 집약할 수 있다.

(1) 사회악과의 싸움

사회운동의 선두에 서서 진흙투성이가 되어갈수록 가가와는 다른 한편으로는 강력한 '정신운동'의 필요성을 더욱 통감하게 되었다. 기독교회가 일어나지 않는다면 일본의 사회운동은 '유물론적'인 운동으로 흘러가 버릴 거라는 것을 노동운동의 항쟁과 후퇴 속에서 가가와는 경험하였다. 고베 대쟁의 2개월 후, 1921년 10월 가가와가 속해 있는 일본기독교회의 교직자회가 나라(奈良)에서 개최되었다. 가가와를 주창자로 하여, 기독교계의 현실을 걱정하는 젊은 교직자 무라타 시로(村田四郎), 나카야마 마사키(中山昌樹), 요시다 겐지로(吉田源治郎), 오노무라 린죠(小野村林藏), 마쓰오 미키죠(松尾造酒藏) 등 14명이 「예수친구회(イエスの友會)」를 결성하였다. 그는 스스로 예수친구회의 5대 강령을 다음과 같이 정하였다.

1. 예수 앞에 경건할 것
2. 가난한 자의 친구가 되어 노동을 사랑할 것
3. 세계 평화를 위해 노력할 것
4. 순결한 생활을 할 것
5. 사회봉사를 중시할 것

가가와는 기관지 『구름기둥(雲の柱)』의 편집도 맡아 1922년 1월에 제1호를 발간하였다. 수년 동안 지도하고 함께한 노동운동 동지들과의 거리감, 그리고 자신을 떠난 사람들에게서 느끼는 고독감은 이 새로운 종교 활동에 힘

을 쏟게 만드는 원동력이 되었다. 점차 『구름기둥』은 실질적인 가가와의 개인잡지가 되고 있었다. 가가와의 노동운동의 오랜 동지였던 무라시마 요리유키는 그간의 사정을 이렇게 기록하고 있다.

> "가가와 씨는 고베쟁의의 참패와 노동운동의 급격한 좌경화로 그의 마음에 품고 있던 기독교사회주의나 길드사회주의로는 많은 노동 대중을 붙잡을 수 없음을 깨닫고, 점차 노동운동으로부터 손을 떼고 정신운동으로 복귀할 것을 생각하였다. 그때 그의 복귀의 발판이 된 것이 「예수친구회」의 탄생이었다고 나는 생각한다."[9]

「예수친구회」의 취지가 발표되자 일본 전국으로부터 입회자가 몰려들었다. 1922년 1월 중순에는 86명이었는데, 반년 후인 7월초에는 501명이 되고, 1년 후에는 878명이 되었다. 목사, 교사, 학생, 직공, 신문배달원, 목수, 간호사 등으로 가가와의 사상에 공감한 모든 계층, 직업의 사람들이 참가하였다.

이 새로운 종교운동은 신앙을 정신세계로만 한정짓고 복음을 교회 속에 안치해 두려고 하는 당시의 교회에 대항하는 개혁운동이었다.

> "나는 오늘날의 교회가 가고 있는 길과는 다른 길을 걷고 있습니다. 오늘날의 교회는 작은 죄에 대해서는 쉽게 단죄하면서 자본주의의 큰 죄에는 눈 감아 버립니다. 나는 오늘날의 교회가 걷고 있는 안이한 길을 걸어가고 싶지 않습니다. 나는 순탄한 복음전도자의 길을 걷지 않겠습니다. 옛날에는 지리적으로 널리 전도하면 되었습니다. 그러나 20세기에는 공간적인 전도보다는 내적인 전도가 필요하게 되었습니다. 그것은 자본주의에 대항하는 필사적인 전도입니다."[10]

---

9) 「火の柱」1962年 5月 5日号.
10) 身辺雑記, 1922年 4月. 「全集24」, p. 6.

물질을 정신의 옷이라고 생각한 가가와로서는 하나님 나라를 전도한다는 것은 사회개혁을 지향하는 사회운동을 떠나서는 도저히 생각할 수 없는 것이었다. 그러므로 예수친구회는 노동자 전도와 함께 인격적 사회조직 달성, 전쟁 없는 세계의 실현, 기독교적 형제애 실천, 인격적 노동조합 완성, 산업조합 보급 등을 주장하였다. 그러나 이러한 것들은 어디까지나 구호와 같아서 예수친구회의 구체적인 행동과는 직결되지 않았다. 하지만 그것은 가가와의 교회 비판 위에서 이루어진 새로운 종교운동의 이념을 나타내는 것이었다.

> "나는 요즘 오늘날의 기독교가 가야할 길을 잘못 가고 있다고 생각합니다. 그것은 사랑의 생활이 없기 때문입니다. 교회에 가도 서로 돕는다는 것이 없기 때문에 실로 차가운 분위기입니다. 상부상조한다는 것이 교회가 아닌가요? 오늘날의 교회는 윤리클럽이지요. 그것으로는 새로운 상부상조를 강조하는 노동조합을, 소비조합을 그리고 사회주의를 이길 수가 없습니다."[11]

이러한 가가와의 언동(言動)은 교회 안에서 가가와에 대해 많은 오해를 불러 일으켰으며, 당시의 교회관(敎會觀)과도 큰 차이점이 있었다. 그러나 그가 끊임없이 지적하였던 것은 사랑이 없는 곳에 교회는 없다는 것이다. 그것은 분명히 당시의 중산계층을 위주로 하는 교회의 큰 병이었다.

(2) 하나님 나라의 실현

가가와는 전국협의회가 있었던 날 저녁, 히비야(日比谷) 공회당에서 열린 「선교 70주년 기념·하나님 나라운동 선언 신도대회」에서 「일본교화(日本敎化)의 이상(理想)」이라는 제목으로 다음과 같이 강론하였다.

---

11) *Ibid.*, 1923年 5月, p. 23.

"일본의 여기저기서 절망의 소리가 들린다. 시골에 가면 시골의 한탄을, 공장에 가면 공장의 고민을 듣고, 어촌에 가서는 고기가 잡히지 않는다는 한탄을 듣는다. 도회지에서는 도회지의 신음 소리가, 가정에는 가정의 슬픔이, 깊은 한탄과 절망의 소리로 넘쳐나고 있다. 그러나 우리들 곁에는 은총의 하나님이 계신다. 그곳에 계시는 생명의 하나님께서 절망하지 마라. 너에게는 또 하나의 길이 있다고 가르쳐 주시고 있다. 절망하지 마라. 하나님은 우리들이 절망할 때에 희망을 준비하고 계신다. 성령은 일본 국토를 감싸고 있다. 우리들이 요구하는 것은 실행이다. 말로 이야기하는 대신에 선한 사마리아인의 친절을 실행하는 것이다. 따라서 지금부터의 '하나님 나라 운동'은 농촌으로, 사무실로, 도회지로, 공장으로 우리들이 무언의 십자가를 짊어지고 가는 것이다. 우리들은 이 사랑의 운동으로 다시 돌아가야만 한다."[12]

하나님의 나라운동은 메이지 이후의 기독교회의 역사에서 가장 성공한 전도활동의 하나였다고 평가해도 좋을 것이다. 당시 일본의 사회와 교회가 처해 있는 상황 속에서 기독교 신도는 절박하게 위기를 느끼고 있었다. 가가와의 명성도 있고 하여, 그가 전국을 순례하자 어느 집회건 대성황이었다. 5백 명, 천 명이라는 청중이 모였다. 교회당만으로는 청중을 전부 수용할 수가 없어 마을의 공회당이나 학교를 대회장으로 하는 경우도 적지 않았다. 작은 마을의 집회에서도 수백 명이 모였다.

가가와는 백만 명의 영혼을 구원하는데 열심인 나머지 마음을 정한 사람들의 수에 큰 관심을 가졌다. 복음전도자로서 그의 사명은 전도이며, 그 뒤의 신도들의 보살핌은 교회가 해야 한다고 그는 생각해왔던 것 같았다. 그러나 하나님나라운동과 교회 체제 사이에는 하나의 간극(間隙)이 존재하였다. 그것은 이 전(全)교회적 활동이 「하나님 나라 운동」이라고 불리어진 것으로도

---

12) 雲の柱, 1929年 12月号.

분명하게 알 수 있다. 하나님나라운동은 협동전도의 전개임과 동시에 노동운동, 농민운동의 상황 속에서 파악될 필요가 있는, 또 하나의 「운동」이었다. 하나님나라운동은 다수의 저항을 받으면서도 기독교회 속에서 정착해 갔지만, 그것이 반드시 「운동」적 측면을 받아들였다는 것을 의미하는 것은 아니었다. 가가와의 「하나님 나라 운동」을 이해하기 위해서는 그의 기독교 이해의 중심개념의 하나인 「하나님 나라」의 이해를 정확히 해 둘 필요가 있다.

3. '100만인 구령운동'

가가와가 제창한 '하나님의 나라 운동'은 일본교회와 정신계에 일대 자극제가 되었다. 당시의 일본의 사상계는 혼란상태가 심해져갔다. 노동운동에서는 좌우의 대립이 격화되어 마침내 총동맹은 분열하고, 공산당의 영향 하에 좌파의 노동조합평의회가 탄생하였다. 공산당의 세력은 가가와 등이 만든 농민조합 속에도 침투하여 왔다. 가가와는 사회운동 속에 사상과 이상이 강조되어야만 한다는 생각을 더욱 굳히고, 이를 위해서는 기독교의 힘이 사회적으로 더욱 강력해져야 한다고 절실히 생각하였다.

> "오늘날 일본에서 나를 가장 슬프게 하는 것은 사회적으로도 개인적으로도 살아갈 길이 막막하다는 것이다. 어디를 보아도 고통스러운 일뿐이다. 국민이 종교적으로 나아갈 수밖에 없다는 것을 통감하고 있다."[13]

1925년 여름, 예수친구회 수양회에서 「100만 명의 영혼을 하나님께 바치는 운동」을 결의하였다. 당시 일본의 프로테스탄트 교회의 신도는 16만 명에 지나지 않았다. 가가와는 적어도 신도가 100만 명은 있어야 기독교가 하나의 사회적 세력이 될 수 있다고 생각한 것이다. 같은 해 말, 기독교연맹의 협

---

13) 賀川豊彦, 神에 의한 解放(東京: 警醒社, 1926). p. 118.

의회에서 가가와는 「100만 명 영혼구원운동」 사안을 발표하였다.

그 협회에 가가와가 제안한 「백만인 구령운동 사안」은 실로 그 구상이 아주 웅대한 것으로 일본 전토를 하나님께 바쳐서 그리스도의 정신에 의하여 새로운 「하나님의 나라」를 세우려고 했던 것이다. 「사안(私案)」의 원문은 다음과 같다.

제1 새로 출발해야 할 전도

1. 농민전도: 전국 7할 5푼의 사람들에게 도달하기 위해서 모든 기관 (機關)을 이용할 것. 수년간 노력할 필요가 있고, 태만하면 장래에 크게 곤란해진다.

   (A) 통신 전도 지방신문의 이용

   (B) 트럭터 전도 직접 배부

   (C) 지도자 양성 농민학교 경영

   전국에 당장 40개의 농민학교를 만들 것, 그 경영은 예수의 정신을 중심으로 소작농민의 자제를 수십 명에 한해서, 수개월 동안 공동생활을 시켜 종교적으로 인도하고 그들을 농촌으로 귀농시킬 것. 이 학교는 서당식으로 하는 것이 좋다.

   (D) 농촌정신문화지도 모든 청년회, 처녀회 등에 기독교 교사를 강사로 보낼 것.

   (E) 농촌에 기독교적 기술자를 지도자로서 보낼 것. 모든 방면에 도작, 잠업, 농정 등의 기사를 봉사자로서 보내어 침묵을 지키면서 예수의 정신을 발휘하도록 할 것.

   (F) 농촌에의 의료선교회를 조직할 것. 특히 마을마을을 순회하는 가장 봉사적인 사람을 보낼 것.

   (G) 신학교의 농촌사회과 창설 — 신학교에 농촌과를 설치하고 농학교 졸업생을 수용해서 그들에게 성경의 지식과 덴마크에서의 농촌경영의 방침, 기타 농촌사회학, 농촌전도의 정신을 심어 이들을 농촌에 파견할 것.

2. 노동자 전도: 도시의 노동자 전도는 인격적 접촉을 첫째로 할 것.

   (A) 소기숙사의 경영.

   (B) 노동자의 수공(手工)학교 경영 덴마크의 수공학교의 경영을 배울 필요가 있음.

   (C) 노동자 문화교육 작은 학교를 많이 만들 것. 큰 학교를 만들지 말 것. 인격교육을 중심으로 할 것.

3. 어촌 전도: 전국 250만 명의 어민 전도는 대대적인 계획을 가지고 진행하지 않으면 안 된다. 일본에도 베드로와 세베대 아들들이 있다.

   (A) 어부 홈을 창설할 것.

   (B) 의료 선교회를 설치할 것.

   (C) 어업기술자를 전도자로서 보낼 것.

   (D) 세토나이카이(瀨戶內海) 푸쿠이엔마루(福音丸, 배)같은 것을 증가할 것.

4. 수부(水夫) 전도: 오사카(大阪), 고배(神戶), 와카마츠(若松), 관문(關門), 요코하마(橫濱)의 5개소에는 즉시 수부전도에 착수할 필요가 있다. 수부(水夫) 40만명, 기타 세토나이카이(瀨戶內海)의 범선(帆船) 수부의 수는 매우 많아 계산에 고심한다.

   (A) 작은 모터 선으로 범선전도, 수상아 등의 전도에 종사할 것(오사카에서의 수상생활자는 5만에 가깝다고 전한다).

   (B) 순회수상의료반을 설치할 것(오사카마이니찌신문 자선단이 바쁘게 종사하고 있음을 보아도 그 필요성을 알게 된다).

   (C) 수화부(水火夫) 홈 증설 지금까지의 수화부(水火夫) 홈 뿐만 아니라, 범선을 위해서 홈을 설치할 필요가 있다(덴마크 국내전도회사에는 이런 종류의 것이 20수개소가 있고, 이것을 배울 필요가 있다).

5. 갱부(坑夫) 전도: 전국 40만의 갱부에게 전도하는 것은 가장 긴요하다. 그러나 그들에게 전도하려면 그저 입으로만 전도해서는 소용없다. 사마리아 사람 같은 전도를 하지 않으면 안 된다.

(A) 기타큐슈(北九州)의 온가가와(遠賀川)의 유역에 갱부 홈을 몇 개소 설치할 것.

(B) 기타 홋가이도, 도끼와(常盤), 아시오(足尾), 이쿠노(生野), 아키타현(秋田縣)에 갱부 홈을 설치할 것.

(C) 교육적 전도법을 써서, 오래 걸려서 하나의 영혼을 구원하는 각오로 노력 할 것.

6. 간호사 미션: 간호사 전도의 필요는 그 수가 5만에 달하고, 예수의 정신을 그들이 가지려 하고 있음을 보아도 알 수 있다. 이것은 용이하지만 이하의 방법에 의할 것.

(A) 간호사 홈을 영리를 떠나서 설치할 것.

(B) 문서전도를 할 것.

(C) 이 미션은 「연맹」에 직속하는 것이 가장 좋다고 생각한다.

(D) 이 미션은 돈이 없어도 기도만으로써 출발할 수 있다.

7. 결핵 미션: 일본에는 85만 명의 결핵환자가 있다. 1921년의 통계에서는 1년간에 8만 5천 명의 사망자가 있다. 그러므로 특히 미션을 만들 필요가 있다.

(A) 문서전달 트릭터전도, 소책자전도.

(B) 결핵 홈 이것은 의료미션인 동시에 위생원(院)이 아니면 안 된다.

제2 교회에서 결의되어어 할 것.

1. 전국에 합동적 기도망을 펼 것.

2. 「연맹」 가입 기타의 교회내에 상조(相助)사상과 실력을 왕성하게 할 것(실례 - 공동조합 같은 것).

3. 전도지(地)와 전도의 성질에 따라 「연맹」내에 협의회를 열 것.

4. 「연맹」에 이름에 따라 순회전도반을 설치할 것.

(A) 일반적 순회반

(B) 아동전문 순회반

(C) 부인전문 순회반

(D) 농민전문 순회반

(E) 기타 같은 종류의 순회반

제3 기독교 상조조직의 구체화

1. 내외에는 상조관계를 설치할 것. 전국에 걸쳐 기독교 공제조합을
   설치할 것.
2. 내부적으로 충실했을 경우 이것을 외부에 설치할 것.

일본을 방문한 존 R 모트(John R. Mott) 박사는 이 사안을 가지고 돌아갔
는데, 이 사안을 보고 꼭 이것을 실현하려고 진실하게 생각하기 시작한 것이
일본의 선교활동에 가장 힘을 기울이고 있던 미국교회였다. 특히 아시아 민
족 중에서 가장 반향이 강한 것을 알고 또 미국이 배일법안을 통과시키므로
커다란 부담감을 느끼고 있었기 때문에 이 전도 운동에 대단한 관심을 표시
했다.

그 중에서도 침례교에 속한 부인선교사 헬렌 덧핑 여사가 전력을 기울여
서 추진하게 이르렀다. 덧핑 여사는 가가와와 같은 1888년생으로 일본선교
사의 가정 출신이었다. 본국에서 교육을 마친 후, 여자기독교 청년회
(YWCA)의 발전에 크게 공헌하고, 도쿄와 구마모토, 고베 등지에서 활동을
했다. 그리하여 가가와를 돕는 것이야말로 일본을 구하는 최선의 길이라
고 굳게 확신하게 되었다. 그로부터 가가와의 활동을 지원하기 위해서 후반
생을 아낌없이 바쳤다. 한 여성의 무섭게 타오르는 집념을 덧핑 여사의 생활
에서 발견할 수 있다. 여사뿐만 아니라 일본 침례교회에 다대한 공헌을 남긴
여사의 양친까지 니시노미야(西宮)에 옮겨 살면서 온가족이 함께 가가와의
전국에 걸친 전도에 모든 힘을 바쳤다. 가가와의 일본전도에 대한 훌륭한 사
안이 그냥 사안으로 그치지 않고, 상당한 실현을 보게 된 것은 덧핑 일가의
헌신적 기도와 활동의 덕택이라고 생각한다.

우선 덧핑 여사는 가가와에게 자유롭게 일본 전국의 전도에 봉사할 수 있

도록 하기 위해서는 얼마간의 복지사업(원래의 사회사업)의 경비를 제공할 필요가 있다고 생각하고 미국을 중심으로 「가가와 후원회」를 발족시켰다.

가가와도 소설을 연달아 발표해서 많은 수입을 얻어 그 대다수를 시설 등의 비용에 충당하고 있었다. 그러나 전국을 순회할 때, 「가가와 후원회」의 헌금이 어느 정도 지탱하게 한 것이 확실하다. 거기에다가 전국 전도를 실행하려면 가가와의 약한 몸으로서는 아무래도 누군가가 수행해서 짐이나 그 밖의 시중을 들지 않으면 안 되었는데 그 수행인의 비용까지 쾌히 부담한 것도 이 후원회였다.

II. 하나님의 나라 운동의 전개

가가와가 중심이 되어 '하나님의 나라 운동'이 전개되었다. 이 운동은 일본 교회와 일본 사회를 살리는 중요한 계기가 되었고, 기독교 확산의 불씨 구실을 하였다.

1. 일본교회의 재생 운동

가가와는 교파를 초월하여 대대적으로 전도할 것을 주장하며, 그 구체적인 방법으로서 농민전도, 노동자전도, 어촌전도, 광부전도 등을 제시하였다. 그러나 대부분 탁상공론으로 끝나고 말았다. 일본의 기독교회는 움직이지 않았다. 가가와는 마침내 교회에 실망하게 되었다. '일본의 강단(講壇) 기독교는 점차 종말에 가까워지는 것은 아닌가'[14]라고까지 생각하였다.

"나는 갈망하고 있다. 바람을, 바람이여 오라. 남쪽에서 오라. 서쪽에
서 일어나오라. 나는 메마른 하늘에 구름을 기다리는 것처럼 바람을

---

14) 身辺雑記, 1926年 10月.

기다리고 있다. 바람이 아니면 움직이지 않는다. 이 갇혀버린 혼탁한 세계를 한 번에 날려버리지 않는다면 210일이 지나기 전에 많은 사람들이 질식하여 버릴 것이다." 15)

하나님의 바람은 기도하는 가운데 불어오는 '종교운동은 기도운동' 16) 즉 기도에 의한 전도활동이어야만 한다고 가가와는 생각하였다. 예수친구회를 중심으로 그 실천에 힘을 쏟았다.

"요즘은 매일 밤 종교 강연을 하고 있습니다. 이것을 나는 하나님 나라 운동이라고 말합니다만 정말로 기쁩니다. 11월 11일부터 시작하여 오늘에 이르기까지 1,300명이 크리스천이 될 결심을 하였습니다." 17)

"요즘은 매일 종교 강연만을 계속하고 있다. 1월 1일부터 오늘까지 하루도 쉬지 않고 강연을 계속하였다. 일주일 정도 조용히 쉬고 싶다고 생각한 적도 있지만, 이것도 하나님의 뜻이므로 나는 계속 기도하며 종교 강연을 계속하고 있다." 18)

가가와는 점차 전도활동에 많은 시간과 에너지를 쏟게 되었다. 그는 그때까지 교회를 비판하였다. 비판하는 것은 사랑하고 있기 때문이라고 말할 수 있다. 그러나 일본의 복음화를 위해서는 교회를 적극적으로 움직여야만 하였고, 그를 위해서는 교회의 무거운 짐도 짊어져야만 하였다. 그때부터 가가와는 급속히 교회로 가까이 다가갔다.

"지금의 교회 상태로는 도저히 일본을 구한다는 것을 기약할 수 없다.

---

15) 賀川豊彦, 神에 의한 解放, p. 173.
16) 身辺雜記, 1926年 12月.
17) *Ibid.*, p. 72.
18) *Ibid.*, 1927年 1月, 74.

지금 교회에는 열정이 없으며 사랑이 희박하다. 교회의 이러한 단점을 알았다면 먼저 우리 스스로 몸을 던져 일본을 기독교화하기 위해 온 힘을 바치지 않으면 안 된다. 일본의 총 인구 90% 이상에게 아직 복음이 전파되어 있지 않다. 총 인구의 75%를 차지하는 농촌에는 기독교 전도의 손길이 전혀 미치지 못하고 있다. 400만 명의 공장노동자, 40만 명의 광부, 250만 명의 어부들에게는 예수의 사랑이 전혀 전하여져 있지 않다." [19]

노동운동과 농민운동이 분열하고 의회주의에 희망을 건 무산정당운동도 분열하여 좌우의 항쟁이 깊어가는 가운데 일본 자본주의의 어두운 그림자는 더욱 짙어지고, 좌파세력은 급속하게 성장하여 갔다. 가가와는 일본에서의 사회운동의 한계, 특히 사회운동을 하는 사람들의 문제성을 절실히 통감하였다. 사회운동 속에는 소비조합운동을 별도로 한다면 그가 지도력을 발휘할 수 있는 곳은 점점 좁아져 갔다. 그러나 그가 '종말에 가까워진 것이 아닌가'라고 생각하였던 교회 안에는 그의 사상에 공감하며 그의 주장에 호응하는 사람이 의외로 많았다. 가가와가 "당분간 무산정당운동에서 손을 떼고 하나님나라운동에 열중하겠습니다." [20]라고 쓴 것은 이 바람의 태동을 이야기하는 것이다. 그는 교회의 침체를 염려하고 교회가 노동계급이나 농민처럼 「협동전선」에 집결할 필요를 통감하고 있었다.

"나는 이제 단결하여 대운동을 일으켜야할 때가 왔다고 생각합니다. 지금과 같이 교회가 가정집회 수준이거나, 목사가 가정교사와 같은 상태에서는 시대에 대한 예언자적 행동을 취할 수 없습니다. 모든 것을 내던지고 매진해야 한다고 생각합니다." [21]

---

19) 「全集3」, p. 488.
20) 身辺雜記, 1926年 12月, 73.
21) Ibid., 74.

그는 이때부터 '종교운동에 열중' 하며, '당분간은 밥도 먹지 않고 전도할 생각' 이었다. 그리고 스스로 이것을 '하나님의 대도박' 이라고 하였다.[22]

가가와의 주장은 1929년 6월 기독교연맹협의회에서 거론되어 '전국협동 전도' 라는 이름으로 1년간 전국적인 전도가 이루어지게 되었다. 주창자인 가가와는 스스로 전국전도를 맡았다.

2. 전국적 전도운동

존 R. 모트 박사가 참가한 협의회는 1925년 말이었으나, 해를 넘기고 얼마 안 되어 원래 나쁘던 가가와의 두 눈이 심하게 악화해 버렸다. 이대로 방치해 두면 실명의 위기마저 있다는 상태에 빠졌다. 4월에서 5월까지 고이시카와 (小石川)의 스기다(須田)병원에 입원했고, 7월에서 8월까지는 죠슈 쿠사츠 (上州草律)로 옮겨서 9월에는 구 키쿠마치(麴町)의 오시마(大島)병원에서 입원 하는 상태로, 시력 회복에 전력을 쏟았으나 거의 좋아지지 않는 형편이었다.

이듬해 1927년이 되자, 5월에 「가가와 후원회」의 덧핑 여사가 고베항에 도착하고 8월 11일에는 가루이자와(輕井澤)에서 백만인 구령(救靈)협의회 가 열리게 되어 본격적으로 전국운동이 시작되게 되었다.

카와라기(瓦木)에서는 백만인 구령운동 사안에 근거하여 농민복음학교가 1927년 2월부터 개교하게 되었다. 이것은 실로 멋진 계획으로서 밭에 세워 진 두 채의 가가와의 자택에서 열렸고 전국 각지에서 뽑힌 농민의 장남만이 왔다. 가가와 자신이 교수이고 전국농민조합 대표인 스기야마(杉山元治郎) 선생이 교장이었다. 이 이상의 교장은 없다고 생각되는 스기야마가 가가와 와 제휴했기 때문에, 덴마크의 구룬트비히가 시작한 초등학교에 비교할만한 학교였다고 하겠다.

가가와도 될 수 있는 대로 집에 머물고, 함께 식사하고 함께 목욕하고, 하

---

22) *Ibid.*, 14.

루에도 몇 번이나 강의했다. 거기에다가 교토, 오사카, 고베의 여러 대학의 교수나 실천가나 목사들이 교대로 출강했기 때문에 대단한 학교가 이루어졌다. 그리하여 이 농민복음학교는 각 지방에서 열리게 되고, 성대한 활동이 전국에 전개되었다.

그런데 순회전도는 준비를 갖추어 6월부터 우선 오사카, 고베의 여러 교회나 단체를 방문했다. 그 뒤에 원정을 시도해서, 국철(國鐵)의 분기점으로서 중요한 곳이었던 요네히라(米原)에 가서 마침내 「하나님의 나라 운동」의 제1보를 딛게 된 것이다.

1928년 6월 28일(木) 오사카 우메다역(大阪梅田驛)을 출발.
- 2시 반부터 요네히라(米原)역의 클럽에서 「사랑의 원리」란 제목으로 강연, 청중 65명.
- 밤에 오미에(近江) 형제사의 요네하라(米原) 시온관에서 전도집회. 「종교시설」이라는 제목으로 설교. 청중 160명, 결심자 20명.
- 29일(金) 아침 6시 시온관에서 「에베소서의 정신」이란 제목으로 성경연구회. 출석자 30명.
- 9시 철도클럽에서 철도원 300명에게 「기계문명과 종교」라는 정신강화를 했다. 역장이 매우 기뻐했다.
- 오후 2시부터 시온관에서 부인회. 「자유자재의 종교」를 이야기함. 청중 41명, 결심자 2명.
- 밤에는 처연히 비가 내렸으나 150명이 모임. 「종교의 본질」이란 제목으로 강연하고 결심자 3명을 얻었다.

30일(土) 오후 6시 빌립보서 강의에서는 신약의 다이아몬드라고 역설했다. 출석자 25명.
- 1시부터 히코네(彦根)고등상업학교 YMCA 주최의 강연 「종교의 본질」. 청중 500명.

- 3시부터 호우 속에 히코네(彦根)교회에서 350명의 학생에게 「자연과학과 종교」에 대해서 강연. 결심자 23명.
- 밤 8시부터 요네하라(米原)에 돌아와서 시온관에서 호우를 무릎 쓰고 모인 180명에게 「종교적 실현」이란 제목으로 열심히 강연, 어필했다. 결심자 14명.

이튿날 아침 7시 반 요네하라(米原)을 출발했는데, 차 안에서 가와가미(河上丈大郎) 씨, 요시다(吉田賢一) 씨 등의 무산정당의 대의원과 만나 환담을 주고 받았다.

7월이 되자 14일부터 16일까지 3일간 기후현 오가키시(岐阜縣大垣市)에 가서 3일간의 12회의 집회를 열어 3,640명에게 강연하고 144명의 결신자를 얻었다. 거기에 이어 17일 기후역에서 가네야마(金山)역까지 가서 당시에는 아직 타카야마센(飛彈山線)이 개통 안 되었기에 택시를 타고 조용한 아수카야마(飛彈山)길을 북상해서 향토색이 짙은 다카야마시(高山市)에 1시 반경 도착했다. 가스에 약한 가가와에게 자동차의 긴 여행은 매우 괴로운 것 같았다.

17일(火) 밤부터 20일(金) 이른 아침까지 다카야마(高山)와 요시가와(古川)의 두 곳에서 10회의 집회를 열어 2,380명의 청중에게 설교했고, 81명의 결심자를 얻었다.

강연의 제목도 「부인의 권리」 「종교서설」 「정신세계의 발전」 「일본이여, 어디로 가나」 「현대문명과 종교생활」 「덴마크의 초등학교에 대하여」 등 새로운 감각의 제목이 많았다.

이상은 구로다(黑田)가 수행하면서 쓰고 있던 「하나님 나라 운동 일지」 7권 중의 제 1권 첫 부분이다. 이렇게 해서 시작한 「하나님의 나라 운동」은 가가와의 목숨을 건 노력과 협력자들의 헌신적인 봉사에 의하여 점점 확대되어 마침내 「하나님의 나라운동」붐을 낳게 되었다.

헌신적인 원조자의 한 사람인 헬렌 덧펑 여사는 가가와를 하나님으로 착각하고 있는가 싶도록 가가와를 존경하고, 가가와 밖에는 사람이 한 사람도 없는 것처럼 무엇이든지 가가와 외곬이었다. 거기에다가 덧핑 여사에게 못지않을 만큼 열심당의 남성이 여사와 제휴했다. 그 사람은 가가와보다 2세 연장자인 오가와(小川淸澄)이었다. 젊을 때 도미(渡美)해서 로스엔젤레스의 일본인 연합교회의 주임목사를 지냈다. 1925년에 가가와가 도미해서 로스엔젤레스의 그의 집에 머문 이래 절대적인 가가와 당이 되어 후에 도시샤 대학 총장의 비서로 초청되어 귀국했는데 그것도 그만두고 기어코 가가와의 비서로 일하게 되었다.

이 두 사람의 열심당이 하나가 되어 유창한 어학력으로 해외선전에 전력을 쏟았다. 가가와를 하나님으로 착각하고 있지나 않나하고 걱정할 정도이니까 해외에서의 반향이 더욱 더 왕성했다.

그리고 1928년의 8월에는 24일부터 28일까지 가루이자와(輕井澤)과 노지리코(野尻湖)에서 일반전도를 하는 동시에 피서하려 전국에서 모여든 선교사에게도 몇 회나 「하나님의 나라 운동」에 대해서 상세하게 이야기해서 커다란 반향을 불러 일으켰다. 집회 19회, 청중 2,786명, 결심자 45명이라는 결과였다. 이렇게 해서 준비 형태의 운동을 끝맺고 본격적인 활동에 몰입해서 9월에는 쥬고쿠(中國), 규슈(九洲), 10월에는 홋가이도를 13일간에 걸쳐, 삿포로, 오타루(小樽), 아사히가와(旭川), 쿠시로(釧路), 오비히로(帶廣), 네무로(根室)을 순회하고, 집회수 58회, 청중수 27,264명, 결신자 1,412명의 다수를 얻어 「하나님의 나라운동」에 더욱 더 본격화했다고 하겠다.

홋가이도에서 귀로는 홋쿠리쿠(北陸)을 돌아, 후지야마(富山), 다카오카(高岡), 가나자와(金澤), 후쿠이(福井)를 순회하고 홋가이도에서 헤아려 보면 31일간 하루도 쉬지 않았고 아침의 성경연구도 쉬지 않고 계속했다. 삿포로 같은 데에서는 방송국을 이용해서 하루에 8회나 강연하는 틈이 없는 스케줄로 인하여 후쿠이(福井)에서는 허리를 펼 수도 없게 되었다. 그러나 두 사람이기 때문에 서로 도와가면서 최후까지 계속할 수가 있었다.

홋카이도와 홋쿠리쿠(北陸)에서의 전도여행의 총계는 실로 당시로서는 놀랄만한 순회 전도였다.

1. 순회일수	31일
2. 집회수	97회
3. 청중수	39,465명
4. 결심자수	2,274명

3. 가가와의 헌신적 사역

가가와는 어느 장소에 가도 준비된 장소가 백 명쯤 밖에 들어갈 수 없는 곳이면 "백 명쯤의 청중 같으면 일부러 내가 이곳까지 올 필요가 없다. 나는 그냥 간다."고 말하였다. 미리 보낸 준비서에는 그 동네에서 가장 큰 회장을 준비하라고 인쇄되어 있었기 때문이다.

실제 그 무렵, 극장, 영화관, 공회당이라 해도 기껏해야 500명 정도의 장소가 많았으므로 거기에 구석구석 밀고 들어서도 입장 못하는 사람들이 매우 많았다. 후쿠오카(福岡)에서의 일이다. 드디어 집회가 시작되었는데 가가와는 늘 강단 위에서 사용하던 커다란 육필로 써서 만든 성경을 휴식하던 방에 두고 왔기에 가져오라고 했다. 꽉 메운 사람 사이를 비집고 나가려니까 나갈 때에는 그런대로 내보내 주었으나 성경을 가지고 단상으로 돌아가려 하니까 아무리 해도 들어주지 않았다. 하는 수 없어 죽을 힘을 다해서 싸움하듯 광태를 부려가면서 겨우 단상으로 돌아왔다. 회장은 통로에도, 단상 쪽에도, 입추의 여지없이 사람들이 앉아버렸다. 대단한 것으로 야릇한 흥분마저 감돈다. 도대체 가가와는 왜 그렇게 매력이 있었던가?

우선 첫째로 가가와 개인이 지닌 스타성의 매력이다. 당시 가가와는 최고의 스타로서 가가와의 이름을 모르는 사람은 일본에서는 없을 정도의 시대였다. '가가와 선생 오다.'라는 포스터만으로 어디에서든지 총궐기하는 청중이 밀어 닥쳤다.

그저 명성뿐만 아니고, 가가와 자신이 요새 말하는 탤런트 성격을 충분히 몸에 지니고 있었다. 메이지(明治) 초기의 지사(志士)였던 아버지로부터 홀륭한 품격을 이어 받았고, 미모의 명기(名妓)였던 어머니로부터는 무어라고 말할 수 없는 차밍한 것을 이어 받았다. 윤기가 흐르는 두 볼에 가득한 웃음은 만인이라도 넋을 잃게 하는 매력이 있었다. 악수를 해 본 사람이라면 그 따뜻하고 탐스럽게 통통한 손의 감촉을 잊을 수가 없을 것이다. 거기다가 그리 크지 않는 체구에서 천지가 진동하는 것 같은 힘찬 말이 튀어 나온다. 당당한 그 음성에는 백만의 군세도 침묵시키는 위력이 있었다.

더욱이 정밀한 통계 같은 것을 몇 10항씩이나 술술 말하거나 써내려 가는 놀라운 기억력, 그대로 그것을 아무렇지도 않게 줄줄 상세하게 설명하는 설득력을 지니고 있으므로 듣고 있는 사람은 마치 제국대학의 대학원에서 최신의 학술강연을 듣는 것 같은 만족감을 갖게 된다.

뿐만 아니라 화술이 아주 재미있다. 눈앞에서 연단 뒤에 있는 칠판에 붙여 둔 백지에 술술 만화를 그린다. 참으로 잘 그리고 쉽게 알 수 있다. 교육을 받지 않은 빈민굴의 사람들과 얘기해 왔기 때문에 아무런 예비지식도 없는 사람들에게도 분명히 알게 한다. 무학의 아주머니들까지도 어렵지 않게 알게 되므로 좋아한다. 만담을 듣고 있는 가운데 아주 어려운 지식을 흠뻑 맛보는 그런 것과 같은 것이다.

실로 가가와의 전도집회에서는 10전의 입장권을 준비하여도 오는 사람 모두가 다 사주었다. '전도집회에 돈을 받는 건 괘씸하다' 고 맹렬한 반대가 있었다. 그러나 가가와는 완고하게 흔들리지 않고 그것을 실행했다. 10전이라면 가락국수, 메밀국수 한 그릇의 값이었다. 그러나 가가와의 강연은 실로 재미있어서 10전을 내고도 좋다고 모였다. 아무튼 대단한 성공으로 전국의 눈에 띄는 도시나 마을의 여러 교회로부터 신청이 몰려들었다.

1928년 11월 29일에 가가와 일행은 시모노세끼를 출발해서 만주(滿洲)전도에 나섰다. 12월 1일부터 22일간, 대련, 여순, 영구, 안산, 요양, 봉평가, 공주령, 장춘, 철령, 무순, 안동현의 12개소에서 성대하게 전도 강연을 했다. 만주는 가가와에게 미지의 땅이므로 매우 희귀했다. 그러나 각지에서 예상외로 대환영을 받아 집회수 81회, 집회인원 37,253명, 결신자 1,438명이었다.

III. '하나님의 나라 운동' 의 결과

'하나님의 나라 운동' 의 일본의 전도운동의 한 양태로서 중요한 결실을 거두었다. 이것은 인간의 전 영역에서 하나님 중심의 역사를 이루려는 열망이었고, 일본 교회에 새 힘을 불어넣어 주었다.

1. 전도운동의 확산

가가와는 '혁명이 아니라 모든 사람들이 개조되어 하나님 나라로 돌아가지 않으면 안 된다.' [23]라고 생각한다. 이렇게 혁명적인 사회운동에 대한 비판이 강하여짐에 따라 가가와에게 있어서의「하나님 나라」는 만인의 회개 즉 회심(回心)을 강조하게 되다. '참된 내적 개조 없이 사회를 구원할 수 없다. 그래서 나는 조합운동에 모든 힘을 쏟으면서 종교 활동에 열중한다.' [24] 얼마 안 있어 그것은 예수친구회의 백만명 영혼구원 운동으로 나타났으며, 하나님 나라 운동으로 발전되어 갔다.

> "예수의 종교는 속된 삶 속에 하나님이 인간을 경험하고, 모든 일상생
> 활을 성스럽게 하는 것이었다. 종교가가 사회운동을 하는 것은 속물적
> 이라고 말할지도 모르지만 예수의 제자이기 때문에 우리들은 사회운
> 동을 하는 것이다." [25]

성육신(成肉身) ― 가가와의 표현을 빌리면 화신(化身) ― 의 예수와 그의 활동이야말로 하나님나라의 모습을 나타내는 것이라는 것이다. 그는 1927년에 산상수훈을 강해하며 이렇게 기록하고 있다.

---

23) イエスと 人類愛の内容, 1923, p. 278.

24) イエスの宗教と眞理, p. 149.

25) *Ibid.*, p. 151.

"예수 그리스도는 '하나님 나라가 임하시옵소서.' 라고 기도할 것을 가르치고 계신다. 종교가 하나의 사회성을 띠고 있는 것을 의심하여서는 안 된다. 그러므로 예수의 운동이 하나님 나라 운동이었다는 것을 기억할 필요가 있다. 우리나라에는 지금 250만 명의 폐병환자가 있다. 또한 만 5천 명이 넘는 나병환자가 있다. 일본에는 아직도 전 국민의 52%가 농민이며, 그중 70%가 소작인이다. 그들은 비가 오면 많은 비 때문에 어려움을 겪고, 가물면 가물어서 어려움을 겪고 있다. 17만 7천명에 이르는 창녀의 비참함은 말할 것도 없다. 이들의 해방은 누가 할 것인가, 왜 그들을 위하여 기도하지 않는가, 진실한 기도는 하나님 나라를 위해서 기도하는 기도이다."[26)]

가가와는 전도가 교회당으로만 국한되고 개인주의에 매몰됨으로써 제대로 이루어지지 못하고 있다고 확신하고 있었다. 그러므로 가가와로서는 사회운동에서 손을 떼고 하나님 나라 운동에 매진하는 것이 사회운동에서 정신운동으로 전향했다는 것을 의미하는 것은 아니었다. 그에게는 '정신운동과 사회운동'은 원래 한 운동이 지닌 두 개의 측면에 지나지 않았다. 그것은 그가 신가와의 빈민굴에 들어갔을 때부터 변함이 없었다. 따라서 노동운동의 지도자가 된 것도, 농민조합의 창립자가 된 것도「하나님 나라 운동」의 한 형태에 지나지 않았다. 그리고 사회운동 중에서 정신운동의 측면, 즉 만인의「개조」의 중요성을 통감함에 따라 운동의 중심이 영혼구원 운동으로서의「하나님 나라 운동」으로 옮기게 된 것이다.

1930년 초, 교토, 요코하마, 고베, 나고야 등에서「하나님 나라 운동 선언대회」를 시작으로 3년간 가가와는 글자 그대로 동분서주하며 쉬는 시간 없이 활동하였다. 30년 1월 도쿄 마쓰자와 자택에 돌아왔을 때는 과로로 급성폐렴이 되었지만 열이 내리자 관서로 갔으며, 피를 토해가며 오카야마로 전도하러 갔다. 5월에는 도쿄, 6월에는 이시카와현, 가나가와현, 7월에는 후쿠

---

26)「全集」, p. 474.

시마현을 순례하며 설교하였다. 8월에 쥬고쿠에서 돌아오자, 9월에는 사이타마현, 아키타현으로 10월에는 도쿄, 교토, 11월에는 아오모리현, 이와테현, 미야끼현을 순례하였다. 11월이 되자 다시 피를 토하게 되어 하는 수 없이 고베에서 잠시 쉬었다. 이렇게 가가와는 전심전력으로 계속하여 활동하였다.

「하나님 나라 운동」은 일본기독교연맹이 주창자가 되어 전개한 것이지만 실질적으로는 가가와의「하나님 나라 운동」이었다. 「하나님 나라 운동」은 가가와를 중심으로 하여 전국적으로 전개되었다. 오랫동안 침체해 있던 기독교회에도 마침내 활기가 되살아나고, 1928년부터 세례 받은 사람이 증가하기 시작하여, 1931년에는 절정에 이르렀다. '하나님 나라 운동은 상당수의 구도자를 교회로 보냈으며, 또한 세례를 받은 사람도 많이 나왔다. 하나님 나라 운동은 교회 형성에 많은 도움이 되었다.'[27] 가가와의 3년에 걸친 활동은 끝났다.

> "마침내 우리들은 3년간의 여행 중 마지막 전도 여행에 나섰다. 이번에는 후쿠오카(福岡), 오이타(大分), 미야자키(宮崎)를 순례할 차례다. 불행히도 모지(門司)의 쓰루하라(鶴原) 씨의 댁에 묵은 그날 밤, 하룻밤 사이에 시력이 현저하게 감퇴하여 걷는 것조차도 곤란하게 되었다. 심한 피로와 함께 눈의 질환이 심하여져 회복되기까지는 대개 4일정도 걸린다. 눈이 흐려졌기 때문이었다. 그러나 다행히도 구로다 씨에게 도움을 받아 약 24일 동안 전도여행을 완수한 것을 하나님께 감사드리지 않을 수 없다. 4년 반 동안 구로다씨와 함께 많은 고생을 하였지만, 마지막 여행의 기로에서 함께 하신 하나님의 크신 축복에 감사하고 4년 반의 여행을 끝낼 수 있었던 것을 기쁘게 생각한다."[28]

27) 日本基督教団宣教研究所 編, プロテスタント 百年史研究(東京: 日本基督教団出版部, 1961). p. 149.
28) 身辺雜記, 1932年 2月, p. 157.

구로다 시로(黑田四郎)가 이 운동에 깊이 참여하였다. 이 운동의 1년간의 성과는 다음과 같다.

	전도지	집회수	청중수	세례자
1928년 6-10월	中央, 九州	108	32680	1248
10-11월	北海道	58	27032	1412
11월	北陸, 大阪, 東京	52	18834	1362
12월	滿洲	82	38159	1629
1929년 1월	東北	57	28866	981
2월	大阪 외	15	5635	373
3월	九州	62	24882	1251
4월	中國, 九州	128	61802	2985
5월	大阪, 橫浜	14	6950	851
6월	沖繩, 和歌山	59	26370	1377
합 계		625	269260	13485

「하나님의 나라 운동」의 왕성하던 5년간의 전도는 일본에 기독교가 전해진 이래, 전국적인 협력 아래 최대의 계획이 세워져 실행되었다. 그 지역도 북은 사할린의 북위 50도의 끝이나 만주의 그쪽에서, 남은 대만의 남단 조천(潮川)의 땅에 이르기까지 광대한 범위에 걸쳤다. 뿐더러 5년간이라는 장기간에 걸쳐서 실행되었고, 거기에다가 세계 최대의 전도자 가가와에 의하여 계속되었던 것이다.

과연 그 결과는 어떠한 것이었겠는가? 먼저 통계를 내어보자.

전도년 수	4년 5개월
여행년 수	734일
집회 수	1,859회
청중 수	787,223명
결심카드 수	62,410매

이 숫자가 실로 놀랄만한 것이라는 데에는 누구든지 이의가 없을 것이다.

80만에 가까운 사람들에게 복음을 전했으니까 당시로서는 예상을 훨씬 초과한 것이라고 말할 수 있다.

그러나 당시 이 운동에 대해서 대중전도는 전도가 아니라고 정면에서 반대하는 소리가 상당히 있었다. 결심카드 등 일시적인 감동으로 군중심리에 끌려서 써내었다 하더라도 그것은 아무 소용이 없다고 반대하는 사람이 많았다. 그러나 무어라고 하든지, '하나님의 나라 운동'이 전도가 아니었다고 비평하는 것은 타당하지 않다고 단언한다.

그냥 모인 80만 가까운 청중이 현실적으로 그 이후 기독교에 강한 관심을 가지고 있거나, 결심카드를 낸 사람이 과연 몇 사람이나 크리스천이 되었는가고 하면, 거기에는 대단한 문제가 있다. 그것은 가가와 전도의 특징이라고 할 수 있다. 그렇게 말하는 것은 당시 보통의 전도자의 이야기를 들으며 오는 청중은 소수의 인테리층에 한정되어 있었고, 이에 비해서 가가와의 전도집회에는 노동자, 농민, 무학의 여성, 기타 재래의 기독교회와는 전연 관계가 없는 온갖 사람들이 모여 왔기 때문이다. 그 시대의 교회 측에서는 그러한 서민계급의 사람들을 받아들이는 포용력이 없었으므로 결신자를 받아들일 가능성도 적었다.

한편, 당시 서민계급에 비교적 활발하게 활동하고 있던 성결교 계통의 여러 교회는 지도자였던 나가다(中田重治)가 "가가와는 사회, 사회라 하는 공산당이기 때문에 악마다."라고 비난하는 말을 믿고, 「하나님의 나라 운동」을 전적으로 보이코트 했기 때문에 더욱 나빴던 것이다.

그러나 「하나님의 나라 운동」이 진전됨에 따라 수년간은 세례를 받는 사람이 점점 불어나서 「기독교연감」을 보아도 가속도로 증가해서 매년 크리스천이 급증했다. 그대로 나아갔으면 1937년 즉 8년이 되면 반드시 일본교회의 교세는 신장될 것이라고 생각되었다.

「하나님의 나라 운동」의 후반부 즉, 1931년부터 만주사변이 일어나서 세계를 놀라게 했으며, 마침내 1941년에는 세계대전으로 확대되어, 영·미를 비롯해서 기독교 국가를 상대로 싸우는 곤란한 처지에 놓이게 되었다. "전쟁! 전쟁!' 그 일색으로 물들어버리고, 마침내 가가와도 헌병대에 잡혀가서 투옥되었다. 성결교계의 교직자의 거의 전부가 투옥되는 봉변을 당했다. 또 다수의 목사, 전도자가 군수공장에서 일할 것을 강요당했다. 교회 전체에의 더 없이 엄한 탄압이었다. 더욱이 탄압이 국가권력으로 철저하게 행해졌던 것이다. 그러므로 「하나님의 나라 운동」의 결과가 말살되는 것은 당연한 것이었다. 결코 경솔하게 '하나님의 나라운동은 선향(線香)의 불꽃처럼 일시적으로 화려했을 뿐이다.'라고 단정해서는 안 된다.

한 알의 밀알이 땅에 떨어져서 죽으면 많은 열매를 맺는다는 말이 성경에 약속되어 있다. 「하나님의 나라 운동」이 소멸되어버린 것 같았지만, 우리들이 모르는 사이에도 밤낮으로 성장해서 발전한다는 것을 믿고 있었다. 그 부끄러운 세계대전 후 시작한 가가와에 의한 「신일본건설 그리스도운동」으로 나타났다.

이 운동은 패전의 이듬 해 즉 1946년 7월부터 시작되어서 1949년 12월에 이르는 3년 반에 걸쳐 전국에 미치지 않는 곳이 없도록 순회했다. 구로다는 「하나님의 나라운동」 때와 같이 가가와와 2인 3각으로 먼저보다 한층 더 고난과 싸우면서 피투성이 전도를 실시했다. 그리고 놀란 것은 어디에 가도 「하나님의 나라 운동」에서 결심카드를 쓴 사람들이 여러 모로 도와주었다.

물자가 적었던 당시 가가와의 전도의 준비를 하는 것은 아주 고생이 많았다. 그것은 정성껏 도와주는 사람은 대개가 "나는 하나님의 나라 운동 때에 카드를 내었습니다."고 말한다.

2. '신일본건설 운동'의 전개

가가와가 일으킨 「하나님의 나라 운동」은 유례없는 대전도운동이었다. 그대로 이 운동이 진행되었다면 어쩌면 일본의 기독교회는 눈부신 발전의 길을 걸어갈 수가 있었을는지 모른다.

그러나 악마의 방해 공작도 굉장하였다. 일본은 자본주의와 군벌의 제휴로 공포의 길을 걷기 시작하더니 마침내 세계적인 전쟁에 돌입하고 말았다. 이리하여 메이지(明治), 다이쇼(大正)의 일본은 완전히 붕괴되고 말았다. 1931년에 발발한 만주사변이 1937년에는 지나사변으로 진전하고, 드디어 1941년에는 태평양전쟁으로 확대되었다. 중국, 영국, 미국, 네덜란드와 자웅을 겨루지 않으면 안 되게 되었고, 악전고투 끝에 마지막에는 소련까지 상대하게 되어 완패하고 말았다.

이리하여 메이지 이래의 일본은 철저하게 파괴되고 말았다. 뿐만 아니라 대전 중에 기독교회는 참으로 비참한 길을 걸은 것이다. 기독교는 적국의 종교일뿐더러 크리스천은 평화론자이기 때문에 군부에서는 원수처럼 여겨 사건이 있을 때마다 고통을 받았다. 따라서 평화론자의 대표적 크리스천이었던 가가와는 엄한 탄압을 받았다.

1940년 8월 25일의 일인데, 마쓰자와(松澤)교회에서 「예레미야 애가(哀歌)에서 배운다」라는 제목으로 설교한 것이 반전(反戰)운동이라는 협의를 받고 가가와는 시부야(澁谷)헌병대에 구속되었다. 그래서 스가모(巢鴨)구치소로 넘어갔으나 당시의 외무부대신 마쓰오카(松岡洋右) 씨의 노력으로 석방된 것은 유명하다. 그 이후 가가와의 소유지였던 세토나이카이(瀬戸內海)의 고도(孤島) 도시마(豊島)에 유폐되어 버렸다. 종전(終戰) 전후는 우익과 좌익으로부터 공격 당해서 사랑하는 제자 고토 야스타로(後藤安太郎)의 마마다(間間田)공장에 은신해서 위기를 면했다.

맥아더 장군이 진주해 오니까 세상이 바뀌어 히가시 구니미야(東久邇宮)내각에 참여하게 되고, 진주군과 일본 당국 사이에 서서 여러 가지로 중요한 활동을 하게 되었다. 그리하여 가가와는 즉시 멸망한 일본을 재건하기 위한 새로운 운동을 일으킬 것을 결심한 것이다.

전쟁 중 기독교 각파가 합동해서 성립된 일본 기독교단이 주최가 되어 가가와를 강사로 「신일본건설 그리스도운동」이 출발하게 되었다. 교단의 전도부가 책임을 지고 중앙과 지방의 하부조직을 조직하였다. 우선 6월 9일, 아오야마대학(靑山學院大學)의 넓은 교정에서 성대한 「신일본건설 그리스도

운동 선언대회」가 개최되었다. 각지에서 대표자가 출석해서 그 결의를 피력하였다.

이상과 같이 지금까지 없었던 실적을 올렸기 때문에, 그 당시 대교파라고 알려지던 일본기독교회, 조합교회, 감리교회, 성공회, 침례교회, 루터교회 등으로 조직된 관계 여러 선교단이 가입해 있던 일본기독교연맹이 「하나님의 나라 운동」을 주최하게 되었다. 대중전도에 반대하는 사람들도 있어, 성결교회의 사람들은 "가가와는 사회주의자이므로 악마다"라고 나가다(中田重治)가 일갈했기 때문에 반대했으나 일본 교회의 대세는 이 「하나님의 나라 운동」에 참가하게 되었다.

이 전도가 실행될 때에 여러 가지로 새로운 방법의 준비가 이루어졌으나, 1946년부터 3년 반 동안에, 전국에 행해졌던 「신일본건설 그리스도운동」 때에 사용하던 준비용의 프린트 자료가 있기에 그것을 그대로 기록한다.

〈새로운 전도의 준비에 대한 의뢰〉

1. 거기에 가가와 강사, 구로다 간사를 보냅니다. 구로다 간사는 노래 지도와 사무를 당당하므로 모든 의논은 가가와 강사 말고, 구로다 간사와 해주십시오.
2. 기도 없는 곳에는 강사의 무력을 느낍니다. 연합의 기도 준비에도 전력을 집중해 주십시오.
3. 숙박과 식사에 대해서 아무런 주문도 없으니까 잘 부탁합니다.
4. 다음의 것을 준비해 주기 바랍니다.
   (1) 칠판 대신에 사용할 큰 종이 15매와 먹집 등등.
   (2) 오르간이나 피아노와 그 반주자.
   (3) 결심카드(비교적 두터운 것), 청중 전부에게 연필과 청중 50명에 한 사람씩의 위원.
   (4) 「그리스도신문」을 판매할 책상과 위원 1명
   (5) 청중에게 줄 찬미가 128장, 544장(등사판의 작은 종이).

5. 결심자 지도의 계획을 세우고 간절하게 지도해 주도록 부탁합니다.

6. 연제는 다음 중에서 선택해 주십시오.

   (1) 전도집회 「사회혁신과 정신혁명」 「일본 재건과 그리스도 정신」 「일본부흥과 정신부흥」.

   (2) 예배 「십자가 종교의 절대성」 「예수에서 그리스도에게로」

   (3) 학생강연 「과학과 종교의 조화」 「착한 사람이 되는 공부」

   (4) 부인회 「의식종교와 의식생활」 「일본 재건과 여성」

   (5) 협동조합 「협동조합국가의 건설」

   (6) 공업강연 「발명과 봉사에 의한 일본의 재건」 「산업재건의 정신적 기초」

   (7) 교육자회 「재건일본의 교육원리」 「민주주의와 혁신교육」

「하나님의 나라 운동」 때에는 이것과는 다소 달랐으나 이것을 봐도 「하나님의 나라 운동」이 재래의 전도법보다 얼마나 새로워졌는가를 알게 될 것이다.

첫째로, 초교파적이고 그 지역의 몇 개의 교회가 교파에 얽매이지 않고, 될 수 있는 대로 상호협동의 그리스도 정신으로 일어설 것을 요구했다.

둘째로, 연합기도회를 몇 번이나 열어서 기도해서 준비를 부지런히 해줄 것을 강력하게 요청했다.

셋째로, 집회시에 음악을 될 수 있는 대로 활용했다. 오오미 형제사(近江兄弟社)에 부탁해서 찬미가를 한 장의 종이에 인쇄해서 그것을 집회장의 입구에서 한 사람씩 나누어 주었다. 그래서 개회에 앞서 단상에서 노래의 연습을 지도하고 모두가 노래하도록 했다.

그 때에는 그 무렵 일본에서 누구든지 제일 좋아서 부르던 제일고등학교 요가(寮歌)의 곡에 가가와 작사의 금주의 노래를 붙이어 연습했다.

나라에 적(敵) 있고 음탕의

주색 또한 백성들 뼈에 사무쳐

정기(精氣) 야위고 인의(仁義) 사라져
비틀거리는 발아래 땅은 흔들린다.
그 누구라 술잔을 들고
나라의 위기를 잊을 건가!

　이 정도면 누구든지 부를 수 있기 때문에 얼마 후에는 모두가 소리를 맞추어 즐겁게 부른다. 이렇게 되면 생각대로 된 것이다. 더욱이 시력이 약해서 밤에는 거의 안 보이는 가가와가 그 노래 소리를 듣고 청중을 진단해서 어느 정도 출석했으며, 남녀의 수의 비율은 얼마나 되며, 말의 이해 정도는 어느 정도인가를 생각해서 준비할 수가 있었다.

　넷째로는, 강연이 끝난 후에도 그것으로 그치지 않고, 망해가고 있는 조국을 구하고 「하나님의 나라」를 건설하기 위해서 하나님을 믿고 하나님의 힘에 의하여 걸어 갈 결심을 즉시 어필해서 나누어준 카드에 기록하도록 하고 위원들이 그 카드를 모아서 일제히 단위로 가져와서 가가와의 손에 넘긴다. 그것이 50매, 100매, 150매로 불어난다. 그것을 보고 가가와는 아주 기뻐하였다. 아마 가가와의 생애에서 가장 기쁜 한 때가 아니었겠는가.

　결심카드를 두 손으로 움켜 쥘 때의 환희를 맛보기 위해서 온갖 고생을 거듭하면서 살아있는 것 같은 느낌이 들었다. 그래서 결심을 촉진할 때야말로 가가와는 정신력이 전부 한순간에 투입되는 것 같은 기백을 느꼈다.

　카드가 전부 가가와의 양손에 모이면 신을 신고 다니는 단상에 가가와는 꿇어앉아 마음으로부터 짤막한 기도를 올렸다. 그 순간, 엄숙한 공기가 장내에 떠오른다. 때로는 가가와가 눈물을 글썽이며 기도하는 때도 있었다. 아주 감격에 넘쳐흘러 무어라고 말로써는 표현할 수 없는 광경이다. 어떠한 명배우라도 그러한 무대는 연출할 수 없으리라.

　다섯째는, 「하나님의 나라운동」의 신선함은 문서전도에 있었다. 가가와는 강연에서 훌륭한 탈렌트성을 지니고 있었다는 것은 말한 바 있지만, 가가와는 강연과 함께 한편으로 그 문장에 의하여 일세를 풍미하게 한 것이다. 일본 전국뿐만 아니라 세계 수억의 사람들을 매료시킨 문장의 위인이었다. 그 문서전도에 대해서는 존 웨슬리로부터 배운 것이 많았다. 웨슬리는 열심히 공부하는 사람이었다. 가난한 사람이나 감옥에 있는 사람을 언제나 도왔다. '세계는 나의 교구(教區)다' 라고 부르짖고, 넓은 지역의 순회에 전력을 기울였다. 그리하여 웨슬리는 280권에 달하는 많은 책을 저술하고, 88세의 고령이 되어도 붓의 전도를 그치지 않았다. 가가와의 일생은 웨슬리의 20세기 판이라고 생각된다.

그래서 가가와는 처음부터 논설을 차례차례 발표하고, 다시 멋진 붐을 타고 소설을 속속 출판해서 일본과 세계를 흔들어 움직였다. 가가와의 3백 권에 가까운 저서의 대부분은 넓은 의미에서 전도서였다. 그래서 처음부터 각 종류의 책이 「하나님의 나라 운동」을 위해서 도움이 되었다. 그러나 「하나님의 나라 운동」이 시작될 무렵 어떻게 해서든지 한 권에 10전하는 전도서를 출판해서 대중에게 읽히고 싶다는 기적 같은 생각을 하게 되었다. 당시 한 권에 1~2원 하고 있던 것을 10전에 내고자 했던 것이다.

그런데 가가와의 열광적인 지지자 덧핑 일가의 헌신적인 고생 끝에 모험적으로 발행해 보겠다는 사람을 찾아내었다. 시모노세끼(下關)의 루터파의 완노 선교사였다. 그는 복음서관이라는 서점을 경영하고 있던 사람이다. 손해를 볼 작정하고 10전 책을 발행했다. 1929년 8월의 일인데 유명한 「하나님에 의한 신생」이 그것이었다. 당장에 몇 만부나 팔렸다.

그것뿐인가, 이듬 해에는 「하나님과 성애의 복음」 「하나님에 관한 명상」, 1931년에는 「하나님과 영원의 사모」 「십자가에 관한 명상」, 1932년에는 「그리스도에 관한 명상」, 1934년에는 「성령에 관한 명상」, 1938년에는 「하나님과 속죄애에의 감격」을 연달아 10전의 염가판 전도서를 보급해서, 「하나님의 나라 운동」의 유력한 무기가 되었다. 실제로 이것은 가가와이기 때문에 이룰 수가 있었다고 우리들은 그저 경탄할 따름이었다. 어쨌든 가가와는 실로 훌륭하고 독창적이며 천재적 대전도자였다고 말하지 않을 수 없다.

3. 학문적 탐구

하나님 나라 운동이 시작된 이듬 해에 만주사변이 발발하였다. 1932년이 되자 파시즘 운동이 점차 활발하여졌다. 언덕 위에서 굴러 떨어지는 눈덩이처럼 일본 군국주의는 점차 팽배하여 갔다. 가가와는 반전론을 주장한 것 때문에, 1940년 8월 시부야(澁谷) 헌병대에 구속되어 스가모(巢鴨) 구치소로 보내어졌다. 1941년 봄에는 위태로워진 미일관계를 위해 그리스도 신자로서 평화를 위한 마지막 노력을 시도하고자 평화사절단의 한 사람으로 미국으로 갔다. 그때 그는 경찰의 엄한 감시 하에 있었으며, 언동(言動)의 자유가 없었다. 일본은 너무나도 어두웠다. 가가와는 다시 우주악(宇宙惡)에 대해서 생각하는 일이 많아졌다.

> "태평양 전쟁이 시작되기 조금 전부터, 나는 우주 목적의 각도에서 우주악의 문제를 다시 생각하고, 우주의 구조에 새로운 예술적 흥미를 느끼게 되었다. 나는 우주가 구축(構築)되는데 있어 신비스런 발전이 아직 진행 중이라는 것을 깊이 느꼈다."[29]

우주악의 문제는 그의 세계관의 근본을 이루는 것으로, 그동안 생각하여 온 구상을 재구성하여 태평양전쟁 때부터 집필하였다. 전쟁 중 그의 곁에 있던 한 사람은 당시의 일을 이렇게 기록하고 있다.

> "내가 선생님의 시중을 들며 동행하게 되었을 때의 일입니다. 삼등차의 좁은 자리에서 흔들리며 열심히 노트에 써내려가는 선생님에게 '무엇을 쓰고 계십니까?' 라고 묻자, '이것은 「우주목적론」인데 내 필생의 논문이네. 이것을 쓰고 있으면 즐겁고 우주의 하나님의 뜻이 하나하나 깊이 깨달아지기 때문에 이보다 흥미 있는 일은 없지.'"[30]

---

29)「宇宙の目的」, 序.
30) 全集, 月報 11.

그렇지만, 『우주의 목적』이 출판된 것은 1958년으로, 그가 죽기 2년 전의
일이었다. 여기에 그의 전 생애를 총괄하는 사상의 모든 것이 쓰여 있다고 해
도 좋을 것이다. 그 「서문」에는 이렇게 기록되어 있다.

> "우주악의 문제에 관심을 가진 것은 19살 때였다.[31] 나는 원자론(原
> 子論)을 연구하기 위하여 교토대학(京都大學)의 미즈노 도시유키(水
> 野敏之) 박사를 찾아갔다. 1912년경이었다. 1914년 7월 제1차 세계대
> 전의 발발과 함께 나는 미국 프린스턴대학으로 가서 '포유동물의 진
> 화론'을 전공하였다. 그 후 나는 일본의 사회운동으로 바쁜 가운데 틈
> 을 내어 '우주악과 구제(救濟)에 대한 연구'를 계속하였다. 만주사변
> 때에는 평화운동 때문에 도쿄 시부야 헌병대 독방에 구치되어, 스가모
> 형무소로 이송되었다. 그때에도 나는 『포유동물의 골격진화』라는 서
> 적을 옥중에서 읽었다."[32]

다음으로 가가와의 사상체계의 개요를 고찰하여 보자. 그의 사상을 고찰
하는 경우에 가장 중요한 것은 인간 사회는 물론 우주 전체를 하나님의 옷으
로 본 것이다.

> "나의 하나님은 들판의 도라지꽃과 패랭이꽃 속에 숨 쉬고 있습니다.
> 나의 하나님은 자연의 하나님입니다. 나의 하나님은 진화의 하나님이
> 며 자연에 살고 있는 생명의 비약입니다."[33]

> "예수는 하나님을 생명이라고 생각하신다. 생명은 두 개의 방향 즉 시
> 간적으로는 생명으로서 비약하고, 공간적으로는 물질로서 나타난다"
> (『예수의 종교와 진리』).

---

31) 이것은 앞서 인용한 연령과 차이가 있지만 이는 문제가 되지 않는다(필자).
32) 宇宙の目的, 序文.
33) 地殻を破く(東京: 福永書店, 1920), p. 231.

"구약의 시인은 '하나님은 하늘을 옷으로 하여 …' 라고 노래하고 있지만, 나는 하나님은 물질을 옷으로 입고 계시다고 느낀다.[34]

이 점에서 가가와는 성경해석에 있어서 중대한 위험에 처하게 된다. 창조자이신 하나님과 피조물인 우주 즉 자연이 연쇄적으로 다루어져, 피조물인 자연에 대해 전혀 부정하지 않고 그대로 찬미되는 위험이다. 그것은 그의 자연과학을 향한 관심이 자엽법칙 그 자체를 하나님의 질서로 이해하려고 하는 위험성과도 연결된다. 이러한 점은 『우주의 목적』에서도 그 대부분이 자연과학에 대한 이러한 가가와식의 해석으로 인하여 똑같은 문제성을 안고 있다. 이 책의 해설자는 이 점에 관련하여 다음과 같이 서술하고 있다.

"이 책은 일반인에게는 앞부분의 3분의 2 정도는 이해하기 어렵다. 이 과계 대학에서 현대과학에 대한 전문적인 지식을 연구한 사람이 아니면 이것을 제대로 이해할 수 없을 것이다. 그런 반면 전문적인 과학자에게는 이 책은 딜레탕티즘 서적으로 밖에 보이지 않을 것이며, 목적론적으로 정서(整書)된 과학수필로 밖에 받아들여지지 않을 것이다."[35]

또한 자연과 신과의 단절의 측면이 약하고 자연 속에서 신의 목적과 섭리를 찾고자 하는데 급급하여 자연을 분리하여 생각하지 못했던 점이 기독교회에서 평가받지 못한 이유라고 생각된다. 종종 지적되는 바와 같이, 자연 연구에 있어서도 그는 결국 자연을 사랑하는 시인이었지 자연을 분리하여 고찰하는 과학자는 아니었다. 그가 인간을 이해하는 데에도 같은 현상이 나타난다.

"하나님이 스스로의 자리를 포기하고 나사렛의 노동자 예수로서 인간

---

34) 聖靈에 관한 명상(東京: 敎文社, 1934). 序.
35) 「全集 13」, 解說.

생활에 들어왔다고 한다면, 우리들이 빈민굴에 들어가 생활하는 정도
는 아무 것도 아닌 것이다. 그것은 즉 신인융합(神人融合)의 세계이
다. 신으로 생활을 하는 것도 인간으로 생활을 하는 것도 어느 쪽이든
지 자유롭게 가능하였다. 우리들은 하나님이 함께하는 신인융합의 세
계를 경험하는 자가 되어야만 한다."[36]

가가와에게 그것은 신이 내 안에 계시다는 고백과 다름없었지만 표현은
분방하면서도 신비주의적인 「신인융합」이라는 말로 설명되었다. 신학적 논
의를 즐겨 하지 않았던 가가와로서는 스스로의 신앙적인 체험을 이런 표현
외에도 달리 적절하게 표현할 방법이 없었던 것이다.

그럼에도 불구하고 시인 가가와가 범신론이나 신인합일론(神人合一論)과
는 확실히 선을 긋고, 명확한 인격신(人格神) 신앙에 설 수 있었던 것은 하나
님의 옷인 우주의 미를 찬미하는데 그치지 않고, 그 배후에 있는 「우주악(宇
宙惡)」을 관찰하여 그 곳에서 우주를 여는 열쇠를 찾아냄으로서 가능하였다.
태어나면서부터 악을 짊어지고 병고와 가난 속에서 인생을 살아야만 했던
가가와에게는 하나님이 창조하신 이 우주에 왜 악이 존재하는가라는 문제는
그의 삶의 근본적인 탄식이기도 하였다. 그러한 그의 탄식은 시로서 표현되
었다. 그는 우주악을 탐구하다가 예수의 십자가에서 우주악을 극복하려는
힘이 작용하고 있다는 것을 발견한 것이다.

"내 필생의 연구 제목은 『우주악』의 문제인데, 16살 때부터 나는 이
문제에 집중하였다. 나는 악의 측면에서 우주를 연구하면서 악을 물리
치고 나아가는 또 하나의 힘이 그 안에 있음을 발견하였다. 우주에는
커다란 비밀이 있다. 힘이 없고 가난한 자를 위해 내 생명을 포기하는
가운데 나는 하나의 종교를 발견하였다. 십자가의 정신! 즉 예수는 단
순히 우주악에 대한 도전자였던 것만이 아니라 괴로워하는 자에게는

---

36) イエスの宗教と眞理, p. 151.

붕대를 말아주며, 고통 받는 자를 치유하는 인격적인 백혈구운동자(白血球運動者)로서, 스스로의 사명을 자각하고 계셨던 것이다."[37]

여기서부터 가가와가 그토록 강조하였던 「속죄애」의 신앙이 전개된다.

"예수 그리스도가 확립한 종교는 우주악에 대한 하나님의 큰 번민과 예수의 십자가 고뇌를 통하여 방황하는 인류를 다시 한 번 회복시키려고 하는 하나님의 노력 즉 하나님의 사랑이다."[38]

"우주의 법칙 중에는 하나의 보상(補償) 작용이 있다. 우주 의지 중에 ― 신체에 이상이 생기어 유독물이 어느 곳에 생기면, 무수히 많은 백혈구가 그 곳으로 몰려들어 방위선을 치고 적과 싸워 스스로 죽음으로써 몸을 안전하게 지키는 하나의 생리적 구제작용이 있는데, 그것과 마찬가지로 ― 고통을 치유하고자 하는 법칙이 실재하고 있음을 발견하고, 구제(救濟) 종교를 확립한 것이 예수의 종교였다."[39]

이리하여 사회악 속에서 악전고투하면 할수록, 우주악 그 자체보다 그 악을 극복하고 회복하는 힘으로서의 예수 십자가의 속죄성이 강조되었다.

그런데 우주악의 극복이라는 말로 설명되는 가가와의 속죄애에 대한 이해에는 매우 특이한 한 가지 특색이 있다. 그것은 속죄애에서의 죄가 죄라기보다 오히려 불완전한 또는 악으로 파악되고 있는 것이다.

"완성의 길을 향하여 가지 않는 자는 죄인이다. 생명의 측면에서 생각한다면 방황과 병과 불완전함은 죄이다. 우리의 입장에서 생각한다면 사랑의 부족, 불법, 철저하지 못함은 죄이다. 또한 하나님의 입장에서

---

37) *Ibid.*, p. 192.
38) *Ibid.*, p. 160.
39) *Ibid.*, p. 191.

보면 경건하지 않은 것, 유순하지 않은 것, 겸손하지 않은 것, 믿지 않는 것은 죄이다."[40]

"인간의 삶이 하나님처럼 되어야만 하는데 성장하지 못한 채 멈춰버린 것이 죄이다."[41]

"죄라고 하는 것은 한 마디로 말하면 불완전함이다."[42]

그는 죄를 설명하는 경우에도 단도직입적으로 삶의 부정(否定), 무기력, 변화·성장의 정지, 방황, 불완전함, 철저하지 못함, 병 등을 들고 있다.[43] 그의 사회운동의 이론도 사회의 불완전함 즉, 사회악을 개조하여 완전한 사회로 나아가기 위한 운동이었다. 그는 인간의 힘으로 그것을 실현해 갈 수 있다고 생각하고 있었다. 가가와가 기독교 사회윤리를 생각함에 있어서 인간의 원죄 = 부정(否定)의 계기가 약하다고 말할 수 있겠다. 그것은 그가 죄의 문제를 우주악의 전개로서 생각한 것과 깊은 관련이 있다. 「우주악」이라는 문제를 제기한 방법 자체가 신학적 방법이 아닌 세계관적인 접근 방법이다. 사실 이러한 접근방법은 그의 사상이 형성된 20세기 초의 세계와 일본 사상계에서 가장 지배적인 방법이었던 것이다. 가가와는 자신의 속죄에 대한 신앙체험을 논리적으로 전개하면서, 이러한 세계관적인 표현 이외에 달리 선택할 수 있는 적절한 방법이 없었던 것이다. 그런데 죄가 불완전함으로 파악되었다고 하는 것은 그의 「진화론」해석과 관련지어 이해하여만 한다.

"하나님을 중심으로 우주가 진화하고 인간이 완성된다고 생각한 것은 예수의 제자 바울의 생각이었다."[44]

---

40) イエスの宗教と眞理, p. 165.
41) 全集 3, p. 135.
42) *Ibid.*, p. 348.
43) *Ibid.*, p. 389.
44) *Ibid.*, p. 27.

"아이가 성장하여 새색시가 될 때까지 순서가 있듯이 인류의 성장에도 역사적 단계가 있다. 땅에 뿌려진 씨가 줄기를 뻗어 나가고, 이삭을 내어 꽃이 수정되는 것처럼, 인간의 역사에도 하나의 큰 결실의 때가 있다(중략). 우리들은 예수에게서 우주의 큰 사랑의 결실을 본다."[45]

자연은 진화의 길 위에 있고, 인간도 완성을 향한 길 위에 있다. 그곳에 불완전함과 모순과 악이 존재한다. 20세기 초 기독교계가 대응하기에 가장 어려웠던 것은 자연과학, 특히 진화론과의 관련이었다. 그것은 가가와로서도 풀어야만 하는 큰 문제였다. 청년 때부터 그는 자연이 가지고 있는 문제성을 우주악으로 다루며, 우주악과의 관련해서 진화론을 생각해 왔다. 그는 진화를 무목적적(無目的的), 우연적인 것이라고는 생각하지 않았다. 오히려 완성을 향한 진화로 보았다. 우주를 완성되어야만 하는 것으로 본 것이다. 진화가 맹목적이 아니라고 한다면 그 목표는 무엇일까? 그는 진화의 목표 즉 완성된 모습을 예수 그리스도에게서 발견하였다.

"십자가는 …… 우주를 완성하기 위한 십자가이다. 십자가는 자연법칙의 진리를 완성시킨다. 우주를 완성하기 위해서는 인간을 완성시키지 않으면 안 된다. 인간을 완성시키기 위해서는 사랑을 완성하지 않으면 안 된다. 사랑을 완성하기 위해서 는 십자가를 완성해야만 한다."[46]

그의 자연과학연구 및 진화론은 이러한 완성을 향한 역동적인 움직임으로, 신앙세계 역시 이러한 관점에서 통일적으로 이해되는 것이다. 즉 그리스도의 완성은 단순히 완성이라는 정적인 목표가 아니라 이 진화 과정에서 생기는 우주악으로부터 인간을 회복시키는 동적인 생명으로 이해되고 있다.

이렇게 우주악의 문제가 세계관의 완성이라는 시점에서 정리되어 갔을

---

45) *Ibid.*, p. 91.
46) *Ibid.*, p. 135.

때, 그의 우주악론의 구상이 우주목적론으로 이행되어 간 것은 지극히 당연하다고 말할 수 있겠다. 1930년에 출판된 『하나님에 관한 명상』은 이미 「우주목적론」전개의 일부분이었다. 그는 「하나님과 과학」에 대하여, 「하나님과 진화」에 대하여, 그리고 「하나님의 역사」에 대하여 이야기하는 것이다. 그 책에는 이렇게 기록되어 있다.

> "우주 본체 그 자신이 인간의 고통을 줄이고자 하고 있다. 그 힘을 믿고 싶다. 우주의 재생력은 객관적으로 본다면 인간을 구하고자 하는 힘이다. 걱정거리를 해결하면서도, 병, 늙음, 죽음, 굶주림 등의 어려움을 겪게 하는 힘, 즉 사랑하기 때문에 고통까지도 기꺼이 주려는 힘이 우주 전체에 존재하고 있다. 그것이 십자가이다."[47]

이러한 가가와의 사상 즉 세계관을 집대성한 것이 『우주의 목적』이었다. 그는 「우주의 목적」을 구상함에 있어서 우주 인식의 5개의 기초규범을 설정한다. 역(力), 화(化), 성(成), 선(選), 법(法)의 5가지 요소이다. "목적을 향한 출발은 힘에서 시작되고, 그 힘이 변화를 입어, 목적으로 성장하고, 장애를 배제하며 가장 좋은 길과 방법을 선택한다. 그리고 그 선택은 주위의 사정, 환경과의 조절, 힘을 목적으로 성장시키기 위한 여러 가지 약속과 조건을 지켜야만 한다. 이것이 곧 법이다."[48] 그렇다면 이 합목적적(合目的的)인 우주에 왜 악은 존재하는 것일까. 그는 그것을 「변전(變轉)의 어긋남」이라고 해석한다.

> "성장과 진화의 세계에서 생명은 근본원리로 하고 있다. 그러나 이 합목적성의 세계는 역(力), 화(化), 성(成), 선(選), 법(法)의 5개의 차원이 완전히 일치하지 않으면 생겨나지 않는 것이다. 생명세계에서는 이

---

47) *Ibid.*, p. 41.
48) *Ibid.*, 解說.

것이 더욱 복잡하게 되어 가중된다. 그 결과 단지 한 개의 차원에서 변동이 생겨도 차질이 생기고, 목적 세계에서 보면 우연으로 비춰지는 사상(事象)이 생겨나는 것이다."[49]

이러한 뒤섞임이 있을 수 있다는 것을 처음부터 고려하여, 우주악으로의 '어긋남'을 인정하고, 그 '어긋남'의 부분을 수선하는 수리, 재생의 원리도 이 우주에 깔려 있는 것이다. 이 신앙이 종교의 영역이다. 그러나 생각에 따라서는 이 '어긋남'이 있기에 변화무상한 조합을 통하여 자유롭게 짜 맞추고 새로운 세계의 창조도 가능한 것이다.[50]

그는 또 "우주 목적은 선택의 조립에 의한 것이기 때문에 그 선택의 조건에 미세한 고장이 일어나도 악이 발생한다."[51]라고 기록하고, 이와 같은 고장의 발생은 「유한」세계에서는 불가피하다고 말하고 있다. 이러한 관계로 「우주 목적에 도달할 수 없는 것」으로부터 악이 발생한다는 것이다. 게다가 이 「우주악은 인류의 국부적(局部的)인 의지를 깨달음과 동시에 깊어진다. 그리고 인생의 모순을 느끼는 비율이 심화되어 간다.」[52] 그렇지만 '우주는 악이 승리하는 곳이라고 속단하는 것은 우주의 의지에 대해서 미안한 일이다.'[53] '인간을 생존하게 하며 진화 발전시키는 힘을 선험적(先驗的)으로 준비하고 있는 우주의 절대적 의지에 모든 것을 의존하는 것 외에는 해결 방법이 없다.'[54] 는 것이다.

여기에서 보는 바와 같이, '우주의 목적'은 가가와 도요히코의 세계관이며, 자연철학이었다. 그것이 그의 전 생애를 통한 활동 — 빈민굴에서 시작하여 사회운동, 하나님나라 운동에 이르는 전 활동 —을 지탱한 이론이었다.

---

49) 全集 13, pp. 411-412.
50) *Ibid.*, p. 413.
51) *Ibid.*, p. 453.
52) *Ibid.*
53) *Ibid.* p. 452.
54) *Ibid,* p. 454.

가가와는 이 우주목적론을 가지고 자연과학에서 사회과학으로, 나아가 신학에 이르는 전 영역을 총괄하는 하나의 큰 사상체계를 구상했다. 그러나 그 시도는 실패하였다. 가가와의 사상은 실천의 사상이며, 실천을 지탱하는 힘의 표현 즉, 시적(詩的)인 것이다. 거기에는 확신은 있으나 과학적 논증이 결여되어 있었다. 그가 증거로서 자주 인용하던 자연과학의 논증도 그에게 섭취되어진 가가와식의 자연에 대한 해석에 지나지 않았다. 따라서 그의 사상이 실천되어 나타났을 때에는 문제의 본질에 대하여 많은 사람들을 이해시켰고, 시가 되고 말이 되었을 때에는 많은 사람들을 감동시켰다. 그러나 그의 논리는 논리로서 충분한 객관성과 설득력을 가질 수가 없었던 것이다. 그의 저서 중 그가 직접 쓴 작품은 많지 않다. 그중 『우주의 목적』은 그가 직접 쓴 작품이지만 가장 팔리지 않았던 저작물이라고 할 수 있다.

결론

가가와는 복음전도의 방법으로 '하나님의 나라 운동'을 전개하였다. 가가와는 이 기간동안의 「방황과 순례」에 대하여 이렇게 기록하고 있다.

> "1928년 7월부터 전국 순례를 시작하여, 기후(崎阜), 히다(飛驒), 신슈(信州), 규슈(九州), 홋카이도(北海道), 홋쿠리쿠(北陸), 쥬고쿠(中國), 만주(滿州), 도호쿠(東北) 지방으로 일본 전국을 순례하면서, 괴로운 일, 슬픈 일, 의로운 일, 힘든 일도 많았지만, 기쁜 일, 즐거운 일 또한 많았다. 어디를 가도 교회의 실제 세력은 너무나도 미약하여 부끄러울 정도이다. 우리들이 좀 더 활동적이 되어 죽을 각오를 하지 않으면 안 된다고 생각한다."[55]

---

55) 身辺雑記, 1929年 2月, p. 95.

누구보다도 '죽을 각오'를 하고 있었던 것은 말할 필요도 없이 가가와 자신
이었다. '누가 약하면 내가 약하지 아니하며 누가 실족하게 되면 내가 애타
지 아니하더냐'(고린도후서 11장 29절) 라는 바울의 주장은 그의 주장이기
도 하였다.

1929년 4월, 존 R. 모토를 맞이하여 열린 기독교연맹 특별협의회는 가가
와의 제안으로 「하나님 나라 운동」을 정식으로 의결하고, 1930년부터 3년간
운동을 전개하기로 하였다. 그해 10월, 도쿄에서 「하나님 나라 운동」 전국협
의회가 열려 운동의 조직과 구체적인 방침이 결정되었다. 예수친구회의 「하
나님 나라 운동」은 이렇게 하여 일본의 각 교파를 초월하여 전 일본 기독교
회의 전도운동으로 발전한 것이다. 이것은 생명운동이며, 일본교회와 일본
을 새롭게 하는 놀라운 운동이었다.[56]

---

56) 일본 교회의 성장에 대해서는 김남식, 일본교회와 재일동포선교(서울: 도서출판 베다니,
    2008)을 참고하라.

제10장 ──────── # 가가와 도요히코의 세계평화운동

서론 : 전쟁과 평화의 기록

이 세상의 역사는 전쟁과 평화라는 두 가지 상반된 개념의 투쟁장이다. 이 것은 역사가 전승되는 세계 속의 한 현상이지만 일본의 경우 더욱 그러하였 다. 일본은 근대화 이후 전쟁을 통하여 그들의 국력을 펼쳐 나갔고, 청일전 쟁[1]과 러일전쟁[2]을 통하여 국제무대에서 모습을 드러내게 되었다.

세계 제1차 대전으로 말미암아 국력을 비축한 일본은 세계 제패의 야망 속에 제2차 세계대전을 일으킨다. 이런 와중에 일어난 가가와의 세계평화운 동을 주목할 필요가 있다.

I. 가가와의 평화론의 형성

빈민운동에서 시작된 가가와의 사역은 노동운동, 농민운동을 거쳐 하나

---

1) 일본이 국제무대에 서는 중요한 계기가 되었고, 대륙으로 진출하는 교두보를 마련한 전쟁이다.
2) 아시아의 일본이 세계의 강국으로 부각된 전쟁으로 일본 역사에서 중요한 계기가 된다.

님의 나라운동으로 복음전도의 역사를 이룬다. 여기서 더 나아가 세계평화
운동이라는 새로운 무대를 개척한다.

1. 청년기의 평화론

가가와는 어떤 면에서 태어날 때부터 평화론자였다고 말할 수 있을지도
모른다. 가가와는 놀랄 만큼 조숙했다.「젊은 날의 초상」이라는 수기 속에 청
일전쟁 때(1895: 소학교 3학년) "젊은 사람들의 유골을 묻는 장례식에 우리
들 소학생 모두가 참여했다. 그 때 나는 곰곰이 전쟁의 비참함을 느꼈다."고
쓰고 있다.

이어 중학교 5학년 때(16세) 마야스 박사로부터 세례를 받았는데 그 무렵
부터 톨스토이의『나의 참회』등을 탐독하고 크게 감동을 받았으며 특히 톨
스토이의 비전론(非戰論)에 마음으로 공감했다.

그 이듬해에는 러스킨의『호마(胡麻)와 백합(百合)』을 번역해서 도쿠시마
마이니찌신문(德島每日新聞)에 싣기도 하고「무장(武裝)한 게(蟹)」라는 글을
도쿠시마 중학 동창회(德島中學同窓會) 기관지『渦의 音』에 발표했다. 한편
마야스 박사로부터 당시 전세계의 청년들에게 비상한 영향을 주고 있던 헨
리 드라몬트의『세계 최대의 것』이나『인간 상진론(上進論)』등을 빌려 읽고
상당히 큰 확신을 얻은 듯하다. 드라몬트는 신앙에 의한 사랑의 실행이 최고
인 것이고 그로 말미암아 인간사회가 진보 발전해야 할 것임을 성경에 의하
여 명쾌하게 해설한 것이기에 가가와 소년의 평화론도 점차 줄거리가 서게
된 것 같다.

가가와도 뒷날 "나의 무저항주의는 톨스토이 등에서 온 것이 아니라 성경
의 산상수훈에서 받았다. 그리고 프랜시스, 루터, 폭스 등에게서 받아들여진
것이다."라고 말하고 있다.

그 후 메이지학원 신학부의 예과에 입학하게 되는데 여기에서 가가와의
독서욕은 맹렬하게 폭발한다. 특히 당시의 메이지학원의 도서관에는 양서

(洋書)의 수가 도쿄대학 등보다 훨씬 많았다고 했는데 그 방대한 책을 차례 차례로 독파하고 특별히 눈에 띄는 책은 모조리 읽었다. 평화론도 가가와의 흥미를 끌었으나 앙돌 카네기의 『평화론』을 읽고 점점 뚜렷하게 비전론(非戰論)을 굳히게 되었다.

당시는 1905년 러일전쟁이 일본 측에 유리한 형세로 진전되고 있었기 때문에 거국적으로 승전에 도취되어 있을 때다. 메이지학원에서도 전쟁을 인정하는 의견이 많아져서 평화론을 찬양하는 자를 비국민이라고 규탄하는 자도 나왔다.

그러나 가가와는 감연(敢然)히 일어나서 주전(主戰)론자를 반박했다. 그리하여 마침내 저 유명한 '교정 구타 사건'이라는 일이 일어났다. 학원의 월례변론회에서 가가와는 당당하게 비전론(非戰論)을 주장하고 무저항의 주(主)에게 배울 것을 웅변으로 역설했다.

그날 밤 아홉시 경 가가와는 상급생 몇 사람으로부터 교정에 불려 나가 그들로부터 무조건 폭행을 당했다. 그러나 가가와는 조용히 멈춰 서서 겁내지 않고 무릎을 꿇고 '아버지여, 그들을 용서해 주십시오. 그들은 하는 바를 모르는 것입니다. 예수님의 이름으로 기도하나이다. 아멘.' 하고 기도하였다.

러일전쟁은 일본의 승리로 끝났으나 일본의 승리를 지원한 미합중국 국무장관인 브라이언이 일본에 왔을 때 도쿄 간다(神田)에 있는 기독교청년회관(YMCA)에서 대강연회가 열렸다. 가가와는 혹시나 싫었으나 상상과는 달리 당당하게 평화론을 주장했으므로 가가와는 "과연 기독교국의 대정치가이다"라고 평가했다.

그 이듬해 메이지학원 신학부 예과 2년생이 되었을 때, 그 여름방학에 마야스 박사가 부인을 본국에 휴가를 보내고 가가와를 그 집으로 맞아들였다. 그리하여 마을의 집들을 한 집씩 찾아가서 전도하고 돌아왔다. 그 전도 경험이 후일 세계를 향한 종횡무진의 대전도에 커다란 선물을 주었다. 그리고 가가와의 평화론에 대해서도 잊을 수 없는 일이 생겼다. 도쿠시마 마이니찌신문(德島每日新聞)에 「세계평화론」이 7회나 연재되었다.

2. 초기의 평화론

소년시절부터 강한 평화사상을 단단히 품은 가가와는 중학교 5학년 때 (1905) 도쿠시마중학교 동창회 기관지 『渦의 音』에 「무장한 게」라는 제목으로 처음으로 그의 평화론을 발표하고 있다. 가가와는 게의 무장에서 소판류(小判類), 고단류(瓢簞類), 포정류(疱丁類)의 세 종류로 분류해야 한다고 생각하고 다시 그 눈이나 집게나 등껍질의 구조를 연구하고 마지막에는 알을 낳는 방법과 성을 쌓는 방법, 걷는 방법 등을 조사해서 그 상태를 상세하게 서술하고 있다.

그리하여 가가와는 대담하게 결론을 내리는데 "대체로 게는 생존경쟁의 격렬한 살육적 개인생활을 좋아하는 동물이다. 그러나 생각해 볼 일은 인류도 게와 같이 생존경쟁의 격렬한 동물로서 끝낼 것인가 아닌가에 있다. 진화론자는 생존경쟁의 결과가 다만 개개인의 인류를 낳았다고 주장하지만 우리들은 또 타애적(他愛的) 진화도 살펴보지 않으면 안 된다. 하등동물에서 타애적 의식을 높여 인류에 이른 것 같다. … 인류는 스펜서 등이 말하는 자애적 적자생존만으로는 생활할 수가 없다"고 단언하고 있다.

그해 3월에 가가와는 메이지학원 고등부 신학과에 입학하게 되는데 메이지학원의 도서관에서 풍부한 장서를 모조리 독파했다. 이듬해 1906년 8월의 여름휴가 때 고향인 도쿠시마(德島)에 돌아가서 도쿠시마 마이니찌신문(德島每日新聞)에 당당하게 「세계평화론」을 발표했다.

이 소론(小論)은 「제국주의와 인문사(人文史)의 일 계단」이라는 부제가 붙어 있고 제국주의가 반드시 존재하지 않게 되고 평화의 시대가 출현한다는 것을 대담하게 예언하고 있다.

제1의 「서론」에서는 독일의 칸트는 철학자로서 유명하지만 차라리 '그는 평화인이고 세계주의자이다. 세계는 전적으로 인류 전체를 위해서 존재한다는 것을 확신하고 제국주의가 멸망하고 영원의 평화가 세계를 덮을 것을 믿고 있었다. 그렇지만 대철학자 칸트도 매국노라고 해서 정부의 심한 미움을 받고 92세의 생애를 컨스벨그의 마을에서 거의 한 발자국도 떠나지 못했다고 한다.'고 쓰여져 있다.

제2의 「인도(人道)의 기초」에서 롯체의 윤리학의 인도주의도 그린의 자아실현주의도 모두 절대적 인도주의 즉, 그리스도의 '아버지께서 온전하신 것처럼 너희도 온전하라.'고 말씀하신 절대적 인도주의에 그 기초를 두고 있음을 역설했다. 에머슨이 '개인은 세계의 인류대(人類大)의 거인(巨人)의 한 조각이다.'라는 사론(史論)을 주장한 것도 이 신앙에 의한 것이다.

헤겔의 정반합(正反合)의 발전에 의하여 모든 것이 성립되어 있다는 역사철학도 에드워드 게아드의 종교진화론도 모두 종교적 인도주의를 기초로 해서만이 가능한 논리이다. 또 기독교와 정반대의 입장을 취하고 유물사관을 주장하는 칼 마르크스나 엥겔스가 「과학적 사회주의」를 주장하여 근세공업 발달시대를 신사횡포(神士橫暴)시대로 하고 「노동자에게 주권을 부여하라!」고 부르짖어 전세계를 진동시킨 것은 위대하다고 할만하지만 그들도 「인류는 평등하다」라는 절대적 신앙에서 출발하고 있는 것이다.

제3의 「인도(人道)의 교육」에서는 다시 나아가서 인류의 평등관에 입각해서 한 사람의 인간생활의 가치는 분명히 인정하고 타인의 생명을 존중하며 경제적으로도 넉넉하게 생활할 수 있게 되려면 인도적 교육이 절대적으로 필요하다는 것을 역설한다. 그리스도가 '이방인의 지배자들은 그 백성들을 다스리고, 또 지위가 높은 사람들은 그 백성들 위에서 권력을 휘두르고 있다. … 그러나 당신들의 사이에서는 높고자하는 자는 부하가 되어 일하게 되고 우두머리가 되고 싶다고 생각하는 자는 종이 되지 않으면 안 된다.'고 가르친 교훈에 의하여 철저하게 교육받을 필요가 있음을 강조하고 있다.

제4의 「제국주의에서 사회주의」에서는 놀랄만큼 확신을 가지고 제국주의가 반드시 망하고, 새로운 사회주의의 사회가 출현한다는 것을 논단(論斷)하고 있다. "그리하여 새로운 천지가 열린다. 사유재산의 관념은 방기(放棄)되고 인민은 인민의 정부르 세워 인민을 위하여 인민 전체가 정치하는 시대가 올 것이다. 그 때는 칼의 전쟁은 물론 평화적, 금력적 전쟁도 그치고, 경쟁이라는 말도 잊게 될 것이다. 의식주가 족하고, 기술은 발달하고, 신의 나라는 지상에 건설될 것이다."라고 단언하고 있다.

마지막으로 「세계평화」에서는 이사야, 톨스토이, 러스킨 등의 말을 인용해서 '하나님의 나라는 너희들 가운데 있다.'고 말한 그리스도의 교훈은 매우 의미가 많은 말이다. '인도(人道)는 그대로 발전하지 않는다. 세계의 평화는 오고 있으며 제국주의는 마침내 사회주의의 한 단계에 지나지 않는다.'고 맺고 있다.

이것을 보면 가가와 나름의 낙관적인 표현으로서 신앙에 의한 의식의 교육으로 세계평화가 실현되는 것만을 논하고 있다.

3. 평화실현 방법론

무지개 같은 평화론을 발표하고부터 세월은 흘러 메이지(明治)에서 다이쇼(大正)로 연호가 바뀌었다. 가가와는 메이지학원 신학부 예과를 수료하고 고베신학교에 입학했다. 그 후 21세 때 신가와의 빈민굴에 몸을 던져 그 구호를 위해서 목숨을 거는 고투를 계속했다.

1914년에는 미국의 프린스턴신학교에서 수학하면서 풍부한 도서를 독파하는 한편 미국의 새로운 사회운동의 실정을 소상하게 보고 왔다. 귀국 후 당시에 가장 많은 사람들에게 읽히던 『中央公論』이나 『改造』의 지상(誌上)에 차례차례로 새로운 논문을 발표했다. 한편으로는 노동운동에 참가해서 이것을 비약시켜 농민조합을 창립하고 어느 사이에 일본의 지도자가 되었다.

그 동안에 세계도 전에 없는 큰 동란에 휩쓸리게 되었다. 먼저 1914년부터 제1차 세계대전이 발발해서 1919년까지 계속되었고 다음은 1917년 러시아혁명이 일어나 10월에는 소비에트 러시아 공산정권이 수립되었다. 가가와는 아무리 노동자 측에서는 공산당이라 할지라도 폭력혁명은 수많은 인명을 희생시키므로 분명히 반대했다.

또 한편 제1차 세계대전이 1919년에 강화조약 조인으로 종전되자 뜻밖에 윌슨 대통령의 제창으로 국제연맹이 발족했다. 이것으로 세계평화 실현의 거대한 걸음이 내딛어졌다고 환호 소리가 높았다. 그러나 이것도 미국의 반대로 유명무실화되고 흐지부지 사라져 버렸다. 가가와는 양대 사건으로 세계평화 실현의 방책이 없는 것은 아닌가 하는 도전을 받게 되었다. 그래서 평화실현방책의 모색에 대한 고투가 시작된다.

(1) 생존경쟁의 철학

제 일탄으로 발표한 것이 1922년 11월에 출판한 『생존경쟁의 철학』이다. 가가와는 젊은 시절부터 자연과학에 많은 흥미를 가지고 백 권의 책을 정독했다. 프린스턴신학교에서는 신학 방면은 젖혀두고 주로 생물학의 엔브리올로지(화석에 의한 생물진화의 연구)를 배워 풍부한 생물학의 지식을 흡수하게 되었다. 그 연구의 결과로 생존경쟁의 깊은 원리 속에 감추어져 있는 생명의 신비적 사실에 입각하여 폭력혁명과 서로 죽이기의 전쟁에 대해 절대 반대론을 강력히 주장한 것이 이 책이다.

『생존경쟁의 철학』이라는 책은 1922년 11월 8일에 출판되었으나 그 달 22일까지에 10판(약 1만 3천부)이 발행되었다.[3] 이런 까다로운 내용의 책으로서는 놀라운 부수라 할 수 있다.

제1장의 「생존경쟁의 철학」에서는 생존경쟁만을 생명진화의 유일한 길이라고 생각할 수는 없고, 아무래도 서로 잡아먹기를 떠난 생명가치를 높이는 노력이 필요하다는 것을 당시로서는 가장 새로운 생물진화의 학설을 충분히 인용해서 강하게 주장하고 있다.

제2장의 「생존경쟁의 철학에서 보는 상호부조」에서는 다시 크로포트킨의 『상호부조론』이나 헨리 드라몬트의 『인간 상진론』 등을 상세히 논평해서, 생물계와 인간사회가 강한 상호부조의 사실이 많은 것을 설명한다. 그래서 우주 의지(意志) 진화의 방향을 탐구하려면 생존경쟁과 상호부조의 양자는

---

3) 生存競爭の哲學(東京: 改造社, 1922).

생명의 대도(大道)를 나란히 하고 있다. 우주에서 생존경쟁이 소용없을 시대가 오지 않을지는 모르나 사랑과 생명의 힘은 생존경쟁마저 허용하는 것임을 알게 되는 시대가 올 것이다. 생명과 사랑은 생존경쟁보다도 끈질긴 것이라고 단언하고 있다.

제3장의 「전쟁의 철학」에서는 "정복적인 전쟁은 일종의 하등(下等)의 가치경쟁이고 자기의 자유대로 다른 나라를 지배해 보겠다고 하는 자기애(自己愛)의 가치 경쟁에 불과하다."고 논한다. 그러나 전쟁도 진화하는 것인데 처음은 단순한 침략으로 적을 멸망시키면 그만이다가 점차 문명을 파괴하지 않을 정도의 징계적인 것에서 머물게 되다가 스스로 손해를 보면서도 적을 징계하기 위해서 싸우게 될 것이다. 그리하여 다시 인류가 숭고한 신앙에 이끌려 지고(至高)한 가치가 폭력을 초월하게 될 때까지 진화한다고 결론짓고 있다.

이 책은 다시 「계급투쟁과 사회진화」「계급투쟁에서 보는 노동조합의 심리」 등의 장(章)에서 폭력혁명에 의하지 않고 온전한 노동조합운동을 전개하지 않으면 안 된다고 강력히 주장하고 있다.

이것으로 미루어 볼 때, 가가와는 이 시대에서 이미 전쟁은 단순하게 침략전쟁이 아니고 올바른 세계를 실현하기 위한 생명가치의 진화에 협력하게 된다고 예언하고 있다. 이 점은 아주 선견지명이 있었다는 것을 증명하고 있다.

(2) 생활협동조합

한편으로는 러시아의 폭력혁명의 무서운 물결이 일본에도 재빠르게 밀려들었다. 먼저 노동조합의 주류가 공산주의에 이끌리고 말았다. 1917년 미국 유학에서 귀국한 가가와는 가난을 구하기보다 가난을 막는데 힘을 쓰게 되었다. 우선 관서지방의 노동조합을 지도하고 그 후 어느 사이에 일본 전체의 노동운동의 지도자가 되었다. 그것이 관동지방의 극단의 공산주의자에게 소 귀에 경 읽기가 되어 1921년에 가가와는 농업협동조합 노동운동에서 완전히 지치게 되었다.

그 뿐만 아니라 자신이 만들어 전국에 펼친 농민조합까지도 공산화되기 시작했다. 게다가 고심참담 끝에 겨우 도시와 농촌에서 활동을 시작하던 생활협동조합도 점점 거칠어지기 시작했다. 그러나 가가와는 폭력혁명은 절대로 인정할 수가 없었다. 그래서 폭력혁명 없이 자본주의제도를 없애고 새로운 사회를 실현하는 길은 없는가를 추구했다. 그리하여 마침내 영리를 위해서 생산하는 것이 아니고 회원의 생활을 충실하게 하기 위해서 생산하는 생활협동조합(처음엔 소비조합이라 했다)만이 유일의 길이라고 생각하게 되었다. 그것은 영국에서 시작한 롯디텔방식과 독일에서 일어난 라이퍼젠의 신용조합을 병용하는 방법이 좋겠다고 생각했다. 그 때부터 가가와는 맹렬한 정력을 기울여서 1919년에 오사카공익사(大阪共益社), 1920년에는 고베구매조합(神戶購賣組合), 1925년에는 농업협동조합(오늘날 세계를 놀라게 하는 막강한 힘을 가진 농협)을 설립하고 집요하게 협동조합운동을 계속했다. 1927년에는 도쿄코우도우소비조합, 1928년에는 나가노꼬 시치코(中鄕質庫)신용조합, 1931년에는 도쿄의료이용조합 등 차례로 관동지방에도 그 운동을 넓혔다.

그래서 이론적으로도 폭력혁명의 바이블이라고 불리는 마르크스의 『자본론』은 자본주의 제도의 병폐를 도려내는 데에는 완벽에 가까우나 사회악을 고치는 방법은 아무것도 없고 다만 파괴만을 말한다. 즉 사회병리학으로서는 훌륭하지마는 사회치유학으로서는 전적으로 좋지 않다는 것을 갈파했다.

(3) 생산협동조합국가론

가가와는 쇼와 연대의 초기가 되자 단순한 일본의 지도자 일뿐만 아니라 세계의 지도자가 되었다. 그것은 소설 『사선을 넘어서』가 13개 국어로 번역되어 세계적 베스트셀러가 된 것이 계기가 되었다. 그러나 가가와가 일본에서보다도 세계에서 명망을 얻은 것은 폭력없이 새로운 사회를 만드는 길을 제창했기 때문이다. 1848년「공산당 선언」이 발표된 이래 백인 세계의 크리스천은 2천년 동안의 신앙과 사랑으로 새로운 사회를 만든다는 말뿐이고 침묵을 지키고 있었던 것이다. 거기에 가가와는 새로운 사회를 만드는 방책(테제, 프로그램)으로서 신앙과 사랑과 그 밖에 생활협동국가를 만드는 일이라고 주장했다. 그래서 동양의 저쪽 일본에서 놀랍고 위대한 예언자가 나타났다고 환성을 울리게 되었다. 가가와야말로 새로운 세기의 하나님의 사람이라고 숭앙받게 되었다.

그 증거로 가가와가 1935년 12월 19일 샌프란시스코에 상륙해서 이듬해 6월 30일 뉴욕을 떠날 때까지 미국 정부의 초청으로 각지를 순회하면서 미국의 불황을 구하기 위해서 협동조합운동을 지도하고 돌아다녔다. 경제적 초대국인 미국 정부가 일본의 한 개인인 가가와를 불황대책의 해결사로 초청해서 반 년 동안이나 지도를 부탁했던 것이다.

여기서 가가와는 세계적 지도자의 지위를 확보한 셈이고 당시 인도의 간디, 아프리카의 슈바이처와 함께 세계의 삼대 위인으로 불리게 되었다. 그러나 기독교국 사이에서 사상적 지도자로서는 가가와가 최대의 인물이었다고 생각되는 것은 지나친 것일까? 결코 그렇지 않다고 생각한다.

가가와가 세계적 지도자가 되었다고는 하지마는 그 무렵 일본은 경제적으로나 사상적 또는 정치적으로나 아직 사회의 일반 정세도 유럽의 여러 나라에 비해서 훨씬 뒤진 나라였기 때문에 국내에서는 가가와가 하는 일이 여러 가지로 반대에 휘말려 상상도 할 수 없는 곤궁에 빠지기도 했다.

보수적 입장에서는 공산당의 일파에 속하는 빨갱이라고 보았다. 기독교계의 지도자 가운데에서도 '가가와는 악마다'라고 공공연하게 정죄하는 사람도 있었다. 혁신파로부터는 그 반대로 '달러 수입원이다' '배신자다'라고 욕먹게 되었다. 더욱이 협동조합은 경제활동이기 때문에 자본 변통의 곤란, 구입의 실패, 종업원의 악질 등등 칠전팔도의 고통이 계속되었다. 거기에 공산주의자들의 비겁하기 짝이 없는 공격이나 방해를 온갖 방법을 써서 집요하게 계속해 왔다. 그러나 가가와는 아무리 고투가 심해도 단호하게 그 곤란에서 몸을 빼지 않았다.

II. 가가와의 평화론의 정립

가가와의 평화론은 젊은 날이나 초기의 이론에서 더욱 발전하여 성숙한
이론으로 체계화되었다. 여기서 나온 것이 신평화론이며, 세계국가론이다.

1. 신평화론

생활협동조합의 발달을 위해서 피투성이의 고투를 계속하고 있는 동안에
쇼와(昭和)의 초기부터 가가와는 "일본의 인구문제와 식량자원의 문제에 깊
은 우려를 느끼게 되었다."라고 말하는 것은 1921년에 미국의 배일(排日) 법
안이 실시되기에 이르렀기 때문이다. 그 넓은 미국 국토에서 일본의 이민이
배척된다면 급격하게 증가하는 추세에 있는 일본의 인구는 서쪽의 중국에
진출하거나 남쪽의 동남아의 여러 나라에 나아가는 결과가 된다. 그래서 여
러 나라에서도 배척당하게 된다면 일본은 그러한 여러 나라와 전쟁을 하지
않으면 안 되게 된다.

평화문제의 근저에 인구문제와 식량자원의 문제가 있음을 깨달았다. 일
본은 대부분의 토지가 크고 작은 산으로 이루어졌고 그 사이에 생긴 골짜기
의 좁은 평지에서 농업, 임업을 해서 약간의 자원을 얻고 있는데 불과한 사실
에 당면한다. 그래서 가가와는 놀랄만한 입체농업이라는 실로 새로운 구상
을 생각해내게 되었다.

현재 놀리고 있는 넓은 산지에 떡갈나무, 호도, 페칸 등을 심어 그 열매를
돼지나 산양에 먹이면 단백질 자원을 확보할 수가 있다. 입체농업과 협동조
합과 그리스도의 봉사정신을 조합한다면 일본의 인구와 식량자원 문제는 해
결되는 점에 착안했다. 그래서 1927년부터 전국에서 농촌의 대를 이을 장남
들을 니시노미야시(西宮市) 교외 기와라키촌(瓦木村)의 자택으로 모아서 일
본농민복음학교를 열어 한 달 동안 자신도 함께 생활하면서 교육했다. 스기
야마(杉山元治郎) 선생을 교장으로 모시고 사계의 학자, 실천자, 목사 중에

서 뽑은 강사를 동원했다. 오늘날에도 입체농업교육을 전국적으로는 물론이고, 브라질, 캐나다. 한국 등에 보급시키고 있는 도시마농민복음학교(豊島農民福音學校)가 그 후신이다.

그리고 1929년에는 미국 컬럼비아대학 교수 덧셀 스미스 박사의 저서『세계식량자원론』을 번역해서 출판했다. 가가와는 그것을 발판으로 해서 식량자원의 문제에 철저한 연구를 거듭했다. 그리하여 온 힘을 기울여서 그 근본적인 해결을 추구해 가던 중 실로 웅대한 평화론을 세우기에 이르렀다.

(1) 국제 협동조합에 의한 세계평화

1924년에는 도쿄학생소비조합에서『조합국가를 논하고 국가 개조에 이르다』라는 책을 출판했으나 그보다 앞서 가가와의 마음 속에는 세계를 하나의 국제적 협동조합으로 하지 않으면 마침내 평화는 생겨나지 않는다는 생각이 떠오르기 시작했다. 그것은 근세의 전쟁은 자원의 쟁취에서 발발하게 되어 있기 때문에 식량을 비롯해서 인간생활의 필수자원은 각국에 공평하게 존재하지 않고 매우 치우쳐 있기 때문에 생긴다. 근대산업이 가장 필요로 하는 철광이나 석유나 기타의 자원을 보면 일목요연하다. 그래서 그 자원을 탐내는 나라와 그 자원을 놓치지 않으려고 하는 나라와의 사이에 마찰이 생기고, 그 결과 무력으로 빼앗으려 하기 때문에 전쟁이 생긴다. 불평등한 세계의 자원을 각 나라에 공평하게 분배하려면 아무래도 자원분배를 위해 세계회의를 열어서 협의할 필요가 있다. 그러기 위해서는 인구문제의 세계회의도 열지 않으면 안 된다는 생각을 하게 되었다.

그러던 중 차라리 세계를 하나의 국제협동조합화 해버리면 세계의 자원문제도 해결되고 근대적인 전쟁도 일어나지 않으리라는 새로운 세계평화 실현의 방안이 서게 된 것이다.

그 새로운 평화론의 완성이 언제쯤이었을까? 협동조합국가에 의하여 폭력혁명 없이 새로운 사회를 실현한다는 구상은 다이쇼(大正) 말기에 완성되어 있었다. 1927년에는 농민복음학교에서 그것을 뚜렷이 가르치고 있었다.

1928년부터 33년까지 계속된 「하나님의 나라운동」도 그것을 토대로 해서 전국에 호소하고 돌아다녔다.

그런데 1935년 11월에 『전쟁은 방치될 것인가』 - 세계평화의 협동조합 공작(工作) - 이란 부제가 붙은 책을 출판했다. 이 책에는 그것이 분명히 논술되어 있었다. 그래서 그 새로운 평화론은 1934년부터 35년 사이에 하나로 통합된 것이리라. 더욱이 1935년 2월부터 6개월에 걸쳐 오스트레일리아, 뉴질랜드 두 나라를 강연여행 했을 때 그 구상이 한층 뚜렷해졌으리라고 본다.

1935년 말에 미국 정부와 미국기독교협의회로부터 초청되어, 전도와 협동조합의 지도 때문에 도미했을 때에는 이미 분명하게 그것을 제창하기 시작했다. 즉 1936년 1월 27일 뉴욕의 호텔 어스터에서의 만찬회 강연에서 그 구상이 강하게 발표되었다. 다음과 같이 강연 내용의 일부를 인용해 본다.

> "지금까지 우리들은 국제평화라고 말은 하지만 국제평화를 위해서 국제적 계획은 아무것도 하지 않았습니다. 전쟁의 원인이 되는 다섯 가지 이유는 모두가 경제적인 것입니다. (1) 인구과잉, (2) 원료에의 욕구, (3) 시장에의 욕구, (4) 교통상의 제문제, (5) 국제금융문제 등임을 우리들은 실제적 해결법에 따라 이러한 전쟁 원인을 극복하지 않으면 안 됩니다. 그렇다면 어떻게 했으면 좋겠습니까? 국제적 협동원리에 의하여 국제적인 협력통상을 행하는 일입니다. 경제적 협력활동 없이는 기독교는 별로 의미를 지니지 않는 것입니다. 우리들은 산업사회에서 사랑을 실천하지 않으면 안 됩니다. 우리들은 전쟁의 원인을 극복하고, 또 오늘날의 교회내에서의 냉담을 극복하지 않으면 안 됩니다. 어떻게 하면 좋겠습니까. 협동조합에 의하여 길은 있습니다."

그러나 가가와의 『신변잡기』를 보면 이상과 같이 상당히 긴 메시지를 강연한 이튿날 1월 18일에는 워싱턴에서 오찬회가 열렸다. "여기에서는 8백명 가량의 사람들이 오찬회를 열어주었습니다. 사이또(齋藤) 대사도 출석했습니다. 시장의 환영사가 있었고, 상무(商務)장관 로오바 씨도 참석했었습니다. 여기에서는 길게 평화연설을 했습니다."라고 기록되어 있다. 가가와는 기회가 있을 때마다 힘을 다해 평화론을 주장하고 돌아다녔다.

(2) 신평화론에의 반향

이 평화론을 제일 먼저 내세운 것은 미국 기독교계의 가장 유력한 잡지 『센츄리』였다. 가가와는 그들의 요청에 응해서 「평화에의 길」이라는 상당히 긴 논문을 발표했다. 거기에는 첫째, 국제협동조합의 설립, 둘째, 국제적 신용조합의 확립, 셋째, 국제적 평화교육의 촉진, 넷째, 그리스도의 정신에 의한 국제적 결합에 따른 세계평화가 유일의 현실적인 방책이라는 것을 주장하였다.

그러나 가가와의 『신변잡기』에 의하면 "근본주의의 무리들이 군수품공장의 자본가와 한편이 되어 각 지방에서 나의 평화운동과 협동조합에 크게 반대하고 있습니다. 트렉트까지 출판되었습니다. 잘 모르기는 하지만 근년에 이처럼 반대 당한 종교가는 미국에는 없을 것입니다."라고 쓰여 있다. 진화론은 성경의 천지창조론에 모순된다고 보수적인 근본주의자와 자본주의론자가 합작하고 또 공산주의자가 거기에 끼어들어 가가와의 강연회를 저지하려고 필사적으로 노력하였다.

"그러나 이상하게도 어디에서나 협동조합과 기독교의 관계의 이야기를 희망하고 있어 많은 반대가 있는 데도 불구하고 강행하고 있습니다. … 통쾌한 것은 여러 곳에서 불꽃이 타올랐다는 것입니다."라고 적혀 있듯이 가가와는 반대하면 도리어 유쾌하게 생각하고 계속 투쟁했다. 이처럼 맹렬한 반대를 불러일으켰다는 것은 한편 그 국제협동조합에 의한 평화론이 얼마나 미국 전체를 움직였는가를 나타낸다고 말할 수 있기 때문이다.

그것과 대조적으로 가가와의 새로운 평화론에 대해서 아무런 이해도 나타내지 않고, 아무 반응도 일으키지 않고, 다만 일념으로 포학한 침략전쟁으로 달리다가 마침내 망해버린 일본을 생각할 때, 그 극단의 우둔함을 한탄할 따름이다.

그런데 신평화론에의 반향은 미국에서만 그친 것이 아니고 유럽의 각국에 비화해서 타올랐다. 가가와는 1936년 6월 30일 뉴욕을 출발해서 유럽에 건너가서 노르웨이의 오슬로에서 열렸던 세계주일학교대회에 주강사로서 참석했다. 그의「주일학교와 복음전도」라는 주제 강연은 매우 호평을 받았다. 그러나 그것과 함께 몇 차례 기회가 있을 때 발표한 국제협동조합에 의한 세계평화론은 놀랄만큼 반향을 불러일으키게 되었다.

북유럽 여러 나라 즉, 스웨덴, 노르웨이, 네덜란드, 벨기에 등은 대체적으로 루터교회를 주류로 하는 강력한 신앙을 지키고 있는 나라들이다. 더군다나 강대한 제국주의의 국가가 아니고 세계평화를 마음속으로 희망하여 마지 않는 지역이다. 현재에 이르기까지 복지국가로서 자상하게 구석구석까지 미치는 정책을 실천하는 것으로 유명한 곳이다. 그래서 가가와의 신평화론이 전해지자 환호의 소리가 넘쳐흐르고 그저 한 차례의 강연만 듣고 흘려버리지 않고, 가가와의 이론을 한시라도 빨리 실현에 옮겨야 한다고 소리를 높였다. 결국 1937년에 네덜란드의 헤어크에서 가가와의 경제적 이론 위에 선 '가가와 독트린에 의한 세계평화회의'를 열 것을 결의하였다.

그렇게 결의한 오슬로에서의 세계주일학교대회는 세계 각국에서 대표적인 가장 열심있는 크리스천이 많이 모인 자리었다. 그 결정이 실행되었더라면 세계의 평화는 얼마만큼 진전했을 것인가! 그러나 안타깝게도 그 이듬해에는 중일전쟁이 일어났기 때문에 도저히 세계회의가 열릴 상태가 아니고 그 계획은 불발로 끝나버렸다. 참으로 안타까운 일이라 하겠다.

2. 세계 국가론

세상은 더욱 어지러워지고 뜻하지 않은 제2차 세계대전에 돌입하고 말았다. 세계가 두 조각으로 갈라져 죽을 힘을 다해서 놀랄만큼 무서운 싸움이 계속되는 아수라장으로 화해 버렸다.

더구나 그 주역을 일본이 짊어진 것을 무엇이라고 하겠는가. 세계평화 같은 것은 날아가 버리고 영원히 지나가 버렸다고 생각되던 형편이 되어, 마지막에는 원자폭탄까지 일본 열도의 머리 위에 작렬하게 되어버렸다.

그 이후 80여년이 경과한 오늘인데, 지금도 오히려 인류의 비원은 전적으로 잊어버린 것 같아 핵무기의 소유량은 날로 증가하고, 어디에서 전쟁이 발발하면 인류 전체가 전멸해버리지 않는다고 누구도 보증할 수 없는 형편이다. 인류는 역시 멸망하지 않으면 안 되는 것일까? 빛은 하나도 없는 것일까? 전혀 안 보이는 것일까?

아니다. 가냘프지만 가가와가 높이 치켜 든 세계평화의 빛이 그 절망의 암흑 속에 뚜렷이 빛나고 있다. 뿐만 아니라 그 빛은 점점 퍼져서 마침내 세계 전체를 비출 가능성이 뚜렷하게 나타나게 되었다. 그것은 북유럽의 끝에서 출발해서 빛을 내기 시작한 EEC(유럽경제공동체 오늘의 EU)의 존재 그것이다.

(1) 신평화론의 소산 EEC(EU)

어떤 사람은 가가와의 국제협동조합에 의한 신평화론과 유럽 여러 나라가 만든 EEC(오늘의 EU까지 포함하여)가 무슨 관련이 있는가를 의심스럽게 생각할 것이다.

우선 첫째로, EEC가 북유럽에서 일어난 사실과 오랫동안 그 본부가 유럽 여러 나라의 중심에서 멀리 떨어진 작은 나라 벨기에의 수도에 계속해서 두었다는 점에 관심을 돌려주기 바란다. 둘째로, EEC가 언제나 각국의 상공부장관만이 모여서 협의를 거듭했고, 주로 경제적인 문제만을 의논했으며, 여러 나라의 세관도 없애고, 마치 가가와가 주장한 국제협동조합의 유럽 블록 그대로의 활동을 하고 있음을 주목할 필요가 있다.

그런데 1923년에는 구우덴호프 카레르기가 「범유럽운동」을 일으켰고, 가가와의 친구인 폴 헛틴슨도 쇼와 초기에 『유럽연맹의 필요성』이라는 책을 저술했다. 가가와는 물론 그들을 잘 알고 있었으리라. 그러나 가가와의 평화론은 범 유럽보다도 훨씬 큰 구상이고, 범 유럽의 문제는 국제협동조합의 유럽 블록 그대로의 것이 아닌가 생각된다. 거기에다가 앞서 말한 두 가지 점을 합쳐 생각하면 EEC는 역시 가가와의 신평화론에서 태어난 것이 아닌가 하는 생각이 든다.

이것이 20세기 후반에 와서 유럽공동체(EU)로 하나가 되고, 화폐를 단일화 하는 것으로 구체화된 것을 주목할 필요가 있다. 가가와가 주장한 것이 이런 현상으로 나타났음을 본다.

지금은 세계가 여러 갈래로 나뉘어 각종 정상회의를 열고 있으나 그것은 어차피 세계가 하나가 되는 단계가 아니겠는가? 세계가 하나가 되어 유럽, 아메리카, 아시아, 아프리카 등이 10개 전후의 블록으로 나뉘어 협의하고 전쟁이 일어나지 않도록 하는 시대가 가까이 오고 있는 것은 아닌가?

이 자본주의 사회를 무너뜨리고 협동조합국가를 세운다는 새로운 방책과, 국제협동조합을 만들어 세계평화를 실현하려고 하는 방안은 가가와가 모든 지혜를 총동원해서 인류의 장래에 남긴 위대한 유산이라고 본다. 그러나 가가와는 또 하나 정치적인 방면의 노력을 통해서 평화스런 세계의 실현에 주력하는 것을 주저하지 않았다.

(2) 세계국가론의 발달

가가와는 일본 재건을 위해서 온갖 힘을 다해서 노력하는 동시에 또 한편으로는 세계의 양심이라는 것을 잊지 않았다. 1945년 8월 19일 마츠자와(松澤)교회의 강단에서 샌프란시스코 회의에서 의제가 된 세계국가에 대해서 말하고 "그것은 윌슨의 국제연맹보다 세계재판권과 세계경찰권을 가지는 만큼 강력한 것이다. 이 생각은 H G 웰즈의 「세계문화사대계」에서 밝힌 바이나 이미 50여 개국이 참가를 결의하고 있으니 일본도 여기에 맨 먼저 참가해야 한다."고 설명했다. 「세계국가」 같은 것은 그 당시 아무도 몰랐으며, 다만 놀랄 따름이었다. 그러나 가가와는 훨씬 전부터 「세계국가」의 실현을 주장하고 있었다.

가가와는 1921년에 새로운 사회를 만드는 봉사자로서 친구들과 「예수의 벗」회를 조직했다. 그때 「예수의 벗」회는 경건, 순결, 노동, 봉사, 평화의 다섯 가지 강령과 함께 25개의 주장을 내걸었다. 그 중에서 「세계국가의 실현」이 들어 있었다. 실로 패전보다 24년 전의 일이다. 그 후에도 종종 「세계국가」에 대해서 말하였다.

두렵고 무서운 원자폭탄이 히로시마와 나가사끼에 투하되어 30여만의 시민이 죽게 됨에 따라 전세계는 공포에 떨게 되었다. 더군다나 가해자인 미국에서는 자책감 때문에 가장 큰 반응을 일으켰다. 그것이 계기가 되어 "세계국가를 실현하지 않으면 안 된다."라는 큰소리로 바뀌어버린 것이다.

미국으로부터 영국, 프랑스, 독일, 이탈리아, 그 밖의 여러 나라에 그 소리가 퍼져서 세계국가를 만들고 세계연방을 수립하자는 여론이 일어났다. 양(洋)의 동서를 막론하고, 피부의 다름을 초월해서 '세계를 하나의 국가로 하자!'라는 소리가 일제히 일어났다. 그리하여 세계연방정부가 출발하면 즉시 거기에 참가할 것을 결의하는 국가가 속속 나타나서 순식간에 많은 수에 달했다.

이에 가가와는 유일한 원폭의 피해국의 중요한 인물로서 세계의 주목을 끌게 되었다. 뿐만 아니라 처음부터 세계국가운동 지도자로서 세계 속에서 다만 한 사람의 유식한 사람으로 인정받은 인물이다. 세계국가운동이 구체화함에 따라서 세계의 지도자로서의 가가와의 모습은 확대되어 갔다. 드디어 선견자 가가와가 일어설 때가 왔다. 전세계가 가가와가 일어서는 것을 원해마지 않았다.

3. 세계연방정부 건설운동

눈물의 선지자 예레미야처럼 가가와만큼 전쟁 중에 계속 운 사람은 없을 것이다. 일본이 중국을 공격하고 있을 무렵 중국의 형제들을 위해서 울었다. 이어 극단의 폭행을 자행하는 일본 군부를 위해서 울었다. 1940년 8월에는 중국인의 형제들에게 사죄의 글을 가가와 칼랜다로 인쇄하려고 했던 일 때문에 헌병부대에 구속되고, 일본이 멸망의 길을 쉬지 않고 달리는 것을 슬퍼하며 울었다. 끝으로 일본과 미국이 싸우지 않도록 울면서 갖은 노력을 기울였다. 그러나 군부는 끝내 분별없이 태평양전쟁에 돌입하고 말았다.

그리하여 무조건 항복으로 지금까지의 군국주의 일본은 마침내 멸망하고 말았다. 가가와는 '일본은 망했다.'고 슬퍼서 눈물을 흘렸다. 그 이후 그렇게 아름답던 미소는 그의 얼굴에서 사라져버렸다. 그러나 그 반면, 대전 후의 대활약은 가가와가 아니면 절대로 안 되는 일이었다.

1945년 8월 26일 가가와는 히가시 구니노미야(東久邇宮) 수상의 요청에 따라 내각에 참여하게 되었다. 패전의 결과, 그 모든 사람이 허탈상태에 빠져 도의가 저하되어 있음을 우려하고, 일본기독교단의 간부와 협의해서 국민총참회운동을 일으켰다. 그리하여 '패전 국민의 한 사람이 아니라 세계의 양심으로서의' 가가와의 입장에서 유명한 「맥아더 총사령관에게 보낸다.」라는 글을 보냈다.

이 두 가지가 맨 밑바닥에 빠진 일본을 다시 일어서게 하는 계기가 되었다는 것은 확실하다. 국민총참회운동은 한때 전국민에게 철저하게 실행되었다. 그것 없이는 대중은 허탈상태에서 자포자기에 빠져 새로운 재건은 도저히 불가능했을 것이다. 참으로 매우 심한 위기에서 전국민이 총참회했기 때문에 하나님(神)도 보살피시고 전후 10년간 단 한 번도 굶주림에 쫓기지도 않고, 무서운 폭력혁명에 쫓기지 않고 지내온 것이다.

가가와는 일시적인 총참회운동에 그치지 않고 다시 「도의신생회」를 출발시켜 도의적으로 변화시키는 운동을 계속했다. 또 1946년 7월부터 일본기독교단 전도부의 활동으로서 「신일본건설 그리스도운동」을 시작해서 1949년 12월까지 전국 방방곡곡을 방문하면서 맹렬한 전도운동을 계속했다.

뿐만 아니라 가가와 도요히코라는 한 개인의 존재가 전후의 일본에 얼마만큼 큰 도움을 받게 했던가는 잊어서는 안 되는 역사적 사실이다. 전후 전세계에서 여러 방면의 루트를 통해 패전의 고통에 빠져 있는 일본인에게 계속해서 물자를 보내어 왔다. 아무 사정도 모르던 초기에는 「닥터 도요히코 가가와 인 제팬」(Dr. Toyohiko Kagawa in Japan)만으로 대단히 많은 양의 물자가 매일매일 마츠자와(松澤)교회 앞으로 보내어져 왔다. 또한 가가와 영향으로 맥아더와 진주군에 의하여 일본에 대해 비교적 공평한 처우를 하게 한 것이라는 생각이 든다.

(1) 세계연방 헌법 초안

앞에서도 말한 바와 같이 「세계국가」는 세계를 하나의 국가로 하려고 하는 것이다. 거기에는 우선 현재 수없이 나뉘어져 있는 국가를 모두 아메리카 합중국의 주(州)와 같이 한다. 주는 각자의 헌법을 가지고 있으며 제 각기 독자적인 정치를 행한다. 그리하여 그들 각 주가 모여서 연방정부를 만들고, 외교만은 연방정부가 행하고, 각 주는 거기에 따르는 것이다. 현재 세계 각국은 각각 독자적인 헌법을 가지고 저마다 주권을 행사하고 있으나, 외교 즉 국가간에 관한 주권만은 각국에 의하여 형성되는 연방정부에 이양하자는 것이다.

일본의 역사를 생각해 보면 그것이 잘 이해될 것이다. 메이지 시대가 될 때까지는 일본은 여러 다이묘(大名)가 제 각기 모든 주권을 가지고 있었기 때문에 제후 사이에 분쟁이 생기면 이내 전쟁이 일어났다. 그러나 메이지 정부가 성립되고부터 제후는 전쟁하는 주권을 잃어버리고 분쟁은 모두 메이지 정부에 호소해 와서 그 결재를 받도록 해놓았기 때문에 제후끼리의 전쟁은 일어나지 않게 되었다. 곧 대정봉환(大政奉還)을 했기 때문에 그 상태는 얼마 후에 해소되었지만 세계 국가는 현재의 각 국가가 전쟁할 주권을 포기하고, 세계연방정부의 결정에 따라서 전쟁을 미연에 방지한다는 구상이다.

그런 것이 이루어질 수 있겠는가하고 생각할는지 몰라도 앞서 말한 바와 같이 과거 일본이 일시적이지만 제후의 분쟁이 메이지 정부의 출현으로 해소되었고, 미국 같은 나라에도 불완전하지만 실현되고 있으므로 안 될 것은 없다고 생각한 것이다. 그보다도 무서운 그 비참한 전쟁을 어떻게 해서든지 방지하고, 인류를 멸망에서 구하는 길은 세계국가를 만들어 연방정부를 세우는 수밖에 없다는 것이다.

그래서 제2차 세계대전이 일본의 무조건 항복으로 종결되자 연방정부를 가지고 있는 미국에서는 먼저 세계국가헌법의 초안을 작성하자는 소리가 높았다. 이에 응해서 시카고대학교의 명예총장 로버트 헛딘스 박사가 저명한 13명의 세계적인 학자를 모아 히로시마에 원폭을 투하한 2주일 후에 연구작업을 시작했다. 그리하여 밤낮으로 연구한 끝에 2년 후에 초안이 작성되었다. 그 초안이 전세계의 저명한 권위자 2백 명에게 의견을 묻기 위해서 발송되었다. 그 2백명 중에 인도의 네루, 중국의 호적(胡適), 일본의 가가와가 뽑혔다.

그 헛딘스 초안의 내용을 간단하게 설명하면 연방정부는 세계시민회의 (하원)와 세계회의(상원)의 두 개를 둔다. 세계시민회의는 각국에서 백만 인에 한 사람 꼴로 대표를 뽑은 약 2천 2백 명으로 구성된다. 세계회의는 극동, 남양, 오스트렐리아, 인도, 중동, 러시아, 아프리카, 서유럽, 북아메리카, 남아메리카의 9지역에서 한 사람씩 선출한 9명으로 구성한다. 그리하여 대통령은 세계회의에서 선출되고 9지구에서 순번대로 뽑는다. 대통령은 세계재판소장이고 세계경찰서장의 직무를 행사한다. 즉 국가와 국가 사이에 분쟁이 생겼을 때 양자는 전쟁을 하지 않고 세계연방정부에 호소한다. 그러면 세계시민회의가 열려 어떻게 할 것인가를 결의하고 다시 세계회의에서 심의된 결과에 따라 양국에 심판을 내린다. 양국은 그 판결에 절대적으로 복종하지 않으면 안 되고, 만약 거기에 복종하지 않을 경우에는 신중한 수속을 거쳐 벌을 받게 되어 있다. 아마 그럴 경우에는 핵무기는 각국에서는 가질 수가 없고, 세계연방의 경찰군만이 보유하게 된다.

(2) 세계연방운동 참가

가가와는 1945년 8월 19일에 재빠르게 마츠자와(松澤)교회의 예배에서, 일본은 세계국가가 실현되면 즉시 참가해야 한다고 역설했다. 그래서 9월에는 국제평화협회를 발족시켜 비서인 오가와(小川清澄) 목사 등이 그 때부터 전력을 기울여 노력했다. 다시 1947년부터는 기관지 『세계국가』를 매월 발간해서 가가와는 젊은 날과 다름없이 불을 품는 논문을 연재하여 일본의 여론을 환기시키는데 노력했다.

이리하여 미국과 일본에서 이러한 운동이 계속되는 것과 동시에 유럽 각국에서도 세계연방 건설운동이 맹렬한 기세로 확산되어 갔다. 성급한 파리 사람 가운데에는 "나는 오늘부터 세계국가의 국민이 되기 때문에 당장 프랑스의 국적에서 제적되더라도 좋다."고 하는 사람이 나타날 정도였다.

또 한편, 유명한 사회철학자 버트란트 럿셀은 "세계연방은 핵시대에서 유일한 상식이다."라고 단언했다. 역사학자 아놀드 토인비 박사도 "새로운 세계정부만이 인류를 구하는 길"이라고 단언했고, 아인슈타인이나 하이데거 등 유명한 학자도 이에 공명(共鳴)의 뜻을 표했다. 이것을 보고 로마 가톨릭의 교황 요한 23세도 「세계평화에의 길」이라는 회칙(回勅)을 발표하게 되었다.

그리하여 마침내 1946년 10월에는 「세계 연방정부를 위한 결성준비회」가 룩셈부르크에서 개최되고 이듬해 8월에는 몬트리올에서 제1회 세계대회가 개최되기에 이르렀다.

가가와는 이러한 구미(歐美)에서의 운동과 보조를 맞추어 원자폭탄의 세례를 받은 유일의 민족인 일본 국민에게 걸맞는 세계연방정부 수립을 위해서 세계의 선두자로서 온갖 힘을 다해서 죽을 때가지 분투를 계속했다.

재빠르게 1945년 9월 28일에 만든 국제평화협회를 중심으로 당시 수상이던 히가시 구니미야(東久邇宮)를 움직여서 정치가, 학자, 종교가를 모아 맹렬한 활동을 시작한 것은 이미 말했다. 그러나 그 후에도 더욱 더 손을 뻗쳐, 이상주의적 대정치가로 메이지, 다이쇼, 쇼와의 모든 시대에 독자의 길을 걸어온 오자키(尾崎行雄)와 공동전선을 펴게 되었다.

오자키(尾崎行雄)도 1945년 12월에는 제89회 제국회의에 「세계연방건설 결의안」을 제출하고 있었다. 거기에 1947년 6월에는 가가와와 아베 이소오(安部磯雄)과 다카노 아와사부로(高野岩三郎)이 산파역이 되어 출발한 일본 사회당이 내각을 조직하게 되어, 크리스천이며 국제평화협회의 이사인 가타야마(片山哲)가 수상이 되는 형편이라 점점 가가와의 활동은 힘을 얻게 되었다. 게다가 전시(戰時)부터 친하던 아인슈타인 등과도 여러 방면을 통하여 연락이 있고, GHQ와의 관계도 있어 가가와의 활동은 점점 천마가 하늘을 나는 기세였다.

또 1947년 5월에는 가가와의 지도에 의하여, 전일본종교평화회의가 도쿄(東京築地本願寺)에서 열려 이토우엔(一燈園)의 니시다(西田天香) 씨의 찬성강연이 있었고, 세계연방정부 수립을 결의했다. 또 전시중에 전력 증강에 광분했던 수양원(修養園)까지도 180도로 전환해서, 이세신사연성도장(伊勢神社練成道場)에서 가가와와 그 밖의 인사를 초청해서 「세계연방강연」을 여는 형편이었다.

그리하여 1948년 8월 6일 히로시마 피폭 3주년 기념일을 기해서 마루우찌공업(丸內工業) 구락부에서 일본세계연방건설동맹이 출발했다. 그것과 동시에 헛딘스 박사 등의 「세계연방헌법초안」도 번역 출판하고, 그것을 전국에 널리 배포했으므로, 이 운동의 강화에 커다란 박차를 가하게 되었다.

그 이듬해 12월 20일에는 오자키(尾崎), 가가와의 노력이 결실되어 세계연방 일본국회위원회가 창립되었다. 회원 1백 4명, 회장 마쓰오카 고마기치(松岡駒吉) 씨, 부회장 기타무라(北村德太郎), 사사모리 준조(笹森順造). 세 사람이 모두 크리스천이었다. 고문은 오자키(尾崎行雄) 총재, 후지와라 요시시게로(弊原吉重郎) 의장, 사토 나오타케(佐藤尙武) 의장, 요시다(吉田茂) 수상, 다나카(田中耕太郎) 최고재판소장관 등의 다섯 사람이었다.

(3) 세계연방건설동맹 부회장에

일본에서는 연방운동이 진전되고 있는 동안에 유럽쪽에서도 더욱 더 힘찬 활동을 계속하고 있었다. 영국 노동당의 아스본이 중심이 되어서 1945년에는 벌써 "세계연방정부에 참가한다."는 것을 국회에서 결의시켰다. 그래서 이것을 본받는 나라가 15개국이나 되었다. 또 독일에서도 도시에서 「세계연방도시선언」을 의결하는 운동이 시작되어 오늘날 세계에서 수많은 도시가

이 운동에 참가하게 되었다.

그리하여 1946년 10월 룩셈부르크에서 준비회가 열렸고, 이듬해 8월 몬트리올에서 세계연방 제1회 대회가 열리게 되었다. 또 이듬 해에는 몬트리올에서 제2회 대회가 열렸는데, 그때 가가와는 그 연방정부건설동맹의 발기인의 한 사람으로서 초청되었다. 그런데 맥아더사령부의 허가를 얻지 못해서 발기인은 되었으나 참석하지는 못했다.

그러나 가가와는 일본에서의 운동을 추진하는데 그치지 않고, 아시아에서의 운동도 지도했다. 그 결과 아시아 여러 나라에도 세계연방건설운동이 점차 강하게 전개되었다. 그리하여 마침내 1952년에는 히로시마에서 세계연방 아시아대회가 성대하게 개최되었다.

이와 같이 혼신의 노력을 기울였기 때문에 1954년 영국의 보오아 경이 세계연방정부건설동맹 제2대 회장에 당선되었을 때, 가가와도 부회장에 선출되어 그것을 수락했다. 보오아 경은 백인종을 대표해서 회장이 되고, 가가와는 유색인종의 대표로서 부회장이 된 것이다.

(4) 세계연방운동의 진전

가가와의 세계평화운동의 무대는 일본 국내에서 아시아 전체로 펼쳐 갔으며, 다시 온 세계에 끝없이 영향을 미치게 했다.

국내에서는 1950년 오자키(尾崎行雄)가 일본세계연방정부건설동맹의 총재가 되었으므로 그 운동이 한층 진전하게 되었다. 또한 5월에는 앞서 말한 영국의 지도자들이 일본을 방문했고, 10월에는 교토부 아야베시(京都府綾部市)가 「세계연방도시선언」을 전국에서 맨 먼저 의결하고 그 후 많은 도시들이 이에 따르게 되었다.

1951년에는 경제계의 거물 평범사(平凡社) 사장 시모나까(下中弥三郎) 씨가 오랫동안 공직 추방에서 해제되어 이 운동에 참가하게 되었다. 시모나까(下中) 씨는 추방 중에서도 세계연방운동이야말로 앞으로 자신이 전력을 기울일만한 사업이라고 통감했기 때문에 참가 이래 아낌없이 사재를 헌납했다. 그 결과가 앞서 말한 바 1952년 11월 3일부터 7일까지 히로시마에서 개최된 제1회 세계연방 아시아대회이다.

참가국은 일본, 중국, 인도, 타이, 실론, 필리핀, 인도네시아, 베트남의 아시아 8개국과 유럽, 아메리카 등의 14개국 모두 22개국의 대표 51명이었다. 여기에 일본의 협의원 263명, 옵저버 4백 명이 참가해서 전후 최대의 국제회의가 되었다. 거기에다가 노벨평화상 수상자 보이트 오어와 극동국제군사재판에서 일본의 무죄를 주장했던 인도의 파알의 강연이 있은 것은 백미(白眉)였다. 이에 이어 1954년에도 제2회 아시아대회가 오사카에서 열렸고, 이어 1957년에도 교토에서 개최되었는데 그 3회를 모두 가가와가 의장을 맡아 모든 지도를 했다.

이와 같이 원자폭탄을 최초에 맞은 동양의 일각에서 세계연방 아시아대회가 계속해서 성대하게 열린 것은 세계 전체의 운동의 진전에 커다란 공헌을 했다는 것을 잊어서는 안 된다.

게다가 가가와는 끊임없이 세계연방운동자에 대해서 세계평화 실현의 새로운 방책인 세계의 국제협동조합화가 꼭 필요하다는 것을 설명하기 위해서 히로시마, 오사카, 교토의 세 곳의 아시아대회에서 반드시 국제협동조합의 아시아대회도 동시에 열고 건강이 극도로 쇠약해진 1957년 1월에도 쿠알라룸푸르에서 국제협동조합대회를 열었다.

가가와는 1959년 1월 4일 쓰러져서 이듬해 4월 23일에 서거하였는데 그후에도 가가와가 남긴 평화운동은 점점 강력하게 추진되고 있다. 일본에서 세계연방건설동맹의 2대 회장은 히가시(東久邇稔彦) 씨가 이어받았고 이어 유카와(湯川) 스미스 부인이 맡아 있었다.

또 일본의 세계연방 일본국회위원회도 가타야마(片山哲), 기타무라(北村德太郎), 사사모리 쥬조(笹森順造), 기요세 이치로(淸瀬一郎), 마스터니 슈지(益谷秀次), 후나다(船田中) 등 여러 사람에 의하여 이어지고 있다. 현재 중·참양원에서 2백 명 이상이 초당파적으로 가입해서, 국회의 본회의나 각종 위원회에서 세계연방을 일본의 외교방침으로 하기 위해서 부단한 노력을 계속하고 있다.

그리고 아야베시(綾部市)에서 세계연방도시 선언을 하고부터 1도 2부 22현이 참가해서 세계연방선언 자치체 전국협의회를 결성하고 있다. 게다가 1963년 교토에서 제1회 세계연방세계대회를 개최한 기회에, 불교도의 협의회가 결성되고, 이어 그리스천의 협의회, 교파신도협의회가 생겼고, 다시 1971년에는 세계연방일본종교위원회가 조직되었다. 또 1972년 5월에는 세계연방일본교육자협의회가 결성되어 교육의 자에서의 평화운동에 노력을 기울이고 있다.

우리들이 이상과 같은 각종 회의에 출석해서 강하게 느끼는 것은 오늘에 이르기까지 가가와의 열렬한 평화실현의 정열이 일본의 지식인들 사이에서 강하게 받아들여져 계속되고 있는가 하는 것이다.

III. 가가와의 평화론의 반응

가가와 도요히코의 평화론은 한 이상주의자의 몽상인가? 아니면 그의 열정의 산물인가? 여기에 대한 논란은 여러 가지 양태로 나타난다.

1. 가가와에 대한 평가

가가와가 일본의 쇼와유신의 선각자였다는 논의를 여기서 끝내고 가가와가 나아가서 세계적으로 20세기의 최대 선각자였다는 것을 말하고자 한다. 아무래도 가가와의 일을 생각할 때에 평가가 일본과 전세계는 전혀 다르다는 점에 놀란다. 대체로 일본에서는 가가와에 대해서 아주 점수가 박하다. 신가와나 사회운동을 위해서 진실로 목숨을 걸고 활동하기 시작했을 무렵에도 "그는 빨갱이다. 위험인물이다."라고 비난했다. 그것도 자본가나 군부에서 그렇게 말하면 몰라도 그렇지 않은 사람들까지 아무것도 모르면서 욕하는 것은 예사였다. 거기에다가 그렇게도 가가와가 진심으로 사랑했던 사람들이나 노동자들로부터도 "달러 수입원이다. 비겁한 자"라고 욕을 당했다. 또한 크리스천까지도 그는 공산주의자라든가, 신학이 없다든가 하는 욕을 듣고, 심지어 악마라는 소리까지 하는 사람도 있었다.

거기에 비해서 해외에서는 가가와에 관해서 평가가 아주 높았다. 대다수의 사람들은 최고의 위대한 인물이라고 믿고, 마음으로 사랑하고, 사모하고, 숭배했다.

여러 가지로 생각해 봐서 결국 일본 국내와 해외와의 평가가 이처럼 차이가 있는 것은 첫째, 거리의 차이에서 오는 것이 아닌가 하고 생각하게 된다. 그 거리도 시간적인 거리와 장소적인 거리의 두 가지인데, 거기에 따라 평가가 아주 달라지는 것이다. 예를 들면 메이지 유신의 경우 시간적으로는 벌써 백 오십년 이상의 거리가 있다. 그래도 유신시대의 선각자라고 할 수 있는 인물의 평가는 대체로 제대로 되고 있어 10인 전후의 사람들이 금방 떠오른다. 도리어 시간적으로 현존하는 위인을 바르게 평가하기가 곤란한 것이다. 그러나 장소적 거리의 경우에는 시간적 거리보다도 더 평가가 곤란하다. 예를 들면 자기의 눈앞에 낮은 집이 서 있으면 뒤쪽에 솟아 있는 높은 산을 볼 수가 없다. 그러나 멀리 떨어져서 보면, 집과 산의 고저가 누구든지 뚜렷해지는 것이다. 그것과 같아서 인물의 위대함도 너무 가까이에서 보면 분명하지 않고, 그래서 도리어 외국의 사람들이 인물의 대소를 판단하는 것이 용이하다.

둘째, 구미의 사람들은 역시 문화적으로나 사상적으로나 또 생활수준도 어느 정도 발달해 있으므로 가가와의 주장을 바르게 받아들일 수가 있었을 것이다.

셋째, 뭐라고 해도 가가와는 크리스천이다. 그래서 기독교를 아직 잘 모르던 일본보다는 기독교의 본바탕인 구미의 여러 나라 쪽이 가가와의 주장이 얼마나 훌륭한 것인가를 잘 이해하고 높이 평가한 것으로 도리어 자연스럽다고 말할 수 있겠다.

실제로 언제부터 가가와가 특별한 평가를 받기 시작했는가 하면, 1920년에 『사선을 넘어서』가 출판되어 그것이 구미에 번역되고부터이다. 가가와가 신가와에서의 봉사한 기록은 독자로 하여금 커다란 감동을 받게 했고, 13개 국에서 베스트셀러가 되어 세계에서 가장 훌륭하고 새로운 지도자라고 추앙하게 되었다.

1921년에 영국 철학계의 중진이었던 버트란트 럿셀 박사가 일본에 왔을 때, 가가와가 일본 국내를 동행해서 대화함으로써 사상적으로 위대함을 인정받았다. 이듬 해 20세기 최대의 물리학자라고 알려진 아인슈타인 박사가 일본에 왔을 때에도 몇 차례나 친하게 환담할 시간을 가졌고, 그 후부터는 구미의 여러 나라에서 오는 명사와 대등하게 말할 수 있는 사람은 가가와 밖에 없다고 해서 가가와의 명성은 급속도로 상승했다.

그 결과 1924년에는 전미국대학연맹의 요청으로 도미해서 반 년간에 걸쳐 미국의 명문대학을 방문해서 강연을 했기 때문에 크게 '가가와 붐'이 일어났다. 또한 그 때 아직 36세의 젊은이였으므로 일본인 이상으로 구미 사람들은 마음으로 경이의 눈을 뜨고 존경했다. 거기에 첨가해서 관동대지진 후 구호활동에는 구미제국에서 지대한 관심을 보여 사상적인 방면뿐만 아니라 실천적 방면에서도 가가와의 초인적인 활동이 전해져서 그 명성은 점점 울려 퍼졌다.

다시 1927년이 되자 가가와 그룹에 지금까지 없었던 해외에서의 가가와의 선전을 일생의 사명으로 느끼고 있는 두 사람의 새로운 유력한 인물이 참가했다. 그 한 사람은 미국 여성이고 다른 한 사람은 일본 남성이었다. 한 사람은 가가와와 동갑인데 이름은 헨리 덧핑이라 했다. 부친은 유명한 선교사로서 도쿠후(東北)에서 훌륭하게 활동하고 있었다. 가가와의 고베를 중심으로 한 활동을 보고 이 사람 아니면 일본을 구원할 수 있는 인물은 없다고 생각한 것이었다. 재빨리 미국으로 돌아가서 동지들을 설득시켜 미국을 중심으로 세계적 규모의 「가가와 후원회」를 조직했다. 그리하여 그해 5월 고베에 돌아와서 맹렬한 활동을 시작했다.

또 한 사람은 오가와(小川淸澄)인데 가가와보다 두 살 위인 사람이었다.

로스엔젤레스의 일본인 교회에서 목사를 하고 있을 때 가가와가 미국에 있을 당시 이 목사의 집에서 머문 것이 인연이 되어 친하게 된 사람이다. 이 오가와 역시 1927년에 가가와 그룹에 참가했다. 상업학교 출신의 오가와는 영어도 잘하고 사무 방면에도 천재적인 사람이었다.

오가와와 덧핑의 콤비가 전력을 기울여서 가가와의 선전을 위해 세계를 향해서 맹렬하게 일어섰다. 연(年) 3회 발행하는 『프렌드 오브 지저스(*Friend of Jesus*)』라는 해외용의 영문잡지를 발행해서 전세계에 보급하였다. 그런데 1925년 12월에 열린 백만인구령운동협의회에 세계기독교협의회 총무 존 R. 모트 박사가 출석해서 「하나님의 나라 운동」을 실시하는 분위기가 점점 왕성해졌다.

이렇게 해서 세계가 주시하고 있는 가운데 1928년의 7월부터 가가와는 구로다를 데리고 전국 방방곡곡을 순회하는 전에 없는 전도운동을 시작했다. 온 몸이 병마에 시달리면서도 가가와는 어디에 가도 초만원의 청중에게 대체로 1시간 40분에 걸치는 대열변으로 전도 강연을 계속했으니까 실로 비통한 전쟁이었다. 사할린의 북단에서 대만의 남단까지 그리고 만주를 순회한 결과 79만 명에 가까운 청중과 결심카드 6만 2천여 장이라는 전에 없는 결과를 거두었다. 그 활동에서 잊을 수 없는 것은 이것이 일본인만의 활동이 아니고 전세계의 그리스천이 힘을 합해서 열심히 기도하고, 또 많은 헌금을 바쳐서 그동안 가가와의 수많은 복지사업의 경비의 대부분을 충당했다는 점이다.

그러나 어떤 사람들은 그렇게 떠들썩하게 「하나님의 나라 운동」을 해도 '일본의 기독교는 별로 성(盛)하지 않지 않는가'라고 말했다. 그러나 「하나님의 나라 운동」의 결과 같은 것은 날아가 버리는 것이 당연한 일이었다. 다만 전후에 한 때 기독교 붐이 일어나 일반적으로 기독교를 사교(邪敎)로 생각하지 않게 되었으나 그 원인의 하나는 역시 「하나님의 나라 운동」이었다고 생각된다.

「하나님의 나라 운동」이 성공적으로 끝나자 지금까지도 세계적인 걸작이라고 인정받고 있던 가가와는 더욱 더 세계를 구하고 인도한 세계적 전도자라고 생각하게 되었다. 그 후 세계의 어느 곳에서나 크리스천의 대집회가 개최되면 반드시 가가와를 주강사로 모시겠다는 요청을 하게 되었다. 그리하여 마침내는 당시의 기독교의 세계적 지도자 존 R. 모트 박사가 가가와를 세계에서 가장 그리스도에 가까운 사람이라고 청중에게 소개하게 된 것이다. 이 세계적인 존경이 겨우 44세의 젊은 가가와에게 바쳐진 것이다.

2. 노벨평화상 사건

가가와는 세계평화 실현을 위해서 이론면에서나 실천 활동의 방면에서 세계의 그 누구도 할 수 없었을 만큼의 노력을 죽을 때까지 계속했다. 그래서 당연하게 1955년의 노벨평화상의 후보자에 올랐다. 많은 사람들은 문제없이 수상할 것이라고 태연하게 있었다. 그러나 일본인 전체가 더욱 열심히 그것의 실현을 위해서 노력을 했어야 했다.

소문에 의하면 미국 진주군 지도부의 일부 인사들이 극력 가가와의 수상을 반대했다고 한다. 첫째는 1945년 3월 10일 미군이 도쿄도(東京都)의 시타마치(下町)지구에 무차별 폭격을 감행했을 때에 가가와가 맹렬하게 미군에 반대하는 방송을 계속한 것은 일본군에 전쟁 협력을 했다는 것이다.

또 하나의 이유는 1944년 10월에 중국을 여행한 것은 일본군의 침략에 협력했기 때문에 노벨상을 받을 자격이 없다는 것이었다. 그러나 사실은 정반대이다. 그것을 아는 사람은 세상이 넓다 해도 구로다 부부 뿐이다. 구로다 부부는 1939년부터 일본기독교회연맹으로부터 중국의 난징(南京) 지역에 파견되었다. 그리고 4년 후 6월에 구로다의 어머니가 중태에 빠졌기에 부인이 귀국해서 간호하고 있을 때 가가와를 방문하고 그들의 활동하는 내용을 이야기 했더니, 가가와는 매우 감동하고 꼭 난징(南京)에 가보고 싶다고 희망하였다. 그래서 총군사령부로부터 중국의 기독교 활동의 전부를 위촉받고 있던 구로다가 군수뇌부에 얘기해서 실현한 것인데, 전적으로 중국의 신도를 위문하기 위해서 갔을 뿐이다.

그 후 1959년 가가와가 중태에 빠졌을 때 미국 기독교계에서는 아무래도 노벨상을 드려야 한다고 총궐기했다. 그래서 이듬 해 연초에 가을에는 반드시 노벨상을 드린다고 결정했다는 전갈이 일본에 전해졌다. 그러나 이번에는 가가와의 병이 급속도로 악화됐다. 그리하여 4월 23일 편안하게 천국에 갔다. 그가 하나님의 부르심을 받는 장면을 좀 더 자세히 살펴보자.

3. 평화를 위한 기도

가가와는 1958년경부터 몸이 상당히 쇠약해졌으나 1959년에 접어들어서도 활동을 멈추지 않았다. 1월 2일부터 '예수 친구회' 간사이지부 동계복음학교에서 강의하고 5일에는 고베교육위원회 회의에도 참석하였다. 그날 밤은 피로가 심하여 혼자 걸을 수도 없었다고 한다. 매년 그가 즐거운 마음으로 가던 도쿠시마를 중심으로 한 시고꾸 지방 전도에도 가려고 하였다.

"선생이 그런 여읜 몸으로 시고꾸 전도에 나선다는 것은 자살 행위와 같습니다. 누가 와서 만류해 주기 바랍니다."는 연락이 와서 오사카에서 대표로 다나카 요지죠우(田中芳三), 가네타 히로요시(金田弘義) 두 목사가 달려와서 만류하였으나 "전도자는 복음 전하는 것이 사명이다. 전도하다가 쓰러져도 조금도 후회하지 않는다"고 하면서 말을 듣지 않았다.

1월 6일, 효고현 교장회의에서의 강연을 마치고 가다가 전도소의 시라쿠라 마사오 목사의 집에 들렀다. 아주 지친 것 같이 기침도 심하게 하고 열도 높았다고 한다. 약 복용을 꺼리는 그에게 클로르마이신을 권했더니 같이 있던 시라쿠라 마사오 목사에게 "죽는 것은 종이로 만든 문을 열고 옆방에 가는 것과 같다"는 농담도 하였다.

초만원으로 발 디딜 틈도 없는 열차에 시달리고, 연락선 갑판에서 찬바람을 맞으며 겨우 고마츠 항에 도착한 것은 밤 12시가 지난 시간이었다. 시내 여관에 투숙했는데 호흡 곤란상태가 왔다. 그러나 밤중에 의사를 부르는 것은 타인에게 폐를 끼치는 일이라고 거절하여 날이 밝기를 기다렸다가 다카마츠의 루가내과병원에 입원하였다. 진단 결과 심근경색, 만성신염, 대동맥 중막염, 기관지 확장증, 심장비대 등 여러 가지 병이 겹쳐 있다는 진단을 받았다. 젊었을 때부터 온 몸이 각종 병의 백화점 같았던 그의 육체는 끊임없이 혹사당하면서도 강렬한 사명감과 정신력으로 겨우 버티고 있었던 것이다. 루가병원에 3개월 정도 입원한 후, 그는 자택 요양을 희망하여 3월 24일 도쿄의 마츠자와에 있는 자택으로 옮겨 갔다. 5월 31일부터는 자신이 창설한 나가노조합병원에 입원하였다.

"가가와 도요히코 몸져눕다"는 소식이 알려지자 각지에서 위문금이 줄을 이었는데 그 위문금이 약 40만 엔(오늘의 가치로 20억 엔 상당)에 달하였다. 그는 위문금의 호의는 받아들였으나 돈은 모두 교직자 질병위문금으로 기부하였다. '가가와 도요히코 선생을 위한 기도회'가 도쿄, 오사카를 시작으로 로스엔젤레스, 시카고 등 해외에서도 개최되었다.

7월 11일. 그의 희망에 따라 다시 마츠자와의 집으로 갔지만 병세는 점차 악화되어갔다. 다음 해인 1960년 4월 23일 오후 9시 13분, 마침내 72년의 파란만장한 생애를 마쳤다. 곧 훈일등 서보장(勳一等 瑞寶章)이 추서되었다.

다음 날 24일의 납관식(納棺式)에는 그의 지도를 받은 각종 단체, 나가노꼬 시치코신용조합, 동경의료생협, 일본협동조합연합회, 철도공제회, 가정의 빛 협회, 전국농업협동조합연합회, 그리스도신문사, 메이지대학, 마츠자와교회, NCC, 일본기독교단, 일본구라협회(일본한센병구호협회), 세계연방건설동맹, 예수의 친구회, 우애(友愛)건축(건축노동자협동조합), 일본사회당 등에서 참석하였다. 이들 단체들은 보은의 마음으로 장례의 예를 깊이 하고 싶다고 요청하여 4월 29일 아오야마학원대학 예배당에서 합동으로 고별식을 거행하였다.

결론: 사랑만이 힘이다.

　가가와의 평화론은 한 이상주의자의 꿈과 같이 보일 수 있다. 그러나 이 사상은 그리스도인의 고백이며, 세계 처음으로 원자탄에 피폭된 일본인의 호소이다. 그의 주장이 단순한 이론으로 끝날 것이 아니라 이 세계에서 구체화되어야 할 평화운동이다.

　가가와의 운동은 단순한 반전론(反戰論)이 아니다. 그리스도를 통한 평화 건설을 위한 한 형태의 '샬롬(Shalom)운동'이라고 규정할 수 있다.[4]

---

4)　'샬롬'은 '평안', '평화'라는 의미를 가지고 있으며, 하나님으로 말미암아 누리는 진정한 평화를 의미한다. 김남식, 기독교세계관 연구(서울: 도서출판 베다니, 2011)를 참조하라.

제11장 ——————— # 가가와 도요히코의
전도운동

서론: 왜 전도자가 되었는가?

가가와가 자란 집은 현재의 도쿠시마현 이타노시(德島縣鳴門市)의 일각
에 있는 18대 이어 온 명문가였다. 아버지 준이치(純一)는 가까운 마을의 이
소베가(磯部家)의 사위가 되었으나 메이지 유신의 혼란기를 맞이하여 가가
와현(香川縣)의 일부에 해당되는 지역의 지사(知事)를 지낸 뒤 메이지 정부
에 저항하는 민권운동의 거물로서 시고쿠나 간토의 각지에서 암약하고 집을
오랫동안 지키지 않았다. 그래서 기생이었고 첩인 어머니에게서 태어난 것
이 가가와를 비롯해서 5명의 아이들이었다. 그러나 가가와가 아직 4세 때에
불과 1개월 반 사이에 아버지와 어머니가 고베에서 잇달아 세상을 떠났다.

그래서 여섯 위인 누나와 가가와는 이타노(鳴門)에 있는 가가와 본집으로
옮겨 양육되게 되었다. 그리고 본집의 어머니는 "도요히코, 너는 나의 원수
의 자식이야"라고 자주 꾸중을 하였다. 동무들도 타 지방에서 온 부잣집 아
들과는 친해지지 않고 '첩의 자식, 첩의 자식'이라고 놀려댔다. 그래서 어렸
을 때에는 결코 즐겁지 않았고 다감한 소년의 마음은 극도의 슬픔을 참고 견
디지 않으면 안 되었다.

어렸을 때부터 두뇌가 명석했던 가가와는 중학교 2년(13세) 무렵부터 흉부 질환으로 고생하지 않으면 안 되었다. 거기에다가 도쿠시마중학교(德島中學校)의 기숙사에 들어갔을 때에는 밤 9시가 넘으면 상급생들의 기숙사 담을 넘어 유곽의 창녀에게 간다. 자신의 혈관 속에는 가가와 집안의 음탕하고 시커먼 피가 엉겨 흐르고 있음을 알고, 자신도 타락해버리는 것이 아닌가 하고 공포에 떨기도 했다.

그 무렵은 중형이고 최후까지 친하게 지냈던 후일 스기나마구(杉?區)의 구장(區長)을 지낸 니이 이타루(新居格) 등과 문학책이나 사회주의의 책을 읽고 있었기 때문에 톨스토이나 도스토예프스키의 인도주의적인 소설의 영향을 받아 고민하고 있었다.

결국 가가와는 유소년 시절부터 인간의 밑바닥에 있는 온갖 고뇌에 휩싸여 자랐다. 가정 관계에서 일어나는 인생문제의 슬픔, 육체의 병 때문에 오는 불안과 죽음의 공포 그리고 인간성에 달라붙은 음탕의 죄에 대한 무서움 등이 이 소년을 사로잡고 괴롭혔다.

그대로 성장했으면 이 소년은 아마 생명을 온전히 지키는 것이 불가능했으리라. 그러나 주님의 손길이 이 소년의 머리 위에 닿게 되었다. 영어를 익히고 싶은 간절한 마음에 14세 때에 선교사 찰스 로간 박사의 성경 공부반에 다니게 되었다. 그러던 중 얼마 후에 하리 마야스 박사가 로간 선생 대신에 성경교육의 책임을 지게 되었다.

성경을 대하고부터 가가와 소년의 날카로운 영성(靈性)은 일순간에 변화되어 버렸다. 우선 그는 고아가 아니었다. 천애 고독의 인생이라고 비뚤어져 있던 것이 영적 세계의 하나님 아버지를 발견할 수가 있게 되어 최고의 기쁨을 맛보게 된 것이다. 그리스도의 십자가의 구원으로 새롭게 하나님의 아들로서 바른 길로 살아갈 수 있는 확신을 갖게 되어 희열에 넘치게 되었다. 몸은 좀처럼 건강해지지 않았으나 죽음이 두려워 공포에 떨던 불안은 일순에 사라져 버렸다.

거기에다가 마야스 선생의 가정은 실로 밝았다. 가가와 소년을 장남으로 취급했기 때문에 그의 생활도 변화를 가져왔다. 그러나 인계받아 기르고 있는 숙부인 모리 씨(森氏)는 "영어를 배우기 위해서 성경교실에 가는 것은 좋으나 예수쟁이(교인)가 되면 집에서 추방한다."고 했기 때문에 세례는 좀처럼 받을 수가 없었다. 그럴 때 "도요히꼬, 기도하고 있으면서 세례를 받지 않는 것은 비겁하다."라는 마야스 선생의 말을 듣고 즉시 다음 주일에 세례를 받고 크리스천이 되었다.

덕분에 숙부인 모리 씨(森氏) 집에서는 쫓겨나서 마야스 선생 집에 있게 되었다. 세례를 받은 가가와는 마야스 선생처럼 전도자가 되는 헌신의 결심을 했다. 그리하여 그 후로는 죽을 때까지 변함없이 하나님과 인간을 위하여 사랑의 활동을 했다.

원래 로간, 마야스 두 선생이 속해 있던 남장로교는 미국 남부지방에서 일어난 매우 신앙이 보수적인 단체인데, 청교도의 전통을 탄 도덕적으로도 엄격한 생활을 하는 사람들이었다. 가가와가 그러한 사람들의 인도를 받게 된 것은 아주 행복한 일이라고 생각한다. 특히 마야스 선생으로부터는 아주 많은 선물을 받았다. 선생의 권유로 메이지학원 신학부 예과에 입학하게 되는데, 메이지학원은 일본 기독교의 주류를 이루고 있는 일본기독교회에 속한 견실한 신학교였다.

그 메이지학원 신학부에 입학해서 예과 2년을 마친 여름 휴가에 도쿠시마(德島)의 마야스 박사 집에서 오래 지내게 되었다. 때마침 부인과 가족은 병 때문에 미국으로 귀국하고 박사와 둘이서 생활하게 되었다. 그 2개월의 생활은 여러 가지 면에서 청년 가가와에게 잊을 수 없는 추억을 남겼다. 특히 부인이 두고 간 부인용 자전거를 타고, 박사와 함께 마을 안에 있는 가정을 한 집 한 집 방문해서 전도지 전달을 한 것은 일생을 통해서 잊을 수 없는 매우 커다란 감화를 주었다.

무더운 한여름, 날마다 자전거를 타고 한 집 한 집 전도지를 배부해 갔다. 때로는 신앙을 가질 것을 한 두 마디 권유한다. 사람들이 몇 사람 모인 곳에서는 그 사람들에게 짧은 메시지를 웃는 얼굴로 말한다. 마을에서 마을로,

들에서 산촌으로 한 집도 빠짐없이 방문한다. 보통 일이 아니다. 건강한 박사는 기도하면서 그것을 계속했다. 몸이 약한 젊은이로서는 말할 수 없는 고행이었다. 그러나 버티어 나가서 마을의 태반을 순회했다. 다른 선교사들은 피서 가고 없을 때 마야스 박사의 왕성한 전도정신이 마을을 정복하고 말았다. 이때의 경험이 대전도자 가가와를 낳게 했다고 해도 좋겠다.

마야스는 아주 밝은 사람으로서 유머러스하고 함께 있는 사람을 즐겁게 했다. 또 두뇌가 명석해서 생물학, 지질학, 천문학, 미학 등에 정진해서 비상한 박학이었다. 그리고 강렬하게 사람을 사랑하고, 사람을 구원하려는 전도심에 불타고 있었다. 게다가 성경을 명쾌하고 질서 있게 해설하고, 신앙의 진수를 풀이하는 박력이 있었다. 목소리도 좋아서 사람들에게 다가오는 정열에 타오르는 웅변가였다.

가가와가 후일 단상에서 사자후로 몇 천, 몇 만의 청중을 사로잡던 모습의 전형이 거기에 있었던 것은 아닐까? 이와 같이 박사는 가가와의 전도생애에 실로 위대한 영향을 끼쳤다.

I. 청년시절의 전도

가가와의 모든 사역은 전도와 연결된다. 그리스도의 복음을 전하기 위한 방안으로서의 전도를 하기 위한 사역이었다.

1. 신학생 시절의 순회전도

메이지학원의 예과 2년에 진학했을 때 마야스 박사는 도쿠시마(德島)를 떠나 미국 남장로교선교회의 활동무대인 도요바시, 오카사끼 지구의 책임자로 전임되었다. 그리고 1년 후에 신설한 남장로교 직영의 고베신학교 교수로 취임하게 되어 가가와도 고베신학교로 학교를 옮기게 되었다. 그 때문에 예과 2년을 마쳤을 때에 여름 전도로서 도요바시, 오카사끼에 가게 되었다. 가가와가 19세가 되던 때이다.

맨 처음에는 오카사끼교회에서 일하게 되었으나 와치(和知)라는 목사가 "사회주의적인 것에는 관계하지 말도록 하라."고 권했는데에도 가가와는 러일전쟁 강화조약 비판탄핵대회에 출석해서 시비를 주고받다가 서로 주먹질하는 싸움이 일어났을 때, 재빨리 단상에 뛰어 올라가서 두 팔을 벌리고 그것을 말리는데 나섰다. 그것을 완고한 교회의 장로가 꾸중을 했기 때문에 가가와가 이웃의 도요바시교회로 옮긴 것은 유명한 이야기이다.

그런데 도요바시의 나가오 마끼(長尾卷) 목사는 전 가족과 함께 가가와를 환영하고, 얼마 후에는 목사관으로 맞아들여 친절하게 대우했다. 조금 안정되니까 마야스 선생의 흉내를 내어서 매일 저녁 마을 근교의 단 위에서 노방전도를 시작했다. 나가오 마끼 목사의 세 아들을 데리고 근처에 울려 퍼질 정도의 큰 소리로 매일 밤마다 복음을 전했다. 하루, 이틀, 사흘, 약한 몸에 이상이 생겼을 때에도 조금도 그치지 않으려고 했기 때문에, 결국 41일 만에 각혈을 하고 말았다.

그래서 큰 소동이 벌어져서 나가오 집안의 따뜻한 간호를 오랫동안 받았다. 그러나 이것으로 가가와 생애에 걸쳐 문자 그대로 십자가를 등에 짊어지고, 피투성이의 고뇌를 지고 전도하는 전도자의 길이 결정된 것이다. 그 때에 따라가서 모든 것을 본 가가오 목사의 장남 단쥬로(丁郎) 씨는 후일 일본교단 관동 교구의 유명한 교구장이 되어 전국의 농촌전도위원장으로서 커다란 발자취를 남겼다. 삼남인 오노레(己) 씨는 서양화가로서 이름을 날리고 많은 성화(聖畵)를 세상에 남겼다. 사남인 고우시찌(庚七) 씨도 관동교구신도회장으로서 오랫동안 봉사하고 전국기독교바자연합회장이 되어 거룩한 봉사활동을 했다. 가가와가 이때에 얻은 피투성이의 아픔은 결국 72세로 세상을 떠날 때까지 53년간 잠시도 떠나지 않고 가가와를 괴롭혔다. 그러나 거기에 굴복하지 않고 십자가를 지고 일생동안 달렸다는 데에 아무도 따를 수 없는 최대의 전도자로서의 가가와의 이미지가 형성되었다. 그것과 동시에 걸식하는 사람에게 여러 사람이 마음으로부터 친절하게 돌봐 주던 일가족의 생활상에 깊이 감동을 받았다.

9월 말에 무리를 해서 간신히 고베신학교의 1년생이 되었으나, 각혈이 멎지 않고 점점 악화됐으므로 4일간 고베위생병원에 입원했다. 그 후 아카시(明石)에 있는 폐결핵 전문의 미나토(湊)병원에 4개월이나 입원했었다. 여기는 원장이 열렬한 크리스천이라서 친절하게 치료해 주었으나, 병세는 더욱 악화되어 마침내 중태에 빠지게 되었다. 그래서 커다란 혈담이 목구멍에 꽉 차서 호흡을 할 수 없게 되어 그냥 죽는 수밖에 도리가 없는 상태에 이르렀다. 의술에 정평 있는 원장도 손을 쓸 수가 없게 되었다. 원장이 돌아간 뒤 가가와는 너무 괴로워서 가만히 있을 수가 없어 무리하게 몸을 일으켜서 기둥에 기대어 가만히 있었다. 서쪽에 지는 붉은 태양의 활활 타는 빛이 유리창을 통해 가가와의 온 몸을 강하게 비추었다. 가만히 눈을 감고, 극한이라고 생각되는 지옥과 같은 격통(激痛)을 참고 견디어 어느 정도의 시간이 흘렀다. 그때 돌연 두들겨 맞는 것 같은 맹렬한 통증이 있었다고 생각하는 동시에 깜짝 놀랄 만큼 커다란 혈담이 목구멍에서 뛰어나왔다. 드디어 끝장났구나 생각했는데, 이상하게도 기분이 가라앉아서 조용해지는 것이었다. 심부름하는 사람이 원장실에 가니까 원장은 쳐다보지도 않고 "거기에 사망진단서가 있으니까 그것을 동회에 가지고 가서 제출하시오"라고 말했다고 한다. 이러한 어려움 속에서 가가와는 구사일생으로 소생한 경험을 하게 된 것이다.

병상은 차츰 누그러져서 4개월 후 1908년 20세의 1월에 미나토(湊)병원을 퇴원했다. 그러나 아무래도 신학교에서 공부할 수 있는 몸이 아니었기 때문에 마야스 박사는 도요바시에 가까운 가마고오리해안(蒲郡 府相海岸)에 전지(轉地) 요양하도록 배려해 주었다.

젊은 가가와로서는 기분을 풀 수 없는 나날이었다. 그래서 이미 목숨도 얼마 남지 않다고 생각해서 유언 대신에 소설 『비둘기의 흉내』를 썼다. 그것이 나중에 일본 전체를 울리고 세계의 사람들을 감동시킨 『사선을 넘어서』의 제1권이 되었다는 사실은 흥미롭다. 또 때때로 마야스 박사가 그 작고 허름한 집을 찾아와서 함께 자면서 마음으로 격려해 준 것도 일생동안 잊을 수 없는 추억이었으리라.

이렇게 해서 9개월간의 요양 끝에 10월에는 신축한 고베신학교에 복학했다. 그러나 그때부터 신학교 생활은 가가와로서는 아마도 마음에 맞지 않는 것 같다.

가가와는 너무도 병약했다. 입학해서 며칠 후 심한 축농증 때문에 효고현립병원에서 수술을 받았으나 수술 후 출혈이 너무 심해서 위험에 빠지게 되었다. 마야스 박사를 비롯해서 친구들이 고별 기도회를 열기도 했으나 겨우 살아났다. 그런데 11월에 들어서자 이번에는 심한 결핵성 치루에 걸려 교토 제국대학병원에서 수술을 받았다. 그 후에는 교토 요시다(京都吉田)교회에서 오랫동안 누워 있지 않으면 안 되었다. 거기에다가 폐병도 깊어져서 늘 피를 토했다. 당시에는 가장 무서운 죽을 병이었다. 가가와는 익숙해져서 무심하게 학우의 잠자리에 눕거나 앉거나 한다. 학우도 싫어하고, 자신도 남에게 미움 받아 쓸쓸해진다.

거기다 메이지학원에 비해서 얼마나 도서관이 빈약한가. 겨우 개교했을 따름이니까 일본 제1이었던 메이지학원에 비하면 백분의 일에도 미치지 못했다. 더욱 남장로교회의 선교사 중에는 진화론을 극력 배격할 정도로 과학을 배제하려는 사람도 있었다. 마야스 박사 같은 사람은 특별했지만 그 분위기에 젊은 가가와는 도저히 안착하지 못했다.

신체의 형편이 점점 악화하는 한편, 가가와는 사는 희망을 잃어버리고, 무(無)의 철학에 마음이 끌리어 죽음을 생각하게 되었다. 그 번민의 정은 당시 쓰고 있던 일기에 남아있다.

슬프다. 슬프다. 미칠까? 자살할까? 나는 전적으로 절망이다. 절망이다.
절망이다. 인생의 가치를 모두 의심하고 말았다. 밤새도록 울었다.
절망.
절망.

절망.

절망, 자살, 인간은 모두 거짓이다.

위와 같이 절망, 인간은 모두 거짓이라는 등의 문장이 매일 계속된다.

그는 자신과 신학교 생활에 전적으로 절망해 버렸다. 교토에서의 요양 중 읽고 크게 감동을 받은 존 웨슬리와 리빙스톤의 모습이 가가와의 마음을 사로잡았다. 가난한 사람들을 위해서 일생을 바친 웨슬리와 짐승처럼 매매되는 암흑 아프리카의 사람들을 위해서 일생을 바친 리빙스톤의 모습이 그의 마음 앞에 크게 비쳤던 것이다.

2. 신가와에서의 빈민전도

1908년 그 무렵은 러일전쟁의 여파를 받아서 일본도 여러 모로 고쳐 세우지 않으면 안 될 변혁의 시기였다. 자본주의의 해독이 맹위를 떨치고 있을 시대였고 부자의 시대였다. 가난한 자는 온갖 방법으로 묶이고, 더욱 더 가난으로 허덕여 아무런 구제도 없는 상태로 몰려갔다.

더군다나 농촌에서 쫓겨나 도시에 나와 노동자가 된 사람의 노동조건은 열악해서 놀랄만큼 저임금으로 일하고 있었다. 예를 들면 한쪽 팔을 기계 때문에 잃어버렸을 때, "내일부터 오지 말라"고 해고당해도 호소할 법률이 없었으므로 아무런 대책이 생기지 않아서 전락하는 곳이 빈민굴이었다. 여기에는 경제적, 육체적, 정신적, 법률적으로 쫓겨난 자만이 모여 있었다.

현재의 국철(JR) 산노미야(三宮)역 부근에 있었던 신가와의 슬럼도 그 하나이었다. 그곳의 인구는 약 8천명이나 되었다고 한다. 그 신가와는 야마테(山手)의 고베신학교에서 1킬로미터 남짓 남쪽에 있었다.

그런데 가가와는 이제 죽는 길 밖에 없다고 생각하고는 만약 하나님 앞에 갔을 때에 무엇인가 옳은 일을 하고 가지 않으면 돌이킬 수 없는 파멸에 빠지게 된다고 생각하기에 이르렀다. 그때 웨슬리가 빈민전도에 노력한 것을 배우고 감동하고 있었기 때문에 교토에서의 요양에서 귀교한지 얼마 후에 1908년 21세의 9월부터 신가와에 가서 노방전도를 시작했다. 그런데 젊은 학생이라서 보통과 다르게 여겨 많은 사람들이 모였다. 그것을 계속하고 있는 동안 설교만으로는 만족할 수가 없어 아픈 사람을 돌봐주기도 하고 의사로부터 약을 얻어다가 돕기 시작했다.

다행하게도 고베신학교는 세미나리로 대학원식 제도를 택하고 있었기 때문에 수업은 오전뿐이었다. 그래서 몸의 사정이 그리 나쁘지 않을 때에는 언제든지 신가와의 병든 사람들을 친절히 돌봐 주었다.

그러고 있는 중 그것만으로는 만족할 수가 없어 전심전력을 바쳐 신가와 전도를 철저하게 해야겠다는 생각이 들었다. 그리하여 결국 12월 24일 한 대의 짐수레에 책과 이불 그리고 생활용품들을 싣고 신가와의 빈민굴의 한 칸에서 살기로 한 것이다.

그로부터 14년의 긴 세월동안 신가와의 주민이 되어 그들의 구제에 피투성이가 되고, 매일 매일 참기 어려운 고뇌를 겪으면서 빈민굴 전도를 계속했다. 그것은 문자 그대로 구세주 예수 그리스도의 발자국 그대로를 한 걸음 한 걸음 걸었던 순교적 전도자의 생활이었다.

신가와에서 시작한 극한적인 전도생활의 양상은 가가와 자신의 명작 『死線을 넘어서』 안에 상당히 상세하게 적혀 있지만 정말로 지독한 생활이었다.

한 예로 구로다가 처음으로 신가와를 방문한 것은 1914년 3월인데 가가와가 신가와에 들어간 지 벌써 5년 반이나 경과한 때였다. 그럼에도 돌아와서는 입은 것은 모조리 벗어버리지 않으면 너무나 가려워서 견딜 수가 없었다. 한여름에는 모기장을 거꾸로 메달아 놓고 그 속에서 밤을 지새웠다.

아침에는 일찍 일어나 동네의 환자들을 방문하고, 그 용태를 듣고 약병과 약봉지를 주고 온다. 그것은 등교할 때에 의사에게 부탁해 두었다가 하교할 때에 약을 받아가지고 그것을 한 집 한집씩 배부한다.

살상(殺傷) 사태가 드물지 않은 살풍경한 신가와에서 전도하기 때문에 죽기를 각오하지 않으면 도저히 시작할 수 있는 것이 아니다. 그러나 가가와는 어떠한 봉변을 당하더라고 무저항으로 대처할 결심이 서 있었다.

가가와는 노방전도에서 제자들에게 제일 먼저 하는 주의 말은 "상대가 아무리 심한 소리를 해도, 또 아무리 엉망진창이더라도 이쪽은 절대 대항해서는 안 된다."고 엄명하였다.

상대는 올바른 원리를 잃고 있기 때문에 화내기 시작하면 무슨 일을 저지를지 모른다. 위태로워서 견딜 수가 없다. 큰소리를 듣던지, 마구잡이 얻어맞든지, 발길로 차이든지 하는 정도는 언제든지 있는 일이다. 그 때 가가와의 앞니가 몇 개 부러지고 잇몸까지 조금 다쳤기 때문에 아무리 좋은 의치를 해도 말의 미묘한 데가 조금 분명하지 않아서 강연시에는 고생을 하였다. 그 때문에 '가가와의 강연은 아무래도 듣기 어렵다'고 들 했다.

그 노방전도를 매일 밤 하려고 애쓰고 있었다. 동시에 아침 일찍 어두울 때부터 해변에 나가서 먼 바다의 일을 시작하기 위해서 기다리고 있는 사람들에게 설교했다.

3. 어린이 전도

아이들이 학교에 갔다가 돌아올 무렵에는 아이들을 모아놓고 재미나는 이야기나 성경의 이야기를 해서 즐겁게 한다. 가가와가 최초에 출판한 책이 「우정」이라는 다윗과 요나단의 아름다운 이야기이고, 다음 책이 어린이용 「예언자 예레미야」였다. 어린이를 교육해서 신가와를 없애려고 열심히 노력한 증거이다. 그리고 빈민굴의 떼쓰는 아이들을 싫증내지 않고 이야기를 듣게 하기 위해서는 커다란 몸짓 손짓을 하거나 여러 가지 얼굴 모양을 해 보이거나 종이나 칠판에 재미나는 만화를 그릴 필요가 있었다.

손수건 한 장을 가지면 그것이 모자가 되고 비둘기가 되고, 꽃이 되고 아름다운 옷이 되고 창이나 칼도 된다. 그 묘기는 일류 만담가에게도 지지 않을 정도였다.

신가와에 가자마자 이내 예수단교회를 시작했으므로, 신가와 주변뿐만 아니라 부근의 젊은 남녀도 조금씩 모여왔다. 가가와에게는 젊은 사람들을 끌어당기는 비상한 매력이 있었다. 가가와는 곧 그 사람들을 모아서 학교를 시작해서 모두가 노동하러 나가기 전인 이른 아침부터 성경, 역사, 과학, 영어 등 인간으로서 닦아야 할 사항을 친절하게 교수했다. 거기에 모인 집단 중에서 가가와가 일본과 세계에 활약해서 신가와에만 전념할 수 없게 될 때에 최후까지 그 활동을 인계받아 예수단교회를 지켜 오늘에 이르게 한 다케우찌(武內腰) 씨가 가가와의 첫 번째 제자가 되었다. 이어 다음으로 가가와와 결혼한 하루 부인이 근처의 성경인쇄소에 열심히 다녀서 두 번째 제자가 되었다. 이상과 같은 낮과 밤을 계속해서 십자가를 지신 주의 거룩한 모습을 따랐던 초인적인 전도를 가가와는 「자포자기 전도」라고 말했다.

그런데 한 사람의 가난한 신학생으로서는 그 여러 가지 비용을 마련하는 일은 실로 어려운 것이었다. 가가와는 우선 선교사 댁의 스토브 청소를 맡고, 오후 시간을 거기에 할애해서 얼마의 자금을 준비했다. 그 밖에 온갖 것을 연구해보았으나 아무래도 부족했다. 마야스 박사는 자기의 주머니에 있는 돈에서 될 수 있는 대로 원조를 아끼지 않았으며, 상당히 많은 선교사로부터 원조를 모아 뒷바라지를 했다.

그리고 고베의 기독교계는 과연 일본 최초의 개항지(開港地)이고, 메이지 시대에 발달한 최신의 도시에 이루어진 교회군(群)이었기 때문에 오랜 전통이나 파벌적인 응어리가 거의 없고 여러 교회는 불평이나 반대 없이 힘을 합해서 후원해 주었다.

고베신학교의 일본인 교수 중에는 가가와가 너무 공부도 하지 않고 시나 만화를 그리거나 다른 짓만 하고 있기 때문에 도리어 반감을 품은 사람도 있었다. 마야스 선생에 대해서도 너무 버릇없음을 묵인하는 것은 좋지 않다고 불평을 할 정도였다. 그래서 학생들도 겁을 내어서 2, 3명 이외에는 예수단에 출입하지 않았다.

그러나 "버리는 신이 있으면 줍는 신도 있다"라는 격언이 있듯이 당시 고베시의 히라다(原田村)에 있던 관서학원의 신학생은 일제히 가가와를 도왔다. 그들의 젊은 자원봉사는 몸이 약한 가가와에게 큰 힘이 되었다.

이리하여 수년간 피투성이가 되어 목숨을 걸고 무엇이든지 던져 넣어 자포자기전도를 결행한 결과 어떻게 되었는가? 제로에 가까웠다. 그처럼 귀여워하고 지도해서, 「선생님, 선생님」하고 가가와를 따르던 남자 아이들도 12, 3세가 되면 가까이 다가오지 않게 된다. 생각해보면 무리한 것도 아니다. 신가와에서 좋은 아이라고 하는 것은 소매치기를 해서 잘 훔쳐오는 아이를 말하는 것이고, 나쁜 아이는 소매치기를 못하는 아이이기 때문이다.

여자 아이들의 경우 빈민굴에서 처녀들의 꿈이라면 창녀가 되는 것이었다. 창녀로 몸을 팔면 아름다운 옷을 입고, 맛있는 음식을 먹고, 놀고 있어도 많은 돈이 들어오게 된다. 그러므로 귀여운 처녀들이 처녀티가 나면 기뻐하면서 팔려간다. 그것을 거절하는 처녀가 있어도 가가와가 여행하고 집을 비운 사이에 규슈의 끝으로 팔려버리는 형편이다. 그런 것은 가가와의 소설에도 적혀 있다.

이러한 사정이므로 현재 신가와에 있는 사람들을 구출하는 것뿐만 아니라 차라리 악조건 하에서 일하고 있는 노동자나 농민이 빈민굴로 전락하지 않도록 하는 것이 중요하지 않겠는가 하는 생각을 하게 되었다.

훨씬 뒤에 공산당의 당수가 되어 활약한 노사카 산조(野坂參三) 씨가 그 무렵 신가와를 찾아와서 하룻밤을 자고 갈 때 그러한 문제를 주고 받았다는 것을 그의 자서전에 써놓았다.

II. 일본을 위한 전도

가가와는 일본인의 구원을 위해 혼신의 노력을 하였다. 그는 신가와 사역을 통해 가난의 질곡에서 벗어나며 영적 구원을 얻는 것을 목표로 하였다. 이것이 확산되어 '하나님의 나라 운동' 과 '신일본 건설 그리스도운동' 으로 나아갔다.

1. 가난을 극복하는 전도

1917년 가가와는 옥틴을 떠나 시에틀에서 배를 타고 5월 4일 요코하마에 상륙했고 3일 후에는 다시 신가와의 본거지로 돌아와 살았다. 그래서 우선 신가와에서의 전도를 시작했다. 신가와의 전도는 미국 유학으로 3년간 집을 비운 사이 가가와의 첫 번째 제자 다께우치(武內膝) 씨가 동지 몇 사람과 결합해서 확고히 지키고 계속해 왔다.

다케우치(武內)의 노방설교는 화술이나 내용이 실로 훌륭했다. 그래서 미국으로부터 귀국한 가가와는 아무런 지장도 없이 곧 신가와의 전도를 전진시킬 수가 있었던 것이다.

귀국한 5월 말까지 고베에 있는 고베여자신학교와 란바스전도여학교, 그리고 오사카에 있는 침례교여자신학교의 의뢰를 받고 여성전도자의 양성에도 힘을 기울이게 되었다.

당시 제1차 세계대전의 여파를 받아 고베가 일본 제1의 벼락부자 도시가 되어 있었으나, 종전(終戰)과 동시에 불경기의 바람이 닥쳐와서 경제계는 대소동을 일으키고 말았다. 그 영향을 함께 받은 것은 노동자와 무산자들이었다.

1917년 말부터 가가와는 당시 약체노동자조합이었던 우애회 고베지부의 하부조직 후키아이 지부(葺合支部)에 입회했다. 거기에서 가가와는 고베지부의 강화를 꾀하여 『신고베』(新神戶)라는 기관지를 발행해서 순식간에 관서의 우애회의 최고지도자가 되고 말았다. 그리하여 1919년 4월에는 우애회 관서노동동맹회를 결성하고, 그 이사장에 뽑혔다. 당시 노동운동은 관동보다 관서가 더 왕성했기 때문에 가가와는 사실상 일본의 노동운동의 총지휘자가 된 것이다.

이어 1919년 8월에는 요새 말하는 생활물가로부터 샐리리맨의 생활을 지키기 위해 오사카에 유한책임구매조합 공익사를 만들고 이듬해에는 고베구매조합을 창설했다. 또 부자들만이 선거권을 가지 있던 선거제도로서는 가난한 사람이 고생할 따름이라고 해서, 1920년 2월 1일에는 보통선거 대시위운동을 추진해서 악전고투의 결과 오늘의 보통선거가 실시되고, 무산정당이 실현되게 되었다.

그리하여 마침내는 1922년 4월에 고베 YMCA에서 농민조합창립대회를 열었다. 이것이 크게 성공해서, 1년 후에는 각 현에 강력한 농민조합이 생기고 스트라이크에서는 언제나 승리를 얻게 되었다.

이상과 같이 훌륭한 농민운동이 주로 가가와의 힘에 의하여 강력하게 진행되었다는 것은 인간의 힘으로서는 도저히 안 되는 것이다. 거기에는 불가사의의 하나님의 인도가 강하게 작용하고 있었으리라.

신가와에서 일본 전국으로 활동 범위가 확대해가는 가가와로서는 선교활동의 영역도 넓어져 간다는 것은 당연한 일이다. 그래서 우선 최초로「새 시대 성경강연회」를 오사카, 고베지구의 여러 교회에서 개최했다. 이미 관동지구에서는 메이지 시대부터 우찌무라 간죠(內村鑑三)의 성경연구운동이 대단한 영향을 끼쳤고, 또 비교적 보수적이었던 일본기독교회의 우에무라 마사히사(植村正久), 이부카 카지노스케(井深梶之助) 두 선배가 다이쇼 초부터 『성경연찬』이라는 월간잡지를 발행하고 있었다. 그러나 관서에서는 공개적인 집회에서 성경연구를 한다는 것은 거의 없었다.

그 때문에 오사카, 고베 지구에서 그것이 개최되자 무어라고 말할 수 없는 신선한 느낌이 떠올랐다. 우선 회장의 입구에서 강연 내용의 아우트라인을 프린트한 한 장의 종이를 배부한다. 그 내용은 가가와 특유의 독창성이 풍부하고 훌륭한 것으로 흥미를 느끼게 했다.

그 강연은 원고가 되어 잡지에 실리고, 나중에는 그것이 단행본으로 출판되어 많은 사람들에게 애독되었다.「인간으로서 본 사도(使徒) 바울」(1922),「예수의 인류애의 내용」「예수의 일상생활」「예수와 자연의 묵시」(1923),「예수의 내부생활」(1924),「복음서에 나타난 예수의 모습」(1925),「신에 의한 해방」(1926) 등이 그것이다.

미국 유학에서 귀국한 얼마 후인 1918년 7월에 일본건축학회에서 가가와는 건축 전문가 앞에서「빈민굴의 파괴」라는 제목으로 강연을 했다. 그 얼마나 대담한 일인가. 빈민굴의 파괴라는 것은 도저히 인간의 힘으로서는 될 것 같지 않은 문제인데 가가와는 정열을 가지고 호소했다. 이것은 절대적으로 곤란한 사업이었다. 그러나 가가와의 열렬한 기도와 전력을 다하는 끊임없는 노력에 대해서 하나님은 불가사의하게도 절대적 손으로 그 소원을 가능하게 했던 것이다. 과연 그것은 무엇이었던가? 그것은 미증유의 재해로써 전국민을 불안의 밑바닥에 빠뜨린 관동대지진의 발발이었다.

1923년 9월 1일 돌연히 일어난 대지진은 일순간에 관동의 넓은 지역을 파멸시키고 말았다. 그 이튿날 가가와는 당장에 당시의 돈 2천엔 분의 물자를 갖추어, 그날 오후 성공회의 다께우찌(武內宗六) 목사와 함께 야마시로마루 (山城丸)를 타고 고베항을 출발했다.

가가와는 곧 고베로 돌아왔으나, 교회는 물론 여러 방면에서 활동해서 재빠르게 구원의 손길을 폈다. 그리하여 가가와와 함께 하는 단체의 체력이 좋은 사람들을 데리고 도쿄에 가서 피해가 가장 심했던 저지대의 마츠쿠라마치(松倉町)에 근거를 두고 인간의 일이라고 생각할 수 없으리만큼 놀라운 활동을 계속했다. 그 활동이 후에 혼쇼산업청년회가 되어 지독하게 가난한 지구(地區)의 구원을 위한 독창적인 활동의 중심점이 되었다.

가가와의 활동은 대지진의 결과 도쿄를 중심으로 하지 않으면 안 되게 되었다. 거기에다가 1922년의 크리스마스에는 장남 스미모토(純基)가 출생했다. 그 때문에 가가와는 신가와에 몸을 던진 지 14년 10개월 후, 마침내 신가와를 떠나 도쿄의 마쯔자와로 거처를 옮기게 되었다. 그렇다면 빈민연구에 헌신해야 했을 가가와가 무책임하게 신가와를 버리고 말았단 말인가? '아니 결코 가가와는 그런 사람이 아니었다.' 그 아니라고 하는 것은 도쿄를 재건하는 데 있어서 빈민굴을 어떻게 할 것인가 하는 문제가 생겼기 때문이다. 1924년에 불량주택 지구개량법안 특별위원회가 발족했는데, 가가와는 위원이 되지 않으면 안 되었다. 그래서 가가와의 주장이 전면적으로 채택되어, 마침내 1929년 전국의 빈민굴에 당시로서는 드문 훌륭한 3층의 아파트가 건설되게 되었다. 그 후 그 활동 때문에 도쿄시의 호리키리 겐지로(屈切善次

郎) 시장이 가가와에게 시의 사회국장에 취임해 달라고 간청했으나 가가와는 그에 앞서 특별전도 중이었기 때문에 무급(無給)의 사회국 촉탁이 되어 온갖 수고를 하였다.

다시 가가와는 관동대지진의 무서운 피해로부터 일어서기 위해서 물질뿐만 아니라 정신을 고쳐 세우기 위해서 전력을 기울였다. 1923년 가을에 상경하자 곧 매일 밤 도쿄의 여러 교회를 순회하면서 종교대강연회를 열어서 정신적 부흥에도 전력을 경주했다. 이리하여 가가와 전도는 관서중심에서 관동으로 비화하게 되어, 자연적으로 가가와는 일본 전국의 전도에 일어서지 않을 수 없게 되어 버렸다.

2. 하나님의 나라 운동

가가와가 일본 전국의 전도의 책임을 지지 않으면 안 되게 되었을 때에 세계의 기독교계는 가가와의 존재에 눈을 돌리게 되었다. 그것은 우선 『사선을 넘어서』가 13개국에서 초 베스트셀러로 애독된 결과일 것이다. 기독교 나라의 국민들은 『사선을 넘어서』를 읽고 가만히 있을 수 없을 만큼의 감격을 받았기에 당연한 일이다.

그 반향은 벌써 1924년에 나타났다. 미국대학연맹으로부터 많은 대학을 다니면서 강연을 해 달라는 의뢰를 받았다. 그래서 11월 26일에 요꼬하마(橫浜)를 떠나 하와이를 거쳐 로스엔젤레스, 샌프란시스코, 옥텐, 워싱턴, 시카고, 뉴욕 그 밖의 지방을 여행하고, 저명한 대학을 순회하면서 강연을 했다. 어떤 곳에서는 일반인에게도 강연을 했다. 로스엔젤레스에서는 1만 5천명 이상에게 강연했다고 「신변잡기」에 적혀 있다. 그 틈을 타서 2월 초에서 1개월간 뉴욕의 병원에서 눈 치료를 받기도 했다. 3월 14일에 영국으로 건너간후 프랑스, 벨기에, 네덜란드, 독일, 덴마크, 스위스, 이탈리아 등의 여러 나라를 여행하고, 마지막으로 성지순례까지 하고 카이로를 경유해서 8개월간의 여행을 끝내고, 이듬해 1925년 7월에 돌아왔다.

가가와는 그 때의 시찰에서 아주 많은 것을 배우고 왔다. 미국에서보다도 도리어 영국이나 덴마크, 스위스 등에서 세틀멘트 사업이나 목축 등의 도시와 농촌에 있어서의 새로운 지도법을 체험한 것이 많았던 듯하다.

귀국하자 즉시 오사카 시외 시간지마(四貫島)에 세출멘트를 시작하고,[1] 얼마 후에는 농민복음학교를 창설해서 도시와 농촌에 있어서 새로운 전도방책을 지도하기 시작했다.

그리하여 새로운 위세로서 노동조합운동, 농민조합운동, 생활협동조합운동도 추진하려고 했으나, 1918년의 러시아 혁명에 의하여 세력을 얻은 공산주의자들은 갖은 방법을 써서 노동조합운동으로부터 가가와를 완전히 패퇴시켜 버렸다. 그밖에 농민운동도, 무산정당운동도, 생협(生協)운동도 가가와가 고생고생해서 조금 건설해 놓으면 금방 공산주의자들이 파고들어 엉망진창으로 부수어 버렸다.

「하나님의 나라 운동」이 활발하던 5년간의 전도는 일본에 기독교가 전해진 이래 전국적인 협력 아래 최대의 계획이 세워져 실행되었다. 그 지역도 북은 사할린의 북위 50도의 끝이나 만주의 북쪽에서, 남은 대만의 남단 조천(潮川)의 땅에 이르기까지 광대한 범위에 걸쳤다. 뿐더러 5년간이라는 장기간에 걸쳐서 실행되었고, 거기에다가 세계 최대의 전도자 가가와에 의하여 계속되었다.

「하나님의 나라 운동」은 가가와의 대표적 전도사역이다. 이것은 한국의 경우 '민족복음화운동'과 성격을 같이 하는 것으로서 획기적 사건이었다.[2]

3. 신일본건설 그리스도운동

1945년 8월 15일, 태평양 전쟁이 끝나자 패전국이 된 일본은 대혼란에 빠

---

1) 세틀멘트(Settlement)란 빈민들과 접촉하면서 그들의 생활 향상을 돕는 운동을 말한다. '정착지역'이란 의미를 가지고 있다.
2) 「하나님의 나라 운동」에 대해서는 본서 제9장에서 상세히 다루었으니 참고하기 바란다.

지게 된다. 지금까지 '천황주의' 사상에 물들어 있다가 천황의 이른바 '인간선언'으로 정신적 공황상태에 빠지게 된다.

가가와는 일본의 구원을 위해 새로운 전도운동을 일으켰는데 이것이 '신일본건설 그리스도 운동'이었다. 이 운동은 일본 전국에서 전개되었고, 그 중심에 가가와 도요히코가 있었다.[3] 그는 1946년 5월 4일부터 30일까지 27일간에 수도권내의 19교회를 순회하고 28회의 대강연회를 열어 청중 8,420명, 결신자 420명을 얻었다. 이어 7월 8일부터 지바현(千葉縣)에서 하루, 12일부터 5일간은 야마가다현(山形縣)의 5개 시를 순회하고, 17일부터 20일까지의 4일간은 나가노현(長野縣)의 5개 시를 순회, 월말의 29, 30, 31일의 3일간은 시즈오카현(靜岡縣)의 3개 시를 질풍처럼 뛰어다니는 강행군을 했다.

형식은 「하나님 나라 운동」과 대체로 같은 방법이었으나 이번에는 나라가 망해 버린 직후이기 때문에 모든 면에서 극도의 곤란을 겪게 되었다.

첫째, 전도가 곤란했다. 교통기관이 전파된 뒤이기 때문에 우선 차표를 사는 일이 매우 곤란했다. 가가와는 다행히 패전 직후에 귀족원 의원에 칙선(勅選) 되었으므로 무사통과였지만 날마다 몇 번씩이나 신청하러 가지 않으면 손에 들어오지 않는다. 차표를 샀다고 해서 그 열차를 타는 것도 아니다. 초만원이라 수없이 깨어진 창문으로 가가와의 노구를 밀어 넣지 않으면 안 되는 경우가 일쑤였다. 차에 올라가도 좌석이 없다. 그뿐인가 요동도 할 수 없을 때가 많다. 가가와는 3번의 여행이라고 웃고 있었다. 도시락, 의자, 변기의 3종의 용기가 철도여행에는 필요했다. 혼잡한 틈을 타서 도둑도 많았다. 또 제3 국의 사람들이 뽐내고 난폭했다. 마치 신가와의 빈민굴의 경험을 한 번 더 되풀이하는 것 같았다. 병약한 가가와는 괴로운 듯했다.

게다가 목적지에 도착해도 넓은 회장이 없다. 강연에 사용할 큰 종이가 없다. 오르간과 오르간니스트도 없다. 그러나 어떻게 무리를 해서 집회가 시작되면 패전의 밑바닥에 떨어진 대중은 가가와의 내방을 마치 구세주를 기다

---

3) 이 운동에 대해서는 본서 제9장을 참조하라.

리듯이 기다리고 떼 지어 몰려왔다. 역시 구로다가 맨 처음 단상에 올라가 찬미가를 지도한다.

> 세상의 기쁨 잃어버리고
> 남들의 칭찬 사라져가라
> 몸 둘 곳 세상에 없어도
> 내 행복이야말로 예수 당신.

청중은 열심히 눈물을 머금고 노래 부른다. 그 후, 이 노래에 감동되어서 전도자가 되었다고 구로다에게 술회하는 분이 여러 사람 있었다.

또 연제도 다음과 같이 실로 신선한 것이었다. 「도의 부흥과 그리스도 정신」, 「십자가 의식(意識)과 의식사회」, 「십자가 종교의 절대성」, 「일본재건의 정신적 기초」, 「폭력이냐 정신혁명이냐?」, 「십자가 종교에 의한 인류의 구원」, 「세계 항구 평화와 그리스도」, 「정신혁명과 사회혁명」, 「정신혁명의 길」, 「협동조합국가의 건설」, 「신일본건설과 그리스도 정신」 등이다.

가가와의 전심전력을 모은 정열과 눈물어린 1시간 40분의 열변은 가득한 청중들의 마음과 영혼을 흔들어 사로잡았다. 결신카드도 「하나님의 나라 운동」 때보다 몇 배에 달했으며, 많은 문제를 뚫고 나간 가가와의 노고에 충분한 보상이었다고 느껴졌다. 가가와의 염가판의 소책자도 날개 돋친 듯이 팔렸다. 또 1946년 4월 27일부터 발행하기 시작한 「그리스도신문」도 속속 1년분의 구독 신청이 들어왔다.

어쨌든 「신일본건설 그리스도운동」의 출발이 실로 질풍과 같이 일본 전국을 정신적으로 뒤흔든 것은 누구도 부인할 수 없는 현실이었다.

5월 4일부터 활동을 시작한 가가와는 7월에는 본격적인 지방순회를 재빨리 일으켜 마치 알렉산더 대왕이나 시저처럼 일본 전 국토에 질풍을 불러 일으켰던 것이다. 8월이 되니까 먼저 홋카이도의 넓은 지역을 무대로 눈부신 영적인 대결전을 전개했다. 9월 18일부터 9월 30일까지의 17일간을 여러 지방에서 13

도시, 42회의 집회, 22,435명의 청중, 2,535명의 결심자라는 전과를 올렸다.

지금까지 한 번도 적군에 침입당한 경험이 없는 일본 민족은 현실적으로 미군을 중심으로 한 진주군에 의하여 전국토가 지배되고 말았으므로 한 사람 남김없이 절망의 구렁에 빠지고 말았다. 모든 것을 잃어버리고, 어디에서도 희망의 빛을 찾아낼 수가 없었다. 그 때에 전쟁 전부터 거물 스타로서 활약하고 있던 가가와가 선두에 서서 새로운 일본을 세우자는 큰소리로 부르짖으니까 캄캄한 밤에 벌레들이 불빛을 따라 무리지어 날아들 듯이 대중은 미치도록 기뻐서 때지어 몰려왔다. 그래서 열광적으로 함께 소리 높여 찬미가를 부르고, 가가와의 설교에 열심히 귀를 기울였다.

그리하여 "그리스도의 정신으로 돌아가자, 남을 사랑하는 마음에 의하여 훌륭한 평화일본을 만들어 세계평화의 실현에 일어서자"는 가가와의 열변에 감동했다. "새로운 일본을 건설하는 이 운동에 참가해서 활동하고자 결심한 사람은 결심카드에 주소와 이름을 기입해서 위원에게 건네주시오" 하면 미리 입구에서 나누어 준 카드에 기입해서 위원에게 제출하고 위원이 단상의 가가와에게 가져온다. 가가와는 그것을 두 손에 가득 쥐고 있다.

그 결심카드가 각 지구의 여러 교회에 배부되어 계속 지도를 하도록 되어 있었다. 그리하여 이러한 각 지역의 전도 대집회가 1946년 7월부터 1949년 12월까지 3년 반에 걸쳐 전국적인 조직 아래 계속되었다.

그러나 전국의 중요 도시의 태반이 전쟁으로 인하여 파괴되었고, 회장으로 쓸만한 큰 건물도 결격 사항이 있었는데에도 청중과 결신자 카드 제출자 수가 격증하고 있는 사실은 아주 주목할 만하다.

구로다가 가가와를 수행하면서 기록한 「하나님 나라운동 일지」(7권)와 「신일본건설 그리스도운동 일지」(9권)에 기록된 양 운동의 집회의 통계는 다음과 같다.[4]

---

4) 이것을 보면 청중만은 계수로 되어 있는데 이것은 어떤 때에는 천 명도 넘는 사람을 헤아리기 때문에 특별히 위원에게 부탁해서 조사시켰으나 대강의 수로 한 것이다. 기타는 전부 잘 헤아려 적은 것으로서 정확한 수이다.

「하나님의 나라 운동」

년수	4 · 5년
일수	734일
집회 수	1,859회
청중 수	787,223명
결심카드 수	62,410매

「그리스도운동」

년 수	3 · 5년
일 수	733일
집회 수	1,384회
청중 수	754,428명
결심카드 수	200,987매

이것을 보면 년 수는 「하나님의 나라 운동」이 1928년 7월부터 1933년 12월까지이고, 「그리스도 운동」은 1946년 7월에서 1949년 12월까지이다. 전자는 4년 반, 후자는 3년 반이니까 꼭 1년의 차가 있다.

그 다음의 숫자 즉 순회한 여행 일수는 734일과 733일로서 불과 하루 차이이다. 이것은 아주 흥미가 있다. 즉 「하나님의 나라 운동」도 열심히 순회한 셈이지만 「그리스도 운동」 때에는 더욱 속도를 내어서 전력투구한 것이 된다. 「하나님의 나라 운동」에서 1년에 평균 163일의 순회여행을 했는데 비해서, 「그리스도 운동」때에는 1년에 201일의 여행을 했으니 1년에 약 40일이나 더 많이 순회한 셈이다.

거기에다가 일본의 역사상 처음으로 패전의 근심을 안고 국내적으로나 국제적으로나 가가와 몸이 몇 개 있어도 모자랄 때에 전자에 비해서 1년 동안에 40일이나 더 많은 여행을 한 것은 대단한 노력이라고 말하지 않을 수 없다.

특히 마지막의 결심카드 수에 대해서는 「그리스도 운동」쪽이 순회 년 수가 1년이나 짧았는데에도, 반대로 「하나님의 나라 운동」때의 3배반에 가까운 20만 매를 넘었다는 것은 실로 놀랄만한 결과라고 하지 않을 수 없다.

이것은 조국이 망했기 때문에 어떻게 하든지 재건하지 않으면 안 된다는 일반 대중의 희망이 넘치고 있었기 때문이리라. 전국의 교회가 거의 하나가 되어 협력해서 전도에 힘썼음이 그 결과를 낳게 한 최대의 원인이라고 생각된다. 그때까지 일본의 교회는 수많은 교파로 갈라져서 서로 반목하는 섬나라 근성을 버리지 못했으나 이것을 고치지 않으면 안 된다는 것을 시사한 셈이다. 물론 가가와의 목숨을 내건 듯한 전도정신과 군중심리를 잘 이용한 특별전도의 수법이 훌륭한 것도 크게 주효했다고 하겠다.

그러나 여기에서 제기된 문제는 「그리스도 운동」의 멋진 결과가 왜 얼마가지 않아서 사라져버리고 거의 제 자리로 돌아가게 되었을까 하는 것이다. 분명히 일시적으로는 '맥아더 붐' 이라 해서 지금까지는 교회와는 하등 관계가 없던 사람들이 '믿지 말라' '믿지 말라' 하면서 교회에 몰려들어서 세례를 받고 싶다고 신청하는 사례도 있었다.

그러나 그것은 크리스천처럼 그럴듯한 모양을 하고 있으면 취직이나 기타의 사정이 좋았다든가, 단순하게 유행을 찾아서 우왕좌왕하는 사람들도 많았기 때문이었다. 그래서 세상이 점점 안정되고 진주군의 모습이 보이지 않게 되니까 썰물처럼 대중의 모습은 교회에서 보이지 않게 되었다. 그리하여 뒤에 남은 것은 결혼식만 교회에서 한다든가, 12월 24일 크리스마스 이브 행사를 하는 정도가 되어버렸다.

「그리스도 운동」의 결과가 그리 오래 지속되지 않았다는 것은 무엇 때문인가 하면, 첫째로, 기독교의 전도의 어려움을 들 수 있다. 교회의 전도의 역사를 봐도 기독교가 한 민족을 교화하려면 적어도 3백년은 걸린다. 로마, 그리스 그리고 오늘의 기독교 나라들은 모두 수백 년을 걸렸다. 그래서 불교의 나라 일본이 기독교화 하려면, 아직도 2, 3백년은 아무래도 필요하다고 생각하지 않으면 안 된다. 그러나 「그리스도 운동」이 일본의 기독교화에 대해서 강력한 토대의 하나가 되었다는 것은 의심할 여지가 없다.

둘째는, 「그리스도 운동」은 각 교파 합동의 형식으로 실행했으나 태평양 전쟁을 수행하기 위한 정략적 방책을 다소 가미해서 생긴 일본기독교단의 이름으로 실행되었다. 그래서 각 교파마다 의견이 달라 여러 가지 곤란한 점이 많았다. 「그리스도 운동」 중에나 마친 직후에는 각 교파가 사방으로 흩어지고, 많은 교파가 난립해서 일본기독교단 자체마저 좌우 두 파로 갈라져서 분쟁을 계속하는 형편이었다. 그래서 「그리스도 운동」이 당장에 커다란 결과를 맺을 수가 없었다는 것은 당연한 일이라 하겠다.

셋째는, 그리스도 전도운동의 실시에 대해서도 아주 심한 문제가 몇 개나 있었다. 우선 교회 측의 일치가 충분하지 않았다는 것은 지금까지 말한 그대로이다. 그리고 일본 국토가 파멸된 직후의 일인데 각 지역의 교회당은 거의 파괴되었고 집회장소를 물색하는데 매우 힘들었다. 교인들도 태반이 집을 잃고, 직장을 잃고, 의식(衣食)을 구하려 헤매는 처지였다. 결심카드를 모아도 그 집이 불타버린 곳이 많았다. 게다가 중심이 되는 목사가 살 집도 없고, 부업에 시간을 허비하고 있는 실정이기 때문에 실제로 전도 후의 사후 관리는 불가능했다고 말해도 좋을 것이다.

그래서 「그리스도 운동」의 결과는 표면적으로는 보는 만큼의 직접적인 결과는 그렇게 없었던 것이 아닌가 하는 생각이 든다. 그래도 「그리스도 운동」은 공포와 불안에 떨면서 헤매고 있던 대중과 일본의 교회에 대해서 커다란 희망과 광명을 주었다는 데에 큰 의의가 있다고 믿는다.

오늘날 일본의 선진국의 대열에 끼이게 된 것도 그 암흑의 대전 후에 가가와가 높이 쳐든 광명에 의한 것이 아주 많은 것은 아니겠는가.

그런데 「그리스도 운동」의 놀라운 성과가 진주군의 중추적인 인물을 비롯해서 세계의 평화운동의 선구자로서 숭앙받아 세계연방정부건설동맹이 정식으로 출발할 때에, 회장에는 백인을 대표해서 영국의 보어 경이, 부회장에는 유색인종을 대표한 가가와 한 사람일 뽑힐 정도였다. 유럽 여러 나라에서 닥터 가가와는 세계의 새로운 지도자로 인정받았던 것이다. 이 가가와의 평가도 첨가되어 가가와가 선두에 서서 전개했던 「신일본건설 그리스도 운동」
은 실로 상상할 수 없을 만큼의 파문을 전세계에 던졌다.

III. 세계를 위한 전도

가가와의 전도사역은 일본에만 국한된 것이 아니라 세계 각지로 확산되었
다. 중국과 미국을 비롯한 수많은 나라들이 전도의 대상이 되었는데 중요한
것들을 살펴본다.

1. 중국 전도

중국에는 1920년 8월 중순에 출발해서 상하이 부근에서 몇 차례 강연을
하고 9월 15일에 귀국했다. 아마도 상하이의 일본인 교회의 후루야(古屋孫
次郎) 목사나 상하이의 중국인 사이에 평판이 좋았던 우치야마 간조(內山完
造) 씨 등의 주선으로 상하이 지역의 일본인이나 중국인에게 강연했다. 그때
에는 노동운동이나 농민운동으로 점점 일본의 새로운 지도자로서 명성을 날
리고 있을 당시이기 때문에 대단히 환영받았다. 이때가 일본 이외에서 강연
여행을 한 최초이다. 가가와의 나이 33세였다.

가가와의 세 번째 해외진출은 1927년 즉 세계여행을 하고 만 2년 후이다.
「신변잡기」를 보면 다음과 같다.

> "8월 16일에 나는 상하이 마루(上海丸)를 탔다. 미스 덧핑이 고베에서
> 타고 있었다. … 이튿날 오후 4시 상하이 도착, … 그 후 10일간 나는
> 여월만큼 일을 했다. 처음 5일간은 오전 6시부터 성경강의를 했다. 모
> 든 강의 회수는 24회 정도일까. … 아편박멸회, 의사의 모임, 중국기
> 독교연맹 총주사 주최의 모임 등 실로 유쾌했다.

돌아오는 날에는 여자청년회에서 송별연을 열어 주었다. 재미있었다. 농민조합의 보고와 노동조합의 보고를 듣고 유쾌했다. 호적(胡適) 씨도 만났다. 대학총장들도 만났다. 그 중에서도 재미있었던 것은 사천로(四川路)의 서점 주인인 옛 친구 우치야마(內山完造) 형의 중국혁명 무용론이었다.

미스 덧핑은 잘 활동했다. 나의 서투른 영어의 강연을 모조리 타이핑해서 원고로 작성했다. 식사 때마다 중국요리를 차려내고 만족해서 기뻐했다.

나는 셀비야에서도, 인도에서도 6개월 내지 1년간 나와 함께 지내고 싶다고 신청해오는 분이 있어 조금 주저하고 있다.

세계가 점점 좁아졌으니까 일본의 기독교도 점점 세계적인 것이 된다.

정열적인 덧핑 여사의 숨은 공로가 일본의 가가와를 더욱 더 세계의 가가와로 떠받드는 경로가 눈에 선하다. 9월 7일 상하이 마루(上海丸)로 귀국. 이번 해외활동은 11일간에 걸친 것이었다.

그때 중국에서는 27개의 교파가 합동해서 중화기독교회가 생기는 등 새로운 운동이 전개되었다. 그래서 가가와의 지원을 요청해 왔기에 1930년 7월 19일 나가사끼항을 출발해서 상하이로 가서 "21일의 밤부터 3일간 「하나님의 나라 운동」의 강연회를 일본 사람들을 위해서 열고 120명의 결심자를 얻었다. 또 중국 사람들을 위해서 21일 아침부터 26일까지 1일 2회씩 상하이 대학에서 영어로 강연했다. 나 자신 엉터리라고 생각되어 놀랄 때가 많다. 그러나 어쨌든 영어로 서양인의 대학 강당에서도 강연하고 또 외국인의 청년회관에 가서도 강연했다."고 적혀 있으나 덧핑 여사의 도움으로 여러 가지 고생한 것이 도리어 나중에 전세계를 돌아다니면서 놀랄만한 대전도를 훌륭하게 하는 기초가 된 것이라고 생각할 때 불가사의한 하나님의 인도가 있었다는 것을 생각하지 않을 수 없다. 그 후 저장성(浙江省)의 수도 항저우(杭州)에 가서 해발 2천 미터나 되는 모간산(莫干山)에 피서하고 있는 다수의 선교사를 상대로 강연을 했는데 많은 감동을 주었다.

그뿐 아니라 그 후 5개월 밖에 경과하지 않은 1931년 1월 13일에도 다시 덧핑 여사와 함께 나가사끼를 출항해서 제4회 중국 전도에 나섰다. 이번에는 1월 13일부터 2월 13일까지의 30일간에 걸친 전도였다. 상하이, 소주, 베이징, 탄현, 칭타오의 여러 곳을 순방하고, 그 지방의 대표자가 모여 연수회나 전도집회가 성대하게 개최된 것 같다. "중국에서 제일 곤란한 것은 이번에도 또 변소였다. 하여튼 내가 있는 방에 변기를 가져와서 모든 용변을 보는 것이기 때문에 같은 방에 있는 사람에게 부끄럽고, 눈치 보이고 해서 곤란했습니다."라고 적혀 있다.

2. 미국과 캐나다 전도

(1) 미국전도

1913년 신혼 초에 신가와의 화장실 옆에서 열심히 기도해서 하루 부인을 깜짝 놀라게 한 세계전도가 드디어 1924년부터 멋있게 실행되는 것이다. 놀랄만한 꿈과 같은 기도의 실현 아니겠는가?

전미국대학연맹의 초청으로 가가와는 미국 전국의 대학을 순방하고 전도 강연을 하게 되었다. 하루 부인은 마음속으로 두 번째의 감격을 했음이 틀림없으리라. 가가와는 세계전도의 여행을 떠날 무렵 그 심경을 「신변잡기」에 다음과 같이 써놓았다.

> "일본의 개조운동은 한 구석의 작은 일을 분담하고 있는 나에게는 해외에서 하는 일보다 일본에서 한 일이 훨씬 많다. … 미국에 가는 것은 10년만이다. … 미국도 달라졌으리라. 유럽은 아직 한 번도 가본 일이 없고, 성지도 보고 싶고, 기계문명의 장래에 대한 예측도 보고 싶은 생각이 든다. 그리스, 거기에다가 인도도 한 번 보고 싶은 생각이 든다. 그리하여 그것들은 요는 내가 그리워하는 해 돋는 나라를 다시 고쳐 보는 하나의 재료가 되겠지. … 이러한 것들로 해서 나는 출국한다."

관동대지진으로 말미암아 관동지역이 파괴된 지 아직 1년 남짓 경과했기 때문에 가가와가 일본을 떠나 세계전도에 나서는 데에는 비상한 결단이 필요했다.

"출국한다 해도 돈이 있는 것도 아니고, 짐이 있는 것도 아니고, 쓰고 있던 원고를 두 주일 동안 책상 앞을 떠나지 않고, 테이블에 거의 매번 차를 나르게 해서 탈고하고, 그것을 출판사에 가지고 가서 배 삯으로 바꾸고, 은혜로 받은 전별금으로 천 몇 백원 있던 빚을 갚고, 15원짜리 골덴 양복에 3원 10전짜리 무명옷 두 장을 슈츠 케이스에 넣어서 요코하마에서 떠나려고 생각하고 있다."

먼저 뉴욕을 중심으로 강연했으나 일본에서처럼 눈의 치료를 해주는 사람 없이 계속 활동했기 때문에 눈이 극도로 악화되어 고생을 한 것 같은데, 워싱턴에서 열린 외국전도대회에서 대성황을 이루었다. "…매우 유쾌했다. 미국에 사랑할 수 있는 사람이 많이 있음을 보고 기쁘게 생각했다."고 신가와에 보낸 편지에 쓰여 있다.

그러나 뉴욕에 돌아오니까 눈이 아주 나빠져서 2주일 동안 일할 수 없게 되어 요시다(吉田源次郞 ―메이지학원 신학부 출신)와 이도후(伊東平次―관서학원 신학부 출신) 씨의 두 분에게 많은 신세를 졌던 것 같다. 그러나 조금 나아지니까 다시 일어나서 로스엔젤레스에 갔다. 「신변잡기」에는 "40회 이상의 강연을(12일간) 시키고, 영어와 일본어가 머리 속에서 혼선을 일으켜 매우 곤란했다." "미국에 와서 미국이 아주 싫어져서 「자유의 땅」의 노래를 중지했습니다. 그것은 미국 사람들의 구락부나 교회에서 이야기하면 모두가 동정해 줍니다. 로스엔젤레스에서 4개 대학과 약 1만 5천명의 백인에게 강연했습니다. 내가 미국의 도덕적 부패를 욕하면 … 몇 십 명이나 나에게 악수하러 옵니다."라고 쓰여 있다.

다시 샌프란시스코와 오스틴까지 순회하고 뉴욕에 돌아왔으나, 피로가 심해서 2월 2일부터 1개월간은 눈의 치료 때문에 병상에 누워버렸다. 다시 "그러나 그 사이에도 프린스턴대학, 예일대학, 컬럼비아대학 사회과, 유니 온신학교, 기타 10여회의 강연을 병상에서 일어나 연설했습니다." "유태인 의 학교에서도 초대가 왔습니다. 다다모스대학, 보스턴대학, 그 밖의 많은 대학에서 초청했습니다. 그러나 그것들은 건강이 허락하지 않았기 때문에 거절했습니다. 그래서 한쪽 눈을 위해서 온수로 찜질을 계속했습니다."라고 적혀 있다. 그리고 수년간 고베여자청년회의 간사를 하고 있던 덧핑 여사가 그 무렵 컬럼비아대학에서 M. A. 학위를 얻기 위해서 공부하고 있었는데, 졸업 후에는 가가와의 활동에 참가하고 싶다는 협의도 된 것 같다. 이 덧핑 여사가 가가와의 해외 전도, 일본 전도를 위해서 얼마나 많은 봉사를 했는가를 생각 할 때, 이때의 여행은 가가와의 활동에 있어 최대의 도움이 되었다고 하지 않 으면 안 될 것이다.

또 로스엔젤레스의 일본인 가운데에서 「예수의 벗」 지부가 결성되어 거기 서 모은 헌금으로 오사카에 세출멘트사업을 시작하고, 거기의 총주사(總主 事)로서 당시 미국의 오본신학교에서 공부하고 있던 요시다(吉田源次郎)가 취임하게 되어 틈틈이 가가와의 저서의 일을 거들게 된 것도 커다란 수확이 었다.

그리하여 3월 18일에는 아끼다호를 타고 미국을 떠나서 영국으로 갔다. 생전 처음으로 유럽 대륙에 발을 디뎠다. 영국에서는 영국 독립노동당의 대 회에 참석해서 노동당 내각의 전 수상 맥도날드 등과 면담하고, 노동당의 대 의원 40명에게 일본 노동당운동의 현황을 이야기하곤 했다. 또 이스트론의 구세군의 구빈관이며 여러 곳의 세출멘트사업을 시찰하고 많은 것을 배웠다.

4월 중순부터는 북유럽의 벨기에, 네덜란드, 독일, 덴마크를 순방하고 유 럽 여러 나라를 시찰했다. 덴마크에서는 북유럽의 훌륭한 정신이 아직 살아 있음에 감동했다. 농촌의 8할이 아직 초가이고 겉으로 보기에는 가난하나 내 부는 실로 아름답게 장식되어 있는데 놀랐다. 그리고 그것이 덴마크의 농민 학교의 활동으로 성장했다는 것을 알고 아주 감동하였다. 가가와가 너무도 탄복하고 있는 것을 보고 소박한 농민이 약 4백 원의 돈을 주었다. 그래서 "의리를 위해서라도 일본에도 덴마크식 농민학교를 만듭시다."라고 「유럽 단신(短信)」에 적혀 있다. 실제로 북유럽 각국의 노동조합, 소비조합, 노동당, 상호부조회가 아주 잘 조합되어 있는 것에 감탄한 것 같다. 네덜란드에서는 특히 "전원의 멋에 놀랐다."고 기록하고 있다. 대체로 북유럽의 작은 나라에서 여러 가지 많은 것을 배운 듯하다. 그러나 프랑스, 이탈리아, 스위스 등의 비교적 남부에 있는 여러 나라에서는 실망한 듯하다.

스위스에서는 "제네바에서는 스즈키(鈴木) 씨와 함께 있었습니다. 조금도 흥분이 없는 집회로서 마치 사무적, 법률적인 회합입니다. 자본가 측은 법률가가 8할을 차지하고 있습니다. 각국이 반동시대이므로 여간 단단히 하지 않으면 노동운동을 무시해 버리게 됩니다. 나는 두 번 다시 제네바에 갈 생각은 없습니다. 덴마크에서는 유쾌했습니다. 이탈리아에서는 구경하는 사람, 성지에서는 시인입니다. 나는 일본 밖에서는 쓸모없는 인간입니다."라고 환멸의 비애를 그대로 적어 놓은 것도 재미있다.

6월 1일 나폴리를 출발하는 가고시마 마루(鹿島丸)를 타고 유럽을 떠나 귀국길에 올랐다. 도중에 인도를 거쳐 7월 22일에 고베로 돌아왔다. 별로 감동이 없었기 때문일까.

> "폼페이는 망할만해서 망했다는 기분입니다. 문의 입구에 생식기의 신 프레 아폴리스의 난잡한 그림을 걸어 놓고 받들어 모실 뿐 망할 가치가 있습니다. 오늘부터 동쪽으로 향합니다. 팔레스타인은 한여름입니다. 주와 함께."

예루살렘이여, 예언자를 죽이고, 그를 돌로 칠 수 있는 자여!
상금(尙今)도 혼을 건어물로 다루는 예루살렘이여!
슬픈 소리는 있어도 구원받지 못할 예루살렘이여!
그는 지구의 종말 그날까지 구원받지 못하고 끝나리라!

아아, 예루살렘! 예루살렘! 예루살렘!
하고 여행 통신을 끝내고 있다.

생각해 보면 36세라는 전도양양한 젊음을 가지고, 미국을 새롭게 고쳐보고, 다시 유럽의 여러 나라를 고루고루 방문한 것은 뒷날에 훌륭한 세계적 전도의 서곡으로서 실로 귀중한 경험이 된 것이다. 그 후 그 경험을 백퍼센트 활용해서 놀랄만한 세계적인 활동을 불러일으킨 것은 역시 가가와의 위대성을 나타내고도 남음이 있다고 생각하지 않을 수 없다.

(2) 캐나다 전도

가가와의 연보를 보면 1931년 7월 10일에 '선생은 캐나다 토론토에서 개최하는 세계YMCA대회에서 초청되어 일본대표로서 오가와(小川淸澄), 무라시마((村島歸之)를 데리고 헤이안마루(平安丸)로 요코하마에서 출항 … 11월 12일에 링컨호로 귀국 요코하마에 상륙'이라고 적혀 있다. 캐나다에서 수 개월 전도한 것이 틀림없다. 그러나 「신변잡기」 속에는 그 사이의 일은 거의 아무것도 적혀 있지 않다.

> "캐나다에서의 「하나님의 나라 운동」의 보고서를 보니까 베에즈 박사는 캐나다의 하나님의 나라 준비운동이 얼마나 질서정연하게 행해지고 있는가를 써놓았습니다만 나는 반드시 캐나다에서의 무슨 결과가 나타나리라고 생각하고 있습니다. 그것은 우리들의 힘이 아닙니다. 캐나다의 형제가 보다 더 좋은 효과를 올리겠다고 준비하고 있는 기도, 또 우리들의 기도에 하나님이 응답해 주는 것입니다. 6년 전 예수의 벗들의 기도에 의하여 세계에 물결이 쳤습니다. 우리들은 이 기도를 잊지 않고, 동양에나 서양에나 이 기도의 물결이 치도록 하지 않으면 안 됩니다."

이같이 출발 때의 한 말이 남아 있다. 그리고 그것과 "나는 이번 여행에서 여기저기에서 '예수의 벗'의 명의를 사용하도록 해달라는 말을 들었다. 외국에 있는 사람들이 이렇게 말하고 있는데, 일본 「예수의 벗」 본부가 이런 것인가 하고 하면 부끄러우니까 모두들 합심해서 단단히 하고자 합니다."라는 귀국해서 요코하마에 상륙했을 때의 인사말이 남아 있을 뿐이다.

다만 한 가지 수행했던 오가와(小川淸澄)의 입에서 토론토시에서 개최된 YMCA 세계대회의 제1 강연자로서 가가와가 강단에 서기 직전에 세계 YMCA 총간사를 오래 지내고 세계 기독교계의 최대 지도자였던 죤 R 모트 박사가 사회를 하면서 "현대 세계에 있어 가장 주 예수 그리스도에 가까운 인격자 닥터 가가와를 소개하게 된 것은 나의 생애에서 가장 영광스러운 순간입니다."라고 가가와를 소개했다고 말했다. 모트 총무는 1925년 7월 「예수의 벗」수련회의 석상에서 「백만의 영혼을 하나님께 바친다.」는 결의를 할 때에 세계교회 대표자로서 일본에 와서 12월에는 가마쿠라(鎌倉)에서 「하나님의 나라 운동」의 협의회에 참가하고 문자 그대로 가가와를 세계 제1의 크리스천 리더로 숭앙하는 분이었다. 그것을 생각하면 토론토에서의 전도는 명실 공히 가가와를 세계적 전도자로 세계가 확인한 가장 중요한 일이라 하겠다.

3. 세계 전도

가가와는 세계 여러 곳을 방문하여 전도집회를 인도하였다. 중요한 몇 나라를 살펴본다.

(1) 필리핀 전도

1933년 12월, 북은 사할린의 북위 50도의 방향(敷香)과 만주의 길림촌에서, 남은 대만의 남단에 가까운 조천(潮川)까지 아시아 방방곡곡을 순회한 5년간의 「하나님의 나라 운동」이 일단락 지어졌다. 그 때까지는 여러 나라에서 전도를 해 달라 해도 도저히 나갈 수가 없었다. 그러니 그 후부터는 어느 정도 자유롭게 해외전도에 나설 수 있게 되었다. 그 첫 번째가 1934년 2월 1일 부터 3월 14일에 이르는 1개월 반의 필리핀 전도이다. 그것은 필리핀 기독교 연맹으로부터 초청받은 것이다. 「신변잡기」에 이렇게 기록했다.

> "정말로 바쁜 여행이었다. 2월 1일 모지(門司)를 출발해서, 나는 2월 3일에 기륭에 도착해서 기륭 시장의 마중을 받고, 시의 사회사업을 둘러보았다. 그리고 대북에 가서 3일 강연했다. 1회의 집회에 학생이 160여 명 결심한 것은 기뻤다. 고웅에서도 강연했는데 원래의 시청 옥상에도 가득히 청중들이 모였다. … 멕시코 마루로 … 9월 9일 마닐라에 도착하니까, 하와이의 호놀룰루에 도착한 것 같은 기분이었다."

이번에는 오가와(小川淸澄)가 수행했다. 동료들은 차프린 선생이라 부르는데 친하기 쉬운 분이다. 가가와보다 2년 연상이고 젊었을 때에 미국의 대학에서 공부하고 로스엔젤레스의 목사로 있었다. 마침내 가가와의 비서가되었다. 영어에 능통하고 상업학교 출신이기 때문에 기획, 선전 등 귀한 은사를 가지고 있었다. 오가와가 훌륭한 재능을 가지고 있는 미스 덧핑과 콤비가 되어 가가와의 대외적 사무를 신속하게 진행시켜 해외에서의 가가와 붐이 맹렬하게 되어버렸다. 오가와가 동행했기 때문에 가가와도 이때의 여행은 모선(母船)을 탄 기분이었으리라고 상상한다.

마닐라에 도착하자마자 오후에 일본구락부에서 강연하고, 이튿날은 60마일이나 떨어진 로스바니야스에 가서 농업대학에서 강연했다. 다음날은 마닐라에 돌아와서 해발 6천 미터의 바기오라는 산상에 오른다. 마닐라에 돌아와서 5일간 기독교국민동맹의 대회에 참석했다. "눈이 나쁘기 때문에 원고도 준비할 수 없고, 서투른 영어로 입에서 나오는 대로 지껄이지마는 너그러운 사람들이 즐겨 들어주어서 매우 기뻤다."고 쓰여 있다. 그리하여 여러 섬으로 산재해 있는 수많은 도시를 비행기나 자동차를 이용해서 종횡으로 순회전도를 했다. 어떤 날은 오후 2시부터 10 반까지 자동차로 계속 달리기도 했다. 대개의 주에서는 지사가 주최해서 전도 강연회를 열고 있었다.

그러나 가장 성대한 집회가 열린 것은 역시 마닐라였다. 미국인 교회에서 강연했는데, 어느 해군 사관의 젊은 부인이 목사에게 '가가와 같은 사나이를 데리고 오면 필리핀이 약하게 되어 미국의 해군은 전투력을 잃고, 일본이 필리핀을 빼앗아버릴 것이다.'라고 말했다고 한다. 마닐라의 일본인 교회에서 3회쯤 신앙 강연을 했는데, "백 수십 명이나 결심자를 얻어 매우 유쾌했다. 특히 나가시마(中島) 목사가 마닐라에 부임한지 얼마 안 되는데 많은 원조가 있었다는 것을 기쁘게 생각한다. 또 도쿠시마중학(德島中學) 출신인 나가가와(中川紋次郎) 씨나 우에와키(上脇) 씨, 아마노(天野) 씨 등이 야베(矢部) 박사 등과 연락해서 여러 가지로 도와주었기 때문에 마닐라에 있는 동안 아주 유쾌했다. 귀로에는 홍콩, 광동, 상하이에서 강연했다. 광동에서 손일선(孫逸仙)의 기념당과 혁명 72지사의 무덤에 참배하고 감개무량했다."고 기록되어 있다. 가가와가 아주 원기 있는 모습으로 귀국하였다.

(2) 오스트레일리아 건국 백년기념 전도

필리핀 전도가 있은 이듬 해 1935년 2월 18일부터 7월 30일까지 거의 반년에 걸친 오스트레일리아 건국백주년기념 전도여행이 있었다. 이때에도 오가와가 그림자처럼 동행하게 되어 먼저 브리스번에서 1주일을 지냈다. 「신변잡기」에는 다음과 같은 편지가 수록되어 있다.

"오늘로서 바쁜 브리스번의 체제(滯在)는 끝났습니다. … 두 손 들고 환영해 주었습니다. 오스트레일리아는 연방 조직으로 되어 있고, 5개 국으로 성립되어 있습니다. 브리스번은 퀸즐랜드공화국이라는 일종 의 독립국으로 되어 있습니다. 하루에 평균 2, 3회씩 강연했습니다. 서투른 영어이지마는 다들 알아듣는 것 같고 잘 들어 주었습니다. … 그동안 병에 걸리지도 않고, 덕택으로 매일 몇 차례의 강연을 견디어 왔습니다. 그러나 도시생활은 캘리포니아와 조금도 다른 데가 없습니다.

그저 모든 것이 친절하여 입을 다뭅니다."

"정신병 환자가 260명에 한 사람 꼴로 있기 때문에 정신병원은 만원입니다. 그래서 여러 모로 노력하고 있습니다. … 다스마니아에서 1주일, 아데레드에서 1주일, 멜버른에서 2주일, 기타에서 약 1주일의 여정이 호주에서 남아 있습니다.

"지치지 않은 것 같으면서 지쳐 보이고, 일본에서 활동하는 편이 보람이 있는 것 같이 생각되지만 하나님의 뜻이라고 생각해서 계속하고 있습니다. 여러 가지 집회에서 몇 사람이지만 결신자가 나옵니다. 집회는 대체로 만원이기 때문에 다 들어올 수가 없어 제2 집회도 가집니다."

"모든 것은 축복 속에서 진행되고 있습니다. 5월 18일, 아직 4일간 바다 위에 있어야 뉴질랜드에 갑니다. 뉴질랜드는 인구 170만 정도이지만 문화가 진보해 있으므로 많이 연구할 작정입니다."

"뉴질랜드에서 6월 24일 출발해서 하와이 섬으로 가서 '하와이에서 일본으로 돌아갑니다. … 그런데 하와이에서 나에게 전도해 달라고 의뢰가 있었기 때문에 오가와 씨는 한 발 앞서 갔습니다. … 일본에 7월 17일경 도착하고, 나는 2주일이나 3주일쯤 전도하고 가겠습니다."

그리하여 그 편지대로 7월 30일에 룽다마루(龍田丸)로 요코하마항에 입항해서 오스트레일리아 건국 백주년기념 전도를 완료했다.

(3) 인도 전도

그 후 2년쯤은 해외에 나가지 않았으나, 1938년 11월 15일에 인도에서 열린 세계선교대회에 강사로 초빙되어 일본대표 21명과 함께 후시미마루(伏見丸)로 모지(門司)항을 출항해서 12월 3일 인도의 마트라 항에 도착했다.

"실로 살풍경해서 전혀 볼 것이 없다. … 사막과 같은 곳에 수천 명 아니

수만 명이나 생활하고 있다. 열차가 역에 도착하니까 수십 명의 거지가 몰려든다. ··· 일본 대표의 일행은 그날 오후 즉시 오지로 향했으나 나 혼자만이 마트라시의 전도집회를 하지 않으면 안 되게 되었다. 그러나 전도 때문이라면 구경도 희생하지 않으면 안 된다고 생각했기 때문에 나는 인도 측에서 말하는 대로 매일 3회 이상의 강연에 응했다."[5]

"단바람(마드라스에서 16마일 남쪽)의 기독교 학교에서 세계선교대회가 12월 13일의 밤부터 열렸다. 거기에는 470여명이 참석했다. 지금 여기에는 70개국의 대표가 모여 있는 것이다. ··· 참으로 유쾌하다. ··· 19일의 밤에는 철야의 기도회가 세계평화를 위해서 열렸다. ··· 마호메트교도 사이에 전도하고 있는 사람들은 아주 열심이다. 나는 그 사람들과 매일 아침 6시 15분부터 기도회를 하고 있다. ··· 세계선교대회는 12월 12일부터 시작해서 12월 29일에 끝났다. 노골적으로 말하면 정리를 거의 못했다."[6]

그 후 넓은 인도의 각 지방을 순회하면서, 때로는 교회당에서, 때로는 망고나무 밑에서, 큰 강가에서, 학교의 강당에서 많은 사람들에게 복음을 전했다. 당시 세계에서 인도의 간디와 아프리카의 슈바이처와 일본이 가가와를 세계의 3대 위인이라고 숭앙하던 때이므로 가가와의 집회에 수많은 청중이 모여들었다.

"1월 12일 봄베이시에 도착했다. 아름다운 거리이다. 작은 뉴욕 같은 느낌이다. 가난한 사람이 많기 때문에 사회사업 기관을 많이 볼 수가 있었다. 거기에서 다시 2마일 시골로 가서 보도리라고 하는 인도에서 맨 먼저 반영(反英)운동의 깃발을 올린 곳으로 간다. 그리고 시골의 수도원에서 간디를 만났다. ··· 간디는 범신론의 입장을 취하고, 산가

---

5) 「신변잡기」.
6) 「신변잡기」.

라라는 7세기경에 유명한 철학자의 저서의 방향을 자신이 걷고 있다고 했다."[7]

"1월 15일 봄베이 출발 … 캘커타에 17일 도착(그 일대를 순회하고), 2월 2일 아침 9시, 라크나우에 도착, … 라크나우에서 스탠리 존스 씨의 아슈람에 손님(客)이 된다."

존스 씨는 1949년부터 1973년 무렵까지 여러 차례 아슈람 운동으로 일본의 기독교에 많은 공헌을 해주었다. 인도에서 오래 활동했고, 미국을 중심으로 동양의 각국에 많은 영향을 주었다. 스탠리 존스 박사는 가가와와 프린스턴대학원의 동기생으로 사이좋던 사람이다. 그런 관계로 후일 일본을 원조할 때, 구로다는 가가와의 부탁을 받고 아슈람운동을 위해서 10년이나 봉사하게 되었다. 존스 박사 역시 위대한 지도자이다. 그 후 윌리엄 케리와 헨리 말린 등 인도의 전도를 위해서 크게 활약한 인물들의 유적을 순방하고, 또 프란시스 사비에르가 지었다고 하는 교회당도 방문했다.

"2월 23일 아침, 많은 도선장을 넘어 마라마스의 강을 따라 기독교대회에 참석했다. 오후에 2회 강연했다. 3만 명가량 모였다. 너무 귀찮게 찾아와서 곤란하다. 눈이 나쁘고 의치가 흔들려서 일본에 돌아가는 길이 걱정된다. 모든 것을 하나님께 맡긴다. 2월 24일 인도에서의 마지막 날이다. 오후에 두 차례 강연하고 3만 명의 청중과 헤어져서, 9마일쯤 산중으로 들어가 … 다시 28마일 정도 자동차를 타고, 시골 정거장에서 12시 40분까지 기다렸다가 마데우라로 가는 기차를 탔다. 참으로 꿈만 같다. 2월 25일 아침 10시 마데우라 도착. 다시 단누스구티로 가는 객차를 타고 오후 5시 국경에 도착. 오후 7시 실론섬(島)에 도착. 2월 28일 콜롬보 도착. 영국성공회 감독의 손님(客)이 된다. 이튿날 아침, 오후, 밤의 3회 종교 강연을 했다. … 이 부근은 사비에르가

---

7) 「신변잡기」.

19년간 힘들게 사역한 지방이다."[8]

일본의 전국전도 때에도 일정에 따라 지독한 스케줄을 강행한 적이 있었으나 어려움 위해 더 어려움이 있는 것 같다. 이렇게 해서 지칠 대로 지친 몸으로, 3월 18일에 이사키마루(管崎丸)로 고베에 상륙 4개월 3일의 과격한 여행을 끝냈다.

(4) 승전국 전도

만주사변으로 시작한 전쟁은 중일전쟁으로 확대되어 마침내 일본은 미국, 영국, 중국, 네덜란드의 4개국을 상대로 세계대전의 늪에 빠지고 말았다. 그래서 일본은 악마라고 평가되었으나 이상하게도 세계평화론자인 가가와는 도리어 인도(人道)의 전사, 최고의 인물로 세계의 숭앙을 받았다. 세계대전이 끝나자 재빠르게 1947년에는 캐나다의 토론토에서 열린 세계기독교선교사 대회에 강사로 초빙되었다. 그때에는 국내에서 「신일본건설 그리스도 운동」을 한창 전개하던 중이라 거절했다.

그런데 이 운동이 끝나려고 한 1949년 5월에, 영국의 기독교연맹으로부터 초청이 있었다.

> "영국의 기독교연맹에서 대전 후 영국은 정신적으로도 도덕적으로도 최저의 상태로서 이대로 가다가는 망해버리는 도리 밖에 없다. 그러므로 와서 장기간에 걸쳐 전도를 해서 영국을 구해 달라는 연락이 왔다."[9]

매우 곤란한 듯 한 얼굴로 구로다는 "선생님, 이긴 나라에서 진 나라의 선생님에게 나라를 구하기 위해서 와 주셨으면 하는 요청이니까 이런 영광스러운 일이 없습니다. 꼭 가서서 마음껏 전도해 주십시오." 하고 여느 때와 달

---

8) 「신변잡기」.
9) 「신변잡기」.

리 열심히 권했다. 그랬더니 가가와는 "일본의 재건도 시작에 불과한데 오랫동안 일본을 떠날 수는 없다. 내 대신에 누군가가 해주겠는가?"고 반문했다. 구로다는 이왕 내친 김에 하는 수없이 "뒷일은 우리들이 어떻게 하겠습니다."고 단언해 버렸다. 주위의 사람들도 진심으로 권해 마지않았다.

그리하여 그 해의 12월 22일에, 세계선교협의회, 세계기독교교육협의회, 영국성서공회의 특별강사로 비행기로 하네다공항을 출발해서 12월 25일 런던에 도착했다.

전승국을 구원하기 위해서, 꼭 1년간의 장기 세계전도여행의 전투는 이렇게 해서 시작되었다.

> "슬프다. 영국 교회는 실로 쓸쓸하다. … 천 명도 들어올 수 있는 예배당인데 2, 3십 명밖에 모이지 않으니까 참으로 가엽다"(「신변잡기」).
> 1월 중에는 동런던, 서런던, 북런던의 각파의 교회를 순방하고 천 명이 넘는 열광적인 사람들에게 전도했다.
>
> 2월에는 아일랜드 중심의 순회전도를 하고, 매일 몇 회나 1천명, 2천명이라는 청중에게 강연했다. 때로는 3천명도 넘는 때가 있었다고 한다. 여러 신학교에서도 강연하고 몇 10개의 대학에서도 열변을 토했다. 영국 구원의 철저한 대정신운동이 패전국의 가가와에 의하여 유력해졌다는 것은 실로 세계의 정신계에 불멸의 금자탑을 세웠다고 말할 수 있지 않겠는가.
>
> 4월부터 일본과 같은 패전국 독일에 건너가 각 지방을 순회하고 정신운동을 불러일으켰다. 그래서 동독을 러시아에게 빼앗긴 아픔의 서독일 사람들은 열광적으로 가가와를 환영한 것 같다."[10]

「신변잡기」에 이렇게 기록되어 있다.

---

10) 「신변잡기」.

"뉴룬벨그시의 서커스장은 어른만 안에 4천명, 바깥에 1천 5백 명,
못 들어간 수천 명은 돌아갔다. 확성기의 소리를 향해서 이슬비에 젖
으면서 2시간 반 동안 밖에 서서 듣고 있던 독일 형제들에게서 감격했
다. 라이트나 박사에게 통역을 부탁했는데 착한 청중들이라서 꼼짝도
않고 들어준다."[11]

"독일 체재 11일간 … 너무나도 파괴가 심해서, 이것은 25년 걸려도 옛
날로는 돌아갈 수 없다는 인상을 받았다. 기도하지 않을 수 없다. 그러
나 마틴 루터의 나라는 반드시 부흥할 것을 의심하지 않는다. 다만 그리
스도 정신으로 부흥하지 않으면 세계의 독일에 대한 기대가 어긋난다."

4월 16일부터 19일까지는 웰스지방의 전도, 5월 11일부터는 스코틀랜드
에 가서 각 지방의 교회에서 열심히 전도했다. 도중 가가와의 인생에 지대한
영향을 주었던 데이비드 리빙스턴의 출생지 블랜타이어를 방문하고, 벽돌집
그의 생가에 끓어 앉아 눈물의 기도를 올린 것은 일생의 기쁨이었다. 또 크롬
웰의 유적을 방문하였다. 21일에는 또 잉글랜드에 돌아와서 존 웨슬리와 존
번연과 윌리암 케리의 유적을 방문했다. 「신변잡기」에 보면 이렇게 말했다.

"6월 14일 런던을 출발해서 비행기로 3시간, 덴마크의 코펜하겐에 도
착. 그날 밤 즉시 코펜하겐의 성당에서 강연을 했는데, 천 수 백 명이 와
있었다. 15일에는 코펜하겐을 출발해서 북상, 열차와 기선으로 내지
전도회의 열심가들이 모여 있는 하아니시(인구 2만)에 도착. 오후 3시
교회당에서 약 천 여명의 청중에게 강연하고 , 그 후 피포루그 감독 말
므스트롬 씨의 자동차를 타고, 피퐁에 갔다. 여기는 주우트란드지방
의 종교운동의 중심지로 인구 약 3만, 멋진 성당이 서 있다. 밤 8시부
터 대성당에서 강연했다. 성당의 재단은 물론 강단의 배후에 있는 복도
까지 꽉 찼다. 1천 3백 명이나 된다."[12]

---

11) 「신변잡기」.
12) 「신변잡기」.

그 후 가가와는 덴마크의 각지에서 강연하고, 6월 24일에는 스웨덴에 입국, 스톡홀름 중심으로 하나베리아, 안차펑, 우즈라 등을 순회하고, 2천명에서 1만 5천명의 청중에게 강연했다. 그리고 6월 29일에는 노르웨이 수도 오슬로에 가서 코스데보르그, 오슬로, 크리스찬산드, 슬로바키아 기타의 도시에서 순회전도 집회를 가졌다. 대체로 2천에서 6, 7천명이 모이는 성대한 회합이었다.

10일째인 7월 9일에는 오슬로를 출발해서 런던에 돌아갔다. 유럽을 떠날 준비와 휴식을 취하기 위해서 4일간을 보내고 "7월 14일 오후 8시, 런던을 떠나서 비바람 속을 헤치고 아이슬란드에 오전 3시 반에 도착, 그린란드의 먼 바다를 지나면서 빙산의 흐름을 보고 오전 11시 7분 뉴욕 아인들 와일드 공항에 도착, … 곧 오찬회, …"(「신변잡기」).

「신변잡기」에 의하면 7월 16일에 뉴욕의 교회에서 영어와 일본어로 설교를 했다. 패전국의 전도자로서 최초로 전승국의 구원을 위해서 열변을 토했다. 17, 8 양일은 모교 프린스턴대학 하계대학에서 「십자가에 관한 명상」과 「성서에 관한 명상」을 강연했다. 그것을 시발점으로 비행기, 자동차, 열차를 충분히 이용해서 광대한 북아메리카의 각지를 뛰어다니는 강연여행을 했다.

7월 19일 코리히빌부인회에서 강연하고 라디오 방송을 했다. 20일부터 23일까지는 시카고를 중심으로 올오스시, 아이오와시, 오튼워시 등을 순회했다. 24일은 샌프란시스코에 가고, 세크라멘토시, 소오트텍시, 오그덴시 등을 방문해서 맹렬한 전도를 하고, 다시 또 시카고에 돌아와서 이번에는 뉴욕의 주변을 8월 12일까지 순회했다.

8월 14일부터 캐나다에 가서 15일에는 토론토에서 정오부터 협동조합운동가들과 회식하고, 2시부터 신문기자들과 회견, 저녁에는 약 1만 명에게 박람회 대회장에서 제13회 세계기독교교육협의회를 위해서 「거리의 종교교육」이라는 제목으로 강연했다. 그리고 오타와시, 몬트리올시, 토론토시, 스트라프포드시, 기타나시, 해밀턴시, 윙펙시, 오리리아시, 비이다바라 시, 위어졸시 등을 순방했다.

그 동안에 12만 5천명이 참가한 대규모의 철도 스트라이크가 상당히 오랫동안 계속했기 때문에 자동차를 주로 이용했으므로 매우 피곤했으리라.

이리하여 17일간의 캐나다 전도를 마치고 "캐나다는 상상 이상으로 부(富)한데 놀랐다. 2주일에 걸친 캐나다 전도여행을 무사히 마친 것을 하나님께 감사한다." "9월 1일 오전 미명에 캐나다 위어졸시를 출발해서 강 밑바닥을 뚫은 터널을 넘으니까 미국이다. … 디트로이트 비행장이 큰 데에는 놀랐다."고 감사하고 있다.

9월 1일부터 11월 4일까지의 65일간에 걸치는 미국 각처의 전도일기가 「신변잡기」 속에 매일 짤막하게 기록되어 있다. 그것에 의하면 매일 매일 각처에서 성대한 전도집회가 열린 것 같다. 일기는 그것으로 끝나고 그 후는 아무것도 쓰어 있지 않다.

가가와는 12월 28일에 항공편으로 하네다공항에 도착했다. 제자들은 세계대전에 완패한 일본에서 전승의 여러 나라에 가서 당당하게 영적 세계대전에 대승리를 하고 귀국한 가가와를 마음속으로 기뻐하면서 맞이하여, 커다란 감사로 충만했다.

(5) 브라질 전도

마지막에 가까운 세계전도는 아직 한 번도 방문하지 않았던 남미였다. 1953년의 일이다. 1월 23일 하네다공항을 출발해서 브라질 전도를 떠났다. 「신변잡기」에는 이 전도여행에 대해서는 한 줄도 기록하지 않았다. 그러나 가가와가 즐겨서 출발한 것은 사실이다.

왜냐하면 1940년에 브라질의 일본인교회의 초청을 받아 전도여행을 하게 되어 있었다. 실은 그 해 아프리카의 케이프타운에서 세계주일학교대회가 열리게 되어, 그 주강사로서 아프리카에 갈 것이 결정되어 있었다. 그때까지 가가와는 몇 차례나 세계여행을 하였으나 공산국가와 아프리카 대륙과 남미 대륙에는 발을 들여 놓지 않았다. 공산국가에서는 가가와를 초청하지 않았고, 두 대륙은 교통이 불편했기 때문이었다.

드디어 기회가 주어졌기에 일찍이 경모하던 암흑대륙 아프리카의 성자 데이비드 리빙스턴의 유적을 친히 방문하려고 1940년의 아프리카 대륙 여행을 기뻐하고 있었다. 그래서 가가와의 희망으로 리빙스턴이 남긴 「남아프리카 전도 탐험여행 일기」「잠베지강과 그 지류」「최후의 일기」의 3부작의 일기를 번역하고, 리빙스턴 박사에 대해서 저서를 두 권이나 출판한 구로다에게 동행을 강력하게 요청했다. 그 기회에 브라질 대륙과 멕시코 두 지역의 순회전도도 겸하는 것이 좋지 않겠는가고 했다.

구로다는 그때까지 몇 번이나 해외여행에 함께 가자는 권유를 받았으나 그것을 거절했다. 그러나 그때만은 "동행하겠습니다."고 대답했으므로 가가와는 매우 기뻐하였다. 그런데 그 1940년 중일전쟁이 점점 확대되어 마침내 영, 미, 네덜란드의 세 나라도 참가해서 제2차 세계대전으로 발전해 갔다. 그러므로 케이프타운에서의 세계주일학교대회가 열리지 않게 되고 따라서 브라질 전도도, 멕시코 전도도 중지하게 되어버렸다.

그로부터 세월이 흘러 13년 뒤, 브라질에서 살고 있는 많은 일본인들의 요청에 따라서 1953년 1월 28일 브라질에 가게 되었다. 가가와는 즐겁게 출발했을 터인데, 「신변잡기」에는 여행 그 자체에 대해서는 무엇 하나 적어 남기지 않았다. 그러나 「브라질 정신운동」이라는 원고를 남겨 놓고 있다.

> "브라질은 가톨릭 국가이기 때문에 신교적 복음주의가 발달할 여지가 없을 것이라는 생각으로 왔으나 실제로 대면하고 보니 남미에서 브라질만큼 복음주의가 성행되고 있는 곳이 없다는 것을 발견했다. 신교교회원 수는 약 1백 30만으로 추정된다. 그 중에서 가장 세력을 가지고 있는 것은 노동계급에 퍼져있는 오순절파, 하나님의 성회파 등으로 각기 30만 명에 모자라지 않으리라고 한다."

> "침례교회에는 약 25만 명의 신자가 있다. 리오 데 자네이로시만 해도 80여개의 교회가 있다. 나는 그 한 교회의 요청을 받고 강연하러 갔는데, 2천명 이상의 좌석이 있고, 그 장대한 건축에 나도 감탄해 버릴 정

도로 북미에서도 유를 볼 수 없을 정도로 아름다운 것이었다."

"미국장로교회는 백 년 전부터 브라질의 전도에 착수한 관계도 있고, 상류계급에 기반을 두고 있다. 브라질 중앙정부 부통령 카페 피리오 씨도 북부 바이야주의 장로교회의 가정에서 자란 사람이다. 현 대통령 제쓰리오 방가스 씨는 자녀들에게 루터나 칼빈이란 이름을 지을 만큼 신교적 요소가 강한 브라질 최남단의 독일사람과 인디언의 혼혈아이다."

"성서의 판매도 매년 증가해서 1년에 신약성경을 3백 만권 인쇄해도 모자란다고 한다. 이 경향으로 볼 때 브라질 장로교회가 경영하는 상파울로 시에 있는 메켄지대학 학장 베이커 박사는 나에게 이렇게 말했다. '남미에서 브라질만큼 복음주의의 진전이 빠른 곳은 다른 데에서 찾아 볼 수 없다.'고 한다. 미국에서 선교사가 천 명이나 와 있다."

"브라질의 교육제도는 매우 뒤져 있다. … 소학교는 의무제이지만 4년제이다. 3년제의 중학교(지므네쥬)는 대도시에는 설립되어 있으나 널리 분포되어 있지 않다. … 북미의 선교사가 훌륭한 대학이나 고등학교를 세워놓고 있는 것을 보고 안심했다."

"대·중·소 도시의 중앙공원의 중앙에 대성당을 건설하고 라틴민족 특유의 예술감으로 그것을 장식하고 있음을 브라질의 가톨릭의 특징이다. 그러나 안타깝게도 신자로부터 성서를 받아들고, 교리문답만을 가르치는 결과 남미의 유식자 간에서는 반가톨릭 열의 유행을 볼 수 있다."

"브라질의 일본인 중에는 2천 명 정도 밖에 신교도가 없다. 성공회, 홀리네스, 자유 메소디스트의 3교회가 주된 교파인데, 그 목사 수는 30명이다. 제2세는 일본어를 충분히 모르기 때문에, 제1 세대에게 종교운동을 하고 돌아다녀도 노령이고, 그 보수적 경향 때문에 나는 2개월 동안 약 2천 1백 명의 구도자 카드 밖에 얻을 수가 없었다."

이상과 같이 가가와는 브라질 전도를 말하고 있다. 1953년 1월 28일에 브라질을 출발해서 6월 25일에 귀국했다.

결론: 전도로 일관된 생애

어렸을 때부터 병의 종합병원처럼 몸이 약했던 가가와는 언제나 그 체력을 극한까지 소모하면서 가난한 사람들을 위해서, 망하려고 하는 일본은 물론 전세계의 구원을 위해서, 죽을 힘을 다해 활약했다. 참으로 잘도 살아 남았다. 그러나 70세에 가까워지니까 태양이 서산에 넘어가듯이 체력의 쇠퇴함이 점점 심해져 갔다. 그리하여 마침내 71세가 되었을 때에 가가와의 건강은 바람 앞의 등불처럼 가물거리기 시작했다.

그래도 가가와는 여러 가지 책임을 될 수 있는 대로 완수하려고 열심히 노력했다. 1959년의 정초에 니시노미야의 일맥회관에서 열린 「예수의 벗」회 신년수련회에 참석했다. 여러 가지 책임을 무리해서 완수했기 때문에 가가와의 건강상태는 극도로 악화해 버렸다. 이미 일어설 수도 걸을 수도 없게 되었다.

그러나 매년 1월 5일부터 15일까지는 반드시 가가와의 고향 도쿠시마(德島)의 여러 교회의 응원전도에 가기로 약속되어 있으므로 어떻게 해서라도 가지 않으면 안 된다고 고집했다. 그러나 혼자서 일어설 수도 걸을 수도 없는 가가와가 나서는 것은 불가능했다. 그래서 모두가 '선생님 도저히 무리입니다. 전화로 거절합시다.' 라고 걱정한 나머지 강경하게 진언했다. 그러나 가가와는 완고하게 '내가 가지 않으면 도쿠시마(德島)의 여러 교회가 곤란해지므로 나는 어떻게 해서라도 간다.' 고 고집했다.

너무 완고하기 때문에 누군가가, '선생님, 그런 무리를 하시면' 했더니 가가와는 단호하게 '죽으면 그만 아닌가' 라고 했다고 한다.

그러한 필사의 말에 누구도 대항할 수가 없어, '그렇다면 선생님 혼자서는 안 되고, 누군가 한 사람 모시고 가도록 합시다.' 하고 고베의 시라쿠라 마사오(白倉正雄) 목사가 수행해서 고베에서 기차로 오카야마에 가서, 우노항(宇野港)에서 시고쿠 연락선을 타고 다카마쓰(高松)에서 도쿠시마에 가기로 했다.

모두가 걱정한 대로 연락선 안에서 병이 악화되어 중병에 빠졌으므로 다카마쓰(高松)에 도착하자 이내 크리스천 의사 오가와(小川篤) 원장의 치료를 받게 되었다. 병명은 심근경색, 만성신염, 대동맥중막염, 기관지확장증, 진구성폐침윤, 늑막비후, 심장비대였고, 열은 39도를 넘었다.

오가와 박사의 필사적인 치료로 한동안은 좋아졌으나, 결국 건강은 다시 회복되지 않고 전국에 흩어져 있던 수 십 가지의 가가와 일터의 운영이 잘 이루어지도록 최후의 힘을 짜내어 기도하는 생활을 1년 넘게 계속했다. 그러나 1960년 4월에 하늘나라로 옮겨졌다.

제자들은 가가와가 향토전도를 위해서 죽을 결심으로 돌진한 그 모습에서 한평생에 걸친 전도에서 한결같은, 사선을 넘지 않고는 뜨겁게 타오르는 거룩한 정열을 느끼고 지금도 끊임없이 깊은 감격에 넘치는 것이다. 가가와는 일생동안 주로 걸어 다니는 십자가에의 길을 걸었다. 그리하여 장렬한 순교와 같은 죽음을 맞게 되었다.

A Study on Toyohiko Kagawa

제12장 ——————————— 가가와 도요히코의
기도운동

서론 : 기도의 사람

하나님의 백성은 기도의 사람이다. 이들은 어떠한 상황에서라도 하나님께 기도하는 삶을 살아간다. 고통과 궁핍에서만이 아니라 범사에 하나님께 기도한다. 가가와 도요히코는 기도의 사람이었다. 의식적인지 무의식적인지 가가와는 그리스도의 생애를 본받는 생활을 계속하려고 했다. 예를 들면 크리스마스의 전야에 21세의 젊음으로 당시 8천명이나 되는 가난한 사람들이 우글거리는 신가와의 빈민굴에 몸을 던진 것도, 전도운동에 앞장서서 일본 전국에 전도한 것도, 공산주의자로 오해받으면서 빈민이나 노동자, 농민과 병약자의 시중을 든 것도, 또 유아교육을 비롯해서 노동자학교, 농민학교, 야간중학교를 설립해서 교육에 힘을 쓴 것도 예수 그리스도께서 초기의 갈릴리 전도 때부터 "예수께서 온 갈릴리에 두루 다니사 그들의 회당에서 가르치시며 천국 복음을 전파하시며 백성 중의 모든 병과 모든 약한 것을 고치시니"(마태복음 4장 23절, 6장 34절)라고 기록되어 있듯이 교육과 선교와 치유의 삼중적 복음 선교를 했기 때문이다. 이 세 가지가 예수 그리스도의 전도의 영역이었다. 가가와가 그리스도의 발자취를 그대로 실행했는데 당시 일본에서 기독교회의 대부분이 가가와를 진짜 전도자가 아니라고 평가한 것은 지나친 오해라고 말할 수 있다.

어쨌든 가가와는 기도의 사람이었다. 그리고 에베소서 6장 18절에 "모든 기도와 간구를 하되 항상 성령 안에서 기도하고 이를 위하여 깨어 구하기를 항상 힘쓰며 여러 성도를 위하여 구하라"고 적혀 있고, 또 골로새서 4장 2-4절에도 "기도를 계속하고 기도에 감사함으로 깨어 있으라 또한 우리를 위하여 기도하되 하나님이 전도할 문을 우리에게 열어 주사 그리스도의 비밀을 말하게 하시기를 구하라 내가 이 일 때문에 매임을 당하였노라 그리하면 내가 마땅히 할 말로써 이 비밀을 나타내리라"고 하였듯이 사도 바울도 기도를 매우 중요시했다.

가가와는 여행하면서도 매일 밤 기도하는 사람이었다. 신장이 약하기 때문에 가가와는 밤마다 화장실에 자주 다니는데 그때마다 잠시 동안 조용히 기도하고 있었다. 그래서 동숙하는 사람은 우연히 그것을 보고 아주 놀라게 된다. 그러나 그것은 '병의 은총'이라고 말해야 할 것이다.

또 알려져 있듯이 두 눈의 시력이 매우 약해서 언제나 눈을 뜨고 있는 것이 고통스러웠다. 낮에도 틈만 있으면 거의 두 눈을 감고 있었다. 긴 기차여행에서도 얼마동안은 신문이나 잡지를 보든지 책을 읽다가 이윽고 두 눈을 감아버린다. 그리하여 무엇을 생각하든지 졸든지 한다. 그 자세를 계속하고 있으면 자연적으로 기도하는 수가 많아진다. 여러 가지의 병을 가지고 있는 것이 도리어 가가와를 기도하는 사람으로 만들었다고 말할 수 있다.

가가와는 어린이처럼 솔직하게 믿고 기도하였다. 그렇게 머리가 좋은 가가와는 마치 어린애처럼 기도를 믿고 있다는 데에 감동한 적이 때때로 있었다.

가가와는 1925년과 1932년에 「하나님과의 대좌」와 「하나님께 무릎을 꿇다」라는 자신의 짧은 기도문을 모은 단행본을 세상에 발표했다. 기도에 대해서 그 무렵 가가와가 때때로 되풀이해서 말하는 것은 "작은 것을 너무 집요하게 기도하지 않도록 주의하라"고 했다. 평소의 집회 등에서 어떤 사람은 "이 집회에 모이는 사람들을 재촉하여 한시 바삐 출석시켜 주십시오." 등을 자주 기도하고 있는데 가가와는 그런 스케일이 작은 것을 하나님에게 기도하는 것은 그리 좋지 않다고 주의하였다. 생각해 보면 과연 그렇다. 그래서 가가와의 기도의 스케일이 실로 크고, 하나님께 기도하기에 어울리는 기도였다고 느끼게 했다.

I. 저서에 나타난 기도

가가와의 저서 여러 곳에서 기도의 글들을 발견할 수 있다. 이것은 가가와의 삶이요 신앙고백이었다.

1. 시가집(詩歌集)에 나타난 기도

가가와의 여러 시집에서 기도의 내용들이 있으나 특히 와까집(和歌集) 「은색의 이녕(泥濘)」 중에서 그 기도의 모습을 그려보고자 한다. 원래 가가와는 시심(詩心)이 풍부한 시인이었으나 가인(歌人)은 아니었다. 젊은 때부터 많은 시를 발표하고 있으나 와까(和歌)는 그리 발표하지 않았다. 시집은 몇 권 있으나 가집(歌集)은 단지 한 권뿐이다. 그 서문 안에 다음과 같이 쓰여 있다. "이 졸작의 단가는 … 지방의 동지로부터 무엇인가 쓰라고 강요당해서 부끄럼 없이 즉흥적으로 써버린 것이 태반이다. 그것을 동지인 구로다 씨가 각별히 하나하나 기록해서 편집해 준 것이다"라고.

그래서 「은색의 이녕」에 수록된 1천여 수의 노래는 극히 자연스럽게 남겨진 가가와의 기도의 일지로서 귀중한 가치가 있다고 본다.

한 밤중 1시에 시계소리 듣고 2시에 또 듣고, 잠 깨어 있는 나는 감방의 벌레를 잡는다.

1921년 경찰서 감방에서

조석(朝夕)으로 몇 번이나 고쳐 앉아 나의 하나님이여, 천년의 반석이고자 힘차게 기도한다.

승방(僧房)의 그 생활 많은 것인가 나와 하나님 두 사람 있으면 박명(薄明)의 그것과도 같은 내 마음 기도할 때의 백일청천

1921년 8월 神戸橘分盡에서

산 깊고 숲(森林) 더욱 깊은데 가슴을 치는 나무 그늘에서 잠시 기도한다.

1922년 3월 대만에서

기도하면서 봉우리에서 봉우리로 방랑하는 빈민굴의 여로를 가듯

1922년 여름

언덕에 올라 성당의 그림자 어둠침침한 釧路의 시(市)를 위해 나는 기도한다.

1928년 10월 釧路에서

랴요양(遼陽)의 백탑(白塔) 그늘에서 기도하는 아침 느릅나무 숲에 동이 튼다.

1928년 12월 만주에서

사꾸라시마(櫻島) 오르는 연기를 핑계 삼아 신의 불꽃 오르는 날을 기도한다.

1929년 가고시마에서

좁은 방 무릎 꿇을 곳 없어도 궁궐보다 넓다. 하나님과 함께 있으면

기도에 미치고 미쳐서 기도하면서 내 아픔을 앗아 가소서 가슴 쓰다듬는 밤.

7월 도쿄에서

고요한 이 석양 바닷바람 즐거워 모자 벗고 혼자서 공손히 절한다.

10월 세토나이카이(瀬戸內海)에서

눈 감고 기도하면 보이는 누님의 얼굴, 두 개 없는 육신을 나는 저주한다.

기도하면서 그리스도의 사랑 보이겠노라 위로하시면 누님의 올 죽음

1931년 1월 상하이에서

가까이 오라 가까이 오라고 신은 부른다. 아픈 마음 신이 안아 주신다.

4월 가마쿠라(鎌倉)에서

곰곰이 생각에 잠기는 이 해거름에 일본을 구원하는 기도 올린다.

꿈 깨어 자리에 고쳐 앉아 주에게 기도하는 일본의 구궁민(救窮民)의 소생

사할린 툰드라의 땅 슬퍼하지 말라 백양나무 그늘아래 기도하는 아들 있나니

북해에 굳게 닫힌 결빙(結氷)을 그 누가 깰 건가 기도할거나

5월 홋가이도에서

무쯔(陸奧)의 여행에 지친 인간의 아들은 엎드려 기도하고 또 싸운다.

8월 古川에서

한밤중 기어 나와 잠자리 추워도 별을 쳐다보고 기도하는 기쁨

6월 후쿠시마현(福島縣) 하라마치(原町)에서

내리는 비에 다이중(臺中)의 거리 젖는다. 안 젖은 마음 신에게 바치자.

1932년 3월 대만에서

지루한 장마철 백성들 떠드는 소리 흘려버리고 근심하는 마음에 기도 용솟음친다.

6월 사가미(相模)에서

기도하면서 나라 위해서라면 몸을 바쳐도 좋은 피여, 열매를 맺으소서.

6월 三俣에서

장마철 비 갠 사이를 하늘 우러러 신이여, 북륙(北陸)을 구원하소서 기도한다.

쌀 소동(騷動)의 호쿠리쿠로(北陸路)에서

한밤중 자리를 기어나와 기도한다. 하나님이여, 일본을 구해주소서.
가을이 짙어 벌레 우는소리 끊어질 듯 들려오는 심야에 기도하는 삼음(森陰)
봄에 다가오는 우주의 신비 감당하기 힘겨워 부들부들 떨면서 신에게 다가가다.

1929년 돗도리에서

감 익는 가을의 은총 그리워하면서 일본의 구원을 기도하는 아침

11월 水俣에서

대하 하소(阿蘇)의 연기에 가슴 태우고 일본을 구원하는 분화(噴火) 기다려져

7월 하소(阿蘇)에서

날아라 날아 연대의 비 겁내지 말고 '바울'을 지키는 하나님은 강하다.
매어 달아 놓은 침상을 바라보며 모옥(茅屋)에 은총을 기도하는 그대 그리워

1934년 2월 필리핀에서

명상과 기도와 신의 가호를 받고 北美의 싸움 나는 싸운다.

싸움은 오늘도 내일도 이어지고 기도로 못 이기면 무릎 꿇어라.

한 밤중 2시 3시에 무릎 꿇고 비는 것은 영혼의 혁명 그 횃불

밀실의 기도에서 만남은 십자가의 예수로부터 들은 천사의 모습

다만 하나 되풀이해서 기도할 것은 다만 하나 천사가 되어 이국(異國)을 축복하라고

여행이라면 위로도 말고 기도하면서 친구 생각하는가 건강하라고

1936년 미국에서

꿇어 앉아 비는 야시마(屋島)의 靈岩에 홍법대사(弘法大師) 옛일 그리워

1937년 12월 야시마(屋島)에서

우수(憂愁)를 넘어서야만 빛나는 동녘 구름은 새벽 서리에 神과 얘기하다.

1937년 만주에서

길을 위해서 그리스도를 위해서 열대의 인도에게 기도하는 달 밝은 밤

열대의 겨울 달 밝은 밤에 기도하면서 일본의 구원 우러러 기다리다.

1939년 1월 인도에서

白瀧의 숲에서 기도하는 그대 그리워 北海의 땅을 정화하고자

1939년 8월 홋가이도에서

모든 것 다 바쳐서 얼어붙은 섣달의 뜰에 무릎 꿇고 앉을까

주님에게라면 서투른 말을 뛰어 넘어 함께 기도 하리다 조선의 겨울

11월 부산에서

지쳐서 눈물의 골짜기에서 헤매고 부활의 주를 우러러 본다.

목을 껴안고 눈물의 못에 빠질 때 그리스도를 본다. 내 육신 산에서

수만의 신음소리에 무릎 세우고 기도할거나 구원을 위해서

1940년 8월 헌병대 독방에서

한밤중에 별과 속삭이고 십자가 빛나는 아침을 연모하는 풀이슬

저녁 어스름에 향그러운 새하얀 목련가지의 꽃송이에서 신을 보는도다.

싸우면서 기도하면서 아침에 저녁에 수난의 예수를 우러러 보다.

장마 비 소리를 들으면서 기도할거나 은총의 비도 이같이 내려주소서 하고

1942년 봄

착한 아내 하늘에 보낸 주의 제자에게 신의 은총 비는 아침

1943년

흐린 날씨 계속되기를 기도하는 무호(蕪湖)의 아침 폭격도 없이 오늘 하루 무사 하소서 하고

눈 오는 아침 밝기 전에 꿇어앉은 서주(徐州)의 기도 새벽을 기다린다.

1944년 11월 중국에서

전원에 길을 전하고 몇 십 년 내일 오기를 기도하면서 기다린다.

1945년 패전의 겨울

민중은 조용히 무릎 고쳐 앉아 함께 기도한다. 재건을 위해서

野幌의 興農公社 그 전도(前途) 나라 구원하소서 함께 기도한다.

1946년 8월 홋가이도에서

후지산(福知山) 지쳐 잊어버린 길을 찾는 丹波의 가을날 뜨거운 기도

防府에도 새 나라 오라고 눈(雪) 무릎 쓰고 일본재건 기도하는 사람들

보기 싫어서 기가 막혀도 그리스도에 또 힘입어 길을 열다.

패전의 근심을 잊고 주의 벗과 기도하는 아침에 태양이 빛난다.

北國의 시원한 하늘 보고 일본에 광명주소서 기도한다.

1947년 봄 여러 곳에서

손을 들고 모세 기도하면 적진 무너지는 황야의 어려움 하나님은 함께하신다.

새벽에 나루터에서 기도한다. 天草가 잠깰 때의 번영의 봄

5월 구름 갠 언저리에 기도할거나 일본에 광명 주십사 하고

피로한 몸 지탱하면서 기도할거나 일본재건 영성(靈性) 재흥

5월 규슈에서

밤에 기도하고 한낮에 기도하고 밤중에 기도한다. 일본 주권이 환원하는 아침을

1948년 메이지학원에서

다카사고(高砂)의 겨울 아침 박명의 자리에서 일어나 광명을 기도한다.

가라앉은 겨울 해를 작별하고 눈을 감고 부활을 꿈꾸는 봉(鳳)의 마을

겨울 여러 곳에서

이상은 「은색의 이녕(泥濘)에서 뽑은 70여수의 와까(和歌)에는 타오르는 듯한 기도의 정신이 넘쳐흐르고 있다. 어느 것을 읽어봐도 생생한 신앙이 넘치는 기도문이다. 오랜 세월 동안에 조금도 변함없이 열렬한 신앙에 충만해서 기도를 계속했다는 데에 우리들은 참으로 놀라지 않을 수가 없다.

어떤 곤란한 와중에 있어도, 또 절망의 밑바닥에 떨어졌을 때에도, 조금도 절망하지 않고 영원하신 하나님을 믿고 새로운 희망을 안고 신앙의 기도를 드렸던 것이다. 그 모습이 하나하나의 노래에 나타나 있다. 하나님이 반드시 승리를 얻게 된다는 것을 확신하고 기도를 계속하고 있는 그 신앙의 위대함은 성경에 기록되어 있는 대대로 이어온 예언자에 비할만하고, 그 스케일의 크기에 있어서도 대대로 내려오는 성도중 누구에게도 뒤떨어지지 않는다고 말할 수 있지 않겠는가?

북쪽은 사할린, 남쪽은 대만 끝에 이르기까지 일본 전국에 걸쳐서 방방곡곡 전도하고 돌아다녔고, 매일 아침에 저녁에 또 밤중에 영혼들의 구원을 위해서 기도했다. 일본을 위해서 그와 같이 많고 많은 지역에서 눈물의 기도를 계속한 신앙인이 지금까지 누구 한 사람 있었던가!

일본뿐만 아니라 가가와는 전후 13회나 국외의 전도를 시도했다. 그리하여 순회 전도의 가는 곳마다 낮이나 밤이나 기도하였다. 지금까지 가가와 이상으로 세계 각지를 순회하면서 그 지방의 전도와 복지를 위해서 기도한 사람은 한 사람도 없는 것이 아닌가?

가가와는 언제나 "작은 기도는 하지 말라"고 주의하였는데 가가와 자신 민족의 영적 구원, 전 인류 전민족의 복지, 세계 전체의 평화의 실현 등 실로 커다란 기도를 하고, 죽음에 이를 때까지 그것은 조금도 변하지 않았다.

2. 「사선을 넘어서」와 기도

1920년 가가와는 『사선을 넘어서』를 출판했는데, 일본에서는 순식간에 초베스트셀러가 되었다. 방방곡곡 어디에 가도 『사선을 넘어서』와 '가가와 도요히코'의 이름을 모르는 사람이 없을 정도가 되어 버렸다. 다소라도 책을 읽는 사람은 모두 다투어 탐독했다. 그뿐만 아니라 「사선을 넘어서」는 13개 국어로 번역되어 삽시간에 그 나라의 베스트셀러가 되어버렸다.

그러나 가가와가 정말로 『사선을 넘은』 것은 진실이고 열렬한 가가와의 기도와 주위의 친구들의 기도의 결과였다는 것을 아는 사람은 그리 많지 않을 것이다.

가가와는 중학 2학년 때에 흉부 질환의 진단을 받고 당시 죽는 병이라 해서 오늘날 암 이상으로 무서워하던 폐병 환자가 되어 버렸다. 그 폐병은 세상을 떠난 72세까지 가가와 곁을 떠나지 않고 일생 동안 가가와를 괴롭혔다. 그것이 아주 악화됐던 것은 19세가 된 여름이었다. 메이지학원 신학부 예과를 졸업하고 여름휴가 때 도요바시교회에 전도 하러 갔을 때였다. 노방설교를 41일간이나 계속했기 때문에 많은 각혈을 했다. 원래 가가와는 그리 큰 몸집은 아니었으나 소리는 아주 큰 편이었다. 그것을 자산으로 해서 41일간이나, 큰 소리를 질렀기 때문에 결국 큰 각혈이라는 위험에 빠지고 말아 곧 죽어버릴 지경에 이르렀다.

그러나 도요바시교회의 목사 나가오 마끼(長尾卷) 선생은 대단한 사랑과 기도의 사람이다. 또한 나가오 집안은 나가오 선생 자녀답게 12명의 아이들이 모두가 사랑의 사람이었다. 양친과 아이들은 정성껏 사랑의 기도를 하고, 젊은 가가와 청년을 보호했다. 그 결과 죽어야 했을 가가와가 「사선을 넘었던 것」이다.

다시 9월에는 영적 아버지라 할 수 있는 마야스 박사의 주선으로 아카시(明石)의 미나토(湊)병원에 입원했으나 지독하게 담이 모여서 마침내 의사도 손을 쓸 수가 없게 되었다. 크리스천 의사였으나 단념하는 도리 밖에 없었다. 그러나 기도로 말미암아 기적적으로 담을 토하고, 두 번째 「사선을 넘어」버렸다.

조금 좋아져서 마야스 박사의 주선으로 이번에는 아이찌현 가마고오리(愛知縣蒲郡)의 해안의 허름한 집에서 전지 요양을 했다. 그동안 마야스 박사는 두 차례나 이 임시로 만든 허름한 작은 집에서 자고, 가가와를 껴안고 지냈다고 한다. 6개월에 걸친 요양 중에 「비둘기의 흉내」라는 원고를 쓰기 시작했다. 그것이 후에 『사선을 넘어서』의 원본이 되었으므로, 「사선을 넘어서」는 실로 나가오(長尾) 집안과 마야스 박사와 가가와 자신의 세 사람의 사랑과 신앙의 기도에서 생긴 것이라고 할 수 있다.

그런데 또 한 번 「사선을 넘어야」 했다. 10월에 가마고오리(蒲郡)에서 철수하고, 마야스 박사가 교수로 있던 고베신학교에 복학했을 때의 일이다. 얼마 안 있어 축농증이 악화해서 16일째 현립병원에서 수술을 받게 되었다. 그러나 출혈이 예상 외로 심해서 이래저래 손을 쓸 수가 없게 되어 절망 상태에 빠졌다. 그래서 마야스 선생을 비롯해서 신학생들이 모여 고별 기도회를 열어 병실에서 마음을 합해서 열심히 최후의 기도를 올렸다. 그런데 병실에 가보니 또 살아나서 문자 그대로 「사선을 넘게」 되어 고베신학교에 복학했으나 가가와의 마음은 결코 「사선을 넘을」 수가 없었다.

가가와의 집은 18대나 이어온 큰 소야(大庄屋)로서 19개 촌을 돌보는 명문가였으나, 18대가 모두 첩의 자식이 가문을 이어오고 있었다. 도스토예프스키의 『카라마조프의 형제』의 막내 동생 야료샤처럼 가가와는 자신의 혈관에 흐르고 있는 시꺼먼 음탕한 피 때문에 성경에 비추어 고민하고 있었다. 또 아버지 준이찌((純一) 씨의 명예심과 반항적 재야정신이 마음속에 소용돌이치고 있다고 느껴졌다. 죄의식에서 자신이 무엇인가 착한 일을 하지 않고 있음에 고민하고 있었다. 언제일지는 몰라도 이대로 죽는다면 '너는 지상에서 무엇을 하고 왔는가?'라고 하나님 앞에서 심판받을 지도 모른다고 그 두려움에 떨고 번민하고 있었다. 그때 나가오 목사의 '거지를 친절하게 대한 생활'이 작은 등불처럼 젊은 가가와의 마음에 빛을 던진 것이다.

눈을 뜨고 보니까 고베산의 품에서 천하의 오사카만의 절경을 내려다보는 고베신학교의 기숙사 바로 아래에 위치한 당시 일본 제1의 규모라고 말하던 신가와라는 빈민굴이 그의 마음에 걸렸다. 그래서 큰마음 먹고 이듬 해 9월부터 매주 신가와의 네거리에 서서 노방전도를 시작하게 된다. 여기에도 도요바시교회에서의 노방전도의 영향이 보이는 것이다.

이리하여 3개월이 지났으나 그냥 길가에 서서 입으로 설교하는 것만으로는 만족할 수가 없어 거지와 함께 생활하는 나가오 미끼 목사의 사랑을 본받아 신가와에 투신할 용기를 가지게 되었다. 그것이 12월 24일 크리스마스 이브의 일이었고 예수 그리스도의 발자취를 밟고 「사선을 넘기」위해서였다. 그때에 맨 먼저 가가와에게 헌금한 사람은 고베신학교에 통학하고 있던 동급생이었다(그가 스즈키푸스케(鈴木傳助) 목사이었다).

이상의 기록으로 보아 분명하듯이 가가와가 고민하며 지낸 젊은 날이 만약 그대로 계속했다고 한다면 아마 21세나 22세경에서 살아갈 힘을 잃어버리고 말았을 것이다. 그러나 진지한 기도의 경험을 통해서 죽을 결심으로 신가와의 밑바닥에 몸을 던진 것이 도리어 사선을 넘어서 새로운 길에 살아남을 수 있게 한 것이다. 이 결단은 가가와가 진지한 기도의 경험에서 얻어진 것이라는 것을 잊어서는 안 된다.

3. 여러 저서들에 깔린 기도

가가와는 3백여 권의 저서를 간행하였다. 이론과 실천 그리고 문학 분야까지 매우 다양한 영역이다. 그 모든 저서들의 바탕에는 기도가 깔려 있다.

기도에 의해서 사선(死線)을 넘었다는 것은 가가와가 신가와에 뛰어든 때만은 아니었다. 72세로 세상을 떠날 때까지의 50여 년간 이와 같은 경험을 몇 10회나 거듭했다.

폐병 다음으로 가가와를 괴롭힌 것은 눈병이었다. 원래 약했던 시력이었으나 날마다 많은 독서의 결과 시력이 매우 쇠퇴했다. 과로와 영양부족의 신가와 생활이 더욱 나쁜 영향을 주었다. 빈민굴에 들어간 당초 무엇이든지 주민들의 생활과 같이 하지 않으면 안 된다고 생각해서 공동목욕탕에 들어가도 다름 사람들이 하듯이 욕탕에 수건을 적셔서 얼굴을 닦곤 했다. 그러나 트라코마의 나쁜 세균이 많이 붙어 있었기 때문에 감당할 수가 없었다. 당장에

악성 트라코마에 걸려 치료를 받았으나 거의 실명에 가까운 시력 밖에 남지 않게 되었다.

거기에다가 관동의 대지진을 비롯해서 탄바(丹波)의 지진, 기타의 지진이 일어날 때마다 맨 먼저 뛰어들어서 악전고투를 거듭했기 때문에 지독한 심장병과 만성신장병이 되어버렸다. 절대안정이 필요할 때에도 장기간에 걸쳐 맹렬한 「하나님의 나라 운동」을 계속했으므로 언제나 따라다니던 제자들은 몇 종류의 약을 가지고 다녔고 매일 밤 강연을 마친 뒤에는 숙소에 돌아와서 이 약 저 약으로 치료를 하지 않으면 안 되었다.

반대로 가가와의 몸 가운데에서 제일 좋은 것은 뇌였다. 이것은 천하일품 멋진 것이었다. 한 번 들으면 중요한 것을 평생 잊어버리지 않을 정도였다. 다음이 위장인데 이것은 보통 사람과 같아서 걱정하지 않아도 좋았다. 그러나 귀도 코도 인후도 이도 손도 발도 모두가 나빴다.

그렇지만 가가와는 조금도 활동 방침을 변경하려고 하지 않고 다만 자신의 기도와 동지들의 기도에 의지해서 그 약한 몸으로 세계에서 가장 많은 사역을 실현하고, 72세의 장수를 누렸다. 기도의 힘의 위대함을 알려면 가가와의 생애를 자세하게 배우는 것이 좋다. 기적을 보고 싶거든 가가와의 생애를 연구함이 좋다. 그렇기 때문에 소설 「사선을 넘어서」가 일본 국내와 전세계에서 그렇게 많은 사람들에게 애독되어 놀랄만한 감동을 주었던 것이다.

II. 가난 구제를 위한 기도

기도가 죽는 길 밖에 없었던 청년 가가와 도요히코로 하여금 어떻게 「사선을 넘고」 20세기의 크리스천 중에서 '가장 예수 그리스도에 가까운 인격자'로 숭앙받게 되었는가를 말해 왔으나 가가와의 기도는 거기에서 그치지 않고 경제후진국으로서 가난에 허덕이던 일본 전국을 구해서 오늘의 경제선진국으로 자리를 차지할 수 있는 경제대국의 하나로 만든 것이다.

오늘날 젊은 사람들은 가난하다는 것을 모른다. 빈민이라 해도 직감적으로 느끼지 못한다. 가가와 단체가 '빈민굴'이라는 말을 쓰면 아주 싫어해서 슬럼에 대해 구체적으로 설명해야 한다고 꾸짖는다. 슬럼이라고 단순하게 말해서는 당시의 실정을 알지 못하는 사람은 전혀 느낌이 없다. 왜냐하면 오늘날의 일본에는 거의 가난한 사람라고는 없어졌기 때문이다. 자동차를 타고 다니고, 텔레비전을 두 서너대 가지고 있고, 냉장고를 쓰고 있으면서 '나는 가난하다'고 말하고 있다. 이러한 생활은 메이지 시대의 사람들에게는 상류사회 사람들의 생활이었다. 오늘날의 젊은 사람들이 상상도 할 수 없을 만큼 가난한 것을 우리들은 알고 있다.

1. 신가와(新川)의 기도

가가와가 21세 되던 크리스마스 이브에 고베의 신가와에 몸을 던져, 그 구호를 위해서 문자 그대로 목숨을 걸고 봉사한 것은 세계적으로 유명하고 누구든지 알고 있다. 그러나 그 실정이 어떠한 것이었는가를 아는 사람은 지금은 거의 없다. 말로서도 문자로서도 표현할 수 없는 지독한 것이었다. 도저히 인간의 삶이라고는 생각할 수 없으리만큼 참담한 생활이었다. 집이고 옷이고 먹는 음식이고 오늘날의 사람들은 도저히 상상도 못할 비참한 것이었다. 가가와는 단신으로 그곳에 뛰어들어 주민들에게 적어도 인간다운 생활을 하도록 고심해서 활동했다.

그러나 그것은 인간의 힘으로는 절대로 불가능했다. 물론 마야스 박사를 비롯해서 고베 지구의 선교사들은 모두 그 나름대로의 원조를 아끼지 않았다. 일본인 크리스천도 될 수 있는 대로 도우려고 했다. 그러니 이 활동은 인간의 계획으로서는 도저히 불가능했다. 하나님의 힘을 빌리기 위해 눈물의 기도를 드리지 않을 수 없었다. 그래서 가가와는 밤낮으로 하나님에게 구원의 기도를 드렸다.

가가와는 기도하면서 전심전력을 다해 온갖 노력을 했다. 1909년의 21세부터 1914년의 26세까지 죽을 각오로 눈물의 기도를 계속하고, 구제사업에 전력을 다했다. 그러나 조금도 그 효과는 나타나지 않았다.

그래서 가가와는 선진국의 현황을 배워 올 필요를 느끼고 1914년 8월 마야스 박사의 주선으로 미국 명문교의 하나인 프린스턴신학교에 유학하기로 했다. 대학도서관에서는 무수한 명저를 읽을 수가 있어서 가난을 근절시키는 원칙에 대해서도 많은 수확을 얻었다.

그와 동시에 노동조합의 실정과 농민조합의 방법 등을 듣고 보고, 또 실제로 참가해 보기도 했다. 1917년 29세 때에 귀국하자, 구제뿐만 아니고 차라리 빈민굴에 들어오는 노동자나 농민들이 생기지 않도록 그걸 위해서 조직의 필요성을 느끼게 되었다. 바꾸어 말하면 구제에 노력하는 동시에 예방에도 주력해서 그 이상 더 빈민이 생겨나지 않도록 노력하기 시작했다.

우선 미국 유학에서 귀국한 이듬해 1918년 7월, 일본 건축학계 전문가들 앞에서 「빈민굴의 파괴」라는 제목으로 빈민굴은 기어코 파괴하지 않으면 안 되고 또 그 방법은 있다고 강연하고 집요하고 완곡하게 기도했다. 그러나 아무리 전력을 다해서 노력해도 빈민굴은 난공불락의 성처럼 엄연하게 존재하고 꼼짝도 하지 않았다. 그야말로 이것은 대기적이 일어나지 않는 한 실현할 수 없는 문제였다. 그러나 그 대기적이 돌연 실현되었다. 피와 땀을 흘려서 오랫동안 기도한 덕택이었다.

2. 관동대지진에서의 기도

그 기적이란 1923년 9월 1일에 발발한 관동대지진이었다. 대지진이 발발하자 즉각 가가와는 고베의 기독교연맹 친화회의 총주사에게 전 고베의 목사들을 YMCA로 소집해 달라는 요청을 했다. 목사 전원이 협력에 의하여 이튿날 2월 오후 최초의 구호선 야마시로마루(山城丸)에 힘을 다해서 모은 돈으로 구입한 물자를 싣고 가가와는 도쿄에 가서 도쿄의 저지대에서 눈부신 초인간적인 구호 활동을 계속했다.

도쿄의 재건이 진척되자 빈민굴을 어떻게 하느냐 하는 최대의 어려운 문제가 생겼다. 그래서 국회에서 「불량주택지구개량안」을 제정하지 않을 수 없게 되었을 때, 1924년에 그 위원회가 시작되자 모든 것은 가가와의 의견에 따르지 않으면 안 되게 되었다. 법안의 원안이 작성되어 그것을 심의하는 국회의원 가운데에 가가와의 심복인 일본 사회당 의원이 강력히 발언해서 결국 1929년 그 법안이 국회에서 통과되었다. 그리하여 재난지역 뿐만 아니라 고베의 신가와를 비롯해서 전국의 불량주택지구가 3층 콘크리트 아파트로 변모하고 빈민굴은 변했다.

1929년의 법안 실시에 즈음하여 호리키리 겐지로(堀切善次郞) 도쿄시장은 가가와에게 도쿄시 사회국장으로서 생각대로 실시하라고 부탁했다. 그러나 가가와는 1928년부터 5년간 전국적인 「하나님의 나라 운동」이라는 대전도운동을 시작해놓고 있었기 때문에 이것을 고사했다. 다만 촉탁으로서 봉사하게 되어 이듬 해 5월까지 그것을 계속했다.

빈민굴이 파괴될 정도이니까 노동자도 노동조합도 무산정당 등의 발달로 잠시 가난해서 벗어날 수가 있었다. 그러나 그 그늘에서 여러 해에 걸친 가가와의 눈물의 기도가 있었다. 예를 들면 일본 최초의 큰 스트라이크였던 가와자키 조선소(川崎造船所)의 스트라이크에서는 부르조아들이 제정한 자본가 본위의 메이지 시대의 법률에 묶여 가가와와 2백 1명의 간부가 전원 검속되고, 다수가 회사에서 쫓겨나 길거리에서 헤매게 되었다.

그 때 가가와는 신가와 한 구석에서 기도하고 있었는데 동지들의 노고를 생각한 나머지 그 이마에 피가 맺힌 것 같은 땀이 스미어 있었다. 그것을 보고 가가와의 부인은 "예수가 겟세마네의 동산에서 피땀을 흘려서 기도한 것도 이러했을 것이라고 생각했다."고 했다.

오늘날 노동자의 지위가 옛날과 달라서 아주 높아진 것도 가가와의 끊임없는 열렬한 피어린 기도의 결과에 의한 것이라는 것을 우리들은 잊어서는 안 된다고 생각된다.

새벽에 달그림자를 밟고 나가서 밤에 별빛을 지고 돌아오는 십여시간의 노동을 해도 오히려 헐벗고 굶주리던 농민생활이 오늘날과 같이 부유하게 된 것도 실은 가가와의 눈물의 기도가 있어 비로소 현실화했다.

농민조합, 농민학교, 농민복음학교, 농촌협동조합 등은 모두 가가와를 비롯해서 스기야마(杉山元治郎) 선생과 동지들의 피맺힌 기도의 노력에 의하여 출발했고, 성장해왔다. 농협 같은 것도 돈에 궁하면 가가와의 주머니에서 충당했다.

3. 가난과 질병에서의 기도

가난한 사람들은 도시에도 우글거리고 있었다. 다이쇼(大正) 시대의 끝 무렵에는 소시민이라든지 셀러리맨이라고 하는 사람들이 있어 가가와는 그 사람들에 대해서도 전력을 기울여 구제의 손길을 뻗쳤다. 예를 들면 1919년에는 오사카시에 유한책임구매조합공익사를 창설하고, 이듬해에는 고베구매조합, 다시 1921년에는 난바(灘)구매조합을 조직하고, 고심을 하며 그 성장에 노력했다. 이것은 고생이 많았으나 가가와는 물고 늘어져 놓지 않았다. 이렇게 해서 60년의 긴 세월이 지나가버린 지금, 가가와의 사후에도 생활협동조합은 죽지 않고 지금도 난바고베(灘神戸)생활협동조합(灘生協)으로 훌륭하게 활동하고 있다. 만약 난바생협(灘生協)과 같은 것이 전국에 걸쳐 생긴다면 자본주의 경제가 무너지고 생활협동조합국가 시대가 실현될 것이리라.

마지막은 의료의 문제였다. 가가와는 실로 병약해서 일생 병으로 고생했다. 다이쇼(大正) 때에는 치료비가 너무 비싸, 치료비가 없어 의사의 진찰을 받지도 못하고 죽어간 사람이 아주 많았다. 그래서 평소 보험금을 불입해 두었다가 병에 걸리면 치료를 받도록 준비해 두면 좋겠다고 생각했다. 생각이 나면 이내 실행하는 것이 가가와의 특성이었다. 1931년 2월에 니토베 이나조(新渡戸稲造) 박사 등과 「도쿄의료이용조합」을 만들어 이듬해 신주쿠의 「의료조합병원」을 설립하고 후에 그것을 나가노(中野) 역전으로 이전했다. 고심한 끝에 각 현에 「의료조합」을 조직하고 병원도 전국 63개소에 개설했다. 그 후에도 상당한 병원이 계속 개설되었다.

세월이 흘러 세상은 바뀌어서 노인들은 병에 걸리면 낮은 요금으로 얼마든지 치료를 받을 수 있게 되었다. 이 의료천국이 출현한 그 시발이 실은 가가와였다는 것을 많은 사람들이 알고 있을까?

가가와는 1923년에 내각으로부터 사회보험조사위원으로 위촉받아 그 조사에 협력했다. 1936년에는 「국민보건보험과 산업조합」 「보험제도의 협동조합화를 주장한다」 등의 책을 출판해서 그 주장을 밝혔다.

1938년에도 「협동조합보험론」을 저술하고 유럽, 미국의 실정 등을 소개했다. 그 2년 후에는 「일본협동조합보험론」을 저술했다. 거국적으로 전쟁에 열중하고 있을 때, 전후 국민의 의료문제를 어떻게 할 것인가를 설명한 가가와 이었다.

이렇게 해서 패전 후, 진주군의 응원도 있었겠지마는 마침내 일본은 환자천국과 같은 나라로 화해버린 것이다. 생각해 보면 실은 가가와의 기도에서 생겨 오랫동안의 노력에 의하여 복지국가로서 선진국의 대열에 끼이게 된 오늘날의 의료 일본이 생기게 된 것이다.

III. 평화를 위한 기도

가가와의 기도는 여러 분야에서 응답받았다. 그의 기도는 육신의 필요만을 위한 것이 아니라 세계평화와 사랑실천까지 폭넓은 것이었다.

1. 전도운동을 위한 기도

'너무 작은 것은 기도하지 말라'고 훈계하던 가가와 자신은 언제나 아주 큰 기도를 하기에 제자들은 때로 간담이 서늘해졌다. 어느 날 하루 부인은 "우리들이 결혼하고 얼마 안 되었을 무렵(1913년) 어느 날 아침에 모습이 보이지 않기에 찾아보았더니 신가와의 더러운 변소 옆에서 열심히 기도하고 있었습니다. 무슨 기도를 하는가 귀를 기울이고 들어보니 '세계전도를 꼭 나에게 시켜 주십시오.' 라고 하는 것이었습니다. 나는 깜짝 놀라 '무슨 그런 큰 기도를 하고 있는가, 아침에 된장찌개에 넣을 채소를 살 돈도 없는데' 라고 했습니다. 그러나 11년 후 1924년에는 전미국대학연맹의 요청으로 많은 대학을 순회했을 뿐만 아니라 이어 유럽의 각국과 성지여행도 하고 왔습니다." 라고 술회했다.

정말로 그대로다. 가가와의 기도가 반드시 실현되는 것을 언제나 감탄하지 않을 수 없다. 예를 들면 가가와의 생애에 있어서도 잊을 수가 없는 1928년부터 5년간 순회한 「하나님의 나라 운동」도 그러했다. 사회사업이나 사회운동을 위해서 막대한 돈을 투자하고 있을 무렵 즉 1925녀의 7월 「예수의 벗」회 전국대회에서 '백 만인을 하나님께 바치는 운동을 일으킨다.' 라는 결의를 하였다.

가가와는 1924년에 전미국의 여러 대학을 순회전도 했다. 그 후 1927년과 1930년에는 중국 전도를 했다. 1931년에는 캐나다의 토론토에서 개최된 세계주일학교연맹대회의 강연자로서 4개월간의 전도여행을 했다. 1934년에는 필리핀 기독교 연맹의 초청으로 2월부터 1개월 반의 순회전도를 했다. 그리고 1935년에는 오스트레일리아 개국백주년기념 전도대회를 위해서 2월부터 7월까지 오스트레일리아와 뉴질랜드를 순회했다. 그 해 12월 미국 정부의 초청을 받고, 생활협동조합의 지도를 위해서 반년을 미국에서 활동할 때에도 밤에는 미국교회에서 전도를 했다. 그 후 계속해서 1936년 말까지 유럽 13개국을 순방하면서 전도했다. 1938년의 11월부터 이듬해 2월까지는 인도전도에 나섰다. 그러나 그 후 일본은 중일전쟁에서 태평양전쟁으로 돌입했기 때문에 가가와는 군부의 압력으로 고생하고 끝내는 헌병대에 잡혀가게 되어 공적인 전도운동은 불가능하게 되었다.

패전 후의 1949년 5월에는 영국기독교회연맹에서 '꼭 영국을 구하기 위해서 와 달라' 고 하는 요청을 받고 동년 12월 25일 하네다공항을 출발했다.

먼저 1950년 1월 1일부터 영국 전국 전도에 들어가서 3월 말까지는 영국, 4월에는 서독, 6월에는 덴마크와 스웨덴, 7월에는 노르웨이에 건너갔다. 다시 7월 15일에는 뉴욕에 건너가서 미국 각지와 캐나다를 순회하고 그해 12월 25일 하네다에 돌아왔다. 꼭 1년간, 패전국의 가가와가 모든 전승국을 돌아다니면서 찬란한 영적 전쟁의 대승리를 쟁취한 것이다. 가가와의 세계전도가 여러 곳에서 실로 놀랄 만큼 큰 성공을 거두고 지대한 영향을 주었다는 것은 일본에서는 상상도 할 수 없을 정도였다. 가가와의 「신변잡기」를 읽으면 어학에서 상당한 고생한 것 같으나 결국 말은 문제가 아니었다. 사람들은 가가와를 '그리스도에 가장 가까운 인물' 이라고 숭앙하고, 그 감격의 소용돌이 속에 여태껏 경험하지 못했던 영혼의 선물을 세계 각국에 심어준 것이었다.

다시 1953년에는 1월부터 6월까지 브라질 전도에 나섰다. 1954년에는 7월부터 10월까지 미국 에반스톤에서 열린 제2회 세계교회협의회의 강사로 초청되어 회의 후 각지를 순회전도 했다.

이와 같이 공산주의 국가와 아프리카 대륙 이외의 전 세계의 여러 나라를 순회전도한 세계적 전도는 가가와의 기도의 위대성에서 온 것이라고 본다.

2. 세계평화를 위한 기도

가가와에게 세계평화의 실현이야말로 실로 생애를 통해서 가장 열심히 기도한 문제였다. 20세기만큼 세계평화를 부르짖게 된 시대는 없었다. 그러나 20세기만큼 세계적인 전쟁을 치른 때도 없었다. 1914년의 제1차 세계대전과 1939년의 제2차 세계대전에서 기독교 여러 나라들은 갖은 폭력을 써서 비참한 전쟁을 오래 계속했다.

가가와는 모든 방법을 다해서 세계평화의 실현을 위해서 싸웠다. 1921년에 결성한 봉사단체 「예수의 벗」회의 제5 강령에는 경건, 노동, 평화, 순결, 봉사로 되어 있는데 가운데에 세계평화가 있다. 평화를 사랑하기 때문에 물론 비전론자(非戰論者)였다. 따라서 공산주의자의 혁명에 의한 새로운 사회현실이라는 입장에도 최후까지 맹렬하게 반대했다.

그래서 폭력혁명에 의하지 않고 자본주의 사회를 개조하기 위해서 가가와는 협동조합국가의 건설을 제창한 것이다. 가가와는 생명을 걸어놓고 생활협동조합이나 농협을 만든 것도 이러한 사회개조의 원리야말로 세계평화 실현의 유일한 길이라는 굳은 신념을 가졌기 때문이었다.

우리들도 귀로는 이 원리를 듣고 있었으나 일본에서는 별로 문제 삼지 않았다. 그러나 지금부터 100년 전에 이미 경제대국으로 뻗어가던 아메리카합중국은 이 협동조합국가 건설의 원리를 인정하고 1930년대의 대공황 때에는 그 구제책으로 가가와 독트린을 채용하고, 1935년 말 가가와를 초빙해서 반년 동안 전 미국 각지에서 협동조합의 원리와 실제의 지도를 받았다.

가가와는 미국에 있는 동안 즉 1935년 가을에 미국 기독교계의 최대 월간지 「센추리」지상에 「평화의 길」이라는 논문을 발표했다. 즉 "한 나라의 협동조합에서 한 걸음 더 나아서 세계가 하나의 국제협동조합으로 되지 않으면 세계평화는 실현되지 않는다."고 제창했다. 그러한 제안은 북유럽 여러 나라의 비상한 공평을 불러일으켜 1936년에 노르웨이의 오슬로에서 가가와 독트린에 의한 세계평화회의를 이듬해 1937년에 열자고 결의하게 되었다.

전후 북유럽에서 발족한 EEC(유럽경제공동체)도 작금의 선진국 수뇌회의도 인구문제와 자원문제를 위주로 한 회의로서 가가와의 예언대로 세계가 국제적 협동조합화의 길을 걷고 있는 것이 엿보인다.

거기에다가 제2차 세계대전 후 홀연히 왕성해졌던 세계연방정부 건설운동도 가가와가 일찍 주장해오던 문제였다. 대전 후 이 운동이 일어나자 일본에서는 가가와가 중심이 되어 「세계연방정부건설동맹」도 가가와의 사무소에서 발족했고, 가가와가 아시아 지역의 지도를 맡게 되었다. 그리하여 1954년에 세계적인 세계연방정부건설동맹이 발족했을 때 회장은 영국의 보아 경이, 부회장은 일본의 가가와가 뽑혔다.

3. 사랑의 실천을 위한 기도

가가와의 한 평생은 '사랑 실천' 으로 집약된다. 특히 제2차 세계대전이 끝나고 보복이 아닌 사랑으로 하나 되는 역사를 기도하였다.

전쟁이 끝난 후 중국 중경에서 장개석 총통의 부인 송미령 여사의 특별방송이 있었다.

> "나는 일본이 밉다. 포악한 일본군을 용서하는 것은 절대로 안 된다. 그러나 나는 일본국을 망하게 해주십시오, 일본군을 전멸시켜 주십시오. 하고 기도할 수는 없다. 왜냐하면 일본에는 지금도 오히려 중국 국민을 위해 눈물을 흘리면서 기도하고 있는 닥터 가가와가 있기 때문에 ….."

그러나 1945년 8월 전쟁은 일본의 패배로 끝나 버렸고 국면은 변했다. 가가와는 남아 있는 일본인을 지키지 않으면 안 되었고, 또 일본군의 생명을 지키기 위해서 일할 필요마저 생겼다. 무력한 그들이 무엇을 하겠는가 싶어서 비탄에 빠져 있을 때, 중경으로부터 라디오방송이 있었다. 이번에는 장개석 (蔣介石) 총통의 방송이었다.

> "싸움은 마침내 끝났다. 싸움은 완전하게 우리들의 승리로 돌아왔다. 그러나 폭력의 보복으로서 폭력을 써서는 안 된다. 중국 전국에 있는 일본군과 일본 인민 전원을 안전하게 돌려보내 주지 않으면 안 된다. 만약 위반하는 자가 있으면 엄벌에 처할 것이다."

왜 이와 같은 역사에 없는 고마운 방송이 생겨났겠는가? 장개석 총통은 젊을 때부터 「크리스천 저네랄」로서 전 세계의 크리스천 사이에서 유명했다.

한편 일본을 3분해서 러시아, 중국, 아메리카 3국이 점유하자고 러시아가 주장했는데, 장개석 총통이 반대해서 실현되지 않았다고 전하고 있다. 만약 일본의 3분의 1이 러시아 영토로 되었다고 한다면 현재의 일본의 번영은 결코 생기지 않았음이 틀림없으리라.

또 가가와는 연합군이 일본에 진주해 왔을 때, 맨 먼저 맥아더 원수를 면회해서 "천황(天皇) 제도를 파괴하지 않도록. 그것으로 파괴하면 미국은 백만 이상의 군인을 잃지 않으면 안 될 것이다. 또 식량을 될 수 있는 대로 많이 보내주시오."라고 충고했다. 맥아더는 가가와의 이 충고를 솔직하게 받아들였기 때문에 전후의 일본은 순조롭게 재건되었다.

결론

가가와는 기도의 사람이었다. 병으로 인해 죽음의 고비를 넘기면서 하나님께 기도하였다. 이것이 그의 생명을 연장시켰고 그의 기도는 하나님을 향한 사랑의 고백이었다.

많은 사람들은 가가와의 외적 활동만 주목하지만 그의 내면에 흐르는 기도의 강은 그의 힘의 원천이었다. 그의 시(詩)에 나타난 기도의 음률에 귀를 기우릴 필요가 있다.

제3부

그의 사상

思想

제13장 ——————— 가가와 도요히코의 신학사상

서론

우리들은 가가와 도요히코라고 하면 빈민운동가나 사회운동가 정도로 생각한다. 아니면 『사선을 넘어서』라는 베스트셀러의 작가 정도로 여긴다. 그러나 가가와 도요히코는 신학을 공부한 목사이며, 그의 모든 활동의 배후에는 그의 신학사상이 스며있는 것을 알 수 있다.

가가와 도요히코는 고베에서 태어났으나 부모가 죽자 고향인 도쿠시마(德島)로 가서 소년기를 보냈다. 당시 학제는 소학교가 8년제로서 초등과 4년은 의무교육이었고, 고등과 4년은 선택이었다. 고등과 2년을 수료하면 중학교 입학자격이 주어졌는데 가가와는 1900년에 도쿠시마 중학교에 입학한다.[1]

가가와 도요히코는 도쿠시마 중학교에서 기독교를 처음 접하게 된다. 그는 그 학교의 영어교사인 가타야마 쇼기치의 집에 하숙하였는데 가타야마(片山)가 크리스천이었고 그를 따라 교회에 가 본적이 있다. 그러나 기독교를 제대로 접한 것은 영어를 배우기 위해 미국 남장로교 선교사가 인도하는

---

1) 이 학교는 1878년(메이지 11년)에 설립된 학교로서 가가와가 입학할 당시 도미다로우(富田淸: 현재의 도쿠시마 현청 부근)에 있었고, 각지의 수재들이 모여 들었다.

영어공부모임에 참석한 때이다. 가가와는 선교사들과 좋은 교제를 가졌고, 그가 병들어 죽음의 고비를 넘나들 때 마야스 선교사의 사랑과 전도로 그리스도를 믿게 되어 1904년 2월 21일에 마야스 선교사에게서 세례를 받았다.[2]

I. 가가와 신학의 배경

가가와 도요히코는 보수적인 미국 남장로교 선교사들에 의하여 양육을 받았다. 그러나 그의 후기 사역에서는 남장로교회의 전통에서 벗어나 독창적 신학 모델을 형성하고 그것을 각 분야에 적용하는데 열성을 다하였다. 그러나 가가와 신학의 뿌리는 미국 남장로교 신학이기에 이것을 규명할 필요가 있다.

1. 남장로교 선교사들과의 만남

가가와 도요히코에게서 미국 남장로교 선교사들과의 만남은 그의 인생을 변화시키는 기회였고 그리스도의 사랑을 체험하는 계기였다. 도쿠시마 중학교에 다니던 도요히코는 영어를 배우기 위해 선교사의 영어공부모임에 참석한다.

당시 도쿠시마에 있는 일본기독교회에서는 미국인 선교사 찰스 알렉산더 로간이 매주 한번 성경을 영어로 지도하고 있었다. 가가와는 처음에 영어공부를 목적으로 친구들과 함께 강의를 들으러 갔다. 그중 학생이 14-15명 정도였는데 로간이 친절하게 성경을 가르쳤다.

영어는 소학교 선생에게서 독본에 대해 배웠고, 카타야마주쿠(片山塾)에서도 배웠으므로 그가 잘하는 과목 중의 하나였다. 영어를 더 배우고 싶다고

---

2) 가가와는 처음에는 세례받기를 주저하였으나, 마야스 선교사의 사랑에 감동하여 세례를 받는다.

생각했으나 기독교에는 별로 관심이 없었다. 그러나 강의를 들으면서 로간의 자상한 성품에 끌렸다. 그래서 로간의 처남 마야스가 강의하는 영문 성경 클래스에도 참석하였다.

인간의 일생은 어떤 만남에 의해 운명이 크게 변할 수도 있다. 가가와 도요히코는 로간과 마야스라는 두 선교사에 의해 매우 큰 영향을 받았고, 평생 변하지 않는 두 사람의 사랑에 의지하게 되었다. 로간과 마야스는 미국 남부 출신이며 마야스의 여동생은 로간의 아내가 되었다. 두 사람은 미국 남장로교회에서 일본에 선교사로 차 파송되었다.3)

도요히코는 성인이 된 후 "나는 로간 선생님과 같이 되고 싶다"라고 말했다. 로간은 일본에 있었던 39년 중 35년간을 도쿠시마에서 전도하며 그곳 사람들과 사귀며 친하게 보냈다. 그가 살던 거리는 '로간 거리'라고 불리었다.

로간 이상으로 도요히코와 접촉한 마야스는 보다 깊이 도요히코와 사귀면서 격려하고 의지할 수 있도록 그를 도운 최대의 은사이자 후견인이었다. 얼마 안 있어 로간의 창세기에 대한 강의와 마야스가 권하는 성경암기 등으로 그는 점점 기독교에 관심을 갖게 되었다. 도요히코는 로간과 마야스에게서 사랑의 존엄성도 알게 되고, 두 사람 안에서 하나님의 모습을 본 것 같다.

마야스는 외롭게 지내고 있는 도요히코를 극진히 사랑하여 그의 풍부한 가능성을 신장시키기 위해 마치 자신의 자식과 같이 인내를 가지고 언제나 신뢰했다. 가정 파산으로 의지할 곳 없는 도요히코가 절망을 견딜 수 없어서 마야스를 자주 찾았던 때도 있었다고 한다. "자, 울지 말고 나를 쳐다봐. 우는 눈에는 태양도 우는 것처럼 비치고 웃는 눈에는 태양도 웃는 것처럼 비치는 거야"라며 위로하였는데 이 말을 평생 잊지 않았다고 한다. 무한히 뻗어

---

3) 로간은 켄터키주 루이빌 태생으로 켄터키대학, 루이빌신학대학, 프린스턴신학교를 졸업하였고, 부친은 미주리주의 판사였다. 마야스는 폴란드계 미국인으로 버지니아주 핵싱턴 출신이었다. 그의 가문에서 초대 뉴욕시장이 나왔다고 알려져 있다. 신실한 장로교 신자인 양친 밑에서 자라나 루이빌신학대학을 졸업했다. 일본에는 로간보다 먼저 왔지만 도쿠시마에서는 양 가족이 같이 산적도 있었다. 두 사람은 처남남매 사이였고 기독교 선교의 동지로서 깊은 인연을 맺은 쾌활하고 유머 있는 따뜻한 성품의 소유자였다.

나갈 수 있는 가능성을 지닌 도요히코는 우울한 나날을 보냈다.[4)

결국 끝까지 마야스의 성경연구 강의에 참석한 것은 도요히코와 동급생인 모리 도쿠타로우(森德太郎) 뿐이었지만 도요히코의 마음은 서서히 그리스도의 사랑으로 기울어지기 시작했다. 특히 마야스의 권유로 암기한 "들의 백합화가 어떻게 자라는가 생각하여 보라. 수고도 아니 하고 길쌈도 아니 하느니라. 그러나 내가 너희에게 말하노니 솔로몬의 모든 영광으로도 입은 것이 이 꽃 하나만 같지 못하였느니라."(마 6:28~29)라는 성경 구절이 그의 마음을 강하게 흔들었다.

솔로몬과 백합화의 성구(聖句)에 깊이 끌려갔던 도요히코는 "나는 네 살부터 들에서 자라났으니 들에 핀 꽃들과 친하여 이 구절에 감명을 받았다. 성경에서 하나님의 소리가 여러 가지로 들리며 하나님이 친히 나에게 속삭이는 것 같았다. 나는 심신을 새롭게 가다듬었다."라고 그가 쓴 "하나님과 속죄의 사랑에의 감격"이라는 글에서 당시의 상황을 기록하였다.[5)

숙부의 집에서 일찍 일어나 기독교인인 러시아의 문호 톨스토이나 당시의 기독교 사상가이자 평론가인 츠나시마 료센의 책을 탐독한 것도 이 무렵이었다. 그리고 중학교 4학년 때부터 혼자 기도하는 것을 깨우쳐 남이 보지 않게 이불을 뒤집어쓰고 하나님께 기도하였다. 그렇게 기도하면 대단히 기쁘고, 자기를 향상시키려는 마음이 용솟음쳐서 살아있는 것이 기적같이 생각된 적도 있었다. 그렇게 하면 외로운 것도 고통스러운 것도 사라져버렸다.

그러나 기독교를 믿을 결심을 좀처럼 하지 않았다. 세속적인 여러 욕구와 입신출세하여 윤택한 생활을 하고 싶다는 등의 욕망이 조금은 있었으나 무

---

4) 마야스는 도요히코가 언제든지 자기 집에 오도록 타일렀고 도요히코의 수저와 침구까지 마련해 놓고 부인인 구레스와 함께 항상 웃으며 맞이했다. 그는 마야스의 집에서 진정한 가정의 따스함을 알았다. "왜 남인 나에게 이처럼 따뜻하게 사랑을 베풀어주는 것인가? 왜 이렇게 먼 일본의 지방도시에서 문화도 다른 곳에서 이렇게까지 기독교의 선교에 열을 올리는 것일까? 고국에 가면 아무 불편 없이 쾌적한 생활을 할 수 있을 텐데, 어떻게 해서 이러한 사명감을 가지고 있는 것일까?" 10대의 사춘기 소년인 도요히코에게는 이상하게 생각되었음이 틀림없다.

5) 賀川豊彦 全集 수록.

엇보다도 도움을 받고 있는 숙부가 기독교를 몹시 싫어했기 때문이기도 하였다. 당시 지방 도시에는 기독교인이 극히 소수였다. 도쿠가와 막부의 기독교 금지 정책으로 기독교를 이단시하는 풍조가 남아 있었다. 실업가이며 지방의 유지인 숙부는 집안에 기독교인이 있다는 것을 체면상 바라지 않았을 것이며 확실히 반대하여 몹시 화를 낼 것이라고 생각했던 것이다.

당시 도요히코에게는 또 하나의 커다란 고민이 있었다. 평생 그를 괴롭혀온 병마(病魔)가 드디어 여러 가지 합병증으로 발전되었다. 가가와는 엄한 할머니와 냉담한 양어머니 밑에서 유년기를 보낸 탓으로 음지에서 자란 식물처럼 창백하고 나약하였다. 7세 때 도쿠시마에 유행했던 이질에 걸렸고, 그 후에도 자주 이질에 걸렸었다. 특히 12세 때는 생사의 갈림길에 이를 정도로 심하였다.

그로부터 2년 후인 14세 때에 신경쇠약에 걸렸었는데 이는 가정 파산 직전이었으므로 여기서 오는 심적 고통이 원인이었을 것이다. 영양실조로 원기가 없고 쉽게 피로를 느꼈다. 거기에다가 기침까지 겹쳐 고생하였다. 의사에게 진단을 받으러 갔더니 폐렴이라고 하였다. "학교를 잠시 쉬고, 농촌에 가서 요양을 하시오. 그렇게 하지 않으면 더 악화됩니다."라고 의사가 충고하였지만 도요히코는 아무 말도 하지 않았다. 병세가 악화된다고 하더라도 히가시 우마츠메에는 돌아가고 싶지 않다고 생각했다. 당시는 BCG와 같은 예방 접종도 아직 없고, 세간에 결핵에 대한 지식도 없어서 적절한 대책이 없었다. 병든 몸을 맡길 따뜻한 가정도 없었다. 단지 마야스의 집을 방문하는 것이 유일한 도피처였다.

언젠가 마야스에게 신학에 관한 책을 영어로 배우던 중, 갑자기 도요히코가 눈물을 흘린 일이 있었다. 마야스 부인은 염려가 되어서 도요히코를 바라보았다. 마야스는 "이리로 와요"라고 말하며 그를 밖으로 데리고 나갔다. 해질 무렵에 저녁 노을이 서쪽 하늘을 붉게 물들이고 있었다. 마야스는 아무 말도 하지 않고, 단지 부드럽게 그의 어깨에 손을 올려놓았다.

"도요히코 씨, 당신의 눈물을 저녁 해로 증발시킵시다. 눈물이 완전히 마르면 또 영어 공부를 계속합시다."

도요히코는 인자한 아버지 같은 마야스의 사랑을 더욱 몸으로 느끼며 한층 더 뜨거운 눈물을 흘렸다. 숙부 집에서도 특별히 영양이나 휴양을 취하지는 못했다. 도쿠시마의 소문난 자산가이지만 식사는 오히려 검소했다. 그는 남다른 공부벌레로 새벽부터 독서에 열중하였다.

16세 되던 해 봄에 결국 소량의 각혈과 40도 가까운 고열에 시달렸다. 그때도 의사는 "잠시 휴학하고 농촌에 가서 편안하게 요양을 하십시오. 그것이 장래를 위한 것입니다."라고 열심히 권유했으나 도요히코는 그 권유를 따르지 않았다. 그러나 마야스의 계속된 권면과 사랑에 감동하여 얼마 후 마야스에게 세례를 받게 되었다. 1904년 2월 21일이었다.

가가와 도요히코에게 도쿠시마중학교 시절은 그의 사상과 삶의 방법의 기초가 형성된 시기였다. 평화주의자, 기독교 전도자, 사회 개량가, 박물학자, 문필가 등 여러 측면이 이때에 이미 싹트고 있었다. 그리고 현(縣)의 명문교에서 공부한 도쿠시마 생활 중 그는 생애에 걸친 좋은 이해자로서 자기를 보살펴준 스승과 벗을 만날 수 있었다. 도요히코가 크리스천으로서 경건한 인생길을 걷도록 이끌어준 로간과 마야스와의 관계는 헬렌 켈러와 설리번 선생의 사제애와 유사하다.

또 많은 친구의 사랑도 받았다. 동급생인 나가이 가즈오, 1년 후배로서 같은 나루토시 출신인 아모우 에이지(天羽英二), 니이 이타루(新居格), 도리카이 이사부로(鳥養利三郎: 후에 교토대학교 총장이 됨), 후배로서 그의 사업에 협력한 의사인 마시마 유타카, 오사카 출신이지만 도쿠시마중학교를 졸업한 평론가인 오오야 소우이치(大宅壯一) 등 다수가 있다. 특히 사촌인 니이 이타루(新居格)는 도쿄대학교를 졸업한 후에 기자와 평론가로 활약하며 평생 그의 좋은 이해자, 협력자로 일관하였다. 전쟁 후에 그를 '신생 일본의 지휘자'라고 평가하고, 그의 일을 '영혼의 외교'라고 칭찬하며 세상에 소개하였다. 가가와 도요히코의 삶에서 미국 남장로교 선교사들과의 교제는 그의 삶의 방향을 바꾸어 놓은 중요한 계기를 마련해 주었다.

2. 미국 남장로교회의 신학의 특성

미국 북장로교회와 함께 미국 남장로교회는 일본 선교의 중추적 역할을 하였다. 1861년에 47개 노회에서 파송한 총대들이 모여 남장로교(PCUS) 첫 총회를 구성하였으나 그들의 신학사상의 뿌리는 더 깊다.

미국 남부의 장로교 역사는 개척자들이 버지니아에서 처음으로 정착하였던 1607년까지 거슬러 올라간다. 이때에는 '남부'라는 개념이 없었고, 신앙인들을 중심으로 한 공동체들이 형성되어 있었다.[6] 이들 공동체들이 성장하여 미국 남부 지역의 장로교 발전의 기틀이 되었다.

북장로교의 신학사상을 말할 때에 '프린스턴 신학'으로 표현하듯이 '남장로교 신학'(Southern Presbyterian Theology)은 유니온(Union, Virginia)과 컬럼비아(Columbia) 신학교를 통하여 형성되었다.[7] 남장로교회는 웨스트민스터 표준문서의 가르침을 엄격히 따랐다. 즉 칼빈주의의 모든 근본적인 원리들을 따르는 칼빈주의 교회였다.[8] 이들은 성경을 영감되었고 정확무오한 하나님의 말씀으로 확신하였으며, 투철하고 열정적인 칼빈주의를 사람들에게 전파하여야 할 복음의 일부로서 간주하였으며, 이론과 실천면에서 적극적으로 선교하여야 한다고 주장하였다.[9]

남장로교회는 이론과 실천에 있어서 웨스트민스터 표준문서에 기초하여 건설되었고, 그것을 고수하는데 최선을 다하였다. 또 선교하는 교회로서의

---

6) 남부 식민지에는 세 개의 다른 공동체들이 있었다. 담배 생산에 기초한 Chesapeake 공동체, 쌀과 인디고(indigo) 생산에 기초하여 설립된 캐롤라이나 공동체, 또 혁명시대에 아직 공동체 형성이 진행되고 있던 백 지방(the Back Country) 등이다. Ernest T. Thompson, *Presbyterians in the South,* Vol Ⅰ. 1607-1861(Richmond: John Knox Press, 1963), p. 629.

7) '미국 남장로교 신학'을 연구한 대표적 저술로는 Morton H. Smith, *Studies in Southern Presbyterian Theology* (Phillipsburg, NJ: Presbyterian and Reformed Publishing Co., 1987)가 있다. 본서는 저자의 화란 자유대학교(the Free University of Amsterdam)의 박사학위 논문으로서, 남장로교 신학연구에 있어서 괄목할 만한 공헌을 하였다.

8) 몰톤 H. 스미스, "남부 개혁주의 전통", 데이빗 F. 웰스 편, 남부 개혁주의 전통과 신정통신학, 박용규 역(서울: 엠마오, 1992), p. 51.

9) *Ibid.* 김남식 · 간하배, 한국장로교신학사상사 · Ⅰ (서울: 도서출판 베다니, 1997)을 보라.

사명을 강조하였으며 이것을 실천하는데 노력하였다.

남장로교회의 신학은 유니온신학교와 컬럼비아신학교를 통하여 발전되어 나갔고, 대표적 신학자로는 제임스 H. 돈웰(James H. Thornwell)과[10] 로버트 L. 답네(Robert L. Dabney)[11]와 그들을 따르는 제자들이 있었다.[12]

미국 남장로교회는 칼빈주의 전통을 계승하였고, 웨스트민스터 표준문서의 가르침에 따른 교리와 실천에 주력하였으며, 미국 남부의 문화적 유산과 함께 보수적이고 복음적인 특성을 유지하였다.

미국 남장로교회는 칼빈주의적 전통을 계승하였고 성경적 가르침을 최선의 것으로 여기는 신학적 특성을 가지고 있었다. 이것을 몰톤 스미스(Morton H. Smith)[13]의 평가를 바탕으로 분석하려고 한다.

(1) 칼빈주의적 교회론

남장로교회는 본질적으로 구학파(old school)에 속하였기에 그들의 독특성을 알 필요가 있다. 첫째, 교회의 신앙고백과 헌법인 웨스트민스터 표준문서들을 엄격히 따른다는 것으로 특징될 수 있다. 남장로교회는 웨스트민스터 표준문서에 충실함으로 칼빈주의라는 이름이 담고 있는 모든 근본적인 원리들을 포용하는 칼빈주의 교회였다.

오직 그리스도만이 교회의 머리가 되신다는 역사적 청교도 및 스코틀랜드 교리를 지켰다. 여기서 교회를 상당히 존중하는 견해가 유래하였으며, 교회는 그리스도의 긍정적인 제도이며, 그리스도께서 말씀을 통해 실천하라고

---

10) 제임스 H. 돈웰(James H. Thornwell)의 생애와 사상에 대해서는 Morton H. Smith, *op. cit.*, pp. 121-182. 에 상세히 나와 있고, 또 루더 위틀락, "제임스 헨리 돈웰", 데이빗 F. 웰스 편, 남부 개혁주의 전통과 신정통신학, *op. cit.*, pp. 109-127.을 참조하라. 돈웰 전집이 Banner of Truth에서 출판되었다.
11) 로버트 L. 답네(Robert L. Dabney)에 대해서는 *Ibid.*, pp. 63-105에 수록된 더글라스 F. 켈리(Douglas F. Kelly)의 "로버트 루이스 답네"를 참조하라. 또 Morton H. Smith, *op. cit.*, pp. 183-216도 귀한 자료이다.
12) Thornwell과 Dabney의 제자들이 신학사상에 대해서는 *Ibid.*, pp. 217-322를 참조하라.
13) 몰톤 스미스, *op. cit.*, pp. 31 ff.

가르친 것을 행해야 한다. 남 캐롤라이나의 돈웰은 어떤 정치적인 문제에 있어서는 프린스턴의 찰스 핫지 같은 사람의 관점을 반대하면서도 그와 상당한 연속성을 가지고 이 원칙을 수행하였다. 비록 돈웰이 교회의 분열을 막지는 못했지만 그의 견해는 1861년 이후 남부에서 지배적인 입장이 되었다.

돈웰은 "교회는 긍정적인 제도이며, 따라서 교회가 하는 모든 문제들에 대해서는 분명한 책임을 져야한다. 교회의 수단들이 정죄를 받지 않는다는 것으로 충분하지 않으며, 교회의 일들은 교회를 거룩하게 세우신 힘에 의하여 성화되고, 적극적으로 성결하여져야 한다. 그렇지 않다면 그것은 무의미할 뿐이다"라고 하였다.[14] 그는 교회의 사역을 수행하는데 기관들을 사용하는 것을 반대하였다. 오히려 교회의 공동의회가 이 문제를 직접 다루어야 한다고 보았다. 선교사역을 계속하고 있는 독립 또는 반독립 부서 대신 총회가 직접 책임 있는 위원회를 통해서 이 문제를 수행하여야 한다. 이런 입장이 남장로교에 의해서 채택되었다. 비록 이것이 1940년대에 포기되었지만 1973년 남장로교회를 떠난 미국 장로교회(PCA)가 이 입장으로 돌아갔다.

치리장로직에 관한 독특한 견해가 남부교회에서 생겼다. 1837-8년 분열 이후 치리장로가 목사 안수받는 사람 머리위에 손을 얹는 풍습이 켄터키 지방에서 시작되었다. 1843년 총회는 "우리 교회의 헌법이나 관례 어느 것도 목사 안수시 치리장로들이 손을 얹는 것을 합법화하지 않는다."고 선언하였다.[15] 블렉킨릿지(R. J. Breckinridge)와 돈웰이 이런 총회의 이중성을 문제 삼았다. 신약의 장로는 가르치는 장로들과 다스리는 장로들 모두를 포함하였다. 참된 장로들인 그들은 노회의 중요한 요소이다. 따라서 정규적인 활동에 필요하고, 목사 안수의 모든 단계들을 포함하여 전체적인 노회 활동에 참여할 권한을 갖고 있다고 블렉킨릿지와 돈웰이 주장하였다. 그러나 1844년에 총회는 노회에 치리장로들의 필요성과 목사안수에 참여하는 그들의 권한

---

14) James Henry Thornwell, *Collected Writings* (Richmond: Presbyterian Committee of Publication, 1981), 4: p. 210.

15) Cited from *Minutes of the General Assembly*(*U.S.*) 1843, 183.

을 부인함으로써 핫지의 입장을 따랐다. 1861년 북장로교회와 남장로교회가 분열하면서 돈웰의 견해가 남장로교회에서 수용되었다. 이것은 남장로교회의 독특한 특성중의 하나가 되었다.[16] 이런 견해는 또한 미국 장로교회(PCA)에 전수되었다.

남장로교회에서 발달한 또 하나의 독특한 교회 정치의 특징은 집사직이 교회의 모든 임시적(臨時的) 문제들을 다루어야 한다는 사상이다. 또한 체계적인 자선 사상이 이 기간 동안에 발달하였다. 이것은 스튜어트 로빈슨(Stuart Robinson)과 돈웰 같은 남부 지도자들은 공공예배시에 악기를 사용하는 것과 예전적 요소들을 반대하였다. 물론 이것은 남부에서 지켜오던 교회 정치 및 예배에 관한 쥬레 디비노(the jure divino) 견해에서 발달한 것이다.

(2) 사회문제에 대한 견해

교회에 관한 똑같은 견해가 당시 불타오르고 있던 노예제도의 사회적 이슈에도 적용되었다.

> 그리스도의 교회는 영적 단체이며, 교회의 헌법은 단지 교회 자체의 종교적 신앙과 도덕적 행위에만 적용되어야 한다. 교회는 그리스도께서 규정하지 않은 것은 규정할 수 없었으며, 그가 만들지 않은 멤버십에 용어들을 만들어서도 안 된다. … 그리스도와 영감 받은 그의 사도들이 노예제도를 성도의 교통의 장벽으로 삼지 않았기 때문에 그리스도의 코트(court)인 우리가 그렇게 할 권한을 갖고 있지 않다. 그들이 규정에 의하여 노예 문제를 교회에서 제거하려고 시도하지 않았기 때문에 우리는 그 주제에 대하여 규정할 권한이 없다.[17]

총회가 노예 문제에 대하여 어떤 규정을 짓는 것을 금하는 남부의 이런 교

---

16) See Thornwell, *Collected Writings*.
17) *Minutes of General Assembly* (*U.S.*) 1845, 16–17.

회관 때문에 1861년까지 구학파는 그 문제에 손대지 않았다. 그 후 전쟁의 열기로 총회는 이 원칙을 파기하고 가디너 스프링 안(案)을 통과시켰다. 이 결정과 시행이 북부와 남부 사이의 정치적인 이슈로 대두되었고 결국 모든 남장로교회가 총회에서 탈퇴하였다. 이 결의안은 다음과 같다.

> 여기 본 총회는 … 우리가 직면하고 있는 한, 이들 주 연방의 단결을 촉진하고 영속하기 위하여 그리고 우리가 고귀한 헌법 아래 기능을 실행하는 데 있어서 연방정부를 강화하고 고수하고 그리고 격려하기 위하여 우리의 의무를 인식하고 천명한다. 그리고 헌법에 명시된 모든 조항, 의무, 그리고 원칙에서 본 헌법에 변함없는 충성을 다할 것을 우리는 고백한다.[18]

다른 57명과 함께 프린스턴의 찰스 핫지는 총회의 결정에 항의하였다. 그의 항의서에는 이렇게 기록되어 있다.

> "총회가 정치적인 문제를 결정하고, 그리고 실제로 그 결정을 교회의 교인 자격의 조건으로 삼는 것은 우리가 판단"하기에는 교회의 헌법을 위반한 것이며, 교회의 주인의 권한을 빼앗은 것이다.[19]

남장로교 초대 총회장 팔머(B. M. Palmer)는 다음과 같이 선언하였다.

> "총회는 완전히 정치적인 영역 내에 있는 이 문제를 결정할 수 있는 권한이 있다고 생각하였다. 비록 추방령과 동등한 것에 의하여 쫓겨난 것은 아니었지만 남부 장로교인들은 주께서 정하신 권리들과 그리스

---

18) *Minutes of General Assembly* (U.S.) 1861, 16-17.
19) *Ibid.*, 340.
20) Thomas Carey Johnson, *The Life and Letters of Benjamin Morgan Palmer* (Richmond, VA: n.p., 1906), p. 502.

도의 왕국 및 교회의 영적 독립을 보존하기 위하여 분열을 할 수밖에 없었다." [20]

남부 노회들은 PCUSA 총회와의 관계를 청산하였다. 10개 대회를 이루고 있는 47개 전체 노회들이 총회에서 탈퇴하였다. 1861년 10월 4일에 죠지아 주 어거스타의 제일 장로교회에서 이들 47개 노회에서 파송한 총대들이 모여 남장로교 첫 총회를 구성하였다. 이 총회는 뉴 오르린의 제일장로교회의 목사 팔머(B. M. Palmer)의 "교회에 대한 그리스도의 왕권"에 관한 설교로 개회되었다. 공식적인 명칭을 채택한 후 총회는 공식적으로 웨스트민스터 표준문서를 헌법으로 채택하여 이 표준 교리에 충실하였던 미국 장로교의의 전통을 계승하였다. 남장로교회가 뚜렷한 구학파 장로교회라고 스스로 인식하였다. 남장로교회는 1869년에 있었던 북장로교회의 구학파와 신학파 교회가 연합한 방식을 매우 분명하게 반대하였다. 남장로교회는 그들이 구학파 유산을 완전히 포기한 것을 비판하였던 것이다. [21] 남장로교회는 처음 75년 동안 두드러진 특성들을 갖고 있었다. 그들은 성경을 영감 되었고 무오한 하나님의 말씀으로 확신하였으며, 투철하고 열정적인 칼빈주의를 사람들에게 전파하여야 할 복음의 일부로 간주하였다. 그리고 교회의 선교관은 이론과 실천 두 가지 모두에 의하여 유지되어져야 한다고 확신하였다. 남장로교회는 하나의 교회정치를 발달시켰다. 이것은 헌법에서 두드러지는데, 특별히 치리장로를 가르치는 장로들과 완전히 동등하게 취급하고 있고, 몇 개의 위원회의 분야와 권한과 교권의 중앙 집권화를 반대한다.

남장로교회는 이론과 실천 모두에서 웨스트민스터 표준문서에 기초하여 건설되었으며 그것을 고수하는 교회로 대표되었다. 특별히 새로 탄생한 남장로교회는 교회의 선교에 관심이 많았다. 선교에 대하여 첫 총회가 결정한 것 가운데 교회 생활에서의 선교 사역의 위치에 관하여 언급한 아래 진술은

---

21) Minutes, *PCUS, 1870,* 529; also in *Alexander's Digest, 1888,* 451, and in *Digest 1861–1955,* 342.

가히 고전이라 할 수 있다.

마지막으로 총회는 교회가 세상에 펼치고 있듯이 머리가 되신 우리 주님과의 친밀한 관련 속에서, 우리 교회에 대한 기치를 뚜렷하고 신중하게 기술하기를 숙원하였다. "너희는 전세계에 가서 모든 피조물에게 복음을 전파하라." 이것을 교회 조직의 위대한 목적, 주님의 약속 있는 출현(임재)의 필수적인 조건, 하나의 위대하고 완전한 목적 즉, 교회의 방대하고 놀라운 개념으로 간주한다. 그리고 교회가 이 선교적 사명에 순종하는 것이 내적 성장과 번영에 필요한 이들 다른 기관들을 운영할 수 있도록 교회에 활력을 제공하고, 재원을 발전시키는 유일한 것이다.[22]

(3) 신학사상의 발달

남장로교 신학 사상의 독특한 발전을 언급해야 할 것이다. 양자론(養子論)이 분리된 컬럼비아 신학 사상의 이론으로서 발달되었다. 핫지와 답네는 튤레틴을 따라 칭의와 관련하여 양자론을 다루었다. 그러나 컬럼비아 신학자들은 웨스트민스터 신앙고백과 요리문답에 따라 양자론을 하나의 독립된 이론으로 발전시켰다. 이런 사상의 노선은 컬럼비아 신학자 거라더(John L. Girardeau)가 시작하였으며 루이빌신학교에서 교수하던 그의 양아들 웹(R. A. Webb)에 의하여 계승되었다. 그는 개혁주의 양자론이라고 이름이 붙여진 작품을 썼는데, 이것은 사후에 출판되었다.

남북전쟁이 발발하기 이전의 남부 생활 방식은 깊이 있는 학문의 발달을 촉진시켰다. 알렉산더, 돈웰, 답네, 워필드 그리고 메이첸과 같은 사람들은 모두 남부 출신들이었다. 그들은 이제까지 미국이 배출한 가장 위대한 신학자들로 꼽힌다. 남북전쟁 후, 남부가 전쟁의 패배가 가져온 문화적 충격 속에서 소수의 학자만이 남부에서 나왔다. 그 결과 비록 남부의 신학교들은 근본적으로 1930년대와 1940년까지는 건재하였지만 그들은 실제로는 깊이 있

---

22) *Minutes PCUSA 1861*, 17.

는 사상가들을 배출하지 못했다. 전통주의는 학문성이 없는 것으로 생각되기 시작하였다. 이즈음에 북장로교는 급속히 자유주의로 떨어졌다. 그래서 남부인들이 신학교육을 받기 위하여 북부로 가면서, 그들은 1929년 메이첸이 떠난 후 프린스턴에서조차 자유주의 사상에 노출된 것을 보았다. 이들이 남장로교 신학교에서 가르치기 위하여 돌아왔다. 성장하는 젊은 세대들에게 그들이 호소력이 있었던 것은 자유주의 쪽에 학문성이 있다는 선입관 때문이었다. 그 결과 남장로교는 자유주의로 급속하게 기울어졌다. 남장로교회에서 보수주의 세력이 지배하던 마지막 총회는 1939년이었다. 그 이후 남장로교에서 정통 기독교인은 자신의 입장을 지키기 위하여 끊임없이 투쟁하여 왔다.

3. 가가와의 신학훈련

도쿠시마중학교를 졸업한 가가와 도요히코는 집안의 반대를 무릅쓰고 신학교에 진학한다. 이것은 그의 삶에서 중요한 결단이었고, 그가 가야 할 길을 제시하는 나침반격이었다. 가가와 도요히코의 신학훈련은 메이지학원, 고베신학교, 미국 프린스턴신학교로 이어진다.

(1) 메이지학원

가가와 도요히코는 1905년 4월에 메이지학원 고등학부 신학예과에 입학하였다. 메이지학원은 1886년 도쿄 일치신학교(一致神學校), 도쿄 일치영화학교(英和學校)와 그 예비교가 합병하여 1887년 9월에 개교한 학교이다. 학교는 시바시로카네다이의 옛날 미타우라(三田浦)의 시모야시키아토(下屋敷跡)에 있었으며, 보통학부 제1회 졸업생에는 저명한 문인 시마자키 하루키(島崎春樹), 도가와 아키조우(戶川明三), 바바 가츠야(馬場勝彌) 등도 있다.

메이지학원이라는 명칭은 설립자의 한 사람인 우에무라 마사히사(植村正久)의 제안에 의한 것으로서, 메이지 문화 속에서 빛나는 학문의 전당이라는 의미가 들어있다고 전해지고 있다. 본래 이 학교는 헤이븐식 로마자로 알려진 J. C. 헤이븐 박사의 헤이븐 숙(塾)과 성경의 일본어 번역에 헌신한 R. 브라운 박사의 브라운 숙(塾)을 근원으로 미국 장로교회가 설립한 학교로써 성경중심의 교육을 하였으며 기독교 전도자 육성을 목적으로 하였다.

도요히코의 이름을 널리 알린 대표작으로 베스트셀러가 된 『사선을 넘어서』는 시로카네다이(메이지학원의 교지) 주변 묘사부터 시작된다.[23]

"도쿄의 시바시로카네 근처에는 계곡 세 개가 합쳐진 곳이 있다. 그곳은 녹색으로 장식되어 있는데 지난 해 볏짚으로 덮여 있는 논바닥만 녹색이 없다. 오오자키의 계곡 안쪽에는 큰 구름까지 올라갈 듯한 삼목이 10여 그루 있었는데, 그 곳에 이케다 후작의 저택이 있다. 시로카네다이의 언덕 위에는 사찰이 한 두채 있는데, 언덕 안쪽에는 주택은 없고, 밤나무, 참나무, 도토리나무 등이 30그루, 60그루가 있다."

이런 정도로 조용하고 한가로운 전원의 나무 아래에서 뒹굴면서 책을 보는 청년과 그를 찾아온 친구와의 대화가 그 뒤를 잇는다. 어쩌면 그의 학교생활이 투영된 부분과 다르지 않을 것이다.

입학한 가가와는 4층 건물의 크나큰 헤이븐관에서 기숙사 생활을 시작하였다. 메이지학원에서의 생활에 대해서는 『메이지학원 50년사』에 수록된 도요히코 자신의 회고록 "기어 다니며 본 신기루"에 자세히 적혀 있다.[24] 거기에는 "시로카네다이에서의 첫 해는 나에게는 쓸쓸한 1년이었다."고 기록되어 있는데 학교나 기숙사 생활에 잘 적응하지 못한 것 같다. 영어도 꽤 잘하고, 매우 조숙하여 학교 수업에 만족하지 못하고 매일 철학책 등을 읽었기 때문에 상당히 건방지게 보여 다른 학생들에게 폭행당한 일도 있었다고 한다.

메이지학원을 천국 다음으로 성스러운 곳이라 생각했던 그에게 불량 청년

---

23) 賀川豊彦의 『사선을 넘어서』 참조.
24) 明治學園 50年史.

도 있고 날치기를 하는 녀석도 있는 기숙사 분위기가 도쿠시마중학교의 기숙사에서 느꼈던 것과 비슷한 위화감을 느끼게 했다. 기독교인으로서의 자각도 겸손함도 느낄 수 없는 급우들에게 그는 사정없이 구박을 당하였다. "나는 작은 마르틴 루터를 본받아서 온갖 장소에서 그러한 사람들을 나무랐다. 그래서 나는 구타를 당했고 울었다"고 기록하고 있다.[25]

마야스의 개인 레슨을 1년 이상 받았으므로 영어에는 자신이 있는 그에게 수업은 너무 단조로워 매력이 없었다. 수업 중에서 흥미 있는 것은 존 바라의 '천문학', 마구네야의 '경제학', 라이샤워의 '서양사' 정도였다. 모두 영어 수업이었지만 그는 이해를 잘하고 시험 답안도 모두 영어로 썼다.

한편, 메이지학원에는 훌륭한 도서관이 있었다. 그 도서관은 라틴어의 문법서에서 산스크리트 서적에 이르기까지 만 여권의 양서를 갖춘 당시 일본 굴지의 도서관이었다. 고마웠던 것은 도서관 사서가 그에게 호의를 베풀어서 자유롭게 서고에 출입하며 필요한 서적을 대여해 준 일이다. 신학은 물론 사회과학, 인문과학, 자연과학에 대한 국내외 서적이 정비되어 있었고, 유난히 양서(洋書)가 많은 도서관은 그에게 마치 보물창고와 같이 생각되었다. 바운 박사의 『형이상학의 원리』, 『순수철학원리』 등에 특히 감화되어 메모하며 공부하였다고 한다. 특히 바운 박사의 인격주의 종교철학에 커다란 영향을 받아 후일에 "바운을 읽었기 때문에 그 후에 나는 사상적으로 별로 동요하지 않고 인격주의의 종교철학에 의거하여 나아갈 수 있었다"고 진술할 정도였다.[26]

그 해 여름 방학에 도쿠시마에 돌아간 도요히코는 마야스를 따라 마야스 부인의 자전거를 타고 요시노강 상류까지 전도여행을 떠났다. 그 당시 그는 "서양 사람이 이처럼 열심히 일본인을 구원하려고 하는데, 나도 더 열심히 하지 않으면 안 되겠다"고 전도에의 의지를 강하게 가졌다.

---

25) *Ibid.*
26) 그의 독서 방법은 당시 그의 일기 『모순론』을 보면 알 수 있듯이 단순히 통독하는 것이 아니라 중요한 부분을 정성들여 메모하여 보관하기도 하고, 자기의 생각을 적어 넣기도 하였다.

"2년째부터는 매우 유쾌하였다"고 「기어다니며 본 신기루」에 기록되어 있다. 우선 기숙사를 헤이븐관에서 하리스관으로 옮겨 좋은 친구들과 만난 것이 좋았던 것 같다. 같은 방에 있던 다까다 긴죠우(高田銀造: 후에 다카마츠교회 목사)는 그보다 나이가 많았고, 사회 물정도 잘 아는 상냥한 청년이었다. 무엇보다도 도요히코를 친동생같이 잘 보살펴 주었다. 옆방에는 소설 『무명』을 발표하고 폭넓은 평론 활동을 한 가토우 카즈오(加藤一夫)가 있었다. 당시 가토우는 하오리를 입고 오카와쵸의 교회에 열심히 다니며 방안에서도 손뼉을 치며 찬송가를 부르는 부지런한 학생이었다. 한 층 아래에는 나중에 메이지학원 학장으로 활약한 무라다 시로가 있었다. 그는 대식(大食)클럽의 회장도 겸한 활달한 성격의 소유자였다. 무라다는 도요히코의 인상을 다음과 같이 기록하고 있다.[27]

> "학생으로서 가가와는 몸이 날씬하고 창백한 얼굴의 청년이었지만 몇 번을 보아도 예민한 날카로움을 지니고 있었다. 하지만 그를 아니꼽게 본 사람이 없는 것은 아니다. 그의 말투가 때로는 타인을 공격하는 듯한 느낌으로 들릴 때가 없지 않았기 때문인 것 같다."

건너방에는 훗날 게이오대학 교수로 사역했던 작가 사사키 호우(佐佐本邦)가 있었다. 그 방에서는 밤에 도요히코를 비롯하여 몇몇 학생들이 간담회를 열기도 했다. 뒷방에는 훗날 단테와 칼빈을 번역한 나카야마 마사키(中山昌樹)가 있었다. 그는 대단한 공부벌레로서 도요히코와 의기투합해서 진지한 토론을 주고받으며 장난을 치다가 2층에서 함께 떨어진 적도 있었다. "만약에 하리스관 근처에 키 작은 나무가 없었다면 나나 나카야마 둘 중에 하나는 지금은 이 세상 사람이 아니었을 것이다"라고 도요히코가 술회한 적이 있다. 두 사람은 평생 친교를 나눈 친구 사이였다.

---

27) 메이지학원대학 기독교학생회 편 『가가와-20세기의 개척자』(東京: 敎文館, 1960), 중에서 "메이지학원 시절의 가가와 도요히코" 편.

또 별과의 상급생으로는 후일 도요히코의 협조자가 된 오키노 이와사부로(작가, 평론가), 도츠타 미츠루(프린스턴 졸업 후 목사가 됨)가 있었다. 특히 오키노는 도요히코의 고베에서의 활동을 잡지 『웅변(雄弁)』에 소개하였고 『사선을 넘어서』를 발표할 계기를 만들어준 은인이었다.

이렇게 하리스관에서의 생활은 충실하였다. 그 자신도 "나의 반평생 중에 메이지학원의 후반 1년처럼 열심히 공부한 적이 없었다. 프린스턴에서 2년 간 공부한 것을 빼고 더 젊었기 때문에 프린스턴에서 읽은 것보다 머리에 더 잘 들어왔다"고 말할 정도로 평생을 지배할 지적(知的) 만족감을 준 시기였다. 라즈도, 히딩크, 게야도 등의 종교철학, 프린토와 헤겔의 역사철학에 빠진 것도 이 시기였다. 매일 새벽 4시에 일어나 아침 식사도 하지 않고 11시까지 독서하는 것이 상례였다. 무라다 시로는 "가가와는 아침 일찍 일어나 소리 내어 독서하는 습관이 있었다. 그렇게 열심히 공부만 하는 것이 대단하다고 생각하지 않을 수 없었다."고 회상할 정도였다.[28]

(2) 고베신학교

1907년 3월 도요히코는 친한 친구들과 많은 추억이 있는 메이지학원을 이별하고 고베신학교에 입학하였다. 고베신학교는 로간과 마야스가 속해 있던 미국 남장로교회가 북장로교회의 양해 하에 독립하여 고베에 새로 설립한 학교였다. 메이지학원에서 옮겨온 사람들은 풀톤 박사와 도미타 미츠루(富田滿)였다.

그런데 신학교의 개교가 9월로 되어 있기 때문에 그때까지 도요히코는 남장로교회가 선교에 힘쓰고 있는 아이치현의 교회를 도우러 가게 되었다. 처음에는 오카자키시의 교회에 갔는데 곧 도요바시의 교회로 지원을 갔다.

---

28) 메이지학원 대학에는 현재에도 사회학부가 '가가와 도요히코 연구'라는 2학점 단위의 강좌를 개설해서 그에 대한 강의를 하고 있다. 그의 사망 후, 방대한 양의 장서는 "가가와는 모교 메이지학원의 도서관 신세를 가장 많이 졌기 때문에 메이지학원에서 간수하는 것이 가장 적당할 것 같다"라는 도요히코의 부인 하루와 장남 스미모토(純基)의 의사에 따라 장서 전부와 귀중한 원고가 '가가와 도요히코 문고'로 메이지학원 대학의 도서관에 소장되었다.

여기에서 나가오 마키라는 목사를 만나 귀한 체험을 하게 되었다. 도요히코는 처음에 교회 근처에서 하숙을 했지만 곧 목사관의 방 하나를 얻어서 옮겨 갔다. 목사관이라 해도 초라한 건물로 1층은 예배실, 2층은 목사 가족이 거처하는 곳이었다.

도요히코는 매일 밤 후다기라는 번화가에서 열심히 노방전도를 했는데 그렇게 하던 중 과로로 쓰러졌다. 열이 나고 가래에 피가 섞여 나왔다. 의사는 폐괴저라고 진단하였다. 폐괴저는 흉통, 호흡곤란, 각혈, 전신에 발진 등을 수반하는 무서운 병이었다. 당시 목사관의 방 한 칸에서 40도 전후의 고열에 시달리며 생사의 기로에서 헤매는 도요히코를 전염의 위험에도 불구하고 열심히 간호해준 사람은 나가오 목사와 그 가족이었다. 특히 목사의 딸인 기노에는 밤을 새워가며 옆에서 간호하였다. 후에 『사선을 넘어서』의 한 모델이 되기도 했다.

이 시기에 침상에서 읽은 것이 요한 웨슬리의 전기였다. 요한 웨슬리는 산업혁명 후 영국 사회의 정신적 황폐함을 개탄하여 이를 바로잡으려고 감리교 운동을 일으킨 사람이다. 우선 교회 내의 신앙을 바르게 하기 위해 일으킨 운동이었는데, 그들의 성경연구나 신앙생활 방법이 바르고 청렴하였으므로 메소디스트(감리교)라 불리었다. 도요히코는 웨슬리의 생활방식에 매우 감명을 받았다.

병세가 호전되자 그는 굶주린 듯이 독서에 몰두하였다. 요코야마 하루이치(橫山春一)의 『가가와 도요히코 전기』에 따르면, 이 당시 읽은 책은 롯체의 형이상학, 플루타그 영웅전, 후쿠다 도쿠조의 일본 경제사론, 덴의 영국 문학사, 랑케의 교회사, 마르크스의 자본론, 논어, 선학법어(禪學法語) 등 폭 넓은 것이었다. 읽을 책이 없으면 아오키 교수의 서재나 간사이 학원의 도서관에서 빌려왔다고 한다. 또 다른 학생의 새로운 책을 빌려 밤을 새워 읽기도 하였다.

한편, 학교 강의에서 가장 흥미를 끈 것은 마야스 교수의 헬라어와 교회사 그리고 그리스도전이었다. 아오키 교수의 시편 강의에도 매료되었다. 히브리어에 정통했던 교수의 수업은 맑고 아름다워서 학생들에게 매우 인기가 있었다. 그런데 아오키 교수가 갑자기 그만두지 않으면 안 되는 일이 생겼다. 아오키 교수의 학설이 기독교 입장에서 보면 이단이라는 것이었다. 도요히코를 필두로 5명의 학생이 선두에 서서 학교 당국에 항의하고, 수업 거부도 생각하면서 학교 측의 반성을 촉구하였다.

얼마 후, 뷰케넌 교장 대리가 5명을 불러서 퇴학을 명하였다. 학교 규율을 문란케 하였다는 것이 그 이유였다. 뷰케넌은 짧게 기도하고 5명의 학생에게 악수를 청하였다. 도요히코 차례가 되었을 때 그는 뷰케넌의 손을 뿌리치고 "나는 마음에도 없는 악수는 싫습니다. 그리스도교는 사랑의 종교입니다. 신학교는 사랑의 학교입니다. 사랑의 학교라면 과오를 범한 학생을 바르게 인도하는 것이 정도입니다. 하나님은 어떤 사람도 버리지 않으시니 어떤 학생에게도 퇴학 같은 극단적인 조치를 취하면 안 된다고 생각합니다. 부디 나 외에 4명의 학생은 용서해주기를 바랍니다."라고 울면서 호소하였다. 결국 이 사건은 마야스의 중재에 의해 5명의 퇴학 처분이 취소되었다.

도요히코의 몸 상태는 여전히 좋지 않아서 공부나 전도에 지장을 줄 정도로 쉽게 피곤해졌다. 그는 열심히 공부하는 한편, 회의에 빠져 절망감을 '무(無)의 철학' 이라는 노트에 기록하였다.

(3) 프린스턴신학교

가가와 도요히코는 1914년 8월 2일 미국 유학길에 오른다. 요꼬하마를 출발한 도요히코는 15일 후인 8월 17일 샌프란시스코에 도착했다. 상륙할 때 이민국에서 눈병 때문에 의심을 받아 일본에 송환될 뻔 하였지만 간신히 통과되어 대륙 횡단열차를 타게 되었다.

처음 찾아 간 곳은 조지아주 애틀란트 교외의 아덴스라는 작은 마을이었다. 매달 50불씩 2년간 송금해 주었던 벽돌회사의 중역 지브리가 이곳에 살고 있었다. 그는 빈민촌에서의 사업을 보고하고 정중히 고마움을 표시하였다. 그리고 목적지인 프린스턴으로 갔다. 그 곳은 필라델피아와 워싱턴 D.C.의 중간에 있는 인구 약 13,000명 정도인 아름다운 학원 도시로서, 장로교신학교와 프린스턴대학이 있는 곳으로 널리 알려져 있었다. 특히 프린스턴대학은 하버드, 콜럼비아, 예일 등과 나란히 견줄 수 있는 미국 유수의 명문교로서, 당시 대통령으로서 국제연맹의 제창자인 윌슨도 이 대학 총장으로 재직한 바 있었다.

도요히코가 정식으로 입학한 곳은 프린스턴신학교였으나, 그는 대학에서의 청강도 희망하고 있었다. 신학교 기숙사에도 들어가고 매월 25불의 장학금을 받기도 해서 차분히 공부에 전념할 수 있는 몸이 되었다. "불량배의 협박도 없고, 전염병의 걱정도 없이 유명한 대학에서 조용히 공부할 수 있어서 매우 감사하다"고 그는 『태양을 쏜 남자』에서 기록하고 있다. 넓은 캠퍼스에 아름다운 건물들이 숲속에 있고, 도시 전체가 나무로 둘러싸여 있는 아름다운 경관에 그는 지금까지 맛보지 못한 평안함을 느꼈다.

신학 공부는 이미 마친 것이 많았기 때문에 대학의 청강 자격시험을 치고 생물학을 배우고 싶다고 생각했다. 대학에서 청강을 허가받은 그는 첫 해에는 실험심리학과 수학 공부에 몰두하였다. 프린스턴대학교에는 세계 각국에서 온 유학생이 많아서 우수한 인재들과 사귈 수 있었다. '칼빈 클럽'이라는 전통 있는 단체의 회원으로도 추천을 받았다.

1년이 지나자 가지고 온 돈이 거의 떨어진 그는 여름방학 때 아르바이트를 찾았다. 뉴욕의 교외에 있는 한 부호 집에서 월 25달러를 받고 40일간 급사로 일을 하였다.

9월부터 새 학년이 시작되어 대학에 실험심리학 논문을 제출하여 문학석사학위(Master of Art)를 받았다. 2년째부터는 생물학을 전공하게 되었다. 생물의 세계는 요시노강의 주변에서 자란 그에게 가장 흥미 있는 영역이었다.

1916년 그는 신학교의 전 과정을 마치고 신학사(Bachelor of Theology)의 학위를 받았다. 보통 학생이라면 4년이 소요되는 과정을 2년에 마친 것이었다. 그의 부지런한 공부와 뛰어난 영어 실력이 도움이 되었다. 이러한 신학훈련을 통하여 가가와 도요히코의 사상과 사역이 제대로 형성되어 가며, 다시 그 틀을 넘어 활동의 새로운 무대를 개척하였다.

II. 가가와 신학의 새 모델

보수적 개혁주의 신학으로 교육을 받았던 가가와 도요히코는 그의 사역의 영역이 확장됨과 동시에 신학사상의 변화가 일어났고, 미국 남장로교 선교부의 주장과 거리를 둔 독자적인 새 모델을 구축하였다. 가가와의 신학적 변화를 몇 가지로 요약할 수 있다.

1. 가가와의 대중주의와 남장로교회의 비판

가가와는 고향 도쿠시마에서 미국 남장로교 선교사에게서 세례를 받고 개인적으로 많은 사랑을 받았다. 가가와는 도쿠시마중학교를 졸업하고 당시 남장로교 선교부가 운영하는 신학교가 없었기에 북장로교 선교부의 메이지(明治)학원 신학부 예과에 입학하였다. 가가와는 메이지 신학부의 '신학논쟁'[29] 때에도 남장로교 선교사들을 따랐고, 남장로교 선교사들이 1907년에 고베(神戶)에 새로운 신학교를 설립할 때 메이지 학원을 떠나 고베신학교로 옮겨올 정도이다.

가가와는 남장로교 선교사들의 따뜻한 사랑으로 성장하였고, 여러 가지 사역을 할 수 있었다. 그러나 남장로교 선교부에서 가가와의 폭넓은 활동 즉 '대중주의'에 대해 비판이 일어나기 시작하였다. 남장로교회의 신학은 전통적 칼빈주의 신학이고, 교회중심이며 복음선포를 강조하였다. 그러나 가가와의 사역은 교회 중심이라기보다 사회운동 중심 즉 빈민구제, 노동조합운

---

29) 이른바 '신학논쟁'은 남장로교 선교사와 교수들 사이에 일어났다. 당시 일본의 대표적 신학자인 우에무라 마사히사(植村正久)가 메이지 신학부에서 강의하고 있었는데, 우에무라와 남장로교 선교사들 사이에 '진화론' 문제로 논쟁이 일어났고, 우에무라가 윌리엄 뉴톤 크라크의 「신학개론」을 교재로 사용하는 것을 남장로교 선교사들이 반대하자 우에무라는 메이지를 사임하고 독자적으로 도쿄신학사(東京神學舍, 후에 메이지 신학부와 합하여 오늘의 도쿄신학대학이 된다)를 설립한다. 남장로교 선교사들도 고베에 새로운 신학교를 설립하였는데 고베신학교는 1927년에 오사카신학원과 합병하여 고베중앙신학교(오늘의 고베 개혁파신학교)가 된다.

동, '하나님의 나라 운동'과 같은 '사회복음'적 특성을 나타내고 있었다.

또 가가와의 『사선을 넘어서』가 베스트셀러가 되고 13개 국어로 번역 출간되어 가가와의 영향력이 커졌다. 특히 1930년대의 세계 경제공황이 일어나자 가가와의 사회운동이 세계 각지에서 주목을 받게 되었다.

가가와의 '대중주의'에 대해 남장로교 소속 교회들이 맹렬히 비난하였다. '남장로교회의 신학에서 떠나 초교파적으로 활동하고 비그리스도인들과 손잡고 노동운동 등을 하는 것은 신앙이 아니다'란 비판이다. 그래서 '가가와가 틀렸다' 혹은 '가가와에게는 신학이 없다'라는 비판이 계속되었고, 그들과의 관계가 소원하게 되었다.

2. 가가와의 '신학무용론'과 '실현의 신학'

가가와 도요히코가 남장로교 선교부를 비롯한 보수그룹으로부터 이른바 '대중주의적 활동'으로 비판을 받게 되자 그 응답으로 "신학은 필요 없다"는 논박을 하게 되었다.[30] 이것이 공개강연에서도 논의되어 심각한 문제를 일으켰다. 가가와가 왜 이런 발언을 하였는 지에 대해 살펴볼 필요가 있다. 당시 일본의 신학계는 칼 바르트의 신정통주의가 주류를 이루었고, 다카쿠라(高倉德太郞)의 이른바 「일본신학」이 각광을 받고 있었다. 당시 신학자들은 논리적 강조를 하면서 '절대적으로' 또는 '보편적으로' 등등의 표현을 좋아하였고, 이런 아류에 대하여 가가와는 '이런 류의 신학은 필요 없다'는 식의 발언이 '신학무용론'으로 비쳐져서 비판을 받게 되었다.

가가와 도요히코는 1929년 7월에 자신이 만든 「예수의 벗 회」 여름수양회가 나란현의 유명한 사적지에서 모였을 때 '실현의 신학'이라는 제목으로 주

---

30) 이와 같은 발언은 1928년에 「하나님 나라 운동」을 위해 동북지방을 여행하는 중에 그의 동역자이고 후배인 구로다(黑田四郞)와의 대화에서 나왔다(黑田四郞, 「私の賀川豊彦 硏究」, 〔東京: キリスト新聞社, 1983〕, p. 265). 이 책의 한글판은 「나의 賀川豊彦 연구」, 大邱 賀川豊彦 硏究會 옮김(대구: 대구대학교 출판부, 1985)이다. 그 후 이 논의가 공개강연에서도 나오게 되었는데 가가와 도요히코가 당시 신학계의 풍조에 대해 비판적 의미로서 한 말로 이해된다.

제 강연을 하였다.[31] 이것이 가가와의 신학공개 강연으로 유일한 것이다. 이 강연의 필기 내용을 중심으로 그 요점을 소개한다.

(1) 종교 경험의 총합으로서의 신학

나는 신학을 귀납적으로 다루기 위해서 신학을 인류 경험의 종교 심리적 총합으로 생각한다. 그래서 그리스적인 방법의 조직신학보다도 오히려 성경신학 쪽을 택한다. 그리스 신학을 다룰 때에도 나는 그 근저에 있는 종교경험을 주로 본다.

예수의 종교 경험을 기초로 할 때, 예수는 하나님을 어떻게 보았던가? 하나님은 전지, 전능, 무한, 절대로서가 아니라 살아있는 사랑의 양심 속에 나타나는 구원하려는 의지로서 생각하고 싶다. 그것은 깊은 원리를 가진다.

(2) 일원론의 종류

일원론에도 두 개의 계열이 있다. 하나는 그리스계의 주지적 일원론, 다른 하나는 그리스도교인데 주정의적(主情意的) 일원론, 혹은 실천적 일원론이다. 그리스도교는 그리스 철학의 영향을 받아서 제1 세기, 제2 세기 경에는 주지적 일원론을 취하고 있었다. 그러나 그 10 몇 세기나 이전부터 모세, 엘리야, 이사야 등은 양심종교의 실천적 일원론을 믿고 있었다. 그들은 양심운동에 힘쓰고 있는 동안, 양심의 영적 초점을 가지게 되어 하나님은 한 분임을 깨닫고 경험적으로 실천적 일원론을 발견했다. 그리스도교는 그것을 전통적으로 계승해서 우리들이 양심생활을 하고, 양심의 책임을 느끼면 느낄수록 실천적 일원론을 분명히 이해하게 된다.

예를 들면 물질을 볼 때에도 안에 있는 것의 외부적 작용으로 생각하게 되어 창조의 의미가 이해된다. 이 점이 외면만을 보는 주지적 그리스 철학과 그

---

31) 이 공개 강연은 가가와의 신학 평가에 중요한 의미를 가진다. '실현의 신학'이란 한국어로 표현하면 '실천하는 신학'이란 뜻이다. 이 강연은 출판되지 않았으나 「예수의 벗 회」 월간지 「불기둥」에 필기한 내용이 수록되어 있다(吉田原治郎 필기).

리스도교의 보는 방법이 다른 점이다. 셈족의 신학은 칸트 철학을 닮았는데, 실천적 이성비판의 입장에 선다. 양심과 그 실천을 근본으로 하면 하나의 부동의 신이 발견된다. 우리들이 그냥 주지적으로 외부의 세계만을 보면 거기에는 물질적인 것밖에 아무것도 없으나 안을 들여다보면 거기에는 생명적인 것, 그 내용으로서의 사랑이 이해된다.

그리스도교는 원래 우주관을 상세하게 설명하지 않는다. 예외로서 마가복음 13장에 말세에 대해서 조금 논하고 있으나 우주의 구조에 대해서는 아무것도 말하고 있지 않다. 외부적인 주지적 일원론은 시대와 함께 추이(推移)한다. 그러나 양심적으로 내부적으로 파고드는 것은 깊어서 불변한다. 그러므로 실현의 신학은 실천신학이고, 그것은 실천이성비판을 기초로 한다. 따라서 실현의 신학은 어디까지나 양심종교를 기초로 한다.

(3) 은총의 신학으로서의 실현의 신학

이 경우에 종교경험을 기초로 한 신학을 건설하는 것은 가능하다. 하르낙의 저술에는 그리스적인 주지주의가 다분히 남아 있다. 그래서 전술한대로 셈족으로부터 받아 이어온 실천적 일원론의 견해를 가진 우리들은 그리스적인 주지주의의 신학이나 하르낙의 유리적(唯理的) 견해에는 아무래도 만족할 수가 없다. 우리들이 생각하는 것은 실천적인 사랑의 신학이다. 그것은 양심생활을 기초로 해서 양심에 비취는 신을 경험하려고 한다. 거기에 신의 경험이 보다 새롭게 되고, 보다 깊어지는 것이다. 그것을 체계적으로 만든 것이 실증적 신학이다. 그것은 또 바울의 은총신학이기도 하다. 그리스 주지주의는 그리스도신학과 바울신학을 구별지우나, 우리들에게는 그럴 필요가 없다고 생각한다. 그리스도와 바울이 말하고자 한 것은 다름 아니라 다만 사랑에 대해서 뿐이었다. 뿐만 아니라 그 사랑은 실증적인 사랑이었다. 사랑을 빼어버리면 그리스도교 신학은 성립되지 않는다.

골로새서 1장 14~17절에는 "그 아들 안에서 우리가 속량 곧 죄 사함을 얻었도다. 그는 보이지 아니하는 하나님의 형상이시요 모든 피조물보다 먼저 나신 이시니 만물이 그에게서 창조되되 하늘과 땅에서 보이는 것들과 보이지 않는 것들과 혹은 왕권들이나 주권들이나 통치자들이나 권세들이나 만물이 다 그로 말미암고 그를 위하여 창조되었고 또한 그가 만물보다 먼저 계시고 만물이 그 안에 함께 섰느니라."고 한 말은 그리스 신학적으로는 이해하기 어렵다.

하나님의 상(像)이란 무엇인가? 모든 것의 창조 이전에 있었다는 것은 대체로 무엇인가? 그래서 그리스도가 만물을 만들어서 도대체 무엇을 말하고 있는가? 하고 사람들은 말할 것이다. 그러나 이것을 실천적인 사랑을 보태어 읽으면 그러한 혼란은 조금도 일어나지 않는다. 나는 실천적인 사랑에서 이 부분을 부연해 보기로 한다.

"우리들은 실현된 사랑에 의하여 속죄 즉, 죄를 사죄 받을 수 있다. 사랑은 사람들이 볼 수 없는 하나님의 상(像)이다. 모든 것이 있기 전에 사랑은—사랑의 법칙은—이미 존재했다. 사랑에 의하여 모든 것은 창조되었다. 천지간에 있는 일체의 것들은 모두 사랑에 의하여 만들어졌다. 그래서 우주의 목적은 사랑의 실현이다"라는 것이다.

(4) 관념의 유희로서의 주지신학

하나님이 사랑이라는 사상은 필로의 철학에도 있다. 바울이 말하는 하나님은 실현이 있는 하나님 즉 사랑의 하나님이다. 따라서 바울의 신학은 실천적이고 하나님의 사랑이 유한함 속에 시간적 공간적으로 모든 경우에 파고든다. 그리스도교 신학은 이와 같이 실천적이기 때문에 주지적인 그리스 신학과는 그 유를 달리하고 있다. 그런데 신학교에서는 오늘날에도 주지적인 신학을 가르치고, 실천적인 실현의 신학을 가르치는 것을 잊고 있다. 그래서 신학교의 신학은 단순하게 관념 유희로서의 신학으로 타락한 것이다. 그리스도나 바울은 신학만을 가르치지 않았다. 바울은 그리스도 사랑을 깊이 역사적으로 또 우주적으로 맛보려고 하였다. 거기에 은총의 신학의 발전이 있었다.

바울은 돌연히 하나님의 은총을 체험했다. 핍박자였던 그가 갑자기 새 사람으로 변해서 그리스도 사랑의 운동에 가담했다. 때문에 그는 자신과 같이 그리스도를 오해하고 있던 자가 구원된 것은 전적으로 하나님의 은총에 의한 것이라고 생각해서 은총을 통해서 유대 민족의 역사를 다시 보고, 거기에 그 나름의 독특한 은총사관이 생긴 것이다. 그리스도는 이러한 역사철학을 표시하지 않았다. 그리스도에게 있는 것은 단순히 예언자적 경향이었다. 그러나 바울은 역사를 은총 즉, 사랑의 발전으로 본 것이다. 크로포드킨은 진화의 요소로서 상호부조를 설명했으나 바울은 인간의 의식적 행동 속에, 또 유태의 역사 속에, 인간의 실패 속에, 그리스도의 십자가 속에, 하나님의 은총의 출현을 보았던 것이다. 한번 실패한 것이 한 번 더 하나님의 사랑에 의하여 재생될 수 있다는 바울의 은총 사관이다.

무한의 사랑이 유한으로 표현될 경우에 그 방향은 일정하다. 그것이 예정론이다. 그 실현된 사랑이 선재(先在)한다는 것이 선재론이다. 그러나 또 그 사랑은 재생시키는 사랑이라 하는 것이 부활론이다. 바울 신학의 예정론, 선재론, 부활론은 말하자면 절대의 사랑과 유한의 사랑과의 관계에 대한 설명인 것이다.

에베소서 1장 5절에는 "그 기쁘신 뜻대로 우리를 예정하사 예수 그리스도로 말미암아 자기의 아들들이 되게 하셨으니"라는 말이 있다. 이것은 칼빈주의 예정론과는 달라 사랑을 실천적으로 예정한다는 뜻이다. 이것을 떠나서 바울신학은 없다. 주지적으로 신학을 세우는 것은 스토익이나 아리스토텔레스나 제논에게 맡겨도 좋다. 사랑을 키워나가는 것이 바울의 입장이고, 거기에 바울신학이 있었다. 임마누엘 칸트는 "모든 절대성을 띤 신에 관한 사상은 주지적으로 보면 모르지마는, 실행하려고 하는 이성으로 보면 안다"고 말하고 있으나 셈 민족은 그 경향을 나타내고 있다.

바울은 그리스도 속에서 절대성을 보았다. 바울은 그리스도 속에서 속죄 즉 사랑에 의하여 과거의 일체의 죄가 용서 된다는 것을 보았다. 과거의 실패에 대해서 속죄가 있고, 현재의 부족한 부분에 대해서 기적이 있고, 미래에 대해서는 부활이 있다. 그 모든 것은 하나님의 사랑에 의한 것이다. 사랑으로 말미암아 속죄가 있고, 기적이 있고, 또 재생이 있다. 그리고 이러한 사랑은 신으로부터 유한 속에 나타난 사랑이고, 그 본질은 절대 사랑으로 신의 본질 그 자체인 것이다. 바울은 에베소서 3장 18~19절에 "…그리스도의 사랑을 알고 그 너비와 길이와 높이와 깊이가 어떠함을 깨달아 하나님의 모든 충만하신 것으로 너희에게 충만하게 하시기를 구하노라"라고 말하고 있다. "그리스도의 사랑의 내용은 실로 헤아릴 수가 없다. 사랑 외에는 우주의 목적은 없고, 우주 진화의 충동은 사랑 그 자체이다"라고 하는 것이 바울의 실천적 일원론이다.

그리고 바울의 이러한 생각은 요한신학에도 있다. 요한은 요한복음 16장 8~11절에 "그가 와서 죄에 대하여, 의에 대하여, 심판에 대하여 세상을 책망하시리라 죄에 대하여라 함은 그들이 나를 믿지 아니함이요 의에 대하여라 함은 내가 아버지께로 가니 너희가 다시 나를 보지 못함이요 심판에 대하여라 함은 이 세상 임금이 심판을 받았음이라"라고 말하고 있으나 이것도 사랑을 기초로 하지 않으면 모른다. 죄라 함은 사랑의 최고 선이고 구원하려고 하는 의지인 예수를 믿지 않기 때문이고, 의(義)라 함은 그리스도가 십자가에 매달림으로써 최고 선을 주게 되는 것이고, 심판이라 함은 그 그리스도의 사랑에 속하지 않는 것을 의미한다. 다시 요한은 죄, 의, 심판에 대해서 성령이 내재하는데 의하여 이해되는 것이라고 말하고 있는데, 요한신학도 바울신학과 같이 그리스도 사랑을 표준으로 하고 있다. 그리스도가 중보자(仲保者)라고 하는 것도, 그리스도가 무한과 유한을 잇는 사랑 그 자체이기 때문이다. 성령의 내재(內在)라고 하는 것도, 또 사랑의 내재인 것이다. 만약 이것을 그리스의 주지론적으로 보려고 하면 까다로워진다. 그뿐 만아니라 절대로 불가해 하게 된다.

그러나 무한의 사랑이 우리들의 유한 속에 침윤해 온다. 즉 초월의 아버지이신 신이 유한 속에 실현될 경우 사랑은 실현해서 십자가의 형태를 취한다. 신이 사랑을 통해서 인간의 육체 속에 실현된다. 즉 하나님은 화신(化身)해서 육체의 형태를 가지고 표현된다. 이것이 사랑에 의한 윤리적 신비주의인 것이다. 그래서 하나님은 초월적 사랑이고 내재적 사랑이고 표현적 사랑이다. 그것이 아버지, 아들, 성령인 삼위일체의 신앙이다.

이 점이 요한의 로고스론에 의하여 무한의 사랑이 유한의 세계에 표현되는 점을 충분히 설명하고 있으나, 빌립보서에서는 바울도 같이 유한 속에 무한의 신이 그리스도의 십자가로 인하여 계시되어 있음을 명확하게 논하고 있다(빌립보 2장 6~8절).

이러한 가가와의 논의는 신학이란 언어의 유희가 아니라 '실천하는 신학'이며 나아가서 '현장의 신학'이라는 사실을 제시하는 스스로의 고백이다.

3. 사회운동의 근거로서의 '성육신 신학'

가가와 도요히코의 주된 활동이 사회운동이었다. 그의 사회운동에 대한 신학적 근거가 무엇인가라는 논의가 계속된다. 가가와는 이것을 '성육신의 신학'으로 묘사한다.[32] 그의 강연을 통해 그 핵심을 살펴보자.

> 물질생활 속에 하나님의 사랑을 표현할 때 그것은 십자가의 형태를 취한다. 이것이 우리들의 사회운동의 근본철학이다. 처음에 사랑의 표현이 있었다. 그래서 그것은 신과 함께 있었다. 나는 요한복음 1장 1절을 이런 식으로 읽는다. 즉 그것은 하나님 쪽에서 인간 쪽으로 날아 내린 것이다. 요한은 이것을 "말씀이 하나님과 함께 계셨으니 이 말씀이 곧 하나님이시라"라고 기록하고 있다. 즉 하나님의 무한의 사랑이 유한의 세계에 스스로를 표현하고, 육체를 통하여 하나님이 발언하는 것을 의미한다. 이것은 실로 대단한 생각이다. 마르크스철학은 물질만을 보고 무한의 사랑을 생각하지 않았기 때문에 유물적이다. 그러나

---

32) '성육신의 신학'을 가가와는 '화신의 신학'(化身の神學)이라고 묘사하고 있으나 그 의미는 '성육신의 신학'(Theology of Incarnation)이다.

요한은 단순하게 육체로서 생각하지 않고, 그것을 무한의 사랑의 표현이라고 생각했다.

남녀의 관계도 마찬가지이다. 왜 남녀라라는 두 개의 관계로 나누어져 있는가? 그것은 원래는 하나이었으나 진화시키기 위해서 두 개로 나누어진 것인데 바꾸어 말하면 사랑을 보다 완전하고 충실하게 하기 위한 수단인 것이다. 쇼펜하우어도 그런 식으로 남녀의 관계를 생각했다. 우리들은 물질을 단순한 물질로 생각하지 않는다. 물질은 하나의 표상이고, 그 안에는 사랑이 감추어져 있다. 그래서 물질을 통해서 사랑이 표현되는 것이다. 육체를 죽은 것으로 보느냐 산 것으로 보느냐에 따라서 인생에 커다란 차이가 생기는 것이다.

어떤 사람은 이러한 것을 모르고 마르크스주의적으로 생각해서 자기가 도대체 죽었는가 살아 있는가를 모르고 있는 것이다. 실제로 유물론적으로 보면 인류는 사물(死物)의 집합체에 불과하다. 그러나 실제는 물질의 그늘에 아름다운 사랑이 숨겨져 있다. 원래 육체는 그 자체가 더럽혀진 것은 아니다. 남녀 관계도 그 자체가 인류의 진화 때문에 생긴 것이나, 인간이 그것을 때 묻은 것으로 만들어 버린 것이다. 나체 미인의 조각도 그것을 만든 사람이 아름다운 기분으로 제작하면 그것은 실로 아름다운 것이다. 물질 자체는 결코 더럽혀진 것이 아니라 인간의 타락한 기분이 그것을 더럽히는 것이다. 신의 사랑의 표현으로서 물질을 보면 물질은 아름다운 신의 말이고, 사랑의 심볼인 것이다. 아름다워야 할 육체나 물질을 더럽힌 것은 우리들의 탐욕이고 죄악이다.

신학은 인생관에 대한 신학이어야만 한다. 결코 우주의 구조나 방법을 설명하는 것은 아니다. 그러나 오늘날에 있어서 우주의 물질적인 구조와 법칙을 설명하는 과학과 인생관을 기초로 하는 신학은 스스로 사랑의 신학이 되지 않으면 안 된다. 양심에 의하여 순수의 사랑을 직관하는 곳에 우주 의지가 인식된다. 우리들의 신학은 이것으로 충분하다.

우주 구조를 기초로 한 주지신학은 영구히 성립되지 않는다. 왜냐하면 우주 구조를 보는 방법은 영구히 진보하기 때문이다. 옛날 사람들은 신학으로써 인력의 법칙을 설명하려고 했다. 거기에 갈릴레오와 교황과의 충돌이 있었다. 신학에는 우주 구조를 설명할 필요가 없다. 우리들은 양심을 기초로 해서 그 실천을 중시 한다. 그리하여 그 방면의 경험을 종합한 실천신학을 건설한다. 신약성경에는 우주 구조의 설명은 없다. 양심에 있어서의 신의 작용을 아는 것으로써 우리들은 우주의 내부로부터 우주의 본체를 측량할 수가 있게 되는 것이다.

양심은 하나의 작은 우주이다. 양심을 볼 것 같으면 거기에 우주 전체의 종합이 있다. 그러나 이것을 주지적으로 이해하려고 하면 언제까지 있어도 알 수 없을 것이다. 만약 사랑을 실행하고 치열한 양심생활을 하고 있다면 그 돌출한 끝에 우주의 힘이 감전(感電)해 올 것이다. 그리하여 거기에 십자가의 신학의 가능이 발견되어, 또 한번 거기에 신약의 의미를 되돌릴 수가 있을 것이다. 우리들은 그리스 철학과 성서 신학을 혼동하지 말고, 사랑의 역사 위에 신학을 수립하려고 시도하는 것이다. 그것은 실현의 신학이고, 사랑의 실현에 의하여 신에 대한 인식을 깊게 하려는 시도인 것이다. 즉, 그것은 요한일서 4장 8절에 있는 "사랑하지 아니하는 자는 하나님을 알지 못하나니 이는 하나님은 사랑이심이라"의 기본이다. 그것은 사랑의 행동에 의하여 신의 인식이 가능하게 된다는 것을 주장하는 것으로 거기에 실현의 신학의 근본이 되는 인식론이 있다.

가가와의 이러한 신학적 이해는 그의 사역을 보다 효과적으로 전개하는 바탕이 되었고, 전통적 신학 이해보다 현장에서의 실천을 강조하는 성육신의 신학으로 구체화되고 있다.

III. 가가와 신학의 적용

가가와 도요히코의 신학은 사변적이거나 논쟁적인 것이 아니라 '실현의 신학' 즉 실천하는 신학이며, 현장의 신학이었다. 가가와는 사회악과 싸우는 투쟁적 모습을 보였고, 그의 신학은 오늘의 표현으로는 '변혁의 신학'(Transformation Theology)라고 할 수 있다. 여기서 가가와 신학의 적용 문제를 고찰하려 한다.

1. '하나님의 나라 운동'의 신학적 적용

가가와의 사역 가운데 신학적 특성이 가장 뚜렷하게 나타나는 것이 '하나님의 나라(神の國) 운동'이다. 이것은 가가와 신학의 집대성이며 실천의 요채이다.

가가와는 전국협의회가 있었던 날 저녁, 히비야(日比谷) 공회당에서 열린 『선교 70주년기념 · 하나님 나라 운동선언 신도대회』에서 '일본교화(日本教化)의 이상(理想)'이라는 제목으로 다음과 같이 강연하였다.[33]

> "일본 여기저기서 절망의 소리가 들린다. 시골에 가면 시골의 한탄을, 공장에 가면 공장의 고민을 듣고, 어촌에 가서도 고기가 잡히지 않는다는 한탄을 듣는다. 도회지에서는 도회지의 신음소리가, 가정에는 가정의 슬픔이 깊은 한탄과 절망의 소리가 넘쳐나고 있다. 그러나 우리들 곁에는 은총의 하나님이 계신다. 그곳에 계시는 생명의 하나님께서 '절망하지 마라, 너에게는 또 길이 있다'고 가르쳐 주시고 있다. 절망하지 마라. 하나님은 우리들이 절망할 때에 희망을 준비하고 계신다. 성령은 일본 국토를 감싸고 있다. 우리들에게 요구하는 것은 실행이다. 말로 이야기하는 대신에 선한 사마리아인의 친절을 실행하는 것이다. 따라서 지금부터의 하나님 나라 운동은 농촌으로, 사무실로, 도회지로, 공장으로 우리들이 무언의 십자가를 짊어지고 돌아가는 것이다. 우리들은 이 사랑의 운동으로 다시 돌아가야만 한다."

---

33) 「雲柱」 1929年 12月号.

하나님 나라 운동은 메이지 이후의 그리스도교회 역사에서 가장 성공한 전도활동의 하나였다고 평가해도 좋을 것이다. 당시 일본의 사회와 교회가 처해 있는 상황을 보면 그리스도교 신자는 절박하게 위기를 느끼고 있었다. 가가와의 명성도 있고 하여 그가 전국을 순회하면 어느 집회건 대성황이었다. 5백 명, 천 명의 청중이 모였다. 교회당만으로는 청중을 전부 수용할 수가 없어 마을의 공회당이나 학교를 대회장으로 하는 경우도 적지 않았다. 작은 마을의 집회에서도 수백 명이 모였다.

그는 백만 명의 영혼을 구원하는데 열심인 나머지 결신자들의 수에 큰 관심을 가졌다. 복음전도자로서 그의 사명은 전도이며, 그 뒤에 신자들을 보살핌은 교회가 해야 한다고 생각해왔던 것 같았다. 그러나 하나님 나라 운동과 교회 체제 사이에는 하나의 간극(間隙)이 존재하였다. 그것은 이 전교회적 활동이 '하나님 나라 운동'이라고 불리어 진 것으로도 분명하게 알 수 있다. 하나님 나라 운동은 협동전도의 전개임과 동시에 노동운동, 농민운동의 맥락 속에서 파악될 필요가 있는 또 하나의 '운동'이었다. 하나님 나라 운동은 다수의 저항을 받으면서도 그리스도교회 속에서 정착해 갔지만 그것이 반드시 '운동'적 측면을 받아들였다는 것을 의미하는 것은 아니었다. 가가와의 '하나님 나라 운동'을 이해하기 위해서는 그의 그리스도교의 중심개념의 하나인 '하나님 나라'의 이해를 정확히 해 둘 필요가 있다.

가가와가 본격적으로 저작 활동을 한 최초의 책인 『기독전논쟁사(基督伝論爭史)』 속에서 그는 중심 테마 중 하나인 '하나님 나라'에 대해 자신의 견해를 이렇게 전개하고 있다.[34]

> "나는 하나님 나라를 추상적인 것이라고는 생각하지 않는다. 하나님
> 나라는 '세수를 하고, 머리를 감는 사람'의 영토이며, 항상 '나타나는
> 성질'이라는 것, 한 사람 한 사람이 개별적인 마음으로 기다릴 뿐만 아

---

34) 賀川豊彦, 基督傳論爭史(東京: 福音舍, 1913), pp. 343-344.

니라 의식주조차도 우리들이 기도하여 얻을 수 있는 것이다. 예수의 하나님 나라를 내재적이라든지 미래적이라고 나누어 생각하는 것은 어리석다. 하나님 나라는 진행적이라고 생각하여야 한다. 진행적이라 는 것은 발전적이라는 것도 아니며 진화적이라는 것도 아니다."

이 책에 이미 그의 생애를 관통하는 '하나님 나라' 사상의 중심 테마가 전 개되어 있다. 그것은 하나님 나라는 추상적?관념적 세계가 아니라 의식주가 지배하는 구체성을 가진 세계라는 것이다. '하나님 나라' 는 그 후 그의 저작 물이나 강연 가운데 계속해서 나타나는 주제 가운데 하나이다. 강연 때마다 강조하는 부분이나 뉘앙스에 다소의 차이는 있지만, 하나님 나라가 영적인 세계임과 동시에 경제적 · 사회적인 것이며 양자를 연결하여 이해하였다는 점에는 시종 변함이 없다. 그러한 의미에서 노동운동도, 농민운동도 그에게 있어서는 하나님 나라 운동의 한쪽 날개에 지나지 않았다. 그 때문에 노동운 동에서 좌파의 공격을 받고 있었던 1921년에 출판한 『예수의 종교와 진리』 가 하나님 나라에 대하여 다음과 같이 기록하고 있는 것은 단순한 비유 이상 의 것을 의미하고 있었다.[35]

"예수와 유다의 '하나님 나라' 의 견해는 근본적으로 달랐다. 원래 예 수의 '하나님 나라' 라는 것은 예수 자신이 왕이 되어 권력을 휘두르는 '지상의 왕국' 은 아니었다. 예수의 왕국은 윤리적, 종교적, 사회적인 '하나님 나라' 였으며, 성장, 발달, 생육, 진화를 그 법칙으로 하는 시 간 위에 서 있는 성스러운 나라였다. 그러나 유다에게는 하나님 나라 의 내림(來臨)은 혁명적 노동조합주의자처럼 혁명과 같은 것이며, 전 세계가 한 번에 역전된다고 하는 파국이었다."

알버트 슈바이처에게 예수의 종말론의 의의를 배운 가가와는 단순히 19

---

35)「賀川豊彦全集 I 」, p. 193.

세기적 사회진화론에 동조할 수는 없었다. 그러나 혁명적 노동조합주의자의 폭력혁명 속에서 종말론적 발상을 보게 되자 그는 사회 진화의 중요성을 강조하게 되었다. 하나님 나라를 둘러싼 이 두 개의 진화에 대한 갈등은 가가와에 의해 다음과 같이 통일을 이룬다.[36]

"예수 그리스도 자신의 하나님 나라 사상은 어떠한 것이었을까? 하나님 나라는 예수 자신의 폭력에 의한 것이 아니라 하나님 자신의 폭력에 의하여 온다. 지금의 천지가 붕괴되고 그곳에 새로운 하나님 나라가 객관적으로 온다. 인간의 역사가 갈 길이 막히어 절망적으로 빠져들어 간다. 어떻게 해서든 위로부터의 힘이 가해져야만 하는 그러한 때에 초자연적인 간섭이 인간의 역사에 작용하여 다시 한번 새로운 전개가 시작된다. 그러나 위에서 서술한 것과는 정반대로 예수는 하나님 나라란 내면으로부터 성장하는 것이라고도 설명하고 계신다. 그리스도의 재림이라고 하는 것은 하나님의 세력의 또 하나의 간섭을 의미한다. 하나님의 세력이 내면으로부터 작용하여 온다 ― 그것은 성장을 의미하는 우리들 인간 쪽에서 보면 우리들의 내재적 생명의 향상이라고도 생각할 수 있는 것이다. 즉, 인간에게는 하나님나라의 출현은 인식적이고 돌변적이다. 내면에서 오는 심적인 혁명 없이는 어떤 개조운동도 결국에는 헛고생으로 끝난다. 개성의 개조와 함께 만인의 내적인 개조가 있어야만 비로소 그곳에 하나님 나라가 나타나게 되는 것이다."

가가와는 "혁명이 아니라 모든 사람들이 개조되어 하나님 나라로 돌아가지 않으면 안 된다"[37]고 생각한다. 이렇게 혁명적인 사회운동에 대한 비판이 강하여 짐에 따라 가가와의 '하나님 나라' 개념은 만인의 회개와 회심을

---

36) 賀川豊彦, イエスよ人類愛の内容(東京: 警醒社, 1923), pp. 282-285.
37) *Ibid*, p. 278.

강조하는 것이었다. "참된 내적 개조 없이 사회를 구원할 수 없는 것이다. 그래서 나는 조합운동에 모든 힘을 쏟으면서 종교 활동에 열중한다."[38] 얼마 안 있어 그것은 예수의 벗회의 백만명 영혼구원운동으로 나타났으며, 하나님 나라 운동으로 발전되어 갔다. 그러나 가가와로서는 회개로서 실현되어지는 하나님 나라가 단순히 정신적 세계의 일이라고는 생각할 수 없었다.[39]

> "예수의 종교는 속된 삶 속에 하나님이 인간을 경험하고 모든 일상생활을 성스럽게 하는 것이었다. 종교가가 사회운동을 하는 것은 속물적이라고 말할지도 모르지만 예수의 제자이기 때문에 우리들은 사회운동을 하는 것이다."

성육신—가가와의 표현을 빌리면 화신(化身)—의 예수와 그의 활동이야말로 하나님 나라의 모습을 나타내는 것이라는 것이다. 그는 또 1927년에 산상수훈을 강해하며 이렇게 기록하고 있다.[40]

> "예수 그리스도는 '하나님의 나라가 임하시옵소서' 라고 기도할 것을 가르치고 계신다. 종교가 하나의 사회성을 띠고 있는 것을 의심하여서는 안 된다. 우리들은 예수의 운동이 하나님 나라 운동이었다는 것을 기억할 필요가 있다. 우리나라에는 지금 250만 명의 폐병환자가 있다. 또한 만 5천 명을 넘는 나병환자가 있다. 일본에는 아직도 전 국민의 52%가 농민이며, 그중 70%가 소작인이다. 그들은 비가 오면 많은 비 때문에 어려움을 겪고, 또한 가물면 가물어서 어려움을 겪고 있다. 17만 7천명에 이르는 창녀의 비참함은 말할 것도 없다. 이들의 해방은 누가 할 것인가? 왜 그들을 위하여 기도하지 않는가? 진실한 기도는 하나님나라를 위해서 기도하는 기도이다."

---

38) 賀川豊彦, イエスの宗敎と眞理, p. 149.
39) *Ibid.*, p. 151.
40) 賀川豊彦全集, Ⅰ, p. 474.

가가와는 전도가 교회당으로만 국한되고 개인주의에 매몰됨으로써 제대로 이루어지지 못하고 있다고 확신하고 있었다. 그러므로 가가와로서는 사회운동에서 손을 떼고 하나님 나라 운동에 매진하는 것이 사회운동에서 정신운동으로 전향했다는 것을 의미하는 것은 아니었다. 그에게는 '정신운동과 사회운동'은 원래 한 운동이 지닌 두 개의 측면에 지나지 않았다. 그것은 그가 신가와의 빈민굴에 들어갔을 때부터 변함이 없었다. 따라서 노동운동의 지도자가 된 것도, 농민조합의 창립자가 된 것도 '하나님 나라 운동'의 한 형태에 지나지 않았던 것이다. 그리고 사회운동 중에서 정신운동의 측면, 즉 만인의 '개조'의 중요성을 통감함에 따라 운동의 중심이 영혼구원운동으로서의 '하나님 나라 운동'으로 옮기게 된 것이다.

1930년 초, 교토, 요코하마, 고베, 나고야 등에서의 '하나님 나라 운동 선언대회'를 시작으로 3년간 가가와는 글자 그대로 동분서주하며 쉬는 시간 없이 활동하였다. 1930년 1월 도쿄 마쓰자와 자택에 돌아왔을 때는 과로로 급성 폐렴이 되었지만 열이 내리자 간사이 지방으로 갔으며, 피를 토해가며 오카야마로 전도하러 갔다. 5월에는 도쿄, 6월에는 이시카와현, 가나가와현, 7월에는 후쿠시마현을 순회하며 설교하였다. 8월에 쥬고쿠에서, 9월에는 사이타마현, 아키타현으로, 10월에는 도쿄, 교토, 11월에는 아오모리현, 이와테현, 미야키현을 순례하였다. 11월이 되자 다시 피를 토하게 되어 하는 수 없이 고베에서 잠시 쉬었다. 이렇게 가가와는 전심전력으로 계속하여 활동하였다.

'하나님 나라 운동'은 일본 기독교연맹이 주창자가 되어 전개한 것이지만 실질적으로는 가가와가 주도하는 '하나님 나라 운동'이었다. '하나님 나라 운동'은 가가와를 중심으로 하여 전국적으로 전개되었다. 오랫동안 침체해 있던 그리스도교회에도 마침내 활기가 되살아나고, 1928년부터 세례 받은 사람이 증가하기 시작하여 1931년에는 절정에 이르렀다. "하나님 나라 운동은 상당수의 구도자를 교회로 보냈으며, 또한 세례를 받은 사람도 많이 나왔다. 하나님 나라 운동은 교회 성장에 많은 도움이 되었다."[41] 가가와의 3년

에 걸친 활동은 끝났다.[42]

"마침내 우리들은 3년간의 여행 중 마지막 전도 여행에 나섰다. 이번에는 후쿠오카(福岡), 오이타(大分), 미야자키(宮崎)를 순회할 차례다. 불행히도 모지(門司)의 쓰루하라(鶴原) 씨의 댁에 묵은 그날 밤, 하룻밤 사이에 시력이 현저하게 감퇴하여 걷는 것조차도 곤란하게 되었다. 심한 피로와 함께 혈관장애가 심하여져 회복하기까지는 대개 4일 정도 걸린다. 눈이 흐려졌기 때문이었다. 그러나 다행히도 구로다씨에게 도움을 받아 약 24일 동안 전도여행을 마친 것을 하나님께 감사드리지 않을 수 없다. 4년 반 동안 구로다 씨와 함께 많은 고생을 하였지만 마지막 여행의 기로에서 함께 하신 하나님의 크신 축복에 감사하고 3년 반의 여 행을 끝낼 수 있었던 것을 기쁘게 생각한다."

가가와 도요히코가 전개한 여러 가지 운동 가운데 '하나님 나라 운동'은 모든 것을 포괄하는 집대성적 의미를 가진다. 1926년 11월에 시작한 '하나님 나라 운동'은 1932년 12월 14일 미야자끼현(宮崎縣) 고야바시초(示林町)의 집회로 제1기를 끝내었다. 그 후 이 운동은 평화운동, 세계연방운동 등으로 계승되었다.

2. 대중주의의 탈교회성

가가와 도요히코의 신학이 적용된 특성 가운데 하나가 '대중주의'이다. 이것은 '사회복음'적 특성을 강조하는 것으로서 그의 활동과도 직결된다. 그의 활동은 여러 영역에서 구체화되었다. 노동운동, 농민운동, 협동조합운동, 반전(反戰)운동, 평화운동 그리고 하나님 나라 운동 등 다양한 영역에서 이

---

41) 日本基督教団宣教研究所 編, プロテスタント百年史 研究(東京: 日本基督教団, 1961), p. 149.
42) 賀川豊彦, 身辺雑記, 1932年 12月, 157.

루어졌다.

　이러한 운동들이 가지는 특성들이 있는데 이것은 가가와의 사상과 직결되는 것이며 그 바탕에는 그의 신학적 이해가 깔려 있다. 가가와의 활동에는 늘 현장성이 있다. 이것은 그의 첫 사역이 고베 빈민촌에서 이루어진 사실과 연결되는데 사변주의적 신학이 아니라 행동주의적 실천의 신학이다.

　그는 현장에서 외치고 섬기는 사역자였다. 그가 보수적인 장로교회인 미국 남장로교회의 가르침 속에서 성장한 것을 생각할 때 이것은 하나의 이변이라고 할 수 있다. 그 이유가 무엇이냐고 생각할 때 여러 가지 가능성을 찾을 수 있다.

　첫째, 그의 가정적 배경이다. 이것은 그의 개인사적(個人史的) 특성과 연결된다. 첩의 아들로 조실부모한 그의 고독한 유년기와 소년기가 그의 인격 형성에 중요한 영향을 미쳤을 것이다. 그는 조용히 책을 읽고 고독하게 시간을 보내는 타입이었으나 그리스도를 믿게 된 후는 섬기는 자의 삶을 살아갔다. 이것이 그의 현장성의 뿌리가 된다.[43]

　둘째, 그의 신체적 질고이다. 가가와는 한 평생 육체적 질고를 안고 살아갔다. 그의 삶은 질병과의 투쟁을 계속하는 고통의 연장이었다. 여기서 살아나게 된 자신의 모습을 통해 고통당하는 많은 사람들을 섬기는 삶을 살게 했다. 그래서 가가와는 빈민촌에서 사역을 시작하였고, 한 평생 대중을 위해 헌신하였다.[44]

　셋째, 사회악과의 투쟁이다. 가가와의 여러 가지 운동 즉, 농민운동, 노동운동, 평화운동 등은 한 마디로 사회악과의 투쟁이었다. 그는 현장의 부조리와 불법에 항의하였고, 대중을 조직화하여 투쟁하였다. 이것은 1970년대의 한국의 '참여신학'과 비슷한 유형이라고 할 수 있다.[45]

---

43) 그의 생애에 대한 연구는 그의 후배이며 동료인 구로다(黑田四郎)의 연구를 참조하라.
44) *Ibid.*
45) 가가와는 사회악과의 투쟁이란 명제를 안고 노동자, 농민, 빈민들 속에 뛰어들었다. 그는 '정치적 변혁'보다 '성육신의 신학'을 바탕으로 '그리스도를 통한 변혁'을 목표로 하였다.

3. 신앙문제에 대한 4부작

가가와 도요히코는 그의 강연이나 저서에서 '신학'이란 용어를 사용하는 것을 극히 싫어하였다. 그러나 신앙문제에 관한 4부작을 간행하였는데 이것은 「가가와 신학」을 알 수 있는 자료이다. 1930년에 『하나님에 대한 명상』을, 1931년에는 『십자가에 대한 명상』을, 1932년에는 『그리스도에 대한 명상』을, 1934년에는 『성령에 대한 명상』을 출간하였는데 여기서 「가가와 신학」을 볼 수 있다.[46]

(1) 『하나님에 대한 명상』

먼저 제1장에서 제5장까지는 일본의 지식인이 신에 대해서 의문을 가지고 있으므로 과학과 종교와의 충돌의 조화를 꾀해서 진화론은 우주도 어디론가 향해서 진화하고 있으며 창조론도 신의 의지에 따라 만들어졌다고 말한다. 서로가 다 합목적성(合目的性)을 발견할 수 있다. 진화론은 객관적으로 보고, 창조론은 주관적으로 신의 쪽에서 보고 있어 그 사실 자체는 변함이 없다. 바울의 로마서 8장에 있는 사상도 '신을 중심으로 해서 우주가 진화하고 인간도 완성한다.'고 생각했다고 설명하고 있다.

제6, 7장에서는 일본인이 많은 의문을 가지는 하나님이 사랑이라면 왜 인간에게 고난이 있는가 하는 문제에 대해서 논하고 "사랑하기 때문에 고통도 즐겁게 받아들인다는 힘이 우주 전체에 나타나 있다. 그것이 십자가이다. 사랑을 위해서는 고통도 고통이 안 된다."고 설명하고 있다.

제8장에서는 '양심을 통해서 본 신의 묵시'에 대해서 말하고, 우주의 완성의 목적과 나의 목적 사이에 모순이 없는 경지에 양심종교가 출현한다. 그래서 신과 함께 일하는 생활이 실현한다.

제9장은 역사관인데 유물사관과 유심사관을 논하고, 마르크시즘을 비판

---

46) キリスト新聞社 編, 「賀川豊彦全集」제3권에 수록되어 있다.

하면서 "신 스스로가 인간의 실패를 구원하려고 하는 인간 역사가 구?신약 성서이다."고 논하고, 이것을 은총사관이라고 부르고 있다.

제10장은 신과 성령 불멸을 논하고 있다. "신의 사랑은 불멸이다. 그 망하지 않는 신이 창조한 불가사의한 영혼이 그렇게 쉽게 멸망할 리가 없다."고 결론짓고 있다.

제11장과 12장에서는 그리스도론과 속죄론을 말하고 있다. 그러나 가가와는 수육(受肉)이라는 신학적 용어를 피하고 동양적인 화신(化身)이라는 말을 쓰고 있다.

(2) 『그리스도에 대한 명상』

제1장에 세례 요한이 투옥되었을 때에 군중이 예수를 내세워 정치 혁명을 감행하려고 했을 때, 주님은 혁명을 피하고 산으로 도망가서 기도한 것에 대해서 말하고 있다. 이것은 가가와가 1921년 가와사키(川崎)조선소의 스트라이크 때에 최고 지도자로 추대되었으나, 혁명운동에서 벗어나서 전도에 다시 헌신한 경험이 배어 있어 흥미롭다.

제2장에는 '그리스도에게 주신 예언자 에스겔의 감화'를 기록하고 있다. 요한복음의 비유 등은 에스겔 37장 1~15절에 나와 있으며 에스겔의 감화가 강하게 나타나 있다고 말하고 있다.

제3장은 그리스도의 준비시대에 돌아가서 황야에서의 유혹을 논하는데, 첫 번째 유혹은 지혜에, 두 번째는 감정에, 세 번째는 의지의 유혹이었다고 분석하고 있다.

제4, 5장은 그리스도의 '하나님의 나라가 임하였다'고 한 선언과 '하나님의 나라 운동'에서의 오중(五重)의 해방에 대해서 논했다. 1. 가난한 자에게 복음을 베풀고—경제적 해방, 2. 마음 아파하는 자를 치료하고—심리적 해방, 3. 갇힌 자 용서를 받게 하고—사회적 해방, 4. 눈먼 자에게 보는 것을 알리고—생리적 해방, 5. 억압된 자에게 놓아 주어 자유를 주고—정치적 해방이다(눅 4: 18, 19). 소화 초기에 가가와가 시작한 「하나님의 나라 운동」의 발상은 여기에서 나온 것이다.

제6, 7장은 그리스도의 신의식(神意識) 즉, 메시아 의식에 대해서 논하고 있다. 초월의 신의식과 내재의 신의식과 아들의 신의식과의 세 가지 의식이 '아버지와 나는 하나이다.'라는 의식에서 통일되어 있다. 바울은 '위에' '안에' '관통'이라는 세 가지의 경험을 적고 있으나, 예수는 '위에 있고' '관통하고' '안에 있는' 하나님을 경험하신 것이다. 이 조심성 깊은 그리스도는 말보다도 실행에서 속죄애의 본질을 성취한 것이다. 그리스도의 메시아 의식은 이렇게 해서 무리없이 그 자신이 참다운 그리스도인 것을 사실상 역사에 각인했다고 선생은 단언했다.

제8, 9장에서는 '산상의 수훈'을 설명하고 그리스도의 사랑과 도덕의 재구성을 논술하고, 다시 "한번 퇴화한 것을 또 한 번 진화시키는 힘이 우주에 있다는 것을 믿는 것이 신앙이고, … 그 재진화를 발견한 것이 그리스도이다." 하고 설명했다. 그래서 인간 쪽에서 말하면 재생이고, 신 쪽에서 말하면 사랑에 의한 구원으로서 도덕의 근본적 재구성이 이루어진 것을 주장하고 있다.

제10장에는 인간의 좌절, 사람을 용서하는 태도, 충고하는 방법 등이 가르쳐져 있고, 11장에는 그리스도의 감정에 대해서 설명되어 있고, "하나님의 감정이란 우주 크기의 감정이다. 사람들은 낮은 정도의 감정으로 기분을 운반해 가지만 그래서는 안 되므로 감정의 다각성의 연습을 해서 타인의 감정을 잘 알고, 누구든지 가락을 맞출 수 있도록 하라."고 가르쳐야 한다고 논하고 있다.

제12장은 그리스도의 기적에 대해서 논하고 있는데, "그리스도 그 자신의 출현이 기적의 기적이라고 생각하고 있다. 신의 힘 없이는 그리스도의 출현은 불가능했다."고 논하고 있다.

제13장에서 가가와는 그리스도의 수난과 십자가를 설명한다. "세례 요한은 인간의 죄를 지적했으나, 그리스도는 인간의 죄를 지고, 죄를 지적하지 않고, 인간 사이에 섞여 함께 이것을 짊어졌다. … 그리스도는 부분적인 것

에도 죽을 수 있었으나 전체를 위해서도 죽을 수 있었다. … 한 개의 손가락 때문에 피를 뿌리고, 전부를 고쳐 나간다는 것이 그리스도의 속죄이다."

제14장은 그리스도의 부활을 설명하는데 부활의 의미를 '사랑'으로 보고 있다. "사랑은 되살아나는 성질을 지닌다. 사랑에는 절멸이 없다. 그리스도의 부활이 종교적인 것을 그리스도의 사랑이 부활의 성질을 가진다고 하는 점에 있다. 그리스도의 피는 인류의 구원과 부활을 의미한다."고 하는 말로 이 책을 맺는다.

(3) 『십자가에 대한 명상』

이 책의 제1장에서 제3장까지는 앞의 두 권에서 말한 것의 중복이지만 가가와 특유의 경험에서 우러나온 것이기 때문에 아주 인상적이다.

제4장은 주로 사도 요한의 사상에 의한 십자가에 관해서 말하고 있다. 난해한 속죄론을 말하는 대신에 요한복음서는 관헌 측의 사정을 잘 알고 있는 것으로 공관복음서에 기록 안 되어 있는 사항에 하나님의 어린양, 모세의 뱀(蛇), 한 알의 밀알 등을 예를 들어 논하고 있다.

제5, 6장은 다시 나아가서 바울의 속죄론을 논한다. 십자가를 두 가지 방면에서 강력하게 논술해 간다. "그리스도의 십자가는 능동적이고 주려고 하는 선물로서 죽은 것이지마는, 바울의 십자가는 자신의 죄 때문에 그리스도를 죽였다는 강한 죄책감에서 솟아난다. 그리스도의 십자가는 용감한 십자가이지만, 바울의 십자가는 피투성이가 된 번민의 십자가였다. … 바울이 자신의 육체가 자신의 것이 아니고, 그리스도의 육체였다는 것을 맛보게 되어 그리스도의 십자가에 의하여 죄악이 용서되어 그리스도의 함께 사는 것으로 해서 그리스도의 십자가의 번뇌에 참여할 수 있는 특권을 주었다고 믿었다."고 설명했다. "그리스도의 남은 고난을 그의 몸된 교회를 위하여 내 육체에 채우노라(골 1: 24)."고 한 것은 이 경지이고, 또 가가와 자신의 생활 방법이었다. 더 나아가서 바울이 사용한 피, 군대, 신진대사, 접목, 법률, 양자 등의 예를 설명하고, 생명, 힘, 변화, 성장, 선택, 법칙, 목적 등의 용어를 써서 가가와 스타일의 신학사상을 전개한다.

제7장에서 제10장은 가가와 자신의 십자가 신학이다. 거기에 의하면 "십자가는 우주를 완성하기 위한 십자가이다. 십자가는 자연률의 진리를 완성한다. 우주를 완성하기 위해서는 인간을 완성하지 않으면 안 된다. 인간을 완성하기 위해서는 사랑을 완성하지 않으면 안 된다. 사랑을 완성하기 위해서는 십자가를 완성하지 않으면 안 된다."고 설명하고 있다.

제11장에서 제18장에 전개되는 십자가의 실천신학은 실로 신선해서 독창적이고 경청할만하다. 여기에는 다시 강력하게 십자가에 의한 거룩한 사랑이 실현되는 역사적 발전을 술회하고, 속죄를 기초로 하는 생활을 대중에게 철저히 시키려고 피를 토하는 듯한 정열로서 말하고 있다. 십자가와 사회생활, 윤리생활, 종교생활, 일상생활, 사회운동이라는 항목으로 실제 예를 들어서 '피를 흘리는 생활'로 살 것을 전력을 쏟아서 호소하고 있다. 그것이 단순한 두뇌에서 나온 것이 아니고 신가와에 투신한 이래 가가와의 헌신 즉 '섬김' 생활에 근거한 증거이기 때문에 실로 강력하게 어필하는 힘을 느낀다.

(4)『성령에 대한 명상』

가가와는 지금까지의 책에서는 성령을 '신의 내재'라고 정의해 왔으나 이 책부터는 의식(意識)이라는 문자로 표현하였다. 성령을 정의해서 '하나님의 생활에 들어가는 것이다.' '하나님의 입장이 되어서 모든 것을 다시 생각하는 것이다.' '하나님의 마음이 되어서 역사를 다시 보고, 우주를 다시 봄으로써 여기 비로소 진리의 영혼이라는 것을 알게 된다.'고 말하고, 또 "성령에 의하여 죄에 대하여, 의에 대하여, 심판에 대하여 나타날 것이라고 요한복음에 적혀 있는데, 의에 대해서라는 것은 신의 전의식의 결백이고, 죄라는 것은 인간의 반의식(半意識)에 의한 갈피를 못 잡음이니 실패다. 심판이란 그 경계를 나타내는 구분을 말하는 것이다."고 설명하고 있다.

제3장에서는 사도행전에 기록되어 있는 성령 강림이나, 감옥에 수감된 베드로는 신의식(神意識)에 들어간 것이라고 논하고, "성령은 지상에 하나님

의 나라를 실현하려고 해서 하나님을 믿고 기도하고, 또 노력하는 자에게 주어진다."고 가가와는 말하고 있다.

제4장에는 바울의 성령 체험을 서술하고, 성령이 인간의 지식이나 의지에 영향을 주어서 모든 것이 강해지고, 사회적 생활이 맑아지고, 인간의 육체적 생활까지도 성스러워진다는 것을 설명하고 있다.

제5장에서는 다시 기도 생활에 성령이 활동하게 되는 것을 말하고, 제6장에서는 내재의 하나님으로서의 성령을 논하고, 제7장에서는 진리의 영, 제8장에서는 위로하는 성령에 대해서 말하고, 제9장에서는 성별자로서의 성령을 설명하고, 다시 제10장에서는 성령 생활의 내용에 대해 논하고 있다.

이상에서 논한 것이 「가가와 신학」의 요약이다. 그러나 가가와의 신학에 대한 연구가 제대로 이루어지지 않고 오직 사회운동가로서의 그의 모습이 사람들에게 각인되어지고 있는 실정이다.

결론

가가와의 신학을 한 마디로 규정하면 '성육신적 십자가 신학'이다. 여기에 그의 사상과 사역이 함축되어 있다. 그러나 이것을 교회중심주의의 관점에서 보면 정통신학에서의 이탈이며, 탈교회적 특성을 가졌다고 볼 수 있다.

가가와는 '실천의 신학' 즉, 현장의 신학을 강조하였다. 이것은 사회악과 싸우는 그의 사역을 보여주는 것이며, 그의 생애를 통하여 섬김의 모습을 나타내었다. 가가와의 신학의 중심에 성육신과 십자가가 있음을 주목해야 한다.

지금까지 많은 사람들은 「가가와 신학」에 대하여 오해하고 있었다. 그 이유는 그를 사회운동가나 베스트셀러 작가로 이해하였고, 보수적인 신학자들의 비판을 받았기 때문이다. 우리는 「가가와 신학」에 대해 재조명할 필요가 있다.

제14장 ——————— # 가가와 도요히코의
교육사상
— 유아교육을 중심으로

서론: 어린이를 사랑한 사람

가가와 도요히코의 또 다른 모습은 어린이를 사랑한 사람이다. 그 모습을 그의 글에서 찾아보자.

"나의 예술품은 길거리의 아이들과 그 얼굴이다. 나는 빈민굴에 살면서 아이들을 한 사람도 남김없이 친구로 한다. 그는 천사의 형제이다. 남루도 그의 얼굴의 빛남을 앗아가지 못하고, 죄와 부절조(不節操)도 아직까지 그 광영을 침윤하지 않는다. 나는 그 육신에 닿아도 청정무구의 성령에 닿는다. 아이들 얼굴이야말로 나의 걸작이다. 나의 희곡은 빈민굴의 길 그 도중에 있다. 그 무대는 극장보다 넓고, 그 줄거리는 극 자체보다 복잡하다. 나는 극장에서 흘리는 눈물을 빈민굴에서 흘린다."

이 글은 1920년, 가가와가 신가와에 들어가서부터 11년째인 32세 때에 출판한 『地殼을 깨고』의 1절이다. 같은 책에 다음의 시가 실려 있다.

나의 제자는
세 사람, 네 사람
코흘리게 小增의
문어대가리 아가에게
큰소리 심한 公은
나의 제자 하나, 들이다.
변소 문 앞까지
따라와서
날 나오기
기다린다.
거지의 어른(長)은
제자가 셋
······.

젊은 가가와가 얼마나 신가와의 아이들을 마음으로 사랑했는가 하는 것이 눈앞에 환상처럼 떠오르는 것이 아닌가.

가가와의 어린이에 대한 지극한 사랑의 증거로서 일본 전국은 물론 세계의 사람들의 가슴을 울린 것은 「투병기(鬪病記)」라는 잡지에 투고한 「눈물의 이등분」이라는 시이다. 80행을 넘는 시인데, 그 맨 첫 절과 맨 끝 절을 인용해 본다.

"돌이가 울어서
잠이 깨어
기저귀 갈아 주고
의자에 기대어
눈물이 난다.
남자가 싫어져서
여자가 되어

돌이를 주어서
오늘밤이 사흘밤
밤샘 일을 하고
깜박 잠이 들었는데
돌이가 깨운다."

"돌이를 안고
키스를 하고
얼굴과 얼굴 맞대고
내 눈에 눈물이 고여
돌이의 눈에 번져 …
저런, 돌이도 울고 있네요.
하나님
돌이도 울고 있습니다!"

돌이는 몇 푼의 돈에 슬럼의 노파에게 팔려 와서 먹는 것도 변변찮아 야위어 있었다. 그 노파가 도둑질하여 경찰에 잡혀갔다. 그러나 당시의 경관은 돌이를 버린 채 그대로 두었다. 22세의 가가와는 그 돌이를 버려 둘 수가 없어 집으로 데려와 젖을 먹인다. 그리고 밤중에 너무 돌이가 울기에 마침내 가가와도 울면서 하나님께 슬픔을 호소했다. 박복한 영아를 지극히 사랑한 한 가지 예이다.

I. 가가와 도요히코의 교육사상

가가와는 어린이 교육에 대한 많은 글들을 발표하였다. 거기서 그의 교육 사상을 찾을 수 있다.

1. 가가와의 어린이관

가가와는 15권이나 되는 아동교육에 관한 책을 출판하였고, 이 밖에도 여러 잡지에 많은 글들을 발표했다. 도대체 유아란 무엇인가 하는 가가와의 주장에 대해서 살펴보기로 하자.

> "내가 빈민굴을 떠날 수 없는 것은 이 일본에서 가장 아름다운 아이들 얼굴과 헤어지기 싫기 때문이다."[1]

> "아이의 마음은 대리석과 같은 것."[2]

> "아이는 천사가 지구에 두고 간 잊어버린 미아(迷子)다." "아이는 … 포유동물의 꽃이다."[3]

> "내가 밴 하나님의 아들을 기쁨의 눈물 잠기면서 기루어 가자."[4]

이상의 글로 봐서 가가와는 아이를 아무것도 안 새겨진 대리석처럼 장래에 훌륭한 예술품이 될 가능성을 감춘 존재로 보고, 또 하나님으로부터 주어진 아이로 해서 「꽃」「미아」라는 표현을 써서 아이에게 일종의 신성(神性)을 부여하고 있다.

1919년 발표한 「인간 평등」이라는 글 가운데에는 "살아있는 것과 여기에서 문명을 조형하는 사명에 있어서는 부자가 평등의 권리를 가질 터이다. 지금의 아이는 다음 시대의 아버지이다."[5]라고 말하고, 가가와가 빈민굴에서 나온 이듬해 1923년 도쿄 후카가와(深川)의 세민가(細民街)에서 한 강연 중에는 아이의 권리에 대해서 (1) 먹을 권리, (2) 놀 권리, (3) 잠잘 권리, (4) 꾸

---

1) 『地殼을 깨고』(賀川豊彦全集 21권), p. 55.
2) 『사랑과 교육』全集 7권, p. 173.
3) 『地殼을 깨고』全集 21권, p. 55.
4) 『魂의 조각』全集 6권, p. 144.
5) 全集 10권, p. 17.

중 당할 권리, (5) 부부싸움을 말릴 권리, (6) 금주를 요구할 권리라는 여섯 가지 권리를 주장했다. 직접적으로는 빈민가의 아이들의 권리가 있으나 반드시 빈민가에 한정된 권리는 아니라고 생각하는 것이 좋을 것이다.

거기에다가 14년에 걸친 빈민굴에서의 슬픈 경험에서 사회악이 얼마나 맹렬한 것이며, 또 우주 전체에도 우주악이 얼마나 많이 퍼져 있나 하는 감각을 가가와는 품게 되었다. 그러므로 아이들은 그 무서운 우주악에서 구출하기 위해서도 또 그 우주악 그 자체를 해소하기 위해서는 유아교육이 얼마나 소중한가를 통감하고 있었다.

2. 가가와의 어린이 교육론

가가와의 어린이 교육론은 내용을 크게 두 가지로 나누어서 생각할 수 있다. 첫째, 그는 사회운동가이기에 앞서 기독교의 전도자였기 때문에 그 교육론은 먼저 종교교육론이었다. 『일요학교 교수법』『예수전의 가르치는 법』이 그것이다. 둘째, 빈민굴에서 얻은 아동관에 근거하여 전개되는 「사랑의 과학」 등에서 볼 수 있는 일반적 교육론이다. 이 두 가지를 통합한 것이 「혼의 조각」이다. 여기에서는 아이들에게 종교성을 심어 넣는 방책에 주론을 펴면서도 일반적 교육의 필요성을 설명하고 있다.

이 『혼의 조각』이 가가와의 교육론에서는 가장 논리적인 내용이라고 평가되고 있다. 이후 「종교교육 입문」「자연과 성격」「유아 자연 교안」「종교교육의 실제」 등의 논문이 발표되었으나, 어느 것이나 다 「혼의 조각」의 보충이라고 생각되는 점이 많다.

가가와는 종교교육론에 대해서 "종교는 나날의 유희, 언어, 일상생활에까지 파고 들어가지 않으면 안 된다."고 말하고, "너무 성서학습을 중심으로 지나치지 말 것" 또 "종교훈련도 자주적이어야만 한다."고 말하고, "한 살 반이 되면 벌써 기도하게 되고, 머지않아 하나님의 사랑도 알게 된다. 어느 것이든지 종교적 훈련은 어떠한 경우라도 유아부터 가르치지 않으면 안 된다."

"교육을 담당하는 자는 먼저 스스로가 종교적 인물이 아니면 안 된다."고 단언하고 있다.

다음의 『일반적 유아교육론』에 대해서는 첫째로, 심리적, 생리적 조건의 정비의 필요성을 역설하고 있다. '···생리적, 심리적으로 결함이 있으면 아동의 교육은 불가능하다.' [6] '모든 교육은 생리 사상(事象)과 관계를 가지지 않으면 안 된다.' [7]고 논하고, 가가와가 14년간 빈민굴의 아이들에 접촉해왔기 때문에 아이의 교육에 있어 생활환경의 정비가 얼마나 필요한가 해서, '아이들의 권리'를 강력히 주장하고 있다. 또 "아동의 정의(情意)의 면이 발달해 있으면 지적 방면에 다소 늦어 있어도, 결코 비관할 것은 아니다."[8]라고 말하고 있다.

둘째로, 「생명예술=교육」이라는 도식(圖式) 아래 이론이 전개되어 있다. 먼저 "···나는 아이들을 교육할 경우에 예술가로서 그것에 임한다. ···교육은 나의 창작인 것이다."[9]고 술회하고, '아이는 재료(材料)', '교육자는 예술가' '아이의 모습은 예술작품'이라는 개념에 대해서 분명히 규정하고, 교육이란 어린이라는 날 때부터의 것을 재료로 하는 예술 활동이라고 해석하고 있다.

그러나 그로부터 2년 후에 발표된 「혼의 조각」 속에는 스스로가 지닌 하나님의 모습을 어떻게 해서 아이들의 혼에 조각해 갈 것인가에 대해서 논하고 있다. 그래서 가가와가 말하는 종교교육이란 하나님에 의하여 살아가기 위한 공부를 아이들에게 가지게 하는 것이라고 해석할 필요가 있겠다.

셋째로, 「아동 중심의 교육」이다. "···나는 억지로 가르치지 않는다. 아이들과 놀 때에도 내 본위의 유희는 하지 않는다. 아이가 귀엽다고 해서 아이 본위의 것을 잊고, 자기 때문에 아이를 도구로 사용하는 짓은 안 한다."[10]고 술회하고, 분명히 아이 중심의 교육을 주장했다.

---

6) 「사랑과 교육」全集 7권, p. 137.
7) 「혼의 조각」全集 6권, p. 158.
8) 「사랑과 교육」全集 7권, p. 17.
9) 「사랑과 교육」全集 7권, p. 175.
10) 「사랑과 교육」, 全集 7권, p. 175.

따라서 주입식 교육을 부정하고, 형식적인 교육을 피해야 한다고 했다. 도리어 아이들이 요구하는 지식에 대해서 적극적으로 대답하는 것이 중요하다고 하고 이것이 참다운 교육이라고 했다. 즉 본능에 의하여 요구하는 것, 아이들이 요구해서 마지않는 것을 중심으로 교육하는 것이 중요하고, 동시에 본능에 대한 교육, 즉 환경을 정리해 주는 것도 중요하다고 하고 있다.

넷째로, 자연에 의한 교육의 주장이다. 앞에서 말한 '심리적·생리적 조건의 정비'와 '생명예술=교육'에 이어, 가가와는 아주 힘을 쏟아서 자연에 의한 교육의 중요성을 주장했다. 아무래도 메이지 시대까지의 교육론은 주로 이론에 힘을 넣었고, 그 폐해는 매우 심했다. 그래서「자연」「감각」「기도」「박애」「역사」「인격적 접촉」에 의하여 교육을 실시할 필요가 있음을 주장했다.

그 중에서도 가가와가 가장 힘을 쓴 것은 일본의 교육에서 가장 뒤져 있는 자연에 의한 교육이다. 다이쇼(大正)의 초기까지는 일반적으로 일본에서는 자연과학의 연구가 아주 뒤떨어졌다. 그래서 교육에 있어서의 자연과학의 위치도 오늘날로서는 상상도 할 수 없으리만큼 낮았다. 거기에 유아에 대해서 자연을 배우게 한다는 것은 생각할 수도 없는 일이었다.

거기에 프뢰벨의「인간교육」이 유아교육의 바이블처럼 수입되어 일본에서도 자연에 의한 교육의 중요성을 눈뜨게 되었다. 유치원이라는 명칭이 그 변화를 표시한다. 딱딱한 학교가 아니고, 부드러운「園」이라는 문자는 자연에 감싸인 분위기를 느끼게 한다. 가가와는 그런 것을 아주 기뻐하였다.

가가와는 자연을 아주 좋아하였다. 자연과학에 대해서는 실로 조예가 깊었다. 두뇌가 명석했던 가가와는 중학교 시대부터 자연과학이 아주 좋았고, 프린스턴신학교에서 유학할 때에도 신학부에 적을 두는 동시에 자연과학을 공부했다.

그래서 가가와는「자연에 의한 교육」을 누구보다도 중시하고 전력을 경주해서 자연을 연구하고, 마침내 프뢰벨의 자연교육안을 너무 고전적이라고 생각해서 그 점을 정정하려는 뜻을 세울 정도였다.

3. 교육을 통한 사회개조

지금까지 가가와의 아동관을 말한 후 가가와가 고심해서 짜낸 종교교육을 살피고, 이어 가가와의 유아교육론에 대해서 간단하게 설명했다. 그래서 가가와의 유아교육의 마지막 주제로서 '사회개조로서의 교육'에 대해서 살펴보기로 하자. 자연에 의한 교육에서 소개한 교육의 역할을 가가와가 종교가로서 술회한 것이라고 생각한다면, 이 '사회개혁으로서의 교육'은 맹렬한 사회운동가로서의 가가와가 특유의 관점에서 교육을 다루고 있는 것이다.

먼저 「사랑과 교육」이라는 글 속에서는 "…인간성의 본질에서 솟아나는 생명예술을 교육의 본질이라고 생각한다면 나는 교육에 사회개조의 많은 것을 희망해도 좋다고 생각한다."[11]고 말하고, 교육에 분명히 사회개조의 역할을 가지게 하고 있다. 그 이유로서 근세에 있어 근대민주주의가 자연과학을 민중 수준으로 보통교육에 넣음으로써 발달한 것을 들고 있다. 즉 지식혁명과 교육혁명에 의하여 근대민주주의가 확립되었듯이 정치나 경제만으로 사회개조가 되는 것이 아니고, 교육에 의하여 인간의 내면을 개조함으로써 사회를 개조하는 것이 가능하다는 것을 주장하고 있다.

가가와는 빈민굴에 오래 살았기 때문에 거기에는 정치, 경제의 문제만으로 해결되지 않는 「사회악」에 존재하고 있다는 것을 통감했다. 그래서 그 심각한 「사회악」을 해소하기 위해서 아동교육에 의하여 가치관을 근본적으로 전환할 필요가 있고, 아무래도 사회를 개조할 필요가 있다고 생각했다. 아동교육에 사회개조로서의 역할을 지니게 하지 않으면 안 된다고 주장한 것이다.

가가와는 아동을 지극히 사랑했으나 그것은 애완적 사랑이 아니고, 「사회악」을 개조하는 유일의 방향으로서 아동교육의 필요를 주장한 것이다.

---

11) 全集 7권 p. 177.

II. 가가와 도요히코의 교육실천

가가와는 당시에 드문 국제적 인물이었으나 그에게도 일본적 특성이 강하였다. 남아선호사상이나 다도(茶道) 그리고 일본식 정원을 사랑한 것 등이다.

1. 유아교육연구실

가가와는 유아를 매우 사랑한 나머지 많은 유아교육에 관한 저술을 남겼는데, 다시 유아교육 혁신을 위해서 자택의 넓은 방 하나를 「유아교육 연구실」로 꾸며 평생 끊임없이 열심히 연구를 계속했다. 이것을 알고 있는 사람은 거의 없을 것이다.

원래 가가와는 자연과학에 대해서 전문가에 못지않을 흥미를 가지고 또 깊은 지식을 가지고 있었다. 가가와는 전도나 강연을 위해서 전국을 두루 여행했으나 어디에서나 자연을 여러 가지로 연구하였다. 예를 들면 1929년 5월 3일에서 14일까지 오끼나와(沖繩)를 「하나님의 나라 운동」으로 순회할 때에 11일에 아와세(泡瀬)라는 해안 마을에 도착했다. 그곳의 소학교 교정에는 직경 1미터 가량의 아주 긴 화석이 방치되어 있었다. 가가와는 그것을 보자 "이것은 큰 도카케다이라스 마우라스의 화석이다. 미국에서도 귀한 것이다."고 말했다. 그래서 결국 거액의 수송료를 지불하고, 교토대학(京都大學)의 이학부에 보내어 조사하도록 했다. 그러나 조사 결과 도카게다이라스 마우라스가 아니고 고래의 뼈라고 감정되었다.

가가와는 여러 곳의 암석의 파편을 많이 운반해야 했다. 그래서 돌아오면 그것을 전문가에게 의뢰해서 암석을 얇은 평판으로 끊어서 모아 두었다가 마지막에 그 전부를 모아서 일본 전국의 암석광맥을 한 눈에 볼 수 있도록 가로 3미터 반, 세로 2미터쯤 되는 암석지도의 액자를 만들었다. 그리하여 유아교육연구실의 벽에 걸어 두었다. 암석지도는 그 후에 도쿠시마시(德島市)에서 열린 향토선각자 자료전에 출품되었고 다들 매우 좋아했다.

또 원자를 전부 아동들에게 암기시키고자 열심히 「원자 이로하(가나다) 카드」를 오래 걸러서 고안했다. 어쨌든 고생하면서 유아교육의 재료를 만들려고 여러 가지로 고심했다.

천공(天空)의 연구도 유아에게 잘 알도록 하기 위해서 천정의 일면에 지도를 그려 두었던 일이 있다. 그러나 전세계의 여러 가지 문제로 바쁘기 짝이 없었으므로 유아교육에 관한 연구의 태반이 완성되지 않은 그대로 가가와가 세상을 떠난 것이 애석하다. 아마 가가와 자신도 틀림없이 미련이 있으리라 생각된다.

2. 일요학교 교육

가가와는 지극히 유아를 사랑하고 아동관과 아동교육의 새로운 방법에 대해서 평생 전력을 다해 연구하였다. 거기에 더 나아가서 실제의 아동교육을 넓은 범위에 걸쳐 전개한 점을 간단하게 살펴보기로 한다.

가가와는 21세 때, 신가와에 뛰어들어 전도를 시작하는 동시에 아이들을 위해서 일요학교(오늘날의 교회학교)를 시작했다. 가가와는 말도 잘하고, 만화에도 능했으므로 아이들이 즐겨 모였다. 그 때에 이야기한 것을 책으로 엮은 것이 유명한 『우정』『예언자 예레미야』『말(馬)의 천국』이다. 거기에 당시 고베 시내에는 관서학원 신학부, 고베신학교, 고베여자신학교, 란바스여자 전도학교 등이 있어 봉사자에게는 부족함이 없었다. 그리고 밑바닥 생활의 아이들을 여름에는 풍광명미한 스마(須磨), 아카시(明石), 마이코(舞子)에 데리고 가서 수영을 시키고 기쁘게 했다. 봄, 가을에는 육갑산(六甲山)에 데리고 가서 자연과 친하도록 했다.

이리하여 고베의 신가와에서 출발한 가가와의 활동은 관동대지진의 구원을 위해서 도쿄에 타오르는 것과 동시에 이번에는 일본의 산업 활동의 중심지인 오사카에도 옮겨 문자 그대로 일본 전국에 걸치는 터전을 닦았다.

3. 예수단(團) 교육

　오사카에서의 맨 처음 활동은 로스엔젤레스의 「예수의 벗」회의 동지가 보내어 온 헌금을 기초로 1924년 11)월 11일에 일본 노동자전도회를 설립하고, 오사카의 시간지마(四貫島) 세출멘트가 출발했다. 당시 일본에는 도쿄가 정치와 교육의 중심이 되고, 오사카 산업활동의 중심이었으므로 가가와의 활동은 도쿄와 오사카를 중심으로 한 이상적인 균형이 잡힌 형태가 되었다. 그리하여 관동에서는 사회복지법인 운주사로서 오늘날까지 계승되어 발달하고 관서에서는 사회복지법인 고베에 예수단으로서 견실하게 놀랍도록 발달하고 있다.

　그런데 시간지마(四貫島) 세출멘트의 책임자로서 요시다(吉田源治郎) 선생이 맡았다. 요시다 선생은 메이지 학원 신학부 출신으로 교토 후시미(京都伏見)교회의 목사를 하면서 가가와 저술을 도왔고 유럽 각지의 시찰여행에도 동행한 분이다. 그 요시다 선생은 일요학교의 전문가로서 노동자 전도의 틈을 타서 비상한 수완으로 유아교육에 힘을 썼다.

　우선 시간지마(四貫島) 세출멘트에서는 시작과 동시에 천사보육원이 출발했다. 로스엔젤레스에서의 헌금으로 사업이 시작되었으므로 천사(엔젤스)라는 원명(園名)을 붙였다. 지금에 이르기까지 장장 100여 년간 같은 이름으로 봉사를 계속하고 있는 것은 참으로 고마운 일이다. 요시다 선생은 천사보육원 뿐만 아니라 그 1년 전에 갑자원 구장에 있는 니시노미야에 있던 자택의 가까운 곳에 갑자원 이엽 유치원을 창설해서 부인이 원장을 하였다. 게다가 가가와는 농촌 갱생의 견본으로 하려고, 나라현의 금강산 기슭에 있는 코료쵸(廣陵町)에 우마미 로신가꾸엔(馬見勞神學園)의 보육을 시작했을 때에도 요시다 가가와는 상당히 오랫동안 거기의 책임자로 있었다.

　가가와는 관동대지진 후의 부흥에 전력을 쏟고 있었으나 반드시 관동에 한정된 것은 아니었다. 부흥의 방침이 대체로 겨냥이 서자 선생은 관서의 중심지인 니시노미야시 교외의 가와라기무라에 집을 옮기고, 농민복음학교를 창설해서 농촌갱생에 눈부신 활동을 시작했다. 1927년 일이다. 그 후 거기에 일맥회관을 건축해서 농촌갱생의 도장으로 했는데, 거기에 일맥원을 병설해서 농촌에 있어서의 유아교육의 모델로 삼았다.

예수단 안에 농촌지대에서 보육원이 상당수 있는 것은 농촌지대에 있어서 유아교육을 매우 중히 여기고 계시던 가가와의 선견성의 위대함을 나타내고 있다고 말하겠다. 가가와가 돌아간 후 전국을 순회전도 할 때에 농민복음학교의 졸업생이 전국에 흩어져 현재도 묵묵히 전력투구해서 유아교육에 종사하고 있는 모습을 보이고 있다.

III. 가가와 도요히코의 교육적 공헌

가가와는 여러 영역에서 활동하면서도 교육부문에 큰 관심을 가졌고, 그 결과 많은 공헌을 하였다. 그중 중요한 것을 살펴보자.

1. 연구와 저서들

가가와는 누구에게도 못지 않는 철저하게 어린이를 사랑했다. 신가와에 투신한 얼마 후 가까운 한길 가에 있던 침례교회 계통의 선린유치원에 자주 출입했다. "자신처럼 그 이웃을 사랑하라"는 성경의 말씀에 따라 사랑을 실천했다. 거기의 주임 교사를 비롯해서 다른 보모들도 신앙이 두터운 싹싹한 사람들이었다. 그래서 교사들도 병약한 가가와를 여러 가지로 성심껏 친절하게 대해 주었다. 그리하여 친하게 지내고 있는 사이에 유아교육의 중요성에 대해서 여러 가지를 생각하게 되었다. 유아교육의 이론이나 실제에 대해서 과연 이대로 좋은가 하는 생각을 하게 된 것이다.

이리하여 당시 새롭게 일본에 소개된 프로벨의 『인간교육』을 읽고 연구했다. 그 참신한 이론과 실제에 대해서 깊이 배울 바가 있었다. 그런데 연구심에 불타는 가가와는 프로벨의 저서가 약 1세기 이전의 자연과학이나 심리학에 기초를 두고 조립되어 있는 것을 알아냈다. 그 백년 사이에 과학도, 심리학도 놀랄만한 진보를 했다는 것을 생각할 때 프로벨의 주장도 정정하지 않으면 안 된다고 생각하기에 이르렀다.

후에 도미해서 프린스턴신학교에서 공부할 때에도 신학이나 성서학 등은 거의 연구하지 않고, 자연과학이나 사회학이나 심리학의 연구에 전념했다. 이렇게 해서 가가와는 평생 유아교육의 연구와 실시와 지도에 전력을 다했다. 그 업적은 상상을 초월하는 위대한 것이었다. 가가와는 어린이에 대한 많은 책과 글들을 남겼다. 중요한 것은 다음과 같다.

> 「友情」(24세), 「예언자 예레미야」(25세), 「일요학교 교수법」(27세), 「예수傳의 가르치는 법」(33세), 「그리스도 일대기」(33세), 「혼의 조각」 (38세), 「종교 교육의 본질」(41세), 「종교 교육 입문」(42세), 「어린이 그리스도 이야기」(44세), 「말(馬)의 천국」(45세), 「종교 교육에 기본을 둔 종교예술」「종교 교육의 실제」(46세), 「예수님과 제자」(59세), 「그리스도 그림 이야기」(60세), 「소년평화득본」(63세).

이와 같이 유아나 소년을 위해서 또 그 교육에 대해서의 책을 15권이나 남겼다. 게다가 63세의 고령에 이를 때까지 계속 써내려 갔다.

2. 예수단 유아교육

1924년에 출발한 예수단은 고베 신가와와 오사카 시간지마의 두 곳을 거점으로 해서 모든 어려움 이기고 성장했다. 더욱이 제2차 대전의 6년간은 가가와가 도쿄에서 투옥되기도 하고, 마침내 세토나이카이(瀨戶內海)의 고도 도시마(豊島)에 유폐되기도 해서 극도의 곤란에 쌓였다.

그러나 가가와의 불굴의 정신은 모든 십자가의 괴로움도 무릅쓰고 최후까지 굴하지 않았다. 이리하여 군부는 넘어졌으나, 대전 후 가가와를 죽이지 말라는 세계적인 운동이 일어나 가가와가 만든 복지사업은 하나도 넘어지지 않고, 도리어 서쪽의 예수단도, 동쪽의 운주사도 장족의 발전을 하여 오늘에 이르고 있다. 가가와가 타계한지 오랜 세월이 경과한 오늘에도 그 훌륭한 활동은 날로 발전의 보조를 조금도 늦추지 않고 있다.

예수단의 활동 장소는 이미 26개소에 달하고 있으며 그 중에서도 23개의 시설은 젖먹이 아이를 위한 것이다. 그것이 3지역으로 나뉘어져 있다. 제1 지역은 고베를 중심으로 한 것이고, 제2 지역은 오사카, 교토를 중심으로 한 것이고, 제3 지역은 세토나이카이(瀬戸內海)를 중심으로 한 것이다. 23개소의 유아의 정수는 총계 2,755명이고, 부모의 수는 260명에 달하는 당당한 진용이다. 그런데 놀라운 것은 고베의 오히라 마사요시(裏山)지구의 한적한 곳에 세워진 고베보육전문학원이라는 교사 양성 기관까지 완비하고 있는 형편이니 참으로 놀라운 일이다.

어째서 이렇게 복지법인이 융성하게 되었을까? 여러 가지 원인이 있고, 물론 책임을 진 직원의 충실한 봉사 때문이겠으나 결국 가가와의 이상에 불타는 성심의 기도에서 하나님께서 강력한 뒷받침과 인도가 넉넉하게 주어졌기 때문이다. 그렇다는 것은 제2차 대전으로 말미암아 가가와 계열의 사업은 모조리 파괴되어 버려야 할 터이었다. 만약 그 격심하던 고뇌의 소용돌이 속에 휘말려 몸이 아픈 가가와가 목숨이라도 잃었다고 한다면 만사가 끝장났을 지도 모른다.

그러나 불가사의하게도 하나님은 강포한 군대의 손을 써서 가가와를 생각조차 못한 안전한 지대 세토나이카이(瀬戸內海)의 파도 잔잔한 섬 도시마(豊島)에 유폐하고 지키도록 했다. 거기는 가가와가 전쟁 전에 폐병으로 고생하는 사람들을 구하기 위해서 조용히 요양할 수 있는 훌륭한 설비가 만들어져 있는 곳이었다. 군부는 거기에 가가와를 유폐했다. 그곳은 마을과 떨어진 안전한 지역으로 우익의 패거리에서 자연적으로 보호되는 결과가 되었다. 게다가 가가와의 건강을 지키는 데에도 안성맞춤의 좋은 곳이다. 하나님은 그

곳에 가가와를 인도하시고 전쟁의 궁지에서 구출한 것이다.

또 시간지마(四貫島)에서 인도된 간호사인 요시무라(吉村靜枝) 여사가 가가와현(香川縣) 출신이었기 때문에 패전 직후 기아가 너무도 많았을 때에 도요히코의 지도를 받고, 이 도시마(豊島)의 땅에 그 슬픈 운명을 짊어진 영아를 수용한 신애관(神愛館)에서 실로 훌륭한 활동을 했다. 이 요시무라 여사는 일종의 여걸이라고 할 수 있는 인물로서 같은 가가와현 출신이고 크리스천이었던 오히라(大平) 수상의 원조를 얻어 가가와현을 중심으로 활약해서 예수단에 가입되어 있지 않는 유치원, 보육원, 유(乳)아원, 양호노인 홈 등을 10개소 가까이 점점 설립해 갔다. 고베보육전문학원도 그 하나이었다.

가가와의 직접 제자로서 하마마츠(浜松)에 세이레이(聖隷)보양농원을 시작한 하세가와(長谷川保)는 파죽지세로 전국에 10억 원이나 드는 시설을 세워 그 운영을 하고 있었는데, 요시무라 여사도 하세가와의 발자취를 밟고 있지나 않는가 하는 생각이 든다. 그러나 이 두 사람의 눈부신 활동도 가가와의 기도에 의하여 인도된 것인데 말하자면 가가와의 복지사업의 외곽단체라고 볼 수 있다.

3. 운주사의 교육사역

관서에서 가가와의 유아교육에 대해서 말했으므로 이번에는 관동에서의 공헌을 간단히 적어 두기로 하자. 관서에는 일본에서 가장 비참한 신가와에서 출발했듯이 관동에서도 전에 경험하지 못한 관동대지진으로 4만 명의 사상자를 낸 혼쇼(本所) 피복창 근처에서 시작했다. 가가와는 대지진의 이튿날 상경해서 혼쇼 기독교청년회를 만들어 초인적인 구호활동에 고투했다. 그리하여 이듬해 1924년 1월 추위에 떨고 있던 유아들을 부호 안다(安田)의 별장 정원 안에 수용해서 재빠르게 탁아소를 열었다. 그것이 성장해서 산업청년회 속의 「빛의 동산」보육학교가 되었다.

맨 처음에 보육원이 인가되었을 때 이미 서양처럼 보육학교라는 이름을 붙였기 때문에 그대로 오늘까지 사용하고 있는데 유아의 시설에 학교라는 이름이 붙어 있는 것은 일본에서는 이것뿐이다.

건강을 해친 가가와는 혼쇼의 폐허 속에 살 수가 없어서 도내의 동부와는 정반대에 위치한 한적한 당시 도쿠도미로카(德富蘆花) 씨가 살고 있어 유명했던 센가이 촌(千歲村)에 살게 되었다. 세월이 지나 마을 이름도 마쯔자와(松澤)이라고 바뀌어버렸다. 그리하여 거기가 관동에서 활동하는 중심지가 되었으므로 가가와의 사업은 주로 여기에서 전개되어 가게 되어 가가와의 유아교육활동도 마쯔자와(松澤)에 본부가 있는 사회복지법인 운주사에 의하여 현재까지 진행되어 왔다. 현재의 운주사(雲柱社)에 속하는 시설은 다음의 9개소이다.

1. 「빛의 동산」보육학교   도쿄도

2. 黎明 보육원   도쿄도

3. 神愛 보육원   도쿄도

4. 도모시비(燈火) 보육원   도쿄도

5. 소시가야(組師谷) 보육원   도쿄도

6. 사랑의 동산 보육원   도쿄도

7. 五日市보육원   도쿄도

8. 가가와(賀川) 보육원   도쿄도

9. 다카네(高根)학원 보육원   시즈오카현

이상의 전부 합계하면 수용시설이 9개소, 수용 아동수가 909명, 직원 162명에 달한다. 그 중에서 「빛의 동산」, 黎明, 神愛, 燈火의 4개소는 대지진의 직후 구호 활동을 한 혼쇼(木所)의 주변에 있던 비교적 가난했던 사람들이 살던 지구에 세워진 것이다. 가가와는 최초에는 그 가난한 사람들의 지역에 활동을 집중시켰던 것이다.

가가와의 건강 때문에 도쿄 서쪽의 마쯔자와(松澤)에 가까운 소시가야(祖

師谷)을 비롯해서 점점 국철노선을 따라 서쪽으로 서쪽으로 손을 뻗게 된 것이다.

다만 마지막의 다카네(高根)학원보육원은 시즈오카현(靜岡縣御殿場)에 약간 떨어져 있는데 그것은 훨씬 뒤에 고텐바(御殿場)에 농민복음학교를 중심으로 한 다카네(高根)학원이 건설되었으며 거기에 보육원을 창설했기 때문이다.

가가와가 전국에 많은 농민복음학교를 만들었는데 그 중에는 보육원을 만들어서 마을의 유아교육에 공헌하고 있는 것이 있다. 오늘날 홋가이도, 야마가다, 아리모리, 시가, 기타의 현에서 유아교육이 가가와의 감화를 받은 사람들에 의하여 왕성하게 실시되고 있는 것을 볼 수 있다.

더욱 놀란 것은 시가현 키타죠(滋賀縣北町)에 있는 에비에(海老江)의 가가와의 제자들이 고 (故) 시카이 료지(坂井良次)의 훌륭한 지도에 의하여 마을을 움직여, 참으로 멋지고 당당한 보육을 하고 있는 것을 보았을 때이다. 운동장은 마을의 소학교에도 결코 뒤지지 않은 훌륭한 것이었다. 가가와의 감화는 지금도 살아서 활동하고, 많은 지역에서 훌륭한 유야교육의 활동을 보살펴서 움직이고 있다.

결론: 어린이는 우리의 꿈이다.

우리는 사회복지법인 고베예수단과 사회복지법인 운주사에 속하는 여러 시설을 통해서의 유아교육활동에 대해서 논의했다. 그러나 그것만으로는 중요한 것을 놓치는 것이 된다. 그것은 학교법인의 마츠자와 유치원이다. 1924년에 가가와가 살고 있을 무렵의 마츠자와는 아름다운 마을이었다. 그러나 얼마 후 주택지가 점점 개발되어 아름다운 벚꽃 길도 완성되고, 인구도 증가해서 새로운 문화 도시로 바뀌어 버렸다. 다만 교육시설은 좀처럼 정리되지 않고, 유아교육은 전혀 실시되지 않던 상태였다. 유아교육 열열자이였던 그는 무시할 수가 없어 마츠자와 교회를 교사로 해서 마츠자와 유치원을 창설했다.

일을 시작하면 전력을 경주하는 가가와였다. 새로운 방법을 차례차례로 써서 철저한 유아교육을 실시했다. 원장은 천하의 명사이고, 주임선생은 학습원의 유치부에서 황태자를 보육했던 사타케천(佐竹千歲) 선생이라서 마츠자와의 학습원 유치원 등의 욕설이 유행할 만큼 입원 희망자가 모여 들어 곤란할 지경이었다.

그 마츠자와 유치원은 지금도 역시 가가와가 살던 땅의 일부가 훌륭하게 원사(園舍)가 건립되어, 30수년을 근속한 타카츠 지혜(高津智慧) 원장과 교직원 6명 중 2명은 30년, 2명은 20년 근속이라는 멋진 진용으로, 원아는 180명의 실로 훌륭한 유치원이다.

또 그 밖에 제2차 대전의 결과 전국 도시가 거의 전부 폐허화했을 때 전국의 유치원이나 보육원의 재건에 최선의 노고를 하고 있었다. 그 때에 가가와에게는 세계 여러 나라에서 「닥터 가가와 인 제펜」으로 많은 금품이 매일매일 보내져 왔다. 그것을 가가와는 여러 교회나 보육원을 위해서 아낌없이 도와주었다.

이러한 것들도 숨은 유아교육에의 훌륭한 공헌이었다고 생각한다. 1935년 무렵에 가가와를 욕하는 사람이 많아서 "지금은 가가와라고 떠들고 있지마는 두고 봐라, 가가와가 죽으면 그런 일은 모두 납작하게 되어버리는 것이 뻔하다."라고까지 말하고 있었다.

가가와가 1960년에 돌아가고, 어느 사이에 많은 세월이 흘러 가버렸다. 과연 가가와의 활동은 흔적도 없이 사라져 버린 것일까. 아니 결코 그렇지 않다. 가가와가 남긴 일은 저마다의 사람들에 의하여 계승되어 모두 훌륭하게 운영되고 있다. 망친 것은 단 하나도 없다.

가가와가 남긴 봉사단체 「예수의 벗」회는 성 프란체스코의 제3 교단평(신도의 단체)에 해당하는 것으로서 1921년 10월 5일에 출발하였다. 그러나 「예수의 벗」회는 엄연히 살아있다. 매년 여름에 개최하는 전국 수양회도 점점 성대해져서 가가와가 살아계실 당시보다 배 이상의 사람들이 전국에서 모여든다. 어디에서 열어도 마찬가지이다.

회원으로 노경에 들어간 사람도 하마마츠 성례보육농원(浜松聖隷保育農園)의 하세가와 다모츠(長谷川保)처럼 변함없이 일본의 복지사업의 선두에 서서 10수 억 원 급의 시설을 차례차례로 건설하고, '죽을 때가지는 100개소쯤 만들고 싶다.'고 호언하는 사람도 있다. 그런가 하면 젊은 층 청년부의 사람들도 東京에서 눈부신 활동을 하고 있는 다카하시(高橋玲二) 선생을 중심으로 현재의 「예수의 벗」회는 전적으로 청년이 중심이 되어 활동하고 있다.

유아의 복지에 대해서도 관서의 하세가와(長谷川)이라고 말하고 있는 노무라(吉村靜枝) 여사가 경탄할만한 사업을 전개하고 있다. 특히 사회복지법인 고베예수단 같은 것은 가가와가 돌아간 후에도 오히려 일진월보의 기세로 시설을 증가하고 있다. 예수단 소속의 시설은 전부 23개소가 있는데 그 중의 11개소 즉 약 반수는 가가와가 돌아가신 후 신설한 것이다. 거기에다가 보모양성소 고베보육전문학교까지 가지게 되어 참으로 훌륭한 현상이다. 바야흐로 일취월장의 기세이다. 도대체 "가가와가 죽고 나면 가가와 그룹의 활동은 당장에 무너진다."고 비웃던 사람들은 이것을 어떻게 보고 있는 것일까

제15장 ──────── # 가가와 도요히코의
저술활동

서론: 저술가 가가와 도요히코

　가가와 도요히코의 다양한 활동 속에서 그의 저술활동은 다른 사람들이 따라가기 어려운 놀랄만한 양과 다양한 영역의 내용들로 가득하다. 가가와 를 따랐고, 동역하였던 구로다(黑田四郞)는 가가와의 기억력과 표현력을 가 가와의 특성으로 꼽았다.[1]

　　먼저 선생의 기억력은 그 유를 찾아볼 수가 없고, 보통사람을 훨씬 뛰 　　어넘고 있다. 들은 것, 읽은 것은 거의 기억하고 있다. 여기에 대해서 　　도 메이지학원 시절에 도서관의 책을 전부 기억하고 있다는 전설이 있 　　어 제자들이 "모두 읽었습니까?" 하고 물어 볼 수가 없었다. 읽은 것 　　중에서 중요한 대목은 머릿속에 새겨두어 마치 컴퓨터처럼 기억하고 　　있음을 우리들은 인정하지 않을 수 없었기 때문이다. 예를 들면 여러 　　사람 앞에서 강연을 할 때 칠판에 몇 십 줄의 숫자를 써서 이야기를 하

───────────────

1) 黑田四郞, 私の賀川豊彦硏究(東京: キリスト新聞社, 1983).

는 경우가 있다. 그때 몇 십 항목이나 되는 긴 계수가 슬슬 쓰여진다. 그런 경우 누구든지 대강의 숫자일 것이라고 생각하기 쉽다. 그러나 나중에 조사해 보면 언제든지 그것은 정확한 숫자였다.

가가와는 기억력이 특별한 동시에 독서력도 왕성했다. 또 읽는 방법이 빠르다. 눈이 극도로 나빠서 도수 높은 안경과 커다란 확대경을 사용해서 읽는데도 아주 빨리 읽는다. 보통 책은 한 시간도 안 걸려서 다 읽어버린다. 저자와 책 이름에서 어느 정도 그 내용을 살피고, 목차를 조금 정성들여 읽으면 대개 무엇이 쓰여져 있는가를 이해하는 모양이다. 그리고 늘 비스듬히 읽는다. 1쪽을 20초 만에 읽어버린다. 그리고 중요하다고 생각되는 곳은 조금 천천히 읽는다. 이렇게 해서 결국 1시간이 못되어서 대개의 책은 독파한다. 그러나 이것은 매우 중요한 책이라고 생각되면 차분히 다시 읽는다. 두 번, 세 번 반복해서 읽는다. 그렇게 해서 아무리 어려운 책이라도 자기 것으로 만들어 버린다.

가가와는 책을 잘 산다. 가령 막대한 수입이 있어도 자신을 위해서는 거의 쓰지 않았다. 자신과 가족을 위해서는 극히 아끼고 보통 사람들의 생각과는 매우 달랐다. 그러나 책만은 의외로 사치스럽다고 생각될 만큼 사서 읽었다. 어느 날 한 제자에게 "나는 일본과 세계를 지도하지 않으면 안 되기 때문에 책만은 아무리 비싸도 산다."고 변명 비슷하게 말했다. 가가와는 매우 겸손했다. 남의 연구, 경험, 조사, 발견 등에 경의를 표하고 그것을 배우려고 노력했다. 일본 각지를 수 십 회나 순회 강연할 때에도 예를 들면 그것이 작은 동(洞)이라 할지라도 그 동을 알기 위해서 도착하자마자 아주 짧은 틈을 이용하여 동장을 찾아가서, 우선 유아의 사망률을 친절하게 묻는다. 그렇게 하면 그 마을의 대강의 사정을 알게 되고, 다시 여러 가지 자료를 얻어서 자세하게 연구한다.

이와 같은 자세는 외국에서도 마찬가지였다. 그것도 단순하게 관청이나 연구소의 자료를 모우는 것뿐만 아니라 학자는 물론 기술자나 전문가에게 묻거나, 길가는 노동자나 주부, 밭에서 일하는 농부나 노모, 심지어 원양어업에서 돌아온 어부들의 이야기에 귀를 기울였다. 그것들이 모두 머릿속에 저축되어 때에 따라서 술술 활용되었다.

또 한편으로 가가와는 아주 풍부한 표현력을 지니고 있었다. 그 두뇌에 축적되어 있는 훌륭한 사상, 구상, 계획이 아마 보통사람들에게는 없는 풍부한 표현력으로 말이 되고 글이 되어 발표되었다. 듣는 사람 읽는 사람들은 그 생생하고 빛나는 말이나 글에 매혹되어 불타오르는 듯한 감동을 받는다.

강연 회장에 몸 돌릴 곳도 없을만큼 모여든 군중이 가가와의 입에서 힘차게 나오는 한 마디 한 마디에 사로잡혀 버리는 그 감격은 그 사람의 일생을 지배하는 데에 충분했다. 또 『사선을 넘어서』를 비롯해서 많은 소설이나 시집이 당장에 전세계의 사람들을 감격의 소용돌이 속으로 몰아넣은 것도 아마 세계 역사상 드문 일이라 하겠다.

가가와는 일곱 살 때에 벌써 고향 도쿠시마현(德島縣 鳴門市外)의 마을에 전해 내려오는 옛날 이야기에서 '겐구로너구리'(源九郎狸)와 '오아사야마(大痲山)의 원숭이(狼)'라는 짧은 이야기를 썼다. 중학생 때에는 나중에 도쿄도 스기나미 구장(東京都杉並區長)으로 활약했던 사촌이고 작가인 니이 이타루(新居格) 등과 함께 톨스토이, 도스토예프스키와 걸작들과 기노시타 나오에(木下丙尙江), 아베 이소오(安部磯雄) 등 기독교 사회주의자의 작품을 독파했다. 그리고 16세 때에는 은사 하리 화이트 마야스 박사 집에서 영국의 목사이고 작가인 찰스 킹슬리의 『물의 아들 이야기』와 『영웅 이야기』를 읽고 자신도 장차 훌륭한 저술가가 되어 많은 소년 소녀들을 하나님께로 인도하겠다고 결심했다고 그의 「젊은 날의 추억」속에 적어놓고 있다.

그 후에도 글 쓰는 것을 좋아해서 메이지 학원 시절부터 자세한 일기를 쓰기 시작했다. 학원시절의 「모순록」, 아이찌현 가마고오리(愛知縣蒲郡)에서 투병생활을 하던 20세 때의 「소목일기」, 고베신학교 시절의 「喧嘩日記」등이 지금도 남아 있다. 이것을 보더라도 가가와는 마음에 있는 것을 표현하지 않고는 견딜 수 없고, 또 그것을 글로 쓸 수도 있는 힘을 갖추고 있었음을 알 수 있다.

후일 눈이 악화되어 쓰는 것에 곤란을 느꼈지만 그래도 쓰는 것은 아주 빨랐다. 이리하여 가가와는 저술가로서의 재능을 유감없이 발휘해서 일본은 물론 전세계에 알려지게 되었다.

I. 저작 활동의 시대구분

가가와 도요히코의 저작 활동 시기는 그의 전생애를 통하여 계속되었는데 이것을 3시기로 나누어 살펴보려고 한다.

1. 젊은 시절

이 시기는 1905년에서 1914년까지로서 자신과 다른 사람의 고뇌를 슬퍼하고 괴로워하면서 지낸 시절이다. 4세 때에 부모가 연달아 별세했기 때문에 어렸을 때에는 본가의 양어머니 밑에서 '너는 나의 원수의 아들이다' 고 꾸중을 듣고 자랐다. 소학교에 다니면서부터는 '첩의 자식, 첩의 자식' 이라고 욕설을 들었다. 저절로 그는 눈물 많은 슬픈 아이가 되지 않을 수 없었다. 그러나 10세 때 절의 스님으로부터 「사서오경」을 배우고부터 도리어 그로 하여금 생각하는 소년으로 바꾸어 놓은 것이 아닐까?

괴로움은 다시 이어졌다. 12세 무렵부터 당시 죽을 병이라고 가장 겁을 내던 폐병으로 고생하게 되었다. 다시 15세 때에는 18대나 이어오던 가가와 집안이 파산하기에 이르렀다. 14세 위인 형 단이치(端一)가 사업에 실패해서 토지도 가옥도 모조리 잃고 무일푼이 되었다. 그래서 그는 당시 도쿠시마(德島) 재계(財界)의 손꼽히는 재벌이었던 숙부 모리 로쿠베에(森六兵衛)에게 인계되어 집에서 가정교사 겸 청소부를 하였다.

그보다 조금 앞서, 형의 주선으로 중학교에 입학했으나 형은 여덟 명이나 첩을 가진 사람으로서, 그 첩이 경영하는 기생집에서 중학교에 다녔다. 어느 날 한 제자가 "선생님의 소설에 등장하는 기생의 묘사는 참으로 생생한데 어째서 그렇습니까?"고 물었더니 1년 이상이나 기생과 한 집에서 살았기 때문이라고 대답했다. 형은 방탕해서 재산을 다 써버렸고, 아버지도 당시의 습관으로 음탕한 길을 걸은 사람이었다. 아니 가가와 집안의 18대는 전부 첩의 몸에서 태어난 자식들로 이어진 슬픈 전통에 더럽혀져 있었다. 소년 가가와는 멀지 않아 토스토에프스키의 『카라마조프의 형제』와 톨스토이의 『부활』 등 러시아 문학의 걸작을 읽고 자신의 몸에 흐르고 있는 음탕한 피의 두려움에 심각한 고민을 맛보게 된다.

선교사 하리 화이트 마야스 박사에 이끌리어 크리스천이 되어 새로운 생활에 들어갔을 때에도 교회에 다니는 마돈나 같은 젊은 여성에게 연정을 느꼈다. 그 때문에 오랫동안 고민하지 않으면 안 되었다. 어쨌든 병약하고 다정다감한 소년으로서는 고민 많은 시절이었다.

그러던 중 17세 때에, 상당히 난해한 죤 러스킨의 『호마와 백합』을 번역해서 도쿠시마 마이니찌 신문(德島每日新聞)에 발표하고, 도쿠시마중학교(德島中學校)의 교우지 「소용돌이의 소리」에 「무장한 게(蟹)」라는 논문을 발표했다.

그 다음은 신학생 시절인데, 먼저 메이지학원 신학부 예과생의 2년간 당시 원서로서는 도쿄·교토 두 제국대학보다 더 풍부하다고 소문난 그 학교 도서관에서 철학, 과학, 사회학, 문학, 신학, 경제학 등의 책을 모조리 독파했다. 거기다가 선배로서는 문호 시마사끼(島崎藤村), 히다카젠이키(日高善一)이 있고, 또 문학자가 된 오키노 이와사부로(沖野岩三郎), 사사키 호우(佐佐木邦), 가토우 카즈오(加藤一夫), 나카야마 마시키(中山昌樹) 등의 우수한 동급생이 있었기 때문에 전력을 쏟아 독서에 힘썼다. 그 2년간의 노력이 나중에 문필가로서 대활약을 하는 기초가 되었다.

메이지학원의 예과를 마쳤을 때, 폐병이 극도로 악화되었고, 은사 마야스 박사가 신설한 고베신학교에 입학하게 되었다. 신설된 고베 신학교는 도서관도 빈약하고, 교수진도 선교사 세 사람 뿐이어서 메이지학원에 비해서 뒤졌다. 다만 고베신학교는 세미나리(신학원)라고 해서 대학원격이었으므로 수업은 오전뿐이고 그 밖에는 자유였다. 그래서 오후부터는 독서와 사회봉사에 집중할 수가 있어, 가가와에게는 편리했다. 건강이 조금 안정된 2년생 때, 7월에 「무의 철학」을 쓰고 9월부터는 학교에서 5백 미터쯤 항구 쪽으로 내려가 있는 8천명의 빈민이 우글거리는 신가와에서 노방 전도를 시작하고, 그들을 구원하려는 운동에 착수했다. 그리하여 마침내 12월 24일 즉, 크리스마스 이브에 그리스도의 성육신을 본받아 슬럼(slum) 속에 몸을 던졌다.

이렇게 해서 가가와로 하여금 세계적 위인이 되게 한 신가와 시대가 시작된다. 마야스 박사를 비롯해서 학우들은 슬럼에서의 헌신적 활동에 대해 전력을 다해서 협력했다. 당시의 학우 중에는 뒤에 동방신학교 교장이 된 스즈키 히로시조(鈴木博助), 고베신학원 원장이 된 이마무라호태(今村好太郎), 그리고 메이지학원 신학부 사상 최고의 수재라고 하던 하사타베(八田舟三) 등 출중한 인물들이 있어 그에게는 다행이었다.

이 21세 때부터 1923년 관동대지진 후 도쿄 구원을 위해서 슬럼을 떠날 때까지의 14년 10개월의 생활은 아무도 밟지 않은 속죄애, 십자가가애의 실천 그것이었다.

고베신학교를 졸업할 전후의 그의 문필활동을 보면, 먼저 1912년에 『우정』을, 이듬 해에 『예언자 예레미야』를 저술했다. 두 작품이 다 어린이를 위한 것이다.

이어 1913년 12월에 출판한 『기독전 논쟁사』는 슈바이처의 명저 『라이마라에서 우레데까지』의 번역에, 스코틀랜드 사람 선디의 『그리스도전』 등을 첨가하고 거기에 자신의 의견을 첨가한 대담한 연구발표였다. 후일 일본의 독서계에 커다란 화제를 제공한 슈바이처를 맨 먼저 소개한 것인데, 저자로서의 가가와 도요히코의 이름을 인상 깊게 한 기념비적인 책이라 하겠다.

이듬해 1915년에 출판한 『빈민심리의 연구』는 빈민문제의 연구로서 역작이고, 역량이 충분히 나타나 있다. 다시 19세 때부터 「우주악론」으로써, 인간의 비참한 죄악성과 신의 섭리와의 관계에 대해서 사색하기 시작했다. 이 주제에 대해서 가가와는 생애를 걸고 온갖 노력을 기울여 연구를 계속했는데 차츰 방대한 것이 되어 결국 51년 후인 1957년에 『우주목적론』으로 발표했다.

2. 일본의 지도자 시절

1917년부터 1934년 사이이다. 신가와의 밑바닥 생활에서 본 극도의 비참을 어떻게 해서라도 구해보려고 필사적이었으나 결국 구할 도리가 없다는 고민을 안고 그 해결의 실마리를 찾아내기 위해서 도미했다. 그래서 선진국 미국의 사회정세와 그 해결책을 배움으로써, 개인의 노력으로서는 아무리 해도 구할 수 없는 사회문제에 대해서 풍부한 수확을 얻게 되었다. 그 수확은 예를 들면, 프린스턴대학원에서의 진화론의 연구라든가, 그 도서관에 비치된 막대한 양의 도서를 독파했다든가, 미국의 사회생활, 정치운영, 노동조합 운동, 농촌사회 등 견학한 것에서 얻어졌다. 이렇게 하여 새로 넘쳐흐르는 것 같은 포부를 가슴 가득히 안고 1917년에 귀국했다.

때마침 사회의 혁신운동이 전세계에 일어나고 있는 중이었다. 1918년 러시아에서 공산주의혁명이 성공해서 소비에트 러시아가 출현하게 되었다. 세계는 커다란 전환기를 맞이하고 있었다.

그 기세를 타고 일본에도 새로운 지도자가 필요했다. 그래서 나선 거성(巨星)이 두 명, 관동의 요시노(吉野作造) 박사와 관서의 가가와였다. 요시노 박사는 도쿄제국대학 법학부 교수였으나 열렬한 크리스천으로서 타오르는 듯한 신념과 정열, 뛰어난 두뇌와 표현력을 지닌 사람이었다. 당시는 천황지상주의의 시대였기 때문에 데모크라시를 민본주의(民本主義)라고 번역하고, 당당한 논전을 펴고, 당시 최대의 종합잡지였던 「中央公論」에 매월 훌륭한 논문을 발표했다. 제대 학벌의 세력을 배경으로 한 요시노 박사의 주장은 하늘에서의 소리로서 시대를 흔들어 움직여 「中央公論」의 발행부수도 늘어났다.

가가와는 요시노 박사와 같은 크리스천이고, 신념과 정열과 명석한 두뇌를 지니고 있었다. 요시노 박사가 관동의 천상(天上)에서 부르짖는데 비해, 가가와는 관서에서의 소리며, 땅의 맨 밑바닥에서 부르짖은 소리였다. 그 때 두 사람이 힘을 겨루어 그 주장을 「中央公論」에 게재했기 때문에, 「中央公論」은 새 시대의 창조자 같은 인상을 주게 되었다.

그래서 얼마동안은 도쿄제대 출신의 젊은 리더들을 중심으로 생긴 신인회로 인해 요시노 박사의 진영이 우세한 듯했다. 그러나 가가와는 오사카와 고베에서 크리스천 중심의 노동단체 우애회의 동지들과 함께 땅 밑바닥에서 소리를 높이 올리기 시작했다. 그것도 동시에 『改造』라는 종합잡지가 차차 세력을 더하게 되었다. 가가와는 「中央公論」과 「改造」에 논문을 보내다가 얼마 뒤에 가가와가 노동운동, 보통선거운동, 농민조합운동, 생활협동조합운동, 농협운동 등의 최고 지도자가 되자, 자연적으로 요시노 박사는 「中央公論」을, 가가와는 「改造」를 중심으로 새로운 일본의 창조에 함께 힘을 쓰게 되었다.

그 후 가가와의 지도력은 점점 커져서 「정신운동과 사회운동」「주관경제의 원리」「노동자숭배론」과 함께 「눈물의 이등분」「사선을 넘어서」「태양을 쏘는 것」「공중정복」 등의 명저를 발표했다. 그 중에서도 초 베스트셀러가 된 「사선을 넘어서」는 고베 신가와의 빈민굴의 밑바닥생활에서의 문자 그대로 피와 눈물과 사랑의 기록이기 때문에 일본에서 읽지 않은 사람은 한 사람도 없었다고 말할 정도다.

병약한 몸으로, 더욱이 실명에 가까운 눈으로 잠시도 쉴 새 없는 격투의 한가운데서 그만큼의 저작활동이 계속되었다. 1923년 관동대지진으로 도쿄로 옮긴 이후는 몇 사람의 비서를 두었으나 그는 35세 때까지 거의 혼자서 집필했다.

그러나 가가와가 일본 전체의 지도자가 되는 것은 쉬운 일이 아니었다. 우선 노동운동에 뛰어들어 거기에 전력을 기울일 때, 마르크시즘에 선 극좌의 노동운동자로부터 맹렬한 반격을 받아, 1921년에는 노동운동의 주류에서 철저하게 매장되어버렸다. 그러나 그것으로 모든 혁신운동에서 패퇴되었는가 하면 결코 그렇지는 않고, 거기에 가가와의 완고한 사랑의 운동 지도자로서의 놀라운 저력이 엿보이는 것이다.

유물론에 기초를 둔 극단의 혁명주의자로부터 배척되어도, 가가와는 유물론으로서는 영적 존재인 인간사회는 결국 구원되지 않고 그리스도의 구원에 의한 사랑의 정신을 실천하는 이외에 진실한 개조란 있을 수 없다는 것을 지금까지보다 훨씬 정면에 내세워서 강조하기 시작했다. 이렇게 해서 관동 대지진의 구제사업이 일단락되었을 때, 가가와는 그리스도의 사랑의 정신을 실천하는 것 밖에는 구원되지 않는 것을 일본인에게 선전하려고 일어섰다.

유물론자들은 일제히 달러 수입원이라고 비난하고 욕했으나 가가와는 조금도 겁내지 않고, 당당하게 성경의 진리를 대중에게 호소했다. 1923년부터 1932년에 이르는 10년간에 연달아 60권 이상의 종교서적을 출판해서 전국에 배포하였다.

책의 정가도 고심 끝에 당시 1원도 넘는 책을 10분의 1보다 값싼 겨우 10전으로 팔았다. 『사선을 넘어서』에서의 명성으로 날개 돋힌듯 팔렸다.

물론 가가와는 붓만으로 대중을 인도하지는 않았다. 온갖 방법으로 그리스도의 사랑을 실증해 보였다. 노동자, 농민, 셀러리맨, 병약자, 노인들을 위해서 훌륭한 활동을 차례차례로 실행에 옮겼다.

그와 동시에 그리스도의 정신을 새롭게 일본 민족에게 심어 새로운 사회를 실현하기 위해서, 또 일본이 하나님을 믿고 그리스도의 사랑을 실천해서 하나님의 나라가 되기 위해서 혼신의 힘을 다해 전국을 5년이라는 긴 세월에 걸쳐 돌아다녔다. 사할린의 북단에서 대만의 남단까지 방방곡곡 돌아다니면서 열변을 토했다. 이것이 유명한 「하나님의 나라 운동」이었다.

어디에 가더라도 가장 넓은 회장에 청중이 꽉 찼다. 『사선을 넘어서』의 가가와를 보기 위해서 모두가 열광했고, 가가와의 열변을 듣고 경탄하고 감동했다.

1919년경은 가가와를 극좌적인 위험인물이라고 보아오던 일본 기독교계도 이 「하나님의 나라 운동」을 보고 가가와를 새로운 기독교계의 지도자로 서 인정하지 않으면 안 되게 되었다.

1927년 자택을 개방해서 농민복음학교를 시작했다. 전국 농촌의 장남으 로서 고향을 위해서 생애를 바칠 결심이 있는 젊은이를 모아 1개월간 그리스 도의 사랑을 실천해서 침식을 함께 하고, 목욕탕에서 서로 등을 밀어주고, 말하자면 요시다(吉田松陰)식의 교육으로 마음을 개조하는 길을 가르쳤다. 이것을 매년 계속해서 가장 보수적인 농촌의 교화에 커다란 공헌을 했다. 그 리하여 「세계식량자원론」「한 알의 보리」「농업사회사업」「입체농업의 이론 과 실제」「농촌경쟁과 산업조합」「제삼 기층 위에」 등의 명저를 계속 발표하 고, 농촌의 이상(理想)에 가까운 개조를 이룰 수 있는 길을 열었던 것이다.

유아교육에 대해서는 신가와 슬럼에 투신한 경험이 중요했다. 슬럼에서 는 5세의 유아가 벌써 훌륭한(?) 악당이 되어 훔치고, 공갈하고, 폭행하고, 강도질을 예사로 하고 있었다. 유아교육은 소학교부터는 늦다는 것을 절실 하게 느낀 가가와는 유아교육에 대한 새로운 연구를 해서, 「혼의 조각」「종 교교육입문」「아이를 꾸중하는 법과 꾸중하지 않고 기르는 연구」「자연과 성 격」「종교교육의 실제」등을 세상에 내어 유아교육문제의 선구자가 되었다.

정치세계에서도 가가와는 어느 사이에 최고의 지도자의 위치에 올라 있었 다. 관동대지진 직후, 도쿄 재건에 커다란 공헌을 한 것은 가가와였다. 1929 년부터 도쿄 재건의 책임을 진 도쿄시장 호리키리 겐지로(堀切善次郎)의 간 청에 따라 사회국 촉탁으로 활약했다. 예를 들면 그 중의 하나는 불량주택지 구(슬럼)의 복구문제로서, 가가와의 진언에 의하여 '불량주택지구개선법 안'이 국회에서 가결되어 전국에 산재해 있는 슬럼의 대다수는 훌륭한 3층 아파트로 바뀌게 되었다.

이리하여 가가와는 정부를 지도하는 중요한 인물이 되지 않을 수 없게 되 어 1932년에는 내각보험조사위원, 1934년에는 내각중앙직업소개위원, 노 동보험조사위원, 1946년에는 식량대책심의회위원, 사회보험제도조사위원 등을 차례차례로 맡게 되어, 중요한 국책을 만들기 위해서 커다란 공헌을 했던 것이다. 쇼와 30년에는 인구문제심의회, 중앙우생보호심의회, 중앙아동복지심의회, 지방개선사업협의회 등 일본의 장래를 결정하는 중요한 사항을 심의하는 자리에 서게 되었다.

문자 그대로 가가와는 기독교 전도자로서도, 유아교육자로서도, 노동자와 농민운동자로서도, 복지사업가로서도 일본의 제1 인자로서 전생애를 바치게 된 것이다. 그리하여 그것은 대저술가 가가와 도요히코로써 비로소 이루어낸 것이다.

3. 세계적 지도자 시절

앞서 말한 바와 같이 가가와는 다이쇼의 말기부터 이미 일본의 지도자가되어 있었다. 그러나 가가와가 주장하는 것이 머리가 낡았고 마음이 좁은 섬나라 근성의 일본 사람에게는 거의 이해되지 않았다. 종교계도, 교육계도, 사회운동계에도, 직업정치계에도 가가와를 이해하려고 하지 않았다. 또 이해할 만큼의 통찰력도 가지지 않았다. 그만큼 가가와의 발상과 표현은 그 세대의 일본에서는 너무 진보적인 것이었다. 실제로 가가와의 직접 지도를 받고 있는 가가와 단체의 사람들도 가가와의 예언자적인 선견지명을 따라가지 못했다.

경제적 도상국가이었던 다이쇼 초기에 가가와는 '폭력혁명 없이 자본주의 국가를 개조하는 길은 협동조합국가를 건설하는 것 이외는 없다'고 하던 주장은 어리석은 자의 잠꼬대 소리로 밖에 들리지 않았다. 어떻게 하면 자본주의사회의 모순이 해결되어서 새로운 사회를 실현할 수 있는가에 고심하고 있던 세계의 여러 나라들은 러시아에서 진행되고 있는 공산주의 혁명을 보고, 가가와의 의견 즉 "마르크스의 「자본론」은 사회병리학으로서는 완전하지만 현재의 자본주의 사회를 파괴하기만 하면 새로운 보다 좋은 사회가 실현된다는 방법론의 보증은 아무데도 없다. 즉 사회치유학으로서는 전혀 제로이다."라고 논파한 점을 잘 이해했다. 그래서 협동조합국가를 만들어 국민의 생활필수품은 전부 국립협동조합에서 생산하게 하는 구상에 세계의 지도자들은 비상한 주목을 하게 되었다.

마침내 1935년에는 미국의 대통령으로부터 경제공황을 구원하기 위해서 미국 전국을 순회하면서 협동조합에 대한 지도를 해주기 바란다는 요청을 받게 되었다. 경제대국이 가가와의 의견에 항복하고 만 것이다. 1935년 12월부터 반년동안 미국 전역을 돌면서 오후에는 협동조합을 위해서, 밤에는 그리스도의 사랑을 보급하기 위해서 전력을 기울여 강연여행을 계속했다. 동시에 가가와는 미국에서 가장 유력한 기독교 잡지 「센추리」에 「세계평화시대의 길」이라는 평화에 대한 논문을 발표해서 커다란 반향을 불러일으켰다.

가가와의 『사선을 넘어서』는 세계 13개국에서 초 베스트셀러가 되어 전세계를 흔들어 움직였고, 어느 사이에 20세기의 최대 위인으로서 아프리카의 슈바이쳐와 인도의 간디, 그리고 일본의 가가와의 세 사람을 손꼽게 되었다.

미국 각지를 순회하던 1936년 봄에 캐나다 토론토에서 열린 YMCA세계대회에서 특별강연을 했는데, 그 때 사회자는 당시 세계 기독교계의 리더였던 존 R. 모트 박사였다. 그 때 그는 "나는 지금 세계에서 가장 예수 그리스도에 가까운 인격자 닥터 가가와를 소개하게 된 것을 생애에 있어 최대의 영광이라고 생각한다."고 말했다고 전해지고 있다.

노르웨이 오슬로에서 열렸던 세계주일학교연맹대회에 참석해서, 그 해 가을에 미국에서 발표한 「세계평화에의 길」의 취지를 강연했더니 놀랄만한 반향을 일으켜 이듬해 1937년에 네덜란드의 헤이그에서 '가가와 독트린에 의한 세계평화회의' 를 열 것을 결의하게 되었다. 그러나 아깝게도 이듬해에 만주사변이 일어나고 그것이 발단되어 제2차 세계대전에 돌입하게 되어 그 결의는 불발로 끝나버렸다.

그러나 그렇게 결의한 유럽의 벨기에 리엘스에 본부를 둔 EEC(유럽경제공동체)는 전적으로 가가와가 제창한 국제협동조합의 유럽 블록의 실천이라고 할 수 있다. 또 1978년 서독일에서 개최된 선진국 수뇌회의에서도 인구문제와 자원문제 등 인류전체의 것을 중심으로 협의되고 있다. 가가와가 40년

이상 앞서 제창한 것이 그대로 실현되었다. 가가와가 세상을 떠나기 직전에 발표한 「우주의 목적」이라는 저서는 실로 인류의 행방을 나타내기 위해서 가가와가 50년 이상 구상한 인류에게 남긴 인류에의 선언이다.

II. 가가와의 저서 분류

가가와 도요히코의 저작은 매우 다양하다. 이것을 다음과 같이 분류한다.[2]

1. 종교서적

○「기독전논쟁사」	1913
○「예수의 가르치는 방법」	1920
「예수의 종교와 진리」	1921
○「인간으로서 보는 사도 바울」	1922
○「성서사회학 연구」	〃
「예수와 인류애의 내용」	1923
「예수의 일상생활」	〃
「예수와 자연묵시」	〃
「예수의 내부생활」	1924
「고난에 대한 태도」	〃
「복음서에 나타난 예수의 모습」	1925
○「신과의 대좌」	〃
○「혼의 잔영」	1926
「신에 의한 해방」	〃

---

2) 그 무렵 가가와의 집에 가장 오래 살았고, 가가와의 나날의 생활을 가장 충실하게 처리했고 후에 전도자가 된 기타가와(北川信芳)의 노력으로 정리된 것을 참고로 해서 작성한 것이다. (참고) 분류(1)에서 (3)까지에 붙인 ○표는 가가와 자신의 집필이거나 서기에게 구술한 것, 기타는 대부분이 가가와의 강연을 비서들이 노트에 필기해서 원고로 옮겨 쓴 것을 가가와가 다시 정정 가필한 것. △표는 이른바 「10전 책」이다.

2. 논설

3. 문학

ㅇ「눈물의 이등분」(시)   1919

ㅇ「지각을 깨고」(수상)   1920

ㅇ「사선을 넘어서」   〃

ㅇ「태양을 쏘는 자」   1921

ㅇ「공중정복」   〃

ㅇ「별과 별에의 통로」(수상)   〃

ㅇ「뇌조의 잠깨기 전」(수상)   1923

ㅇ「지구를 분묘로 해서」(시)   1924

ㅇ「벽의 소리 들을 때」   〃

ㅇ「영원의 유방」(시)   1925

ㅇ「암중쌍어」(수상)   1926

ㅇ「기우는 大地」   1928

ㅇ「남풍에 겨루는 것」   1929

ㅇ「우상이 지배하는 곳」   1931

ㅇ「석류의 반쪽」   〃

ㅇ「한 알의 밀알」   1933

ㅇ「해표와 같이」   〃

ㅇ「동운은 반짝인다」   〃

ㅇ「말(馬)의 천국」(동화)   1933

ㅇ「방황의 순례」(수필)   〃

ㅇ「손톱 끝의 낙서」(동화)   1934

ㅇ「환상의 병거(兵車)」   〃

ㅇ「젖과 꿀이 흐르는 고장」   1935

ㅇ「그 유역」   〃

ㅇ「황야의 부르짖는 소리」   1937

ㅇ「태풍은 숨쉰다」   〃

ㅇ「예명을 불러 깨워라」   〃

ㅇ「소설 그리스도」   1938

ㅇ「세계를 나의 집으로 해서」(수상)   〃

○「제3 기층의 위에」   〃

○「가라앉는 태양」   1939

○「돌베게를 세우고」   1940

○「약속의 성지」   〃

○「일륜을 잉태한 광야」   〃

○「은하계통」   〃

○「은교와 진로」   1942

○「천공과 흑토를 봉합해서」(시)   1943

○「재건」   1946

○「두 마리의 참새」   1947

○「북두성의 초연」(시)   1949

○「은색의 나령」(和歌)   〃

4. 번역서

「일요학교 교수법」(올리버)   1914

「예수의 비밀」   1926

「존 웨슬리의 신앙일지」   1929

「세계식량자원론」(렛셀 스미스)   〃

「로모라」(엘리어트)   〃

「유물론사(上·下)」(랑게)   〃

「그리스도교 사회애사(社會愛史)」(스텟드)   1930

「그리스도 형제애사」(리이드)   〃

「베니스의 돌〈上·下〉」(러스킨)   1931

「순수철학원론」(바운)   1933

「입체농업의 연구」(스미스)   〃

「종교의 자본주의의 발흥」(도우니)   〃

「다만 죄인을 위해서」(렛셀)   〃

「우리들을 순회하는 우주」(지인즈)   1934

「과학의 신배경」(지인즈)   〃

「나는 우상교도였다」(키칭)	〃
「알려지지 않은 그리스도」(멘디코프스키)	1937
「동물사회학개론」(알파데스)	1938
「협동조합보험론」(바루우)	〃
「중용을 가는 스웨덴」(차일즈)	〃
「동양기독교 경교동진사」(스듀어드)	1940
「이과학과 신의 재발견」(하우잉)	1942
「세계헌법초안」(헛딘스)	1948
「인간의 운명」(듀누이)	1950

이 밖에 자신이 책임지고 발행하던 「구름 기둥」, 「불 기둥」, 「세계국가」, 「농촌」, 다른 사람이 발행했던 「노동자 신문」, 「호반의 소리」, 「일요학교의 벗」, 「교회학교」, 「집의 빛」, 「일요세계」, 「어머니의 빛」 그 밖의 많은 월간잡지 등에 발표한 문장은 막대한 수에 달한다. 특히 전후 세계연방정부의 건설을 바라보고 발행하고 있던 「세계국가」에는 아무리 바쁜 때에도 많은 논문을 게재했기 때문에 그 양은 방대하다.

이상의 문필활동은 물론 가가와 한 사람이 다 이룬 것은 아니다. 이것을 도우는 사람들이 언제나 3, 4명씩 있었다. 그러나 그렇다고 해도 각 방면의 문제를 취급해서 일본은 물론 세계에 커다란 영향을 끼친 것은 참으로 위대했다고 말하지 않을 수 없다.

가가와가 하늘나라에 간 뒤 4년 후인 1964년 가가와가 남긴 봉사단체 「예수의 벗」 회의 염원으로 그리스도신문의 주필 무토 토미오(武藤富男)가 만난을 무릅쓰고 발행해 준 것이 현재로서는 유일의 가가와 도요히코 전집 「賀川豊彦全集」이다. 그러나 가가와가 1959년 재기불능이 되고 가가와 연구의 제1인자 요꼬야마(橫山春一)와 야리다1(鑓田研一)와 구로다가 가가와의 전집을 출판하려고 생각했을 때, 수중에 있었던 자료는 실제로 전집에 수록된 24권보다 12권분이나 더 많았다. 그러나 무토(武藤)는 36권의 전집은 당시로서는 아무리 해도 완성할 자신이 없었기 때문에 24권분만 우선 발행하였다.

그래서 가가와가 돌아가기 전에 제자들은 많은 자료를 모았던 것인데, 아직도 제2집, 제3집의 전집도 출판할 수 있을 만큼의 글을 남기고 가가와가 세상을 떠났다.

III. 가가와 저서의 특성

이상의 막대한 수의 저서 중에서 그리스도신문사판 「賀川豊彦全集」에 수록된 것에 대해서는 무토 토미오(武藤富男)가 상세하고 훌륭한 해설을 하였다. 실로 잘 조사되고, 연구되어 명쾌하게 설명하고 있으므로 감탄하지 않을 수 없다.

1. 기독교 도서들

가가와는 두 말할 것도 없이 20세기 최대의 전도자였다. 14, 5세 때부터 72세 죽을 때까지 완벽한 전도자의 삶을 살았다. 저서도 전도에 관한 책이 가장 많이 차지하고 있다. 기독교에 관한 다수의 저서 중에서도 특필한 것은 별세하기 2년 전에 출판한 『우주의 목적』이다. 1914년 그의 책상 위에 「우주 악론」이라고 쓴 커다란 봉투가 있었다. 한 제자가 "그것은 무엇입니까?" 하고 물었더니, "이것은 내가 18세 때부터 정리하고 있는 그리스도교의 논문이다."라고 말하였다고 한다. 이렇게 가가와는 후세에 남기기 위한 이 논문을 위해서 만 권의 책을 독파하고, 집에 있어도, 여행을 가도, 틈만 있으면 계속 생각했다. 구로다는 전후 8년 반, 가가와와 2인 3각으로 「하나님의 나라 운동」과 「신일본건설 그리스도운동」 등 최대 캠페인에 수행했으나, 그 때에도 가가와는 눈뜨고 있을 때에나 눈감고 있을 때에나 언제나 명상이나 숙고(熟考)를 하고 있었다고 한다. 그러면서도 시간이 모자라는 것과 같이 건강이 쇠약했기 때문에 결국 출판된 것은 뜻을 세운지 51년 후의 일이었다. 그 것도 겨우 2백 페이지 남짓한 작은 책자로서 가가와의 생애를 건 논문으로서 는 보잘 것 없는 것이 되어버렸다. 이 연구와 구상이 우주대(宇宙大)로 넓혀 졌기 때문에 신이 아닌 가가와로서는 미완성의 비극에 그치는 도리 밖에 없 었다. 이 「우주의 목적」 한 권을 생각 하더라도 가가와는 목숨을 걸었던 붓의 전도자였음을 실증할 수가 있지 않겠는가.

거기에다가 가가와는 전문적인 종교서적 말고도, 다른 책 전부가 전도를 위해서 쓰여진 것이었다. 가가와는 일반적으로 말하는 전도자가 아니고 문 자 그대로 주 예수가 모범을 보인 그대로의 전도자였다. 마태복음 4장 23절 에 "예수께서 온 갈릴리에 두루 다니사 그들의 회당에서 가르치시며 천국 복 음을 전파하시며 백성 중의 모든 병과 모든 약한 것을 고치시니"라고 적혀있 고, 마태복음 9장 35절에도 같은 말이 기록되어 있다. 이것은 예수의 사역이 교육, 선포, 치유의 세 가지였다는 것을 나타내고 있다. 그래서 가가와는 전 적으로 주 예수의 발자취를 문자 그대로 밟은 것이다.

한 때 기독교의 대표격이었던 나가다(中田重治)가 가가와의 활동을 보고 "가가와는 악마다."라고 말했다. 그것을 믿고 성결교계의 목사는 가가와를 악마라고 생각할 정도였다. 그러나 가가와의 교육과 선교와 복지에 걸친 활 동이야말로 참다운 전도자적 사역이었다. 가가와의 저서도 거의 이 세 개의 부류에 들어있고, 결국 전 저서가 한 권도 남김없이 전도서이다. 이것은 가 부류의 추억을 말할 때마다 조금씩 애기하기로 하자.

전도서는 실로 많지만 그것을 크게 나누면 신학서, 성경해설서, 신앙해설 서, 종교교육서, 기도해설서, 수필의 여섯 영역으로 구분될 수 있다.

(1) 신학적 저술들

신학적인 저술은 매우 적다. 일본의 기독교계에서는 신학이론이 아주 유 행해서, 신학에 대해서의 저술이 매우 많다. 예를 들면 '칼 바르트의 저서를 가장 많이 읽는 곳은 일본이다.' 라고 바르트 자신이 그의 70세 기념일에 말했다고 전한다. 왜 그런지 일본에서는 신학자의 논문이 제일 중요한 것처럼 생각하기 때문이다.

가가와 자신은 신학을 연구해서 명확한 신앙에 서 있었으나, 신학을 자랑하는 일은 없었다. '사랑의 행동에 의해서 신의 인식이 가능하게 된다.' '사랑의 역사 위에 신학이 수립된다.' '신학은 단순한 독단이거나 권위를 가지고 정해진 하나의 신앙고백이다.' '그리스도는 이유를 말하지 않았다. 그의 사상 그 것, 사랑 그것, 사랑의 실현 그것이 그의 신학이었다.' '주 하나님은 아버지라는 말씀만으로 모든 것을 나타내고, 개념으로 신을 나타내지 않고 생활로써 진실을 표현했다.' "그리스도주의적인 신학이나 유리적(唯理的)인 하르낙의 견해에는 아무래도 만족할 수 없다." 등의 말을 남기고 있다. 그래서 이론적인 신학서는 거의 없다고 해도 좋다. 초기에 발표한 「기독전논쟁사」와 최후까지에 걸쳐서 쓴 「우주의 목적」 뿐이다. 일면 적막한 것 같으나 너무나도 신학에 물들어 싸늘한 논쟁과 분열에 세월을 보내던 일본의 그리스도교계의 반발로서 커다란 의의가 있었다고 말할 수는 없을까.

(2) 성경 해설서

「신과 성애와 복음」 「인류애의 선언」 「신으로부터의 복음」 「성서 이야기」 등을 비롯해서 성경 전체에 관한 해설서에는 다른 사람의 추종을 허락하지 않을 정도로 독창적인 제론(諸論)이 설명되어 있다. 그 분명한 해설에 과연 그렇다 하고 눈이 열리는 때가 많다.

이른바 성경연구라는 타입이 아니고, 우리들의 영성에 직접 닿아와 생활에의 영양을 풍부하게 주는 느낌이 들었다. 가가와가 돌아간 뒤 10주년을 기해서 구로다가 『인간 가가와 도요히코』를 출판했을 때에, 성서학의 제 1인자 와다나베(渡濱善太) 선생에게 서문을 써달라고 부탁한 적이 있다. 그때 와다나베 선생은 "왜 나 같은 사람에게 부탁하러 왔는가?"라고 묻기에 구로다는 "선생님은 메이지학원 신학부 예과시절 가가와 선생과 동급생이었습니다. 또 일생동안 가슴 아파 괴로워했습니다. 거기에다가 선생님은 성경의 연구에 생애를 바쳐 왔습니다. 마찬가지로 가가와 선생님도 전력을 다하여 성경을 배우고, 참으로 성경연구를 잘해서 성경에 관한 책이 10수권에 달하고 있으므로 꼭 선생님의 서문을 받고자 합니다."고 대답해서 기어코 서문을 받게 되었다고 한다. 실제 가가와는 1917년 미국 유학에서 귀국했을 때 약 1년 동안은 「새시대 성경강연회」라는 간판을 내어 걸고 고베, 오사카 그 밖의 도시의 교회를 순회하면서 성경운동을 하였다. 때로는 미농지 한 장에 잔잔한 문자로 가득히 인쇄한 것을 배부하기도 했다.

이 운동은 무엇인가 새로운 것을 갈망하고 있던 청년들에게 대단한 센세이션을 일으켜서 관서의 강연회에 관동으로부터 일부러 들으러 오는 사람도 있었다. 그리고 신가와에서 매 주일 아침에 드리는 예배에 출석해서, 새로운 성경강의를 듣기 위해서 오는 사람도 있었다. 토요일 밤 기차로 도쿄를 출발하여 아침에 고베의 산노미야역에 도착해서 신가와의 예배를 마치고 귀경하는 것이었다. 그 열심당(黨)의 한 사람이 후에 가가와 단체의 경제인으로서 제1인자가 되어, 구라협회의 지도자가 된 오리진전기회사의 창립자 고토 야스타로우(後藤安太郎)이다. 그런 형편이니 가가와의 성경연구에 관한 책은 훨씬 높게 평가되어야 한다.

거기에다가 성경을 중심으로 예수의 전기, 생애, 사상, 신앙의 연구서도 있다. 예를 들면 「예수의 인간애의 내용」「예수의 내부생활」「복음서에 나타난 예수의 모습」 등이다. 이것들은 앞서 말한 바와 같이 가가와 특유의 맛이 깊은 연구의 결과로 생긴 것이다.

(3) 신앙해설서

기독교는 중동에서 일어나 유럽에서 성장한 종교이기 때문에 동양인인 일본사람에게는 매우 난해하다. 더욱이 일본인은 섬나라 근성이 강해서 배타적이고, 새로운 것에는 무엇이든지 거부반응을 일으켜서 전연 받아들이지 않으려는 경향이 극단적으로 심하다. 또 도쿠가와 막부(德川幕府)의 3백년에 걸친 크리스천에 대한 심한 박해는 아직도 일본 민족의 머릿속에 남아 있다. 거기에 더하여 19세기 말부터 일본에도 보급된 과학만능의 사상이 식자들 사이에 널리 퍼지게 되었다. 그래서 기독교의 선교는 등 뒤에서 커다란 적을 만나 곤란하기 짝이 없었다. 보수주의자는 물론이고 진보주의자도 알고 모르고 상관없이 그리스도교 신앙을 거절했다. 그래서 특별히 반대하지는 않아도 기독교는 난해하다고 경원하거나, 미신이라고 업신여겼다.

그래서 새로운 시대가 이미 와 있다고 생각한 가가와는 한편 과학의 입장에서도 기독교가 제시한 신앙을 비논리적인 것이 아니라는 점을 해명하는 동시에 사회생활을 진실로 개조하는 힘을 지니고 있으며, 새로운 시대가 오고 있는 오늘날 그것 이외에 진리의 길이 없음을 대중에게도 잘 알 수 있도록 생활에 밀착시켜 선전하려고 일어섰다. 그리하여 1928년부터 1933년까지의 5년 반, 1946년부터 1949년까지의 3년 반, 도합 9년 가까이 전국 방방곡곡 교회가 있는 마을은 순회하면서 그리스도 신앙에 의하여 새로운 일본을 건설하려고 힘을 다해 부르짖고 다녔다. 가가와의 참모습은 대중전도자이다. 실제로 여러 곳을 돌아다니면서 그 곳에서 제일 큰 집회장으로서 공회당, 극장, 영화관, 학교의 강당 등을 선택했다. 그런데도 가는 곳마다 「사선을 넘어서」의 가가와 선생을 보고 싶다는 열렬한 청중에 파묻히게 되었다. 집회 수는 모두 3,243회, 청중은 154만1,651명, 결신자는 26만 3,397명에 달했다. 이것만으로도 가가와가 최대의 대중전도자였다고 단언할 수가 있다.

이러한 정열을 가지고 일본에 물은 것이 「신에 의한 해방」「신에 의한 신앙」「신에 의한 신생」「하나님에 대해서의 명상」「십자가에 대한 명상」「성령에 대한 명상」 등의 10전 책이다. 당시 정가 1원이 전집의 최저의 가격이었으나, 가가와는 결심하고 한 권에 10전에 팔았다. "10전짜리 책의 전도서를 내고 싶다."고 입버릇처럼 얘기하고 있었으나 주위의 사람들은 "저런 소리를 하고 정말 실천할 것인가?" 하고 뒷전에서 웃고 있었다. 그러나 시모노세끼에서 전도하고 있던 침례교의 선교사 왕 선생이 그 열심에 감동되어 "손해를 봐도 좋다."고 그 출판을 맡아 주었다.

너무도 값이 싸서 무료로 얻는 것 같았기 때문에 문자 그대로 날개 돋힌듯이 팔렸고 손해를 보는 것이 아니라 수 년 동안 상당한 인세가 가가와의 손에 들어오게 되어 거의 기적이라고 생각되었다.

(4) 종교교육서

가가와는 21세에 빈민굴에 살던 때에 받은 쇼크에서 유아교육이 전도하는 데에 얼마나 중요한가를 통감하고 있었다. 종래에는 유아의 종교교육에 대해서는 프뢰벨의 「인간교육」이 바이블이라고 불리울만큼 일반에게 인식되어 있었다. 그러나 이것은 백년 이상이나 전인 1848년에 쓰여진 것으로 그 동안에 과학은 많은 진보를 하였다. 그러므로 가가와는 여러모로 고쳐야 할 곳이 많다고 생각해서 당장에 유아의 종교 교육연구실을 만들어 몇 사람의 전문가에게 의뢰해서 연구하도록 했다. 또 자기 자신도 세상을 떠날 때까지 전국을 순회하면서 여러 모로 지질이나 습관 등을 연구했다. 그것이 최초로 결실한 것이, 결혼 후 10년 만에 장남 스미모토(純基)가 출생했을 때였다. 아주 기뻐서 세상에 물을 것이 저 유명한 「魂의 조각」이다. 이어 「종교교육의 본질」 「종교교육입문」 「어린이를 꾸중하는 법」 「종교교육의 실제」 등을 써 내었다. 심리학의 전문가이고 도쿄신학대학 학장이던 타카자키(高崎毅) 박사는 "가가와의 종교 교육에 관한 이론을 평가해서 세계에 소개하는 것이 나의 책임이다."라고 말하였다. 그러나 그가 일찍이 세상을 떠났기 때문에 이 사역을 다 할 수 없었다. 가가와는 유아교육에 대해서 저서로써 공헌한 것 뿐만 아니라 실제로 유치원이나 보육원을 전국에 50개 가깝게 만들어 그 원주(園主)로서 여러 가지 봉사를 했다. 그리하여 거기에서 연구한 것을 저서로 발표했기 때문에 더욱 큰 공헌을 했다.

(5) 기도 관련 저술

1925년에 출판한 「신과의 대좌」 「신의 품속에 있는 것」 「신과 걷는 하루」 「나의 투병」 「병상을 도장으로 해서」 등이 그것이다. 가가와는 실로 기도의 사람이었다. 불가능이라고 생각하는 것을 언제나 목표하고 돌진했다. 믿고 드리는 기도는 반드시 들어준다는 신념을 가지고 있었다. 물질상의 문제도 영적인 일에 관한 것도 다같이 기도로서 가능하게 된다고 굳은 신념을 가지고 있었다.

특히 그 병약한 몸으로 두 어깨에 무거운 짐을 지고 다녔기 때문에 기도의 기적의 연속에 의하여 나아가는 이외의 방법은 없었던 것이다. 그리스도의 기적에 대해서도 성경의 말씀 그대로 믿고 있었으며 신앙에 의하여 병이 낫는다는데 아무런 의심을 가지지 않았다. 가가와의 기도에 관한 저서가 사람들의 혼을 흔들어 움직이는 힘을 지닌 비결은 실로 여기에 있었던 것이다.

(6) 시집·수필집

가가와는 시인이었다. 실로 아름답고 훌륭한 시를 거침없이 지었다. 오래 여행을 하고 있는 동안에 수많은 훌륭한 시를 썼다. 수첩의 가장자리에나 휴지 같은 조각종이에 술술 적었다. 그것이 우수한 시가 되었다.

메이지 신학부 예과에서 2년간 공부한 후 가가와는 고베신학교에 입학했으나, 별로 재미가 없어 강의는 듣지 않고 부지런히 낙서를 했다. 미국에서 귀국한 그 무렵에는 벌써 「中央公論」이나 「改造」의 요청으로 지상에 글을 게재하기 시작했다. 나중에 이것을 정리해서 출판한 것이 낙양의 종이 값을 올린 「눈물의 이등분」「지각을 깨고」「별에서 별에의 통로」이고, 저 아름다운 「영원의 유방」 기타 눈 부시는 시집들이다.

어쨌든 가가와의 문서전도에 대해서는 18세기에 영국을 혁명의 위기에서 구출한 위대한 문서전도자 존 웨슬리에 비할만한 커다란 활동을 했다. 가가와는 1908년 스무 살 때에 결핵성 치료 때문에 교토제대병원에서 대수술을 받고, 오랫동안 투병생활을 했다. 그때 웨슬리의 전기를 읽고 커다란 감격을 받았고, 그 이후에도 가가와는 웨슬리로부터 영향을 받은 듯하다.

2. 논설서

논설은 비교적 적은 35권이다. 어느 한 권이라도 목숨을 거는 마음으로 썼기 때문에 불후의 명론탁설이다.

한두 편 살펴보기로 한다. 최초로 세상에 내놓은 논설은 1915년에 출판한 「빈민심리의 연구」이다. 이것은 1909년에 가가와가 신가와에 투신하고부터 5년 후인 26세 때에 쓴 것이다. 이 책이야말로 빈민심리의 연구 부문으로서는 일본에서 최고의 수준을 보이는 것으로서, 지금도 귀중히 여기는 명저이다. 그것이 겨우 26세의 무명청년에 의해 쓰여진 것이다.

그것과 또 하나 가가와가 최후에 발표해서 세상에 남긴 「우주의 목적」은 전술한 바와 같이 구로다가 처음 뵈었을 때 큰 봉투에 「우주악의 연구」라고 써서 책상 위에 두었던 원고이다. 그 후 가가와는 이 문제를 영혼의 깊은 곳에 간직하고 연구를 거듭한 것이다. 모든 분야의 학문 즉, 철학, 과학, 심리학, 경제학을 배우고, 동서고금의 명저라는 명작은 다 읽고, 밤낮없이 명상을 계속했다.

그러는 동안에 사람은 변하고 세상은 바뀌어 마침내 1958년이 되어 가가와도 70세의 고령에 이르렀다. 건강도 쇠약해지고 수십 권의 시리즈를 정리할 시간도 모자라게 되었다. 드디어 눈물을 삼키고 정리한 것이 겨우 2백 페이지 남짓한 「우주의 목적」이었다. 19세 때 시작해서 실로 51년만의 일이다. 가가와의 논설은 이러한 눈물과 피의 결실이라는 것을 알아두어야 한다고 생각된다. 인류를 조금이라도 은혜로운 것으로 하고 싶다는 뜻이 타오르는 주옥같은 작품이다.

가가와가 맨 먼저 구상한 것은 가난 때문에 고생하는 당시의 노동자와 농민을 어떻게 하면 은혜로운 생활을 할 수 있을까 하는 즉 구빈(救貧)의 문제였다. 그는 자본주의에 대해서 정면으로 반대하는 동시에 마르크스의 「자본론」에 입각한 폭력에 의한 공산주의 혁명에 대해서도 극력 반대했다. 그래서 경제는 물질 뿐만 아니고 인간의 심리에 따라 성립하는 것이라고 당시로서 파격적인 「주관경제학의 원리」를 발표해서 세상을 놀라게 했다. 또 폭력혁명의 철학을 논파하기 위해서 「생존경쟁의 철학」을 저술하고, 인류의 마음속에 간직된 상호부조의 정신에 의해서만 새로운 사회의 출현이 가능하다고 주장했다.

그리하여 인간의 상호부조를 사회적으로 담보하기 위해서는 크리스천의 사랑에 의해서 성립된 롯티텔식 생활협동조합을 보급시킬 필요가 있다. 그 때문에 오사카, 고베, 도쿄에 협동조합을 만들어 그들을 지도했다.

가가와가 사람들의 비웃음을 받아가면서 시작한 생활협동조합이 오늘의 일본 번영의 기초가 되었고 그 후에 출발한 농협이 오늘날 농촌생활의 혁신을 가져온 것이다. 국제적으로도 점차 가가와의 예언이 실현되지 않으면 세계는 파멸로 치달리게 될 것이다.

3. 문학서

가가와의 문학서는 참으로 많이 발행되었고, 또 일본 사람들에게 다투어 애독되었다. 그 당시 가가와의 창작처럼 많은 독자를 감동시킨 것을 없다. 작품의 수도 43권에 달한다. 그중에서 창작이 28권, 시집이 5권, 수필집이 5권, 동화가 4권, 와카집(和歌集)이 1권이다.

창작 중에서 『사선을 넘어서』는 누구나 알고 있듯이 제일 잘 팔렸다. 그러나 초베스트셀러가 되어 많은 사람들에게 애독 되었는데에도 불구하고 일본의 문단에서는 아무도 평가하지 않고 묵살되어 버렸다. 문학으로서는 문장이 정돈되어 있지 않았기 때문에 전문가들에게는 평가의 방법이 없었겠지만 일반 대중들은 그로 인해서 도리어 친근감을 느낀 듯 하다. 그러나 날이 갈수록 문장도 어지간히 정돈되었다. 1931년 2월에 발행된 「한 알의 밀알」의 첫 문장도 훌륭한 것이 되어 있었다.

가가와의 소설은 문학서이기는 했으나 그 이상 소설을 읽는 사람들에게 여러 가지 일을 호소하는 식의 '문제소설'이었다. 특히 기독교의 신앙을 잘 알아주기를 바랐기 때문에 즉 전도를 위해서 쓴 것이었다.

1922년 오사카일보(大阪日報)에 연재된 「공중정복」은 매연(煤煙)으로부터 어떻게 도시를 구할 수 있을 것인가 하는 공해의 문제를 잘 알 수 있게 설명하고 있다.

농촌, 산촌을 구제하는 확실한 길을 청년들에게 보이기 위해서 「한 알의 보리」「젖과 꿀이 흐르는 고향」「은하계통」 등의 다수의 작품들이 쓰여지고 있다. 어촌문제를 위해서도 「해표와 같이」「은교의 진로」 기타가 있다.

도시나 농촌에서 협동조합을 실시해서 풍부한 생활을 실현하는 길을 거의 전부의 소설에서 호소하고 있다. 특히 「석류의 반쪽」과 「우상의 지배하는 곳」의 두 권은 몸을 파는 음탕한 뒷골목에서 고민하고 있는 여성들이 어떻게 하면 거기에서 탈출할 수 있는가를 상세하고 교묘하게 묘사하고 있다. 또한 그렇게 실행하면 그 경우에서 훌륭하게 갱생할 수 있는 방법을 상세하게 설명하고 있다. 그리하여 실제로 그대로 실행해서 갱생한 사람들도 있었다고 한다.

그리고 가가와에게는 원고료 수입이 막대했다. 쇼와의 초기 무렵부터 가가와의 일류잡지사에서 받는 원고료는 4백자 한 장에 20원이었다. 당시 문단 제 1인자였던 기쿠치 칸(菊池寬)이나 쿠메 마사오(久米正雄)과 같았다. 그리하여 그 막대한 돈을 아낌없이 노동운동, 농민운동, 생활협동조합운동, 조합병원운동, 보육원운동, 무산정당운동 등 모든 존귀한 봉사활동에 뿌렸던 것이다. 가가와의 붓의 힘으로 일본의 사회는 새로운 빛을 보게 되었다고 해도 좋지 않겠는가.

창작 중에서 많은 것이 시집과 수필집이다. 어느 날 가가와는 "나는 진정 시인이다"고 고백하였다. 그것은 정말로 가가와의 본심으로서 실로 감수성이 예민하고 정서가 흘러넘치는 사람이었다. 자연의 아름다움에 접촉해도, 인정의 자질구레한 것에 접해도 당장에 소리를 내어서 부르짖고, 눈물을 줄줄 흘리고는 한다. 가가와처럼 눈물에 약한 사람을 만난 적이 없다고 생각하는 사람도 많다. 「눈물의 이등분」을 비롯해서 5권의 시집과 5권의 수필집에 수록된 것은 예술적으로 상당히 높이 평가되고 있다고 생각된다. 메이지, 다이쇼, 쇼와를 통해서 일본의 찬미가 작가의 제 1인자라고 일컫는 유우키야스시(由木康) 씨는 가가와의 시를 메이지 이래 백년간의 시 중에서 훌륭한 자리를 차지하고 있다고 높이 평가하고 있다.

바쁘기 그지없는 여행 중에나 때로 휴일에는 집필하는 틈을 타서 일본역사에 남는 인물의 기념비나 묘비를 찾아간다. 그래서 그 앞에 서서 명상을 하고 있으면 시정이 울어나서 붓을 잡고 노트에 적는다. 거의 한 자도 고치지 않고, 술술 써내려 가는데 무어라고 말할 수 없이 아름다운 시가 된다. 요시다(吉田松陰)의 쇼카손주쿠(松下村塾)이나 쓰키야마(月山城址)의 야마나가(山中鹿之助)의 무덤이나 치바 사하라(千葉佐原)의 이쿠마 타다요시(伊熊忠敬)의 옛집에서는, 눈물을 줄줄 흘리면서 노트에 시를 썼다. 어느 것이나 모두가 훌륭한 시었다.

수필도 「암중쌍어(暗中雙語)」나 「공중의 새에게 부양되어서」 등 거의가 격조 높은 명문이다.

문학서에서 가장 많이 사람들로부터 질문을 받게 되는 것은 등장인물의 모델에 대해서이다. 가가와가 타계한 지 오랜 세월이 경과했으므로 불분명한 점도 있지만 분명한 것만 적어 두기로 한다.

대개 가가와와 함께 일하던 동지들이 많다. 그 중에는 존경도 받고 또는 훌륭한 공적을 남긴 인물도 있다. 문필활동으로서는 가장 오랫동안 가가와를 도우고, 가가와의 붓의 협력자로서 최대의 존재였던 요시모토 켄자(吉本健子)가 어느 날 가가와로부터 "별로 소설의 모델로 쓰지 않는 것은 그 사람의 활동을 높이 샀기 때문이다"고 들었다고 말했으나, 모델로 되어 있는 사람을 볼 때, 역시 가가와 자신이 가까이 접하고 마음이 통하는 인물이 많다는 것을 느끼게 된다.

결론 : 가가와 저술의 특이성

다른 사람들도 알다시피 가가와는 어렸을 때에 폐를 앓고 끝내 거기에서 벗어나지 못했다. 뇌수와 위장을 제외하고는 온 몸이 질병 투성이었다. 일일이 적지는 않겠지만 그렇게 심하게 몸 전체에 상처입고도 노경에 이르기까지 남들의 배 이상의 활동을 계속한 사람이다. 해외에 나갔을 때에도 각국의 명의로부터 "이대로 있으면 1년 이내에 반드시 죽게 되니까 절대 안정해야 합니다." 하고 눈물을 흘릴 정도로 충고했다. 그러나 절대 안정을 하지 않으면 안 될 정도의 위험상태에 빠져 있음에도 불구하고, 건강한 사람이 몇 십 명 달라붙어도 해낼 수 없을 만큼의 세계적 규모의 활동을 결코 그만두려고 하지 않았다. 그래서 마침내 세계의 명의들이 "현대의 의학은 가가와에게는 통용되지 않는다."고 어이없어 할 정도였다.

이와 같이 각종의 운동 때문에 전력을 기울여서 주야의 구별 없이 바쁘기 짝이 없는 생활을 보내면서도 어떻게 해서 그만큼 많은 저작을 세상에 남겼을까? 참으로 사람의 업(業)으로는 생각되지 않는 일이다.

첫째 이유는, 가가와는 어릴 때부터 글 쓰는 것을 좋아했고, 동시에 아주 속필이었다. 어릴 때부터 줄곧 써왔기 때문에 천재적으로 빨랐다. 4백자 원고지를 한 시간에 5, 6매씩 써 내려갔다고 한다.

둘째 이유는, 1917년(26세) 무렵부터 가가와의 설교나 강연을 요시다(吉田源治郎) 목사가 필기하고, 그것을 나중에 원고로 정리했다. 그 원고를 가가와가 다시 정리해서 출판하는 일이 시작된 것을 들 수 있다. 이런 방법으로 최초에 출판된 것이 「예수의 종교와 그 진리」였다.

그 이후 가가와가 어디에서 이야기하더라도 누군가가 필기해 원고로 정리되고, 그것을 가가와 자신이 꼼꼼하게 교정해서, 자신의 개인잡지 「구름의 기둥」, 「하나님의 나라 운동」 때에 발족한 「하나님의 나라 신문」 등 각종의 잡지에 발표했다. 또 그것을 편집하여 출판하게 되었다. 이것은 대전 후에도 계속되었다.

이것을 들으면 "가가와의 강연을 테이프에 녹음했다가 그것을 원고로 고치는 것이 좋지 않겠는가?" 하고 생각하겠지만, 그러나 가가와는 "강연이나 설교를 할 때에는 청중을 웃기거나 농담도 하고 잘 알아듣게 하기 위해서 되풀이하기 때문에 필기해서 정리하는 편이 낫다"고 해서 필기를 시켰다. 이렇게 해서 출판된 것이 상당수에 달하는데 앞의 저서의 분류를 보면 알게 될 것이다.

가가와의 의뢰를 받고 강연의 필기를 한 사람은 상당한 수에 달한다. 최초에 봉사한 사람은 앞에 말한 요시다(吉田源治郎)이다. 가가와보다 3세 아래인데, 메이지학원 신학부 출신이다. 미국에 가서 두 개의 신학교에 공부하고 돌아와서 당초에는 교토부에서 목사로 있었는데, 뒤에 가가와 단체에 참가해서 시간지마(四貫島) 세출멘트의 초대 주임이 되었다. 「신약 외경의 이야기」 「종교과학에서 본 그리스도교」 그 밖의 저서가 있다. 다이쇼 시대에 가장 많이 필기한 분이다.

다음은 무라시마(村島歸之)이다. 오사카 마이니찌신문사(大阪毎日新聞社)의 사회부 기자로서 노동운동 등의 취재를 위해서 신가와에 출입할 때에 가가와그룹에 든 와세다 출신이다. 대전 후에는 지가사키(茅ヶ崎)에 평화학원(平和學園)을 설립하고, 그 원장으로 활약했는데 가가와보다 앞서 세상을 떠났다. 초기에 필기를 담당했다. 그의 「밑바닥 생활」은 유명한 저서이다. 농담을 잘하는 분이었다. 거기에 신가와의 이웃 교회의 구로다 목사도 때때로 거들었다.

그 얼마 후에 이마이(今井)요네 여사가 참가했다. 후쿠이현(福井縣)에 있는 여학교의 교사이었는데, 가가와를 사모해서 대지진 직후부터 가가와 단체에 참가해서 얼마동안 필기의 일을 하다가 「그리스도 산상수훈」같은 것은 혼자서 전부 정리했다. 오짜노미즈(お茶の水) 출신인데 후에 미국에서 유학하고 귀국해서 「그림연극」을 창안해서 전국의 주일학교를 중심으로 아동전도에 크게 공헌했다. 대전 후에는 국제부인회의 지도자로서 세계에 이름을 떨친 분이다.

거기에다가 문사로서도 상당한 지위를 가지고 있던 야리타 겐이치(鑓田研一)도 때때로 필기를 거들기도 하고, 번역서의 원고를 쓰기도 했다.

대지진 후에 참가한 거물은 통칭 겐짱이라고 불리우는 요시모도(吉本健子)이다. 가가와보다 18세 아래인 젊은이였으나 가가와의 비서로서는 몇 십

명 있는 중에 군계일학처럼 찬연하게 빛나는 인물이었다. 가가와의 저술에서 가장 가가와를 도운 것은 이 사람이다. 릿쿄여학교(立敎女學校) 출신으로 대지진 때에 혼쇼(本所)에서 환란을 입었으니 이내 혼쇼의 구호 활동에 참가해서 활발하게 계속된 구제활동 중에서 헌신적인 봉사를 했다. 맹렬한 활동으로 말미암아 가가와의 약한 몸은 극도로 쇠약해졌고, 시력은 급격히 쇠퇴해서 한 때 거의 자력으로는 집필활동을 할 수 없게 되었다. 그 무렵 요시모도(吉本)와 나중에 참가한 야마지 히데요(山路英世) 씨나 이마이(今井) 등이 눈이 되고 손이 되어서 도왔기 때문에, 그 곤란을 돌파해서 문서활동을 더욱더 왕성하게 진전시킬 수가 있었다. 그 이후 1936년 3월말까지 전심으로 가가와의 한쪽 팔이 되어서 최선을 다했다.

요시모도(吉本)은 어느 날 "만연필도 대부분 낡았으므로 조금 수리하고 오겠습니다." 하고 미국에 건너가 펜실베니아주 구로오저신학교에 입학해서 공부했다. 그러나 이국의 풍토가 그녀의 육체를 좀먹었는지 병명도 모르는 상태에 빠져 1938년 5월에 펜실베니아주의 랏슈병원에서 33세의 생애를 마감했다.

7월 10일 마츠자와(松澤)교회에서 성대한 장례식이 거행되었는데, 가가와는 "그녀의 만년필에 잉크가 마를 여가가 없었다. 그녀는 수도자처럼 그 일에 정진했고, 하나님의 나라 확장을 위해서 최대의 노력을 기울였다. 그녀는 언덕의 느티나무처럼 많은 잡초로부터 빼어나서 높이 자라 하늘 가까이 인생의 운명을 명상했다. 그녀에 접한 지 15년, 그녀는 한 점의 흐림도 없고, 그녀는 맑은 날(白日)과 같이 명랑했으며, 다이아몬드처럼 빛났음을 나는 하나님께 감사했다."고 술회하고 그녀의 죽음을 애석해 했다.

1928년 무렵부터 마츠자와(松澤)의 가가와의 일터에는 제일 안쪽의 방을 가가와와 겐짱이 쓰고, 그 옆방을 구로다와 와세다 출신인 다까야마(高山郁) 씨와 잡일을 거드는 젊은 2, 3명, 그 옆방을 크리스천 출신의 겐짱 나이 또래의 여성 두 사람이 쓰고 있었다. 이 사람들이 모두 출판을 도와주고 있었다. 그리하여 1936~7년 무렵까지가 가장 많은 저서를 세상에 낸 때이다.

제2차 세계대전 중에는 군부의 압박으로 세토나이카이(瀬戶內海)에 도피해서 전에 사두었던 도지마(豊島)라는 섬에서 살았다. 대전 후에 맥아더 원수가 진주하게 되어 상황이 바뀌어 「세계평화운동」과 새로운 일본의 건설에 전력투구를 하게 되었다. 전쟁 직후에는 고베 아키코(神戶章子)라는 부인전도사와 여자대학 출신의 익부 아유자(益富鶯子) 씨, 그리고 가가와의 조카뻘 되는 타카하시 시게루자(高橋繁子)씨와 가가와 부인이 힘을 합해서 활동했다.

대전 후 힘을 기울인 것은 평화문제인데, 자신이 국제평화협회를 만들어 월간지 「세계평화」를 발간해서, 패전국이고 유일의 원폭피해를 입은 일본에서의 이 「평화론」은 일본은 물론 세계적으로도 커다란 영향을 주었다.

거기에는 로스엔젤리스 연합교회의 목사이며 도시샤 총장 비서의 경험이 있는 오가와(小川淸澄) 선생이 음으로 양으로 도왔다. 또 한 사람은 일본침례교회의 원로선교사 덧핑 박사의 장녀인 미스 헤렌 덧핑이 40년 가까이 열심히 가가와를 도왔다. 이 두 사람이 평화운동 추진에 있어 최대의 공로자였다.

이러한 도움의 손길들을 통해 가가와의 저술들이 빛을 보고, 많은 사람들에게 감동을 주고 있다.

참고문헌

연보 :
가가와 도요히코의 해적이

참 고 문 헌

저 서

가가와 도요히코의 주요 저작물 목록은 본서 제15장 '가가와 도요히코의 저술'에 구체적으로 다루었고 또한 그 저작물의 대부분은 『가가와 도요히코 전집』전24권 (1962~1964)년에 수록되어 있다. 개개 저작물에 대해서는 전집 각각의 권말에 수록된 해설이 도움이 된다. 전집은 3판까지 간행되었는데, 3판의 제8권 중 『빈민심리연구』의 일부분은 부락문제에 관련한 논의의 영향으로 삭제되었다.

본서는 평전(評傳)으로서는 충분하지 못한 점이 많지만 가가와 도요히코에 대한 종합적 연구서라고 볼 수 있다. 다음의 저작물들이 이런 점을 보완하는데 도움이 될 것이다.

전기

- 야리타 겐이치(鑓田研一)『전기소설 가가와 도요히코』, 1934. 소설이라고 하지만 실화적인 저작물이다.
- A.C.구누텐,『해방의 예언자 ─ 일본 사회사에서 본 가가와 도요히코 연구』, 무라시마 요리유키(村島歸之), 오가와 기요스미(小川淸澄) 역, 경성사, 1949.
  저자가 남가주대학교에 제출한 박사논문이다.
- W.아키스링,『멍에를 지고 ─ 미국인이 본 가가와 도요히코 고투사(苦鬪史)』, 시무라 타케시(志村式) 역, 백아사, 1949.
  위의 두 권은 외국인이 본 가가와론으로 흥미롭다.

- 요코야마 순이치(橫山春一)『가가와 도요히코전』, 경성사, 1950.
- 요코야마 순이치(橫山春一)『증정(增訂) 가가와 도요히코전』, 경성사, 1959.
  이 책들은 가장 전통적인 가가와 전기이다.

- 무라시마 요리유키(春島歸之) 『가가와 도요히코 병중투사』, 등불사, 1951.
- 다케후지 도미오(式藤富男) 편, 『103인의 가가와전』 상하, 그리스도신문사 1960.(1961년에 합본 간행).
- 타나카 호조(田中芳三) 편 『하나님은 나의 목자 ― 가가와 도요히코의 생애와 사업』 '예수의 친구회' 오사카 지부, 1960.
- 메이지학원대학 기독교학생회편, 『가다와 ―20세기의 개척자』, 교문관, 1960.
- 구로다 시로우(黑田四郎), 『인간 가가와 도요히코』, 그리스도신문사, 1970.
- 다케후지 도미오, 『평전 가가와 도요히코』, 그리스도신문사, 1981.
- 도리카이 게요(鳥銅陽) 『가가와 도요히코와 현대』, 1988.
  도리카이의 저서는 가가와의 부락문제를 크게 다루고 있다.
- 로버트 실젠, 『사랑과 사회정의의 사도 가가와 도요히코 평전』, 서정민·홍이표 옮김, 서울: 신앙과 지성사, 2018.

논문

그 밖에 가가와를 논한 논문은 많이 있는데, 그 중에서 몇 개를 든다면 다음과 같다.

- 모리토 다쓰오(森戸辰男), 「신흥대중운동에서의 그리스도교적 세력의 부흥」(『일본에 있어서 그리스도교와 사회운동』), 1950.
- 다케나카 마사오(竹中正夫), 「가가와 도요히코의 기독교윤리」(『동지사대학(同志社大學) 인문과학연구소 기요』 제3호), 1960.
- 효고현 노동운동사편찬위원회, 「가가와이즘의 교육·선전활동」 외, 『효고현노동운동사』, 1961.
- 모리 시즈로(森靜郎), 「종교운동으로써의 신용조합운동 ― 가가와 도요히코의 사회운동 전개』 『서민금융사상사체계 II』, 1978.
- 구도 에이치(工藤英一) 「가가와 도요히코와 부락문제」(『기독교와 부락문제─역사에 대한 문제 제기』), 1983.

가가와의 노동운동과의 관련에 대해서는 『신고베』, 『노동자신문』 및 노동조합 총연맹의 『노동과 산업』, 노동조합과의 관련에 대해서는 『토지와 자유』를 참조하는 것이 좋다. 위의 저서들은 모두 출판되어 있다. 그리고 기독교와의 관계에 대하여는 『구름기둥』을, 하나님나라 운동에 대하여는 『하나님나라 신문』을 참조하기 바란다.

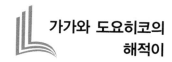

가가와 도요히코의 해적이

[가가와 도요히코의 행적]

▶ **시대적 배경**

1888년 0세	• 가가와 준이치(賀川純一, 41세)와 도쿠시마(德島)의 기생 가오 가메 (管生かめ)의 차남으로 고베시(神戸市) 시마우에초(島上町) 108번지 에서 태어남
1889년 1세	• 제국헌법 발포
1892년 4세	• 11월 부친 사망(44세)
1893년 5세	• 1월 모친 사망
	• 1월 누나 사카에(榮)와 함께 도쿠시마의 본가에 맡겨짐
	• 4월 도쿠시마현 이타노군(板野郡) 호리에촌(堀江村) 제2호리에심상 (尋常) 소학교 입학
1900년 12세	• 4월 현립(縣立) 도쿠시마중학교 입학하여 기숙사에 들어감
1901년 13세	• 폐결핵 진단을 받음
	• 그리스도교 신자를 중심으로 '사회민주당'이 결성되나 그 날로 결사 금지를 당함
	• 그리스도교의 본격적 전도에 의해 교세확장
1902년 14세	• C·A·로건 선교사에게 영어를 배움
1903년 15세	• 4월 가가와 집안이 파산하여 숙부 모리 로쿠베에(森六兵衛)의 집으 로 옮김
	• 고토쿠 슈스이(幸德秋水), 사카이 고센(堺枯川), 우치무라 간조(內村 鑑三)가 비전론(非戰論)을 주창하며 만조보사(万朝報社)를 퇴사
	• 이후 고토구와 사카이는 평민사를 조직하고 『평민신문』을 발간

- 후지무라 마사오(藤村操) 인생문제로 고민하다 자살, 이때부터 개인주의 풍조 확대

1904년 16세
- 2월 21일 선교사 H·W·마야스 박사로부터 세례를 받음
- 아베 이쿠조(安部磯雄), 기노시타 나오에(木下尙江)의 저서를 읽고 그리스도교사회주의에 공감
- 러일전쟁 발발

1905년 17세
- 3월 도쿠시마중학교 졸업
- 4월 메이지(明治)학원 고등부 신학예과 입학
- 기노시타 나오에(木下尙江), 이시카와 산사부로(石川三四朗) 등에 의하여 그리스도교사회주의 기관지 『신기원(新紀元)』창간

1906년 18새
- 8월, 도쿠시마 마이니찌신문(德島每日新聞)에 "세계평화론"을 7회 연재

1907년 19세
- 3월 고베신학교가 신설되자 전학하기로 정하고, 9월 개교까지 아이치현(愛知縣) 오카자키(岡崎)교회, 도요하시(豊橋)교회에서 전도를 도움
- 8월 노방전도를 계속하다, 41일째 발열과 객혈로 위독
- 9월 객혈이 심해져 4개월 입원
- 사회주의자 연합으로 일간 『평민신문』창간

1908년 20세
- 1월 미카와(三河)의 가마코호리(蒲郡), 후소(府相)에서 9개월 요양
- 『비둘기 흉내(鳩の眞似)』(후에 『사선을 넘어서』로 출판됨)의 집필 시작
- 10월 고베신학교에 복교
- 11월 교토제대(京都帝大) 병원에서 결핵성치질 수술

1909년 21세
- 고민의 나날을 보냄
- 9월 고베 후키아이(葺合) 신가와(新用)에서 노방전도 시작
- 12월 24일 빈민굴(고베시 후키아이)로 들어감

1910년 22세
- 대역(大逆)사건 일어남

1911년 23세
- 4월 일본기독교회로부터 전도사 자격을 받음
- 6월 고베신학교 졸업
- 12월 처녀작 『우정(友情)』 출판
- 고토구슈이(幸德秋水)의 유저(遺著) 『기독교말살론』 출판

1912년 24세
- 11월 빈민굴 내에 간이식당 『천국옥(天國屋)』 개업
- 신불기(神佛基)의 3교(三敎) 회동
- 스지키 분지(鈴木文治) 등 노동조합 우애회(友愛會) 조직

1913년 25세	• 4월 와카야마(和歌山)시에서 개최된 일본기독교회 나니와(浪速) 중회 (中會)에서 교사시험에 합격
	• 5월 27일 고베일본기독교회에서 시바 하루(芝はる, 25세)와 결혼
	• 12월 『기독전논쟁사(基督傳論爭史)』(福音舍) 출판
1914년 26세	• 8월 프린스턴대학 및 프린스턴신학교 입학을 위해 고베 출발
	• 9월 부인 하루 요코하마(橫濱)의 공립여자신학교 입학
	• 제1차 세계대전 발발
	• 전국협동전도 시작(~1917년)
1915년 27세	• 11월 실험심리학 논문으로 프린스턴대학에서 문학학사(M.A.) 학위를 받음
	• 11월 『빈민심리연구』(警醒社) 출판
1916년 28세	• 5월 프린스턴신학교에서 신학사(B.D.) 학위를 받음
	• 8월 뉴욕의 빈민굴 시찰, 노동자의 시위운동을 보고 일본에서의 노동조합 설립을 생각
	• 10월 귀국할 여비를 벌기 위해 유타주 오그던의 일본인회에 서기로 취직
	• 요시오 사쿠조(吉野作造)의 민본주의 제창 이후 「다이쇼(大正)데모크라시」운동 일어남
1917년 29세	• 3월 고용주의 횡포에 대항하여 일본인 농부와 몰몬교도와 함께 소작인조합을 만들고, 쟁의를 일으켜 승리
	• 5월 요코하마로 귀국, 고베 신가와에 돌아옴
	• 6월 부인 하루, 공립여자신학교 졸업
	• 6월 고베 빈민굴에서 무료 순회 진료 시작
	• 10월 우애회 고베연합회 평의원이 됨
	• 11월 닛포리가 6가에 빈민굴 수익사업으로 칫솔공장 설립
	• 러시아혁명 발발, 10월혁명으로 공산정권 수립
	• 우애회(友愛會) 고베연합회·오사카연합회가 조직됨
1918년 30세	• 4월 우애회 창립 6주년 대회의 사회정책강연회에서 강연
	• 5월 우애회 후키아이지부장, 우애회 고베연합회 평의원으로 추천됨
	• 8월 고베연합회 기관지 『신고베』의 발간을 계획 추진하고, 편집고문이 됨

- 7월~8월 전국에서 쌀 소동
- 요시노 사쿠조 등 '여명회(黎明會)' 결성
- 도쿄대 학생들 신인회(新人會) 조직
- 우치무라 간조(內村鑑三), 나카다 시게하루(中田重治), 기무라 기요마쓰(木村淸松) 등 재림(再臨)운동 개시

1919년 31세
- 3월 오사카 나카노지마(中野島) 공회당에서 열린 치안경찰법 제17조철폐 대연설회에서 강연
- 3월 『신고베』를 관서 노동운동의 기관지로 하기 위해 『노동자신문』으로 개명하고, 발행인이 됨
- 4월 일본기독교회로부터 교사(목사) 안수례(按手禮)를 받음
- 4월 스즈키 분지, 구루 고조(久留弘三) 등과 우애회 관서 노동동맹회를 결성, 이사장이 됨
- 8월 개조된 총동맹의 중앙위원이 됨
- 6월 『정신운동과 사회운동』(警醒社) 출판
- 11월 『눈물의 이등분』(福永書店) 출판
- 11월 『노동자숭배론』(福永書店)을 출판했으나 발매 금지됨
- 전국에서 보통선거운동 일어남
- 우애회 8월의 7주년 대회에서 대일본노동총동맹 우애회로 개칭하여 노동운동의 중심체로서의 조직 확립

1920년 32세
- 2월 오사카시에서 보통선거 대시위 운동
- 5월 오사카신동공(伸銅工)조합 신진회 조합장으로 추천됨
- 6월 오사카인쇄공혁신동지회 회장으로 추천됨
- 8월 중국(상하이 부근)에서 강연
- 8월 오사카시에 유한책임구매조합 공익사(公益社) 설립, 이사가 됨
- 10월 고베 유한책임구매조합 창설, 이사가 됨
- 10월 오사카 덴노지(天王寺) 공회당에서의 우애회 8주년대회에서 관동파와 관서파의 대립이 격화됨
- 12월 하리마(播磨)조선노동조합 결성, 조합장이 됨
- 4월 『인간고와 인격회복』(警醒社) 출판
- 6월 『주관경제의 원리』(福永書店) 출판
- 10월 『사선을 넘어서』(改造社) 출판

- 10월 『땅껍질을 뚫고』(福永書店) 출판
- 5월 우에노(上野)공원에서 일본 최초의 노동절 행사 거행
- 전후공황(戰後恐慌)발생

1921년 33세
- 6월 후지나가다(藤永田) 조선 쟁의의 단체교섭권문제로 오사카연합회가 지사(知事)와 조선소장에게 결의문을 보내고 가가와는 회사측과 절충
- 6월 스미토모(住友) 전선과 제강(製鋼) 양 공장의 쟁의 운동의 선두에 섬
- 6월 가와사키(川崎)·미쓰비시(三菱)조선에서 쟁의가 일어나자 실행위원이 됨
- 7월 4일 고베 미나토가와권업관에서 고베노동조합연합대회를 개최, 「노동조합의 확인을 요구한다」를 결의하고, 교섭위원으로 추천됨
- 7월 18일 가와사키, 미쓰비시조선 쟁의가 격화되고, 쟁의전술에 대하여 가가와는 「공장관리에 대해서」를 발표
- 7월 29일 가와사키쟁의단 만 3천 명이 가가와를 선두로 시위운동. 가와사키조선소 앞에서 경관과 충돌하여 부상자 발생. 같은 날 밤 가와사키쟁의단 본부, 고베우애회 본부에서 가가와 이하 간부 경관대에 검속
- 8월 10일 증거불충분으로 오후 9시 20분 다치바나 감옥 뒷문으로 출소
- 10월 3일 우애 회창립 10주년 기념대회가 도쿄에서 열리고 중앙위원이 됨
- 10월 5일 나라 기쿠스이로에서 일본기독교회 교직자회를 개최하고 「예수친구회」를 결성
- 10월 17일 스기야마 겐지로(杉山元治郎), 무라시마 요리유키(村島歸之), 오가와 간조(小川渙三) 등과 일본 농민조합 결성
- 6월 『자유조합론』(警醒社) 출판
- 12월 『예수의 종교와 진리』(警醒社) 출판
- 일본노동총동맹 우애회를 일본노동총동맹으로 개칭
- 노동운동에서의 혁명적 노동조합주의 세력이 증대함

1922년 34세
- 1월 예수친구회의 기관지 『구름기둥』 발간, 사실상 가가와의 개인잡지가 됨

- 1월 일본농민조합 기관지 『토지와 자유』를 발간
- 2월 부인 하루를 동반하여 대만에서 전도(2. 9–3. 10).
- 3월 신가와에서 폭도에게 앞니 두 개 부러짐
- 4월 9일 고베YMCA에서 농민조합창립대회 개최
- 6월 1일 오사카시 안지가와(安治川)기독교회에 오사카노동학교를 개교, 교장이 됨
- 8월 국제노동회의의 대표자로 선출되나 사퇴
- 12월 장남 스미모토(純基) 태어남
- 5월 『별에서 별까지의 길』(改造社) 출판
- 11월 『생존경쟁의 철학』(改造社) 출판
- 수평사(水平社) 결성
- 일본공산당 결성
- 전국기독교협의회가 개최되어 기독교연맹설립 결정

1923년 35세
- 1월 수평사의 의뢰로 전국강연
- 1월 만성결막염 악화
- 4월 눈병 악화로 오사카 기타하마의 아리자와 안과병원에 입원
- 8월 25일–29일 고텐바(御殿場) 히가시야마장(東山莊)에서 예수친구회 제1회 수양회 개최
- 9월 2일 관동대지진 구호를 위해 요코하마에 도착
- 10월 도쿄시 혼조구(本所區) 마쓰쿠라초(枡倉町)에 텐트를 치고 구호운동을 시작하고 혼조(本所)기독교청년회 설립
- 10월 혼조 마쓰쿠라초에 이주
- 5월 『예수와 인류애의 내용』(警醒社) 출판
- 9월 1일 관동대지진
- 스기야마 사카에(杉山榮)가 아마카스(甘粕) 헌병대위에게 살해당함
- 일본기독교연맹 설립

1924년 36세
- 3월 급성 눈병 악화
- 4월 도쿄 시외의 마쓰자와촌(松澤村)으로 이주
- 6월 정치연구회가 설립되어 집행위원이 됨
- 11월 아메리카대학연맹의 초청으로 요코하마를 출발하여 미국, 영국, 프랑스, 덴마크 등을 거쳐 성지를 순례, 8개월간의 여행을 마치고 다음

해 1925년 7월 고베로 돌아옴

- 2월 『고난에 대한 태도』(警醒社) 출판
- 12월 『벽의 소리 들을 때』(改造社) 출판
- 소작조정법 제정
- 다카쿠라 도쿠타로 변증법신학을 소개

1925년 37세
- 6월 10일 일본 구라(救癩)협회(일본MTL) 설립
- 7월 30일 히가시야마장(東山莊)에서 예수친구회 제3회 수양회 개최 「백만인 영혼을 하나님께 봉헌」을 결의
- 치안유지법, 보통선거법 제정 공포
- 농민노동당이 결성되나, 그날로 해산됨
- 총동맹이 분열되고 좌파는 일본노동조합 평의회를 결성

1926년 38세
- 2월 오사카방직노조 구성, 조합장이 됨
- 3월 오사카YMCA에서 노동농민당 결성, 중앙집행위원이 됨
- 3월 돗토리현(鳥取縣) 요나고(米子)에서 개최된 일본농민조합강연 회에서 검속되어 1시간 반 정도 유치됨
- 4월 만성결막염 악화, 실명상태가 됨
- 5월 아베 이쿠조(安部磯雄), 스에히로 겐타로(末弘太郎) 등과 도쿄 학생소비조합 설립
- 6월 니가타현(新潟縣) 기타칸바라군(北浦原郡) 기자키촌(木崎村)의 소작쟁의 격화, 조합측이 만든 무산농민소학교의 교장으로 추천됨
- 10월 가족과 함께 효고현(兵庫縣) 무고군(武庫郡) 기와라키촌(木村) 다카기(高木) 히가시구치(東口)로 이주
- 11월 「하나님나라운동」 시작
- 7월 『신에 의한 해방』(警醒社) 출판
- 12월 『암중척어(暗中隻語)』(春秋社) 출판
- 일본농민조합이 중심이 되어 3월 노동농민당을 결성, 좌우의 대립격화, 연말에는 좌파가 우세해짐
- 12월 좌파 분열하여 사회민중당 결성
- 12월 중간파 일본노동당 결성
- 니가타현 기자키촌(木崎村)에서 소학교아동맹체(盟體)사건

1927년 39세
- 2월 자택에서 농민복음학교를 1개월간 개최

- 4월 고토(江東)소비조합 설립
- 8월 가루이자와(經井澤)에서 백만인영혼구원운동 협의회 개최
- 10월 『그리스도 산상 수훈』(日曜世界社) 출판
- 금융공황 일어남
- 보통선거 최초의 부현회(府縣會) 의원선거
- 다카쿠라 도쿠타로(高倉德太郎)『복음적 기독교』간행

1928년 40세
- 6월 서민을 위한 금융기관으로서 나카노코(中?鄉) 시치코(質庫) 신용조합 인가
- 7월 전국 전도에 나섬
- 10월 전국 비전(非戰)동맹을 만듦
- 11월 구로타 시로(黑田四郎)와 만주 전도
- 최초의 중의원 보통선거에서 무산정당 8명 당선
- 일본 공산당원 대검거(3・15사건)
- 노동당, 일본노조평의회 등 결사금지
- 기독교연맹, 사회 신조(信條)를 발표

1929년 41세
- 7월 도쿄시장 호리키리 젠지로(堀切善朗)가 사회국장 취임을 부탁하나 거절하고 대신 촉탁으로 위촉됨
- 11월 히비야(日比谷) 공회당에서 선교개시 70년 기념・하나님나라운동 선언 신도대회를 개최
- 11월 가와라키촌(瓦木村)에서 도쿄 시외 마쓰자와촌(松澤村)으로 다시 이사
- 5월 『순교의 피를 계승한 자』(日曜世界社) 출판
- 8월 『하나님에 의한 거듭남』(福音書館) 출판
- 선교 70년 기념대회 개최
- 교화총동원운동 시작
- 세계대공황 발생

1930년 42세
- 1월 폐렴과 간장염으로 자택에서 정양
- 5월 도쿄시 사회국 촉탁직 사퇴
- 7월 중국 전도 후, 8월 귀국
- 6월 『하나님에 대한 명상』(教文館) 출판
- 전국대중당(大衆党) 설립

	• 실업문제 심각화
	• 대풍작으로 인한 쌀 가격 대폭락으로 농촌의 위기 급박
	• 기독교학생사회주의운동(SCM) 일어남
1931년 43세	• 1월 중국 전도를 위해 출발
	• 7월 캐나다의 토론토에서 개최된 세계YMCA대회의 초청을 받고 출발
	• 2월 소설 『한 알의 밀알』(講談社) 출판
	• 6월 『십자가에 대한 명상』(教文館) 출판
	• 10월 『하나님과 영원에 대한 사모』(新生社) 출판
	• 만주사변 일어남
	• 동북지역에 냉해로 흉작이 들자 여아 인신매매가 증가
1932년 44세	• 3월 구로타 시로와 함께 대만 전도
	• 12월 14일 미야자키현(宮崎縣) 고바야시초(小林町)의 집회로 제1기 하나님나라 운동을 끝냄
	• 6월 『그리스도에 대한 명상』(教文館) 출판
	• 10월 『하나님과 고난의 극복』(實業之日本社) 출판
	• 5 · 15 사건으로 이누가이(犬養) 수상 사살됨
	• 사회대중당 결성
	• 각지에 농민복음학교 생김
1933년 45세	• 12월 사회대중당대회에서 고문으로 추천됨
	• 1월 『농촌사회사업』(日本評論社) 출판
	• 일본, 국제연맹 탈퇴
	• 국민정신부흥운동 일어남
	• 독일에서 히틀러 내각 탄생
	• 독일에서 니이메라 등을 중심으로 목사긴급동맹이 결성되어 독일적 기독교에 대항
1934년 46세	• 2월 필리핀기독교연맹의 초청으로 전도활동 후, 3월 귀국
	• 3월 『성령에 관한 명상』(教文館) 출판
	• 4월 『의료조합론』(産業組合中央會) 출판
1935년 47세	• 2월 오스트리아건국 100년 기념 전도 활동 후, 7월 귀국
	• 12월 미국기독교연맹의 초청으로 도미
1936년 48세	• 7월 오슬로에서 개최된 세계주일학교연맹대회에서 강연 후, 노르웨이,

스웨덴, 독일, 벨기에, 프랑스, 스위스, 팔레스타인을 돌아보고 귀국

• 2 · 26사건 발발

1937년 49세 • 중일전쟁 발발

• 전시경제체제로 이행

• 일본기독교연맹 「시국에 관한 선언」 「지나(支那)사변에 관한 성명」을 발표

1938년 50세 • 4월 재단법인 「운주사(雲柱社)」 설립

• 5월 만주전도를 위해서 고베 출발

• 11월 인도 마드라스에서 개최된 세계선교대회 참가 후, 1939년 3월 귀국

• 5월 『하나님과 속죄애의 감격』(日曜世界社) 출판

• 국가총동원법 공포

• 노동절 금지

• 산업보국운동 일어남

1939년 51세 • 아메리카, 일미통상조약 폐기

• 제2차 유럽대전 발발

• 종교단체법 성립

1940년 52세 • 4월 도쿄학생소비조합, 당국의 압박으로 해산

• 5월 만주전도를 위해 출발, 6월 귀국

• 8월 마쓰자와교회에서 「예레미야 애가의 교훈」을 설교 후, 반전운동 혐의로 시부야(澁谷)헌병대에게 구인됨

• 10월 『구름기둥』 폐간

• 4월 『산업조합의 본질과 진로』(협동조합신문사) 출판

• 노동총동맹을 비롯한 노동조합 해산

• 구세군 간부, 헌병대의 수색으로 「평화의 복음」지형(紙型)이 몰수되고 8월에 해산된 후, 구세단으로 됨

• 기원 2600년 봉축 전국기독교신도대회에서(아오야마(青山)학원) 프로테스탄트의 각파 연합을 결정

1941년 53세 • 4월 그리스도교 평화사절단의 일원으로 아메리카로 출발, 8월 귀국

• 기독교연맹, 미국에 친선사절 파견

• 6월 일본기독교단 성립

	• 12월 태평양전쟁 발발
1942년 54세	• 8월 만주 각지에서 전도
	• 성(聖)교회, 기요메교회의 목사, 신도를 탄압
1943년 55세	• 1월『우주목적론』의 저술에 정진
	• 5월 27일 반전사상, 사회주의 사상을 이유로 고베 아이오이바시(相生橋)경찰서에 구치
	• 11월 3일 반전론적 행위라는 혐의로 도쿄헌병대 본부에서 조사를 받고, 공적인 종교 활동이 곤란하게 됨
1944년 56세	• 5월 예수친구회 기관지『불기둥』종간
	• 10월 종교사절로서 중국 방문하여 1945년 2월 귀국
1945년 57세	• 8월 히가시구니노미야(東久邇宮) 내각에 참여
	• 8월 국민총참회운동에 찬성, 활동함
	• 11월 2일 히비야공회당의 일본사회당 결당식에서 「사회당만세」선창
	• 11월 일본협동조합동맹을 조직, 회장이 됨
	• 8월 4일 포츠담선언 수락
	• 8월 15일 종전 조칙(詔勅) 방송
	• 일본사회당 결성
1946년 58세	• 3월 귀족원 의원에 칙선(勅選)되지만, 1944년 중국에서의 언동의 책임을 물어 등원 정지
	• 4월『그리스도신문』창간
	• 6월 '신일본건설 그리스도운동' 을 선언, 강사가 됨
	• 천황 신격을 부정하는 조서(詔書) 공포
	• 일본국 헌법 공포
	• 일본노동총동맹 결성
1947년 59세	• 7월 전국농민조합장에 추천됨
	• 11월『신협동조합요론』(일본협동조합동맹) 출판
1949년 61세	• 3월 '신일본건설 그리스도운동' 끝남, 전국 전도로 결신자 3만 명을 넘음
	• 12월 세계선교협의회 및 세계기독교교육자협의회 특별강사로 초청받아, 영국, 서독일, 덴마크, 스웨덴, 노르웨이를 돌고, 아메리카를 거쳐 1950년 12월 귀국

1950년	62세	• 한국전쟁 발발
1951년	63세	• 미국 펜실베니아주 큐가대학에서 명예문학박사 취득
		• 국제문화연맹(마크 트윈협회) 명예 회원 추대
1952년	64세	• 6월~7월 오키나와(沖繩) 전도
		• 11월 세계연방 아시아회의를 히로시마(廣島)에서 개최, 의장이 됨
1953년	65세	• 1월 브라질 전도 후 6월 귀국
1954년	66세	• 2월 세계연방운동 부회장에 취임
		• 7월 세계교회협의회 제2회 대회 참석, 각지에서 전도, 10월 귀국
		• 11월 도쿄에서 열린 제2회 세계연방아시아대회 의장을 맡음
1956년	68세	• 2월 노벨평화상 후보로 추천됨
		• 10월 일본사회당 통일대회에서 사회당 고문으로 선임됨
1957년	69세	• 1월 태국 전도 후 2월 귀국
		• 10월 교토에서 열린 제3차 세계연방아시아대회에서 의장을 맡음
1958년	70세	• 1월 마닐라에서 열린 국제협동조합동맹에 일본대표로 참가
		• 6월 『우주의 목적』(매일신문사) 출판
		• 7월 『하늘의 새가 날라다 주는 음식으로』(그리스도신문사) 출판
1959년	71세	• 1월 7일 관서지역 전도를 끝내고, 시코쿠(四國)로 향하는 도중에 심근경색 확장으로 쓰러짐.
		• 3월 자택으로 돌아와 요양
1960년	72세	• 4월 23일 우와기타자와(上北澤) 자택에서 오후 9시 13분 소천.

도 서출판 베다니는 "성경은 정확무오한 하나님의 말씀으로 신앙과 생활의 유일한 규범"이란 원리를 바탕으로 기독교적 세계관의 정립과 확산을 위해 노력한다. 예수님께서 베다니에서 가난하고 병든 자들을 위해 사역하시고 말씀을 가르치신 것을 본받아 이 땅에 하나님의 나라를 확장하며 하나님의 주권을 선포하는 데 최선을 다한다.

＊131

惠江文集(72)

가가와 도요히코 연구
(賀川豊彦 研究)

지은이 • 김남식

내는이 • 김성혜

내는 곳 : **도서출판 베다니**

등록번호 : 제1-1363호
(우) 06131 서울 강남구 테헤란로 19길 20(역삼동)
(02) 567-2911 / FAX 567-2912

홈페이지 : www.kicm.org
이 메 일 : kicm69@hotmail.com

2023. 9. 20 제1판 1쇄 인쇄
2023. 9. 25 제1판 1쇄 발행

ⓒ Bethany Book House, 2023

값 25,000원

ISBN 978-89-8305-131-8   34230